Service Management

Information Technology, Operations, Strategy

10th Edition

서비스경영 *i*TOS

Service Management

Information Technology, Operations, Strategy

10th Edition

서비스경영 *i*TOS

최병돈 · 김선민 · 김연성 · 박광태 · 이돈희 · 임호순 · 주상호 공역

Sanjeev Bordoloi
James A. Fitzsimmons
Mona J. Fitzsimmons

Service Management, Information Technology, Operations, Strategy, Tenth Edition

1 2 3 4 5 6 7 8 9 10 MHE-KOREA 20 23

Original: Service Management, Operations, Strategy, Information Technology, Tenth Edition
By Sanjeev Bordoloi, James A. Fitzsimmons, Mona J. Fitzsimmons
ISBN 978-1-264-09835-4

Korean ISBN 979-11-321-1279-2 93320

Printed in Korea

Service Management
Information Technology, Operations, Strategy
10th Edition

서비스경영 *i*TOS

발 행 일 | 2023년 2월 15일
저 자 | Sanjeev Bordoloi, James A. Fitzsimmons, Mona J. Fitzsimmons
역 자 | 최병돈, 김선민, 김연성, 박광태, 이돈희, 임호순, 주상호
발 행 처 | 맥그로힐에듀케이션코리아 유한회사
발 행 인 | SHARALYN YAP LUYING(샤랄린얍루잉)
등록번호 | 제2013-000122호(2012. 12. 28)
주 소 | 서울시 마포구 양화로 45, 8층 801호(서교동, 메세나폴리스)
전 화 | (02)325-2351
편집 · 교정 | ㈜우일미디어디지텍
인 쇄 | ㈜성신미디어

I S B N | 979-11-321-1279-2

판 매 처 | 한경사
문 의 | (02)717-7264
정 가 | 36,000원

저자 서문

서비스는 모든 나라, 모든 사람의 일상에 매일 존재한다. 음식서비스, 커뮤니케이션서비스, 그리고 응급서비스 등 일일이 언급하기 힘들 정도이다. 우리의 생활복지와 경제복지는 이제 서비스에 기반을 두고 있다. 우리가 원하는 음식을 먹을 수 있고 필요한 제품을 이용할 수 있으려면, 제조업과 농업 활동은 앞으로도 필수적일 것이다. 그렇지만 서비스는 주로 경험적인 것이며, 우리는 언제나 서비스에 한없는 욕구를 가질 것이다.

서비스 운영관리는 모든 서비스 산업을 포용하는 연구 분야로서 확고히 자리를 잡고 있다. 이 분야는 1987년 보스턴에서 열린 DSI (Decision Sciences Institute) 컨퍼런스에서 학문 분야로 처음으로 인식되었다. 1989년에는 *International Journal of Service Industry Management* 학술지가 소개되었다. 1990년에 프랑스에서 서비스경영에 관한 첫 번째 국제 연구 세미나(The First International Research Seminar in Service Management)가 개최되었다.

1998년 8월에 *Journal of Service Research* 학술지가 처음으로 발간되면서 곧 이 분야의 선도 학술지로 자리 잡았다. 2004년 POMS (Production and Operations Management Society) 보스턴 미팅에서 CSO (College on Service Operations)가 처음 결성되었다. 2005년에는 IBM 알마덴 연구소(Almaden Research Center)에서 SSME (Service Science, Management, and Engineering)라는 새로운 분과를 개설하기 위한 시도가 있었다. INFORMS도 2011년 9월에 Service Research라는 학술지를 처음으로 출간하였다.

어떤 방식으로든 코로나19는 세상을 새로운 표준으로 이끌 것이다. 이런 낙관적인 시각에는 이유가 있다. 전 세계적 팬데믹은 서비스 혁신과 발전의 발상지가 될 수 있다. 때로는 변화가 필요하다는 것을 깨닫는 데 이 정도의 위기는 필요하다. 일선의 의료진이 질병의 일상적인 문제에 집중하고 있는 반면, 팬데믹은 공급망 붕괴에서부터 종업원과 장비의 부족 및 소진에 이르기까지 전 세계적으로 서비스 제공에 문제가 있음이 표출되었다. 관리자는 중요한 자원의 공급 및 분배를 포함해서 바이러스가 가난한 지역사회에 미친 불균형적 영향, 일과 가정의 양립을 위해 노력하는 종업원에게 가해지는 스트레스, 마스크 착용과 같은 단순한 보호 규칙의 정책화 등 많은 어려움에 직면했다. 향후 주요 비즈니스 과제에는 팬데믹 이후 규모 조정, 재택 근무자와 현장 근무자의 협력, 지속적이고 불확실한 미래 예측, 지속적 운영을 위한 민감하고 신속한 공급망 구축 등이 포함될 것이다.

팬데믹으로 인한 어려움은 세계를 변곡점에 놓이게 했다. 우리 각자는 코로나19의 영향을 극복하기 위해 해야 할 역할을 갖고 있다. 다음에 발생할 팬데믹에 대한 대응책을 마련하는 것이든, 의료시스템의 운영 측면을 개선하는 것이든, 레스토랑을 다시 여는 것이든, 우리 모두는 이 순간에 더 나은 세상을 구축하기 위해 함께 일할 필요가 있다.

이번 개정판에서도 서비스경영의 본질적인 특성을 계속해서 강조하고 설명하였다. 그 주요 특징적인 내용은 다음과 같다.

- 이 책은 독자의 마음을 끄는 문체로 작성하였고, 다양한 사례를 도입하였으며, 저자들의 연구와 컨설팅 경험에 기초를 두었다.
- 경쟁우위를 위한 서비스 관리라는 주제가 각 장마다 강조되어 있고 각각의 경영 토픽에 도움이 되는 내용과 연관되어 있다.
- 기술, 생산 그리고 인간 행동의 통합이 효과적인 서비스경영의 요체라고 생각한다.
- 글로벌 환경하에서 효과적으로 경쟁하기 위해서 품질과 생산성의 지속적인 개선이 필요하다는 점도 강조하였다.
- 독자의 동기부여를 위해, 잘 알려진 기업의 짤막한 사례로 각 장을 시작하였고 각 토픽의 전략적 특성이 잘 설명되도록 하였다.
- 각 장마다 개요, 요약, 주요 용어와 정의, 서비스 벤치마크, 토론 주제, 그룹활동 과제, 그리고 적절한 경우엔 익힘문제와 풀이, 마지막에 한 개 이상의 사례 등을 포함하였다.
- 이 교재의 교수자 리소스에서 설비 입지 엑셀표, 챕터별 퀴즈, 웹사이트 등을 접속하여 학습할 수 있다.
- 이 책을 교재로 선택한 교수님들은 교수용 매뉴얼, 사례 분석, 연습문제 해답, 강의계획서 샘플, 수율관리 게임, 그리고 보충자료 목록 등을 교수용 리소스에서 얻을 수 있다.

10판의 주요 개정내용

저자들은 학생, 동료 교수 그리고 리뷰어들로부터 많은 제안을 받았고 그것이 큰 도움이 되었다. 이번 개정안은 코로나19 팬데믹 기간 동안에 이루어졌으며 서비스 제공에 대한 팬데믹의 영향을 포함한다. 새 버전에는 다음과 같은 주목할만한 변화와 추가사항을 포함한다.

- 1장 서비스 이코노미에서는 서비스 분야의 본질과 과제에 대한 코로나19의 영향이 언급된다.
- 2장 서비스 전략에서는 코로나19의 사회경제적 영향을 다룬 새로운 세션이 추가되었다.
- 3장 신 서비스 개발에서는 급진적인 혁신으로써 블록체인이 금융서비스에 미친 영향에 대한 소개와 도표가 제공된다. 새로운 사례[가상건강: 헬스케어 제공의 프론티어(Frontier in Healthcare Delivery)]는 헬스케어 제공에 대한 신 기술의 영향을 주목한다. Zoom Video Communications 사례가 이 장에 추가되었다.
- 4장 서비스 접점에서는 코로나19 상황에서 고객 행동 변화에 대한 주제를 다룬 새로운 세션을 추가하였다.
- 5장 지원설비와 프로세스 흐름에서는 제안된 변화의 의미와 함께 코로나19 이후의 사

무실 레이아웃을 다룬 새로운 세션이 추가되었다. 코로나19에 대한 치폴레(Chipotle)의 적응 사례를 보여주는 새로운 사례는 팬데믹에 대응하기 위해 치폴레가 어떻게 시설을 변경하였는지를 보여준다.

- 7장 프로세스 개선에서는 팬데믹이 글로벌 공급망에 미치는 영향을 고찰하기 위하여 코로나19 이후 린 서비스를 제고하는 주제의 새로운 세션을 추가하였다.
- 9장 서비스 공급관계에서는 수요와 공급의 불확실성을 고려하는 공급망 설계에 대한 코로나19의 영향을 다루는 새로운 세션이 추가되었다. 새로운 사례는 베이커리에서 소셜미디어를 사용하여 브랜드를 어떻게 구축했는지를 보여준다.
- 11장 서비스능력과 수요관리에서는 수요 세분화 전략을 설명하는 레드우드 해안(Redwood Coast) 의료서비스 사례를 추가하였다.
- 12장 대기행렬 관리에서는 두 가지 사례인 엘리트 전단지와 대기 과정의 편의를 도모한 스타벅스 사례를 추가하였다.
- 13장 서비스능력 계획과 대기행렬 모형에서는 TSA 공항 검색대에서 대기하는 데 적용된 리틀의 법칙을 새로운 예로 적용하였다.

1판의 리뷰를 해주신 분들에게 감사드린다. Mohammad Ala, California State University, Los Angeles; Joanna R. Baker, Virginia Polytechnic Institute and State University; Mark Davis, Bentley College; Maling Ebrahimpour, University of Rhode Island; Michael Gleeson, Indiana University; Ray Haynes, California Polytechnic State University at San Luis Obispo; Art Hill, the University of Minnesota; Sheryl Kimes, Cornell University; Richard Reid, the University of New Mexico.

2판에 건설적인 코멘트를 해주신 분들에게 감사드린다. Kimberly Bates, New York University; Avi Dechter, California State University, Northridge; Scott Dellana, East Carolina University; Sheryl Kimes, Cornell University; Larry J. LeBlanc, Vanderbilt University; Robert Lucas, Metropolitan State College of Denver; Barbara Osyk, University of Akron; Michael Showalter, Florida State University; V. Sridharan, Clemson University. 우리는 University of Texas at Austin의 박사과정에 있는 Fang Wu에게 감사를 드린다. 그는 2판을 위한 연습문제 및 강의용 파워포인트 개발에 도움을 제공하였다.

다음은 3판에 경험과 지혜를 보태주신 분들이다. 감사드린다. Sidhartha Das, George Mason University; Avi Dechter, California State University at Northridge; Byron Finch, Miami University of Ohio; Edward M. Hufft, Jr., Metropolitan State College of Denver; Ken Klassen, California State University at Northridge; Richard Reid, University of New Mexico, Albuquerque; Ishpal Rekki, California State University at San Marcos; Ronald Satterfield, University of South Florida. University of Texas at Austin, MBA 과정에 있는 Edmond Gonzales는 3판 CD-ROM의 챕터에 수록된 퀴즈를 준비해 주었다. ProModel Corporation의 Christine Bunker는 Process Simulator를 사용

하여 프로세스 분석에서 컴퓨터 시뮬레이션을 적용하는 방법을 설명할 수 있도록 해주셔서 특별한 감사를 드린다.

4판에 제안과 통찰력을 제시해 주신 분들이다. Sanjeev Bordoloi, College of William and Mary; Sid Das, George Mason University; John Goodale, Ball State University; Ken Klassen, California State University, Northridge; Peggy Lee, Penn State University; Matthew Meuter, California State University, Northridge; Jaideep Motwani, Grand Valley State University; Elzbieta Trybus, California State University, Northridge; Rohit Verma, University of Utah; Janet Sayers, Massey University, New Zealand. 또한 모기지 서비스 게임(Mortgage Service Game)의 사용을 허락해 준 University of Texas at Austin의 동료인 Ed Anderson과 Doug Morrice, 그리고 컴퓨터 소프트웨어 준비에 도움을 준 MBA 학생 Mark Linford에게 특별한 감사를 드린다.

2003년 DSI (Decision Sciences Institute) 컨퍼런스가 열린 워싱턴 D.C.에서 포커스 그룹 세션을 통해 많은 통찰력을 얻을 수 있었는데, 그 내용이 5판에 반영되었다. 다음참여자들의 귀중한 제안에 감사드린다. Uday Apte, Southern Methodist University; Sanjeev Bordoloi, College of William and Mary; Joe Felan, University of Arkansas at Little Rock; Richard Franze, Kennesaw State University; Craig Froehle, University of Cincinnati; Yung Jae Lee, St. Mary's College of California; Katherine McFadden, Northern Illinois University; Mary Meixell, George Mason University; Elliott (Chip) Minor, Virginia Commonwealth University; Jake Simons, Georgia Southern University. 또한 Margaret Seay의 큰 공헌에도 깊이 감사드린다.

6판에서는 다음의 사려 깊은 리뷰어들의 제안이 큰 도움이 되었다. Sanjeev Bordoloi, University of Illinois-Urbana; Robert Burgess, Georgia Institute of Technology; Maureen Culleeney, Lewis University; Dick Fentriss, University of Tampa; Craig Froehle, University of Cincinnati; Susan Meyer Goldstein, University of Minnesota; Jaideep Motwani, Grand Valley State University; Rodney Runyan, University of South Carolina; Rajesh Tyagi, DePaul University. Florida Atlantic University의 Ravi Behara에게 포괄적인 개정 계획을 제시해 주어 특별히 감사드린다.

7판에서는 다음 리뷰어들의 건설적 제안에 많은 도움을 받았다. Michael Bendixen, Nova Southeastern University; Dan Berg, Rensselaer Polytechnic Institute; Elif Kongar, Bridgeport University; Stephen Kwan, San Jose State University; Mary McWilliams, LeTourneau University; Kenneth Shaw, Oregon State University; Donna Stewart, University of Wisconsin-Stout. Copenhagen Business School의 Jeanne Zilmer의 공헌에 깊이 감사드린다.

8판에서는 다음의 리뷰어들이 시간과 전문 지식을 아낌없이 제공해주었다. Laura Forker, University of Massachussetts-Dartmouth; Mike Galbreth, University of South Carolina; David Geigle, Texas A&M University; Lowell Lay, Texas Tech University;

Mark Leung, University of San Antonio; Mark McComb, Mississippi College; Jaideep Motwani, Grand Valley State University; Rene Reitsma, Oregon State University; Jeff Smith, Florida State University; G. Peter Zhang, Georgia State University. San Jose State University의 Shou Zhou에 감사를 전한다.

9판을 준비하는 과정에 세심한 코멘트를 주신 다음 리뷰어들에게 감사드린다. Ajay Das, Baruch College; Adelina Gnanlet, California State University Fullerton; Diana Merenda, Baruch College; Jose Santiago, Baruch College; and Sheneeta White, University of St. Thomas.

저자들은 전 세계에서 코로나19 팬데믹 쇼크가 뒤따랐는데도 10판에 대한 세심한 코멘트를 해주신 다음 리뷰어들에게 감사드린다. Vipin Arora, California State University Fullerton; Amie Ellis, Georgia Southern University; Adelina Gnanlet, California State University Fullerton; Lowell Lay, Texas Tech University; Andrea M Prud'homme, Ohio State University; Carrie Queenan, University of South Carolina; Mohammed Raja, York College of Pennsylvania; Samia Siha, Kennesaw State University; and Richard G. Weissman, Endicott College.

저자들은 이 책을 저술하는 동안 우리의 미흡한 사회활동을 참아주고 용기를 준 우리의 모든 친구들에게 특별한 감사를 드린다. 특히 자신의 별장을 사용하도록 해주고 여러 해 동안 대화와 활동으로 도움을 아끼지 않은 Richard and Janice Reid 도움에 큰 빚을 졌다고 생각한다. 이 책의 초판은 New Mexico의 Jemez Mountains에 있는 그들의 멋진 별장에서 저술되었다. 그보다 더한 영감을 얻을 수 있는 저자는 아마도 없을 것 같다.

Sanjeev K. Bordoloi
James A. Fitzsimmons
Mona J. Fitzsimmons

개요

1부는 경제에서 서비스의 역할을 논의하는 것으로 시작한다. 경제 활동의 기초가 되는 사회의 역사적 발전을 조망하는 것으로 시작하여 경험경제의 등장에 대한 토론으로 마무리한다. 다음은 전략적 시사점의 유형을 포함하여 서비스 운영이 갖는 독특한 특성을 다룬다. 전략적 서비스 비전은 이 부분의 마지막 장의 시작이다. 서비스에 지속 가능성 및 삼중최저선의 개념이 도입되었다. 데이터 분석 및 사물인터넷(Internet of Things)이 서비스에 미치는 영향을 살펴보았다. 경쟁적 서비스 전략은 가상의 가치사슬에 의해 설명된 정보의 역할에 중점을 두고 논의된다.

경쟁전략을 지원하기 위해 서비스 기업을 디자인하는 것이 2부의 주제이다. 블록체인 기술과 5G가 서비스 디자인에 미치는 파괴적인 영향을 탐구한다. 신 서비스는 고객의 눈에는 보이지 않는 후방 기능과 가시선 위의 전방에서 발생하는 활동들의 흐름을 그림으로 표시한 서비스 청사진과 같은 기법을 이용하여 신 서비스 개발을 공부한다. 서비스 접점은 서비스 조직의 차원에서 서비스 제공자와 고객 간의 상호관계를 설명하는 개념이다. 지원설비의 중요성은 서비스스케이프(servicescape)가 고객과 직원의 행동에 영향을 주는 방식을 통해 살펴본다. 프로세스 분석에서는 처리시간과 같은 성과 척도를 계산하고 병목현상을 찾아내는 방안을 깊이 있게 다룬다. 예외적인 서비스품질을 제공하고자 하는 도전은 고객의 인식과 기대를 비교함으로써 해결된다. 프로세스 개선에서는 지속적 개선을 위한 도구와 프로그램을 살펴보고, 보충자료는 서비스 생산성을 측정하는 방법인 자료포괄분석을 설명한다. 2부의 마지막 부분에서는 서비스 설비 입지의 전략적 중요성을 분석 모델로 설명된다.

3부는 서비스 운영 관리를 설명한다. 서비스 공급관계의 주제는 전문 서비스에 대한 토론이 포함된다. 다음 장은 서비스 기업의 성장과 서비스의 글로벌화의 중요성에 관한 주제를 다룬다. 수율관리 개념을 포함하여 생산능력과 수요관리를 위한 전략은 그다음에 설명된다. 다음은 심리적 관점에서 본 대기행렬의 관리 문제를 다룬다. 대기행렬 모형을 사용한 공급능력 계획은 마지막 부분에 Visio 플러그인 Process Simulator를 특징으로 하는 컴퓨터 시뮬레이션에 대한 보충자료로 설명된다.

4부는 서비스경영에 적용되는 정성적 모형을 주로 다룬다. 첫째 장에서는 지수평활모형을 사용하여 서비스 수요 예측에 대한 주제를 다룬다. 다음 장에서는 서비스 재고관리 모형을 다루고 RFID 사용에 대해 논의한다. Microsoft® Project 소프트웨어를 기반으로 한 프로젝트 관리 주제는 마지막에 설명된다.

역자 소개

최병돈 | 한림대학교 경영학과 명예교수

김선민 | 서울과학기술대학교 경영학과 교수

김연성 | 인하대학교 경영학과 교수

박광태 | 고려대학교 경영대학 교수

이돈희 | 인하대학교 경영학과 교수

임호순 | 고려대학교 경영대학 교수

주상호 | 명지대학교 경영학과 명예교수

역자 머리말

서비스산업의 발전과 서비스기업이 경제에서 차지하는 역할이 점차 증대할 것이라는 예측에 동의하고 공감하는 연구자들이 모여 “서비스경영연구회”를 결성한 지 벌써 20여 년이 훌쩍 넘었다. 그동안 서비스 시대에 대응하고 우리나라 서비스기업과 산업의 발전 방향과 정책을 제언하기 위한 학습과 토론을 함께 하였다. 이는 혁신과 학습을 위한 의미있는 시도였다. 마땅한 이론과 적합한 사례를 찾아내려 애를 쓰면서 연구회가 찾아낸 차선의 선택은, 이미 발간되어 널리 읽히는 명저를 번역하여 공유하는 것이었다. 그래서 연구회에서 이 책의 첫 번역서를 1999년에 발간하게 되었다. 그 후 여러 역자들은 서비스경영을 새로운 학문 영역으로 자리잡게 하는 데 기여해 왔으며, 대학과 대학원 과정에 서비스경영과 관련된 교과목이 개설되고 서비스경영 전공이 신설되는 등의 과정에 중요한 역할도 하였다.

디지털 전환(DX)과 코로나19라는 글로벌 팬데믹, 그리고 기후변화와 ESG경영의 등장 등으로 일어난 엄청난 변화는 기업의 업력이나 업종, 그리고 규모와 지역에 관계없이 거의 모든 영역에 영향을 주고 있다. 인텔의 CEO였던 앤디 글로브는 전략적 변곡점에서 어떤 선택을 하느냐가 기업의 운명을 좌우한다고 했다. 세계적인 컨설팅 회사인 맥킨지에서는 과거 영국에서 발생하였던 산업혁명에 비해 지금 진행되는 변화가 속도는 10배, 범위는 300배 그리고 영향력은 3,000배에 이른다고 강조하였다. 대개는 한참 시간이 흐른 뒤에야 전략적 변곡점이 지나갔음을 회고하기 마련인데, 지금의 변화는 지금이 바로 전략적 변곡점임을 웅변하고 있는 것 같다.

유일하게 변화하지 않는 것은 변화한다는 사실이라는 역사학자의 말이 딱 맞는 시기인 듯 하다. 이런 변화에 대응하는 가장 좋은 방법은 무엇일까? 혁신이 답이며, 학습이 꼭 필요하다. 학습에 투자하는 것이 다른 어떤 대안보다도 장기적으로 수익률이 높을 것이다.

서비스경영 분야의 세계적 베스트 셀러이며 스테디셀러인 이 책의 최신 개정판을 연이어 번역하는 작업은 이제 역자들에겐 즐거운 기다림이자 새로운 도전이 되고 있다. 디지털 전환과 코로나19 그리고 ESG경영 등 새로운 상황에 적합하게 업데이트되고 업그레이드된 내용이 포함된 이번 개정판에 대한 번역 작업을 함께 하면서, 역자들은 이 책이 앞으로도 계속 독자들의 사랑을 받을 수 있으리란 기대감을 가질 수 있었다.

이 책의 부제는 iTOS(정보통신 기술, 오퍼레이션스 그리고 전략)인데, 전판의 TOS 중 기술을 보다 구체적으로 IT로 변경한 것이 특징이다. 서비스경영이 어떻게 진화하고 발전하여 미래에 대응할 수 있는지를 보여주는 핵심 포인트는 다음과 같다.

첫째, 정보통신 기술(Information Technology)의 발전은 서비스의 양상을 근본적으로 바꾸어 놓고 있음을 이미 경험하고 있으니, 이를 이론적으로 설명하고 사례를 통해 증명하려는 시도는 어쩌면 당연한 노력이라고 하겠다. 특히, 셀프서비스와 모바일 서비스 그리고 사물인터넷(IoT)과 메타버스가 바꿔 놓은 일상의 서비스와 생활의 모습을 이론적으로 분석하고 서비스 벤치마크를 제시하여 설명하려는 노력은 매우 시의적절한 보완이라고 하겠다. 코로나19로 온라인과 오프라인의 병행과 온택트 서비스의 일상화은 고객경험을 송두리째 바꿔 놓고 있음에 주목할 필요가 있겠다.

둘째, 서비스경영에서 논의가 되는 운영상의 특성에 대해서는 오랫동안 축적된 노하우와 지식이 잘 적용되고 있다. 서비스경영이 실제로 조직에서 어떻게 운영되는가를 설명하는 오퍼레이션스(Opearions)는 이 책에서는 다양하게 설명되고 있다. 서비스경영의 특징에서부터 비롯된 운영상의 한계를 극복하고 제품의 생산과정과는 차별화되는 새로운 이론을 제시함은 물론 그동안 기존의 오퍼레이션스 관련 이론을 새롭고도 적합하게 설명하려 노력하고 있다. 예를 들면, 수요예측과 재고관리 이론에 대한 서비스 영역에서의 적용도 잘 설명하고 있지만, 대기행렬 모형을 적용한 고객 기다림의 문제를 해결하기 위한 내용도 포함되어 있다.

셋째, 전략(Strategy)은 서비스경영 분야에서도 연구의 중요한 대상이며 주제이다. 전략적 변곡점에서는 게임의 판도를 바꿀 전략을 잘 선택해야 생존과 발전을 담보할 수 있듯이, 서비스 기업이 어떤 전략을 수립하여 실행하느냐는 대단히 중요한 이슈이다. 이 책에서는 전통적인 전략이론에서 제시하는 본원적 경쟁전략은 물론 서비스경영에서 특별히 관심을 기울여야 하는 전략적 대안을 제시하고 설명하고 있다. 조직 전체의 서비스 전략도 중요하며 조직에서 선정한 전략에 부합되는 기능전략의 실행도 매우 필요한 것이 현실의 세계일 것이다. 전략적 정렬성을 잘 발휘하는 수요관리 전략이나 고객접점에서의 서비스전략은 경쟁에서 유리한 고지를 점령하는 데 결정적인 도움이 될 것이다.

이처럼 이 책에서는 정보통신 기술(IT)과 오퍼레이션스(Operations), 그리고 전략(Strategy)이란 세 축이 서비스경영의 새로운 아젠다를 잘 담아내고 있다. 이 책은 4개 파트, 16개 장으로 구성이 되어 있지만, 그 면면에 iTOS가 적용되고 있고 최신의 이슈와 사례를 접목하고 있다. 이런 점에서 서비스경영을 공부하는 학생들은 물론 서비스기업의 임직원들에게도 공부하고 토론하기에 적합한 가이드라인이며 교과서라는 것이 역자들의 공통된 생각이다.

다른 이들이 새로운 내용을 쉽게 접할 수 있게끔, 좋은 책을 먼저 읽고 번역하는 즐거움은 무척 달콤하게 기억되지만, 올바른 의미 전달을 위해서 단어 하나하나와 표현 하나하나에 신경을 쓰며 역자들이 함께 보낸 매서운 고뇌의 시간은 얼른 잊히지 않을 듯 하다.

마지막으로, 서비스경영연구회 회원 여러분의 그동안의 참여와 노고에 감사드리며, 전판에 이어 이번의 공동 작업에도 계속 참여한 7인을 잘 이끌어 주신 최병돈 교수님의 리더십에 존경의 박수를 보낸다. 그리고 이 책의 번역과 발간을 주관하고 지원해 주신 한국맥그로힐 전문가 여러분들의 노고에 깊이 감사드린다.

검은 토끼띠 2023년을 맞으며
역자를 대표하여 김연성 올림

맥그로힐Connect®: 학생들의 성적향상을 위한 3년 연속 US CODiE 수상에 빛나는 가장 안정적이고 사용하기 편리한 개인맞춤형 학습

Adaptive Learning(개인 맞춤형 솔루션)

- Connect를 통한 과제 수행은 내용과 연관 있는 내용부터 적용 할 수 있게 함으로써 내용 이해와 비판적 사고를 도와 줍니다.
- Connect는 SmartBook 2.0® 을 통해 각각의 개인에 맞추어진 개별화된 학습 방향을 제시합니다.
- SmartBook 2.0® 의 개인 맞춤 하이라이팅과 연습문제 출제는 학생들로 하여금 양방향 학습경험을 제공하여 더욱 효율적인 학습을 도와줍니다.

Connect를 이용한 후 학생들의 성적향상

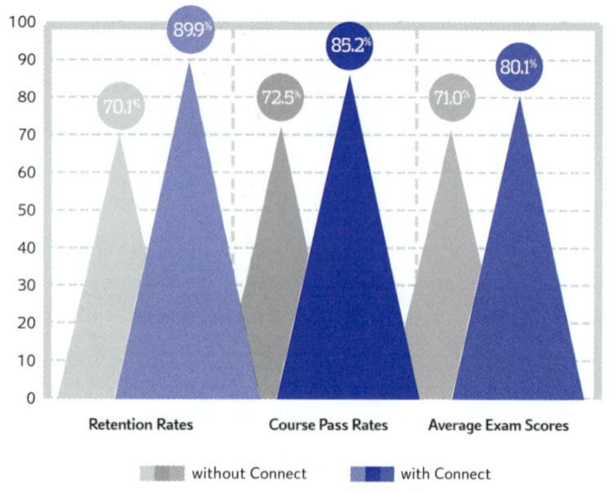

학생들이 대답한 **70억 개가 넘는 연습 문제**의 방대한 데이터는 Mcgrawhill의 Connect를 보다 지능적이고, 믿을 수 있고 정확한 제품으로 만들어줍니다.

Connect를 활용한 학생들의 평균 **10% 이상**의 코스 합격률과 성적 향상

Connect를 사용한 73%의 교수님들의 강의평가가 평균 28% **향상**되었습니다.

양질의 최신 강의자료

- Connect 안에는 강의를 위한 자료가 단순하고 직관적인 인터페이스로 구성이 되어 있습니다.
- Connect의 smartbook 2.0은 모바일과 태블릿PC에 최적화되어 있어, 어디서나 인터넷 환경에 구애받지 않고 접속하여 공부 할 수 있습니다.
- Connect에는 동영상, 시뮬레이션, 게임 등과 같이 학생들의 비판적 사고를 길러줄 수 있는 다양한 콘텐츠가 있습니다.

Connect Insight: 강력한 분석과 리포트

©Hero Images/Getty Images RF

- Connect Insight는 개별 학생들의 분석과 성취도를 전체 또는 특정 과제로 분류하여 한눈에 보기 쉬운 형태로 보고서를 작성합니다.
- Connect Insight는 학생들의 과제 소요 시간, 개별학습 태도, 성취도 등의 모든 데이터를 대시 보드로 제공합니다. 교수님들은 어떤 학생이 어떤 분야에 취약한지 바로 알아볼 수 있습니다.
- Connect을 통해 과제와 퀴즈의 자동 성적 평가가 가능하며, 개별 그리고 전체 반 학생들의 성취도를 한눈에 알아볼 수 있는 보고서로 제공됩니다.

학생들은 Connect로 강의를 들을 때, 더 많은 A와 B를 취득합니다.

신뢰할 수 있는 서비스와 기술지원

- Connect는 대학 학사관리시스템(LMS)과 통합로그인(Single Sign On)으로 접속하며 성적평가도 자동으로 연동됩니다.
- Connect는 종합적인 서비스와 기술지원 그리고 솔루션 사용을 위한 각 단계에 맞는 사용법 트레이닝을 제공합니다.
- Connect 사용법에 대해 궁금하다면 주소창에 https://www.mheducation.com/highered/connect.html을 쳐보세요.

www.mheducation.com/connect

요약 차례

차례

Chapter 5
지원설비와 프로세스 흐름 133

Chapter 6
서비스품질 165

Chapter 7
프로세스 개선 도구 *203*

Chapter 8
서비스 입지 *241*

Part 3
서비스 운영 관리 *271*

Chapter 9
서비스 공급관계 관리 *273*

Chapter 10
서비스의 글로벌화 **305**

Chapter 11
서비스능력과 수요의 관리 **329**

Chapter 12
대기행렬 관리 363

Chapter 13
서비스능력 계획과 대기행렬 모형 389

Appendix

Part 1

서비스의 이해

제1장 서비스 이코노미에서는 국가 경제와 세계 무역에서 서비스가 얼마나 중심 역할을 차지하는지를 이해하는 것으로부터 서비스경영에 대한 학습을 시작한다. 어떤 경제활동도 교통과 통신 같은 사회기반 서비스 없이 이루어질 수 없고, 교육과 공중보건 등의 정부 서비스 없이 이루어질 수 없다. 경제가 발전할수록 서비스의 중요성은 더욱 커지고 고용의 대부분이 서비스 영역에서 이루어진다.

하지만 서비스에는 경영의 관점에서 독특한 도전적 특징이 있다. 서비스 운영에 있어서 가장 중요한 특징은 고객이 서비스 전달과정에 참여한다는 점이라 할 수 있다. 전통적인 제품 중심의 패러다임의 대안으로 제시된 소위 서비스주도논리는 초점을 고객들과 그들의 욕구 충족에 두는 것을 기본으로 한다.

서비스업에서는 진입장벽이 상대적으로 낮은 편이기 때문에 효과적인 경쟁전략은 서비스 기업들에 있어 특히 더 중요하다. 제2장 서비스 전략에서는 먼저 전략적 서비스 비전에 대해 논의한다. 우리는 서비스 기업의 목적과 시장에서의 위치에 대한 일련의 질문의 형태를 취하는 프레임워크를 제시한다. 널리 알려진 본원적 전략들—원가주도 전략, 차별화 전략, 집중화 전략—은 서비스업에도 적용된다. 포터(Porter)의 다섯 가지 경쟁요인과 SWOT분석 역시 서비스 기업에 적용된다. 한편 서비스 기업의 성장이란 맥락에서 지속 가능성과 규모 확장성이란 주제가 논의된다. 또한 서비스에서 데이터분석학과 사물인터넷으로 특징되는 정보의 경쟁적 역할이 강조된다.

Chapter 1

서비스 이코노미

학습목표

1. 경제에서 서비스가 차지하는 중심적 역할에 대한 이해
2. 경제활동의 다섯 단계와 단계별 차이점 이해
3. 농경사회, 산업사회, 후기산업사회의 특성 이해
4. 경험경제의 특성과 B2C 및 B2B 서비스 경험의 차이점 이해
5. 서비스주도논리의 주요 특성 이해
6. 서비스 운영의 여섯 가지 특징과 경영상의 시사점 이해
7. 서비스 패키지의 다섯 가지 차원을 이용하여 서비스를 이해
8. 서비스 프로세스 매트릭스를 활용하여 서비스 유형을 이해

우리는 산업혁명 이래 최대의 노동력 이동을 목격하고 있다. 농업과 제조업에서 서비스업으로의 노동력 이동은 전 세계적으로 광범위하게 이루어지고 있는데, 이동의 원인으로는 글로벌 커뮤니케이션, 사업 성장, 기술 발전, 도시화, 낮은 임금 등을 들 수 있다. 서비스 산업은 모든 산업화된 국가에서 가장 비중이 큰 산업이며 국가경제를 주도하는 일자리를 만들어 내고 있고 모든 이들의 삶의 질을 향상시킬 잠재력을 지니고 있다. 서비스 업종의 많은 일자리들은 전문직, 사업 서비스, 의료와 교육 분야의 고도로 숙련된 지식 근로자들을 위한 것이다. 표 1.1에서는 산업화된 국가들(EU, 미국, 일본)에서 서비스업으로의 이동 정도가 매우 높음을 볼 수 있고, BRIC(브라질, 러시아, 인도, 중국)과 같은 개발도상국들에서도 제조업보다 서비스업의 고용 비중이 높음을 알 수 있다.

개요

경제 발전을 논의하다 보면 현대의 산업화된 경제 안에서 서비스 산업 부문의 고용이 대부분을 차지하고 있음을 알게 된다. 이는 농경사회와 산업사회를 거쳐 마침내 후기산업사회로 진화하는 과정에서 자연스럽게 나타나는 것인데, 여기서 서비스 이코노미는 소비자와 기업 모두에게 있어서 고용 기회와 경험 기반 관계로의 전환이라는 측면에서 탐구되었다.

서비스 운영에서 관찰할 수 있는 특성들은 독특해서, 과연 전통적인 제조업에 바탕을

표 1.1 노동인력 규모 상위 10개국의 부문별 고용 비율(2019년 기준)

국가	세계 노동력 비중(%)	농업 비중(%)	산업 비중(%)	서비스 비중(%)
중국	22.3	27.7	28.8	43.5
인도	14.3	47.0	22.0	31.0
EU	6.4	5.0	21.9	73.1
미국	4.8	0.7	20.3	79.1
인도네시아	3.98	32.0	21.0	47.0
브라질	3.1	9.4	32.1	58.5
파키스탄	2.2	42.3	22.6	35.1
러시아	2.1	9.4	27.6	62.5
방그라데시	2.0	42.7	20.5	36.8
일본	1.9	2.9	26.2	70.9

자료원: https://www.cia.gov/the-world-factbook/field/labor-force-by-occupation.html; https://www.data.worldbank.org/indicator/SL.TLF.TOTL.IN.

둔 경영기법을 직접 적용할 수 있을지 의문을 갖게 된다. 예를 들면, 서비스 관리자는 고객과 함께 가치를 창출하는 시스템을 운영한다는 점을 고려해야 한다. 서비스 패키지 개념은 운영 관점에서 서비스를 기술하는데, 특히 서비스경영에 있어서의 도전 과제에 해법을 제시하는 개방시스템 관점의 기초가 된다. 우선 서비스의 정의에 대하여 알아보자.

서비스의 정의

서비스에 대한 다양한 정의들이 있지만 무형성(intangibility)과 동시소비성(simultaneous consumption)이라는 특성은 모든 정의에 포함되는 특성이다. 다음은 서비스에 관한 정의의 일례다.

서비스는 행위, 프로세스, 그리고 결과로 이루어져 있다(Valarie A. Zeithaml, Mary Jo Bitner, and Dwayne D. Gremler, *Service Marketing*, 7th ed., New York: McGraw-Hill, 2017, p.4).

서비스는 어떤 주체가 다른 주체에게 제공하는 경제적인 활동으로, 서비스 구매자 또는 그가 소유한 물건이나 자산에 대해 원하는 결과를 얻기 위해 대부분 시간 단위 행위로 이용된다. 서비스 고객은 그들의 금전, 시간 및 노력의 대가로 물품, 인력, 전문 기술, 시설 및 설비, 네트워크 및 시스템 등을 이용함으로써 원하는 가치를 얻을 수 있으나, 서비스 과정에서 습득된 유형적인 요소들에 대한 소유권은 일반적으로 보유할 수 없다(Jochen Wirtz and Christopher Lovelock, *Services Marketing: People, Technology, Strategy*, 8th ed., Upper Saddle River, NJ: Prentice-Hall, 2007, p.6).

서비스 시스템은 인력, 기술, 다른 내·외부 서비스 제공 시스템, 그리고 공유된 정보(언어, 프로세스, 척도, 가격, 정책 및 규정 등) 등 공동으로 가치를 창출하는 구성 형태이다(Jim Spohrer, Paul Maglio, John Bailey, and Daniel Gruhl, *Computer*, January 2007, p.72).

서비스와 경제 활성화

그림 1.1은 서비스가 어떤 사회에서도 경제 활동의 중심에 있음을 보여준다. 교통과 통신 등 사회기반 역할을 제공하는 인프라 서비스는 최종 소비자를 포함한 경제 모든 부문들을

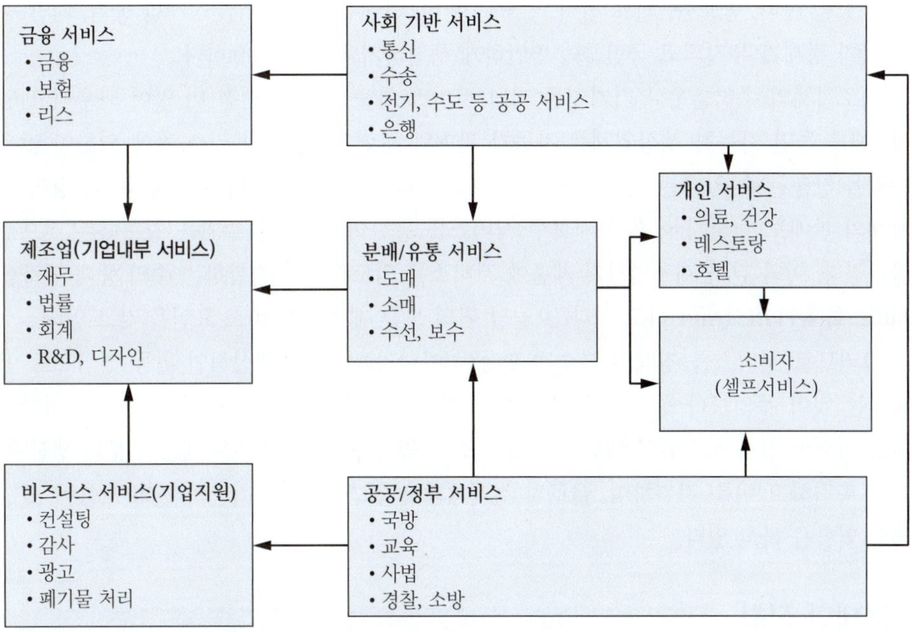

그림 1.1 경제에서 서비스의 역할

자료원: Bruce R. Guile and James Brian Quinn, eds., Technology in Services: Policies for Growth. Trade, and Employmesh, Washington, D.C. National Academy Press, 1988, p. 214.

연계시키는 기본적 연결고리 역할을 한다. 점점 복잡해지는 경제구조 내에서 인프라 서비스와 도소매 등의 거래서비스는 농수산광업 부문과 제조 부문을 고객에게 연결시키는 중간 매개 역할을 함으로써 생산자에서 최종 소비자에게로 이르는 유통경로 역할을 한다. 인프라 서비스는 산업사회의 필수 기반으로서 다른 경제 부문의 활동을 촉진하므로 선진사회로 발전하기 위해서는 우선적으로 구축되고 발전되어야 할 영역이다.

산업화 사회에서는 기업이 필요한 것을 스스로 만드는 것보다 각 영역마다 전문화되고 특화된 기업들로부터 비즈니스 서비스를 제공받는 것이 훨씬 효율적이고 저렴할 수 있다. 따라서 광고, 컨설팅, 금융 등 다양한 비즈니스 기능들을 외부의 전문 업체로부터 제공받는 경우가 점점 더 많아지게 된다.

가정에서 기본적 생활 유지를 위해 스스로 해결하는 경우를 제외하고, 경제가 제대로 움직이고 삶의 질을 높이기 위해서는 서비스 활동이 절대적으로 필요하다. 예를 들면 자금 이체를 위한 금융 서비스나 식품이 생산되지 않는 곳으로 필요한 식품을 운반해주는 운송 서비스를 생각해 보면 서비스 활동의 중요성을 잘 알 수 있다. 더구나 음식점, 숙박, 세탁, 육아 등 예전에는 가정에서 이루어지던 개인적인 서비스들도 경제 시스템의 한 영역으로 옮겨져서 각종 서비스 업종으로 태어나게 되었다. 사실, 셀프서비스를 수행하는 소비자들도 기술을 활용해 부가가치가 없는 작업을 대신하거나(예: 키오스크를 통한 항공좌석 배정) 개인화 및 통제를 가능하게 함으로써(예: 온라인 주식거래) 서비스 공헌자의 역할을 수행한다고 할 수 있다.

정부의 행정 서비스는 투자와 경제 발전을 위한 안정적인 환경을 조성하는 데 결정적인 역할을 한다. 공교육, 의료 서비스, 도로 관리, 안전한 식수 공급, 청정한 공기, 치안 등은 국가 경제가 유지되고 국민들이 평안하게 생활하기 위해서 필요하다.

제조업체의 수익률은 부가가치를 지닌 서비스 창출 정도에 점점 더 많이 좌우되고 있다. 예를 들면 자동차 생산업체는 자동차 판매와 관련된 금융 및 리스 등에 의하여 많은 수익을 창출할 수 있다는 것을 알고 있다. 오티스(Otis) 엘리베이터는 오래전부터 장비 그 자체의 판매보다 설치 이후 유지보수 서비스를 통하여 더 많은 수익을 창출하는 것으로 알려졌다. 이와 같이 제조업자가 제품에 서비스를 의도적으로 결합하는 수익 증대 전략을 **서비스화**(***servitization***)라고 한다. 오늘날 거의 모든 제품은 서비스 요인을 갖고 있다.

그러므로 서비스를 경제의 부수적 활동이 아니라, 사회의 핵심적인 활동 영역으로 인식하는 것이 무엇보다 중요하다. 서비스는 경제가 제대로 돌아가는 데 중추적인 역할을 하고 있으며 경제 시스템의 핵심으로 자리 잡고 있다. 서비스 부문은 제조 부문의 생산 활동을 촉진하고 이를 지원하며, 글로벌 경제체제로 진화해 가는 최근의 변화 흐름에 결정적인 역할을 하고 있다.

경제의 진화

1900년대 초 미국에서는 10명 중 3명만이 서비스 부문에 종사하고, 나머지는 농업과 제조업에 종사했으나, 1950년경에는 서비스 부문의 고용이 노동력의 50%를 차지했다. 현재는 10명 중 8명이 서비스에 종사하고 있다. 이는 제2차 세계대전 이후 고용의 주체가 농업이나 제조업 부문에서 서비스 부문으로 진화해 왔음을 보여준다. 이러한 고용 기회의 변화는 문화, 인구통계, 교육에 지대한 영향을 미쳤다.

그러나 경제 발전을 연구해 온 경제학자들은 이러한 고용 변화에 별로 놀라워하지 않는다. 콜린 클락(Colin Clark)은 국가 경제가 산업화됨에 따라 고용도 한 부문에서 다른 부문으로 옮겨가는 것이 필연적이라 주장했다.[1] 한 부문의 생산성(생산량/노동시간)이 증가하면 노동력은 다른 부문으로 옮겨간다. **클락-피셔의 가설**(*Clark-Fisher hypothesis*)이라고 알려진 이러한 현상은 어떤 부문에서 대다수의 노동력이 활동하느냐에 따라 경제를 분류하는 것으로 이어졌다.

그림 1.2는 경제활동의 단계들을 나타내고 있다. 클락(Clark)을 포함한 많은 경제학자들은 3단계로 구분하였고, 마지막 3단계의 경우 단순히 서비스로 정의하였다. 하지만 우리는 서비스 단계를 더욱 세분하여 총 다섯 단계로 분류한다.

아직도 많은 국가는 개발 초기 단계에 있다. 이들 대부분은 땅에서 천연자원을 채취해 삶을 영위하기 때문에 생산성은 낮고, 소득은 주산물인 설탕, 구리 등의 가격 변동에 영향을 많이 받는다. 아프리카 대부분 지역과 일부 아시아 지역에서는 노동력의 70% 이상이 천연자원 채취에 종사하고 있다.

그림 1.3은 지난 세기 동안 미국 내 서비스 부문 비중의 급격한 성장과 이에 상응하는 농업 부문 비중의 급격한 축소를 보여준다. 이러한 추이는 표 1.1에 제시된 대부분의 국가

---

1) Colin Clark. *The Conditions of Economic Progress*, 3rd ed. (London: Macmillan Co., 1957).

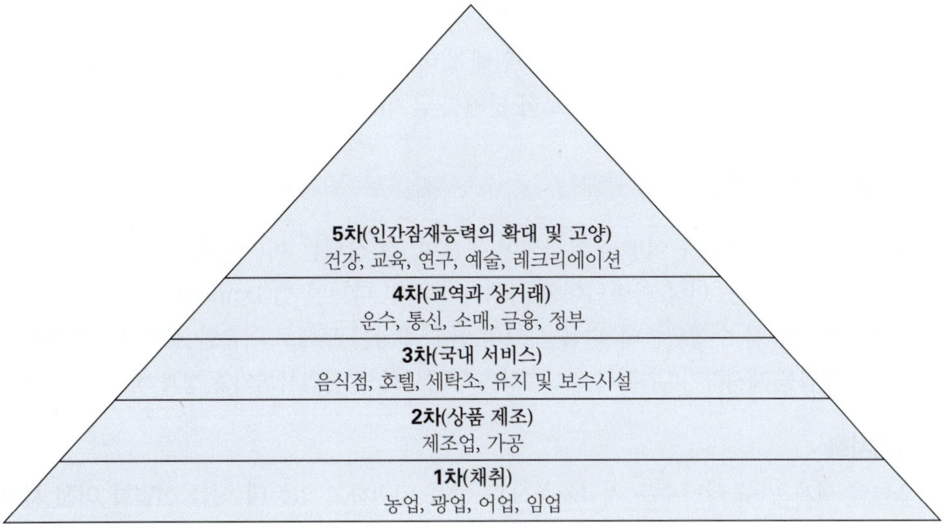

그림 1.2 경제 활동의 발전 단계

들에서 반복적으로 나타났음을 볼 수 있다. 서비스로의 고용 이동은 모든 나라에서 예측 가능한 현상이고, 성공적으로 산업화된 경제는 서비스 부문의 강력한 성공에 바탕을 두고 있음을 살필 수 있다. 무엇보다도 서비스 부문의 경쟁은 점점 글로벌화가 가속되고 있다.

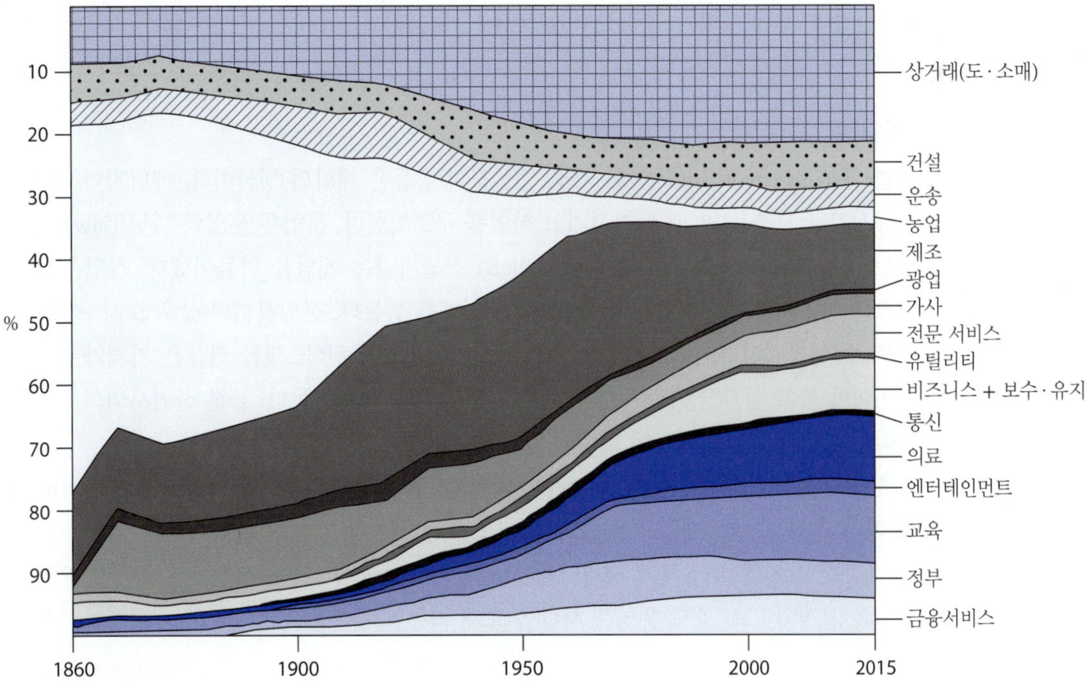

그림 1.3 미국의 부문별 고용변화 추세, 1850~2015

자료원: https://www.visualcapitalist.com/visualizing-150-years-of-u-s-employment-history/.

인도의 콜센터와 일본 상업은행의 성장을 생각해보라. 그러나 서비스 부문의 국가 간 교역은 많은 국가들이 자국 기업 보호를 위해 쌓아 올린 장벽 때문에 쉽지 않은 일이다. 예컨대 인도와 멕시코는 외국기업의 보험 판매를 금지하고 있다.

경제발전 단계

사회역사가들은 사회가 어떻게 발전되어 왔으며, 현 상태는 어디이며, 어떻게 발전해 갈 것인가를 연구한다. 미국 하버드대학 사회학 교수인 다니엘 벨(Daniel Bell)은 이 주제에 관해 많은 연구를 수행했는데, 다음은 그의 연구 결과를 토대로 기술한 것이다.[2] 후기산업사회의 개념을 제시하기 위해서는 그 특징을 농경사회 및 산업사회의 특징과 비교해야 한다.

농경사회

오늘날 세계 인구 상당수는 자급자족으로 삶을 영위하고 있는데 이를 **산업화 이전 사회(*preindustrial society*)**, 즉 **농경사회**로 볼 수 있다. 농경사회의 삶은 자연과의 투쟁 혹은 게임으로 특징지을 수 있는데, 사람들은 근력을 사용해 전통적인 방식으로 일하고 주로 농업, 광업, 어업에 종사한다. 삶의 질은 기후, 토양의 질, 물의 가용성 등에 영향을 받는다. 자연이 생활 리듬을 지배하고, 일의 진행 속도는 계절에 따라 변하며, 생산성은 낮고, 기술의 도움은 거의 없다. 사회생활은 가정의 테두리를 크게 벗어나지 않고, 낮은 생산성과 많은 인구 때문에 실업률이 높다(즉, 노동력이 최대로 활용되지 못한다). 많은 사람들이 서비스 부문의 일을 찾지만 그 범위는 개인이나 가정에 대한 서비스를 벗어나지 못한다. 산업화 이전 사회는 농경사회이고 전통, 일상의 틀, 권위를 바탕으로 구조화된 사회이다.

산업사회

산업사회(*industrial society*)의 가장 중심적인 활동은 재화의 생산이다. 에너지와 기계는 노동시간당 산출을 몇 배 증가시키고 작업을 구조화한다. 분업은 운영의 "원칙(law)"이며, 이는 정형화된 작업과 반숙련(semiskilled) 작업자라는 개념을 만들어냈다. 작업은 공장이라는 인공적 환경에서 이뤄지고, 사람은 기계를 돕는다. 산업사회의 삶은 도시, 공장, 아파트 등 인공적인 자연(fabricated nature)과의 게임이 된다. 생활 리듬은 기계와 보조를 맞추어야 하고 엄격한 작업시간과 시간표에 의해 영향을 받는다. 물론 산업사회의 엄청난 압박은 노조라는 반대세력에 의해서 완화되기도 한다.

산업사회는 일정이 지배하고 시간의 가치가 중시되는 세계이다. 생활수준은 재화의 양에 따라 측정되는데, 재화의 생산과 유통을 조정하는 데 필요한 복잡성 때문에 관료적이고 계층적인 거대한 조직이 생겨나게 되었다. 이러한 조직은 구성원에게 특정한 역할을 하도록 설계되었고, 조직 운영은 사람을 교체 가능한 부속품으로 취급하는 비인간적인 경

---

2) Daniel Bell. *The Coming of Post-Industrial Society: A Venture in Social Forecasting* (New York: Basic Books, 1973).

향이 있다. 사회적 삶의 기본 단위는 개인이며, 사회는 개개인들이 시장에서 내리는 의사 결정의 총집합으로 여겨진다.

후기산업사회

산업사회가 재화의 양에 따라 삶의 수준을 평가한다면 **후기산업사회**(*postindustrial society*)는 삶의 질에 관심을 더 많이 가진다. 후기산업사회에서 삶의 질은 건강, 교육, 레크리에이션 등과 같은 서비스에 의해서 측정된다. 후기산업사회에서 핵심적인 자원은 정보이므로 에너지나 육체적 힘을 가진 사람이 아니라 정보를 가진 전문가가 핵심 역할을 수행한다. 후기산업사회의 삶은 사람 간에 이루어지는 게임이다. 정치적 주장과 사회적 권리가 배가되면서 사회생활은 더욱 어려워진다. 사회는 교통체증이나 환경오염과 같이 개인이나 조직의 개별적인 행위가 합쳐지면 모든 이들에게 해가 되는 결과로 이어질 수 있다는 것을 인식한다. 후기산업사회의 기본 단위는 개인보다는 지역사회가 된다.

벨(Bell)은 산업사회에서 후기산업사회로의 전환은 여러 가지 방식으로 일어난다고 주장했다. 첫째, 교통과 전기 · 수도처럼 산업발전을 지원하기 위한 서비스의 자연스러운 발전이다. 생산과정에서 노동력을 절약하는 장치들이 도입되면 노동력은 유지 및 보수와 같은 비제조 부문에 투입된다. 둘째, 인구와 상품의 대량소비가 늘면서 소매와 도매, 그리고 은행, 부동산, 보험 부문의 비중이 커진다. 셋째, 소득이 증대되면서 식료품과 주거 등 생필품에 대한 소비 비중이 줄면서 내구재 수요가 발생하며, 그 다음에는 서비스 수요가 증가한다.

19세기 프로이센의 통계학자 에른스트 엥겔(Ernst Engel)은 가족 소득이 증가하면 식료품과 내구재의 소비 비중이 감소하고 보다 풍족한 삶에 대한 욕구를 반영하는 서비스 소비가 증가함을 발견했다. 이런 현상은 음식과 주거와 같은 기본욕구가 충족되면 물질적인 상품을 찾게 되고, 궁극적으로는 개인적인 발전을 원하게 된다고 한 매슬로(Maslow)의 욕구단계설과 비슷하다. 그러나 "양질의 삶(good life)"의 필요조건은 건강과 교육이다. 질병을 없애고 수명을 연장시키려는 시도 속에서 보건 서비스는 현대 사회의 중요한 특징이 되고 있다.

후기산업사회에 진입하기 위해서는 고등교육이 필요하다. 후기산업사회는 구성원들의 전문적이고 기술적인 역량을 필요로 하기 때문이다. 또한 사회정의와 서비스에 대한 더 많은 욕구는 정부 부문에서 공공서비스의 성장으로 이어진다. 환경 보호에 대한 관심사는 정부의 개입을 요구하고 후기산업사회의 문제점들이 상호의존적이고 글로벌한 성격을 가지고 있다는 것을 보여준다. 표 1.2는 경제발전의 측면에서 농경사회, 산업사회, 후기산업사회의 특징을 요약하고 있다.

서비스의 본질

많은 사람들은 서비스라 할 때 시중드는 것(*servitude*)을 떠올리거나 햄버거를 만들고 식사 시중을 드는 모습을 우선 떠올린다. 그러나 지난 50년 동안 급속하게 성장해 온 서비스 부문을 호텔이나 패스트푸드 레스토랑처럼 낮은 임금 내지는 기술수준이 낮은 직업군으

표 1.2 사회별 특징 비교

	특 징						
사회	**게임 대상**	**지배적인 활동**	**인간 노동력 사용**	**사회생활 단위**	**생활수준의 척도**	**구조**	**기술**
농경사회	자연	농업, 광업	육체적인 힘	대가족 단위	생존	일상적, 전통적, 권위적	단순한 수작업
산업사회	인공적인 자연	상품생산	기계 의존	개인	재화의 양	관료적, 계급적	도구 기계
후기 산업사회	사람 간	서비스	예술적, 창조적, 지적 능력	커뮤니티	건강, 교육, 레크리에이션 측면의 삶의 질	상호의존적, 국제적	정보

로만 보는 것은 옳지 않다. 그림 1.4에서와 같이 2019년 미국 내 총 고용의 약 31%는 전문 서비스 및 비즈니스 서비스, 의료, 사회 지원, 교육 서비스 등 상당한 전문성을 필요로 하는 서비스 업종에서 발생했다.

고용 패턴의 변화는 거주 장소와 행태 및 교육 요건에 영향을 미치게 되며, 결과적으로 그 사회가 중요하다고 생각하는 조직에 영향을 미친다. 산업화는 불과 며칠간의 훈련으로 단순하고 반복적인 작업을 수행할 수 있게 된 반숙련 노동자의 출현이 필연적이었다. 산업화에 수반된 서비스 부문의 성장은 화이트컬러, 즉 사무 직종에서 고용 양상의 변화를 일으켰다. 미국의 경우 1956년이 전환기였다. 산업사회 역사상 처음으로 화이트컬러 근로자 수가 블루컬러, 즉 생산직 근로자 수를 넘어섰고, 이후 그 간격은 더욱 벌어졌다. 가장

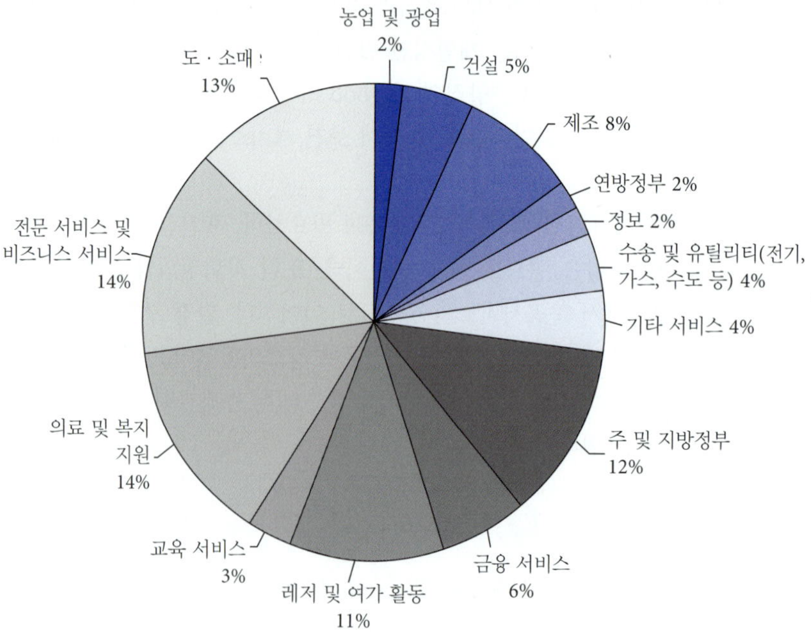

그림 1.4 2019년 미국 산업별 고용 분포

자료원: http://www.bls.gov/emp/tables/employment-by-major-industry-sector.htm.

흥미로운 것은 대학교육이 필요한 관리직 및 전문직의 성장이었다.

오늘날 서비스 산업은 경제 성장을 이끌어 나가는 원천이다. 지난 30년 동안 서비스 부문에서 4,400만 개 이상의 새로운 일자리가 창출되었는데, 이는 주로 제조 부문의 일자리 감소로 발생한 인력과 여성 인력으로 보충되었다. 미국에서는 서비스 부문이 국가 소득의 약 70%를 차지한다. 한 개인이 보유할 수 있는 차량의 대수나 먹고 마실 수 있는 양에는 한계가 있다는 점을 감안하면 이는 결코 놀라운 일은 아니다. 하지만 서비스에 대한 욕구, 특히 혁신적 서비스에 대한 욕구는 끝이 없다. 최근 노령화와 맞벌이 추세로 인해 노인 의료와 보육 관련 서비스의 수요가 급증하고 있다.

미국의 경우 지난 불경기(2008년 금융 위기는 예외) 동안 서비스 부문의 고용 감소가 제조업의 고용 감소보다 훨씬 덜했다. 이는 소비자들이 제품의 구매는 미루려는 의지가 있지만 필수적인 서비스, 즉 교육, 통신, 금융, 건강관리, 화재 및 방범 등의 공공 서비스는 희생하려 하지 않음을 보여주고 있다.

서비스가 불경기를 타지 않는 이유는 다음과 같다. 첫째, 서비스는 속성상 제품처럼 재고가 없다. 서비스는 소비와 생산이 동시에 일어나기 때문에 서비스 수요는 생산된 재화에 대한 수요보다는 상대적으로 안정적이다. 경제가 어려워도 상당수의 서비스는 생존을 위해 계속 필요하다. 병원은 여전히 계속 붐빌 것이고 부동산, 보험, 보안 업종 등의 수익률은 감소할지 몰라도 종업원이 줄어들 정도는 아니다.

둘째, 불경기에는 개인이나 기업 모두 자본 투자를 억제하는 대신 보유한 기존 설비를 수리해 사용하려고 한다. 그렇기 때문에 불경기에도 유지 보수와 관련해서는 새로운 서비스 일자리가 창출된다.

2020년 글로벌 팬데믹은 2008년 금융위기뿐만 아니라 그 전의 위기 때와 양상이 다르다. 코로나19의 경험은 과거의 불경기에서 학습된 회복을 위한 처방이 들어맞지 않고 있다. 사회적 거리두기와 실내에서 인원 수 제한 등과 같은 규제는 서비스가 주도하는 불경기를 초래했다. 코로나19 규제 하에서 서비스 부문 고용의 과거와 같은 성장은 기대할 수 없고, 오히려 노동시장 회복을 더디게 만들었다. 그 요인의 일부는 미래의 수요 회복을 예상하여 생산을 지속하고 재고를 구축하는 제조 능력 때문에 발생한 제조 비용에서 기인한다.

100여 년 만에 처음으로 글로벌 대유행인 코로나19가 전 세계적으로 전례 없는 속도로 확산되자 120개 이상의 국가에서 바이러스를 통제하고 의료 시스템이 붕괴되는 것을 막기 위해 많은 사람들이 봉쇄 조치를 받았다. 이 상황은 경제위기를 촉발시켰으며, 심각한 사회적 결과를 초래했고, 그것은 전 세계 대부분 인구의 삶과 생계에 영향을 미쳤다. 이러한 위기는 전염병 대비, 사회 · 경제적 안전망, 그리고 글로벌 협력 측면에서 근본적인 결함을 드러냈다. 정부, 의료기관, 기업은 인력 수급 문제, 필수 공급망 와해, 사회 불안의 형태로 나타난 복합적인 위기를 해결하기 위해 노력하고 있다.

경험경제

서비스는 거래 개념으로부터 경험 기반의 관계 개념으로 변화하고 있다. 스타벅스(Starbucks)와 디즈니 월드(Disney World) 같은 기업들이 어떻게 그들의 서비스를 경험으로

표 1.3 경제적 진화에서 나타나는 용어의 차이

경제	농경	산업	서비스	경험	
경제적 제공	음식	상품	통상적인 서비스	고객 서비스(B2C)	비즈니스 서비스(B2B)
기능	채취	제조	전달	공연	공동창출
성격	대체 가능	유형적	무형적	기억에 남음	성과에 영향
특징	자연적	표준화된	고객화된	개인적	성과 성장
공급방법	대량 저장	재고 가능	수요에 따라	시간흐름에 따라 표출	지속 가능
판매자	중간상인	생산자	서비스 제공자	공연자	협력자
구매자	시장	고객	구매자	관객	협력자
기대치 기준	수량	형태	혜택	감동	능력

각각 정의하는지를 생각해보자. 표 1.3은 농경사회에서 경험경제로 진화해 가는 역사적 과정을 각 경제의 특성별로 보여주고 있다. 각 경제 간 미묘한 차이를 제대로 인식하기 위해서는 각각의 경제를 설명한 단어들에 특히 유의해야 한다. **경험경제(*experience economy*)**는 고객 서비스 경험과 비즈니스 서비스 경험으로 더 세분된다.

고객 서비스 경험

기업-고객 간(B2C) 경험은 기억 속에 깊이 남는 방식으로 고객을 개별적으로 참여시키고 연계시킴으로써 가치를 창출한다. 서비스 기업들이 기억에 남는 경험을 연출하고, 또 그에 대한 대가를 청구함으로써 우리는 새로운 경험경제로 옮겨가게 되는 것이다. 그림 1.5는 서비스 기업이 제공한 연출 장면에 고객 참여 정도와 환경과의 상호작용 수준에 의해 분류할 수 있는 네 가지 유형의 경험을 보여주고 있다. 영화 관람과 같은 오락은 약간의 경험만을 포함하고 있으나, 스쿠버다이빙 같은 일상으로부터의 탈출은 고객의 적극적인 참여의지를 필요로 한다.

고객 서비스 경험의 설계는 다음의 5가지 원칙에 의해 이루어진다. **경험의 주제 만들기(*theme the experience*)** 원칙의 적용 사례는 영업사원들이 고대 로마 전통의상을 입고 로마 양식으로 장식된 상점에서 영업을 하는 라스베이거스 소재 포럼 샵(Forum Shops)이 있다. 각 층마다 독특한 색으로 페인트칠을 하고 층별로 다른 음악(1층에는 하드록, 2층에는 클래식을 연주)이 나오게 함으로써 고객들이 자동차를 주차한 위치를 잘 찾도록 도와주는 시카고 오헤어 공항 주차장은 **긍정적인 단서로 인상과 조화 이루기(*harmonize impressions with positive cues*)**의 적용 사례라 할 수 있다. **부정적인 단서 미리 제거하기**

		환경과의 관계	
		몰입(absorption)	일체화(immersion)
고객의 참여	수동적	오락 (영화)	탐미주의 (여행)
	적극적	교육 (언어)	일상으로부터 탈출 (스쿠버다이빙)

그림 1.5 경험의 네 가지 영역

자료원: Adapted from James A. Fitzsimmons, Mona J. Fitzsimmons, Sanjeev Bordoloi, Service Management Operations, Strategy, Information Technology, 9th edition, (2019), p 10.

(*eliminate negative cues*) 사례는 텍사스 오스틴에 있는 씨네마크 영화관(Cinemark Theater)에서 쓰레기를 버리면, "감사합니다"라고 말하는 휴지통을 사용하는 경우를 들 수 있다. 클럽 메드(Club Med)에서 휴가를 보내는 고객들에게 단체사진을 촬영하여 제공하는 것은 기억 되살리는 계기 만들기(*mix in memorabilia*)의 사례에 해당된다. 라스베이거스에 있는 레인포레스트 카페(Rainforest Cafe)에서 정글 소리와 희미한 안개를 연출하는 것은 오감 자극하기(*engage all five senses*)의 사례라 할 수 있다.

비즈니스 서비스 경험

기업 간(B2B) 서비스에서 창출되는 가치는 컨설팅 업무에서 볼 수 있듯이 공동작업이나 혹은 협조 관계에서 만들어진다. 새로운 기업 서비스 경험은 3가지 차원이 있다.

가치 공동 창출

- 고객은 관계로부터 추출되는 가치의 공동 창출자이다.
- 고객은 서비스 프로세스의 투입 요소이다.

관계

- 고객과의 관계는 혁신과 차별화의 원천이기 때문에 무엇보다도 중요하다.
- 장기간의 관계는 고객 요구에 부합하는 개인적 서비스를 제공하는 능력을 가능하게 한다.

서비스능력

- 서비스품질을 유지하면서 수요 변동에 대응할 수 있는 서비스능력을 제공한다.
- 서비스품질은 주로 고객 관점에서 측정된다.

스쿠버다이빙은 일상에서 벗어나 해저 생태계를 탐험하며 경험의 극치를 맛보는 것이다.
Georgette Douwma/Photodisc/Getty Images.

표 1.4 21세기 서비스 분류

핵심 경험	본질적 형태	사례
창조적	아이디어 제시	강연(Ted Talk)
가능토록 함	매개자로서 행동	신용(Visa)
경험적	고객의 참여	테마파크(Disney World)
확장적	연장 및 유지보수	의료(Kaiser Permanente; 미국 대형 의료기관)
위임/의뢰	계약 협정	생명보험(Prudential)
정보	정보 접근	인터넷 검색(Google)
혁신	신개념 촉진	투자자문(KKR; 미국 유수의 투자회사)
문제해결	전문가에게 접근	컨설팅(McKinsey)
삶의 질	웰빙 개선	피트니스(Gold's Gym)
규제	규칙 제정	환경(EPA; 미국 환경보호국)

자료원: Adapted from J. R. Bryson, P. W. Daniels, and B. Warf, *Service Worlds: People, Organizations, Technologies,* New York: Routledge, 2004, p. 33.

기업 간(B2B) 서비스가 제공하는 핵심적인 경험은 창조, 추진, 문제 해결, 정보의 혁신적 사용 중의 하나라고 할 수 있으며, 이는 거래 이후 소멸되기보다는 더욱 개선되어 다른 이들이 사용할 수 있게 된다.

표 1.4는 고숙련 지식 노동자들에 많은 부분을 의존하는 21세기의 소비자 및 사업서비스가 당면할 경험의 목록을 정리한 것이다.

서비스주도논리[3)]

전통적인 제조업에 바탕을 둔 경영기법은 비록 대부분의 접근 방식이 유사할지라도 수정 없이 그대로 적용하기에는 무리라 할 수 있을 정도로 서비스 환경에서 나타나는 특성은 매우 독특하다. 제조업과 서비스업에서 나타나는 요구사항의 차이를 무시하는 것은 실패로 이어질 수 있다. 무엇보다도 서비스의 특성을 이해하는 것은 혁신적인 경영을 위한 통찰을 제시한다는 점에서 중요하다. 고객의 경험을 창출하는 서비스 전달과정의 이해 없이 서비스경영을 발전시키는 것은 불가능하다.

여기서는 서비스주도논리 패러다임을 논의하면서 서비스의 본질과 서비스 운영관리에 미치는 시사점에 대해서 논의하고자 한다. **서비스주도논리(*service-dominant logic*)**는 경제적 교환활동이나 가치의 창출을 설명하기 위한 전통적인 제품 중심의 패러다임에 대한 서비스 중심의 대안이라 하겠다. 서비스를 교환을 통하여 또 다른 혜택을 이끌어 낼 수 있는 응용 역량이라고 정의한다면, 서비스가 가치창출을 위한 가장 기본적인 바탕이라는 것이 그 중심 아이디어다. 서비스의 구성요소로서 제품은 반드시 교환에 관여가 되어야 하겠지만, 고객에 의해 결정되고 실현되는 가치라는 의미의 사용가치(value-in-use)는 매우 중요한 특성이다.

---

3) From Steven L. Vargo and Melissa Archpru Akaka, "Service-Dominant Logic as a Foundation for Service Science: Clarifications," *Service Science* 1, no. 1 (2009), pp. 32–41.

표 1.5 서비스주도논리의 근본적인 전제(FP: foundational premises)

FP	전제	설명/이유
1	서비스는 교환의 근간이다.	능동적인 자원(지식, 기술)의 활동, "서비스"는 모든 교환의 근간이다. 서비스는 서비스를 위한 교환이다.
2	간접교환은 교환의 근간을 가린다.	제품, 자금, 기관들은 서비스가 서비스와 교환되는 교환의 본질을 가린다.
3	제품은 서비스 제공의 유통 메커니즘이다.	제품(내구재, 비내구재 모두)은 사용(제품이 제공하는 서비스)을 통해 가치가 도출된다.
4	능동적 자원이 경쟁우위의 근간이 된다.	원하는 변화를 이끌어낼 수 있는 비교의 능력이 경쟁을 유발한다.
5	모든 경제는 서비스 경제이다.	분업화와 아웃소싱이 더욱 증가함에 따라 서비스만이 더욱 두드러지게 된다.
6	고객은 항상 가치의 공동생산자이다.	이 전제는 가치 창출이 상호적임을 의미한다.
7	기업은 가치를 전달할 수 없다. 단지 가치 제안을 할 뿐이다.	기업은 활용된 자원을 전달할 수 있으며 고객이 그 자원을 받아들임으로써 협력적으로(상호활동으로) 가치를 창출할 수 있다. 그러나 기업 혼자 가치를 창출/전달할 수 없다.
8	서비스 중심 관점은 본질적으로 고객 중심적이며 관계 중심적이다.	서비스는 고객이 결정하며 공동 창조된다. 따라서 서비스는 본질적으로 고객 중심이며 관계 중심적이다.
9	모든 경제적 사회적 주체는 자원 통합자이다.	가치 창출의 맥락은 네트워크들의 네트워크(자원 통합자)임을 의미한다.
10	가치는 항상 수혜자에 의해 독특하게 그리고 현상적으로 결정된다.	가치는 독특하고, 경험적이며, 상황적이고, 다양한 의미를 지닌다.

자료원: Stephen L. Vargo and Melissa Archpru Akaka, "Service-Dominant Logic as a Foundation for Service Science: Clarifications," Service Science 1, no. 1 (2009), p. 35.

표 1.5는 서비스주도논리의 가장 중요한 10가지 전제조건(FPs: foundational premises)이며 간략한 설명과 정당성을 기술한 것이다. 각각의 상세한 내용을 살펴보면 다음과 같다.

FP1: 서비스는 무형적 산출물(유사 상품)이라기보다는 일종의 활동 혹은 프로세스이다. 서비스는 지식과 기술 등의 역량을 다른 상대방의 이익을 위해 활용함에서 비롯된다.

FP2: 후기산업사회에서 가치창출 프로세스는 복잡하며, 교환 과정을 용이하게 하는 많은 중개시스템(예: 인터넷)이 존재한다.

FP3: 제품에는 에너지, 자재, 노동비 등이 포함되어 있기는 하지만, 제품의 가치가 실현되는 것은 오직 사용될 때 뿐이다(예: 운송 서비스를 제공하는 자동차).

FP4: 경쟁우위는 고객의 가치를 창출할 수 있는 서비스 기업의 지적 자산, 기술, 지식을 통해 획득된다.

FP5: 만일 서비스가 다른 사람을 위해 역량을 활용하는 것이라면 농업경제, 산업경제, 후기산업경제와 관계없이 모든 경제활동은 본질적으로 서비스이다.

FP6: 만일 가치가 고객과 공동으로 생산된다면, 서비스 활동은 고객을 어떤 형태(예: 정신, 신체, 소유물, 정보)로든 상호작용의 관계 속에 포함한다.

FP7: 제품이 사용되기 전에는 본질적인 가치가 없는 것처럼, 서비스도 고객이 활성화하기 전까지는 가치를 창출할 수 있는 능력만을 가질 뿐이다(예: 비행기의 좌석은 이륙 시 공석이라면 가치가 없다).

FP8: 서비스는 고객과 함께 생산되기 때문에 서비스 교환은 본질적으로 고객이 중심이 된다.
FP9: 가치는 고객이 교환을 달성하기 위해 다른 자원통합자와 더불어 서비스 제공자의 자원을 통합하고 활용할 때 생성된다(예: PayPal을 사용하여 eBay에서 구매하는 경우).
FP10: 각 고객은 특정 시점(예: 간단한 점심식사 혹은 저녁 회식)에서의 개인적 필요와 특정한 맥락(예: 혼자 혹은 그룹)에서의 경험을 바탕으로 서비스의 가치 또는 품질을 결정한다.

서비스주도논리는 서비스사이언스라는 새로운 학문영역의 근간이 된다. **서비스사이언스**(*service science*)는 IBM의 알마덴 연구소에 의해 주창되었고, 서비스사이언스/경영/공학(SSME: Service Science, Management, and Engineering)이라고도 불린다. SSME는 과학, 경영학, 공학 분야의 지식을 한 조직이 개인 또는 다른 조직을 위하거나 함께 임무를 수행하는 데 적용하는 것이다. 그 목적은 업무 공유와 위험 공유(공동생산)의 관계에 있어서 생산성, 품질, 성과, 역량, 성장, 그리고 학습방식의 개선 등을 보다 예측 가능하도록 만드는 데 있다. 서비스사이언스의 핵심은 서비스 시스템 내에서 또는 시스템 간의 자원 이동과 공유이다. 서비스 시스템의 규범적 기능은 사람, 기술, 정보를 연결하는 것이며, 시스템 내 또는 시스템 간 자원 교환에 참여하는 서비스 시스템들이 공동으로 가치를 창출한다는 목표는 이를 통해 달성된다.

서비스 운영의 특성

서비스에서는 **투입**과 **자원**을 명확히 구분해야 한다. 서비스의 경우, 투입은 고객 자체이며, 자원은 서비스경영자가 사용하는 보조용품, 노동력, 자본 등이다. 따라서 서비스 시스템이 제대로 작동하기 위해서는 프로세스 참여자로서 고객과 상호작용을 해야만 한다. 고객은 나름의 생각과 서비스에 대한 독특한 수요를 갖고 서비스 시스템에 참여하기 때문에 서비스의 능력과 고객의 요구를 일치시키는 것은 매우 중요하다.

그러나 금융 서비스와 같은 몇몇 서비스에서는 사람보다 정보를 처리하는 일에 더 초점을 둔다. 이러한 상황에서는 전자자금이체와 같은 정보기술이 수표를 입금하는 것과 같은 물리적인 일들을 대체하며, 고객은 은행의 프로세스에 참여할 필요가 없어진다. 서비스 운영의 특성을 논의하면서 우리는 이와 같은 예외적 상황에도 주목할 것이다. 고객 참여와 소멸성처럼 서비스의 많은 독특한 특성들은 서로 연관되어 있다는 것에도 주목할 필요가 있다.

고객 참여

고객이 서비스 프로세스의 일부분으로 참여하는 경우, 설비 디자인에 보다 많은 주의를 기울여야 한다. 이것은 전통적인 생산운영에서는 나타나지 않는 특징이다. 예를 들어 덥고, 지저분하고, 시끄러운 공장에서 자동차가 생산된다고 하더라도 고객에게는 작업환경이 열악한 것이 별로 중요하지 않다. 왜냐하면 고객들은 판매대리점의 쾌적한 전시장에서 자동차를 처음 접하기 때문이다. 그러나 고객이 생산현장에 참여하면 공장에서는 거의 필요 없었던 서비스 시설의 물리적 환경에 대해 주의가 요구된다. 고객은 **전방업무**(*front of-*

fice), 즉 고객 입장에서 설계된 환경 안에서 서비스를 경험하게 된다. 실내장식, 가구, 배치, 소음, 심지어 색상까지도 서비스에 대한 고객 인식에 영향을 준다. 판에 박은 듯이 똑같은 버스 정류장과 공항 터미널에서 느끼는 기분을 비교해 보라. 물론 승객들은 공장과 비슷하게 운영되는 곳(예: 수하물 취급 구역)과 같은 **후방업무**(*back office*)에는 들어가지 못한다. 그러나 혁신적인 서비스 기업들은 그들의 후방업무를 개방하여 서비스의 신뢰를 높이기도 한다(예: 주방이 보이는 레스토랑, 수리장소가 보이는 정비소 등).

서비스 제공에서 중요하게 고려해야 할 점은 고객이 프로세스 내에서 중요한 역할을 하도록 하는 것이다. 고객의 지식, 경험, 동기부여, 심지어 정직성까지도 서비스 성과에 직접적인 영향을 미친다.

1. 슈퍼마켓이나 할인점의 고객들은 판매 프로세스에서 중요한 역할을 할 의지가 있다고 간주된다.
2. 환자 진료 기록의 정확성에 따라 담당 의사의 진료 효과성은 영향을 받을 수 있다.
3. 학생 교육은 학생 자신의 꾸준한 노력과 주도적 학습에 의해 대부분 결정된다.

고객 참여의 가치는 패스트푸드 레스토랑에서 잘 나타난다. 고객은 제한된 메뉴 안에서 직접 주문할 뿐만 아니라, 식사를 마친 다음에는 직접 식탁을 치운다. 일반적으로 고객들은 그들의 노동력 투입에 대한 보상으로 빠르고 저렴한 음식을 기대하지만 서비스 제공자는 수많은 잠재적 효익을 얻는다. 첫째, 필요 직원의 수가 줄기 때문에 감독의 필요성과 추가급여가 줄어든다. 둘째, 이것이 더 중요한데, 필요한 시점에 고객들이 노동력을 제공한다. 따라서 서비스능력은 직원 수에 따라 일정한 것이 아니라 수요에 따라 변동한다. 고객들이 임시 직원처럼 행동하므로, 필요할 때 추가 노동력이 제공되는 셈이다.

그러나 고객을 프로세스에서 제외하는 것이 점차 관례처럼 되고 있다. 은행은 고객들에게 직접 은행을 방문하기보다는 온라인 거래, 직접 예금 예치, 자동 이체 등을 할 것을 권유하고 있다. 더구나 인터넷 상거래의 출현은 "윈도우 쇼핑(window shopping)"이라는 용어에 새로운 의미를 부여하게 되었다.

동시성

서비스는 생산과 동시에 소비되므로 저장될 수 없는 것이 서비스경영의 핵심적인 특징이다. 이러한 서비스의 무재고성 때문에 수요 변동을 흡수하기 위한 완충으로 재고에 의존하는 전통적인 제조 전략을 사용할 수 없다. 제조업자는 내부환경의 계획 및 통제를 외부환경으로부터 분리하기 위해 완제품 재고를 사용한다. 따라서 제조시설은 일정한 생산량 수준에서 운영하는 것이 가장 효율적이다. 공장은 고객의 수요 변동을 흡수할 수 있는 재고를 가진 **폐쇄시스템**(*closed system*)이다. 반면에 서비스는 수요 변동이 시스템에 직접적으로 영향을 미치는 **개방시스템**(*open system*)으로 운영된다.

또 재고는 제조공정에서 생산 단계를 이원화하는 데 사용될 수 있다. 하지만 서비스에서의 이원화는 고객의 기다림에 의해서만 이루어진다. 재고관리가 생산운영관리에서 중요한 이슈인 것처럼 고객의 기다림, 즉 "대기행렬" 관리는 서비스에서 중요한 문제이다.

서비스능력, 시설 활용, 유휴시간의 사용에 관한 결정은 고객의 대기시간을 고려해 균형을 이뤄야 한다.

서비스에서 생산과 소비의 동시성은 품질관리가 개입할 여지가 대폭 줄어든다. 제품은 배송 전에 검사를 받을 수 있지만 서비스에서는 제공된 서비스품질을 측정하기 위해 다른 기준을 사용해야 한다.

소멸성

서비스는 시간적인 소멸성을 가진 상품이다. 비행기의 빈 좌석, 병원의 빈 병실, 호텔의 빈 객실, 그리고 환자가 없는 시간대의 치과의사를 상상해 보라. 이 경우 기회손실이 발생한다. 서비스능력은 저장될 수 없기 때문에 사용되지 않으면 영원히 사용할 기회를 잃어버린다. 서비스능력의 최대 활용은 경영자에게 커다란 도전적인 과제이다. 왜냐하면 고객 수요의 변동이 상당히 크며, 이러한 변동을 재고를 통해 흡수하는 것이 불가능하기 때문이다.

서비스에 대한 고객 수요는 단기적으로 매우 주기적인 행동을 보이며, 가장 바쁜 시간과 한가한 시간 간의 수요 차이가 크다. 가령, 점심을 오후 12시에서 1시 사이에 먹는 관습으로 인해 레스토랑은 정오부터 몰려오는 고객들을 수용하기 위해 상당한 곤란을 겪는다. 공공 서비스 영역에서도 많은 사례를 찾을 수 있다. 가령, 응급환자 이송 서비스의 경우 저녁 6시경이 가장 수요가 많고 도시가 잠든 오전 3시경에는 한가하다.

호텔 · 관광업이나 운송서비스업의 경우, 수요의 계절적 변동이 심하다. 많은 학생들이 알고 있는 바와 같이, 설 연휴나 추석 때는 집으로 돌아가는 귀경 열차나 버스 표를 몇 달 전에 예약해야만 한다.

수요 변동과 **시간소멸성 서비스능력**(*time-perishable capacity*)에 대처하기 위해 서비스 경영자는 다음 세 가지 대안을 고려할 수 있다.

1. 수요완화
  ① 예약제 이용
  ② 가격 인센티브 이용(이른 아침에 할인혜택을 주는 영화관)
  ③ 피크시간 수요 분산을 위한 마케팅(이른 시간에 쇼핑 권장 및 바겐세일이나 크리스마스 기간에는 혼잡시간대를 피하도록 광고)

2. 서비스능력 조정
  ① 피크시간에 시급제 직원 고용
  ② 수요에 따라 작업자 수가 변경되도록 근무교대조의 일정관리(근무자를 통화 수요에 맞춰 배정한 콜센터)
  ③ 고객의 셀프서비스를 확대

3. 고객으로 하여금 기다리게 함

마지막 대안은 서비스 프로세스에서 가장 소극적인 것이며 불만족한 고객을 경쟁자에게 빼앗길 위험성이 있으나, 고객을 기다리게 함으로써 서비스능력의 활용률을 높일 수도 있다. 항공사는 당일 출발 항공편의 판매되지 않은 좌석을 대기고객에게 판매함으로써 이 점을 충분히 활용하고 있다.

무형성

제품은 물건인 반면 서비스는 아이디어 혹은 개념이다. 그러므로 서비스 혁신은 특허를 받을 수 없다. 새로운 서비스 개념으로부터 이익을 취하려면 서비스 기업은 이를 신속하게 확장해 경쟁자들보다 선점해야 한다. 프랜차이징은 시장영역을 보호하며, 브랜드 명성을 확립하는 수단으로 활용되어 왔다. 프랜차이징은 모회사가 지역의 사업가들에게 아이디어를 판매할 수 있게 함으로써, 자본을 보존하면서 통제를 유지하고 위험을 감소시킬 수 있도록 해준다.

서비스의 무형적인 특성은 고객에게도 문제로 나타난다. 제품을 구매할 때, 고객은 구매 전에 그것을 볼 수도 있고, 느끼거나 성능을 시험해 볼 수도 있다. 그러나 서비스의 경우 고객은 서비스 업체의 명성밖에 의존할 것이 없다. 그러므로 정부가 많은 서비스 부분에서 기업이 일정 수준의 서비스를 보장하도록 개입한다. 정부는 법률, 면허, 규제 등을 통해 서비스 업체의 교육 및 성과가 일정 기준을 충족시키고 있다는 것을 고객들이 알 수 있도록 한다. 따라서 공공건설의 계획은 반드시 전문 기술자에 의해 승인되어야 하고, 의사는 진료를 위해 면허증을 취득해야 하며, 전력회사는 공공서비스로서 규제된다. 그러나 고객을 "보호"하고자 하는 이러한 노력에도 불구하고, 정부는 혁신을 억제하고 진입장벽을 높임으로써 경쟁을 저해하기도 한다.

이질성

서비스의 무형성과 서비스전달시스템에 고객이 직접 참여한다는 특성으로 인해 서비스는 고객마다 다르게 제공된다. 서비스에서 직원과 고객 간의 상호작용은 직무에 대한 경험이 인간적일수록 더 만족스러울 수 있다. 왜냐하면 서비스에서의 직무 활동은 사물 지향적이 아닌 사람 지향적이기 때문이다. 그러나 정보를 처리하거나(커뮤니케이션) 혹은 고객의 자산을 처리하는(중개서비스) 서비스는 예외적이다. 고객접촉이 제한적인 서비스 산업에서는 셀프서비스 기술을 도입함으로써 노동집약도를 획기적으로 감소시킨다.

자동화의 도입은 일상적인 비인간적 업무를 제거하여 그 외의 업무에 개인적 관심을 강화한다. 이러한 개인적인 관심은 서비스품질 변동으로 이어질 수도 있다. 그러나 고객이 품질의 차이가 크다고 인식하지만 않는다면 이것이 나쁘다고만 볼 수는 없다. 고객은 공정하게 대우받기를 원하며, 다른 사람들이 받은 것과 동일한 서비스를 기대한다. 적절한 절차를 이용한 표준화와 직원 교육은 서비스의 일관성을 가져오는 핵심 요소가 된다. 많은 경우 개별 직원의 수행 결과를 일일이 모니터링하는 것은 현실적이지 못하므로, 고객의 피드백을 통해 고객이 품질 통제에서 중요한 역할을 수행하도록 한다.

고객과 직원의 직접 접촉은 서비스 관계에도 시사하는 바가 크다. 회사에 대해 불만을 가진 자동차 제조회사의 노동자는 조립공정에서 태업을 하기도 한다. 그러나 자동차는 고객에게 인도되기 전에 최종검사에서 불량이 확인되어 재작업을 할 수 있다. 반면에 불만을 가진 서비스 업체의 직원은 그 업체에 회복하기 어려운 피해를 줄 수도 있다. 왜냐하면 직원이 고객과 접촉하는 유일한 접촉경로이기 때문이다. 그러므로 서비스경영자는 직원의 성과뿐만 아니라 그들의 태도에도 관심을 기울여야 한다. 즉, 직장생활이 불행한 직원이 고객을 행복하게 할 수 없기 때문에 경영자는 직원 훈련과 복지에 대한 진심어린 관심을 통해 조직의 목표를 실현할 수 있다.

소유권의 비이전성[4)]

마케팅 관점에서, 서비스는 제품과 달리 소유권의 이전을 포함하지 않는다. 만일 고객들이 서비스를 구매할 때 소유권을 이전받지 않는다면, 고객들이 구매하는 것은 무엇일까? 한 가지 견해는 고객이 호텔 객실에서 숙박을 하거나 비행기 좌석을 배정받는 것처럼 일정 시간 동안 자원에 접근하거나 이를 빌릴 권한을 갖는다는 것이다. 서비스 산업은 자원의 사용을 분배함으로써 고객 간에 자원을 공유하도록 한다. 고객은 자산을 취득하지 않는 대신에 노동력(예: 치과의사), 기술(예: 모바일 네트워크), 혹은 물리적 자산(예: 놀이공원) 등과 같은 자산을 특정 시간 동안 사용할 권리는 갖는다. 각각의 예에서 고객들이 다른 고객들과 동시에 서비스 제공자의 자산을 공유한다는 점에 주목할 필요가 있다. 표 1.6은 비소유 서비스의 다섯 가지 유형을 사례와 함께 제시하고 있다.

고객 간의 자원 공유는 많은 경영과제를 던져 준다. 제품 대여의 경우에는 제품 대여와 반환을 위해 대여 사무소 위치의 편리성이 핵심적이다. 예를 들어, 대부분의 렌터카 회사들은 공항에서 볼 수 있다. 엔터프라이즈(Enterprise) 렌터카는 예외라 할 수 있는데, 그 이유는 여행객보다 지역주민에게 자동차를 대여하는 것에 중점을 두기 때문이다.

제품 대여는 대여 제품의 유지보수 및 대여된 제품이 온전한 상태로 반환되는 것이 필수적이다. 장소 및 공간 대여의 경우, 고객들은 어느 정도의 분리와 사적 자유를 누림과 동시에 많은 다른 사용자와 큰 공간을 공유함으로써 얻어지는 규모 경제의 혜택을 누릴 수 있다. 항공 산업의 경우, 비즈니스 클래스의 넓은 좌석과 발 뻗을 공간의 제공은 상당히 높은 항공요금 지불에 대한 반대급부이다. 어떤 공유 설비든지 청소업무는 고객이 사

표 1.6 비소유 서비스의 분류

서비스의 종류	고객 가치	예	경영과제
제품 대여	독점적 사용을 위한 일시적 권리 획득	자동차, 도구, 가구, 장비	위치 선정과 유지보수
장소 및 공간 대여	대규모 공간의 일정 부분에 대한 독점적 사용 권한 획득	호텔 방, 비행기 좌석, 창고 일부	청소 업무 및 규모의 경제 획득
노동력 및 전문기술	업무 수행을 위해 다른 사람 고용	자동차 수리, 수술, 경영 컨설팅	전문기술은 갱신 가능한 자원이지만 시간은 소멸적임
물리적 시설 활용	일정 기간 동안 설비 출입 권리 획득	놀이동산, 캠프, 체력단련실	대기 및 혼잡도 통제
네트워크 활용	참여 권한 획득	전기시설, 이동전화, 인터넷	가용성 및 가격 결정

---

4) From Christopher Lovelock and Evert Gummesson, "Whither Services Marketing? In Search of a New Paradigm and Fresh Perspectives," *Journal of Service Research* 7, no. 1 (August 2004), pp. 34–46.

용하기 전과 후에 수행되는 일상적인 활동이다(예: 항공기 착륙 전에 쓰레기 수거, 호텔 고객이 체크아웃 후 침구 교환).

대규모의 고객들에 의해 공유되는 물리적 시설의 경우 대기행렬 관리와 혼잡 통제가 중요한 경영 과제이다. 예를 들어, 디즈니는 우회 방법이나 몇 시간 전에 탈 것에 대한 예약을 허용하는 방법을 포함하는 다양한 기법을 사용해 대기 라인을 통제하는 과학적 방법을 고안했다. 네트워크 서비스의 경우 가동시간이 중요한데, 고객들이 24/7(하루 24시간/주 7일, 연중무휴) 접속을 기대하기 때문이다. 그러므로 지속적인 서비스 제공이 필수적이다. 하지만 사용량은 시간대 및 요일에 따라 변동하므로 이때 서비스 가격 책정은 반드시 창의적이고 유연해야 한다.

서비스 패키지

서비스경영자조차도 자신들이 제공하는 서비스가 무엇인지 명확하게 설명하는 것에 어려움을 겪고 있다. 이러한 문제의 일부는 서비스의 무형적인 특성 때문이기도 하지만, 주된 원인은 고객이 전체 서비스 경험의 현장인 프로세스에 참여한다는 것에 있다. 예컨대, 고급 레스토랑에서는 분위기가 식사만큼이나 중요하다. 많은 고객들은 식사하는 상황을 친구들과의 모임의 일환으로 생각하기 때문이다. 은행에 대한 고객의 평가는 창구 직원의 친절성과 대기행렬의 길이 등에 의해 즉각적으로 내려질 수 있다.

서비스 패키지(*service package*)는 재화와 서비스의 묶음이며, 상황에 따라 정보도 함께 제공된다. 서비스 패키지는 다섯 가지 특성으로 구성되며 그림 1.6에서 제시된 바와 같이 서비스 경험을 중심으로 한 양파 모양의 형태를 지닌다.

1. **지원설비(*supporting facility*)**: 서비스 제공 이전에 반드시 갖추어야 하는 물리적인 자원(예: 골프코스, 스키 리프트, 항공기 등)
2. **보조용품(*facilitating goods*)**: 구매자들에 의해 소비되거나 구매되는 물품 또는 고객에 의해 제공되는 물건(예: 골프클럽, 스키용품, 음식, 자동차부품, 법적 서류, 의료보험 등)
3. **정보(*information*)**: 효율적이고 고객화된 서비스가 가능하도록 고객이나 서비스 제공자로부터 입수된 데이터(예: 환자 진료 기록의 디지털화, 비행기 빈 좌석 검색, 기존 고객의 선호 성향 파악, GPS 웹사이트로 택시 호출 고객의 위치 검색 및 배차, 호텔 웹사이트에 구글 맵 링크 등)
4. **명시적 서비스(*explicit service*)**: 감각적으로 쉽게 식별할 수 있는 혜택으로써 서비스의 본질적이고 핵심적인 특성으로 구성(예: 치아 치료 후에 통증의 감소, 정비 후에 부드럽게 달리는 자동차, 소방차의 출동시간 등)
5. **묵시적 서비스(*implicit service*)**: 고객이 희미하게 느끼는 심리적인 혜택이나 서비스의 외관적인 특색을 의미(예: 아이비(Ivy)리그 대학 학위의 자부심, 금융기관 개인정보 보호 정책, 자동차 수리 후 안도감 등)

서비스 패키지의 다섯 가지 특성은 고객이 경험하는 것으로, 서비스에 대한 인식의 기

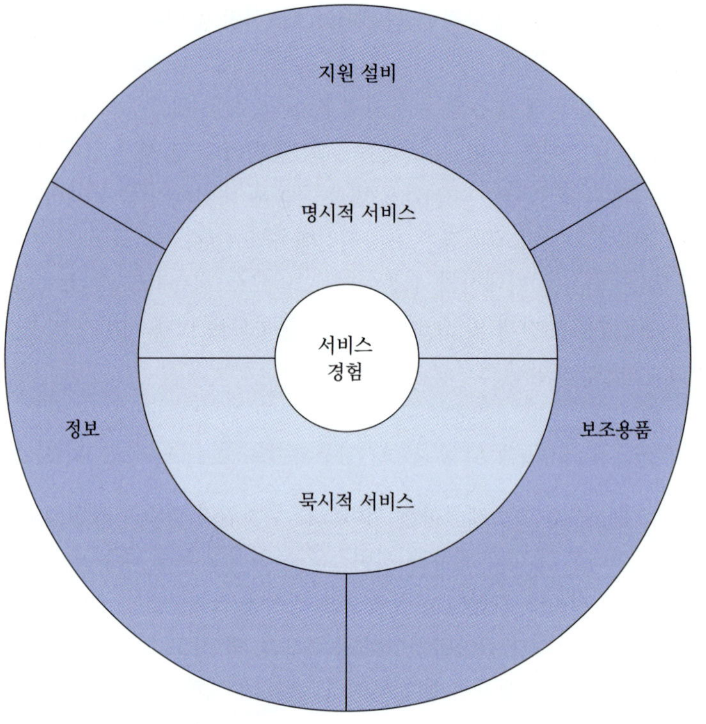

그림 1.6 서비스 패키지

초가 된다. 따라서 서비스경영자는 고객이 갈망하는 서비스 패키지와 일치하는 종합적인 경험을 제공하는 것이 중요하다. 예를 들어 저가 호텔(budget hotel)의 경우, 지원설비는 콘크리트 외벽으로 간결하게 건축된 건물이다. 보조용품으로는 수건 및 비누와 화장지 정도로 제한된다. 정보는 예약을 위해 빈 방 정보를 제공하는 것이다. 명시적 서비스는 편안한 침대를 갖춘 깨끗한 방에서의 숙박이며, 묵시적 서비스로는 친절한 직원과 밝은 주차장에서 느끼는 안전함이 여기에 해당될 수 있다. 서비스 패키지에서 벗어나는 서비스, 예컨대 벨보이서비스(투숙객 짐을 객실로 옮겨주는 서비스)는 저가호텔 이미지와 어긋난다. 표 1.7은 서비스 패키지를 평가하는 기준을 열거하고 있다.

서비스 패키지에서 서비스를 "순수(pure)" 서비스와 보조용품의 중요성에 따라 다양한 "혼합(mixed)" 서비스로 분류할 수 있다. 예를 들어 정신과 의사는 아무런 보조용품을 사용하지 않으므로 순수서비스로 분류될 수 있다. 반면에 자동차 정비소는 미용실보다 더 많은 보조용품을 필요로 하는 혼합서비스이다.

서비스경영에 대해서 일반적인 정의를 내리는 것은 매우 어렵다. 왜냐하면 서비스는 그 본질상 다양한 특성을 가지고 있기 때문이다. 그러나 서비스 환경의 특성을 평가하는 것은 경영자들이 직면하고 있는 도전 과제를 이해하는 데 있어 중요하다.

서비스 프로세스 유형

서비스경영의 개념은 모든 서비스 조직에 적용할 수 있다. 예를 들어 의료기관 경영자는

표 1.7 서비스 패키지의 평가기준

지원설비

1. *입지*:
   주요 간선도로에서 접근할 수 있나?
   복수 현장(site)인가?
2. *실내장식*:
   적절한 분위기가 조성되어 있는가?
   가구는 적절한가?
3. *지원장비*:
   지원장비는 최신식인가?
4. *건축적 적합성*:
   건물이 전달하고자 하는 메시지는 무엇인가?
5. *설비 배치*:
   교통 흐름이 원활한가?
   적절한 대기 장소가 있는가?

보조용품

1. *일관성*:
   포션 컨트롤(portion control)이 있는가?
2. *양*:
   재고가 적정한가?
3. *선택*:
   사이즈 옵션이 있는가?

정보

1. *정확성*:
   데이터가 정확하게 업데이트 되어 있는가?
   신용 정보 수정
2. *적시성*:
   데이터가 항상(24/7) 이용 가능한가?
3. *유용성*:
   데이터가 의사결정에 도움이 되는가?

명시적 서비스

1. *서비스 인력의 교육*:
   전문 자격증을 가지고 있는가?
   정기적으로 보수교육을 받는가?
2. *포괄성*:
   서비스는 고객의 모든 니즈를 충족시키는가?
3. *신뢰성*:
   서비스는 정시에 전달되는가?
   서비스는 매번 동일하고 일관적인가?
4. *이용 가능성*:
   웹사이트가 있는가?
   수신자 부담 무료 전화번호가 있는가?

묵시적 서비스

1. *서비스의 태도*:
   서비스 제공자가 친절한가?
   서비스 제공자가 공감성이 있는가?
2. *분위기*:
   배경음악이 적절한가?
   분위기가 어수선한가?
3. *기다림*:
   기다림을 지루하지 않게 해주는 휴식시설이 있는가?
4. *상황*:
   서비스 상황에서 난처하거나 당황스럽지 않은가?
5. *안락감*:
   편안한 느낌이 있는가?
6. *사생활 및 안전감*:
   위치가 안전하다고 느끼는가?
   거래는 암호화되었는가?
7. *편리성*:
   예약제를 실시하는가?

레스토랑이나 호텔의 경영으로부터 무언가를 배워 의료경영에 적용할 수 있다. 그러나 컨설팅, 법률, 의료 등과 같은 전문 서비스는 이들 분야의 전문가들이 경영 수업을 받지 않았기 때문에 문제가 발생할 수 있다. 따라서 경영대학 졸업생들에게는 전문 서비스 기업의 경영이라는 매력적인 직업 기회가 발생한다.

서비스의 분류는 서비스경영에 대한 체계적인 이해에 도움을 주며, 산업 간의 장벽을 초월해 지식을 공유할 수 있도록 한다. 앞에서 언급한 바와 같이 병원은 호텔의 객실관리 방법을 병실관리에 적용할 수 있다. 마찬가지로 세탁소도 현금자동입출금기를 통해 밤에

상호작용과 고객화의 정도

노동 집약도의 정도	낮다	높다
낮다	서비스공장 • 항공사 • 화물트럭회사 • 호텔 • 휴양시설	서비스숍(shop) • 병원 • 자동차 정비소 • 기타 수리 서비스
높다	대량 서비스 • 소매점 • 도매점 • 학교 • 상업은행의 소매 금융	전문 서비스 • 의사 • 변호사 • 회계사 • 건축사

그림 1.7 서비스 프로세스 매트릭스

자료원: From "How Can Service Businesses Survive and Prosper?" by Roger W. Schmenner, *Sloan Management Review*, vol. 27, no. 3, Spring 1986, p. 25, by permission of publisher.

도 예금이 가능하도록 하는 은행으로부터 배울 점이 있다. 가령 고객에게 세탁물 백을 제공하고 세탁물 투입함을 설치하면 영업시간 후에도 서비스를 제공할 수 있을 것이다. 컨설팅회사가 전문 기업에 대해 컨설팅 프로젝트를 계획하는 것은 법률소송을 준비하거나 의료팀이 수술을 준비하는 것과 유사하다.

서비스 산업의 공통적인 경영 문제를 보여주기 위해서 로저 슈메너(Roger Schmenner)는 그림 1.7과 같은 **서비스 프로세스 매트릭스(*service process matrix*)**를 제안하였다. 그는 서비스전달시스템에 중요한 영향을 미치는 두 가지 차원을 바탕으로 서비스를 분류하였다. 우선 수직축은 노동비용 대 자본비용의 비율로 정의되는 노동집약도이다. 항공사, 병원과 같은 자본집약적인 서비스들은 매트릭스의 상단 열에 위치한다. 왜냐하면 이들 서비스는 노동비용에 비해 설비와 장비에 상당히 많은 투자를 하기 때문이다. 반면에 학교와 법률자문업과 같은 노동집약적인 서비스들은 노동비용이 자본비용에 비해 높기 때문에 하단 열에 위치하게 된다.

매트릭스의 수평축은 고객과의 상호작용과 고객화의 정도를 나타낸다. 이는 서비스가 고객에게 개인적으로 영향을 주는 능력을 설명하는 마케팅 변수이다. 서비스가 고객화보다 표준화에 가까울수록, 고객과 서비스 제공자 간의 상호작용은 덜 필요하다. 예를 들어 맥도널드에서 제공하는 음식은 미리 준비된 재료를 결합해 만들기 때문에 고객화의 정도가 낮다고 볼 수 있고, 서비스를 제공하는 동안 고객과 서비스 제공자 간의 상호작용도 낮다. 반면에 의사와 환자는 만족스러운 진단이나 치료 결과를 얻기 위해 충실하게 상호작용을 해야 한다. 환자는 개인적으로 치료받기를 기대하고, 그들의 특별한 요구에 맞는 맞춤형 서비스를 원한다.

서비스 매트릭스의 네 부문은 각각 서비스공장, 서비스숍, 대량 서비스, 전문 서비스로 불리며, 예시한 서비스 유형의 본질을 기술하기 위해 두 가지 차원에 의해 정의되었다. **서비스공장**(*service factory*)은 마치 생산 공장의 라인처럼 높은 자본 투자를 통해 표준화된 서비스를 대량으로 공급한다. **서비스숍**(*service shop*)은 고도로 고객화된 서비스를 제공하지만 자본집약적인 환경에서 서비스를 제공한다. **대량 서비스**(*mass service*)는 노동집약적인 환경에서 일괄적인 서비스를 제공하며, **전문 서비스**(*professional service*)는 전문적으로 교육받은 전문가가 고객에게 개별적인 관심을 기울인다.

그림 1.8에서 보는 바와 같이 위의 어느 부문에 속하든지 서비스경영자는 모두 유사한 해결 과제들을 갖고 있다. 많은 자본(즉, 낮은 노동집약도)이 필요한 항공사나 병원이 서비스 경쟁력을 유지하기 위해서는 기술 발전에 관심을 기울여야 한다. 이러한 서비스 기업의 경영자는 설비 이용도를 높게 유지하기 위해 수요를 잘 관리해야 한다. 반면에 의료나 법률 전문가처럼 노동집약도가 높은 서비스의 경영자는 직원관리에 초점을 맞추어야 한다. 고객화 정도는 제공되는 서비스품질의 통제 능력에 영향을 미치며, 고객의 서비스 인식에도 영향을 준다. 이러한 문제들에 대한 접근은 다음 장에서 다루어질 것이다.

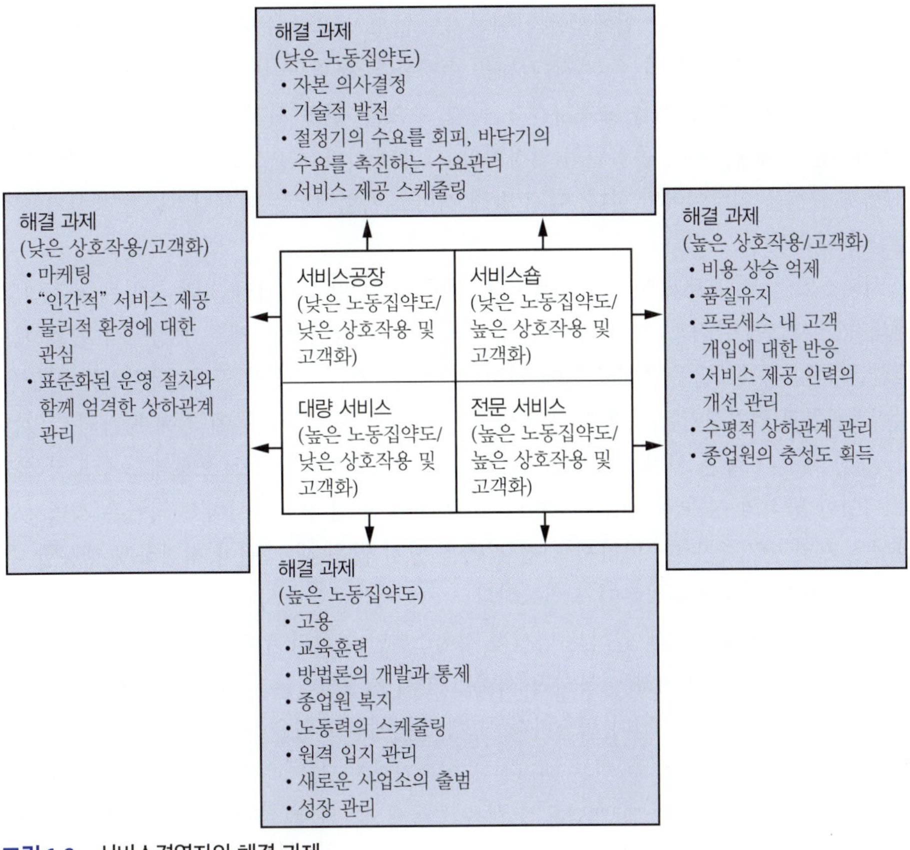

그림 1.8 서비스경영자의 해결 과제

자료원: From "How Can Service Businesses Survive and Prosper?" by Roger W. Schmenner, *Sloan Management Review*, vol. 27, no. 3, Spring 1986, p. 27, by permission of publisher. Copyright 1986 by the Sloan Management Review Association. All rights reserved.

서비스 운영과 개방시스템

시스템은 주어진 환경에 따라 개방 혹은 폐쇄될 수 있다. 개방시스템(open system)과 폐쇄시스템(closed system)의 주요 차이점은 개방시스템은 주변 환경과 상호작용이 가능하지만, 폐쇄시스템은 주변 환경으로부터 고립된다는 것이다. 뚜껑이 없는 컵을 개방시스템의 예로 들 수 있는데 이 컵의 뜨거운 커피는 주변 공기와 작용하여 곧 식게 되지만, 밀폐된 뚜껑을 지닌 보온병은 최소한 몇 시간 동안은 그 안의 커피가 뜨거운 상태를 유지하여 폐쇄시스템이라 할 수 있다.

주변 환경으로부터 고객이 참여된 서비스 조직은 매우 독특한 특성을 갖고 있기 때문에 폐쇄적 환경에 처한 제조업 분야의 경영기술을 단순히 적용하는 것을 뛰어넘는 특별한 접근법이 필요하다. 즉, 고객을 서비스 프로세스의 참가자로서 포함시키는 개방된 시스템적 관점이 요구된다. 그림 1.9에서 보듯이 고객은 하나의 투입요소로서 서비스 프로세스를 통해 만족할 만한 일정 수준의 산출물로 변환된다.

서비스 운영관리자의 역할 중 하나는 고객이 참여하는 개방시스템에서 생산과 마케팅 기능을 동시에 수행하는 것이다. 완제품 재고를 가지고 생산과 마케팅을 분리하는 전통적인 제조업의 개념은 서비스업에서는 가능하지도 않고 적용할 수도 없다. 일상적인 서비스 운영에서 마케팅은 다음의 두 가지 기능을 수행한다. 첫째, 서비스 프로세스에서 중요한 역할을 할 수 있도록 고객을 교육시킨다. 둘째, 수요를 “완화”시켜 서비스능력에 일치시킨다. 이러한 마케팅기능은 종업원의 일정계획, 그리고 서비스전달프로세스의 평가 및 통제가 함께 균형을 이루어야만 한다. 다시 말해 서비스 기업에서는 마케팅기능과 생산기능의 통합이 필요하다.

서비스의 경우, **프로세스가 곧 제품이다**. 서비스 프로세스에서의 고객 참여는 제조업의 폐쇄적인 시스템 관점과 전혀 다르다. 유형의 제품을 생산하는 제조 공장에서 활용하는 생산운영 및 통제기술을 서비스업에 직접 적용하는 것은 적절치 않다. 서비스는 산출을 설비가동률과 일치시키는 것 혹은 작업명세서를 잘 준수하는 것 등에 의해 평가되지 않는다. 대신 제각기 다른 서비스에 대한 요구를 가진 고객들이 서비스 프로세스에 도착하므로 다양한 방식의 성과 측정이 필요하다. 고객과 직접 접촉하는 서비스 직원은 경영자의 간섭을 거의 받지 않는다. 따라서 직접 감독을 받지 않을 때 직원이 적절하게 행동할 수 있도록 강화된 교육과 권한부여가 필요하다.

서비스품질에 대한 고객 인식은 명시적 서비스뿐만 아니라 서비스의 통합적 경험이 주축을 이룬다. 고객이 평가하는 묵시적 서비스 역시 적절하다는 것을 확신하기 위해 직원의 태도와 교육에 대한 관심이 필요하다. 고객 관점에서 보았을 때 시설의 미적인 디자인에서부터 기분을 전환시킬 수 있는 대기실에 이르기까지 모든 과정이 관심 대상이 된다.

또한 서비스의 개방시스템 개념은 고객을 공동생산자로 볼 수 있게 한다. 고객을 프로세스에 적극 참여하게 하는 것(예: 레스토랑에서 샐러드 바 제공)은 생산성을 향상시킬 수 있고, 궁극적으로는 경쟁우위를 달성할 수 있다.

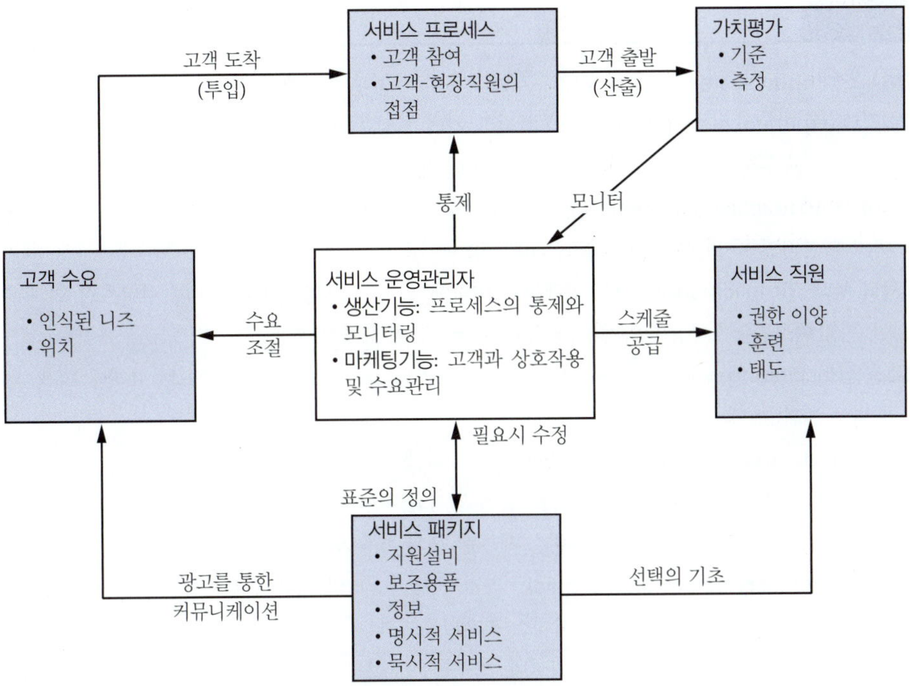

그림 1.9 서비스 운영에 대한 개방시스템 관점

서비스 벤치마크

공유경제 선구자 우버(UBER)와 에어비앤비(AIRBNB)

인터넷, GPS, 스마트폰의 융합은 물적 자산을 공유하여 이익을 창출하는 기회가 되었다. 우버가 대표적인 사례인데 사람들이 그들의 개인 승용차를 이용하여 단거리 운임을 지불하는 고객에게 P2P (peer-to-peer) 택시 서비스를 제공하는 것이다. 위치 인식 스마트폰 앱을 통해 운전자와 고객의 배차가 가능하다. 마찬가지로 아파트 거주자나 주택 소유자는 그들의 거주공간을 에어비앤비와 같은 인터넷 서비스를 이용하여 여행객과 공유한다. 공유경제의 혜택은 고객에게 돈을 절약하게 하고, 주택 제공자에게는 부수적 수입을 올리게 하고, 생활방식을 유연하게 하고, 스마트폰을 이용하여 여러 가지 서비스에 편리하게 접근하도록 하는 것이다. 소유권 공유는 경제 전반에 걸쳐서 제품 판매 감소로 이어져 결국 부족한 천연자원 사용이나 온실가스 배출을 줄이게 된다.

요약

노동력 절감 기술로 인해 19세기에 농업이 제조업으로 옮겨간 것처럼, 제조업도 서비스업으로 이동하고 있다. 오늘날에는 서비스 부문의 높아진 기대감을 충족시키기 위해 정보기술에 의해 주도되는 경험경제가 등장하고 있다. 서비스의 독특한 특성은 제조업에서 볼 수 있는 폐쇄시스템과는 상당히 다른 경영적 접근을 요구한다. 서비스에 있어서 고객이 프로세스에 참여하는 것은 가치의 공동 창조를 가능하게 한다.

주요 용어

개방시스템(open system) 주변 환경과 상호작용이 가능한 시스템

경험경제(experience economy) 개별적이고 기억에 남는 방법으로 고객에게 봉사하고 관계를 맺음으로써 부가가치를 창출하는 경제발전의 단계

명시적 서비스(explicit services) 감각적으로 쉽게 식별할 수 있는 혜택으로써 서비스의 본질적이고 핵심적인 특성(예: 정시 출발, 음식의 질)

묵시적 서비스(implicit services) 고객이 희미하게 느끼는 심리적인 혜택이나 서비스의 외관적인 특성(예: 밝은 주차장의 안전성, 금융기관 개인정보 보호 정책 등)

보조용품(facilitating goods) 구매자들에 의해 소비되거나 구매되는 물품 또는 고객에 의해 제공되는 물건(예: 음식, 골프클럽)

산업사회(industrial society) 공장작업에 의한 대량생산 산업군이 주도되는 사회

산업화 이전 사회(preindustrial society) 농경과 자급자족이 근간인 사회, 즉 농경사회

서비스사이언스(service science) 서비스 시스템 간의 자원의 이전과 공유를 연구하는 학문 분야

서비스주도논리(service-dominant logic) 가치가 상대방과의 교환 업무에서 항상 공동으로 창출된다는 점에서 모든 경제활동이 서비스 경제활동이라는 견해

서비스 패키지(service package) 지원설비, 보조용품, 정보, 명시적 서비스, 묵시적 서비스 등의 다섯 가지 구성요소로 이루어짐

서비스 프로세스 매트릭스(service process matrix) 상호작용 및 고객화와 노동집약 정도에 따라 서비스를 네 가지 유형(서비스공장, 서비스숍, 대량 서비스, 전문 서비스)으로 분류한 것

서비스화(servitization) 제품 판매와 서비스를 묶음으로써 수익을 증진하는 전략(예: 신차 판매에 대한 금융지원)

지원설비(supporting facility) 서비스가 제공되기 전에 반드시 있어야 하는 물적 자원(예: 골프코스, 병원 건물, 항공기)

폐쇄시스템(closed system) 주변 환경으로부터 고립된 시스템

후기산업사회(postindustrial society) 정보나 지적 활동, 혹은 창의력이 집약된 활동에 종사하는 사람들이 주도하는 서비스 사회

토론 주제

1. 직업 유형이 개인의 생활상에 어떤 영향을 미치는지를 설명해 보라. 예를 들면, 농부와 공장 근로자, 그리고 학교 교사를 대비시켜 보자.
2. 경제가 전적으로 서비스에만 그 기반을 두는 것이 가능하다고 할 수 있는가?
3. 경제에서 셀프서비스의 가치는 무엇인가?
4. ISM (Institute of Supply Management) 홈페이지(https://www.ismworld.org/supply-management-news-and-reports/news-publications/)에 있는 ISM 보고서의 비제조업지수(NMI: Non-Manufacturing Index)에 근거하여 현재 서비스 부문이 확대 혹은 축소되고 있는지 알아보라.

5. 규정, 보험, 신용과 관련된 문제를 내포한 공유경제의 해결책은 무엇인가?
6. 고객 참여, 동시성, 소멸성, 무형성, 이질성, 소유권의 비이전성 등 서비스 운영의 특징이 제품에도 적용될 수 있다는 주장에 대한 반론을 통해 서비스 운영의 독특한 특성을 확인하라.

그룹활동 과제

수강 학생들을 그룹별로 나누고, 각 그룹별로 국내 서비스 기업 상위 20개 기업(또는 Fortune 100대 기업)에 대하여 매출 규모별로 순위를 정하여 서로 비교해 보자.

사례_1.1

빌리지 볼보(Village Volvo)

빌리지 볼보는 볼보 딜러에서 근무했던 두 명의 기술자들이 "새로 창업한(new kid in town)" 자동차 정비회사이다. 빌리지 볼보는 보증수리 기간이 경과한 볼보자동차에 대해 높은 품질의 수리서비스를 합리적인 가격에 제공하고자 한다. 두 명의 창업자이자 회사대표들이 볼보 딜러에서 쌓은 경력을 합하면 22년에 달했고, 이들은 좋은 평판과 높은 만족도를 가진 충성 고객들을 확보하고 있다. 빌리지 볼보는 건물을 신축하여 4개의 차량 작업장과 사무실, 고객 대기실, 보관실 등의 시설을 갖추고 있다.

회사대표들은 고객들에게 지역 딜러가 할 수 없는 맞춤형 자동차관리 서비스를 제공하도록 운영방식을 디자인했다. 매주 특정 시간대를 정해, 이 시간대에는 고객들이 예약 없이 방문하여 경정비(tune-ups)나 오일교환 같은 간단하고 일상적인 서비스를 간편하게 받을 수 있도록 했다. 반면, 특정 문제점을 진단하거나 수리하고자 할 때는 미리 예약하도록 고객들에게 권장한다.

예약 시에는 직접 수리를 담당하는 수리기사가 고객이 발견한 문제점에 대해 고객과 논의한다. 경우에 따라 서로가 문제점을 제대로 이해할 수 있도록 수리기사가 간단한 시험 운행을 해보기도 한다.

또 수리기사는 차량정비기록철(CCVD: Customer Care Vehicle Dossier)에서도 정보를 얻는다. 이것은 빌리지 볼보가 각 고객 차량에 대해 지속적 정비기록을 유지함으로써 가능한 것이다. 이 기록은 수리기사가 문제점을 진단하는 데 유용할 뿐 아니라, 이전에 수리를 받은 차량이 보증서비스를 받기 위해 다시 왔을 때 간편하게 조회할 수 있도록 해준다. 정비기록은 고객들에게 정기 정비시기를 알려주는 도구이기도 하다.

수리기사의 예비진단이 끝나면, 서비스 관리자는 예상치 못한 문제가 발생하지 않는다는 가정하에 고객에게 예상 비용과 소요시간을 알려준다. 회사는 미리 합의되지 않은 작업이 필요할 때는 반드시 고객과 상의하도록 하고 있다. 수리 도중 고객과 수리기사 간에 대화는 가능하지만, 공식적인 고객과의 접촉은 서비스 관리자가 맡는다. 고객이 예비진단 결과를 이해할 수 있도록 한다든지, 예기치 못한 문제와 비용에 대해 고객과 상의한다든지, 차량수리가 완료되어 가져가도 좋다는 연락 등은 서비스 관리자의 책임이다.

빌리지 볼보는 현재로서는 고객을 위한 대체 교통수단을 제공하지는 않고 있다. 하지만 회사가 외곽에 위치하여 방문하기 불편한 고객들을 위해 회사대표들은 우버(Uber)나 리프트(Lyft)를 이용하는 고객에게 비용지원을 고려하고 있다. 고객 대기실에는 TV, 소파, 커피, 음료자판기, 잡지, 그리고 지역신문이 비치되어 있다. 대기실은 주로 경정비나 중고차 구입을 위한 점검과 같은 간단하고 일상적인 서비스 이용을 위해 제공되는 시간대(수요일 오후 3시~5시, 목요일 오전 8시~10시)에 방문하는 고객들이 활용한다.

회사대표들도 수리를 하지만, 이들은 오전 7시~8시, 그리고 오후 5시~6시 사이에는 수리작업을 하지 않는다. 그 이유는 이때가 고객접촉업무가 많은 시간대이기 때문이다. 회사대표들은 작업 전에 고객과 문제를 논의하는 것 못지않게 작업 후에 고객에게 무엇이 수리되었는지를 설명하는 일이 중요하다고 생각한다. 수리작업 중에 회사대표들은 향후 발생할 수 있는 문제점(예를 들어 팬 벨트와 얼터네이터 벨트가 약간 마모되어 있으며 약 6,000마일을 운행한 후에는 교체할 필요가 있음)을 파악해, 이를 고객이 차량을 출고해 나갈 때 알려주고 나중에도 이를 기억하기 위해 차량정비기록철에도 기록을 남긴다.

교체된 낡은 부품들은 깨끗한 상자에 넣어서 차량 내부에 놓아둔다. 교체된 부품 중 부피가 크고 무거운 것들은 고객이 확인해 볼 수 있도록 따로 놓아둔다. 수리 도중에는 차량이 더렵혀지지 않도록 유의하며, 차량 내부는 고객이 출고하기 전에 진공청소를 행한다. 수리가 끝난 후에는 간단한 시운전을 실시한 후, 고객이 몰고 갈 수 있도록 주차해 둔다.

빌리지 볼보 대표들은 자신들이 즉각적으로 제공할 수 있는 서비스 그 이상을 고객에게 제공하고자 한다. 이들은 사용된 부품을 재활용 또는 폐기하거나, 빌리지 볼보의 서비스 영역이 아닌 작업(예: 차체 수리, 바퀴 정렬, 차량 내부 장식 등)을 필요로 하는 고객에게 추천해 줄 수 있도록 관련 업체들과 네트워크를 형성하고 있다. 이들은 또 고객들이 20만 마일 볼보 메달을 획득할 수 있도록 매월 1회 토요일 아침에 간단한 정비교육을 제공하는 것도 고려하고 있다.

관련 질문

1. 빌리지 볼보의 서비스 패키지를 기술하라.
2. 서비스 업체의 차별적 특성이 빌리지 볼보에서는 어떻게 구현되고 있는가?
3. 빌리지 볼보는 지원부서(예: 수리 작업)를 어떻게 공장처럼 관리할 수 있었는가?
4. 어떻게 빌리지 볼보는 볼보 딜러들로부터 차별화할 수 있었는가?
5. 대체 교통수단의 부족이 우버나 리프트와 같은 승차공유 서비스의 이용 가능성에서 제기된 단점이라 생각하는가?

참고문헌

Bettinger, K. “COVID-19: Emerging technologies are now critical infrastructure–what that means for governance.” *World Economic Forum* (April 2020), (e-pub).

Dixon, Matthew. “Reinventing customer service.” *Harvard Business Review* 96, no. 6 (2018), pp. 82-90.

Ehret, Michael, and Jochen Wirtz. “Division of Labor between Firms: Business Services, Non-Ownership-Value and the Rise of the Service Economy.” *Service Science* 2, no. 3 (September 2010), pp. 136-45.

Enz, Cathy A., and Rohit Verma. “Introduction to the Cornell Hospitality Research Summit Special Issue: The New Science of Service Innovation in a Multipartner World.” *Service Science* 8, no. 2 (June 2016), pp. iv-ix.

Feng, Cong, and K. Sivakumar. “The Role of Collaboration in Service Innovation Across Manufacturing and Service Sectors.” *Service Science* 8, no. 3 (September 2016), pp. 263-81.

Froehle, Craig, Anita Tucker, and Stefanos Zenios (eds.). “Special Issue on Healthcare Operations Management.” *Production and Operations Management* 20, no. 3 (May-June 2011), pp. 303-488.

Hatzakis, Emmanuel D., Suresh K. Nair, and Michael L. Pinedo (eds.). “Special Issue on Operations in Financial Services.” *Production and Operations Management* 19, no. 6 (November-December 2010), pp. 633-779.

Heineke, Janelle, and Mark M. Davis. “The Emergence of Service Operations Management as an Academic Discipline.” *Journal of Operations Management* 25, no. 2, (March 2007), pp. 364-74.

Kastall, Ivanka Visnjic, and Bart Van Looy. “Servitization: Disentangling the Impact of Service Business Model Innovation on Manufacturing Firm Performance.” *Journal of Operations Management* 31, no. 4 (2013), pp. 169-80.

Kwortnik, Robert Jr., and Gary M. Thompson. “Unifying Service Marketing and Operations with Service Experience Management.” *Journal of Service Research* 11, no. 4 (May 2009), pp. 389-406.

Medina-Borja, Alexandra. “Editorial Column-Smart Things as Service Providers: A Call for Convergence of Disciplines to Build Research Agenda for the Service Systems of the Future.” *Service Science* 7, no. 1 (March 2015), pp. ii-v.

Ostrom, Amy L., et al. “Moving Forward and Making a Difference: Research Priorities for the Science of Service.” *Journal of Service Research* 13, no. 1 (February 2010), pp. 4-36.

Roy, Subhadip. “Effects of Customer Experience across Service Types, Customer Types and Time.” *Journal of Services Marketing* 32, no. 4 (2018), pp. 400-13.

Spohrer, Jim, and Paul P. Maglio. “The Emergence of Service Science: Towards Systematic Service Innovations to Accelerate Co-creation of Value.” *Production and Operations Management* 17, no. 3 (May-June 2008), pp. 238-46.

Chapter 2

서비스 전략

학습목표

1. 전략적 서비스 비전의 구조 제시
2. 본원적 서비스 전략을 사용한 서비스 경쟁방식 서술
3. SWOT 분석과 다섯 가지 경쟁요인 분석
4. 최소요건, 우위요건, 실패요건의 의미를 설명
5. 서비스에서 정보의 경쟁우위 역할과 한계를 논의
6. 가상가치사슬의 개념과 서비스 혁신에서의 가상가치사슬의 역할을 설명
7. 서비스 기업의 지속 가능성과 삼중최저선(triple bottom line) 논의
8. 서비스 기업에 있어서 규모의 경제효과를 가져오는 특성들을 설명
9. 경쟁단계별 서비스 기업의 분류

기계기술이 농업경제를 산업경제로 변화시켰듯이, 오늘날의 정보기술은 20세기의 산업경제를 21세기 서비스/정보 경제로 바꾸어 버렸다. 언제 어디서나 사용 가능한 스마트폰, 위성항법시스템(GPS), 클라우드 컴퓨팅 등은 정보를 수집, 처리하고, 의사소통을 원활하게 해주는 산업을 만들어 냈다.

차량공유 우버(Uber) 앱에서 설명된 초단기 노동자(gig worker)의 출현을 생각해보자. 우버는 개인 차량을 사용하여 개별사업자의 역할을 하는 운전자와 운송고객을 연결하는 디지털 플랫폼을 운영한다. 우버 앱은 관심 있는 운송고객의 위치와 원하는 목적지를 파악하기 위해 위성항법시스템을 사용한다. 이 정보는 근접한 운전자에게 고객을 차지할 기회를 준다. 운송고객 스마트폰을 사용하여 여러 옵션을 부가하여 특정 운전자를 선택할 수 있다. 일단 거래가 성립되면, 응대한 운전자의 진행상황을 살펴볼 수 있다. 이러한 상호작용이 일어나기 전에, 우버 고객은 신용정보와 신원 정보를 제공하여 계정을 만들어야 한다. 운전자(초단기 노동 계약자)는 차량을 등록하고, 범죄기록 조회를 통과하여야만 한다. 운전자와 탑승고객 간의 신뢰는 앱상에서 이러한 정보를 공유하는 것으로 성립되며, 이를 통해 각각은 차량공유 시에 안도감을 느낄 수 있다. 서비스품질은 매번 운행 시에 운전자와 탑승고객에 대한 상호 평가를 통해 스스로 조절된다.

개요

서비스 전략은 기업의 위치와 목적에 대한 비전에서 시작한다. 전략적 서비스 비전은 목표시장, 서비스 개념, 운영 전략, 그리고 전달시스템에 대한 질문 제기를 통해 공식화된다. 그러나 서비스의 경쟁 환경에는 낮은 진입장벽, 제품대체, 규모의 경제를 위한 제한된 기회 등 극복되어야 할 도전과제들이 있다.

세 가지 본원적 전략은 기업이 경쟁자를 추월하기 위해 성공적으로 사용하는 것으로 잘 알려진 전략들이다. 원가주도 전략, 차별화 전략, 집중화 전략은 서비스 기업들이 경쟁우위를 획득하기 위한 다양한 방법 속에서 채택해 왔던 접근방법이다. 그러나 이러한 전략을 활용하더라도 경영자는 고객에 초점을 맞추고 고객의 욕구를 충족시켜야만 그들을 충성고객으로 만들 수 있다는 점을 잊어서는 안 된다.

시장에 진입하기 전에, 경쟁자 및 다른 이해관계자 대비 기업의 포지션을 분석하길 권한다. 이러한 분석은 산업의 경쟁 상황을 파악하는 데 유용한 잘 알려진 **다섯 가지 경쟁요인 모델**(***five-forces model***)을 이용하면 된다. SWOT는 강점, 약점, 기회, 위협을 분석하는 기법이다.

시장에서 고객을 확보하는 것은 여러 차원에서 경쟁해야 함을 의미한다. 고객은 가격, 편의성, 명성, 안전 등의 다양한 변수를 고려해 구매를 결정한다. 이 중 어떤 변수들이 얼마나 기업의 성공에 중요한지는 경쟁 시장과 개별 고객의 선호에 달려 있다.

서비스 기업의 경쟁우위 전략에서 정보가 기여하는 바를 살펴볼 수 있는 프레임워크는 네 가지 역할로 파악된다: 진입장벽 생성, 수익창출, 데이터베이스 자산, 생산성 향상. 무선 통신, 실시간 분석, 기계학습, 센서(sensors)의 통합을 포함하는 사물인터넷(IoT)은 원격 사물을 관찰하고 통제하는 경쟁 기회를 제시한다.

서비스 상품 혁신은 변화하는 인구통계와 라이프 스타일에 따른 고객 니즈에 관한 정보를 취합하는 가상가치사슬(virtual value chain)에 대한 이해에서 비롯된다. 이 데이터베이스는 기존 고객들을 대상으로 새로운 서비스를 개발하는 데에도 사용될 수 있다. 데이터 애널리틱스(Data Analytics)는 의사결정 향상을 위해 자료의 의미 있는 패턴을 발견, 해석, 처리한다. 그러나 사생활 침해, 공정성, 신뢰, 데이터 정확성과 같이 정보 활용에 대한 제약도 존재한다.

사회발전, 환경 스튜어드십(stewardship), 경제 성장은 삼중최저선이란 개념에 포함되며, 서비스의 지속 가능성의 핵심이 된다. 본 장의 마지막에는 주요 운영 차원에서의 경쟁력 수준에 따라 서비스 기업을 분류하는 틀을 제시한다.

전략적 서비스 비전

시장에서 서비스 기업의 목적과 위치는 기업가의 아이디어와 충족되지 않은 욕구와 더불어 시작된다. 표 2.1은 **전략적 서비스 비전**(***strategic service vision***)을 구성하기 위해 반드시 해야 하는 질문들로 구성된 프레임워크이다. 기본적인 범주는 표의 왼쪽에서 오른쪽 방향으로 서비스전달시스템, 운영 전략, 서비스 개념, 목표 세분시장이 있음을 보여준다.

표 2.1 전략적 서비스 비전의 요인들

서비스전달시스템	운영 전략	서비스 개념	목표 세분시장
• 전달시스템의 중요한 특징(즉, 사람, 기술 등)은 무엇인가? • 시스템 능력은 무엇인가? • 경쟁자와 자신의 전략시스템을 어떻게 차별화하는가(예, 품질, 가격, 편의성)? • 진입장벽이 창출되었는가?	• 기업의 중요한 특성은 무엇인가(즉, 오퍼레이션, 재무, 마케팅, 조직)? • 노력과 투자가 집중되는 곳은 어디인가? • 품질과 가격은 어떻게 조절할 것인가? • 경쟁 대비 어떤 결과가 기대될 것인가?	• 고객 관점에서 서비스를 어떻게 기술할 것인가? • 시스템은 목표시장 세분화에 따라 어떻게 인식되어야 하는가(즉, 고객, 종업원)? • 고객들은 서비스 개념을 어떻게 인식하는가? • 서비스가 설계, 전달, 판매되는 방식의 관점에서 어떤 노력이 요구되는가?	• 목표시장의 공통적인 특징은 무엇인가? • 목표시장은 어떤 방식으로 세분화될 수 있는가(예, 인구 통계학적)? • 다양한 세분화된 시장과 니즈들이 얼마나 중요한가? • 이러한 니즈들이 얼마나 잘 서비스되고 있는가(즉, 어떤 방식으로, 어떤 사람들에 의해)?

표 2.2 사우스웨스트 항공사의 전략적 서비스 비전

서비스전달시스템	운영 전략	서비스 개념	목표 세분시장
• 서비스 차별화를 위한 즐거움을 주는 승무원의 분위기 • 유지보수 관리와 운영비 통제에 유용한 보잉 737 단일 항공기 사용 • 태도를 보고 기내 승무원을 채용	• 게이트에서 신속한 일처리로 항공기의 사용률 제고 • 좌석 배정을 하지 않아 정시 출발을 하게 하고 정시 출·도착 성과를 제고함	• 빈번한 출발과 짧은 노선 운행 • 땅콩과 음료만 제공 • 도시 내 또는 덜 붐비는 공항을 이용하여 정체 회피 • 수하물 휴대	• 텍사스주 거주자 • 서비스가 맞지 않아 자동차를 이용하여 출장가는 사람 • 주말에 저렴하게 가족여행을 가려는 사람들

각 범주 내에는 해당 범주를 상세화하는 것을 돕는 질문들이 포함되어 있다. 각 범주의 사이에는 해당 범주가 전략적 서비스 비전을 얼마나 달성했는지를 측정할 수 있게 하는 질문이 위치해 있다. 가령 "서비스전달시스템은 운영 전략을 뒷받침하는가?"라는 범주 간에 위치한 질문은 의도하는 운영 전략을 위한 적절한 서비스전달시스템을 갖추었는지를 고려하도록 한다. 표 2.1의 활용은 국내 서비스로 제한된다. 글로벌 관점에 적용하기 위해서는 문화적 요인을 고려한 추가적인 질문이 필요하다. 전략적 서비스 비전에 추가될 필요가 있는 국제적인 요소들은 글로벌 서비스를 다룬 10장의 표 10.1에서 설명할 것이다.

이 프레임워크가 얼마나 효과적인지를 알아보기 위해 표 2.2에 텍사스주의 단지 3개 도시(달라스, 휴스턴, 샌안토니오)에서만 사업을 하던 시절의 사우스웨스트 항공사(Southwest Airlines)의 전략적 서비스 비전을 예시하였다. 사우스웨스트 항공사처럼 초기 창업기업에게는 목표 세분시장에서부터 시작해 오른쪽에서 왼쪽 방향으로 전략적 서비스 비전을 적용하는 것이 최선의 방법이다.

서비스 산업에서 경쟁 환경에 대한 이해

일반적으로 서비스 회사는 상당히 어려운 환경에서 경쟁하고 있다. 그 이유는 다음과 같다.

- **상대적으로 낮은 진입장벽.** 서비스는 혁신에 대한 특허를 인정받지 못하며, 대부분의 경우 서비스 산업은 자본 집약적 사업이 아니다. 따라서 경쟁자들은 쉽게 혁신을 모방

할 수 있다. 그러나 섬에서 가장 좋은 해변에 위치한 리조트(가령, 폴리네시아의 클럽 메드)와 같이 다른 형태의 진입장벽이 존재하기도 한다.

- **규모의 경제를 구현할 기회가 적음.** 많은 종류의 서비스가 고객의 물리적 이동을 필요로 하고, 이는 시장 규모를 제한해 소규모 점포를 형성하게 한다. 프랜차이즈 회사들은 구매와 광고비용을 분담하거나, 인터넷을 통해 물리적 이동을 대체함으로써(가령, Amazon.com에서의 주문) 어느 정도 규모의 경제를 달성할 수도 있다.
- **불규칙한 판매 변동.** 서비스에 대한 수요는 시간과 요일, 때로는 계절에 따라 변하며 무작위적으로 발생한다. 그렇지 않은 경우를 생각해 볼 수 있는가?
- **구매자 혹은 공급자와의 거래에서의 비우위.** 서비스 기업은 규모가 작기 때문에 대부분 더 규모가 큰 기업들인 구매자나 공급자와의 협상에서 불리한 입장에 놓이게 된다. 그러나 맥도널드의 고기 구매나 매리어트의 침대 매트리스 구매와 같은 예외적인 경우들도 많이 있다.
- **제품 대체.** 제품 혁신이 서비스를 대체할 수 있다(예: 가정용 임신검사 도구). 따라서 서비스 회사들은 다른 서비스 회사들을 주시할 뿐 아니라, 자사의 서비스를 필요 없게 만들어 버리는 잠재적 제품혁신도 예상해야 한다.
- **고객 충성도.** 기존 기업은 충성고객 기반을 창출하기 위해 고객 맞춤 서비스를 사용할 수 있는데, 이는 신규서비스에 의한 진입장벽이 된다. 예를 들어 병원 물품을 공급하는 업체는 주문을 위한 컴퓨터 단말기를 고객 병원에 설치할 수 있다. 이 단말기는 새로운 주문을 낼 때 경쟁자를 효과적으로 배제시키는 도구가 된다.
- **퇴출 장벽.** 한계 기업(marginal service firms)은 이익이 적거나 설령 없다 하더라도 기업을 계속 운영한다. 예를 들어 개인 소유의 기업은 수익의 극대화보다 가족을 고용하는 것이 목표일 수 있다. 또한 일부는 골동품이나 스쿠버 다이빙처럼 낮은 금전적인 보상을 상쇄하는 직무 만족감을 주는 취미나 낭만적인 유혹 때문에 가게를 운영하기도 한다. 따라서 이익을 목적으로 하는 경쟁자가 이들을 시장에서 퇴출시키기 어렵다.

특정 서비스 산업에서는 이러한 경쟁적인 어려움을 극복하고 번창해 온 회사들이 있다. 예를 들어 맥도널드는 위에 나열한 것과 같은 많은 어려움들을 극복하고 패스트푸드 업계에서 지배적인 위치를 달성했다. 하지만, 새로운 진입자는 해당 산업의 중요한 경쟁 특성을 고려한 서비스 전략을 개발해야 한다. 세 가지 본원적 전략은 경쟁우위를 이끌어 내는 데 성공적이었다. 서비스 기업들이 이 전략들을 어떻게 활용했는지에 대해 알아보자.

경쟁적 서비스 전략[1)]

세 가지의 본원적 경쟁전략에는 원가주도 전략, 차별화 전략, 집중화 전략이 있다. 각 전략이 경쟁우위를 점하기 위해 어떻게 사용되는지 실제 사례와 함께 살펴보자.

---

1) Adapted from James L. Heskett, "Positioning in Competitive Service Strategies," in *Managing in the Service Economy* (Boston: Harvard Business School Press, 1986).

원가주도 전략

원가주도 전략(*overall cost leadership*)은 효율적인 규모의 시설, 철저한 원가 및 간접비 통제뿐 아니라 종종 혁신적인 기술도 필요로 한다. 원가 경쟁력을 확보하는 것은 경쟁에 대한 효율적 방어책이 된다. 경쟁 압력을 맞았을 때 비효율적인 경쟁자들이 먼저 고통받을 것이기 때문이다. 저원가 전략을 실행하기 위해서는 최신 장비를 구입하기 위한 자본 투자, 공격적인 가격정책, 그리고 시장점유율을 구축하기 위한 초기 손실이 필요하다. 원가주도 전략은 맥도널드, 월마트, 사우스웨스트 항공의 성공에서 보았듯이 때때로 하나의 산업 전체를 혁신시킬 수도 있다. 이뿐만 아니라 서비스 기업은 다음과 같은 다양한 접근 방법을 통해 원가주도를 달성할 수 있다.

저가격 고객을 찾는다

어떤 고객에게 서비스를 제공하는 데 드는 비용은 다른 고객에 드는 비용보다 더 적다. 서비스 제공자들은 이러한 고객들을 주요 목표로 삼을 수 있다. 예를 들어 USAA (United Services Automobile Association)라는 자동차 보험회사는 업계에서 확고한 위치를 차지하고 있는데, 이는 군인들과 그들의 가족만을 대상으로 서비스를 제공하기 때문이다. 이 그룹의 고객들은 상대적으로 비용이 낮다. 왜냐하면 상대적으로 근무지 이동이 잦으므로 전화, 우편 또는 온라인상으로 업무를 보는 것에 익숙하고 또 원하기 때문이다. USAA는 전통적인 보험업자들처럼 방대한 판매 인력을 고용할 필요가 없다. 다른 예로는 한꺼번에 다량을 구매하고, 겉치레를 원하지 않으며, 셀프서비스를 추구하는 소비자들을 목표 고객으로 하는 샘스클럽과 코스트코 같은 저가 소매상을 들 수 있다.

고객 서비스를 표준화한다

일반적으로 소득세 신고준비는 고객화된 서비스로 볼 수 있다. 하지만 H&R Block은 정형화된 소득세 신고만이 필요한 고객만을 대상으로 함으로써 전국 규모의 서비스를 수행하는 데 성공했다. 또한 상점형 법률서비스와 응급처치 병원은 낮은 비용으로 전형적인 전문서비스를 수행하는 매력적 수단이다. 여기서 중요한 단어는 '정형적인(*routine*)'이다. 하지만, 여기서도 제품이 서비스를 대체하는 위험이 존재한다(예: 터보 택스 소프트웨어).

서비스 전달에서 개인적 요소를 줄인다

개인적 요소를 줄이는 것은 위험이 큰 전략이지만, 편리함이 증가한다면 고객들이 이를 수용할 수도 있다. 예를 들어 현금자동입출금기의 편리한 접근성은 고객과 은행직원과의 개인적인 상호작용을 줄였고, 결과적으로 은행은 거래비용을 줄였다.

네트워크 비용을 감소시킨다

서비스 제공자와 고객을 긴밀하게 연결하는 것이 필요한 회사는 특별히 높은 초기비용이 필요하다. 가장 확실한 예로는 전력회사를 들 수 있다. 전력회사는 송전선을 갖추기 위해 높은 고정비용을 부담한다. 페덱스(과거에는 페더럴 익스프레스로 불림)는 거점과 지점(hub-and-spoke)이라는 독특한 접근 방식을 사용해 네트워크 비용을 줄였다. 이 회사는 멤피스를 거점(hub)으로 삼고 최신의 분류 기술을 사용함으로써, 서비스가 제공될 도시 사이에 직접 경로를 개설하지 않고도 미국 전역에 익일 소포배달을 실천할 수 있었다. 새로운 도시를 네트워크에 추가할 때마다, 페덱스는 해당 도시와 모든 다른 도시를 연결할 필요 없이, 해당 도시와 거점을 연결하는 단 하나의 경로만 추가하면 된다. 서비스 양이 증가하면 페덱스는 지역 거점을 추가 구축하였다. 거점-지점 네트워크 전략의 효율성은 승객을 운송하는 항공사에서도 이용되고 있다.

오프라인 서비스 운영을 활용한다

수술처치와 여객 운송과 같은 많은 서비스들은 고객이 참여해야만 수행되기 때문에 본질적으로 "온라인(on-line)" 상태이다. 그러나 고객이 참여하지 않아도 되는 몇 가지 요소를 "오프라인(off-line)" 상태로 수행하면 서비스 거래를 "이원화"할 수 있다. 예를 들어 신발 수선 서비스에서 고객들이 신발을 맡기고 찾아가는 키오스크를 여러 곳에 설치한 뒤, 주문을 모아서 다른 곳(해외도 가능)에 위치한 수선공장에서 이를 처리하는 것을 생각해 보자. 서비스를 오프라인 상태로 수행함으로써 통합에 의한 규모의 경제, 저렴한 비용이 가능한 입지(예; 아메리칸항공은 캐리비안 지역에 고객 상담 센터를 갖고 있다), 고객이 참여하지 않음으로 인해 상당한 비용을 절감 등을 획득할 수 있다. 간단히 말해, 이원화된 서비스는 제조공장처럼 운영될 수 있다.

차별화 전략

차별화(*differentiation*) 전략의 핵심은 독특하다는 인식을 갖도록 서비스를 창출하는 데 있다. 차별화를 위한 방법에는 여러 가지가 있다. 예를 들어 브랜드 이미지(맥도널드의 금색 아치), 기술(구글 탐색기), 특성(스타벅스의 다양한 커피 선택), 고객 서비스(노드스트롬 백화점의 명성), 딜러 네트워크(Century 21의 전국적인 부동산 네트워크) 등이다. 차별화 전략은 비용을 무시하지 않지만 주요 목적을 충성고객 창출에 둔다. 여기에 예시된 바와 같이 서비스를 향상시키는 차별화는 종종 비용 증가를 수반하며 이는 목표 고객이 기꺼이 지불할 의향이 있는 것이어야 한다.

무형적 요소를 유형화한다

서비스는 본질적으로 무형적이며 고객에게 구매를 했다는 어떠한 물리적인 기억도 남기지 않는다. 하지만, 많은 호텔들은 고객들이 자신의 호텔에 머문 것을 기억하길 원하며, 이를 위해 호텔 이름이 선명하게 새겨진 무료 세면도구를 제공하고 있다. 하트포드 스팀 보일러 검사 및 보험회사(Hartford Steam Boiler Inspection and Insurance Company)는 산업용 발전기 회사에 보험을 제공한다. 그러나 이 회사는 전통적인 보험회사와는 달리 서비스를 향상시켜 잠재적인 문제 발생을 막기 위한 정기검사 및 경영진에 대한 건의를 제공한다.

표준제품을 고객화한다

기업은 고객화된 응대를 통해 아주 적은 비용으로 고객의 호감을 얻을 수 있다. 호텔직원은 고객의 이름을 기억해 부를 수 있다면 좋은 인상을 남겨 지속적인 방문을 유도할 수 있다. 미용실은 이발소와 차별화하기 위해 많은 개인적인 특성들을 추가해 왔다(가령, 담당

스타일리스트, 음료수 바, 편안한 분위기, 분위기 있는 음악 등). 버거킹은 맥도널드와 차별화하기 위한 시도로서 맥도널드의 고전적인 계획생산과는 다른 주문생산 정책을 홍보하기 위해 노력하고 있다.

인식된 위험을 감소시킨다

구매에 관한 정보 부족은 많은 구매자들에게 위험에 노출된 느낌을 준다. 고객들은 자동차 수리처럼 자신감이나 지식이 부족한 서비스의 경우, 작업에 대해 추가 시간을 내어 설명하며, 깨끗하고 잘 정돈된 시설을 제공하고, 작업을 보증하려는 서비스 제공자를 찾는다(예: 빌리지 볼보). 때때로 고객들은 추가적인 비용을 부담하더라도 고객과 서비스 제공자 간의 신뢰를 구축하면 "마음의 평화"를 느끼게 된다.

서비스 직원의 훈련에 관심을 기울인다

서비스품질을 향상시키기 위한 인재 개발과 교육훈련에 대한 투자는 경쟁자가 모방하기 어려운 경쟁우위가 된다. 산업을 선도하는 기업들은 경쟁자보다 높은 품질의 교육훈련 프로그램을 실시한다. 몇몇 기업들은 대학과 같은 훈련센터를 설립하기도 한다(가령, 시카고 근교에 위치한 맥도널드의 햄버거대학).

품질을 통제한다

서비스는 특성상 노동집약적 시스템을 갖춘 여러 지점에서 일관성 있는 서비스품질을 유지한다는 것은 대단히 도전적인 과제이다. 기업들은 직원 훈련, 명확한 절차, 기술, 서비스 범위의 제한, 동료들 간의 직접 감독 등의 다양한 방법으로 이 문제점에 접근해 왔다. 예를 들어 매직팬(Magic Pan)이라는 레스토랑 체인은 명성이 자자한 크레페(crepes)를 만들기 위한 실수방지 기계를 설계해 일관성을 확보하였다. 서비스품질에 대한 문제는 고객의 기대와 경험 사이의 잠재적인 차이(gap)로 인해 더욱 복잡하다. 따라서 품질에 대한 고객의 기대에 영향을 미치는 것도 중요하며, 이는 제6장 서비스품질에서 다루어진다.

집중화

집중화 전략은 특정한 목표시장에서 고객의 특정한 요구에 대해 매우 우수한 서비스를 제공한다는 개념을 중심으로 수립된다. 이 목표시장은 특별한 구매그룹(예, 군인 사회를 위한 USAA), 서비스(예, 탈장 환자를 위한 숄다이스 병원), 저비용 여행객을 위한 모텔 6, 다음 날 물품 배달 보장이 필요한 고객을 위한 페덱스, 지리적인 지역(가령, 커뮤니티 컬리지와 동네 식당)이 될 수 있다. 이러한 집중화 전략은 좁은 목표시장을 서비스하는 기업이 넓은 시장을 서비스하는 회사보다 더 효율적이거나 효과적일 수 있다는 전제를 기반으로 한다. 결과적으로 기업은 특정한 고객 요구를 만족시키고, 전문화를 통해 비용을 낮춤으로써 좁은 목표시장에서 경쟁우위를 달성할 수 있다. 그래서 집중화 전략은 전체 시장이라기보다는 특정 시장에 대한 원가주도 전략, 또는(그리고) 차별화 전략의 응용이라 할 수 있다.

데이비도우(Davidow)와 유탈(Uttal)은 표적고객의 선택이 집중화 전략을 성공적으로 달성하는 데 매우 중요하다고 주장한다.[2] 그들은 캘리포니아주 팔로 알토(Palo Alto)에 있는 한 은행에 대해서 설명하고 있는데, 부유층 고객을 표적고객으로 삼는 이 은행은 한도를 초과하는 수표를 두 번 발행할 경우 계좌를 폐쇄하여 부유층이 아닌 이들의 계좌 개설을 억제한다. 데이비도우와 유탈은 집중화 전략을 위한 3단계 접근방법을 제시한다. 그 첫 번째 단계는 핵심서비스를 설계하기 위해 시장을 세분화하는 것이고, 두 번째 단계는 서비스에 두는 가치에 따라 고객을 분류하는 것이며, 세 번째 단계는 인식하는 성과보다 약간 낮게 기대감을 설정하는 것이다.

전략 분석

전략 분석은 "산업에 진입할 때 새로운 서비스를 제공해야 하는가?"와 같은 목표로부터 시작한다. 전략 분석을 위한 잘 알려진 도구로는 (1) 목표 산업의 구조 분석을 위한 포터의 다섯 가지 경쟁요인 분석과 (2) 조직의 강점과 약점, 시장의 기회와 위협을 분석하는 SWOT 분석이 있다.

포터의 다섯 가지 경쟁요인 분석[3]

다섯 가지 경쟁요인 모델은 산업 수준(가령, 항공산업)에서 경쟁의 강도와 이에 따른 시장의 매력도를 결정하는 데 사용된다. 고객을 유인하고 이익을 창출하는 기업의 능력에 영향을 주는 요인은 다섯 가지가 있다. 그림 2.1에 다섯 가지 경쟁요인들과 그 각각에 대해 고려할 점들을 보여주고 있다.

비디오 대여 산업에 진입하는 넷플릭스(Netflix)를 예로 들어 보자. 우리는 외부 요인들의 힘이 집중되는 그림 중앙의 블록, 즉 산업 내 경쟁자에서부터 설명을 하기로 한다.

- **산업 내 경쟁자**(*Competitive Rivalry within Industry*). 종종 이 요인이 산업 경쟁 강도의 주요한 결정 요소이다. 경쟁자들은 공격적인 가격 경쟁을 할 수도 있고 혁신, 브랜드, 탁월한 품질과 같은 비가격 전략을 사용할 수도 있다. 총 고객수요 대비 산업 생산능력은 신규 진입자가 고객을 찾아낼 수 있는지를 가늠하는 중요한 지표가 된다. 주로 자동차로 여행하던 비즈니스 출장자의 잠재된 수요를 낮은 가격과 빈번한 출발을 통해 발굴한 사우스웨스트 항공사는 예외라 할 수 있다. 넷플릭스가 우편 서비스만을 이용해 DVD를 대여하며 시장에 진입하였을 때, 유일한 경쟁자는 블록버스터(Blockbuster) 같은 대여점뿐이었다.
- **잠재적 신규 진입자**(*Potential New Entrants*). 높은 수익을 주는 수익성 있는 시장은 새로운 경쟁자를 유인한다. 예를 들면, 월마트는 바로 넷플릭스에 도전했지만, 넷플릭스의 브랜드를 극복하지 못하고 시장을 떠나고 말았다.
- **대체재 위협**(*Threat of Substitutes*). 서비스의 경우 대체재가 제품인 경우가 종종 있

---

2) William H. Davidow and Bro Uttal, "Service Companies: Focus or Falter," *Harvard Business Review*, July–August 1989, pp. 77–85.

3) Michael E. Porter, *Competitive Advantage: Creating and Sustaining Superior Performance* (New York: The Free Press, 1985).

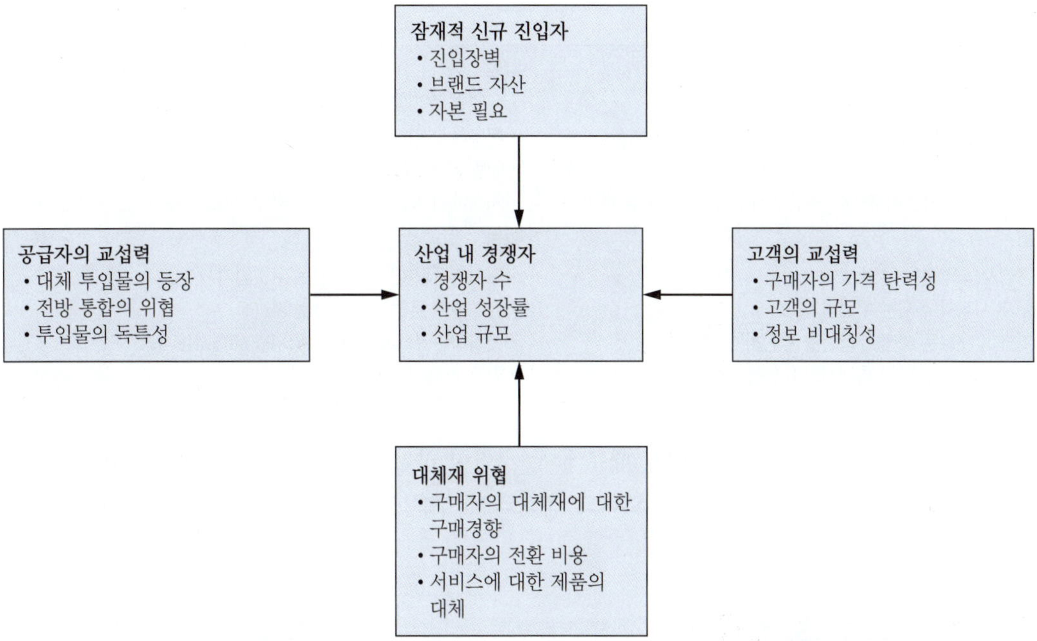

그림 2.1 포터의 다섯 가지 경쟁요인 모델

다. 예를 들면, 터보택스(TurboTax) 소프트웨어는 세무사의 세무 서비스의 대체재가 된다. 넷플릭스는 원천적으로 인터넷이 가능한 스마트 TV에서 아마존 프라임 영화 제공서비스와 경쟁에 직면하기 전까지 제품 대체와는 어느 정도 상관이 없었다.

- 공급자의 교섭력(*Bargaining Power of Suppliers*). 투입물의 공급자들은 제품이 독특하거나 독점 공급원인 경우 기업에 대해 상당한 영향력을 행사할 수 있다. 넥플릭스의 가장 중요한 공급업자는 DVD 유통업자들인데, 대량 구매를 하기 때문에 넷플릭스는 상당한 우위에 있다.
- 고객의 교섭력(*Bargaining Power of Customers*). 넷플릭스의 고객들은 가격에 압력을 가할 수 있고, 따라서 높은 마진을 제한할 수 있다. 여행업계에서는 정보 비대칭으로 불리한 위치에 있던 고객들이 Priceline.com과 Hotwire.com을 사용함으로써 유리한 위치로 올라선 바 있다. 하지만, 넷플릭스는 고객 구매 정보를 이용해 유사한 주제의 다른 영화를 추천함으로써 수요를 창출해 낸다.

SWOT 분석: 강점, 약점, 기회, 위협

다섯 가지 경쟁요인 모델이 산업 수준의 분석 도구라면 SWOT 분석은 개별 기업 수준의 분석 도구이다. ***SWOT* 분석**은 외부 환경의 기회와 위협은 물론 조직 내부의 강점과 약점을 규명하는 분석이다. 이 분석의 목적은 경쟁우위를 발견하고, 전망을 분석하며, 문제에 대비하고, 상황 계획의 수립에 도움을 주는 것이다. SWOT 분석은 정해진 목표로부터 시작해, 유지하고 구축하며 레버리지로 활용할 강점들과 보완할 약점들, 우선순위를 두고 포착해 구축할 기회들과 없애거나 최소화 또는 관리할 위협들에 대한 요약을 제공한다.

표 2.3 SWOT 분석

강점	약점
• 자사의 강점은 무엇인가? • 다른 기업보다 더 잘 하는 것은 무엇인가? • 가지고 있는 독특한 자원은 무엇인가? • 시장에서 사람들이 자사의 장점이라고 보는 것은 무엇인가?	• 무엇을 개선할 수 있는가? • 무엇을 회피해야만 하는가? • 어떤 요인 때문에 판매에 실패하는가? • 시장에서 사람들이 자사의 약점이라고 보는 것은 무엇인가?
기회	**위협**
• 경쟁자의 약점은 무엇인가? • 현재 시장의 추세는 무엇인가? • 기술이 새로운 서비스 옵션을 제공하는가? • 자사가 차지할 만한 틈새시장이 있는가?	• 자사가 직면한 장애요인은 무엇인가? • 경쟁자가 무엇을 하고 있는가? • 변화하는 기술이 자사의 위치를 위협하는가? • 현금 흐름에 문제가 있는가?

SWOT 분석은 주관적이기 때문에 두 사람이 하더라도 다른 결론을 낼 수 있다. 따라서 협력이 필요하다. 표 2.3은 SWOT 분석의 네 부문에 적용되는 전형적인 질문들의 예를 제시한 것이다.

고객확보 전략

고객들은 경쟁과 개인적인 필요에 따라서 다음에 나열된 기준을 활용하는 서비스 제공자를 선택한다. 이 리스트는 완성을 목표로 하는 것이 아니며, 기업들이 차별화 전략을 수립하기 위해 제시하는 새로운 차원(dimension)이 추가될 수 있다. 예를 들어 아메리칸 항공에 의해 시도된 우대고객 프로그램인 "AAdvantage"는 항공사들 간의 경쟁에다 고객충성 차원을 추가한 것이다.

경쟁적 서비스 기준

- **이용 가능성.** 서비스에 대한 접근성이 얼마나 되는가? 은행이 현금자동입출금기(ATM)를 개설함에 따라 고객들은 전통적인 "은행 업무시간"과 상관없이 24시간 은행 서비스를 이용할 수 있게 되었다. 서비스 회사가 제공하는 발신자 부담 전화와 웹사이트는 언제든 정보와 개인 계좌에 접근할 수 있게 도와준다.
- **편의성.** 서비스 이용을 위해 이동해야 하는 고객들에게는 서비스의 위치가 편의성을 결정한다. 이 때문에 주유소, 패스트푸드점, 세탁소 등은 사업이 성공하기 위해서 번화한 거리에 위치해야 한다.
- **신뢰성.** 어느 정도 서비스를 신뢰할 수 있는가? 예를 들면 해충 제거 후 얼마 만에 다시 해충이 생길까? 자동차 수리 서비스에서의 주요 불만은 처음 방문 시에 문제를 해결하지 못하는 것이다. 항공사의 경우, 연방 항공국(FAA: Federal Aviation Administration)에서 정시 이·착륙 통계를 관리한다.
- **개인화.** 개인적으로 대우받기를 원하는가? 예를 들어 호텔에서는 자주 이용하는 고객에게 그들의 이름을 불러주면 좋아한다는 것을 알게 되었다. 서비스의 고객화 정도는 아무리 하찮은 것일지라도 제공된 서비스를 개인화된 서비스로 간주하게 한다.
- **가격.** 가격 경쟁은 제조업과는 달리 서비스에서는 효율적이지 않다. 그 이유는 각각의

서비스 가격을 객관적으로 비교하기가 어렵기 때문이다. 오일 교환과 같은 일상적인 서비스에서는 가격을 비교하기가 쉽다. 그러나 전문적인 서비스에서 가격 경쟁은 오히려 비생산적이라고 여겨질 수도 있다. 왜냐하면 가격은 때때로 품질을 대체하는 것처럼 보이기 때문이다.

- 품질. 서비스품질은 서비스에 대한 사전 기대와 서비스 경험 후, 혹은 경험하는 동안 서비스에 대한 고객 인식의 차이를 의미한다. 제품 품질과는 달리 서비스품질은 서비스 전달과정과 결과 모두에 의해서 판단된다.
- 명성. 서비스 기업을 선택하는 과정에서 발생하는 불확실성은 다른 경험자와 대화함으로써 해결될 수 있다. 제품과 달리 불만스러운 서비스 경험은 교환되거나 반품될 수 없다. 가장 효과적인 광고는 긍정적인 구전이다.
- 안전. 복지와 안전은 중요한 고려 요소이다. 항공이나 의약품의 경우처럼 많은 서비스에서 고객이 자신의 생명을 서비스 제공자에게 맡기기 때문이다.
- 속도. 서비스를 받기 위해 얼마나 기다려야 하는가? 화재나 경찰의 보호와 같은 긴급한 경우, 대응 시간은 서비스 성과에 중요한 기준 요소가 된다. 다른 서비스의 경우, 대기 시간은 요금할인이나 개인화된 서비스로 상쇄될 수도 있다.

서비스 구매 결정

테리 힐(Terry Hill)은 제조업 전략 관련 저서에서 제품을 판매하는 경쟁적 차원을 일컬어 주문우위 요건(*order-winning criteria*)이라는 용어를 사용하였다.[4] 그는 더 나아가 주문우위 요건 중 일부는 **최소요건(*qualifiers*)**이라 부를 수 있다고 하였다. 왜냐하면 이들 차원은 시장진입을 위해 필수적인 것들이기 때문이다. 마지막으로, 그는 최소요건들 중 몇 가지는 주문실패 요건(*order-losing sensitive*)으로 간주될 수 있다고 하였다.

- 최소요건. 어떤 서비스 기업이 시장의 경쟁자로서 진입하기 이전에 반드시 각각의 서비스 경쟁 차원에 대해 보편적으로 정의되는 일정수준에 도달해야 한다. 이를 최소요건(qualifier)이라 부른다. 예를 들어 항공사의 명백한 최소요건은 항공기의 내구성과 파일럿의 등급으로 정의되는 안전을 들 수 있을 것이다. 패스트푸드와 같이 성숙기 시장에서 기존 경쟁자는 청결성으로 품질 수준을 정의할 것이며, 새로운 진입자가 경쟁을 하고자 한다면 이 정도의 수준은 갖추어야 실행 가능한 경쟁자가 될 수 있다.
- 우위요건. 서비스 우위요건(service winners)은 가격, 편의성, 명성 등과 같이 고객이 경쟁자 사이에서 선택하기 위해 사용하는 차원들이다. 그런데 구매 시점에서 고객이 필요로 하는 것이 무엇인지에 따라 우위요건은 변할 수 있다. 예를 들어 점심시간에 식당을 찾을 때는 아마도 편의성에 근거를 두겠지만, 데이트를 위한 저녁 식사에는 명성에 영향을 받을 수도 있다. 패스트푸드의 경우, **우위요건**이었던 차원(차량진입 주문서비스)이 시간이 지남에 따라 최소요건이 되기도 한다. 그 이유는 일부 고객은 어쨌든 주문을 위해 차량을 멈추지 않을 것이기 때문이다.

---

4) Terry Hill, *Manufacturing Strategy* (Homewood, Ill: Irwin 1989), pp. 36–46.

- 실패요건. 경쟁 차원에서 고객의 기대 수준을 만족시키지 못하면 고객은 영원히 돌아오지 않을 것이다. 여러 가지 이유로 신뢰성, 개인화, 속도 등의 차원은 특히 **서비스 실패요건(*service losers*)**이 되기 쉽다. 가령, 자동차 딜러가 기계상의 문제를 해결하지 못하는 경우(신뢰성), 의사가 환자를 무례하게 대하는 것(개인화), 그리고 소포의 익일 배달 실패(속도) 등을 예로 들 수 있다.

우리는 서비스 구매 결정을 서술하기 위해 위의 경쟁차원(최소요건, 우위요건, 실패요건)과 경쟁적 서비스기준을 사용한다. 서비스 구매 결정 순서는 우선 자격을 갖춘 서비스 기업(예, 이용 가능성 기준을 사용하여, 주변에 패스트푸드 식당이 있는가?)와 함께 시작되며, 그 다음으로 우위요건(예, 명성 기준을 사용하여, 그 식당의 햄버거가 훌륭하다고 알려져 있는가?)을 사용하여 일부 서비스 기업에서 최종 선택을 한다. 처음 서비스를 경험한 후에 나타나는 반응은 실패요건(예, 속도 기준을 사용하여, 상당한 시간을 대기하였는가?)의 발생 여부에 달려 있다.

서비스에서 정보의 경쟁적 역할[5]

서비스경영에서 정보기술은 성공적인 기업들의 경쟁전략을 정의하는 데 도움을 주고 있다. 그림 2.2는 정보기술이 서비스 기업의 경쟁전략을 뒷받침하는 역할들에 대해 설명하고 있다. 각각의 역할에 대해 성공적인 적용 사례를 통해 차례로 알아보면서 어떻게 고객을 범주화하는 데 정보가 사용되는지를 파악한다.

진입장벽 구축

앞에서 이미 설명한 바와 같이 많은 서비스 시장들은 진입장벽이 낮다. 하지만, 진입장벽은 규모의 경제(economy of scale) 활용, 시장점유율 확대, 전환 비용 창출, 커뮤니케이션 네트워크에의 투자, 그리고 전략적 우위를 위한 데이터베이스와 정보기술의 사용 등으로 구축될 수 있다. 우리는 정보를 활용해 진입장벽을 만드는 세 가지 방안을 논의하기로 한다. 예약시스템, 고객의 충성도를 얻기 위한 수시 이용자 클럽 혹은 그와 유사한 프로그램, 그리고 전환비용 증가를 통한 고객관계 향상이 그것이다.

예약시스템

진입장벽은 익스페디아(Expedia) 같은 중간 판매업자들에게 제공되는 온라인 예약시스템에 투자하여 구축할 수 있다. 아메리칸 항공의 SABRE 시스템은 종합적인 정보시스템에 의해 창출되는 교묘한 진입장벽의 한 예이다. 경쟁사인 유나이티드와 델타 항공 역시 막대한 비용을 들여 유사한 예약시스템을 만들었지만, 대부분의 소규모 항공사들은 이용료를 지불하면서도 아메리칸 항공의 시스템을 사용한다. 온라인 예약시스템의 경쟁적 중요성은 1982년 말경에 분명하게 드러났다. 이 당시의 민간항공위원회(CAB: Civil Aeronau-

---

5) Adapted from James A. Fitzsimmons. "Strategic Role of Information in Services." In Rakesh V. Sarin (ed.), *Perspectives in Operations Management: Essays in Honor of Elwood S. Buffa* (Norwell, MA: Kluwer Academic Publishers, 1993).

정보의 경쟁우위 이용

	온라인 (실시간)	오프라인 (분석적)
외부(고객)	진입장벽 설정: • 예약제도 • 수시 이용자 클럽 • 전환비용	데이터베이스 자산: • 정보판매 • 서비스 개발 • 마이크로 마케팅
내부(운영)	수익 창출: • 수율관리 • 판매시점관리 • 전문가 시스템	생산성 향상: • 재고파악 • 자료포괄분석(DEA)

그림 2.2 서비스에서의 정보의 전략적 역할

자료원: Adapted from James A. Fitzsimmons, "Strategic Role of Information in Services," in Rakesh V. Sarin (ed.), *Perspectives in Operations Management: Essays in Honor of Elwood S. Buffa,* Norwell, Mass: Kluwer Academic Publishers, 1993, p. 103.

tics Board)와 미국 법무성은 비행기 예약시스템이 독점금지법을 위반하는지 여부에 대해 합동 조사를 시작하였다. 이 조사에서 프론티어 항공은 유나이티드 항공이 자사의 아폴로(Apollo) 예약시스템의 사용을 제한함으로써 불공정한 경쟁을 하고 있다며 고발하였다.

수시 이용자 클럽(Frequent User Club)

아메리칸 항공이 보유한 대규모 예약시스템을 감안하면, 상용고객 우대를 위해 여행 크레디트를 축적하는 고객 계좌를 추가하는 것은 큰 작업이 아니었다. 마일리지 프로그램은 무료 항공권과 몇 가지 부수적인 편익을 제공하는데, 특히 요금을 자비로 내지 않는 비즈니스 여행객들에게 강한 브랜드 충성도를 갖게 했다. 이로 인해 신규 경쟁자의 할인 요금도 이러한 여행객들에게는 별다른 매력이 될 수 없었다. 그러나 최근 들어, 특정 항공사의 수시 이용자 클럽의 혜택이 매우 제한적이 되어버렸다. 예를 들어, 항공여행으로 획득할 수 있는 혜택이 상당히 줄어들고, "무료" 항공권을 얻기 위한 마일리지는 상당히 증가하고, 획득한 마일리지에 유효기간이 적용되고(항공사의 이익), 마일리지를 사용하는 좌석의 수는 급격히 줄어들면서 좋지 못한 시간대와 연결 편에만 귀속되도록 하였다. 그러므로 할인 항공가격을 파악할 수 있는 온라인 검색엔진의 출현으로 제약을 지닌 수시 이용자 클럽 혜택이 고객 충성도를 침식하는 원인이 될 수 있다.

전환비용

고객과 관계를 수립하는 것은 다른 공급자에게로 전환할 때 유발되는 불편함, 즉 **전환비용**의 형태의 비용을 만들어낸다. 모든 공과금이 자동이체되는 은행의 계좌를 다른 은행의 계좌로 바꿀 때 생기는 번거로움을 생각해보라.

온라인 컴퓨터 단말기 형태의 정보기술은 의약품 공급 산업에서 병원과 공급자의 유통망을 직접 연결하는 데 이용되어 왔다. 의약품 총판업자인 아메리칸 호스피털 서플라이(American Hospital Supply)와 맥케슨(McKesson)은 모두 병원에 온라인 단말기를 설치해 필요할 때 의약품과 의료도구의 구입을 할 수 있게 하고 있다. 병원은 재고유지 비용을 줄일 수 있을 뿐 아니라, 보충 수량을 온라인으로 주문할 수 있다는 편리함도 있기 때문에, 여기에는 상당한 전환비용이 포함되어 있다. 이미 그 시스템에 흡수된 고객을 경쟁자가 빼앗아 가기는 어려우므로, 공급업자에게는 판매비용을 절약할 수 있는 혜택이 있다.

수익 창출

실시간 정보 기술을 내부 운영에 초점을 두고 적용하면 수익 창출의 기회를 높이는 경쟁력을 갖출 수 있다. **수율관리(*yield management*)**는 서비스능력을 최대한으로 활용해 전략적으로 수익을 극대화한다는 개념이라 할 수 있다(예: 비행기의 좌석). 스마트폰과 태블릿의 보급은 판매시점(point-of-sale)에서 구매를 추천하는 혁신적인 기회를 창출하며, 서버에 내재된 전문가 시스템과 현장에서 랩탑 컴퓨터를 통한 시스템의 접근 및 활용을 통해, 수리업무 담당기사가 현장 고객서비스를 제공할 수 있다.

수율관리

SABRE 예약시스템을 통해, 아메리칸 항공은 현재 수율관리라 불린 기법의 잠재력을 깨달은 최초의 기업이었다. 아메리칸 항공은 동일 항로를 운항하는 경쟁자의 예약현황과 자사의 예약상태를 계속 주의 깊게 지켜보면서, 팔리지 않은 좌석들에 대한 가격 및 할당에 관한 의사결정을 하였다. 아메리칸 항공은 항공편별로 슈퍼세이버 가격이라는 할인가로 판매되는 좌석의 수를 탄력적으로 조정함으로써, 정가 좌석을 희생시키지 않으면서도 남은 좌석을 팔 수 있었다. 기꺼이 정상가격을 지불할 용의가 있지만 예약을 늦게 하는 고객들을 위해 몇 좌석을 예비로 유지하면서, 한편으로 저가 항공편을 찾는 승객들에게 빈 좌석을 저가로 판매한다. 이처럼 실시간으로 가격을 설정하는 전략을 통해 아메리칸 항공은 매 항공편의 수익을 극대화한다.

수율관리는 시간소멸성 자원(예컨대 비행기 좌석, 호텔 방)에 대한 수익을 증가시키기 위해 정보를 활용하는 것이다. 아메리칸 항공의 수율관리의 성공은 다른 서비스 산업의 주목을 받았다. 예를 들면 매리어트 호텔(Marriott Hotel)은 객실 판매율을 높이기 위해 전국적인 수율관리 시스템을 설치했다. 또한 아메리칸 항공은 프랑스 국철같이 자사와 경쟁관계가 없는 산업에 수율관리 소프트웨어를 판매해 수익을 올렸다. 수율관리의 주제는 제11장 서비스능력과 수요의 관리에서 더 자세하게 다룰 것이다.

판매 시점

스마트폰, 태블릿, 그리고 다른 무선 도구의 상업적 활용을 생각해보자. 레스토랑에서 종업원은 이런 도구들을 사용하여 주방에 주문을 직접 전송할 수 있고, 동시에 카운터에 계산서를 보낼 수도 있다. 이는 불필요한 단계를 줄여줌으로써, 종업원이 판매영업에 시간을 더 쓸 수 있게 해준다. 몇몇 레스토랑은 각 테이블에 이런 도구를 설치하여 고객이 직접 주문을 하고 계산을 할 수 있고, 심지어 종업원에게 팁을 줄 수 있도록 하였다. 이런 도구들은 판매 제안에 사용될 수 있으며, 코로나19 (covid-19) 시기에는 현장에서 배고픈 고객이 포장 주문을 하거나 집으로 배달 주문을 할 수 있어 레스토랑에 많은 혜택을 주었다.

전문가 시스템

오티스(Otis) 엘리베이터 회사는 현장에서 신속한 수리를 위해 유지 · 보수하는 사람에게 노트북 또는 태블릿 컴퓨터와 함께 **전문가 시스템**을 제공한다. 수년 동안 엘리베이터 작동에 대해 축적된 정보는 지식기반이 되었고 이는 전문가 시스템에 통합되었다. 현장에 있는 수리기사들은 컴퓨터를 사용해 전문가 시스템 서버에 접속해 엘리베이터의 문제 원인을 밝히는 진단을 위한 도움을 받을 수 있다. 결과적으로 엘리베이터는 빠르게 복구되고, 수리기사는 줄어들게 되었다. 의료분야는 질병 진단을 위해 전문가 시스템을 초기부터 적용한 분야 중 하나이다. 또 하나의 예로 거대 석유회사들이 유망한 석유 시추 장소를 찾아내기 위해 사용하는 전문가 시스템을 들 수 있다.

데이터베이스 자산

서비스 회사가 보유한 데이터베이스는 전략적 중요성을 지닌 숨겨진 자산이 될 수 있다. 대형 데이터베이스를 구축하고 유지하는 데 드는 비용은 그 자체로 경쟁자에 대한 진입장벽이 된다. 그러나 더욱 중요한 것은 데이터베이스로부터 고객들의 구매 습관을 파악할 수 있고, 이는 새로운 서비스를 개발하는 기회를 제공해 준다.

정보판매

던 앤 브래드스트리트(Dun & Bradstreet)사는 기업신용정보 데이터베이스 판매 산업을 창출한 기업이다. 가정용 난방, 배관 및 전기시스템 업체인 아메리칸 홈 실드(American Home Shield)도 수년간의 수리 경험을 통해 축적한 데이터베이스 안에 가치 있는 자산이 있다는 사실을 발견하였다. 제조업자들은 그들 제품의 동작 패턴을 평가하기 위해 아메리칸 홈 실드의 데이터베이스를 사용할 수 있다. 아메리칸 익스프레스(American Express)사는 카드 이용 고객들의 상세한 지출 습관을 보유하고 있고, 고객의 구매 패턴 정보를 소매상들에게 제공하고 있다.

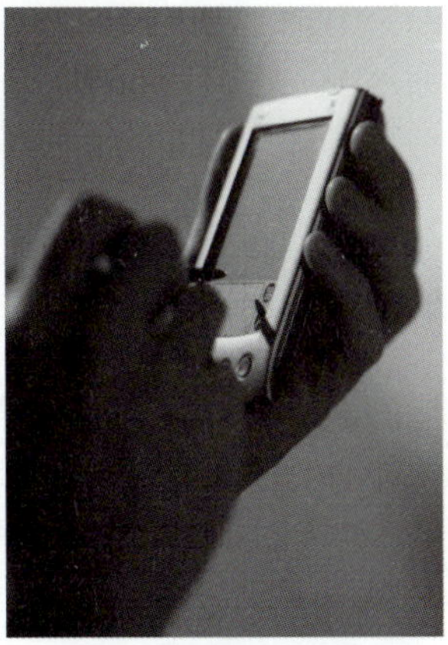

렌트카 회사 직원은 PDA를 사용해 차량 반납을 신속히 처리함으로써 고객이 비행기를 놓치는 일이 없도록 한다.

Comstock/PunchStock.

서비스 개발

세계 곳곳에 자리 잡은 종합 리조트 업체 클럽 메드(Club Med)사는 회원들의 성숙도라는 개념을 반영하고 있다. 클럽 메드는 회원들의 특성에 관한 데이터베이스를 분석함으로써 한때 미혼의 독신자였던 회원들이 세월이 지남에 따라 자녀를 둔 기혼자로 바뀐다는 것을 발견했다. 클럽 메드는 회원들이 다음 휴가 때에도 자신의 리조트를 방문하도록 하기 위해 보유한 몇몇 리조트를 어린 자녀들을 동반한 가족들도 숙박할 수 있도록 리모델링하였다. 이제 자녀들이 전문요원의 지도하에 근처 놀이동산에서 즐기는 동안 어른들은 해변과 수상스포츠를 만끽할 수 있다. 최근 클럽 메드는 이런 수상스포츠에는 더 이상 관심이 없어져 버린 노년층 회원을 끌어들이기 위해 유람선 여행을 추가했다. 또 다른 최근 상품은 일과 학교나 휴가놀이를 결합한 기회를 제공하는 워케이션(Workation, 일하면서 보내는 휴가)이다. 사례가 보여주듯이 고객의 초기 구매정보를 확보한 서비스 기업들은 이후에도 새롭거나 변형된 서비스를 제공함으로써 고객과 평생에 걸친 관계를 형성할 기회를 가질 수 있다. 신규 서비스를 개발하는 과정은 본 장의 '가상 가치 사슬'이란 주제에서 논의될 것이다.

마이크로마케팅

고객화된 광고를 개별고객에게 전달하는 것은 광고계의 최종적인 목표이다. 페이스북(Facebook)과 다른 소셜 미디어(social-media) 플랫폼들의 비즈니스 모델은 페이스북 계정에 고객화된 광고가 직접 수용될 수 있도록 사용자 정보를 기업고객에게 판매하는 데 기반을 두고 있다. 수십 년 동안, 소매상들은 목표 고객에게 사용될 수 있는 풍부한 구매 정보를 창출하기 위해, 바코드와 스케닝 기술을 사용해 왔다. 데이터베이스 분석을 바탕으로 마케팅 담당자들은 제품 유통을 정확하게 설정할 수 있다. 예를 들어, 보덴(Borden)사는 데이터베이스를 사용해 최고급 파스타 소스를 판매할 상점들을 선택해 왔다. 크래프트(Kraft USA)사는 특정 판매점의 구매자들의 기호에 맞도록 크림치즈의 향을 변경함으로써 판매매출이 증가하는 것을 경험했다.

생산성 향상

정보 수집과 분석 부문의 발전 덕분에 다점포 서비스 운영의 관리 능력이 향상되었다. 바코드 정보를 활용해 소매상의 재고는 일별로 관리할 수 있게 되었고, 진열 공간을 더욱 효율적으로 활용해 진열된 제품과 판매를 연결할 수 있게 되었다. 여러 지점의 성과에 관한 정보를 수집하면 가장 효율적인 지점들을 파악할 수 있고, 이들의 성공을 가져온 비결을 다른 지점들과 공유하면 전체적으로 생산성을 높일 수 있다. 이렇게 되면 학습 조직의 토대가 마련된다.

재고 파악

프리토 레이(Frito Lay)의 영업사원들은 태블릿 컴퓨터를 활용해 서류작업에서 벗어날 수 있었다. 그들은 매일 인터넷을 통해 텍사스 플라노에 위치한 본점에 운송경로에 대해 수집된 정보를 보낸다. 회사는 이 정보를 이용해 재고 수준, 가격, 판매 촉진활동, 신선하지 않은 제품 및 반품을 추적할 수 있다. 판매, 제조, 배송에 대한 정보를 매일 갱신함으로써 언제나 신선한 제품이 유통망에 흐를 수 있도록 하고, 고객의 수요에 대응할 수 있도록 한다. 감자칩같이 유통기한이 있는 제품은, 적절한 제품이 적절한 장소에 적절한 양만큼 있어야 하며, 이는 프리토 레이의 성공을 위해 매우 중요하다. 재고관리는 제15장 서비스 산업에서의 재고관리에서 자세하게 살펴볼 것이다.

자료포괄분석

자료포괄분석(*DEA: data envelopment analysis*)은 선형계획법의 일종으로서 다점포 조직에서 하나의 서비스 사업 단위를 다른 모든 서비스 사업 단위들과 비교하고, 투입된 자원과 산출된 자원의 비율에 기반을 둔 효율성 지수를 산출한다. 다양한 투입(예컨대 노동시간, 원자재)과 다양한 산출(예컨대 판매, 영업활동)을 사용하는 것이 가능하며, 각 사업 단위의 효율성을 측정하는 데 사용된다. 선형계획모형은 100% 효율성에 도달한 몇몇 사업 단위들이 포함된 효율성 프론티어(efficiency frontier)를 발견하기 위해 정보를 사용한다. 효율적인 사업 단위들의 운영관행과 그렇지 못한 사업 단위들의 운영관행을 비교하면 개선이 필요한 영역을 파악할 수 있다. 효율적인 사업 단위들이 비효율적인 사업 단위들과 경영 관행을 공유함으로써 비효율적인 부서를 개선하고, 전체 시스템의 생산성을 높이는 기회를 갖게 된다. 자료포괄분석을 반복적으로 수행하면 원가주도 전략을 가능하게 만드는 조직 내의 학습 분위기를 형성할 수 있다.

일례로 60개의 지점을 가진 한 패스트푸드 프랜차이즈 기업은 자료포괄분석을 통해 33개의 지점이 효율적이라는 것을 알게 되었다. 분석을 위해 세 개의 산출요소(예컨대 아침, 점심, 저녁식사 판매량)과 여섯 개의 투입요소[예컨대 지원품, 원자재, 노동력, 개업연수, 광고비 지출, 도시 혹은 교외 지역, 자동차에 탄 채 주문(drive-in) 가능 여부 등]가 사용되었다. 이 분석에서 투입요소로 의사결정 변수뿐 아니라 통제할 수 없는 변수(가령, 도시 혹은 교외 지역과 같은 인구학적 변수, 자동차에 탄 채 주문할 수 있는지 여부)도 고려된 점에 주목할 필요가 있다. 자료포괄분석에 대한 좀 더 상세한 내용은 제7장 프로세스 개선도구에서 다루어질 것이다.

고객분류를 위한 정보 활용

서비스 기업들은 매우 정교하게 정보를 활용해 특별히 더 만족시킬 만한 가치가 있는 대량구매 고객들과 무시해도 좋은 그리 중요하지 않은 고객들을 구분하게 되었다. 흔히 다음과 같은 기술들이 이익에 공헌하는 바를 바탕으로 고객을 응대하기 위해 사용된다.

- **코딩**(*coding*)은 사업에 얼마나 이익이 되는지에 따라 고객에게 등급을 부여하는 것이다. 각 계정에는 코드가 부여되고 서비스 직원들은 등급별 행동 요령에 대한 지침을 받는다.
- **최적경로선택**(*routing*)은 콜센터가 고객 코드를 바탕으로 고객을 다른 대기행렬에 위치시키기 위해 이용한다. 큰손들은 높은 수준의 문제해결 담당자에게 신속히 연결되지만, 그 외의 일반 소비자들은 자동응답 기계를 통해서만 응대될 수도 있다.
- **표적설정**(*targeting*)으로 선택된 고객은 요금을 면제받거나 사업가치에 따라 은밀하게 가격할인을 받을 수 있다. 비교적 가치가 적은 고객들은 할인행사가 있는지조차 모를 수도 있다.
- 다른 기업들과 거래내역 데이터를 **공유**(*sharing*)함으로써 수익을 올릴 수도 있다. 당신이 입구에 들어가기도 전에 당신에게는 등급이 할당될지도 모른다. 당신의 구매력은 이미 사전에 측정되었기 때문이다.

가상가치사슬[6)]

오늘날의 기업들은 **실물시장**(*marketplace*)이라는 사람과 물건으로 이루어진 세계와 **가상**

6) Adapted from Jeffrey F. Rayport and John J. Sviokla, "Exploiting the Virtual Value Chain," *Harvard Business Review*, November–December 1995, pp. 75–85.

시장(*marketspace*)이라는 정보의 세계, 이렇게 두 종류의 세계에서 경쟁한다. 예를 들어 반즈 앤 노블(Barnes & Noble)은 웹사이트를 통해 인터넷이 창출한 가상시장에서 확고한 위치를 차지했지만, 실물시장에서도 여전히 서점 업계의 선두로 경쟁력 있는 위치를 유지하고 있다. 주문수행을 위해 고객정보를 필요로 하는 가상시장의 특성은 서비스 제공자가 고객의 구매행동과 주소 같은 유용한 정보수집을 가능케 한다. 가상시장의 정보는 서비스 전달프로세스를 개선하고 고객 가치를 창출하는 데 사용될 수 있다.

가치를 창출하는 프로세스는 여러 단계가 서로 연결된 **가치사슬**(*value chain*)로 설명된다. 그림 2.3의 상단에 제시된 전통적인 물리적 가치사슬은 생산으로 시작되어 고객 판매로 종료되는 일련의 단계들로 구성된다. **가상가치사슬**은 그림 2.3의 하단에 제시되어 있는데, 전통적으로는 가치 그 자체를 창출하는 원천이라기보다는 물리적인 가치를 부가하는 요소들을 지원하는 정보로서 간주되어 왔다. 예를 들면, 관리자들은 프로세스를 모니터하기 위해 재고 수준 정보를 사용하지만, 정보 자체를 고객을 위한 새로운 가치를 창출하기 위해 사용하는 경우는 거의 없다. 하지만 혁신적인 서비스 기업들에게 이런 관점은 더 이상 적합하지 않다. 예를 들면, 페덱스는 이제 정보 데이터베이스 그 자체를 활용해 고객들이 인터넷을 통해 웹사이트에 접속해 스스로 자신의 수화물을 추적하도록 허용하고 있다. UPS와 USPS 또한 이를 따라하고 있다. 이제 고객들은 송장번호를 입력하여 운송 중인 수화물의 위치를 파악할 수 있고, 수화물을 받고 사인을 한 사람의 이름도 파악할 수 있다. 편리한 수화물 추적 시스템은 고객에게 가치를 제공하였고, 초기에는 다른 경쟁자와 페덱스를 구별 짓게 하는 차별화 요소가 되었다.

정보로 가치를 창출하기 위해서 관리자들은 반드시 가상시장을 주목해야 한다. 비록 가상시장의 가치사슬은 실물시장의 가치사슬을 반영하는 거울이라고도 할 수 있지만, 가치를 부가하는 프로세스는 우선 궁극적으로 처리하고 배분될 가공되지 않은 정보를 수집해야 한다. 여기서 가치를 부가하는 단계는 정보를 통해, 그리고 정보에 의해 수행된다는 점에서 가상적이다. 가상의 가치사슬의 어떠한 단계에 있든지 가치를 창출하는 것은 정보

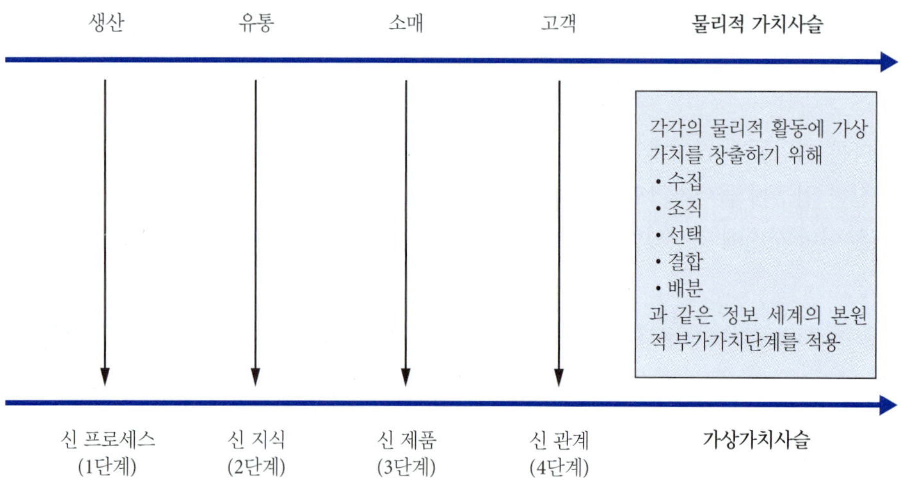

그림 2.3 가상가치사슬 활용하기

시청한 영화에 대한 피드백을 수집하여 맞춤 추천 서비스를 제공.
M4OS Photos/Alamy Stock Photo.

의 수집, 조직, 선택, 결합, 배분이라는 다섯 가지 일련의 활동들을 수반한다.

군인들과 그 가족들에게 금융 서비스를 제공하는 USAA (The United Services Automobile Association)사는 가상가치사슬을 활용함으로써 세계적인 수준의 기업이 되었다. USAA사는 다음의 네 단계 진화 과정을 거쳐 실물시장에서 가상시장으로 이동했다.

1단계: 신(新) 프로세스

첫 번째 단계는 정보를 통해 물리적인 운영을 좀 더 효과적으로 파악하는 것이다. USAA사는 종이서류로 작성된 파일들을 컴퓨터 단말기를 통해 접근하는 중앙화된 전산 시스템으로 바꾸어, "종이 없는 운영체계"를 구축했다.

2단계: 신(新) 지식

두 번째 단계는 물리적 활동을 가상적 대안들로 대체하는 것이다. USAA사에서는 핵심 사업인 보험 판매와 가입절차를 자동화하기 위해 정보시스템을 구축했다. 이 과정에서 USAA사는 고객들의 정보를 대량으로 확보할 수 있었다. 기존의 보험회사와는 다르게, USAA사는 방문 판매원을 두지 않고 전화, 메일, 또는 인터넷을 통해 모든 사업을 수행한다. 고객과 접촉하는 모든 직원들은 고객의 니즈를 파악하고, 고객에게 적절한 제품과 서비스를 제공할 수 있도록 교육을 받는다. 결과적으로 USAA사는 비교적 적은 대면접촉을 통해 제공되는 서비스에 친숙한 고객들에 관한 데이터베이스를 만들 수 있게 되었다.

3단계: 신(新) 제품

세 번째 단계로 새로운 상품에 대한 수요와 고객에게 가치를 전달하는 방법을 발굴하기 위해 고객정보가 분석된다. 자료가 축적됨에 따라, USAA사는 고객의 리스크 프로파일과 그에 대응하는 맞춤형 보험 상품들을 준비할 수 있었다. 가상가치사슬을 통해 수집된 정보의 흐름을 분석하면서, USAA는 특히 고객들의 연령 증가에 주목해 상해보험, 은행상품과 서비스, 생명 및 건강보험, 뮤추얼 펀드, 은퇴 설계 같이 고객들의 진화하는 요구를 겨냥한 상품들을 내놓았다. “이벤트 지향 서비스(event-oriented service)”는 자동차 보험에 가입해야 하는 10대 자녀와 같은 개인 고객의 수요를 미리 예상하기도 한다. 오늘날 고객들은 USAA사의 웹사이트를 이용해 금융자산을 관리할 수 있다.

4단계: 신(新) 관계

마지막 단계에서는 가치의 공동 창출에 있어서 고객과 협력할 수 있는 기회를 탐색한다. USAA의 현역 및 은퇴 직원들은 재무 계획을 필요로 한다. 이러한 수요에 대응해 USAA는 웹기반 투자 계획 도구와 현재의 재무 이슈에 대한 상시적인 온라인 세미나를 만들었다.

서비스 데이터 애널리틱스(Data Analytics)

데이터 애널리틱스는 의사결정을 향상시키기 위해 데이터 내의 의미 있는 패턴들을 발견하고, 해석하고 처리하는 것을 의미한다. 이는 조직의 성과를 계량화하기 위해 통계학, 컴퓨터 프로그래밍, 경영과학 등의 동시 적용과 관련이 있다. 데이터 애널리틱스의 광범위한 주제는 그림 2.4에서 보는 바와 같이 서술적 분석, 해석적 분석, 예측적 분석, 처방적 분석 등의 종속 분야로 구분된다. 기업들은 보다 훌륭한 의사결정과 더 나은 결과를 얻을 수 있는 실행 가능한 통찰력을 획득하기 위해 애널리틱스를 사용하여 기업성과를 서술하고, 분석하고 예측한다.

데이터 애널리틱스와 **빅 데이터**는 연관된 용어이다. 빅 데이터는 패턴이나 추세를 파악하기 위해 계산하여 분석할 수 있는 매우 크고 복잡한 데이터 집합이다. 관련 **지식**을 획득하기 위해 일상적인 **자료**와 유용한 **정보**를 구별하는 것이 중요하다. 저자이며 분석가인 네

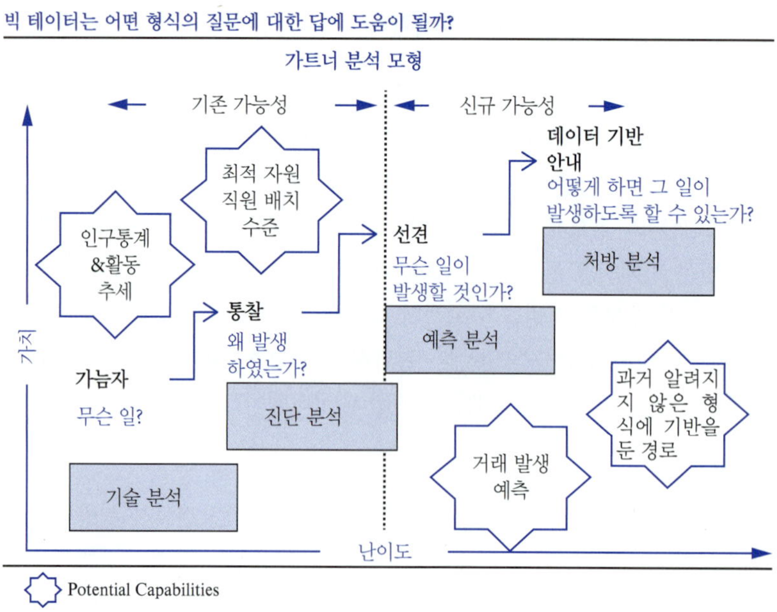

그림 2.4 빅 데이터

자료원: https://fdotwww.blob.core.windows.net/sitefinity/docs/default-source/content/statistics/symposium/2014/bigdata-industry.pdf, p. 11.

표 2.4 서비스 산업에서 데이터 애널리틱스의 활용

서비스 산업	데이터 애널리틱스의 활용
항공	운영성과와 가격 모델
투자 은행	포트폴리오 관리와 위험 측정
보험업	건강 평가
병원	입원환자 관리
호텔/레스토랑	수익 관리
마케팅 회사	판매 및 이익률 향상
카지노	고객 충성 프로그램
소매업체	공급사슬관리
스포츠 프랜차이즈	선수 선발 및 경기 중 선수 결정

이트 실버(Nate Silver)는 이를 **잡음**으로부터 **신호**를 추출하는 것으로 이야기한다. 전통적인 자료-정보-지식의 3단계 적층 모형이 자료-정보-지식-지혜의 보다 성숙된 4단계 적층 모형으로 확장되었다. 우리는 자료-정보-지식-사실-증거의 5단계 적층 모델을 제시한다. 5단계 적층 모델은 새로운 **지식**을 창출하는 데 사용될 수 있는 **정보**를 획득하기 위해 일상적인 **자료**를 구별한다. 계산방법이 계량적으로 증병할 수 있는 **사실**을 수립하기 위해 사용되고 사업 목적을 위한 **증거**로서 제시된다.

표 2.4에 제시된 바와 같이, 애널리틱스의 사용은 전 산업에 걸쳐 널리 일반화되고 있다. 할리우드(Hollywood) 사례의 경우, 책과 영화 **머니볼**(*Moneyball*)에서 오클랜드 애틀레틱스(Oakland A's)의 선수 선발에 애널리틱스가 사용된 것을 기억해보라.

애널리틱스는 기업들이 빅 데이터의 4가지 구성요소인 데이터 양, 종류, 속도, 변동성을 따라잡아야 하기 때문에 도전적일 수 있다. 이러한 구성요소들은 빨리 변화하고, 자료를 처리하기 위해 특정 최적화 기법과 연산 역량을 필요로 한다.

고객 서비스 영역에서, 데이터 애널리틱스의 사용은 여러 이유로 인해 최적과는 거리가 멀다. 이러한 이유에는 고객서비스의 여러 다른 단계에서 발생한 정보를 통합하지 못한 것과 중복적인 노력 등이 포함된다. 예를 들어, 콜 센터에서 데이터 애널리틱스를 훌륭하게 사용하면 고객 서비스의 개인화가 가능해지고, 그 결과 고객 만족과 비용 효율성의 개선으로 이어지게 된다. 애널리틱스는 서비스 전 과정의 고객경험을 포함한 자료를 수집하는 것, 고객 니즈를 더욱 잘 이해하는 것, 중요한 사건을 예상하기 위해 예측적 분석과 기계 학습을 사용하는 것, 애널리틱스 플랫폼을 지속적으로 조정하기 위해 고객 피드백 등을 사용함으로써 경쟁우위를 최적화하기 위해 사용될 수 있다.[7)]

전형적인 기업의 **일상적인 활동을 유지하기 위한** 매일 매일의 활동의 경우에는 어느 정도 최소 수준의 데이터 애널리틱스가 필요하다. 예를 들어, 헬스케어 분야에서는 인적자원 시스템, 기본적인 환자 정보, 부품 공급, 환자 비용청구 등과 같은 분야가 이러한 분석에 포함된다. 그러나 높은 수준의 애널리틱스를 통한 진정한 혜택은 만일 헬스케어 기업이 전자 건강정보(EHR) 통합 시스템(예, EPIC 소프트웨어), 원격의료, 모바일, 수술 통합

7) https://www.altocloud.com/blog/four_steps_using_data_analytics_in_customer_solutions, April 2014.

모니터링, 실시간 의료 경보와 같은 역량 등의 사용을 통해 기술과 계량 분석을 활용하여 획기적인 변화를 획득한다면 실현될 수 있다. 헬스 애널리틱스의 영역은 처치 비용의 감축, 전염병 발병 예측, 예방할 수 있는 질병 회피, 일반적인 삶의 질 향상의 잠재력을 보유하고 있다. 이러한 본원적인 복잡성으로 인해, 빅 데이터와 기업 애널리틱스를 혁신, 경쟁, 그리고 생산성을 위한 다음 번의 중요과제로 만들었다.

사물인터넷(IoT)

신세계에 오신 걸 환영합니다. 오늘 아침 당신의 알람이 울린다. 그런데 알람이 설정해 놓은 시간보다 15분 앞서 울린다. 무슨 일인가? 당신이 잠자는 동안, 시계가 직장까지의 경로상의 교통 혼잡을 살펴본 후, 직장에 정시에 도달하기 위해 평소보다 15분 먼저 출발해야만 한다고 결정하였다. 집을 출발하기 전에, 전자밥통에 물과 쌀을 넣어 둔다. 오늘 밤 직장에서 집으로 돌아오려고 할 때, 전자밥통은 귀가 시간을 인식하고 작동시킬 시간을 결정하여 당신이 집에 도착하였을 때 밥을 지어 놓는다. 당신이 집을 나서기 위해 현관문에 접근하였을 때, 우산대의 손잡이가 푸른색으로 반짝이면서, 오늘 비가 올 것이라고 이야기한다(빨간색은 무척 더운 날씨를 나타내고, 흰색은 눈이 오는 것을, 초록색은 날씨가 맑은 것을 나타낸다). 당신은 우산을 집어 든다.

아주 옛날, 이러한 이야기는 공상과학에서나 볼 수 있었지만 현재는 **사물인터넷(*IoT*)** 덕택에 사용되고 있는 기술이다. 사물인터넷은 인터넷으로 작동되는 물리적 장치, 차량, 건물, 그리고 전자기기, 소프트웨어, 센서, 작동기, 네트워크 연결망에 내재된 많은 다른 아이템들이다. 생활환경지능(ambient intelligence)이 임박했으며, 절박한 의료 이슈에 대한 매우 미묘한 징후를 지닌 사람을 파악하는 것과 같은 지능을 제공하기 위해 촘촘하게 카메라와 센서를 사용하게 될 것이다. 이처럼 내재된 역량으로 인해 사물들이 인터넷을 통해 자료를 수집하고 교환하는 것이 가능해지기 때문에 사물을 원격으로 감지하고 통제할 수 있다. 결과적으로, 사물인터넷은 현실 세계와 클라우드 기반의 컴퓨팅기술의 가상세계가 더욱 직접적으로 통합될 수 있는 기회를 창출한다. 그림 2.5에서 보는 바와 같이, 사물인터넷은 21세기 초반에 시작된 공급사슬상의 재고에 부착하는 무선식별장치(RFID)로부터 시작하는 통신기술의 발전궤도에 기반을 둔다.

사물인터넷의 근간 아이디어는 만일 연결되지 않았다면 우산, 토스터, 밥솥, 전자 오븐, 그리고 차량과 같이 일반적인 기기들로부터 "집단 지성"을 창출하기 위해 모든 것들을 인터넷과 연결하는 환경을 창출하는 것이다. 이러한 기기들은 센서와 작동기를 사용하여 서로 직접적으로 이야기를 할 수 있다. 센서는 인터넷상에서 정보를 수집하고 정보처리를 위해 자료를 보낼 수 있는 기기이다. 작동기는 센서에서 보내온 지침에 의해 결과를 만드는 장치이다.

사물인터넷은 무선 통신, 실시간 애널리틱스, 기계 학습, 상용 센서, 그리고 임베디드 시스템과 같은 다양한 기술의 융합이다. 사물인터넷을 사용하여 기업들은 제품을 시장에 보다 빨리 출시할 수 있으며, 고도로 모바일화된 인력에 대한 규제 요구사항에 적응할 수

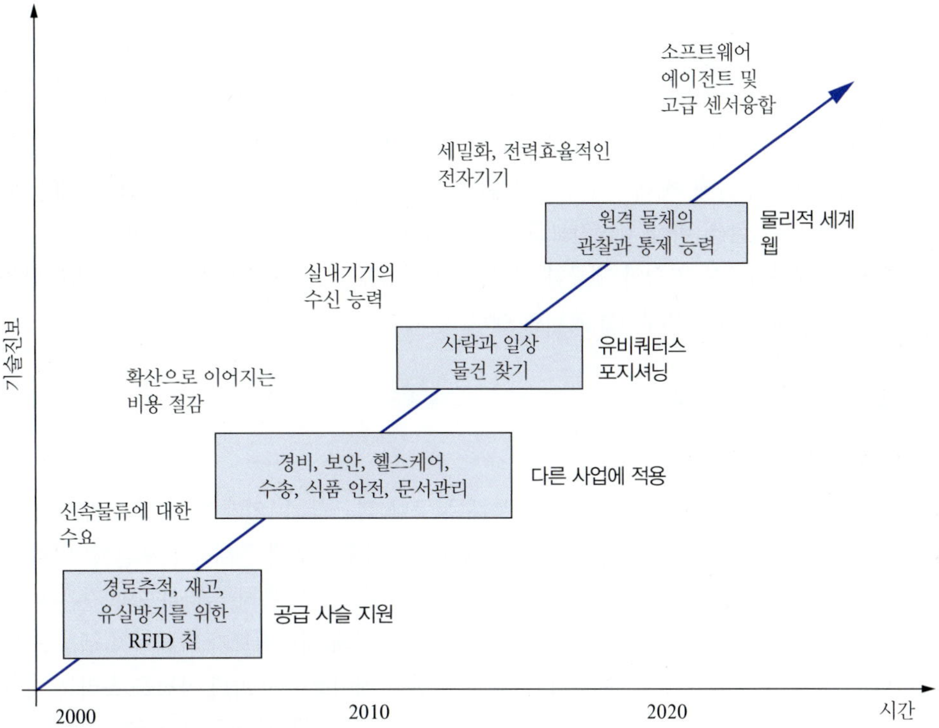

그림 2.5 사물인터넷의 발전궤도

자료원: https://en.wikipedia.org/wiki/Internet_of_things

있고, 또한 변화하는 고객 니즈에 적응하고 공급사슬 다이내믹스를 변경할 수 있다.

헬스케어(건강관리) 분야에서, 의료 사물인터넷(IoMT)이 관심을 받고 있다. 의료 사물인터넷은 온라인 컴퓨터 네트워크를 통해 헬스케어 IT 시스템을 연결하는 의료기기와 응용 프로그램을 포함한다. 와이파이를 갖춘 의료기기는 아마존 웹 서비스(AWS)가 수집한 자료를 저장하고 분석하는 것처럼, 클라우드 플랫폼에 연결된 기계 대 기계 간의 통신이 가능하다.[8)]

의료 사물인터넷의 사례로 만성 환자를 원격 관찰하고, 환자의 약물 투약기록을 추적하고, 환자를 병원에 입원시키는 것을 들 수 있다. 환자는 간병인에게 정보를 보낼 수 있는 손목밴드와 같은 기기를 착용한다. 분석 현황판에 연결된 주입 펌프, 환자의 활력 징후를 측정하는 센서에 의해 조작되는 병상들은 또 다른 의료 사물인터넷의 사례가 된다. 가정에 머무르고 있는 환자를 원격으로 관찰하는 의료 사물인터넷 기기의 사용은 또한 원격의료로 알려져 있다. 원격의료로 인해, 환자들은 의료 상황에 닥치거나 건강 상태가 변화할 때마다 병원이나 의사 진료실로의 이동을 줄일 수 있다.

의료 사물인터넷의 단점은 너무 많은 자료들로 인해 과부하에 걸린 의사들, 그 결과 너무 산만해서 의사들이 환자들을 치료하는 데 집중할 수 없다는 것이다. 이와 더불어, 병원

8) http://internetofthingsagenda.techtarget.com/

과 보험기관들은 기술진보를 계속해서 따라잡기 위해 시스템의 보안정책들을 조정해야만 한다.

어느 수준까지의 사물인터넷이 적절한 것인지를 결정하는 문제는 앞으로 많은 논쟁이 필요한 주제이다. 단지 가정 기기를 외부에서 인터넷을 사용하여 통제할 수 있는 기술이 존재하는 것으로 인해, 혜택이 진정으로 위험을 초월한다고 할 수 있는가? 오용에 대한 두려움이 더 나은 삶을 위한 기술진보를 방해하여야 하는가? 오늘날의 기술 사회에서는 사물인터넷 실무자들은 기술이 제공하는 많은 사회적, 윤리적 도전과제에 도덕적 리더십을 제공하는 기회(아마도 의무?)를 지녀야 한다.

정보 사용의 한계

사생활 침해

사물인터넷은 개인 활동들이 인터넷을 통해 누구나 접근할 수 있게 열려 있기 때문에 개인정보 문제와 관련이 있다. 기술 그 자체는 단순히 개인정보에 문제를 일으킬 수 있지만, 엉뚱한 동기를 지닌 타인에 의해 분명 잘못 사용될 수 있다. 특히 클라우드와 같은 대량 저장 능력과 강력한 데이터 마이닝 도구의 발전으로 인해 개인정보가 파헤쳐져 세상 모든 사람이 볼 수 있도록 노출될 수 있다. 일례로 당신이 페이스북에 파티 사진을 올리는 것이 원치 않는 제3자가 당신의 친밀한 생활방식, 의료 기록, 재무 거래를 파고들도록 하는 것은 완전히 다른 이야기가 될 것이다.

자료 보안성

국세청과 같은 정부기관으로부터 다른 이에게 정보가 유출되어 부적절하게 사용된다면 큰 문제가 아닐 수 없다. 하지만 고객의 진료기록이 환자의 동의 없이 보험회사나 잠재적 고용주에게 유출되는 것은 더 흔하며, 마찬가지로 손해를 끼친다. 어떤 사업체들은 근로자 보상 청구나 의료사고 소송을 제기한 사람들의 목록을 판매하기도 하는데, 이런 데이터베이스는 입사지원자나 환자를 배척하는 데 악용될 수도 있다.

정보 신뢰성

그 정보는 정확한가? 부정확한 개인정보는 한 사람의 인생에 큰 문제를 야기할 수도 있다. 미국 법률은 이러한 문제를 해결하기 위해 개인이 신용평가회사에 보관된 자신의 신용정보를 열람해 정확성을 검토할 수 있도록 하고 있다.

반(反)경쟁

진입장벽을 구축하기 위한 예약시스템과 마일리지 프로그램은 잠재적으로 반경쟁적(anticompetitive)인 것으로 파악되어 왔다. 가령, 회사 비용으로 여행하는 승객에게 제공되는 무료 항공권을 어떻게 인식해야 하는가? 국세청은 이러한 무료 항공권도 수입의 일종으로 간주해 세금 부과를 검토하고 있는 반면, 회사 측에서는 이 무료 항공권이 회사의 소유라고 주장한다. 그러나 장기적 관점에서, 이러한 무료 항공권은 항공권에 대한 가격 경쟁 여지를 빼앗는 일이다.

공정성

항공기 탑승객들에게 항공권을 얼마에 구입하였느냐고 물어본다면 아마도 소동이 일어날 것이다. 수율관리 때문에 항공권 가격은 매시간 변할 수 있다. 따라서 항공권 가격은 움직이는 과녁처럼 되고, 항공권 구입 과정은 복권과 같아진다. 극단적인 경우, 수율관리는 고객들에게 공정하고 평등한 것인가? 모든 서비스 가격은 언제나 협상할 수 있는 것인가? 고객들은 이제 자신들의 구매력을 인식하는가?

확장성의 경제

확장성(*scalability*)이란 기업이 판매 물량을 증가시킴에 따라 공헌 이익(즉, 매출액−변동비)을 증가시킬 수 있는 능력이다. 무한대의 확장성은 추가적인 고객에게 서비스를 제공하기 위한 변동비가 0일 경우에만 가능하다. 서비스에서 확장성을 만드는 세 개의 원천은 다음과 같다. (1) 정보 또는 자료 서비스만을 수행하는 것(예: 온라인 백과사전) (2) 고객들이 스스로 서비스를 수행하도록 하는 것(예: 온라인 예약) (3) 고객들이 다른 고객들에게 서비스를 제공하도록 하는 것(예: 온라인 경매).

표 2.5에서 알 수 있는 바와 같이 가능한 확장성의 정도는 서비스의 특성에 달려 있다. Kbb는 신차 및 중고차의 가격을 제공하는 켈리 블루북을 말하고, 인포허브(InfoHub)는 "특별관심" 여행자와 공급자들 간의 연락을 제공하는 서비스이다. 블루에이프런(BlueApron)은 구매자에게 내용물이 저녁식사로 만들어질 수 있도록 식사 분량의 내용물과 조리법을 제공하는 음식서비스 회사이다. 아마존(Amazon)은 클라우드 상에서 기업관리가 용이하도록 하는 역량을 갖고 소매업을 더욱 발전시켜왔다.

확장성은 차별화를 동반하지 않고서는 충분치 않다. 서비스가 범용화되면 결국 원가우위가 제일 높은 기업 하나만이 살아남을 것이기 때문이다. 차별화는 "네트워크 효과"를 활용해 이뤄낼 수 있다. 가령 온라인 경매 업체 eBay처럼, 전체 고객 수가 증가하면 개별 고객에게 제공되는 가치도 증가하는 것이 바로 네트워크 효과이다. 사람이 효율적으로 개입한다는 좋은 평판도 전략적 우위로 이어질 수 있다. 고객들은 종종 도움을 필요로 하기 때

표 2.5 확장성과 전자상거래

차원	높음	← 확장성	→	낮음
전자상거래 연속성	정보판매 (e-서비스)	부가가치 서비스 판매	서비스를 제품과 함께 판매	제품 판매 (e-커머스)
정보와 상품 내용	정보 위주	서비스와 함께 제공되는 정보	제품과 지원 서비스	제품 위주
고객 만족도	셀프서비스	콜센터 백업	온라인 주문	콜센터 주문 처리
표준화와 맞춤화	대량 유통	약간의 개인화	제한된 고객화	개별적인 주문 처리
포장 및 배송비용	디지털 자산	편지	소포	배송, 주문 처리, 창고보관
판매 후 서비스	없음	질문에 답변	식사 크레딧	반품 가능
서비스 사례	중고차 가격	온라인 여행사	음식 내용물과 조리법	온라인 소매상
사례 기업	Kbb.com	InfoHub.com	BlueApron.com	Amazon.com

표 2.6 고객 만족도 점수

순위	서비스 산업	고객 만족도 점수 0–100
1	제한된 서비스 레스토랑(Chick-fil-A)	86
	슈퍼마켓(Wegmans)	86
2	풀 서비스 레스토랑(Cracker Barrel)	83
	인터넷 소매(Amazon.com)	83
3	소비자 운송(FedEx)	82
	백화점(Nordstrom)	82
4	호텔(Hilton)	81
	인터넷 여행(Priceline)	81
	전문점(Costco, L Brands)	81
5	항공(JetBlue)	80
	에너지 투자서비스(Vanguard)	80

자료원: American Customer Satisfaction Index, University of Michigan, Ann Arbor, Michigan, http://www.theacsi.org.

문에 반응속도가 빠르고 효율적이며, 고객과 공감하는 콜센터 직원들은 고객 충성도를 높일 수 있다.

인터넷으로 제공되는 서비스는 고객들이 가정에서 스스로 서비스를 수행할 수 있도록 한다. 고객들이 인터넷을 통한 서비스에 얼마나 만족하는지를 알게 되면 아마도 놀랄 것이다. 표 2.6은 인터넷 소매, 인터넷 중개, 인터넷 여행과 같은 인터넷을 통한 서비스가 다른 서비스 기업들만큼 높은 만족도를 보이고, 서비스가 우수하다는 평판을 갖고 있음을 보여준다. 표 2.6에 포함된 기업들은 각 산업에서 고객 만족도가 높은 기업들만을 선택한 것이다. 디지털 서비스에 있어서 셀프서비스는 이미 친숙하고 확립된 서비스 제공방식이 되었다.

서비스의 지속 가능성

언뜻 서비스 기업이 왜 지속 가능성을 걱정해야 하는지 의문을 가질 수도 있다. 일반적으로 서비스 시설에서는 매연 같은 것이 나오지는 않기 때문이다. 하지만, 좀 더 깊이 생각해보면 서비스 기업들은 제조 기업들만큼이나 지속 가능성에 있어서 역할이 크다는 것을 알 수 있다. 지속 가능성에 대한 서비스 기업의 책임은 종이를 재활용하거나 에너지 사용량을 줄이는 것보다 훨씬 더 크다. 지속 가능성을 향한 노력에서 찾을 수 있는 기회와 위협 요인들은 서비스 운영에 큰 영향을 미칠 수 있다.

대부분의 서비스 기업들에 있어 환경적, 사회적, 경제적 **지속 가능성**은 장기적인 사업 운영에 있어 필수적 요소이다. 효율적인 프로세스와 관행을 설계하고, 환경과 사회에 끼치는 부정적 영향을 제거해 기업 이미지를 높이는 조직 문화를 만들기 위해서는 지속 가능성에 대한 조직 전체의 상당한 헌신이 필요하다.[9]

다음과 같은 요인들은 서비스 기업이 지속 가능성을 하나의 전략으로 삼는 동기가 된다.

---

9) Paul Kleindorfer, Kalyan Singhal, and Luk N. Van Wassenhove, "Sustainable Operations Management." *Production and Operations Management* 14, no. 4 (December 2005), pp. 482–92.

- **규제/법규:** 미국의 환경보호국(EPA)은 건강과 환경을 보호하기 위한 규제를 입안한다. 전자제품 폐기 지침(WEEE)과 유해물질 규제안(RoHS) 등은 모든 종류의 전자제품과 기타 유해 물질의 수집, 재활용 및 복구에 대한 목표를 제시한다. 또 ISO 14000과 ISO 26000과 같은 환경 보호와 사회적 책임을 위한 국제표준도 존재한다.
- **인식/이미지:** 서비스 기업들의 지속 가능성을 위한 노력의 많은 부분은 홍보를 위한 것이다. 고객들은 지속 가능성 운동에 앞장서는 기업들을 선호하는 경우가 많다.
- **경제성:** 지속 가능한 운영의 어떤 측면은 실제로 기업의 비용 절감으로 이어지기도 한다. 린 운영(lean operation)의 결과로 인한 폐기물 감축을 예로 들 수 있다.

삼중최저선

삼중최저선(***TBL: triple bottom line* 혹은 *3BL***)은 지속 가능성 관점에서 경제적, 사회적, 환경적 기준으로 기업을 평가하기 위해 등장한 용어이다.[10] TBL에는 다양한 형태가 있을 수 있다. 가령 석유기업인 쉘에서는 "사람, 지구, 이익"이라는 모델을 유행시키기도 했다. 20세기의 도시계획가이자 교육자인 패트릭 게데스(Patrick Geddes)는 "사람, 일, 장소"라는 문구를 사용한 바 있는데, 이는 오늘날의 TBL과 상통하는 것이라 할 수 있다.

사회적 이슈에는 노동관행, 작업인력의 다양성, 인권보호, 그리고 지역사회 공헌 등이 있다. 경제적인 이슈에는 자본 효율성, 성장 촉진, 비용 절감, 그리고 위험 관리 등이 있다. 환경적 이슈에는 청결한 대기, 수질 및 토양, 배출가스 통제 그리고 폐기물 관리 등이 있다. 물론 중첩된 영역의 이슈들도 있다. 일자리 창출, 숙련도 향상, 그리고 기업 윤리 등은 사회경제적 이슈라 할 수 있다. 환경효율성은 자원의 효율성 및 수명주기 관리를 말한다. 글로벌 기후변화, 환경 정의, 그리고 보건 안전 등은 사회-환경적 이슈라 할 수 있다. 그림 2.6에서 볼 수 있는 것처럼, 세 기준이 모두 충족되었을 때에 진정한 지속 가능성을 달성할 수 있다.

서비스 운영의 지속 가능성을 위한 움직임을 지원하는 요소들은 다음과 같다.

- 노동, 원자재, 에너지 비용은 향후에도 지속적으로 상승할 것이다.
- 환경, 보건, 그리고 안전을 위한 공공의 압력은 앞으로도 강하게 유지될 것이다.
- 3BL을 추구하는 기업들이 제공하는 서비스에 대한 소비자들의 수요는 증가할 것이다.
- 지속 가능한 사업관행에 관한 비정부기관(NGO)들의 강력한 활동이 예상된다.

지속 가능성을 위한 내부적 노력 외에도, 서비스 기업은 다음과 같은 외부적 요인들도 고려할 필요가 있다.[11]

- **물결 효과:** 서비스 기업은 제공하는 서비스 그 자체로서보다 고객들의 선택과 행동에 영향을 미침으로써 더 큰 영향력을 갖기도 한다. 은행이 주택구매자에게 주택담보대

---

10) John Elkington, "Towards the Sustainable Corporation: Win-Win-Win Business Strategies for Sustainable Development." *California Management Review* 36, no. 2 (1994), pp. 90–100.

11) Darcy Hitchcock and Marsha Willard, *The Business Guide to Sustainability,* 2nd ed. (London: Earthscan, 2009).

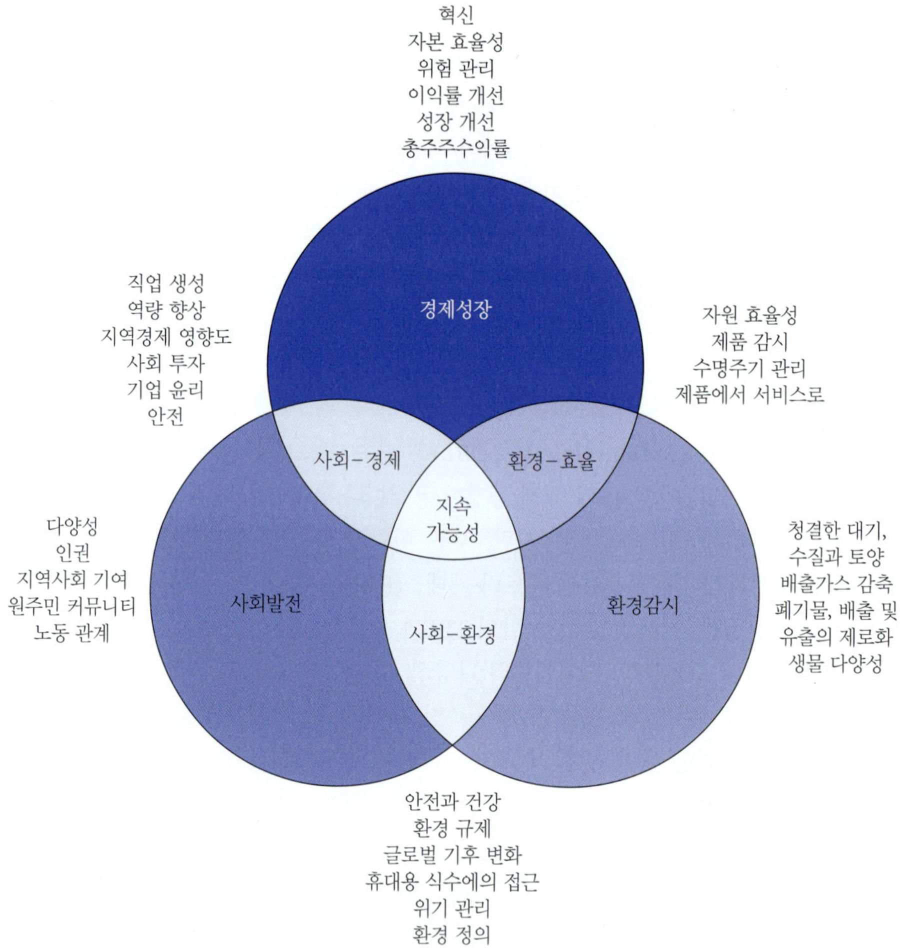

그림 2.6 지속 가능성과 관련된 삼중최저선

자료원: http://www.conocophillips.com/sustainability.

출을 승인할 때, 그 영향은 단지 재정적 측면뿐 아니라 지역사회의 삶의 질, 교통량, 다양성, 보험료, 그리고 심지어는 국가 경제에도 미치게 된다(2008년 금융위기를 상기하라).

- **전략적 위협:** 지속 가능성과 관련된 추세는 사업의 근간을 위협할 수도 있다. 몇몇 스키 리조트에서는 지구 온난화로 인해 눈이 부족해졌고, 이는 스키 시즌 단축과 이익 감소라는 결과를 초래했다. 극단적 기후는 더 큰 파괴력을 갖는 폭풍으로 인해 엄청난 손실을 발생시키기에 보험업과도 관련이 있다. NGO들이 비윤리적인 서비스 기업들을 비난하는 것은 잘 알려져 있다. 가령, 열대우림 행동네트워크라는 NGO는 민감한 생태계를 갖는 오래된 숲에서 불법적으로 벌목된 목재로 만든 제품을 판매한다며 건축자재 업체인 홈디포를 비난하기도 했다.
- **떠오르는 기회:** 지속 가능성 운동은 사회에 긍정적 공헌을 하고 호감을 형성하기 위한 문을 열어준다. 스타벅스는 때때로 비윤리적인 사업관행으로 비난받기도 하지만, 프리

미엄 가격과 장기 계약, 그리고 환경친화적(음지재배, 조류친화 등)이고 사회적(가령, 노동관행)인 가이드라인을 통해 책임 있는 커피 재배업자들을 끌어들이고 있다.

나이키나 월마트와 같은 다국적 기업들에서 지속 가능성을 위해 노력한 사례들을 많이 찾아볼 수 있다. 월마트의 CEO와 전 회장으로 재직한 리 스캇(Lee Scott)은 2005년 10월 24일 "21세기의 리더십"이라는 연설을 했는데, 거기서 그는 3개의 장기 목표를 제시했다: (1) 100% 신재생 에너지를 사용한다. (2) 폐기물 발생을 완전히 없앤다. (3) 자원과 환경을 보존하는 제품을 판매한다.[12] 그 연설 이후 월마트는 폐기물 제거와 효율 향상에 착수했다. 가령, 빨래 세제 같은 제품을 농축해 선적 시 필요한 부피를 줄였고, 장거리 운송 트럭을 개조해 소형 에어컨을 설치하여 운전사들이 디젤 엔진을 끄고 잠을 잘 수 있게 했다. 또, 플라스틱 및 종이 포장을 줄였고, 유기농 식자재를 생산하는 농장에서 직구매를 시작했다. 월마트의 목표는 친환경적이 됨으로써 비용을 절감하는 것이었다.

비평가들은 월마트의 친환경 이니셔티브는 지속되기 힘들 것이라고 주장하는데, 엄청난 비용 부담(매년 5억 달러 이상), 상품 구색 최적화에 있어서의 제약, 공장의 좋지 못한 작업 환경 등이 비평의 주요 이유였다. 하지만 월마트는 호감도 증가와 지속 가능성을 위한 노력의 결과로 얻을 수 있는 지속적인 공급의 보장이 직접적으로 얻는 이익보다 훨씬 더 중요하다고 맞선다.[13]

서비스 기업들의 지속 가능성을 위한 노력의 결과로, 미국의 경제에는 "그린컬러"라는 새로운 직종이 나타났다. 그린 컬러의 특징은 환경에 대한 배려, 지속 가능한 사업운영을 위한 능력 개발, 에너지 효율성에 대한 더 큰 관심, 그리고 인간과 환경 간의 연결에 대한 탐구 등을 들 수 있다. 그린컬러는 고임금 직종은 아니지만, 사회적 책임을 다한다는 데에 매력이 있다. 그린컬러의 모토는 다음과 같다고 할 수 있다: 친환경(*Green*)은 탐욕(*Greed*)이 아니라, 선(*Good*)이다!!

코로나19의 사회-경제적 영향

코로나19는 경제적 여파와 점점 증가하는 사회적인 불안을 야기할 것이다. 경제적인 변화에서, 기업들은 역 소비, 생산, 경쟁 패턴에 점점 직면하게 된다. 코로나19는 경제활동을 위축시키고, 진단도구, 안전 방비, 의료진 및 백신 노력과 같은 일로 수천조 원의 비용을 요구하였다. 코로나19는 지구와 인류에 대한 막대한 사후 위기 대응 노력을 요구하기에 지속 가능성의 방해에 발생할 수 있어 수년간의 진보를 멈추어 버린다. 지속적인 환경 저하, 생물 다양성의 손실, 더 나아가 인수공통전염병의 발생이라는 악순환의 길로 들어설 수 있다.

공중보건에 대한 위험성에 더해, 전 세계적인 유행병과 이동금지는 사람과 사회에 지속적인 영향을 미칠 수 있으며, 결과적으로 사회적인 불안과 사회적 분열을 야기한다. 또한 개인의 자유와 다음 세대의 복지에도 점차 증가하는 위험이 된다. 높은 실업률은 불평

---

12) Orville Schell. "How Walmart Is Changing China," *The Atlantic,* December 2011, p. 86.
13) Erica Plambeck. "The Greening of Wal-Mart's Supply Chain," *Supply Chain Management Review,* July 1, 2007, pp. 18–25.

등을 더욱 심하게 할 것이며, 직접적인 경제적인 결과뿐만 아니라 정신 건강과 사회적 결합에 영향을 준다.

코로나19 기간 동안의 경제적, 건강, 사회적 분열은 나이, 성별, 교육 수준, 경제 상황 등, 다른 여러 인구통계학적 요인에 관하여 심각한 사회적 불평등과 관련이 있다. 경제회복의 시기와 속도가 어떻게 사회적 및 환경적 균형이 돌아올 것인지를 결정하게 될 것이다.

서비스 기업의 경쟁력 단계[14)]

서비스 기업이 경쟁력을 유지하기 위해서는 생산과 품질의 지속적인 향상이 기업의 전략이면서 동시에 기업문화의 일부가 되어야 한다. 표 2.7은 체이스(Chase)와 헤이즈(Hayes)에 의해 개발된 프레임워크로 서비스 기업의 전략 개발에서 운영의 역할을 제시한다. 이 프레임워크는 또한 생산성과 품질향상의 수많은 원천들을 살펴보는 데도 유용하다(즉, 새로운 기술은 단지 원천들 중 하나일 뿐이다). 게다가 이 프레임워크는 서비스전달시스템 개발의 진행 상황을 측정하고 평가하는 방법이 될 수도 있다. 이 틀은 서비스 전달의 경쟁력에 따라 서비스 기업을 서로 다른 네 가지 발전단계로 조직화하고 있다. 그리고 각 단계에서의 주요한 운영 차원들에 대한 기업의 경영 관행과 태도도 비교되어 있다.

서비스는 반드시 1단계에서부터 시작할 필요는 없다. 하지만 주의를 기울이지 않는다면 상위 단계에 있다가도 1단계로 되돌아가게 될 수 있다. 예를 들면 페덱스는 모든 분류 작업을 멤피스 거점에서만 수행하는(따라서 익일 배송이 보장되는) 혁신적인 거점과 지점(hub-and-spoke) 개념 덕분에 처음부터 3단계에서 서비스를 개시했다.

서비스 가능 단계

몇몇 서비스 기업, 그리고 특히 정부서비스들은 이 범주에 속한다. 운영은 필요악이며, 따라서 최소비용으로 수행해야 하는 것이라 간주하기 때문이다. 고객들에게는 종종 대안이 없기 때문에 품질을 향상시킬 동기도 별로 없다. 작업자들은 직접적인 감독이 필요하다. 직원훈련에 최소한의 투자만이 이뤄지기 때문에 제한된 기술과 낮은 성과 수준만을 기대할 수 있다. 새로운 기술에 대한 투자는 생존을 위해 반드시 필요할 때까지는 기피된다[가령, 연방비행청(FAA: Federal Aviation Administration)이 항공교통 관제를 위해 매우 늦게 도플러 레이다를 채택한 것을 생각해 보라]. 이들 기업은 본질적으로 비경쟁적이고, 경쟁으로 인해 도전을 받을 때까지만 이 단계에 머무를 수 있다.

숙련 단계

경쟁으로부터 보호를 받던 1단계 이후, 서비스 기업은 경쟁에 직면하게 될 수 있고, 그렇게 되면 서비스전달시스템을 재평가해야만 한다. 그렇게 되면 운영관리자들은 시장점유율의 심각한 손실을 막기 위해서 새로운 경쟁자들과 대등한 수준을 유지하기 위한 산업의 관행을 따라야만 한다. 예를 들어 모든 성공적인 패스트푸드 레스토랑이 드라이브스루 창

---

14) Adapted from Richard B. Chase and Robert H. Hayes, "Operations' Role in Service Firm Competitiveness," *Sloan Management Review* 33, no. 1 (Fall 1991), pp. 15–26.

표 2.7 서비스 기업의 경쟁력 4단계

	1. 서비스 가능 단계	2. 숙련 단계	3. 차별화 능력 단계	4. 세계적 수준의 단계
평판	고객들은 성과보다는 다른 이유로 서비스 기업을 이용함	고객들은 기업을 찾지도 피하지도 않음	고객은 고객기대를 충족시켜 주는 명성에 따라 기업을 찾음	기업 이름은 서비스의 탁월성과 동일시됨. 서비스는 단순히 고객 만족으로만 끝나지 않고, 고객에게 *즐거움*을 주고 경쟁자가 충족할 수 없는 수준까지 고객기대를 확장시킴
운영방식	운영방식은 기껏해야 반응적	평범하고 영감 없는 방식으로 운영됨	탁월한 운영방식이 계속되며, 세밀한 고객 집중을 지원하기 위한 인사관리와 시스템으로 강화됨	운영방식은 신속하게 학습되며 빠른 혁신을 이룸. 즉 모든 서비스 전달 단계를 습득하고 경쟁자를 능가하는 서비스능력을 제공함
서비스품질	비용을 수반하며 매우 가변적임	한두 가지 주요 차원에서 일관적인 약간의 고객기대를 만족시킴	다차원에서 일관적인 고객기대를 능가함	고객의 기대를 높이고 도전과제를 탐색함. 계속적인 개선이 요구됨
지원부서	경리실	서비스에 기여함. 전체 서비스에서 중요 역할을 수행. 중요시되나 여전히 별개 역할임	전방부서와 동등한 가치를 가지며 통합적 역할 수행	혁신적임. 부서 능력을 개선시키고, 기회를 창출함
고객	불특정하며 최소비용으로 만족되어야 함	기본욕구에 따른 시장 세분화	욕구의 다양성이 파악된 개인들의 집단	가상현실, 아이디어, 기회는 자원임
신기술 도입	불가항력의 조건에서 생존을 위해 필요한 경우	비용절감이 판단될 경우	서비스의 개선이 필요하다고 판단될 때	최초 실행이 자원임. 경쟁자가 할 수 없는 것을 수행하는 능력을 창출함
노동력	부정적인 제약	효율적 자원으로서 훈련되어지며, 절차를 준수함	대안적 절차 중에서 선택이 허용됨	혁신적이며 절차를 창출함
일선 경영진	근로자를 통제함	공정을 관리함	고객에게 귀를 기울이고 근로자를 지도 · 격려함	새로운 아이디어의 자원으로서 최고경영진은 일선 경영진에 조언함. 멘토(Mentor)들은 일선 경영진의 경력성장을 향상시키기 위해 일함

자료원: Reprinted from "Operations' Role in Service Firm Competitiveness," by R. B. Chase and R. H. Hayes, *Sloan Management Review* 33, no. 1 (Fall 1991), p. 17 by permission of publisher.

구를 갖고 있다면 시장에 막 진입한 신규 레스토랑도 동일한 서비스를 하고자 할 것이다. 이런 가상적인 상황에서 모든 기업들이 유사한 관행을 채택하고 서로 동일하게까지 보이기 때문에 운영의 기여는 경쟁 중립적이라 할 수 있다.

기업들이 효과적 운영을 위해 경쟁하지 않을 때, 다른 차원의 경쟁(예를 들면 제품 라인의 폭, 부가적인 서비스, 광고 등)에서 창조적인 경우가 종종 있다. 직원들은 표준 절차를 따르도록 훈련되고, 예외적인 사건이 발생했을 때에 어떠한 주도적 행동도 기대되지 않는다. 이들 기업들은 기업경쟁력에 대해서 운영이 갖는 잠재적 기여를 아직 깨닫지 못하고 있다.

차별화 능력 단계

3단계의 기업들은 다행스럽게도 고객을 위한 가치를 창조하는 것이 무엇인지에 관한 비전을 갖고 있고 서비스전달시스템에서 운영관리자가 수행해야만 하는 역할도 이해하는 고위 경영진을 갖추고 있다. 예를 들면 스칸디나비아 항공사(SAS)의 CEO인 얀 칼존(Jan Carlzon)은 과거 공격적인 경쟁자에게 빼앗겼던 비즈니스 여행객 시장을 재탈환하기 위해 정시 출발 실적에 대한 개선이 필요하다는 것을 깨달았다. 이 목표를 성취하기 위해, 그는 비행기가 게이트를 떠나지 않았다 할지라도 늦게 도착한 고객을 탑승시키지 않는 것처럼 운영혁신을 위한 리더십을 발휘하였다.

운영관리자들은 지속적 개선(식스 시그마)의 전형적인 신봉자들로서 서비스 보장, 권한위임, 서비스 향상 기술을 구현하는 데 주도적인 역할을 한다. 이 단계에 있는 조직의 근로자들은 종종 다중 역할을 위해 훈련되고, 만약 명시된 운영 목표의 달성을 위해서 필요하다면 주도적으로 역할을 수행하도록 격려된다(예를 들면 페덱스의 익일 배송). 쓰러진 통신탑이 운영을 방해하고 있는 것을 인지한 페덱스 직원이 헬리콥터를 빌려 눈 덮인 콜로라도 산 정상으로 날아가서 수리를 완료하였다는 전설적인 이야기가 있다.

세계적 수준의 단계

세계적 수준의 기업들은 단지 고객의 기대를 만족시키는 것에 만족하지 않는다. 이들은 경쟁자들로서는 만족시키기 어려운 수준까지 고객의 기대를 높여 나간다. 경영진은 능동적으로 성과 기준을 높여나가고 고객의 소리에 귀를 기울여 새로운 사업 기회를 파악한다. 디즈니(Disney)와 매리어트(Marriot) 같은 세계적 수준의 서비스 기업들은 품질기준의 업계 표준을 만들어 나간다.

새로운 기술은 더 이상 단지 비용을 줄이는 수단으로만 여겨지지 않으며, 쉽게 모방할 수 없는 경쟁우위로 여겨진다. 예를 들면 페덱스는 수집에서 배송에 이르기까지 수하물을 추적하는 시스템을 공급하기 위해 COSMOS (*C*ustomer *O*perations *S*ervice *M*aster *O*n-line *S*ystem)를 개발하였다. 고객들은 인터넷과 웹사이트를 통해 언제든지 본인 수하물의 정확한 위치에 관한 정보를 받을 수 있다. 이 시스템은 운행하는 중인 고객에게도 수하물을 접수하라고 지시하는 데 이용될 수도 있다.

세계적인 기업에서 일하는 것은 특별한 것으로 여겨지며, 직원들은 기업과 기업의 사명을 정확히 파악하도록 격려된다. 예를 들어 디즈니에서 근무하는 환경미화원들은 방문객들이 경험을 즐기도록 도와주는 "출연자(cast member)"로 여겨진다.

전달시스템을 통해 탁월한 성과를 유지하는 것은 주요한 도전과제이다. 그러나 여러 곳에서, 특히 해외에서도 동일한 서비스를 제공할 수 있는가 하는 것이야말로 세계적 수준의 경쟁자인지에 대한 진정한 시금석이라 할 수 있다.

서비스 벤치마크

울타리 바깥에서

사우스웨스트 항공사의 설립자이자 전임 CEO인 허브 켈러허(Herb Kelleher)는 매우 유능한 경영자로서 그가 이룩한 경영 실적은 수익성 정시 출발, 수하물 분실 건수, 여객 마일리지 수, 고객 만족도 등 거의 모든 면에서 미국 내 최고 수준을 달성하였다.

그러나 사우스웨스트 항공사의 이와 같은 성과는 단지 사내 이사회나 브레인스토밍 기법 같은 것으로 이루어졌다고 생각하면 오산이다. 관리자들은 회사의 "울타리 바깥에서" 무언가를 배우고자 하였다. 예를 들면 왕복 소요시간을 단축하기 위해 그들은 자동차경기장—구체적으로는 인디아나 폴리스 500—을 찾아갔고, 거기서 그들은 자동차 경주를 구경한 것이 아니라 정비팀이 어떻게 경주차들을 급유하고 서비스하는지를 주의 깊게 살펴보았다. 그들은 거기서 정시 운행의 향상을 가능하게 하는 장비, 부품 그리고 팀워크에 관한 영감을 얻을 수 있었는데, 이러한 영감은 다른 항공사의 운영방식을 관찰함으로써 얻을 수 있는 것이 아니었다. 자동차 경주에서의 우승은 종종 정비작업에 의해 좌우된다.

요약

본 장에서는 전략적 서비스 비전과 서비스를 구현하기 이전에 물어보아야 할 질문과 대답들을 살펴보았다. 다음으로 서비스 분야에서 경쟁의 특징을 설명하였다. 서비스 산업이 분산되어 있고 중소기업도 많다는 것은 그만큼 창업을 싹트게 하는 풍부한 환경을 갖고 있음을 시사한다.

원가주도 전략, 차별화 전략, 집중화 전략의 세 가지 본원적 전략 개념을 이용해 창의적 서비스전략의 사례를 설명하였다. 그리고, 포터(M. Porter)의 다섯 가지 경쟁요인 분석과 SWOT 분석을 서비스 기업에 적용하였다. 우위요건, 최소요건, 실패요건의 개념을 도입하여 서비스 차원과 경쟁요인을 살펴보았다.

서비스 전략에 있어서 정보의 역할은 크게 네 범주로 나눌 수 있다. 진입장벽의 구축, 수익 창출, 데이터베이스 자원, 생산성 향상이 그것이다. 각 범주별로 정보에 기반을 둔 경쟁전략이 제시되었다.

가상가치사슬의 개념은 고객에게 서비스를 제공하면서 수집된 정보를 사용해 가치를 창출할 수 있다는 서비스 혁신의 관점을 제공한다. 데이터 애널리틱스, 사물인터넷과 같은 최신 정보기술을 서비스 사례와 함께 살펴보았다. 정보 사용의 한계점에 대한 논의는 정보를 사용하는 경영자들이 공공의 목소리에 항상 귀를 기울여야 한다는 점을 시사한다.

확장성의 개념을 서비스 기업에 적용하여 검토하였으며 더 나아가 서비스 기업이 사회적, 경제적, 환경적 목적 달성이라는 삼중최저선을 충족시켜 지속 가능성을 유지하여야 함을 살펴보았다. 마지막으로 본 장에서는 운영차원에 따른 서비스 기업의 경쟁력 단계를 토의하였다.

주요 용어

가상가치사슬(Virtual value Chain) 정보를 획득하고, 조직하고, 선택하고, 종합하고, 배포하는 가상 전달 플랫폼을 만들기 위한 고객 관계의 단계들

경쟁요인 모델(Five forces model) 산업의 구조 분석에 경쟁관계, 새로운 진입자, 대체품, 공급자와 고객의 교섭력 등을 분석하는 모델

데이터 애널리틱스(Data analytics) 의사결정의 향상을 위해 자료에서 의미 있는 패턴을 발견하고 핵석하고 처리하는 분석도구

빅 데이터(Big data) 관련 지식을 확보하기 위한 정보를 추출하기 위해 컴퓨터로 계산될 수 있는 막대한 규모의 복잡한 자료군

사물인터넷(Internet of Thinsgs) 인터넷을 통해 통제되는 실물 장치와 전자 장치시스템의 인터네트워킹

삼중최저선(Triple bottom line) 사회적, 경제적, 환경적 기준으로 기업을 평가하는 것

수율관리(Yield Management) 항공이나 호텔과 같이 시간소멸성 서비스능력을 지닌 서비스에 있어 수익을 극대화하기 위한 정보시스템

실패요건(Service losers) 특정 기대 수준, 혹은 그 이상의 서비스 제공에 실패함을 나타내는 기준으로 불만족한 고객을 영원히 잃게 되는 결과를 낳는 요소

우위요건(Service winners) 최소요건을 가진 경쟁자 중에서 최종 구매의사결정을 하는 데 사용되는 기준

원가주도전략(Overall cost leadership) 효율적인 운영, 원가 통제, 그리고 혁신적인 기술에 기반한 경쟁전략

자료포괄분석(Data envelopment analysis) 내부적 벤치마킹을 위해 효율적인 프론티어를 도출하기 위한 선형계획법의 일종

전략적 서비스 비전(Strategic service vision) 목표시장, 서비스 개념, 운영 전략, 전달시스템에 대한 설명을 질문 형식으로 구성

전문가 시스템(Expert system) 지식과 의사결정 모형을 이용해 최적해를 구하는 컴퓨터 프로그램

전환 비용(Switching cost) 고객이 다른 공급자로 전환할 때 발생하는 불편 비용

지속 가능성(Sustainability) 서비스 기업이 장기적으로 살아남을 수 있는 능력

집중화 전략(Focus) 경쟁전략의 하나로서 표적시장에서 고객의 특별한 니즈에 부응해 특정 표적시장에 서비스하는 전략

차별화 전략(Differentiation) 경쟁전략의 하나로서 서비스를 독특한 것으로 인식하게 만드는 전략

최소요건(Qualifiers) 서비스 기업에 대해 고객이 요구하는 최소 성과를 충족시키는 기준

SWOT 분석(SWOT analysis) 기업의 강점과 약점, 기회와 위협을 판단하는 것

토론 주제

1. 서비스 기업 중에서 집중화 전략과 차별화 전략을 함께 사용하고 있는 예, 혹은 집중화 전략과 원가주도 전략을 함께 사용하고 있는 예를 들어보라.

2. 마이크로마케팅과 관련된 윤리적 문제는 무엇인가?
3. 세 가지 본원적 전략(원가주도 전략, 차별화 전략, 집중화 전략)의 각각에 대해서 정보의 네 가지 경쟁적 사용 중 어떤 것이 가장 효과적이라고 생각하는가?
4. 세계적 수준으로 출발했고 그러한 범주 속에 남아있는 기업의 사례를 제시하라.
5. 경쟁의 "세계 수준 단계"에 있는 기업들이 "학습조직"으로 묘사될 수 있는가?
6. 서비스 운영과 제조에서의 지속 가능성을 위한 노력을 비교하고 차이점을 분석하라.
7. 병원이 사회적, 경제적, 환경적 측면에서 지속 가능성을 높이기 위한 운동을 펼치는 사례를 알아보고, 삼중최저선(TBL)이라는 관점에서 평가하라.

그룹활동 과제

항공사의 수시 이용자 보상 프로그램이 반경쟁적이라는 가정에 대해 수업시간에 팀을 나눠 찬반 토론을 진행해 보자.

사례_2.1

알라모 드래프트하우스(The Alamo Drafthouse)[15)]

알라모 드래프트하우스(Alamo Drafthouse)는 보는 이에 따라 바, 레스토랑, 또는 영화관이라 부를지 모르지만, 뭔가 다른 종류의 비즈니스이다. 영화를 보는 바 또는 버거를 먹을 수 있는 영화관이라고나 할까? 알라모는 여러 서비스를 복합해 다양한 일을 조화시켜 일종의 타협안을 만들어냈다. 알라모 고객들은 영화를 보면서 먹고 마신다. 부인 캐리(Carrie)와 함께 알라모를 운영하는 주인 팀(Tim)은 서비스가 기본적으로 신통치 않다고 솔직히 시인한다. "우리의 서비스는 대단히 나쁘지만, 일부러 그러는 것이다. 우리의 서비스가 가능한 최소한이 되길 바라기 때문에, 이것은 일종의 절충안이다. 뭔가 필요할 때 웨이터가 고객에게 와서 물어보기를 원하는 그런 레스토랑과 다르다. 대신 우리는 고객들이 우리에게 이야기를 해 주길 바란다."

역사

팀과 캐리는 텍사스주 휴스턴에 있는 라이스 대학(Rice University)에서 만났다. 거기서 팀은 기계공학을 전공했고 캐리는 생물학과 불어를 공부했다. 졸업 후 결혼하고 나서 이 부부는 캘리포니아주 베이커스필드(Bakersfield)에서 첫 번째 영화관 사업을 시작했다. 첫 번째 벤처는 예술영화를 상영하며 생음악을 제공하는 방식이었다. 비록 생음악이 처음부터 주요한 초점은 아니었지만, 생음악이 영화보다 훨씬 더 많은 수입을 올렸다. 이 영화관은 결국 실패했는데, 베이커스필드는 예술 영화 관객이 충분히 많지 않았고, "별로 좋지 않은 쪽에 자리잡은" 영화관의 입지도 실패에 한몫했다. 결국 이 사업은 복음주의적(Evangelical) 교회가 인수했다.

이 경험에서 얻은 교훈을 갖고 부부는 텍사스주 오스틴으로 이주해 음식과 주류를 제공하는 극장이라는 새로운 방식으로 다시 도전하기로 결정했다.

맥주를 마실 수 있는 영화관은 유럽에서는 매우 흔하지만, 보다 제한적인 음주법에 의해 일반적으로 제한을 받는 미국에서는 그에 비해 상대적으로 적다. 그럼에도 불구하고, 그들은 달라스, 워싱턴 D.C., 그리고 오레곤주의 포트랜드를 포함해 여러 도시에 생겨난 영화관들을 보았다.

알라모를 열기 전에, 팀과 캐리는 맥주를 파는 여러 영화관을 방문해 보았다. 이런 영화관에 여러 가지 문제점이 있음을 이 부부는 알아냈다. 몇몇 극장에서는 로비 안으로 음식이나 음료를 가지고 들어가려는 단골손님에게 극장 안에서는 아무런 서비스도 제공하지 않았다. 그 외의 극장에서는 고객이 뭔가를 원하면 지속적으로 직원을 불러야 하고 너무 많은 서비스를 제공하는 것이었다. 이러한 간섭이

15) Prepared by Robert Ferrell, Greg Miller, Neil Orman, and Trent Reynolds under the supervision of Professor James A. Fitzsimmons.

많은 고객들에게 불편함을 주었다. 팀과 캐리는 영화관에 가는 고객들은 무엇보다도 영화를 보려는 것이 주목적이며, 좋은 서비스를 위해서 보다 나은 시스템을 디자인할 필요가 있음을 인식하게 되었다.

설비 배치와 전달시스템

알라모 드래프트하우스는 1996년에 오스틴의 엔터테인먼트 지역에서 처음 문을 열었고 다양한 맥주와 와인을 비롯해 애피타이저, 샌드위치, 조각 피자, 파스타, 그리고 디저트 등의 음식 메뉴를 제공하는 스크린이 하나 있는 극장이다. 웨이터가 주문을 받아 음식을 제공하고 영화 상영 전이나 상영 중에 계산을 한다. 전통적인 영화관의 스낵도 제공하며, 애호가들은 이 모든 것을 로비에서 셀프서비스로 선택할 수도 있다.

알라모 드래프트하우스는 대부분의 극장과 같이 여러 줄의 의자가 있지만, 다른 대부분의 극장과는 달리 의자 앞뒤 간격을 충분히 띄어 공간을 둔 몇몇 자리도 만들어 놓아 음식이나 음료를 올려 놓을 수 있는 다소 길고 날렵한 테이블을 배치해 두었다. 개인적으로 주문을 하고 조심스럽게 서비스를 받을 수 있을 만큼 충분한 공간을 두었으며, 고객들은 자기가 원하면 로비로 빠져나갈 수도 있다. 이러한 배치로 인해서 알라모는 유사한 크기의 극장이 제공하는 좌석의 절반 정도 규모인 215석을 구비했다.

매번 영화 상영 전에 직원들이 고객을 돌며 알라모 서비스 시스템 운영에 대해 설명한다. 종이와 연필 그리고 메뉴를 테이블에 놓아서 고객들이 하고 싶은 주문을 종이에 써서 올려 놓으면 직원이 복도 쪽으로 돌아다니다가도 쉽사리 이 주문을 받아 갈 수 있도록 했다. 웨이터가 들어와서 종이를 집어들고 주방으로 가서 고객의 주문을 전달한다. 주문이 준비되면, 웨이터가 그 고객에게 바로 서빙한다. 이 모든 것이 단 한 마디 말도 하지 않고 영화 보는 데 방해를 최소한으로 하며 이루어진다.

오스틴은 매우 젊고 교육받은 직장인들이 있는 빠르게 성장하는 하이테크 도시이다. 영화산업의 중심인 오스틴 영화제(Austin Film Festival)는 서부와 서남부풍의 생음악 페스티벌이 함께 열리는데 텍사스대학 오스틴 캠퍼스(University of Texas at Austin)의 봄방학 휴가 중인 매년 3월에 오스틴의 도심에서 주로 개최된다.

이 극장은 도심의 밤 활동의 중심에서 가까운 곳에 위치해 있어서 클럽이나 레스토랑 등의 주요 지역에서 조금만 걸어오면 닿을 수 있다. 이 극장은 고객을 위한 무료 주차나 주변에 주차장을 구비하고 있지 않지만, 근처에 노변 주차를 할 수 있게 되어 있다. 반면 도심의 다른 대부분의 영화관들은 야외 또는 쇼핑몰 안에 대규모 복합관의 형태로 자리잡고 있다.

프로그램

알라모의 프로그램은 개봉관이 아닌 이류 극장 상영물과 특별 이벤트의 두 가지 유형으로 나눠진다. 두 번째 상영물이 알라모 프로그래밍의 대다수를 차지해서 주당 20 내지 25편이 걸린다. 이러한 영화들은 알라모 고객의 인구통계학적 특성, 즉 영화에 대해 세련된 취미를 가진 스마트한 25~40세에 어필될 만하게 주의 깊게 선택된 것들이다. 예를 들면, *볼링 포 컬럼바인*(*Bowling for Columbine*), *이탈리안 커넥션*(*The Italian Connection*), *만추리안 캔디데이트*(*The Manchurian Candidate*) 등에 해당하는 장르라고 하겠다. 그렇지만 알라모는 할리우드의 처분에 따라 고객들의 특성에 다소 잘 맞지는 않지만 그래도 팀과 캐리가 좋다고 생각하는 영화도 가끔은 상영하기도 한다. 매 주말에 팀과 캐리는 다음 주에 상영될 영화를 고른다.

특별 이벤트는 대개 3개월의 기간을 두고 준비된다. 여기엔 두 가지 유형이 있는데, 하나는 대개 클래식 또는 예술 영화인 오스틴 영화협회(Austin Film Society) 이벤트이고 또 다른 하나는 컬트 영화들이다. 영화협회 이벤트는 해당 주의 이차 상영물을 대체하며, 컬트 영화는 목, 금, 토의 심야에 상영된다. 컬트 영화들은 주로 18~30세의 남성들이 주 고객층이며, 이들은 대개 음주를 하며 벌칸 비디오(Vulcan Video)나 아이러브 비디오(I Luv Video)와 같은 비주류 특수 독립 비디오 대여점의 고객들이라는 특징이 있다. 특별 이벤트는 알라모의 평균 25주 상영물 중 대략 5 정도를 차지한다. 팀은 이 특별 이벤트를 예를 들면, 로컬 밴드가 라이브로 연주하는 무음 영화를 보면서 무제한 스파게티를 제공하는 이탈리안 웨스턴(주로 "스파게티 웨스턴"으로 알려진)과 같은, 하나의 창의적 출구로 보고 있다.

오스틴의 융성하는 영화제작 커뮤니티로 인해 특별 이벤트 프로그래밍은 많은 혜택을 누려왔다. 팀은 정기적으로 영화 제작자들이 특별 이벤트에 참여해 이야기하도록 했다. 이 극장의 관객 중에는 *엘 마르시아치*(*El Marciachi*)와 홍콩(Hong Kong)에 출연한 로베르트 로드리게스(Robert Rodriguez)도 있고, *펄프 픽션*(*Pulp Fiction*)의 감독인 퀸틴 타란티노(Quentin Tarantino)는 알라모에서 매년 열리는 컬트 영화의 집행위원장을 맡고 있다.

경영 수지

팀은 대개 4달러인 낮은 입장료를 유지하여 입장수입은 손실을 보지만 관객들이 음료와 음식에 더 많은 비용을 쓰게 만드는 전략을 구사한다. 이 가격은 오스틴 지역 극장의 대부분의 개봉관의 입장료인 6.5~7달러보다 낮지만, 2류 개봉관의 할인가격인 1~1.5달러에 비하면 높은 가격이다. 알라모 고객의 평균 객단가는 한 번에 5 내지 12달러이다. 티켓을 구매한 후 고객들의 55%는 음료를 사먹고 45%는 주류를 구매한다. 고객의 소비를 늘리기 위해서 이들은 개관 이래 메뉴의 가격을 종종 인상하였고, 보다 선택 가능한 고가의 아이템을 추가해 왔으며 특별 이벤트가 전체 수입의 1/3을 차지한다.

비록 고객들이 전형적인 극장에 갈 때보다 더 많이 지출을 하긴 하지만, 알라모의 수익은 높은 인건비와 적은 좌석 수로 인해 제한을 받고 있다. 일반적인 금요일 밤에는 15 내지 17명의 직원이 필요한데, 이는 일반 극장에 비해 훨씬 많은 숫자이다.

광고와 판촉

알라모를 알리기 위해서 팀과 캐리는 다양한 저비용 방법을 사용한다. 이들 경영진은 텍사스대 학생 신문인 *데일리 텍산*(*Daily Texan*)을 포함해 오스틴 지역 구독률 상위 3위의 신문에 광고를 낸다. 이들은 또한 특별 이벤트를 표시한 3달짜리 달력을 만들어 앞으로 있을 행사를 안내한다. 엔터테인먼트 전문지인 *오스틴 크로니클*(*Austin Chronicle*)과 밀접한 관계를 형성해 왔으며, 결과적으로 특별 행사를 다루는 기사를 무료로 실어 주어 상당한 효과를 볼 수 있었다.

팀은 또한 비용이 많이 들지는 않지만 효과적인 충성도 구축 방안을 강구해왔다. 그는 알라모의 홈페이지를 관리하며 모든 개별 이메일에 답장을 해 왔다. 또한 그는 매 영화 상영 전에 상영 예정 영화와 특별 이벤트를 안내하고 영화 상영 후에는 좌석을 돌며 관객들과 어울리며 질문에 답하고 대화를 한다. 그는 제안에 매우 개방적이며 이를 특별 이벤트의 계획에도 반영하고 메뉴의 변경에도 적용한다. 그는 이러한 충성도 구축 방법이 오스틴 영화협회와 컬트 영화 관객들에게 더 효과적이었다고 주목한다.

관련 질문

1. 마케팅 분석가는 두 가지 속성을 기준으로 고객이 인지하는 경쟁자 대비 기업의 위치를 시각적으로 보여주는 시장 포지션 맵을 사용한다. 알라모 드래프트하우스의 시장 포지션 맵을 "음식의 질"과 "영화 선택"이라는 두 축을 이용해 작성해 보자.
2. "전략적 서비스 비전" 분석틀을 이용해 알라모 드래프트하우스의 목표 세분시장, 서비스 개념, 운영 전략, 그리고 서비스전달시스템을 설명해 보자.
3. 알라모 드래프트하우스에 적용될 서비스 최소요건, 우위요건 그리고 서비스 실패요건을 규명해 보자. 알라모는 복합 영화 상영관 시장에 적절한 구매 의사결정 기준을 가지고 있는가? 이에 대한 의견을 제시해 보자.
4. 포터의 다섯 가지 경쟁요인 모델을 이용해 "엔터테인먼트 산업"에서 알라모 드래프트하우스의 전략적 포지션을 설명해 보자.
5. SWOT 분석을 실시해 외부 환경에 대한 기회와 위협은 물론 내부적인 강점과 약점을 분석해 보자.

참고문헌

Bargh, Matthew. "Digital health software and sensors: internet of things-based healthcare services, wearable medical devices, and real-time data analytics." *American Journal of Medical Research* 6, no. 2 (2019), pp. 61-66.

Christensen, Clayton M., et al. *Competing Against Luck: The Story of Innovation and Customer Choice* (New York: Harper Business, 2016).

Da Xu, We He, and Shancang Li. "Internet of Things in Industries: A Survey." *IEEE Transactions of Industrial Informatics* 10, no. 4 (2014), pp. 2233-43.

Diao, Y., et al. "Service Analytics for IT Service Management." *IBM Journal of Research and Development* 60, no. 2-3 (2016), pp. 1-13.

Goyal, Praveen, Zillur Rahman, and A. A. Kazmi. "Corporate Sustainability Performance and Firm Performance Research: Literature Review and Future Research Agenda." *Management Decision* 51, no. 2 (2013), pp. 361-79.

Grover, Varun, Roger H. L. Chiang, Ting-Peng Liang, and Dongsong Zhang. "Creating Strategic Business Value from Big Data Analytics: A Research Framework." *Journal of Management Information Systems* 35, no. 2 (2018), pp. 388-423.

Jung, Hosang, Chi-Guhn Lee, and Chelsea C. White III. "Socially Responsible Service Operations Management: An Overview." *Annals of Operations Research* 230, no. 1 (2015), pp. 1-16.

Kumar, Vikas, Luciano Batista, and Roger Maull. "The Impact of Operations Performance on Customer Loyalty." *Service Science* 3, no. 2 (Summer 2011), pp. 158-71.

Grover, Varun, Roger HL Chiang, Ting-Peng Liang, and Dongsong Zhang. "Creating strategic business value from big data analytics: A research framework." *Journal of Management Information Systems* 35, no. 2 (2018), pp. 388-423.

McEwen, Adrian, and Hakim Cassimally. *Designing The Internet of Things* (United Kingdom: John Wiley, 2014).

Rosenzweig, Eve D., Timothy M. Laseter, and Aleda V. Roth. "Through the Service Operations Strategy Looking Glass: Influence of Industrial Sector, Ownership, and Service Offerings on B2B E-Marketplace Failures." *Journal of Operations Management* 29, no.1 (January 2011), pp. 33-48.

Wolfson, Adi, et al. "Better Place: A Case Study of the Reciprocal Relations between Sustainability and Service." *Service Science* 3, no. 2 (Summer 2011), pp. 172-81.

Zhang, Jie, Nitin R. Joglekar, and Rohit Verma. "Exploring Resource Efficiency Benchmarks for Environmental Sustainability in Hotels." *Cornell Hospitality Quarterly* 53, no. 3 (2012), pp. 229-41.

Part 2

서비스 기업의 디자인

서비스 비전과 경쟁전략에 대해 명확하게 설명하였고 이제는 서비스 디자인에 관한 문제를 살펴보기로 하자. 제3장 "신 서비스 개발"은 새로운 서비스를 개발하는 프로세스에 대한 논의로 시작한다. 전방업무와 후방업무를 가시선으로 구분해 서비스 프로세스를 시각적으로 도식화하는 기법인 서비스 청사진이 제시된다. 또한 정보 권한위임을 포함한 서비스 디자인의 일반적 접근방법들을 탐구한다.

제4장에서는 고객, 서비스 조직, 그리고 접점 직원 간의 관계를 삼각점으로 묘사하고 있다. 서비스수익사슬은 내부고객(직원)의 개발과 외부 고객의 만족 및 충성도를 연결하는 것이다. 제5장 "서비스 프로세스"에서는 서비스 지원설비 자체가 만들어내는 미적이고 환경적 요인들을 서비스스케이프 개념을 통해 설명한다. 서비스품질은 전달된 서비스에 대한 고객의 기대와 인식 간의 차이로 측정된다. 이는 제6장 "서비스품질"의 주요 내용이다. 품질측정 문제, 품질디자인, 그리고 서비스 실패가 발생하였을 때의 서비스 회복 등을 포함하여 서비스 품질관리에 관한 몇몇 접근방식들을 검토한다. 제7장 "프로세스 개선 도구"는 품질과 생산성의 지속적인 개선 도구를 설명하고 있으며, 린 서비스와 6시그마 기법에 특히 초점을 둔다.

입지에 따라 서비스를 제공할 시장규모는 결정되기 때문에, 물리적 시설을 통해 서비스가 제공되는 경우 입지 선정의 문제는 매우 중요하다. 이동 시간을 최소화하거나 경쟁 상황에서 수익을 극대화하는 입지 모형이 제8장 "서비스 입지"에서 제시된다.

Chapter 3

신 서비스 개발

학습목표

1. 서비스 부문의 성장 원천을 설명
2. 서비스 혁신의 근본적인 특징을 논의
3. 신기술 채택과 관련된 경영상의 이슈에 대해 설명
4. 서비스 프로세스의 다양성과 복잡성의 의미와 차이에 대한 설명
5. 신 서비스 개발 프로세스의 단계와 추진체에 대한 논의
6. 서비스 운영을 위한 청사진의 준비
7. 서비스 시스템 디자인을 위한 네 가지 접근방식의 비교와 대조
8. 서비스 브랜드 보호를 위한 지적재산권의 역할에 대한 설명

서비스전달시스템을 디자인하는 것은 경쟁기업과 차별화된 서비스를 제공하기 위해서 서비스 개념 및 전략에서부터 시작하는 창조적인 프로세스이다. 서비스전달시스템 디자인은 이러한 목적을 달성하기 위해서는 어떤 결정을 내리기 전에 반드시 다양한 대안들을 파악하고 분석해야만 한다. 서비스 시스템 디자인에는 입지 선정, 고객 및 작업의 효과적 흐름을 위한 설비 디자인 및 배치, 서비스 제공자를 위한 서비스절차와 직무정의, 품질보증을 위한 측정방식, 고객의 참여 정도, 장비 선택, 적정 서비스 공급능력 확보 등의 이슈가 포함된다. 디자인 프로세스는 끝이 없는 활동이다. 서비스 운영을 시작한 이후에도 상황이 변함에 따라 서비스전달시스템은 지속적으로 수정된다.

혁신적인 서비스 시스템 디자인의 사례로 페더럴 익스프레스(Federal Express)를 예로 들 수 있다. 항공을 통해 서류와 소화물을 하루만에 배달 보장하는 서비스 개념은 회사 설립자인 프레드릭 스미스(Frederick W. Smith)가 대학 시절 제출한 기말 과제의 주제였다. 알려진 바와 같이 당시로서는 터무니없는 아이디어였기에 제출한 과제물은 “C” 학점을 받았다. 그러나 이제 페더럴 익스프레스는 항공 운송 산업의 표준이 되었다.

그 당시에는 항공 화물은 속도가 느리고 믿을 수 없었고, 여객 서비스에 초점을 두고 있는 항공사에 의해 제공되는 부수적인 서비스이었다. 전기공학도였던 스미스의 천재성은 배선함을 통해 많은 단자를 연결하는 전기 네트워크와 화물 운송 네트워크와의 유사점을 파악했다는 데 있었다. 이러한 통찰력을 바탕으로 멤피스(Memphis)에 모든 소화물을

정리하는 거점 센터를 두는 페더럴 익스프레스의 거점-지점(hub-and-spoke) 네트워크가 탄생했다. 미국 전역의 도시에서 한밤중에 거점에 도착한 비행기는 운송한 소화물들을 내려놓고 약 2시간 동안 대기한 후 다음 날 아침에 배달할 소화물을 싣고 되돌아가게 된다. 다시 말하면 로스앤젤레스로부터 샌디에이고로 전달할 소화물은 일단 로스앤젤레스에서 멤피스로 간 후, 멤피스에서 샌디에이고로 비행기를 통해 전달되는 것이다. 심한 기상이변으로 비행기의 착륙이 힘들거나 소화물 분류 오류가 발생하는 예외적인 경우가 아니라면 거점-지점 네트워크 디자인은 소화물이 다음 날 목적지에 도착하는 것을 보장해 주게 된다. 패더럴 익스프레스의 서비스전달시스템 디자인 그 자체가 기존 항공 수화물 경쟁업체와 차별화할 수 있는 전략적 우위를 제공하였다. 현재 페더럴 익스프레스는 거점을 추가(예: 뉴와크, 로스앤젤레스)하고 인접한 대도시 지역센터 간(예: 뉴욕과 보스턴)의 화물 운송은 트럭을 사용하고 있다.

개요

본 장에서는 먼저 서비스 부문 성장의 원천에 대해 논의하고 서비스 혁신에 존재하는 독특한 도전 과제에 주목한다. 기술, 인적자원, 시스템 요인을 포함한 신 서비스 개발 프로세스 모형을 고찰하고, 이어서 서비스 부문에서의 기술혁신에 관한 이슈를 신기술 채택 및 활용 준비와 관련된 도전에 대한 논의와 함께 설명한다. 서비스 디자인은 본 교재의 후반부 8개의 장에서 다루는 네 가지 구조적 요소와 네 가지 관리적 요소로 구성된다. 고객가치 방정식은 서비스 개발과정에 고객 중심적 관점을 유지하기 위해 사용된다. 시장에서 전략적 포지셔닝을 확보하기 위해서 서비스 프로세스 구조는 조정될 수 있다.

서비스 청사진은 서비스전달프로세스를 시각적인 형태로 묘사하는 효과적인 기법이며, 가시선(line of visibility)을 사용해 서비스전달시스템의 전방업무와 후방업무를 구별한다. 고객접촉이 일어나는 전방업무에서는 은행 로비처럼 주변 분위기와 효과성에 관심을 갖는 반면, 후방업무는 고객의 시야에서 벗어난 상태인데 효율성을 추구하기 위해 공장처럼 운영된다(예: 은행의 수표분류 작업).

서비스 프로세스 디자인의 분류에 따라 서비스 시스템 디자인을 바라보는 네 가지의 일반적인 접근방식, 즉 생산라인 방식, 공동생산자로서의 고객, 고객접촉, 정보 권한위임에 대해 설명한다. 각 접근방식은 특정한 철학을 강조하고 있는데, 이러한 접근방식들이 갖는 특징을 살펴보게 된다.

서비스 부문 성장의 원천

서비스 부문의 성장은 정보기술의 발전, 혁신 그리고 새로운 수요를 창출하는 인구통계적 변화에 힘입은 바가 크다. 특히 정보기술의 발전은 디지털 서비스의 성장에 지대한 영향을 미쳤다. 그림 3.1은 정보(디지털)서비스가 미국 GDP의 53%를 차지하는 경제의 지배적 영역으로 어떻게 성장하였는지를 보여준다. 화살표는 경제에서 예상되는 서비스 부문과 정보 부문의 성장 방향을 보여주는데, 정보 서비스 부문(D영역)이 제조 기반의 제품(A

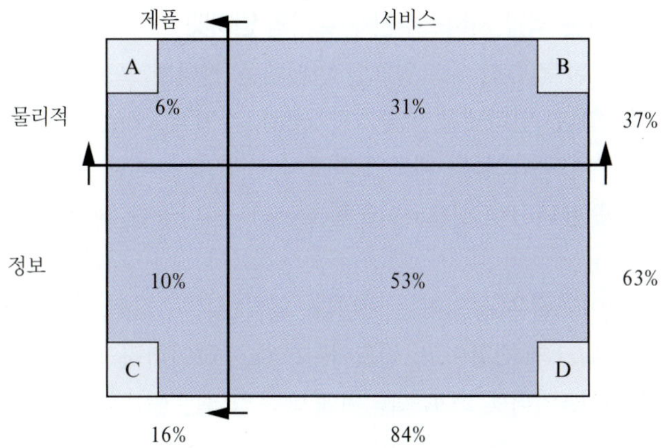

영역	설명	사례
A	물리적 제품	자동차, 철강, 화학
B	물리적 서비스	수송, 소매
C	디지털 제품	컴퓨터, DVD, TV, 휴대폰
D	정보 서비스	재무, 통신

그림 3.1 2007년 미국 경제의 GDP 분포

자료원: Karmarkar Uday and Uday M. Apte. "Operations Management in the Information Economy: Information Products, Processes, and Chains," *Journal of Operations Management* 25 no. 2 (January 2007), p. 440.

영역) 부문의 축소를 대체하며 성장하는 것을 알 수 있다.

정보기술(IT)

스마트폰의 경우처럼 인터넷 연결이 가능한 IT기기가 소형화되면서 서비스 전달을 위해 물리적으로 가까이 있어야 할 필요가 없어지고 새로운 서비스 전달 형태가 가능해지게 되었다. 가령 은행의 경우 온라인 접속을 통한 계좌조회, 이체, 청구서 지불, 개인 재무관리 등이 가능해지면서 서비스가 전자화되었다. 의료 부문에서는 환자의 엑스레이 영상이 디지털화된 후 판독을 위해 해외에 위치한 영상의학 전문의에게 전송되기도 한다. 정보기술은 이렇게 서비스 전달 과정에 변화를 일으키고, 창의적인 중개자 기능을 하면서 새로운 사업 기회를 창출해내는 새로운 서비스 가치사슬을 만들어내고 있다. 이와 관련해 카마카(Uday Karmarkar) 교수와 압테(Uday Apte) 교수는 다음과 같은 세 가지 견해를 제시하고 있다.[1)]

- 향후 미국 GDP의 대부분은 공급사슬(supply chain)보다는 "정보사슬(information chain)"에서 만들어질 것이고, 대부분의 관리직은 정보 부문에 고용되어 있을 것이다.
- 정보사슬과 정보영역에 대한 관리는 프로세스 경제는 물론 그것이 정보사슬 및 정보 프로세스의 형태 및 운영에 미치는 영향과 크게 관련되어 있을 것이다.
- 기술 개발이 프로세스와 가치사슬 경제성의 바탕이 되고 이를 선도할 것이다.

---

1) Uday S. Karmarkar and Uday M. Apte, "Operations Management in the Information Economy: Information Products, Processes, and Chains," *Journal of Operations Management,* 25, no. 2, (March 2007), p. 438–53.

서비스를 가능하게 하는 역할(서비스추진체)로서의 인터넷

전 세계에 걸쳐 연결된 컴퓨터 네트워크인 인터넷은 인터넷 프로토콜(IP)이라는 표준을 통해 데이터를 전송한다. 인터넷은 학술기관(.edu), 기업체(.com), 비영리 기관(.org), 정부(.gov) 등이 모인 "네트워크들의 네트워크"로서 이메일, 온라인 메신저, 파일 전송, 미디어 스트리밍, 음성통신(VoIP), 월드와이드웹(www) 등 다양한 정보 및 서비스의 전달을 가능하게 한다.[2)]

인터넷과 월드와이드웹은 동의어는 아니다. 인터넷은 구리선, 광통신선, 무선 등으로 연결된 컴퓨터 네트워크의 집합이고, 월드와이드웹은 하이퍼링크와 URL로 연결된 문서 및 자원들의 집합이다. 인터넷 프로토콜 위에서 운영되는 월드와이드웹은 하이퍼텍스트 전송 프로토콜(HTTP)을 통해 월드와이드웹상의 파일, 문서, 그리고 기타 자원에 대한 접근을 제공한다.

서비스 제공자의 관점에서 인터넷은 비용 측면에서 효과적으로 고객과 연결될 수 있는 이상적인 도구이다. 얼마 전까지만 해도 인터넷에 접속할 수 있는 유일한 통로는 전화, 케이블, 위성 등과 연결된 데스크탑 컴퓨터였다. 무선 통신(스마트폰과 테블릿)과 소셜 네트워크(Facebook, Youtube, LinkedIn, Twitter 등) 발전으로 기존의 고객과 연결되거나 새로운 고객을 찾는 기회가 풍부하게 되었다.

또한 GPRS (General Packet Radio Service)라고 하는 새로운 통신 기술도 가능해졌다. GPRS시스템으로 휴대폰에 데이터를 직접 전달할 수 있게 됨으로써, 근본적으로 항상 연결되어 있는 상황이 되는 것이다. 아이폰과 같은 스마트폰은 인스턴트 메시징(즉, 스타벅스가 코너 돌면 바로 있습니다)과 안내(당신의 항공편은 지연되었습니다 혹은 당신의 차는 두 블럭 앞에 주차되어 있습니다)를 제공하기에 적합하다. 이제 서비스 기업들은 고객들의 문의를 수동적으로 기다리지 않고 고객들에게 먼저 정보를 내보낼 수 있게 되었다. 하지만 고객들이 이것을 훼방으로 받아들일지 아닐지는 또 다른 문제이다!

예제 3.1 5G의 영향

5세대 모바일 기술(5G)의 출현으로 서비스전달시스템에 커다란 변화를 가져다 주고 있다. 5G는 광대역 셀루라 네트워크의 기술표준으로 셀 전화기에 연결성을 부여하는 4G 네트워크의 후속기술이다. 셀루라 전화 기업들은 5G를 2019년에 전 세계적으로 전개 상용화하기 시작하였다. 5G네트워크는 셀루라 네트워크인데, 서비스 지역이 셀로 불리는 아주 작은 지리적 지역으로 나누어진다. 셀 지역 내에 있는 모든 5G 무선기기는 인터넷으로 연결되고 셀 내에 있는 지역 안테나를 통해 라디오 파장에 의해 전화망으로도 연결된다. 이러한 네트워크의 장점은 사용자들이 더 큰 광대역 폭을 갖게 되어 다운로드 속도가 높아지고 궁극적으로는 초당 10기가 바이트까지 가능하다는 것이다. 속도가 높아질 수 있는 것은 기존의 셀루라 네트워크보다 더 높은 고주파수의 라디오 파장을 사용하기 때문이다. 그러나, 고주파수의 라디오 파장은 물리적으로 유효한 범위가 짧아서 작은 지리적 셀을 필요로 하게 된다. 증가된 광대역 폭 덕분에 네트워크는 셀 전화기에서만 사용되는 것이 아니라, 랩탑이나 데스크탑 컴퓨터의 인터넷 서비스 제공자(ISP)로도 사용된다. 이렇게 개선된 서비스 제공능력으로 사물인터넷(IoT)에서 새로운 응용이 가능해지게 되었다.

---

2) Adapted from http://en.wikipedia.org/wiki/Internet.

5G가 전개되면서, 개선된 모바일 광대역 폭 제공으로 일반대중이 고도의 질 좋은 데이터를 다운로드하기 위해서 더욱 빠른 연결이 가능하게 될 것이다. 5G의 가장 크고 중요한 영향은 비즈니스 모델의 혁신을 가능하게 하는 것이다.

- 유통업계에서 가상현실 드레싱룸 제공
- 금융서비스에서 금융기관의 내부작업에서 고객서비스까지 과정의 디지털화를 가속. 보안과 속도의 증가로 사용자들은 그들의 기기에서 더 많은 거래를 즉각적으로 할 수 있게 되고 원격 행원을 현실화된다.
- 스포츠와 엔터테인먼트산업에서 가상현실과 증강현실을 통해서 관람자의 경험을 제고할 수 있음
- 헬스케어 분야에서는 원격 모니터링 기기 덕분에 건강관리 효과를 개선할 수 있음
- 수송분야에서는 공공버스와 사적 운송수단에서 가시성과 통제 능력을 제고할 수 있음. 자동차 간의 통신으로 좀 더 안전한 자율주행 자동차의 경험을 제공함

그러나 5G의 빠른 속도를 실현하기 위해서는 상당한 정도의 하부구조 비용을 필요로 한다. 5G 신호는 더 많은 양의 데이터를 처리할 수 있는 고주파수를 사용하지만, 단파장으로 인하여 멀리 송신될 수 없다. 따라서 무선기지국은 고속도로의 가로등처럼 훨씬 가까이 위치해야 한다. 그래서 초기 시작 비용은 커지게 되어 주로 도시지역이 대상이 된다. 또한 통신 장애물들이 연결에 문제를 일으킬 수 있어 서비스 중단이 될 수 있다. 또 다른 단점은 기기의 배터리 소모가 빠르고, 업로드와 다운로드 속도의 불균형이 있을 수 있다는 것이다.

혁신 동력

기술과 공학에 의해 추진되는 제품 개발모형은 **혁신의 기술주도 이론**(*push theory of innovation*)이라고 부른다. 새로운 과학적 발견을 이뤄낸 연구실에서 그 발견이 해결책이 될 수 있는 문제를 찾음으로써 새로운 제품의 개념이 싹트게 된다. 3M사의 포스트 잇(Post-it) 개발은 이러한 혁신과정의 한 예라 할 수 있다. 연구실에서 발견한 것은 일종의 실패한 접착제였지만 이는 떼었을 때 흔적을 남기지 않고 일시적으로 붙일 수 있는 탈부착용 메모지라는 혁신적인 제품으로 이어졌다.

새로운 제품 기술의 도입이지만 서비스 혁신에도 부수적인 효과를 가져오는 경우도 있다. 가령 DVD 플레이어는 비디오 임대서비스를 활성화시켰고, 오래된 영화에 대한 수요를 다시 한번 창출했다. 그리고 DVD를 우편으로 배달하는 기업인 넷플릭스(Netflix)의 탄생이라는 또 다른 혁신으로 이어졌다. 이제는 인터넷스트리밍 서비스를 통하여 컴퓨터나 스마트폰에서 영화를 볼 수 있게 되었다.

인터넷과 월드와이드웹은 원래 과학 및 군사적 목적의 파일을 컴퓨터끼리 주고받을 목적의 신뢰성 높은 네트워크로서 개발되었다. 시작 당시는 대단한 일이 아니었지만, 이후 웹은 전자상거래의 핵심적 요소가 되었고, 세계를 검색할 수 있는 구글의 기반이 되었으며, 최근에는 Facebook, LinkedIn과 같은 소셜 네트워크의 플랫폼이 되었다.

메릴린치(Merrill Lynch)가 도입한 현금관리계정(CMA: cash management account)은 서비스 **혁신에 대한 수요견인이론**(*pull theory of innovation*)의 일례이다. 금리가 높았던 1980년대에는 기업운영을 위한 단기자금 조달 수요가 있었고, 개인 투자자들은 당시 은행예금 금리보다 높은 이자를 받을 수 있는 서비스에 관심을 가지고 있었다.

예상치 못한 사건이 혁신적인 서비스를 만들 수도 있다. 2011년 초 이집트에서 시작된 아랍의 봄은 많은 여행객들을 출발 일자를 한참 넘어서까지 "이집트 내에 발이 묶이게" 만들었다. 전 세계적으로 발생하고 있는 이러한 시민 혁명으로 위험한 상황에서 "안전한 탈출"을 제공하는 보험 서비스 같은 틈새 서비스가 개발되었다. 이러한 보험은 자연재해 지역의 경우와도 연계될 수 있다.

종종 기존 서비스가 고객의 욕구를 충족하지 못하고 있는 것을 느끼는 현장직원들로부터 새로운 개념이 나오기도 한다. 예를 들면, 고객들의 택시 수요가 많다는 것을 알게 된 안내 직원들의 아이디어에 기반해 호텔이 공항 셔틀서비스를 제공할 수도 있다.

서비스 혁신은 다른 활동에서 얻을 수 있는 정보를 활용해 이루어질 수도 있다. 자동차 부품의 매출 실적은 특정 자동차 모델의 문제점을 확인하는 데 활용될 수 있다. 부품 판매 정보를 바탕으로 자동차 업체는 기술 및 공정 변화를 추진할 수 있고, 판매업자는 고객의 문제점을 진단할 수 있다. 정보를 창의적으로 활용하면 새로운 서비스를 만들어 낼 수도 있고, 기존 서비스에 가치를 더할 수도 있다. 가령 금융기관이 제공하는 연간 거래명세 요약은 종합소득세 신고 기간에는 가치를 갖는 자료가 된다.

서비스 혁신을 추진하는 담당자들은 아이디어를 미리 시험해 본다는 어려운 문제에 맞닥뜨리게 된다. 제품 개발의 경우 대량 생산을 시작하기 전에 시험용 프로토타입을 제작함으로써 생산과정 등을 시험한다. 버거킹은 서비스 개발에도 이같은 방식을 도입하려는 노력을 보여주는 좋은 사례이다. 버거킹은 마이애미의 한 창고에 표준적인 실제 레스토랑을 재현했다. 이곳 모의 레스토랑은 드라이브 스루 창구 서비스(drive-through window service)나 아침 메뉴 등 새로운 형태의 서비스를 제공하기 위해 필요한 레이아웃 변화 등을 시뮬레이션하기 위해 사용된다.

인구통계적 변화

프랑스 혁명은 사회적 변화가 어떻게 새로운 서비스 산업으로 귀결되는지를 보여주는 좋은 사례이다. 혁명 이전에는 파리에는 레스토랑이 단지 두 곳밖에 없었으나 혁명 직후에는 500개 이상으로 늘어났다. 특권을 빼앗긴 귀족들은 전속 요리사를 유지하기 힘들었고, 실업상태가 된 요리사들은 별수 없이 대중을 상대로 레스토랑을 시작해야 했던 것이다.

고령화는 향후 미국의 서비스 수요에 영향을 미칠 중요한 요인이다. 베이비붐 세대가 55세 전후로 은퇴하기 시작하면서 건강관리와 금융서비스에 대한 수요는 증가할 것이다. 사람들의 수명은 더 늘어나고 있고, 이는 활동적인 삶을 유지하기 위한 건강 관련 서비스 수요의 증가를 의미한다. 연금계획의 수정은 투자 상담과 재무관리 서비스에 대한 수요를 창출한다. 마지막으로 여가 시간의 증가는 항공, 크루즈 여행, 레스토랑 및 호텔 수요에 영향을 미칠 것이다.

서비스 혁신

미국 국가과학재단(NSF: National Science Foundation)은 연구 개발을 세 가지 범주로 정의한다.

- **기초연구(*basic research*)**는 제품이나 제조과정에 대한 구체적인 응용을 고려하지 않은 채 관측 가능한 사실과 근본적인 현상에 대한 이해 및 지식 수준을 높이는 방향으로 수행된다. 이러한 형태의 연구는 정부기관, 대학 그리고 비영리 부문에 의해 수행된다.
- **응용연구(*applied research*)**는 특정 요구를 충족시킬 수 있는 지식을 습득하는 방향으로 수행된다. 이러한 연구에는 구체적인 상업적 목적을 지닌 연구가 포함된다.
- **개발(*development*)**은 제품, 서비스의 생산 혹은 제조방법을 목표로 지식을 체계적으로 사용하는 것을 의미한다. 여기에는 시제품 및 프로세스의 설계 및 개발이 포함된다. 그러나 품질통제, 일상적인 제품 시험 및 제조과정은 배제된다.[3)]

NSF의 정의에 의하면, 서비스 혁신은 아래와 같은 목적들 중 하나 이상에 해당되는 응용연구와 개발에 대한 노력의 결과물이다.

- 신 지식을 찾기 위해서 탐색을 계획하고 추구한다. 이러한 탐색은 특정 응용분야와 반드시 연계될 필요는 없다.
- 새로운 서비스 혹은 프로세스를 창출하는 과정에 포함된 문제에 기존 지식을 적용하는 것이며, 타당성 평가도 포함된다.
- 현재 서비스 혹은 프로세스를 개선하는 것과 관련된 문제에 기존 지식을 적용한다.

미국 국가과학재단의 2013년 보고서에 의하면 미국의 경우 기업 연구개발 총 지출에서 비제조 부분이 차지하는 비율은 약 31%에 달한다.[4)] 이렇게 서비스 기업의 비율이 큰 것은 아웃소싱의 증가와 부분적으로 관련이 있다. 예를 들어, 제약사(pharmaceutical)는 의약품에 대한 테스트를 실행하기 위해 서비스 기업을 이용 외부조달하며, 대부분의 제조 기업들은 정보서비스 제공기업에게 소프트웨어 개발을 외부조달한다.

제품과 서비스 간의 혁신 프로세스의 근본적인 특징들은 많은 차이가 있으며, 서비스 혁신의 독특한 과제에는 다음과 같은 것들이 포함된다:[5)]

- **지적재산권을 보호하는 능력**: 서비스 시스템의 투명성으로 인해 모방이 쉽게 발생하고 특허는 획득하기 어렵다.
- **혁신의 점진성**: 고객이 서비스 시스템에 참여하기 때문에 혁신은 고객수용을 위해서는 급진적이기보다는 점진적인 경향이 있다.
- **요구되는 통합의 정도**: 서비스 혁신은 사람, 제품, 기술 간의 통합을 요구하므로 시스템의 통합이 필요하다.

---

3) http://www.nist.gov/director/prog-ofc/report05-1.pdf Planning Report 05-1, "Measuring Service-Sector Research and Development," prepared for National Science Foundation and National Institute of Standards & Technology by Research Triangle Institute, March 2005, p. 2.2.
4) Company R&D expenditures in the United States increased 6.7 percent in 2013. August 21, 2015, Press Release 15-094, https://www.nsf.gov/news/news-summ.jsp?ntn_id=136026.
5) "Planning Report 05-1, Measuring Service-Sector Research and Development," prepared for National Science Foundation and National Institute of Standards & Technology by Research Triangle Institute, March 2005, pp. 3.3–3.4, http://www.nist.gov/director/prog-ofc/report05-1.pdf.

- **통제된 환경에서 시제품 제작 혹은 실행 테스트를 수행하는 능력:** 서비스는 별도 독립된 실험실에서 실제상황처럼 테스트할 수 없기 때문에(버거킹의 사례는 예외), 도입 시점에 실패위험 혹은 형편없는 성과가 발생할 수 있다.

혁신은 뭔가 새로운 것을 창출하는 과정일 뿐만 아니라 실제 제품, 혹은 결과물로 간주된다. 서비스업의 경우 결과물은 반드시 새로운 서비스 상품일 필요는 없으며 기존 서비스에 어느 정도 변형을 가한 형태가 될 수도 있다. 표 3.1은 서비스 혁신을 두 가지 주요 유형으로 분류하고 있다. 급진적 혁신은 고객이 기존에는 가질 수 없던 제공물이거나, 혹은 기존 서비스를 위한 새로운 전달시스템이다(예컨대 반즈 앤 노블의 웹사이트). 점진적 혁신은 개선이라는 의미로 가치가 있는 기존 서비스의 변경(예컨대 패스트푸드 레스토랑에 놀이시설을 들여놓는 것)이다.

혁신은 전통의 파괴자이다. 따라서 혁신이 성공되기 위해서는 주의 깊은 계획이 필요하다. 새로운 기술로 인하여 생산성이 제고되면서 작업의 속성이 변화될 것이다. 신기술을 도입할 때에는 작업자들이 새로운 작업에 대해서 준비하고 기술적 측면의 인터페이스 설계(예로 들면 타이핑 기술이 필요한가? 아니면 마우스 작업이 필요한가?)에 필요한 입력요소들을 제공하기 위해서 종업원들이 기술혁신에 대해서 익숙해지는 과정이 필요하다. 서비스의 경우 신기술은 후방업무에만 영향을 미치는 것이 아니라 서비스 전달 과정에서 고객의 역할에도 변화를 요구할 수도 있다. 특정 그룹에 의한 것이거나 또는 인터뷰를 통해

표 3.1 서비스 혁신의 수준

새로운 서비스 범주	설명	사례
	급진적 혁신	
주요 혁신	아직 막연한 시장에 새로운 서비스 출시. 이러한 혁신은 일반적으로 정보, 그리고 컴퓨터에 기반을 둔 기술에 의해 주도됨	소셜 미디어: 페이스북, 인스타그램, 트위터
신설 사업	기존 서비스에 의해 이미 서비스를 받고 있는 시장에 새로운 서비스 출시	우버, 에어비앤비
현재 서비스 중인 시장을 위한 새로운 서비스	기업의 기존 고객들에게 새로운 서비스 제공(서비스가 다른 기업에 의해 제공되고 있다 할지라도)	슈퍼마켓 혹은 다른 소매점에 설치된 Wells Fargo 은행 점포
	점진적 혁신	
서비스 라인 확장	새로운 메뉴 품목, 새로운 경로, 새로운 코스를 추가하는 것과 같이 기존 서비스 라인에 추가	항공서비스가 부족한 도시들은 사우스웨스트 항공 노선에 포함
서비스 개선	현재 제공되는 서비스 특징의 변경	공항터미널에 알래스카 항공의 탑승권 발급 키오스크
스타일 변경	모든 "새로운 서비스"의 가장 일반적인 유형으로서 고객의 인식, 감정, 태도에 영향을 주는 가시적인 변화의 적절한 형태임. 스타일 변경은 서비스를 기본적으로 변경하는 것이 아니라 모양만 변경함	로스앤젤레스에 있는 Calvary Mortuary와 같은 장례식장은 고인을 애도하기보다는 인생을 경축하는 간결한 의식을 제공

자료원: Adapted from Johnson, S. P., L. J. Menor, A. V. Roth, and R. B. Chase. "A Critical Evaluation of the New Service Development Process." In *New service development*, edited by J. A. Fitzsimmons and M. J. Fitzsimmons, p. 4. Thousand Oaks, CA: Sage, 2000.

서 얻어진 신기술에 대한 고객 반응은 추후 신기술 수용과정에서 발생될 수 있는 문제들을 피하기 위해서 디자인 과정에서 고려되어야 한다(예로, ATM에서 감시카메라의 필요성).

서비스에서 신기술 도입 과정에서 도전과제

서비스에서는 고객이 서비스 전달 과정에 직접 참여하기 때문에 "프로세스가 곧 상품이다." 따라서 기술혁신의 성공여부는 특히 고객을 접하는 전방업무에서는 혁신에 대한 고객의 수용 정도에 달려있다. 고객에 미치는 영향은 고객에 대한 개별적인 관심이 감소하는 것뿐만이 아니라 고객은 새로운 기능(ATM 사용법이나 주유소 가스 주입법 등)을 습득해야 하기도 하고 고객혜택을 포기하여야 하는 경우도 있다(전자자금 이체 시 소수점 이하 금액손실). 서비스전달시스템을 변화시키는 경우, 서비스 프로세스의 공동생산자로서 고객의 역할과 기여를 반드시 고려하여야 한다.

내부고객으로서 종업원 역시 새로운 기술에 영향을 받으며 재교육이 필요한 경우도 있다. 소매점에서의 바코드 스캐닝 도입은 물론, 과거 타이핑 업무를 워드 프로세스로 대체하는 것도 그러한 예가 될 수 있다.

고객에게 직접적으로 영향을 미치지 않는 후방업무에 대한 혁신 또한 다른 종류의 문제를 야기시킬 수도 있다. 예를 들면, 은행의 자기잉크문자인식 장비(MICR) 도입은 고객에게는 아무런 영향을 미치지 않지만, "눈에 보이지 않는" 수표 처리 프로세스의 생산성을 높일 수 있다. 모든 은행이 유니버셜문자 코드를 수표에 사용할 때 MICR 혁신으로 얻어지는 혜택은 최대화될 수 있다. 이에 동의하지 않은 은행에서 발행한 수표는 수작업 처리해야 하고, 이것은 혁신의 효과를 상당히 제한하게 된다. 마침내 모든 미국 은행이 동일한 MICR을 수표에 인쇄하여 사용에 동의하였고, 그 결과 수표처리 프로세스는 훨씬 더 효율적이게 되었다. 뱅크오브아메리카가 이러한 개념을 수용하는 데 주도적 역할을 하였지만, 다른 은행들도 스스로의 이해관계를 고려한 것이다. 수표처리 물량이 이미 수작업으로 처리할 수 있는 능력을 초과했던 것이다.

서비스에서는 아이디어가 특허를 받을 수 없는 경우가 많기 때문에 혁신에 대한 인센티브는 가로막히기도 한다. 많은 혁신이 경쟁사에 의해서 비용 없이 모방되고 빠르게 구현되기 때문에 혁신에 대한 보상은 감소하게 된다.

신기술 수용을 위한 준비 정도[6)]

기술준비도란 가정이나 직장에서 개개인의 목적을 달성하기 위해서 신기술을 수용하고 사용하려는 성향을 의미한다. 기술에 대한 사람의 반응을 연구한 결과에서 다음의 여덟 가지 역설을 발견하였다. 통제/혼돈, 자유로움/노예화, 새로움/진부함, 능력/무능력, 효율성/비효율성, 충족/니즈창출, 동화/고립, 묶임/풀림. 이러한 역설적 반응들을 볼 때 기술이 긍정과 부정의 감정을 모두 유발할 수 있음을 알 수 있다. 예를 들면, 능력/무능력의 역설 경우 지적 능력과 그 혜택의 감정을 촉발하거나 아니면 무지와 역량부족의 감정을 유발할

---

6) https://www.thestreet.com/markets/bofa-merrill-lynch-bac-stock-rises-developes-blockchain-platform-with-microsoft-13753305.

수 있다는 것이다.

새로운 기술을 도입할 때 경영자들은 도전에 직면하게 된다. 첫째, 새로운 기술 기반 서비스로 영향을 받는 고객들의 기술준비도는 어느 정도 수준인가? 고객의 기술준비도 수준이 평가되면 적절한 구현 기술과 범위, 구현 속도 그리고 필요한 고객지원 정도 등이 결정된다. 둘째, 디자인과 구현, 그리고 종업원 인터페이스 관리 등에 대한 의사결정을 하기 위해서 종업원의 기술준비도에 대한 이해를 하는 것은 중요한 일이다. 문제가 발생하였을 때 고객을 접촉하는 직원들의 기술준비도는 더욱 중요하다. 대인관계능력과 기술준비도에서 고평가를 받은 종업원은 기술지원 역할을 수행하기에 적합한 후보자들이다.

블록체인–급진적 혁신[7)]

블록체인은 기술혁신인데 모든 거래 혹은 **블록**의 거래원장 역할을 하는 디지털 화폐인 비트코인의 기초가 된다. 각 재무적 거래를 기록하기 위해서 차변과 대변에 최소 두 가지 회계 입력 자료를 사용하는 복식 부기와 유사하다. 각 거래에서 차변의 합과 대변의 합이 동일하여야 한다.

주택을 구입하는 일은 은행, 변호사, 등기, 보험, 평가사, 건물 감정사 등이 관계된 복잡한 과정이다. 이들은 모두 제각기 별개의 기록을 갖고 있으나, 주택구입 과정의 각 단계에서 확인하고 기록하는 데 많은 비용과 시간이 소요되며 평균적으로 두 달이 필요하다. 블록체인은 구입 과정의 모든 관계자에게 모든 거래를 보여주며, 믿을 수 있고 변경 불가한 디지털 원장을 제공한다.

블록체인은 중앙집중식 컴퓨터가 아니라 수백만 개의 개별 컴퓨터에서 작동되는 매우 안전한 디지털 장부이고 전 세계적으로 인터넷 사용자 누구에게나 개방되어 있다. 각 거래는 계속 확장 가능한 체인상에서 다른 거래에 연결되어 있다. 각 자료기록 혹은 **블록**은 거래의 시각기록(timestamp)을 포함하고 있고 직전의 블록과 연결되어 있다. 거래원장은 재무적 자료뿐만 아니라 다양한 다른 형태(명의, 행동, 음악, 아트 등)의 값도 포함할 수 있으며, 이동 가능하고, 안전하게 개인적으로도 저장할 수 있다. 블록체인에서는 개인 간의 신뢰가 구축되는데 이는 정부나 은행 같은 막강한 중개 기관에 의해서가 아니라 대량 협력, 현명한 코드, 불법변경의 (거의) 불가함 등을 통하여 이루어진다. 개별 블록은 바로 다음에 연결되어 있는 블록의 변경 없이 변경이 불가능하고, 어떠한 하나의 블록의 변경은 결국은 연속적으로 이후 블록을 변경하여야 하고 무한정으로 변경이 이어져야 하기 때문에 우리는 블록체인을 신뢰할 수 있게 된다.

디지털 화폐를 넘어 가치의 모든 거래나 이전에서 블록체인 기술의 활용이 모색되고 있다. 예를 들면, 블록체인상에서 복잡한 거래를 자가 실행하는 소프트웨어인 스마트 계약은 계약, 실행 그리고 지불에 따른 비용을 감소시킬 것이다. 블록체인상에서 스마트 계약의 집합체인 자율 대리인을 활용하면 대리인 비용과 조정 비용을 감소시킬 가능성이 있으며 아마도 경영관리가 거의 필요 없는 고도의 분산형 기업도 가능해진다.

---

7) Fowkes, J., C. Fross, G. Gilbert, and A. Harris. "Virtual Health: A Look at the Next Frontier of Care Delivery." Healthcare Systems & Services (McKinsey & Company, June 2020).

블록체인 기술은 금융서비스 산업에서도 응용되어왔다. 예를 들면, 뱅크오브아메리카/메릴린치는 좀 더 효율적인 거래를 위한 플랫폼을 개발하기 위해서 마이크로소프트사와 공동 파트너십을 체결하였다. 전통적인 주식거래 방식에서는 결제 처리 완료까지 1주일 이상 소요되면서도 노출 위험성이 있는 거래 자취를 남기게 되었다.[8)]

그림 3.2에서는 세 단계 거래가 포함된 블록체인의 기술적 측면을 단순화해서 보여 주고 있다. 각 거래, 즉 블록은 바로 이전 블록에 대한 암호화 함수인 **해쉬**를 포함함으로써 블록체인상에서 서로 연결되고 있다. 이러한 연결들로 하나의 체인이 형성된다. 암호화 해쉬 함수는 수리적 알고리듬으로 임의의 크기의 데이터를 고정 크기의 비트 스트링으로 전환시키는 비가역 함수이다. 각 블록은 바로 이전 블록의 해쉬를 포함하고 있다. 이렇게 함으로써 최초 블록부터 현재 블록까지 블록체인을 형성할 수 있게 된다. 각 블록은 바로 직전 블록 다음에 발생 순서대로 연결되게 된다. 그렇지 않으면 직전 블록의 해쉬를 알 수 없기 때문이다. 각 블록이 체인상에 포함된 후에 블록을 수정하는 것은 이후의 모든 블록을 재생성하여야 하기 때문에 계산상으로 비현실적이다.

각 거래의 주인은 한 쌍의 암호 번호를 생성하는데, 널리 사용될 수 있는 **공용 암호**와 거래의 주인만 알 수 있는 **개인 암호**이다. 이 방식은 안전금고를 두 개 열쇠로 접근하는 방식과 유사하다. 개인 암호 소유자로부터 온 메시지를 공용 암호를 사용하여 인증하고, 해당 쌍의 개인 암호 소유자만 해독할 수 있도록 공용 암호로 메시지를 암호화한다. 공용 암호화하는 시스템에서는 누구든 수취인의 공용 암호를 사용하여 메시지를 암호화할 수 있지만, 수취인의 개인 암호로만 해독 가능하다. 공용 암호와 개인암호는 계산 측면에서 쉽게 생성될 수 있어야 이 시스템이 현실적으로 작동될 수 있다. 이 시스템의 강점은 개인 암호가 공용 암호로부터 결정되는 과정에서의 난이도(즉, 계산의 비현실성)에 달려있다.

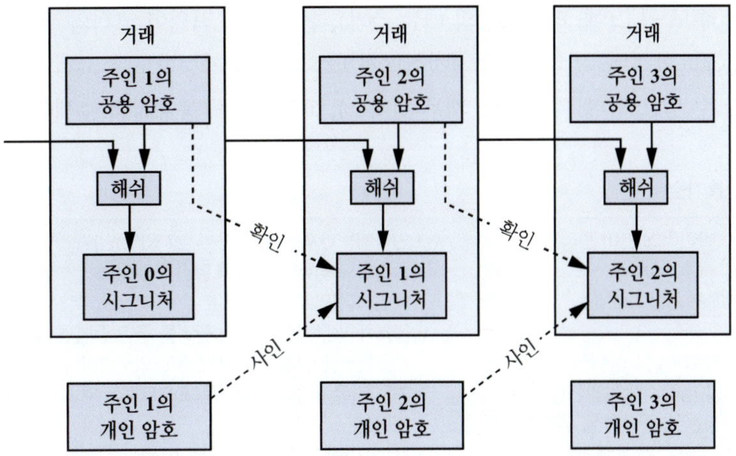

그림 3.2 블록체인의 도식

자료원: Satoshi Nakamoto, Bitcoin: "A Peer-to-Peer Electronic Cash System," posted on the internet November 2008, p. 2.

---

8) Adapted from A. Parasuraman, "Technology Readiness Index (TRI): A Multiple-Item Scale to Measure Readiness to Embrace New Technologies," *Journal of Service Research* 2, no. 4 (May 2000), pp. 307–21.

보안은 개인 암호를 안전하게 보호하면 되고 공용 암호는 보안에 위험 없이 공개될 수 있다. 전자서명기능을 사용하여 소유자는 거래 서명을 하게 된다.

예제 3.2 가상 건강관리 체계: 건강관리 전달 시스템의 개척자[9]

가상 건강관리 체계는 크게 원격의료, 디지털치료제, 치료경로안내의 세 가지로 분류할 수 있다.

*원격의료*는 실시간 원격의료, 비동기화 저장과 전달 그리고 원격 환자 모니터링이다. 실시간이란 의미는 환자와 서비스 공급자 간 혹은 서비스 공급자 간(예로, 화상처방 검토회의)의 영상과 음향의 실시간 쌍방 접촉(예로 화상회의)을 의미한다. 비동기화는 환자의 정보를 서비스 공급자로부터 환자에게 전송하거나 (예를 들면, 후속조치나 환자피부발진에 대한 검토와 진단용 사진 공유를 위한 이메일이나 문자 발송) 혹은 서비스 공급자 간 건강기록 전송(예로, 전문가 의견을 얻기 위해, 실험실 검사, 엑스레이, MRI 등 전송)을 의미한다. 원격환자 모니터링은 원격 서비스 공급자가 검토할 수 있도록 전자화된 개인의 건강/의료 자료를 수집하는 것을 의미한다.

*디지털치료제*는 대치치료와 처치최적화가 될 수 있다. 대치치료는 증거에 기반을 두면서 치료개입하는 것인데 전통적인 처치(예로, 약품)를 대신하여 예방, 관리, 의료상태 처치를 하기 위해서 소프트웨어를 활용하는 것이다. 처치최적화는 약물 처치의 가치를 증가시키면서 투약관리를 하는 것이다(예로 투약순응도를 개선하고 투약에 따른 부작용을 모니터링하는 것).

*치료경로안내*는 환자자가치료와 전자환자분류를 포함한다. 환자자가치료는 명칭이 나타내듯이 환자 자신과 관련된 의료정보에 환자의 접근이 가능한 것을 의미한다(예로, 24시간 안전하게 개인건강정보에 접근 가능한 웹사이트). 전자환자분류는 서비스 제공자의 가격과 품질은 물론 증세와 상태에 근거해서 적절한 조처를 탐색하고 치료일정계획을 지원하는 도구이다.

표 3.2는 코로나19 팬데믹 동안에 건강관리산업을 지원하면서 대두되는 기술들을 보여주고 있다.

신 서비스 개발

새로운 서비스 혁신에 대한 아이디어는 여러 가지 원천으로부터 획득될 수 있다. 고객이 제안을 할 수도 있고(예: 레스토랑의 메뉴 추가), 현장 부서 직원이 고객의 관심사에 귀 기울이도록 교육할 수도 있다(예: 의견청취). 서비스 확장이 가능하도록 고객 데이터베이스를 탐색할 수 있으며(예: 추가적인 재무 서비스), 고객의 인구통계학적 추세를 살펴봄으로

표 3.2 코로나19 기간의 신흥기술

• 예측과 처방 분석기술(예로, 바이러스 변이 관리) • 챗봇(온라인 대화의 로봇) • 드론전달 기술(시니어 시설에서 처방 재보충) • 작업로봇(의료샘플의 수송) • 원격의료와 비동기화 관리(의료메세징, 실험실 검사 결과) • 생체측정기술, 컴퓨터비전, 열이미지 기술(안면인식) • 사회 가상현실, 확장현실(가상현실, 증강현실, 혼합현실 등을 다 포함하는 개념), 혼합현실 • 음성기술과 스마트홈기술(직접접촉을 줄여 바이러스 전파를 감소)	• 인공지능과 머신러닝(증세 감지와 진단) • 클라우드 컴퓨팅(실시간 질병 모델링) • 빅데이터(의료기록 관리) • 블록체인(분산형 데이터 관리를 통한 질병 통제) • 사물인터넷(실시간 데이터 주도 의사결정) • 기업 커뮤니케이션 플랫폼(소프트웨어 주도 기업 전체 커뮤니케이션) • 3D 프린팅(개별화된 도구의 제조) • 스마트폰 앱스(접촉추적, 처방갱신) • 5G 연결 기술(초고속 자료 전송)

9) Don Tapscott and Alex Tapscott. "The Impact of the Blockchain Goes Beyond Financial Services," *Harvard Business Review* (May 2016).

써 새로운 서비스(예: 장기적인 건강진단)와 새로운 기술진보의 아이디어를 얻을 수도 있다. 이러한 아이디어들은 그림 3.3에서 보는 바와 같은 새로운 서비스 개발 사이클의 "개발" 단계에서 활용된다.

새로운 서비스의 개발 단계에서 새로운 아이디어는 검토와 심사과정을 거치고 최종 선정된 개념은 개발되어 사업 타당성이 검증된다. 개발 단계를 통과한 개념들은 이제 수익성을 지닌 벤처사업의 일부로서 잠재성을 결정하는 "분석" 단계에서 검토하게 된다. 프로젝트가 승인되면, 성공 가능한 개념들은 "디자인" 단계로 이동한다. 디자인 단계에서는 적절한 직원교육훈련과 더불어 특정 도시나 지역에서의 마케팅 캠페인으로 현장 테스트할 수 있는 새로운 서비스 제품과 프로세스를 창출하기 위해 상당한 시간과 자금이 사용된다. 마지막으로, 시험검증된 새로운 서비스가 전국적 혹은 전 세계적으로 사용 가능하도록 "전면적인 실시(full launch)" 단계에 들어간다.

새로운 서비스 개발 프로세스는 다기능팀, 엑셀과 같은 소프트웨어 도구, 그리고 혁신 수용 문화를 포함하는 조직 분위기와 같은 추진체에 의해 수행된다.

그림 3.3의 중심은 사람, 시스템, 그리고 기술로 구성된 서비스 제품을 나타내고 있다. **사람** 구성 부분은 직원과 고객 모두를 포함한다. 제품에 내재되어 있는 최상의 서비스를 전달하기 위해 직원은 반드시 선발되고 훈련되어야 하며 권한을 위임받아야 한다(예: 반즈앤 노블스사에서 출간된 책에 컴퓨터로 접속하는 것). 고객의 역할에 대해서는 적절한 동기부여를 통하여 프로세스에서 기대하는 행위를 수행하도록 정의될 필요가 있다(예: 하얏트 호텔에서 셀프 수속 절차의 사용)

요구되는 업무를 수행하기 위해서 두 가지 경우 모두 **시스템**이 필요하다는 점에 주목

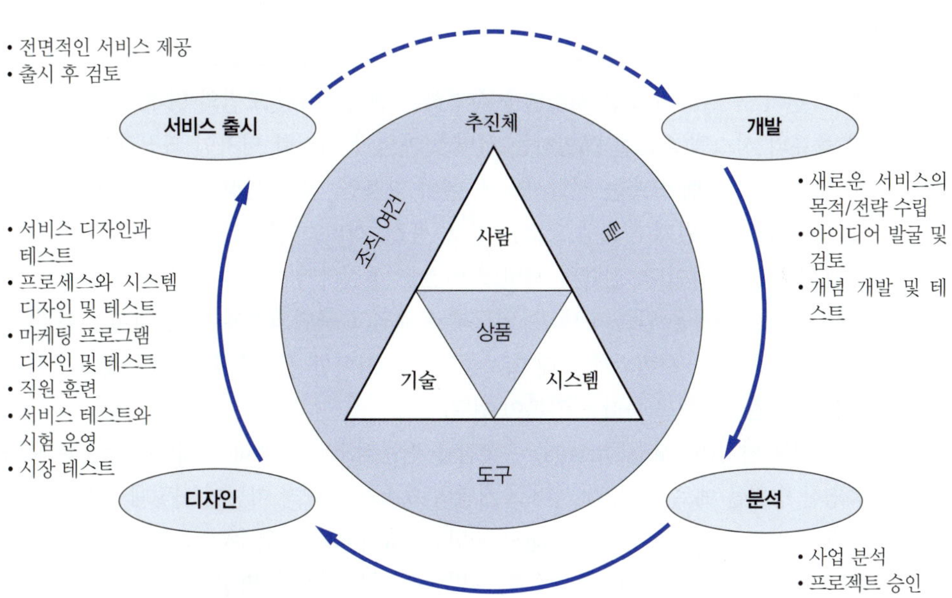

그림 3.3 신 서비스 개발 프로세스 사이클

자료원: S. P. Johnson, L. J. Menor, A. V. Roth, and R. B. Chase, "A Critical Evaluation of the New Service Development Process," In J. A. Fitzsimmons and M. J. Fitzsimmons (eds.), *New Service Development* (Thousand Oaks, CA: Sage, 2000), p. 18.

표 3.3 기술 주도 서비스 혁신

기술 원천	서비스의 예	서비스 산업에 미치는 영향
동력/에너지	제트항공기	국제선 취항이 가능함
	핵에너지	화석 연료에 대한 의존 감축
물리적 디자인	호텔 중앙홀	위엄/크다는 느낌
	실내 스포츠 스타디움	연중 사용
원자재	광변색 유리	에너지 보존
	합성엔진오일	오일교환 횟수 감축
경영 방식	적시 생산 시스템(JIT)	공급사슬 내 재고 감축
	6시그마	품질 노력의 제도화
정보	전자상거래	시장을 전 세계적으로 확장
	위성 TV	케이블 TV의 대안

하자. 몇몇 시스템 예처럼(의료기관에서의 환자기록 시스템) 서비스 전달 과정에서 고객과 접하는 직원을 지원하기 위해서 후방업무에서 시스템이 있음을 볼 수 있다. 온라인 호텔 예약시스템은 고객과 직접적인 인터페이스를 하고 있기 때문에 전방업무 시스템의 한 예가 된다.

기술 진보는 종종 서비스 혁신의 근간이 된다. 표 3.3은 서비스 혁신의 원동력이 되는 여러 가지 기술 진보를 보여준다(예: 동력/에너지, 물리적 디자인, 원자재, 경영 방식, 정보). 그러므로 서비스 기업은 경쟁적 지위를 방어하기 위한 활동 중에 기술에 대한 모니터링을 포함시켜야 한다. 아마존 닷컴에서 살펴본 바와 같이 기술 선점자는 충성고객 기반과 확연한 경쟁 우위를 구축할 수 있다.

서비스 디자인 요소

빌딩을 생각해보자. 이 빌딩은 건축가 마음속에서 그리는 모습으로 시작하여 기초, 구조, 배관, 전기 등 빌딩의 모든 시스템을 설명하는 엔지니어링 도면의 형태로 옮겨진다. 두 가지 종류의 시스템 요소를 포함하는 서비스 개념이 이러한 디자인 과정과 유사하다. 여기서 첫 번째 시스템 요소는 전달시스템, 설비 디자인, 입지 선정, 공급능력 계획 등 **구조적**인 것들이고, 두 번째 시스템 요소는 정보, 품질, 서비스 접점, 공급능력 및 수요관리와 같은 **관리적**인 것들이다. 전략적 서비스 비전을 성취하기 위해서 디자인 요소들은 일관성 있는 서비스 상품을 만들어 낼 수 있도록 설계되고 구현되어야 한다. 서비스 디자인 요소들은 고객은 어떤 서비스를 기대하고 종업원은 어떠한 서비스를 제공할 것인가에 관하여 고객과 직원들에게 소통하는 기본이 된다.

서혜부 탈장(inguinal hernia) 수술만을 전문적으로 시행하는 캐나다 토론토에 소재한 유명한 병원을 예로 들어, 각 서비스 개념의 요소가 전략적 미션에 어떻게 기여하는지를 설명해 보기로 한다. 숄다이스 병원(Shouldice Hospital)은 특수한 수술방식을 사용해 서혜부 탈장을 치료하는 사립의료원으로, 재발률이 낮은 것으로 명성을 얻고 있다.

서혜부 탈장으로 고통받는 환자를 표적고객으로 하고 이에 대한 전략을 지원하기 위해 숄다이스의 서비스 개념이 가지는 구조적 요소를 살펴보면 다음과 같다.

- **전달시스템.** 숄다이스 접근방식의 특징은 모든 프로세스에서 환자가 공동생산자의 역할을 한다는 것이다. 예를 들면 환자는 수술 전에 스스로 수술 부위 털을 깎고, 수술 후에는 수술대에서 내려와 회복실로 걸어간다.
- **설비 디자인.** 설비는 환자가 운동하고 빠른 회복을 유도할 목적으로 설계되어 있다. 회복기간은 보통 4일 이내이며 이는 전통적인 일반 병원 회복기간의 약 절반에 해당한다. 환자를 걷게 하기 위해서 병실에는 전화나 TV와 같은 편의시설이 없으며, 환자는 걸어서 라운지나 샤워실, 카페테리아에 가야 한다. 넓은 병원 마당은 산책에 적합하게끔 조경시설을 하였으며, 인테리어도 전형적인 병원 "분위기"를 내지 않도록 카펫과 장식으로 꾸며 놓았다.
- **입지.** 숄다이스는 편리하게 항공편을 이용할 수 있는 대도시 지역에 입지한 덕택에 전 세계로부터 접근이 쉬워서 세계적인 서비스 시장을 확보하고 있다. 또한 해당 지역의 인구가 많아서 간단한 통지만으로도 취소된 예약 시간에 수술에 응해줄 수 있는 환자층의 확보가 용이하다.
- **서비스능력 계획.** 서혜부 탈장 수술은 특성상 긴급을 요하지 않고 선택적으로 수술할 수 있다. 따라서 사용 가능한 수술 시간대에 모아서 한꺼번에 배치 프로세스 형태로 수술하도록 일정을 수립할 수가 있어, 서비스능력의 활용이 극대화될 수 있다. 이러한 수술 일정 수립의 용이성은 마치 고객이 만원인 호텔과 같이 숄다이스를 운영하게 만들고 있으며, 병원 청소나 배식 서비스와 같은 지원활동들도 최대로 활용될 수 있다.

숄다이스 서비스 개념의 관리적 요소도 우수한 품질의 의료 수술을 제공하고자 하는 전략을 지원해주고 있다.

- **정보.** 숄다이스 서비스가 가진 독특한 특징 중 하나는 병원과 환자의 지속적인 관계 유지를 나타내는 연례 환자 모임 개최이다. 환자에 대한 정보를 지속적으로 유지함으로써 충성스러운 고객 기반을 구축하게 되며, 효과적인 구전광고 수단으로 활용할 수 있게 된다. 연례 무료 확인진료 서비스를 제공함으로써 수술경과에 대한 고유 데이터베이스를 구축하는 효과도 거두고 있다.
- **품질.** 가장 중요한 품질 특성은 모든 의사들로 하여금 서혜부 탈장 치료를 위한 숄다이스의 치료방식을 준수하도록 하는 것이며, 이는 결과적으로 수술환자의 서혜부 탈장 재발률을 낮추는 성과를 가져오고 있다. 또한 어려움을 겪고 있는 환자는 수술을 담당했던 의사에게 의뢰하여 진료하도록 하고 있다. 전형적인 병원에 입원했다기보다는 짧은 휴가를 다녀온 것 같은 경험을 가지게 함으로써 서비스에 대한 인지된 품질을 높이고 있다.
- **서비스 접점.** 직원과 환자가 함께 식사하는 방식을 통해 가족적인 분위기를 고양하는 서비스 문화를 강화하고 있다. 모든 직원들은 환자들에게 조언해주고 빠른 회복을 도모할 수 있도록 도와주기 위한 훈련을 받고 있다. 아침에 이미 수술을 받았던 환자들은 저녁식사 시간에는 다음 날 수술받을 환자와 대화를 나누면서 수술 전에 가지는 두려움을 완화시켜 주는 역할을 하고 있다.

- **서비스능력 및 수요관리.** 사전에 우편 설문조사를 통해 환자를 스크린하며 반드시 예약을 통해서만 입원이 허용된다. 따라서 시기와 적합성이라는 측면에서 환자수요에 대한 통제가 효과적으로 이뤄지고 있는 것이다. 앞서 언급한 바와 같이 예약이 취소되어 입원 여유가 생긴 경우는 비예약환자나 지역에 거주하는 대기환자를 입원시켜 보충하도록 한다. 따라서 병원의 공급능력은 최대한 활용된다.

서비스 청사진[10]

서비스 개념에 내재되어 있는 주관적인 아이디어를 기반으로 새로운 서비스를 개발하는 것은 개념을 구현하는 과정에서 값비싼 시행착오로 이어질 수 있다. 건물의 설계는 **청사진**이라고 하는 건축도면에 나타난다. 청사진이라고 하는 이유는 컴퓨터를 이용하여 설계하기 이전에는 설계도가 청색종이에 흰색 선으로 인쇄되었기 때문이다. 청사진에는 제품이 어떻게 보여야 하는지와 함께 제조에 필요한 모든 규격이 나타난다. 마찬가지로 서비스전달시스템도 고객의 흐름에 초점을 맞추면서 스태프 간의 상호작용과 서비스 지원 활동을 보여주는 방식으로 표현될 수 있다. 샌프란시스코 자이언츠 야구 경기관람을 예로 들어보자. 샌프란시스코 북쪽에서 운전하여 자이언츠 경기를 관람하기 위해서 Larkspur에 주차하고 Golden Gate 페리를 타고 만을 건너 샌프란시스코 해안에 위치한 AT&T 공원으로 가는 방법이 있다. 고객들이 거치는 이벤트 순서대로 전개하면서 시작해 보자.

예제 3.3 샌프란시스코 자이언츠 경기를 관람하기

서비스 청사진은 그림 3.4에서 보는 것과 같은 기본 형태로 시작된다. 그림의 맨 위의 첫 번째 줄은 "물리적 증거"를 표시하는데 고객이 볼 수 있거나(예: 여러 가지 표식 등) 경험할 수 있는 것(예: 페리승선 및 항해)을 나타낸다. 두 번째 줄은 "고객 활동"을 표시하는데, 서비스 경험의 시작부터 끝까지를 나타내면서 청사진상의 흐름을 주도하기 때문에 가장 *먼저* 작성된다. 청사진상의 공간 절약을 위해서 고객활동 간의 화살표는 생략되었으나, 실제로 좌에서 우로 일렬로 활동이 진행되고 아래에서 위쪽으로 반응하는 세로줄을 만들어 간다.

고객 활동과 현장 종업원 사이에 점선으로 그려진 *상호작용선*은 고객들이 접하는 활동들의 지점을 표시한다(예로, 음식판매). 점선으로 표시된 ***가시선***을 넘어서는 고객들에게는 보이지 않고 이 선으로 "현장종업원"(입장권 회수 직원)과 "후방지원종업원"(지상 근무자)이 분리된다. 청사진상의 마지막 점선은 *내부상호작용선*인데, 이것은 "지원 프로세스"(예, 웹사이트)와 위의 활동들을 분리시킨다.

그림 3.5는 샌프란시스코 자이언츠 경기 관람 경험에 대한 완성된 청사진이다. 청사진 작성은 제일 윗선부터 시작하여 아래 기본 형태를 작성하며 진행된다. 고객 활동과 물적 증거가 완성되면 다음은 고객의 관점에서 현장종업원의 활동을 작성한다. "상호작용선"을 가로지르는 수직 흐름선은 양방향 화살표로 표시되어 고객과 종업원 사이의 직접적인 접촉을 묘사한다(예, 음식 주문받기). 다음은 고객 시야 밖에 있는 후방지원종업원의 활동(예, 음식준비)을 "가시선" 아래에 작성하고 화살표로 청사진상에 위쪽에 위치하는 적합한 활동을 향하여 연결한다. "내부상호작용선" 아래에 위치한 활동들은 지원 프로세스(예, 주차 전화 앱)들이다. 마지막으로 문제가 발생할 가능성이 있는 활동(예, 페리 출발을 놓침) 옆에 "실수가능점" 표시를 하는 것이다.

---

10) Mary Jo Bitner, Amy L. Ostrom, and Felicia N. Morgan, "Service Blueprinting: A Practical Technique for Service Innovation," *California Management Review* (Spring 2008), pp. 66–94.

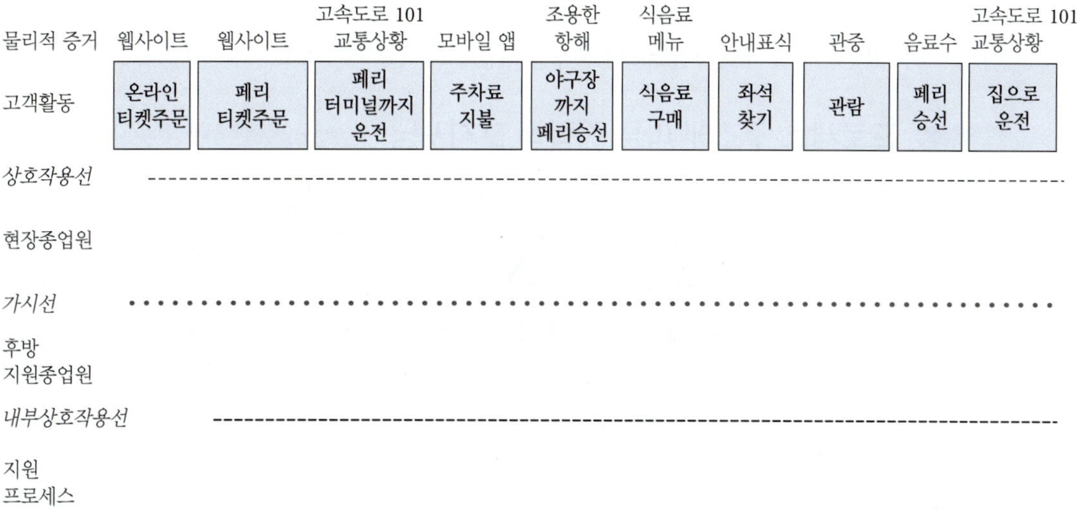

그림 3.4 샌프란시스코 자이언츠 경기의 청사진(기본 형태와 첫 단계)

서비스 청사진은 서비스 프로세스를 평가하고 고객의 경험을 개선하기 위한 유용한 경영도구이다. 물적 증거를 시작으로 그것들이 고객 기대에 부합하는가(예, 웹사이트 이용이 편리한가?)를 확인해 볼 수 있다. 고객 활동 중에 제거할 수 있는 것이 있는가(입장티켓과 페리 승선권을 하나의 웹사이트에서)? 혹은 셀프서비스 가능한 것이 있는가(주차장에서 출차)? 현장종업원에 대해서는 집표원, 음식배달원 그리고 선수들과 다른 대인관계 기법이 필요한가? 후방지원종업원에 대해서는 현장에서 발생할 수 있는 불필요한 지연을 방지하기 위해서 인력을 적절히 배치하고 있는가? 실수가능점에 대해서는 예상치 못한 실수에 대처하는 선제적 계획의 필요성을 고려하게 한다.

요약하면, 청사진은 서비스전달시스템에 대한 정확한 정의인데, 이를 통하여 서비스를 실행하기 전에 최종적으로 경영자가 서비스 개념을 문서상으로 검증할 수 있는 것이다. 더 나아

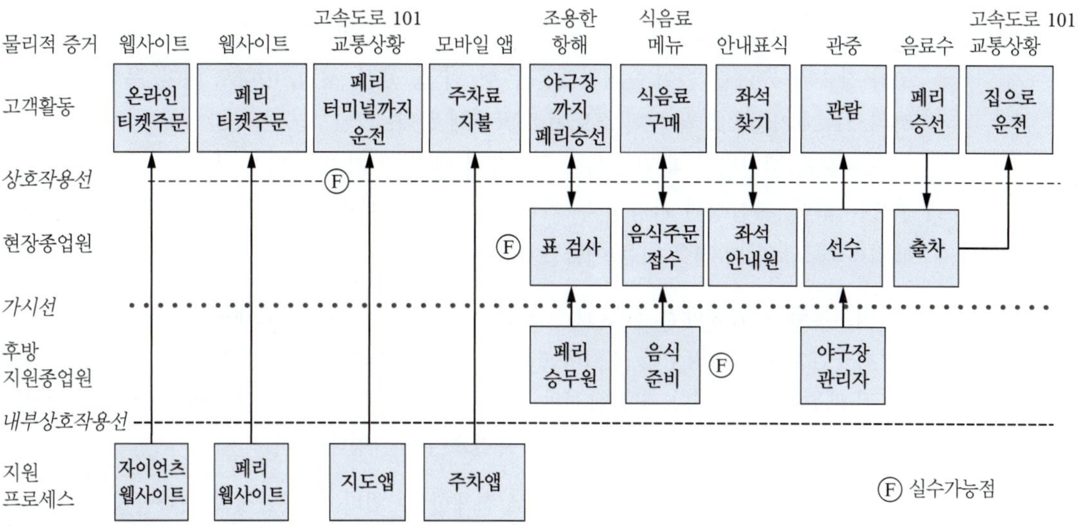

그림 3.5 샌프란시스코 자이언츠 경기 청사진(최종본)

가 청사진은 실수가 발생할 수 있는 지점들을 파악하고 서비스에 대한 고객 인식을 향상시킬 수 있는 기회를 부각시킴으로써 문제를 해결하고 창조적인 사고를 촉진시킨다.

프로세스 구조에 따른 전략적 포지셔닝

서비스 프로세스에서 단계들의 개수와 복잡함은 서비스 전달 구조의 **복잡성 정도**(*degree of complexity*)를 나타낸다. 예컨대 패스트푸드 레스토랑에서 테이크아웃 주문을 준비하는 것이 고급 프랑스 식당에서 식도락을 위한 요리를 준비하는 것보다 훨씬 간단하다. 각 서비스 프로세스 단계에서 허용된 **다양성**의 정도(*degree of* ***divergence***)는 서비스를 고객화하기 위해 서비스 제공자에게 부여된 재량권 혹은 자율성의 크기를 결정한다. 예컨대 변호사는 고객과의 상호작용에서 판단, 재량, 상황 대처 등이 요구되기 때문에 법률 보조원보다 훨씬 높은 다양성을 지닌다.

H&R Block 같은 기업은 **저다양성**(*low-divergence*)을 가진 세무 서비스를 제공함으로써 표준적인 세금 환급을 준비하는 데 도움이 필요한 대규모 중산층 납세자들을 표적 고객으로 추구해 왔다. 표준화 덕분에 서비스는 반복적인 업무를 수행하는 한정된 기술을 지닌 직원들에 의해 제공될 수 있으므로, 결과적으로 낮은 비용으로 일관된 품질의 서비스를 제공할 수 있다.

남성을 위한 헤어살롱은 전통적인 이발 산업에 새로운 모습을 갖게 하는 **고다양성**(*high-divergence*) 전략을 나타낸다. 고다양성은 고객화에 대하여 가격 프리미엄을 기꺼이 지불할 용의가 있는 고객을 추구하는 틈새전략의 특징을 지닌다.

전문화는 서비스의 범위를 줄이는 집중화 전략으로서 결과적으로 **저복잡성**(*low-****com-plexity***)을 나타내게 된다. 소매업계에서는 최근 아이스크림, 쿠키, 커피처럼 단 한 가지 제품만을 판매하는 전문점이 등장하고 있다. 이러한 전략이 성공하기 위해서는 제품 혹은 서비스가 독특하거나 뛰어난 품질로 인식되어야 한다.

대대적인 시장 침투를 달성하거나 고객으로부터의 수입을 극대화하기 위해 더 많은 서비스를 추가하는 전략이 시도될 수 있으며, 그 결과 **고복잡성**(*high-complexity*)을 지닌 구조가 창출된다. 예를 들어 슈퍼마켓은 은행, 약국, 꽃집, 서점, 비디오 대여, 음식준비 등의 서비스를 추가함으로써 슈퍼 스토어로 발전해 왔다.

포지션을 재정립할 때 프로세스 구조에서 단지 한 가지 차원의 이동으로만으로 제약될 필요는 없다. 복잡성과 다양성 두 가지 차원 모두에서의 변화를 결합한 전략을 추구하는 패밀리 레스토랑의 경우 다음 예들을 고려하여 보자.

- 레스토랑에 입장하면, 종업원은 손님을 맞이하고 자리를 안내하고 메뉴를 제공한다. 저복잡성과 저다양성을 선택하는 경우 손님은 스스로 자리를 찾아 앉고 벽등에 게시된 메뉴를 보게 된다. 고복잡성과 고다양성을 선택하는 경우 손님이 착석한 후 종업원은 메뉴를 이야기해 주고 앙트레와 특별요리를 설명해 준다.
- 현재는 손님은 현금이나 신용카드로 결제할 수 있다. 저복잡성과 저다양성의 경우 현금 결제만 허용하고 식당을 떠날 때 카운터에서 지불하도록 한다. 복잡성과 다양성을

제고하려면, 식당은 모든 결제 수단을 받아들이고 계산서와 함께 간단한 쿠키를 제공할 수 있다.

서비스 프로세스 디자인의 분류

서비스 프로세스는 다양성 개념, 서비스 활동이 지향하는 대상, 고객접촉 정도 등을 사용해 분류될 수 있다. 표 3.4에서 보는 바와 같이 서비스는 넓은 의미에서 저다양성(표준화된 서비스)과 고다양성(고객화된 서비스)으로 구분된다. 이 두 가지 범주 안에서 서비스 프로세스의 대상은 재화, 정보, 사람으로 구분된다. 고객접촉의 정도는 무접촉, 간접접촉, 직접접촉(직접접촉은 셀프서비스, 서비스 제공자와 개별적인 상호작용으로 분류)이 있다.

다양성의 정도

좁은 범위의 집중화된 대량 서비스를 위해 표준화된 서비스(낮은 다양성)가 디자인된다. 서비스 수행은 일상적이며, 상대적으로 낮은 기술적 역량을 지닌 서비스 제공자가 필요하다. 서비스의 반복적인 속성으로 인해 수작업이 자동화로 대체되는 기회가 많다(자동판매기의 사용, 자동 세차기). 일관된 서비스 품질을 획득하기 위한 한 가지 방법으로 서비스 제공자의 재량권을 감소시킬 수 있지만, 부정적인 결과가 나타날 가능성도 있다. 이러한 개념을 서비스 디자인의 **생산라인 방식**이라고 부른다.

고객화된 서비스(고다양성)는 서비스 작업을 수행하는 데 보다 많은 유연성과 판단력

표 3.4 서비스 프로세스의 분류

고객접촉 정도	저다양성(표준화된 서비스)			고다양성(고객화된 서비스)		
	재화	정보/이미지	사람	재화	정보/이미지	사람
고객접촉 없음	• 드라이클리닝 • 자동판매기 재고 보충	• 신용카드 대금청구 • 수표처리		• 자동차 수리 • 맞춤 양복	• 컴퓨터 프로그래밍 • 건물 디자인	
간접고객접촉		• 가정에서 컴퓨터로 식료품 주문 • 전화로 계좌 잔액 조회			• 항공관제사의 착륙 감독 • TV 경매에 참가	
직접고객접촉: 고객–서비스 제공자의 상호작용 없음(셀프서비스)	• 자동판매기의 운영 • 기성가구의 조립	• 현금자동 입출금기에서 현금 인출 • 즉석사진 촬영	• 엘리베이터 운영 • 에스컬레이터 탑승	• 뷔페 식당에서 음식 선택 • 식료품점에서 자율포장	• 병원에서 병력기록 작성 • 도서관에서 정보를 찾음	• 렌트 자동차 운전 • 헬스클럽 설비 이용
직접고객접촉: 고객–서비스 제공자의 상호작용	• 레스토랑에서 제공하는 음식 • 세차	• 강의 • 일상적인 금융거래 처리	• 대중교통 수단 제공 • 예방접종 실시	• 가정용 카펫 청소 • 조경서비스	• 초상화 • 카운셀링(상담)	• 이발소 • 외과수술 시행

자료원: Reprinted with permission from Emerald Publishing Limited, reproduced from A Taxonomy for Service Process and Its Implications for System Design from International Journal of Service Industry Management, DOI: https://doi.org/10.1108/09564239010002126 (c) Emerald Publishing Limited, 1990.

을 요구한다. 또한 고객과 서비스 제공자 간에 많은 정보가 교환된다. 고객화된 서비스의 이러한 특징으로 인해서 서비스 제공자는 높은 수준의 기술과 분석능력을 갖추어야 한다. 그 이유는 서비스 프로세스가 일정하게 정의되지 못하기 때문이다(예컨대 상담, 조경). 고객 만족을 획득하기 위해 의사결정 권한은 자율성과 재량권을 갖고 서비스를 수행하도록 서비스 작업자에게 위임된다(즉, 작업자가 재량권한을 갖는다).

서비스 프로세스의 대상

서비스 프로세스의 대상이 재화일 때 고객이 소유한 재화와 서비스 기업에 의해 제공된 재화(즉, **보조용품**) 사이에는 구별이 이루어져야 한다. 자동차 수리나 드라이클리닝과 같은 서비스는 고객의 자산에 서비스가 수행된다. 이러한 서비스의 경우 고객 자산이 손상 혹은 분실되지 않도록 해야 한다. 레스토랑과 같은 서비스는 서비스 패키지의 중요한 부분인 보조용품을 제공한다. 그러므로 맥도널드에서 식재료 구매에 주의와 관심을 보이는 것에서 보여주듯이 보조용품의 적절한 재고 수준과 품질이 관심의 대상이 된다.

정보 처리(자료의 수집, 처리, 조작)는 모든 서비스 시스템에서 발생한다. 이런 활동의 대부분은 은행에서의 수표 처리처럼 후방업무 활동이다. 특정 서비스의 경우, 전화를 통한 잔액 조회처럼 전자적 수단을 통해 간접적으로 정보가 커뮤니케이션된다. 이러한 상황에서 서비스 제공자는 일상적인 작업을 수행하기 위해 비디오 화면 앞에서 많은 시간을 지내므로 동기부여가 경영의 도전과제가 된다. 하지만 상담 서비스처럼 고객과 서비스 제공자 간의 직접적인 상호작용을 통해 정보가 프로세스되는 서비스도 있다. 그러므로 이러한 서비스에서 전문성이 높은 직원에게는 정형화되어 있지 않은 문제에 도전할 기회를 제공하는 것이 직무 만족을 위해 매우 중요하다.

서비스 프로세스 대상이 사람일 때 신체적 변화(예컨대 미용업, 의료 서비스)나 지리적 변화(예컨대 버스 승차, 자동차 렌트)가 일어난다. 이러한 서비스의 높은 고객접촉, 즉 "하이터치" 속성 때문에 서비스 제공자는 기능뿐만 아니라 대인관계 능력을 지녀야만 한다. 또한 고객이 직접 서비스 시스템에 참여하므로 서비스 설비 디자인과 입지에도 관심을 기울여야만 한다.

고객접촉 형태

서비스전달시스템에서 고객접촉은 세 가지 기본적인 방식으로 이루어진다. 첫째, 고객이 물리적으로 참여해 서비스 창출에 서비스 제공자와 직접적으로 상호작용을 하는 방식이다. 이 경우 고객은 서비스 환경을 총체적인 감각으로 인식한다. 둘째, 고객접촉이 고객의 자택이나 사무실의 인터넷을 통해 간접적으로 이루어진다. 마지막으로, 몇몇 서비스 활동은 고객접촉이 전혀 없이 수행될 수 있다. 은행 서비스는 세 가지 고객접촉 방식을 한꺼번에 보여주는 사례가 된다. 자동차 구입대금 대출을 신청하는 것은 대출 직원과의 상담을 필요로 한다. 대출상환은 전자자금이체에 의해 수행될 수 있다. 대출금에 대한 재무기록의 유지는 은행의 후방업무로 이루어진다.

직접 고객접촉은 두 가지 범주로 세분할 수 있다. 서비스 제공자와 상호작용이 없는 경우(셀프서비스)와 서비스 제공자와 상호작용이 있는 경우가 그것이다. 셀프서비스는 고객이 종종 필요한 시간에 필요한 노동력을 제공하기 때문에 특히 매력적인 대안일 수 있다. 자동 전화교환기나 현금자동입출금기처럼 비용 효과적인 기술을 서비스에 적용하려면 기계와 상호작용하는 방법을 기꺼이 배우려는 고객층이 있어야 한다. 고객이 서비스 제공자와 직접적인 상호작용을 원할 때 서비스 프로세스의 대상이 사람인 경우 서비스 경험이 성공적이기 위해서는 앞서 강조한 모든 이슈들(즉 대인관계 기술에 관한 교육, 입지, 배치, 디자인 등 설비에 관한 이슈들)이 중요하다. 고객이 서비스 프로세스에 물리적으로 참여할 때, 부가적인 경영상의 문제점(부정적인 이미지가 발생하지 않도록 대기를 관리하는 것)이 발생한다.

간접적인 접촉이나 접촉이 전혀 없는 서비스 프로세스는 서비스 시스템에 고객이 물리적으로 참여함으로써 발생하는 이슈들을 고려할 필요가 없다. 고객이 서비스전달시스템에서 분리되기 때문에 제조업 형태의 접근방식이 채택될 수 있다. 입지 위치, 설비 디자인, 작업자 일정, 직원 교육 등에 관련된 의사결정이 효율성을 근거로 결정될 수 있다. 사실상 고객접촉이 없으며 서비스 프로세스 대상이 재화인 경우는 통상적으로 제조기업처럼 여겨지는 범주에 속하게 된다. 예컨대 드라이클리닝은 **배치**(*batch*) **프로세스**이며 자동차 수리업은 **잡숍**(*job shop*)이다.

이러한 서비스 프로세스의 분류는 서비스 시스템에서 만날 수 있는 여러 형태의 프로세스를 정리하는 방안을 제공하며, 서비스 디자인과 경영을 이해하는 데 도움을 준다. 또한 이러한 분류는 서비스 프로세스에 대한 전략적 포지셔닝 지도(positioning map)의 역할을 하며, 따라서 서비스 시스템의 디자인 및 재-디자인을 도와주는 역할을 한다.

서비스 시스템 디자인을 위한 일반적인 접근 방법

제1장에서 고객이 경험하는 서비스 속성들의 묶음을 서비스 패키지(service package)로 정의했다. 이러한 묶음은 지원설비, 보조용품, 정보, 명시적 서비스, 묵시적 서비스라는 다섯 가지 특징으로 이루어져 있다. 디자인이 잘된 서비스 시스템에서는 이러한 특징들이 바람직한 서비스 패키지라는 관점에서 조화롭게 조정된다. 결과적으로, 서비스 패키지를

패스트푸드 식당은 고객들에게 청결한 주방을 보여주고 싶어한다.
©Dynamic Graphics Group/Creatas/Alamy

결정하는 것은 서비스 시스템 자체를 디자인하는 핵심적인 요소가 된다. 서비스 시스템 디자인에는 여러 접근방법이 있을 수 있다.

일상적인 서비스는 **생산라인 방식**(*production-line approach*)으로 서비스를 전달할 수 있다. 이 방식에서는 운영 효율성과 일관된 품질을 보장하기 위해 통제된 환경하에서 틀에 박힌 서비스가 제공된다. 또 다른 방식은 서비스 프로세스에서 고객의 적극적인 참여를 권장하는 것이다. 서비스 프로세스에서 고객이 활동적인 역할을 수행하면 고객과 서비스 제공자 모두에게 많은 혜택이 발생할 수 있다. 중간적인 방식은 서비스를 높은 고객접촉 운영과 낮은 고객접촉 운영으로 구분한다. 이 방식을 사용하면 낮은 고객접촉 작업을 고객과 분리하는 것이 기법의 핵심으로 설계되도록 하는 것이다. 정보기술의 진보로 인해 **정보 권한위임 방식**(*information empowerment approach*)이 등장했다.

이러한 접근 방식들을 혼합적으로 사용할 수 있다는 점에도 주목해야 한다. 예를 들어 은행은 수표처리 과정을 고객으로부터 분리하고, 셀프서비스 현금자동입출금기를 사용하고, 개인화된 대출 서비스를 제공한다.

생산라인 방식

우리는 서비스를 개인적인 것으로 간주하는 경향이 있다. 아마도 서비스는 다른 사람을 위해서 사람에 의해 직접적으로 수행되기 때문일 것이다. 그러나 이러한 인본주의적 인식은 지나치게 서비스 디자인에 제한적일 수 있어서, 혁신적인 서비스 시스템 디자인 개발을 방해할 수도 있다. 예를 들면 때로는 기술집약적 서비스전달시스템으로부터 많은 혜택을 얻을 수도 있다. 제조시스템은 프로세스의 통제를 염두에 두고 설계된다. 제조시스템의 산출은 많은 경우 기계의 작업속도에 의해 결정되기도 하고, 직무는 수행되어야 할 명백한 작업들로 설계된다. 특수 도구와 기계설비가 작업자의 생산성을 향상시키기 위해 제공된다. 이러한 생산라인 방식을 채택한 서비스는 원가주도전략으로 경쟁적 우위를 획득할 수 있다.

맥도널드는 이러한 제조현장 방식을 서비스에 적용한 전형적인 사례이다. 원자재(햄버거 고기)는 별도의 장소에서 준비되기 때문에 직원은 크기, 품질, 일관성 등에 관한 어떠한 재량권도 갖지 못한다. 또한 저장설비는 미리 결정된 제품 믹스에 적합하게 빠르게 설계된다. 음식이나 음료를 위한 불필요한 여유 공간을 허용하지 않는다.

감자튀김 제공과정에서 세밀한 부분까지 디자인에서 고려하였음을 알 수 있다. 감자는 이미 적당한 크기로 잘려, 부분적으로 조리된 상태로 냉동되어 점포에 들어온다. 감자튀김기는 정확한 양의 감자를 조리할 수 있는 크기로 설계된다. 감자튀김기 크기는 눅눅해진 감자튀김 재고가 발생할 정도로 너무 커서는 안 되며, 또한 너무 빈번하게 여러 번 튀겨야 할 정도로 작아서도 안 된다. 튀김기에서 튀겨진 감자는 서비스 카운터 부근에 설치된 넓고 평평한 쟁반으로 옮겨진다. 이렇게 봉지 대신 평평한 쟁반을 사용하는 것은 봉지에 담았을 경우 발생할 수 있는 문제(바닥에 떨어져서 낭비되거나, 또 그로 인해 작업 환경이 불결해지는 것)들을 방지할 수 있다. 손잡이가 달린 특수 형태의 깔때기를 사용해 감자의 양을 일정하게 측정할 수 있도록 한다. 이처럼 사려 깊은 디자인에 의해 직원은 손이나 감자를 더럽히지 않고, 바닥도 깨끗하게 유지하면서 감자의 양을 통제할 수도 있다. 더 나아가 푸짐한 형태의 감자가 신속하고, 효율적이며 명랑한 직원에 의해 고객에게 전달된다.

서비스 시스템의 처음부터 끝까지, 미리 포장된 햄버거에서부터 고객이 자신의 테이블을 깨끗하게 치울 수 있도록 눈에 잘 띄게 쓰레기통을 배치하는 모든 것이 설계되는 것이다. 세부적인 모든 것이 세심한 계획과 디자인을 통해 고려된다. 서비스 시스템 디자인의 생산라인 방식은 성공적인 제조 기업의 개념을 서비스 부분에 적용하는 시도이며, 여러 특징들이 생산라인 방식의 성공에 기여하고 있다.

직원의 임의적 행동 제한

자동차 조립라인의 작업자에게는 잘 정의된 업무와 함께 이를 달성하기 위한 작업도구가 지급된다. 재량권과 자율성을 지닌 작업자는 좀 더 고객화된 자동차를 생산할 수 있으나, 생산된 차량 간의 균일성을 잃어버리게 된다. 생산라인의 장점은 표준화와 품질(규격 적합에 대한 일관성으로 정의된다)이다. 표준화된 일상적인 서비스에 있어 고객들은 서비스 성과의 일관성에 가치를 부여한다. 예를 들면 자동차 머플러 교환, 해충 방지와 같은 특정 서비스는 어떠한 프랜차이즈 대리점에서도 동일한 높은 품질의 서비스를 받을 수 있다고 광고한다. 따라서 소비자들이 제조업체의 제품 간에 차이를 구별할 수 없는 것처럼 어떤 대리점에서도 같은 수준의 서비스를 기대할 수 있다(예컨대 빅맥 햄버거는 어느 대리점에서나 동일). 그런데 보다 고객화된 서비스가 바람직하다면 직원에게 권한을 부여하는 것이 적절하다. 직원에게 의사결정을 내릴 수 있는 자율성을 주고 그 결정에 대한 책임을 부과하는 개념은 제4장 서비스 접점에서 논의한다.

분업

생산라인 방식에서는 전체적인 작업을 단순한 작업(군)으로 세분화할 것이 제안된다. 작업 세분화를 통해 노동 기능의 전문화를 달성할 수 있다(예컨대 맥도널드의 모든 직원이 조리할 필요는 없다). 더 나아가 분업은 직원이 직무수행에 필요한 기능에만 집중할 수 있도록 한다. 물론 이러한 방법 때문에 많은 서비스 직종이 최저 임금, 장래성 없는 직업, 단순 기능 취업이라는 비난을 받기도 한다. 예를 들면 환자들이 고정된 다단계 검사 순서대로 검사받는 건강센터의 개념을 생각해 보자. 환자는 의료정밀검사의 일부분인 정해진 의료검사의 순서에 따라 서비스를 제공받는다. 검사는 정교한 의료장비를 사용해 의료기사에 의해 수행된다. 따라서 전체 시스템이 일상적인 작업으로 나누어지기 때문에 비용이 많이 드는 의사 없이 검사가 수행될 수 있다.

서비스 인력의 기술 대체

인력을 기계설비로 체계적으로 대체한 것이 제조업 발전의 원동력이 되었다. 은행의 창구 직원 대신에 현금자동입출금기가 사용되는 것처럼 이러한 방식 또한 서비스에서도 사용될 수 있다. 그러나 발전의 상당 부분은 시스템의 "소프트" 기술에 의해 달성될 수 있다. 예를 들면 비행기 조리실에 부착된 거울의 용도를 생각해 보자. 이러한 간단한 장치는 승무원에게 눈에 띄지 않는 방식으로 상냥한 용모를 유지해야 한다는 것을 상기시켜줌과 동시에 그럴 수 있는 기회를 제공하는 것이다. 또 다른 예로 자동재고보충 및 재주문의 특징을 지닌 안내카드 표시를 들 수 있다. 재고가 낮아질 때 특정 색을 지닌 카드가 나타나 주문발주 신호를 보낸다. 보험 생활설계사는 노트북 컴퓨터를 사용해 고객화된 보험설계 제안을 하고 현금 가치의 증대를 즉석에서 보여줄 수도 있다.

서비스 표준화

맥도널드에서 메뉴를 한정시킴으로써 신속한 햄버거 서비스를 보장할 수 있다. 서비스 옵션을 한정시킴으로써 수요를 예측하고 미리 계획할 수 있는 기회를 가질 수 있다. 서비스는 잘 정의된 작업과 순서대로 움직이는 고객흐름으로 일상적인 프로세스가 된다. 서비스 표준화는 프로세스를 통제하기 쉽기 때문에 서비스품질의 일관성을 획득하는 데 도움이 된다. 프랜차이즈 서비스는 표준화의 이점을 활용해 전국적인 조직을 형성하고 있으며, 이를 통해 본점 주변 지역에만 국한하는 수요제약성을 극복하고 있다.

공동생산자로서의 고객

대부분의 서비스 시스템에서 서비스가 수행될 때 고객이 참여한다. 수동적인 방관자가 아니라 고객은 필요한 순간에 생산을 위한 노동력을 제공한다. 그리고 서비스 활동의 일정 부분을 고객에게 전가하여 생산성을 향상시킬 수 있는 기회도 있다(즉 고객을 **공동생산자**로 만든다). 더 나아가 고객참여는 고객화를 증대시킨다. 예를 들면 피자헛의 점심 뷔페에서 고객은 스스로 샐러드를 만들고 피자를 선택한다. 그동안 요리사는 고객 주문에 따라 피자를 만들기보다는 판매된 피자만을 계속적으로 보충하는 작업을 한다. 따라서 셀프서비스에 관심 있는 고객에 초점이 맞추어진다면 서비스 프로세스에 고객을 참여시키는 것은 일정 수준의 고객화를 제공하면서 원가주도적인 경쟁전략을 뒷받침할 수 있다.

서비스전달시스템의 범위는 고객참여의 정도에 따라 셀프서비스에서부터 서비스 제공자에게 전적으로 의존적인 것까지 가능하다. 예를 들면 부동산 중개 서비스를 생각해 보자. 주택 소유자는 주택을 개인적으로 매매할 수도 있으며 상당한 중개 수수료를 지불하고 부동산업자를 고용해 전적으로 위임할 수도 있다. 중간적인 대안으로 "주택 전시장" 방식이 있다. 일반적인 부동산 중개업자가 청구하는 6%의 수수료보다 훨씬 더 낮은 단일 요금을 지불하고 주택소유자는 전시장에 자신의 주택을 등록한다. 전시장을 방문한 주택구매자는 자신이 원하는 주택에 관해 논의하고 관심 있는 주택에 관한 사진을 보고 설명을 듣는다. 주택구매자는 주택소유자와 방문 약속을 하고 일정을 수립한다. 주택구매자는 자신의 차로 방문하고 주택소유자는 자신의 집을 보여준다. 주택 전시장의 직원은 계약을 마무리 짓고 대출을 주선한다. 생산성은 분업에 의해 향상된다. 부동산업자는 전문교육과 전문 의견이 필요한 업무에 집중하고 나머지 업무는 주택 매매자들이 나누어 처리한다.

다음의 특징들은 서비스 전달 과정에서 고객이 공헌할 수 있는 몇 가지 예들을 보여주고 있다.

셀프서비스

개별화된 서비스를 위해서 고객의 노동력으로 대체하는 것은 가장 높은 정도의 공동생산이다. 예를 들어 알래스카 항공(Alaska Airlines)은 저가 항공요금을 무기로 태평양 연안 항로에 뛰어든 사우스웨스트 항공(Southwest Airlines)에 대응하여 셀프서비스 테크놀로지를 활용했다. 알래스카 항공은 자동 체크인 부스를 도입하고 인터넷을 통해 e-티켓을 판매한 최초의 항공사로 여겨지고 있다.

현대의 고객은 공동생산자가 되었으며, 자신이 제공한 노동력의 혜택을 편리성의 서비스 형태로 돌려받는다. 그리고 고객에 대한 통제 측면에서 셀프서비스를 환영하는 고객들도 있다. 예컨대 샐러드 바의 인기는 샐러드의 양과 내용을 고객 마음대로 정하도록 허용한 것에 기인했다고 볼 수 있다. 마지막으로 공동생산은 필요한 시점에 고객이 추가적인 서비스 공급능력을 제공하기 때문에 서비스에서 수요 · 공급의 일치 문제를 해결할 수 있다.

서비스 수요 평준화

서비스 공급능력은 시간 소멸적인 상품이다. 예컨대 의료계에서는 서비스 공급능력을 전임의사의 수보다는 의료진의 진료 시간으로 측정하는 것이 보다 적절하다. 이 접근방식은 고객 수요의 부족으로 서비스 제공자가 유휴 상태에 있게 될 때마다 서비스 제공 능력이 영원히 소멸된다는 것을 강조한다. 그런데 서비스 수요는 본질적으로 시간별 변동(음식점), 요일별 변동(극장, 연극), 계절별 변동(스키 리조트)과 같은 명백한 변동을 한다. 수요의 변동을 평준화할 수 있다면 필요 서비스능력을 줄일 수 있으며, 보다 균일하게 서비스능력을 사용할 수 있다. 결과적으로 서비스 생산성이 향상된다.

수요 평준화 전략을 적용하기 위해서는 고객은 서비스 가용능력과 일치하도록 고객 수요의 시점을 조절하는 수준에서 수동적인 공동생산자로서의 역할을 한다. 이를 획득하기 위한 전형적인 방법이 예약제도이다. 그 보상으로 고객은 서비스를 받기 위해 대기하는 것을 피할 수 있다. 또한 가격 인센티브(예를 들어 스키 리조트에서 리프트 주중 할인)를 사용해 수요가 낮은 시간대에 서비스를 받도록 고객을 유도할 수도 있다.

수요를 평준화하려는 노력이 실패하더라도, 고객에게 서비스를 받기 위해 기다릴 것을 요구함으로써 높은 수준의 서비스 이용률은 여전히 달성될 수 있다. 따라서 고객 대기는 서비스능력의 이용률을 증가시킴으로써 생산성에 기여한다. 대기 장소에 아마도 다음과 같은 안내문을 내걸어야 할 것이다. “고객의 기다림으로 낮은 가격이 가능합니다.”

고객은 서비스 프로세스의 적극적 참가자로서 새롭고 아마도 보다 독립적인 역할을 담당하기 위해서는 “훈련”될 필요가 있다. 서비스 제공자가 이러한 교육적 역할을 담당하는 것은 서비스에 있어 새로운 개념이다. 전통적으로 서비스 제공자는 고객을 상황을 모르는 상태로 두었기에 고객은 서비스 제공자에게 의존할 수밖에 없었다.

고객 제작 콘텐츠

인터넷은 고객 공동생산—다른 고객에 의해 사용되는 콘텐츠의 창출—의 새로운 기회를 제공한다. 예를 들어, 콘텐츠의 가상 커뮤니티를 이끌어 낸 온라인 백과사전 위키피디아(wikipedia.com)을 생각해보라. 웹사이트는 개인들이 자료를 추가하고 또 비판하는 과정을 통해 스스로 통제되기 때문에 모든 자료입력이 한 사람의 관점에 의해 이루어지는 전통적인 인쇄된 백과사전보다 더 풍부한 자료를 가질 수 있다. 또 다른 사례로 Craigslist.

com을 들 수 있다. 이는 지역사회에 팔고자 하는 품목의 사진과 내용을 게재할 수 있는 온라인 공간을 무료로 제공함으로써 기존 신문사와 직접 경쟁하는 성공적인 사업 모델이다.

고객접촉 방식

제품생산은 통제된 환경하에서 수행된다. 제품생산 프로세스 디자인은 전적으로 고객참여 없이 지속적이고 효율적으로 원자재를 제품으로 전환하는 데 초점을 맞춘다. 제품생산 프로세스는 재고를 사용함으로써 고객 수요의 변동으로부터 분리된다. 따라서 최대 생산능력으로 운영되도록 일정계획이 수립될 수 있다.

고객이 서비스 프로세스에 참여할 때 서비스 관리자는 제조업 수준의 효율성을 획득하기 위해 서비스 운영을 어떻게 디자인해야 하는가? 한 가지 접근 방식은 서비스전달시스템을 고접촉/저접촉(high-contact and low-contact) 운영으로 분리하는 것이다. 저접촉 혹은 후방업무는 모든 생산관리 개념과 자동화 기술에 집중하는 공장처럼 운영된다. 이러한 활동의 분리는 실제적으로 대량 처리를 통한 규모의 경제를 얻는 반면에, 고객은 고객화된 서비스로 인식하는 결과를 가져온다.

서비스 창출 과정에서 요구되는 고객접촉의 정도와 저접촉 운영의 기술적 핵심을 분리할 수 있는 능력에 따라 이 방식의 성공여부가 달려 있다. 서비스 디자인 접근방식 중 이러한 고객접촉 방식은 서비스 프로세스의 분류 중 재화 프로세스(processing-of-goods) 서비스 범주에 가장 적합하다(예컨대 고객 소유 재산에 서비스가 수행되는 드라이클리닝 서비스).

고객접촉 정도

고객접촉(***customer contact***)이란 시스템 내에 고객이 물리적으로 참여하는 것을 의미한다. 고객접촉 정도는 고객이 서비스 시스템 내에서 소비하는 시간을 총 서비스 수행시간으로 나눈 비율로 측정할 수 있다. 고접촉 서비스에서 고객은 서비스 프로세스에 직접 참여하기 때문에 이때 서비스 수요시점과 서비스 본질이 결정되게 된다. 서비스에 대한 인지된 품질은 고객의 경험에 의해 대부분 결정된다. 그러나 저접촉 서비스의 프로세스에서는 고객이 직접 참여하지 않기 때문에 저접촉 시스템의 생산 프로세스에 직접적인 영향을 미치지 않는다. 비록 서비스가 고접촉 서비스 범주에 속한다고 할지라도 몇몇 운영은 공장처럼 운영되도록 할 수 있다. 예컨대 대중교통 시스템의 정비 부문의 운영이나 병원의 세탁 업무는 서비스 시스템 내에서 공장처럼 운영된다.

고접촉/저접촉 운영의 분리

서비스 시스템을 고접촉/저접촉 운영으로 분리할 때, 각 부문은 성과개선을 획득하기 위해 독립적으로 디자인될 수 있다. 물론 고접촉 운영의 경우 직원은 탁월한 대인관계 능력이 요구된다. 고객이 서비스 수요시점과 어느 정도 서비스 자체를 결정하기 때문에 고접촉 운영에서는 서비스 직무와 활동 수준은 불확실하다. 하지만 저접촉 운영은 고객접촉 운영으로부터 물리적으로 분리될 수 있다. 그래도 고객 주문 혹은 자산(즉 원격지 공장에서 수리하기 위해 키오스크에 맡겨진 신발)의 프로세스를 추적하기 위해 가시선을 뛰어넘는 커뮤니케이션이 어느 정도는 필요하다. 서비스 분리의 이점은 후방업무의 운영이 서비스능력 이용률을 높이기 위해 공장에서처럼 일정계획에 따라 이루어지기 때문에 발생한다.

항공사는 항공운영에 이러한 접근방식을 효과적으로 사용해 왔다. 공항의 예약 담당자나 승무원은 파리에서 디자인한 유니폼을 착용하며, 승객에게 서비스하는 적절한 방법에 관한 훈련 프로그램에 참가한다. 수화물 작업자는 좀처럼 볼 수 없으며 항공 정비는 멀리 떨어진 곳에서 공장처럼 운영된다.

판매기회와 서비스 전달 대안들

그림 3.6에 제시된 서비스 디자인 매트릭스는 운영 효율성과 판매기회 간의 상충관계를 보여준다. 판매기회는 부가적인 매출 발생 확률의 척도이고, 따라서 각 고객접촉으로부터 발생되는 수입증가 확률의 척도이기도 하다. 이러한 관계는 양 극단에서 가장 극적으로 나타난다. 면대면 고객화 서비스는 매우 훈련된 직원이 필요하지만 충성스러운 고객관계로 발전할 기회가 매우 높다(예: 재무 설계사). 그러나 웹사이트는 매우 낮은 가격으로 많은 잠재고객에게 접근할 수 있지만 판매기회는 고객의 인내와 웹사이트의 질에 의해 제한된다. 전자 스캐닝 기술을 이용한 셀프 계산대조차 충동 판매의 발생을 제한하는 것으로 알려져 있다.

반드시 하나의 서비스 전달 대안만을 선택해야 한다고 할 수 없다. 특정 목표 시장을 배제하지 않기 위해, 다중 서비스 채널이 고려되어야만 한다. 예를 들어, 소매 은행은 그림 3.6에 제시된 모든 전달 대안을 사용한다.

정보 권한위임

"점성학의 시대"는 잊어라 —지금은 정보화 시대이다. 그리고 좋아하든 싫어하든 우리도

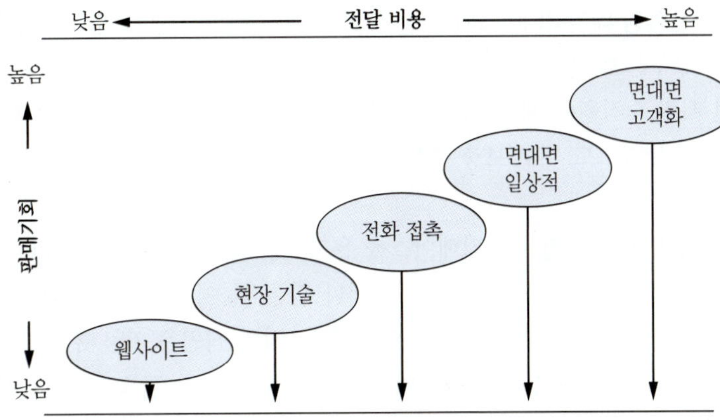

직원 역량:	N/A	지원	대화	절차적	진단
고객 역량:	컴퓨터	셀프서비스	듣기	수동적	명확히 표현
운영 초점:	웹 디자인	기술	각본	대기행렬	관계

그림 3.6 판매기회와 서비스 디자인

자료원: Adapted from R. B. Chase and N. J. Aquilano, "A Matrix for Linking Marketing and Production Variables in Service System Design," *Production and Operations Management*, 6th ed., (Richard D. Irwin, Inc., Homewood, IL, 1992), p. 123.

정보시대의 일부분이다. 정보기술(IT)은 더 이상 컴퓨터 "공부벌레들"만의 것이 아니다. 전자통신 장비 대신 딸랑이나 구슬 같은 장난감으로 놀던 세대까지 포함하여 우리 모두에게 정보기술은 일상생활에 영향을 미친다. 아침식탁의 시리얼은 구성성분 이상의 것을 내포하고 있다. 논이나 밀밭에서 씨 뿌리고 경작하고 수확하는 과정에서부터 곡물을 수송하고, 가공 포장하는 공장 그리고 시장과 심지어 우리 식탁에까지 정보기술은 사용되고 있다(시장에서 집까지 오는 사이에 교통신호등에서도 정보기술은 사용되고 있음). 소방 및 경찰의 방범과 같은 핵심적인 서비스와 가정의 전력과 수도는 정보기술을 이용하여 우리에게 전달된다. 정보기술은 전 세계에 걸쳐 일상생활의 근본적인 것이 되기 때문에 정보기술에 의해 영향을 받지 않는 것을 찾아보기가 어렵다.

현재의 서비스가 정보기술의 사용 없이는 존재할 수 없다는 것은 분명하다. 성공적인 관리자는 정보기술이 단지 자료를 유지하는 편리한 방법 이상을 제공한다는 사실을 알 수 있어야 한다. 정보기술에 있어서 가장 중요한 기능의 하나는 직원은 물론 고객에게 권한을 부여할 수 있게 하는 것이다.

직원 권한위임

초기 단계의 정보기술은 기록 유지에 사용되었다. 기업은 고객 이름과 주소가 담긴 컴퓨터 데이터베이스를 갖고 있었으며, 아마도 핵심적인 재화 및 서비스 공급업체의 이름과 주소가 또 다른 데이터베이스에 있었을 것이다. 이러한 다양한 데이터베이스를 사용해 주주와 국세청 관계자를 보다 쉽게 행복하게 만들 수 있다. 데이터베이스를 통하여 기록 유지는 좀 더 빠르고 정확하게 수행되었다. 그러나 비서들은 여전히 자료를 입력해야 했고, 구매담당 직원은 공급물품이나 서비스를 주문하며, 일선 서비스 직원은 웃음지어야 했고, 생산현장의 직원은 여전히 일상적인 업무를 수행했다. 최고 경영자는 이렇게 다양한 활동을 조정하는 업무를 수행한다.

그러나 **관계형 데이터베이스**의 개발은 모든 것을 변화시켰다. 관계형 혹은 통합 데이터베이스는 누구든지 운영 부문에서 발생하는 모든 정보를 이용할 수 있다는 것을 의미한다. 일선 서비스 직원은 재고용품에서 필요한 공급물품을 요청할 수 있으며, 심지어 조달 부서를 통하지 않고도 재고 보충 주문을 할 수 있다. 직원이 권한을 위임받는 시대가 도래한 것이다.

물론 컴퓨터가 이러한 데이터베이스를 유지하는 데 핵심이었다. 컴퓨터는 고객의 이름과 주소를 추적하는 강력한 도구였다. 그러나 컴퓨터들이 "상호 간의 대화"를 시작하였을 때 또 다른 혁명이 기다리고 있었다. 이제 한 조직의 직원은 기능 부서의 경계를 넘어서 서로 상호작용을 할 수 있으며, 심지어 물리적으로 함께 할 필요 없이 "실시간"으로 다른 조직의 직원과 상호작용을 할 수 있다. 예를 들면 델타(Delta) 항공의 비행기가 운항 취소되었을 때 델타 직원은 어려움에 직면한 고객을 위해 컴퓨터 터미널을 통해서 델타 항공의 다른 비행기뿐만 아니라, 다른 항공사의 비행기를 예약할 수도 있게 되었다. 이제는 항공사 대리인이나 승객들이 탑승 가능한 좌석을 찾기 위해 한 항공사의 카운터에서 다른 항공사의 카운터로 쏜살같이 질주할 필요가 없게 되었다.

고객 권한위임

앞의 논의에서 컴퓨터와 정보기술이 어떻게 직원에게 권한을 부여하고 직원 권한이 어떻게 고객을 위해 보다 나은 서비스로 전환되는지를 살펴보았다. 고객 역시 정보기술에 의해 직접적으로 권한을 부여받을 수 있다. 전 세계의 사람을 모두 연결하는 인터넷은 매우 강력한 도구의 한 가지 사례이다. 고객은 더 이상 지역 서비스 제공자에게만 전적으로 의존하지 않는다. 의료 문제에 관해 의문을 지닌 고객은 해답을 전 세계에서 구할 수 있으며, 전 세계에서 구매도 할 수 있다. 지역에서 가장 우수한 자동차 수리공이 "수리하지 못한" 마쯔다(Mazda) 자동차가 있다면, 인터넷에 연결해 주소 http://www.mx6.com/forums에 해결책을 물어보라.

정보기술은 고객이 서비스 프로세스에서 능동적인 역할을 수행할 수 있는 또 다른 방법을 제공한다. 예를 들면 페덱스(FedEx) 홈페이지에 접속해 페덱스를 통해 보낸 화물의 항공 번호를 입력하면 그 순간에 화물이 어디에 있는지를 정확하게 알 수 있다. 만일 화물이 이미 배달되었다면 누가 서명하였는지를 알 수 있다. 고객은 온라인으로 여행 예약을 할 수 있으며 목적지에 대한 정보를 획득함으로써 여행의 즐거움을 무한정 향상시킬 수 있다.

우리의 일상생활이 점점 더 정보기술에 의해 영향을 받는 것은 분명하며 그 영향은 연간 단위가 아닌 시시각각으로 측정될 것이다. 현재 대부분의 슈퍼마켓에서 고객들은 농산물에 스스로 가격표를 붙여 계산시간을 단축할 수 있다. 몇몇 경우에 고객들은 오이에 대한 바코드 라벨을 분배기로부터 받아서, 통합 저울/계산기에서 자동으로 농산물의 무게를 재고 바코드를 읽어 가격을 결정한다. 또 다른 경우, 고객들은 농산물 부서에 있는 저울에 레몬을 올려놓는다. 구매자는 레몬 품목 번호를 저울에 입력하면, 저울은 구매가격을 나타내는 가격표를 인쇄해준다. 몇몇 저울들은 여러 품목들을 입력할 수 있는 버튼을 통해 매우 사용하기에 편리하게 되어 있기 때문에, 고객은 저울에 입력할 품목번호를 기억할 필요가 없다. 현재 우리 대부분은 "종합적인" 쇼핑 경험을 하고 있다. 농산물의 무게를 재고 가격을 결정하는 것뿐만 아니라 슈퍼마켓의 모든 구매품을 스캔하고, 신용카드를 스캔하여 결제하고, 장 본 것을 쇼핑백에 넣어 가져간다. (몇몇 사람들은 고객이 너무 많은 정보 권한을 갖는다고 생각할 수 있다!)

지적재산권

새로운 서비스 개발은 혁신으로 귀결되는데 경쟁자가 새로운 창의적 내용을 모방할 수 없도록 혁신을 보호하는 제도가 필요하다. 이러한 보호제도가 없다면 개발자는 새로운 디자인으로부터 혜택을 얻을 수 없다. **지적재산권**은 발명, 작품, 예술적 활동, 상업적으로 사용되는 상징, 이름, 이미지, 디자인 등과 같이 사고의 창작물에 부여하는 독점적인 권리이다. 지적재산권의 소유자는 창작활동의 유인책과 연구 활동에 소요된 비용에 대한 보상책으로 일정 기간 독점적인 수익을 거둘 수 있는 권리를 갖는다.

지적재산권은 네 가지 범주로 구분된다: (1) 산업재산권은 상업적 목적을 지닌 발명품

(예: 인공심장)이며, 라이센스 없이 다른 사람이 발명품을 사용할 수 없도록 일정 기간 부여된 특허권에 의해 보호된다. (2) 상표권(예: 맥도널드의 황금색 아치)은 독특한 사인으로서, 시장에서 다른 제품들과 혼돈을 방지하기 위해 사용된다. (3) 산업디자인권(예: 스타벅스 매장 분위기)은 외부 침해로부터 모양, 스타일 디자인을 보호한다. (4) 기업비밀(trade secret)은(예: KFC의 프라이드 치킨 양념 비법) 기업의 실무적인 지식과 연관된 정보이다.

고객이 원하는 서비스를 규정하는 지적재산권을 방어함으로써 서비스 기업의 명성과 브랜드는 보호된다. 예를 들어, 맥도널드는 "황금색 아치" 상표권을 이용하려는 경쟁자를 고소하는 것으로 유명하다. 이에 속은 고객은 경쟁자 가게를 방문해 형편없는 서비스를 받은 후, 이를 맥도널드에서의 경험으로 인식하기 때문에 이는 매우 심각한 문제이다.

서비스 벤치마크

Google이 발견한 10가지 진실

1. **사용자에게 초점을 맞추면 나머지는 저절로 따라온다.**
   모든 변화는 사용자에게 최상의 서비스를 제공해야 한다.
2. **한 분야에서 최고가 되는 것이 최선의 방법이다.**
   경쟁 역량에 집중하고 지속적인 개선노력을 실행하라.
3. **느린 것보다 빠른 것이 낫다.**
   고객들은 지체 없이 현재의 결과를 원한다.
4. **인터넷에서 작업은 민주주의가 통하는 세상이다.**
   사용자 커뮤니티가 서비스의 가치를 결정하도록 내버려둬라.
5. **책상 앞에서만 대답이 가능한 것은 아니다.**
   웹 모바일 기술이 이제 고객에게 정보를 제공하고 있다.
6. **부정한 방법을 쓰지 않고도 돈을 벌 수 있다.**
   광고는 사용자에게 연관이 있다면 유용한 것이 될 수도 있다.
7. **세상에는 무한한 정보가 존재한다.**
   아직 가용할 수 없는 정보를 발견하기 위해 창의성이 필요하다.
8. **정보의 필요성에는 국경이 없다.**
   수많은 언어를 사용하는 글로벌 커뮤니티에 살고 있다.
9. **정장을 입지 않아도 업무를 훌륭히 수행할 수 있다.**
   업무는 도전적이어야 하며 그 도전은 즐거워야 한다.
10. **위대하다는 것으로 충분하지 않다.**
    혁신과 반복을 통해 성공적인 서비스도 개선시킨다.

자료원: http://www.google.com/corporate/tenthings.html/

요약

인터넷은 인구통계적 변화, 그리고 정보기술과 더불어 서비스 부문의 성장과 혁신의 촉매 역할을 했다. 서비스 혁신은 급진적인 방식이나 점진적인 방식으로 이루어질 수 있으며 서비스 혁신은 종종 기술진보로부터 발생한다. 서비스 개발에 따라, 서비스전달시스템의 디자인은 서비스 청사진이라 불리는 시각적 도표로 나타낼 수 있다. 이 도표에 나타난 가시선은 서비스 시스템을 전방업무 및 후방업무로 분리하는 개념을 제시한다. 서비스전달시스템의 경쟁적 포지셔닝은 구조적 차이를 측정할 수 있는 복잡성과 다양성을 사용해 달성된다. 이 장에서는 서비스를 다양성, 서비스 대상, 고객접촉 정도에 따라 분류하는 것을 살펴보았다. 서비스전달시스템의 디자인에 대한 네 가지 일반적인 접근방법인 생산라인 방식, 고객참여, 고객접촉, 정보 권한위임에 대해 설명하였다.

주요 용어

가시선(line of visibility) 전방업무와 후방업무의 분리를 나타내는 서비스 청사진 위에 그려진 선

개발(development) 제품, 서비스의 생산 혹은 제조방법을 위해 지식을 체계적으로 사용하는 것

고객접촉(customer contact) 서비스 시스템에서 고객이 물리적으로 체류할 시간을 총 서비스 시간의 백분율로 측정

공동생산자(coproducer) 서비스전달프로세스에서 고객이 생산자 역할을 수행함

기초연구(basic research) 특정 응용 없이 지식을 확장하는 방향으로 수행되는 활동

다양성(divergence) 고객화의 정도 혹은 서비스 제공자에게 허용된 의사결정 수준을 측정하는 서비스 프로세스 구조의 한 측면

복잡도(complexity) 서비스 프로세스에서 단계의 수와 복잡도를 측정하는 서비스 프로세스 구조의 한 측면

생산라인 방식(production-line approach) 엄격한 통제, 낮은 기술 수준의 노동력 사용, 표준화된 서비스 제공과 같은 제조시스템과 유사하게 서비스를 설계

서비스 청사진(service blueprint) 서비스 활동, 흐름, 물적 증거, 가시선과 상호작용을 나타내는 서비스 프로세스 도표

응용연구(applied research) 특정 요구를 충족시키는 지식을 획득하는 방향으로 수행되는 활동

지적재산권(intellectual property) 예술적 그리고 상업적인 측면에서 지적 창작활동에 대한 법적 권리

토론 주제

1. 서비스에 생산라인 방식을 적용하는 데 있어 한계점은 무엇인가?
2. 서비스 산업 하나를 선정해서 5G 기술이 어떻게 서비스 혁신을 가져올 것인가에 대해서 구체적으로 논의해 보라.
3. 서비스 프로세스에서 고객참여가 증가하는 경우 발생할 수 있는 단점은 무엇인가?

4. 서비스 거래에서 판매기회의 촉진에 포함될 수 있는 윤리적인 문제는 무엇인가?
5. 디지털 시대에 블록체인(신흥와해성 기술)이 서비스전달시스템에 미치는 영향에 대해서 고찰하라.

그룹활동 과제

수강생을 소그룹으로 나누어 빌리지 볼보(village volvo)를 위한 서비스 청사진을 그려보게 하자.

사례_3.1

100엔 스시집[11)]

이상문 박사는 미국과 일본의 경영시스템을 논의하기 위한 미 · 일 합동회의를 계획하기 위해 동경에서 두 명의 일본 사업가와 회합을 하고 있었다. 점심시간이 다가오자 그 일본인들은 이 박사에게 "일본에서 가장 생산적인 운영사례를 보여주겠소"라고 자신있게 말했다.

이 박사는 당시의 상황을 다음과 같이 설명하고 있다: "그들은 나를 스시(sushi) 집에 데리고 갔는데, 그곳이 바로 동경 신주쿠 지역에 위치한 그 유명한 스시집이었어요. 스시는 일본에서 가장 인기 있는 식사이죠. 그것은 식초가 들어간 밥을 김, 생참치, 생연어, 생홍돔, 익힌 새우, 문어, 계란전 등의 다양한 것들로 감싼 간단한 요리이며, 각각의 크기가 젓가락으로 한 입에 들어가기 알맞게 되어있죠. 절인 생강과 함께 스시를 먹음직스럽고 보기 좋게 내놓는 일은 일종의 예술에 속한다고 말할 수 있죠.

100엔 스시집은 보통의 스시 식당이 아닙니다. 그것은 일본의 생산시스템을 단적으로 보여주는 좋은 예죠. 우리가 가게 안으로 들어서자 거기에서 일하는 모든 종사자, 즉 요리사, 여직원, 사장, 사장의 자녀들까지 모두 환영 인사인 '*어서 오십시오*'를 합창했습니다. 스시집의 한 가운데에는 타원형의 접객대가 있었는데, 그 속에는 서너 명의 요리사가 바쁘게 스시를 장만하고 있었습니다. 접객대를 둘러싸고 있는 의자 수는 30개 정도였던 것으로 기억됩니다. 우리가 자리를 잡자, 된장 두부국인 *미소시루*와 젓가락, 녹차, 소스 접시, 젓가락을 얹어 놓는 조그만 도자기 등이 재빠르게 식탁에 놓여졌습니다. 지금까지의 서비스는 다른 스시 가게와 별다를 것이 없습니다. 이때 생전 처음 보는 것이 눈앞에서 벌어졌습니다. 컨베이어 벨트가 마치 장난감 기차처럼 타원 접객대를 따라 움직이는 것이었습니다. 그 컨베이어 벨트 위에는 스시를 담은 접시가 줄줄이 이어져 왔는데, 거기에는 내가 알던 모든 종류—가장 값이 싼 김이나 문어로부터 가장 값비싼 생연어나 새우에 이르기까지—의 스시를 발견할 수 있었습니다. 그러나 접시당 100엔이라는 단일가격으로 판매하고 있었죠. 움직이고 있는 접시들을 좀 더 자세히 살펴보니 값싼 김 스시의 경우는 접시당 4조각, 비싼 연어의 경우에는 접시당 2조각이 놓여 있었습니다. 주위의 다른 고객들을 둘러보았더니 그들은 신문이나 잡지를 읽으면서 스시를 즐기고 국을 마시고 있었습니다.

어떤 고객은 8개의 접시를 반듯하게 포개어 놓았는데, 그가 자리에서 일어서자 계산원이 '800엔입니다'라고 하였는데, 접시 수를 세고는 거기다가 100엔을 곱하기만 하면 되었죠. 그 고객이 문을 나설 때 모든 직원으로부터 또 한 번 *감사합니다*라는 합창을 들었습니다."

계속하여 이 박사는 그 스시집의 운영에 대해 관찰한 바를 얘기한다. "100엔 스시집에서 초대자의 한 사람인 타무라(Tamura) 교수는 이 가족 소유의 식당이 얼마나 효율적인가에 대해 설명해 주었습니다. 주인은 고객서비스라든가 지역사회에의 공헌 같은 훌륭한 조직목표를 설정하고, 이러한 조직목표를 '가족'이라고 인식되는 모든 조직구성원의 장기적 노력에 의해 달성하고 있었습니다.

가게의 일상 운영은 정보의 철저한 분석에 근거하고 있었는데, 고객에 의해 선택되는 각종 스시의 완벽한 수요정보를 정리함으로써 각 종류의 스시를 언제 얼마만큼 준비

---

11) Reprinted with permission from Lee, Sanf M., Winter 1983 "Japanese Management and the 100 Yen Sushi House," *Operations Management Review*, pp. 46–48.

할 필요가 있는가를 정확히 알게 되죠. 더구나 가게의 모든 운영은 적시 생산 시스템(just-in-time)과 품질관리 시스템을 겸비한 반복생산 원칙에 기반을 두었는데, 예를 들자면 가게에는 매우 작은 냉장고가 비치되어 있었죠(우리가 앉아있는 맞은편에 있는 유리상자에 몇 마리의 생선과 문어가 들어있는 것을 볼 수 있었음). 이런 방식으로 그 가게는 적시 생산 재고관리 시스템을 사용하고 있었습니다. 냉장고의 크기를 늘리는 대신, 그 가게는 생선 공급자와 협약을 맺어 스시를 만드는 시간에 맞추어 재료가 도착되도록 하루에 수차례 신선한 생선을 공급받으며, 이렇게 함으로써 재고비용을 최소화하고 있었습니다.

100엔 스시집에서는 작업자와 집기가 매우 가까이 위치하고 있어서 스시를 만드는 작업은 분리된 공정들로 이루어진다기보다는 하나의 연속적인 과정으로 이어집니다. 재고의 벽이 없음으로 해서 주인과 작업자들은 손님을 맞이하는 인사로부터 손님이 원하는 것을 갖다 놓기까지의 모든 행동을 중단 없이 할 수 있습니다. 각자의 임무는 매우 연계되어 있어서 작업의 전체 프로세스에 걸쳐 어떤 문제든 발생하면 즉시 해결하는 체제가 갖추어져 있습니다.

미국인들이 흔히 생각하기 쉬운 것과는 반대로, 100엔 스시집은 하이테크보다는 단순함과 상식에 기반한 노동집약적 운영방식을 채택하고 있었고, 이것이 내가 깊은 감명을 받은 점입니다. 내가 다섯 번째 접시를 비웠을 즈음에, 나는 문어 스시 접시가 30바퀴나 돌고 있음을 발견하고는, 이 가게의 시스템에 결함이 있는 것으로 생각하고 주인에게 위생문제에 대해 물어보았습니다. 만약 어떤 스시 접시가 하루종일 돌아가고 있는데, 운이 나쁜 손님이 그것을 먹고 식중독에 걸리면 어떻게 하냐고. 주인은 무안한 웃음을 지으면서 '손님, 이 가게에서는 스시가 30분 이상 안 팔리고 돌아가게 하는 일은 없습니다. 직원 중 누군가 휴식을 취하게 될 때는 팔리지 않은 스시를 들어내어 먹거나 버립니다. 우리는 스시의 품질에 대해 매우 유의하고 있습니다.' 라고 대답했습니다."

관련 질문

1. 100엔 스시집의 서비스 청사진을 그려보라.
2. 100엔 스시집의 서비스전달시스템이 경쟁자들과 다른 특징은 무엇이며, 이로써 어떤 경쟁우위가 가능한가?
3. 100엔 스시집은 적시 생산 시스템을 어떻게 운영방식에 접합시켰는가?
4. 100엔 스시집의 서비스 전달 개념이 적용될 수 있는 다른 서비스의 예를 들어보자.

사례_3.2

줌 비디오 커뮤니케이션

코로나19 상황이 시작된 후에 주제, 작업 혹은 사람에 대해서 줌 작업을 하는 것은 완전히 새로운 의미가 되었다. 2020년과 2021년의 팬데믹은 전 세계에 걸쳐 수백만 명의 생명을 앗아갔고 우리들의 일상 생활을 거꾸로 변화시켰다. 실내에 머무르면서 주문을 하고, 꼭 필요한 여행만 하였고, 안면마스크를 쓰고 다녔으며 다른 사람과 사회적 거리를 두게 되었다. 중병 중인 가족을 도와주거나 사망한 가족을 애도하거나 할머니의 95번째 생일을 축하하기 위해서도 모일 수가 없었다. 어린이들도 학교에 갈 수가 없었다. 지구상의 수많은 사람들이 음식이나 의약품 혹은 적절한 피난처도 없이 지냈다.

이러한 제한적인 상황들은 개인들의 삶에 상당한 부담이 되었고 기업 운영에도 커다란 영향을 미쳤다. 많은 식당들이 영업을 중단하였고, 종업원들은 일자리를 잃게 되었다. 식료품점은 영업을 계속할 수 있었으나 미장원은 문을 닫게 되었다. 병원은 필수적인 서비스 제공자여서 계속 운영하였으나 심각한 문제에 직면하게 되었다. 개인보호장비, 인공호흡기, 인력 등이 부족하게 된 것이다.

팬데믹 전에는 컴퓨터와 인터넷 덕분에 많은 사람들이 자영사업의 경우는 근무시간 전체를 혹은 일정 시간을 원격으로 일할 수 있었다. 팬데믹 상황이 닥쳤을 때 사무실의 지원인력이 있는 많은 기업에서는 대부분 혹은 종업원 전부가 충분히 긴 시간 동안 원격으로 작업할 수 있다는 것을 알게 되었다. 또한 심지어 중요한 회의도 줌, Skype, MSTeams 혹은 Cisco사의 WebEx을 이용하여 원격으로 진행 가능하다는 것을 알게 되었다.

줌사는 Eric Yuan이 2011년에 클라우드 기반 소프트웨어 플랫폼 기업으로 설립하였다. 줌은 클라우드 저장 외에도 화상회의, 화상 통화, 원격 학습, 사회적 상호 접촉 활동 등을 지원하고 있다. 기본 서비스는 무료이고 가입자는 100명까지 초대하여 40분 동안 회의를 진행할 수 있다. 개인 간의 1:1 서비스는 무제한이다. 더 많은 인원, 회의 시간 혹은 기술적 지원에 대해서는 유료로 서비스를 제공한다. 이 기업은 코로나 팬데믹 상황 전까지 꾸준한 성장을 하였다. 2020년 2월 $87이던 주가가 10월에는 $588.84로 폭등하였다. 이것은 유토피아 같지만, 줌사가 이러한 수준을 유지할지는 분명하지 않다. 팬데믹 상황이 기업에 미치는 영향이 완화되면서 일하기 위해서 사무실로 출근할지 혹은 재택 근무를 지속할지는 아직은 미지수이다. 가족들 또한 물리적으로 회동할지 혹은 계속 줌으로 만날지도 두고 볼 일이다.

관련 질문

1. 줌사의 사례에서 서비스 부문의 성장 원천을 설명하여 보자. 추진체, 혁신 그리고 인구구조의 변화로서의 정보기술과 인터넷에 대해서 언급하여 설명하자.
2. 줌사가 보여준 서비스 디자인의 일반적인 접근방법은 무엇인가? 그리고 경쟁적 도전과제와 경쟁우위는 무엇인가?
3. 줌사의 현재 제공하는 서비스 확장에 대한 보고를 하기 위해서 주식 심볼 ZM으로 https://finance.yahoo.com을 방문하고 수익의 원천에 대해서 고찰하여 보자.

참고문헌

Antons, David, and Christoph F. Breidbach. "Big data, big insights? Advancing service innovation and design with machine learning." *Journal of Service Research* 21, no. 1 (2018), pp. 17-39.

Ardolino, Marco, Mario Rapaccini, Nicola Saccani, Paolo Gaiardelli, Giovanni Crespi, and Carlo Ruggeri. "The Role of Digital Technologies for the Service Transformation of Industrial Companies." *International Journal of Production Research* 56, no. 6 (2018), pp. 2116-32.

Chen, Ja-Shen, Hung Tai Tsou, and Astrid Ya-Hui Huang. "Service Delivery Innovation: Antecedents and Impact on Firm Performance." *Journal of Service Research* 12, no. 1 (August 2009), pp. 36-55.

Eisingerich, Andreas, Gaia Rubera, and Matthias Seifert. "Managing Service Innovation and Interorganizational Relationships for Firm Performance: To Commit or Diversify?" *Journal of Service Research* 11, no. 4 (May 2009), pp. 344-56.

Fowkes, J., Fross, C., Gilbert, G., Harris, A. Virtual Health: A look at the next frontier of care delivery. *Healthcare Systems & Services*, McKinsey & Company (June 2020), (e-pub).

Lim, Chie-Hyeon, and Kwang-Jae Kim. "Information Service Blueprint: A Service Blueprinting Framework for Information-Intensive Services." *Service Science* 6, no. 4 (December 2014), pp. 296-312.

Menor, L. J., et al. "New Service Development Competence and Performance: An Empirical Investigation in Retail Banking." *Production and Operations Management* 17, no. 3 (May-June 2008), pp. 267-84.

Patricio, Lisa, Raymond P. Fisk, and Joao Falcao e Cunha. "Designing Multi-Interface Service Experiences: The Service Experience Blueprint." *Journal of Service Research* 10, no. 4 (May 2008), pp. 318-34.

Tang, Christopher S. "The Past, Present, and Future of Manufacturing & Service Operations Management." *Manufacturing & Service Operations Management* 17, no. 1 (2015), pp. 1-3.

Tapscott, Don, and Alex Tapscott. *Blockchain Revolution* (New York: Penguin, 2016).

Trinh, T. H., Voratas Kachitvichyanukul, and D. B. Khang. "The Coproduction Approach to Service: A Theoretical Background." *Journal of the Operations Research Society* 65, no. 2 (2014), pp. 161-68.

Chapter 4

서비스 접점

학습목표

1. 서비스 접점에서 기술의 다섯 가지 역할을 설명
2. 서비스 접점 삼각구조를 이용해 서비스 기업의 전달 프로세스에 대한 논의
3. 직원 권한위임에 대한 네 가지 조직통제시스템의 차이 설명
4. 서비스 직원의 선발을 위한 면접 질문의 준비와 상황스케치 작성
5. 고객의 기대와 태도에 따라 네 가지 유형으로 고객을 분류
6. 윤리적 분위기의 조성이 어떻게 직무 만족과 서비스품질을 유도하는가에 대한 논의
7. 고객의 공동생산에서 지침의 역할에 대한 논의
8. 서비스수익사슬의 요소들이 어떻게 수익 증대와 수익성 제고로 연결되는가에 대한 설명

대부분의 서비스는 서비스 제공자와 고객 간의 접점(encounter)에서 이루어진다. 고객이 마음속으로 서비스품질을 정의하는 이 상호작용을 "진실의 순간(moment of truth)"이라 한다. 종종 매우 짧은 이 접점이 고객 서비스를 평가하고, 서비스품질에 대한 견해를 형성하는 순간이다. 고객은 다양한 서비스 제공자로부터 여러 가지 접점을 경험하며, 각각의 진실의 순간은 서비스품질에 대한 고객 인식에 영향을 줄 수 있는 기회다. 예를 들어 비행기 탑승객은 일련의 서비스 접점을 경험하게 된다. 우선 비행기 표를 구매하는 것(웹사이트를 통한 온라인 접점)으로부터 시작하여, 공항에서 수하물을 접수하고, 기내에서 서비스를 받으며, 도착 후에는 수하물을 찾고, 마지막으로 마일리지 적립을 받기까지 서비스 제공자와 상호작용을 한다.

스칸디나비안 항공사(SAS)의 최고경영자 얀 칼존(Jan Carlzon)은 이러한 진실의 순간이 최상의 서비스품질에 대한 명성을 얻는 데 매우 중요하다는 점을 인식한 경영자였다. 그는 스칸디나비안 항공사의 조직을 서비스 접점에 초점을 두어 전면 개편했고, 서비스품질 면에서 독특하면서도 경쟁적인 지위를 가진 업체로 만들었다. 얀 칼존의 철학에 의하면, 조직은 고객과 직접 접촉하는 최전방 직원에게 서비스하기 위해 존재하는 것이다. 그의 혁신적인 사고는 과거의 조직 구성도를 뒤집어, 종래에는 가장 아래에 위치해 있던 고객 접점 직원을 최상의 위치로 설정하였다. 이후 고객에게 서비스를 제공하는 최전방 직원을 위해 서비스를 제공하는 것이 모든 직원들의 책임이 되었다. 조직 구성도를 변화시

킨 것은 고객 만족과 진실의 순간 관리에 다시 초점을 두는 움직임을 의미한다. 이러한 움직임을 구현하기 위해 기업 전체를 여러 개의 이익 센터들로 나누고, 관리자들(이제는 고객에 더 가까운)에게 직접 의사결정을 내릴 수 있도록 권한을 위임하는 것이 필요했다는 점도 관심을 가질 만한 사실이다.[1)]

개요

본 장은 서비스 접점에서 고객 응대 기술의 역할에 대한 논의로부터 시작한다. 서비스 접점은 고객, 서비스 조직, 현장직원 등의 이해가 상호작용함으로써 형성된 삼각형 구조로 묘사된다. 서비스 접점에 있는 각각의 참여자들은 서비스 거래에서 통제권을 행사하려 하기 때문에 현장직원에게는 유연성과 권한이 필요하다. 여기서는 직원들이 탁월한 서비스 전달에 집중할 수 있도록 성공적인 서비스 기업의 설립자가 직원들을 독려하기 위해 일련의 가치와 기대를 어떻게 정립하였는지에 대한 사례, 그리고 서비스 조직 문화에 대해 논의한다.

진실의 순간은 고객-직원 간의 상호작용이 이루어지는 동안 발생한다.
andresr/E+/Getty Images

다음으로 현장직원의 선발과 교육 활동을 다룬다. 고객이 갖는 다양한 기대 및 태도와 더불어 공동생산자로서의 고객의 역할을 탐구하기로 한다. 현장직원과 고객이 공유하는 서비스품질 인식 간에 높은 상관관계는 직원들의 고객지향적인 서비스를 조성하고자 하는 의욕으로 이어진다. 현장직원에 대한 투자는 서비스가치에서 고객충성도로, 그리고 궁극적으로 수익성으로 연결되는 서비스수익사슬을 창출한다.

서비스 접점에서의 기술[2)]

정보통신 기술은 고객과 서비스 제공자 사이의 인터페이스에 중요한 영향을 미친다. 가령 인터넷과 공항의 무인자동 발권시스템, 즉 키오스크(kiosk)는 항공 이용자들의 기대와 행동을 바꾸어 놓았다. 이제 고객들은 더 이상 예약직원에 연결될 때까지 전화를 끊지 않고 기다리거나 탑승권을 받기 위해 공항의 카운터에 줄을 설 필요가 없다. 단순한 대면 상호작용은 기술로 대체되었다. 그림 4.1은 기술이 서비스 접점에 기여한 다섯 가지 방식(mode)을 보여준다.

A방식은 **무 기술형(*technology-free*) 서비스 접점**으로 부르며, 이 방식에서 고객은 서비스 제공 직원과의 상호작용을 위해 물리적으로 가까운 위치에 존재한다. 미용실이나 물리

---

1) Jan Carlzon, *Moments of Truth* (Cambridge, MA: Ballinger, 1987).
2) Adapted from Craig M. Froehle and Aleda V. Roth, "New Measurement Scales for Evaluating Perceptions of the Technology-Mediated Customer Service Experience," *Journal of Operations Management* 22, no. 1 (February 2004), pp. 1–21.

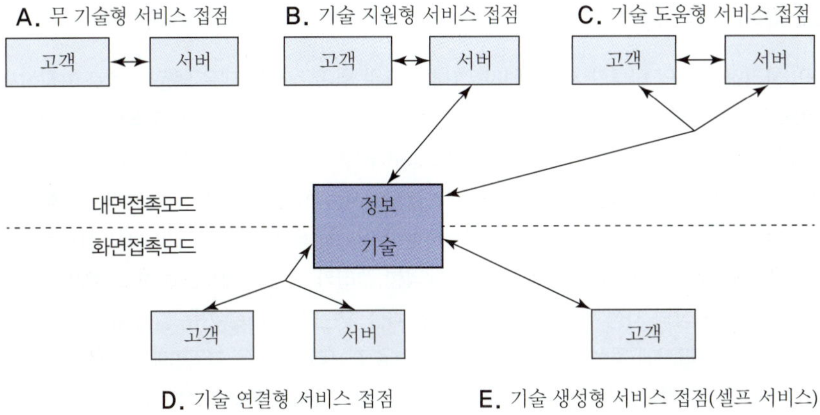

그림 4.1 서비스 접점상에서 기술의 역할

자료원: Adapted from James A. Fitzsimmons, Mona J. Fitzsimmons, Sanjeev Bordoloi, *Service Management Operations, Strategy, Information Technology,* 8th edition, (2014).

치료사처럼 기술이 **핵심적인** 역할을 수행하지 않는 전통적인 고접촉(high-touch) 서비스가 이 방식의 대표적 사례이다. 대부분의 개인적 관리 서비스가 이 범주에 속하며 법률상담, 컨설팅, 정신과 상담 등 몇몇 전문적 서비스들도 여기에 속한다.

B방식은 **기술 지원형**(*technology-assisted*) **서비스 접점**으로 부르는데, 대면 서비스의 전달을 용이하게 만들기 위해 서비스 제공자만이 **오직** 기술을 사용한다. 안과 검진, 치과, 초음파 검사 등 많은 의료 절차가 이 범주에 속한다. "과거"에는 항공사에서 승객 체크인을 위해 컴퓨터 터미널을 사용하는 B방식을 사용해왔다. 그러나 오늘날에는 승객들에게 E방식으로 구분되는 무인발권시스템(kiosk)을 통한 셀프 체크인을 권유하고 있다.

C방식은 **기술 도움형**(*technology-facilitated*) **서비스 접점**이라 부르는데, 고객과 서비스 제공자 **모두** 동일한 기술을 사용하기 때문이다. 가령, 재무 설계사는 고객과의 상담에서 PC에 저장된 재무 모델을 활용해 각기 다른 위험에 대한 예상 수익을 보여주기도 하는데, 이는 C방식에 해당된다.

기술 연결형(*technology-mediated*) **서비스 접점**이라 부르는 D방식부터는 고객과 서비스 제공 직원이 물리적으로 **동일한 위치**에 있을 필요가 없기 때문에 서비스 접점은 더 이상 "면대면" 접촉이 아니다. 레스토랑 예약이나 콜센터처럼 이 방식에서의 소통은 주로 전화통화를 통해 이루어진다. 위성위치확인(GPS)기술을 활용해 현재 위치를 잘 모르는 운전자들에게도 확실히 도움을 제공하는 제너럴 모터스의 "온스타(OnStar)"라는 원격 차량 지원 서비스도 D방식에 해당된다.

E방식은 **기술 생성형**(*technology-generated*) **서비스 접점**이라 부른다. E방식에서 서비스 제공 직원은 **셀프서비스** 기술로 대체된다(즉, 서비스는 고객에게 아웃소싱된다). 서비스 제공에 들어가는 비용을 줄이기 위해 노력하는 기업들이 많아지면서 이 유형은 점점 더 일반적이 되고 있다. 은행의 ATM, 공항의 무인발권시스템, 온라인 예약, 콜센터의 대화형 음성 응대(IVR)기술 등과 같은 E방식의 예는 주변에서 흔히 찾아볼 수 있다.

셀프서비스의 등장

예제 4.1 셀프서비스 일화[3]

자명종이 울리며 엠마의 하루가 시작되었다. 그녀는 샤워 후 토스터에 데운 냉동 와플로 아침식사를 한다. 공항으로 가기 전, 항공사의 웹페이지에 가서 몇 주 전 미리 구입한 항공권과 좌석번호가 찍힌 탑승권을 인쇄한다. 공항으로 가는 고속도로의 톨게이트 입구에서는 스캐너가 운전석 앞유리창에 부착된 바코드를 읽는다. 고속도로 이용료는 나중에 청구된다. 공항에서는 신용카드를 사용해 장기 주차장에 들어간다. 공항 안에서 그녀는 체크인할 여행가방에 수하물 스티커를 붙인 뒤 엑스레이 검사 기계로 들어가는 컨베이어 벨트에 올려놓는다. 목적지에 도착 후 예약한 렌터카 회사의 게시판을 보고 예약된 차량의 위치를 알아낸다. 주차장의 지정 위치에서 그녀는 자동차를 찾는다. 시내로 가는 길에 휴대전화로 몇몇 회사에 전화해 자동응답기에 음성메시지를 남기고 약속을 잡는다. 점심은 자동판매기에서 샌드위치와 음료를 뽑아 해결한다. 저녁은 카페테리아에서 먹는다. 원하는 음식을 골라 쟁반에 담고, 신용카드로 결제한 후, 빈 자리를 찾아 식사를 한다. 식사를 다 한 후에는 자신이 먹은 자리를 스스로 치운다. 예정된 비즈니스 미팅 후에 그녀는 지정된 장소에 렌터카를 남겨두고, 공항 키오스크에 가서 탑승권을 인쇄한다. 도착 후에는 주차장에 가서 차를 찾는다. 주차장의 스캐너는 그녀의 주차증을 읽고 신용카드에서 주차요금을 알아서 빼간다. 집으로 오는 길에 식료품점에 들러 몇몇 물품을 사고 셀프계산대에서 신용카드로 결제를 한다. 집에 도착해서는 주식투자 현황을 살펴보고, 주가가 떨어진 기업의 주식을 예약 매도한다.

위의 전형적인 비즈니스 출장 일화는 많은 셀프서비스 기회들을 보여주는데, 서비스 제공자의 동기와 소비자의 이익이 셀프서비스 부문을 성장시키는 요인임을 알 수 있다. 서비스 제공자의 주요한 동기는 비생산적인 활동에 지불되는 노동 비용의 제거이다. 가령, 콜센터를 통한 고객 응대에는 건당 7달러의 비용이 들지만, 온라인으로 처리하면 단지 10센트만이 소요된다. 고객들이 셀프서비스를 수용하거나 종종 더 선호하는 이유에는 증가된 고객화의 기회, 정확성, 편리성, 속도 등이 있다.

사람들 간의 상호작용 위주였던 서비스는 서비스 직원을 기계로 대체하는 것으로 변화했고, 더 나아가 언제 어디서나 제공이 가능한 전자 서비스로 옮겨가고 있다. 이러한 변화의 경로는 생산과정에서 인간 노동력의 사용을 최대한 배제해왔던 농업 및 제조업 부문의 과거 경로와 유사하다. 표 4.1은 서비스 부문에 셀프서비스 기술(SST: self-service technology)이 접목된 사례들을 보여준다.

셀프서비스 기술의 초기 목표는 가치를 더하지 못하거나 수익을 증가시킬 기회가 없는 서비스에 필요한 직원의 노동력을 기술로 대체해 비용을 절감하는 것이었다. 가령, 은행은 은행원들에게 지출되는 비용을 줄이기 위해 사반세기 전에 ATM을 도입했다. 하지만 ATM은 고객들에게 장소와 시간에 관한 편의성도 높였다. 서비스 업소에서는 NFC (near field communication)라는 근거리 통신을 위한 새로운 기술을 채택하고 있다. NFC는 고객들이 신용카드 대신 스마트폰을 활용해 결제할 수 있도록 신용카드 정보를 휴대기기에 저장하는 것을 돕는 기술이다. 이 기술은 서비스 업소가 고객의 지출 습관을 파악해 판촉할 수 있게 도와준다. 또, 고객들에게는 자주 구매하는 상품(가령, 맞춤화된 스타벅스의

---

3) Adapted from James A. Fitzsimmons, "Is Self-Service the Future of Services?" *Managing Service Quality* 13, no. 6 (2003), pp. 443–44.

표 4.1 셀프서비스의 진화

서비스 산업	사람과의 접촉	기기 보조 서비스	인터넷 기반 서비스
은행	텔러(창구직원)	ATM	온라인 은행거래
식료품점	계산대 점원	셀프 계산대 창구	온라인 주문/픽업
공항	여행사	키오스크(Kiosk)	탑승권 발급
식당	종업원	자판기	온라인 주문/배달
영화관	티켓박스 점원	키오스크를 통한 구입	온라인 시청
책방	점원	컴퓨터를 통한 재고확인	온라인 쇼핑
교육	선생님	컴퓨터를 통한 교육	원거리 교육
도박	딜러	컴퓨터 포커	온라인 포커

자료원: James A. Fitzsimmons, "Is the Future of Services Self-service?" Managing Service Quality 13, no. 6 (2003), p. 444.

라테)을 대기시간 없이 주문과 결제할 수 있게 하여 신속하게 서비스를 받는 편리함을 누리게 해준다.

의료, 소방, 치과치료 같은 하이터치 서비스들은 본질적으로 셀프서비스를 도입하기 어렵지만, 그럼에도 일부는 가능하다. 가령, 환자는 집에서 혈압기를 사용해 심장 박동을 측정한 다음 의사의 진료실에 이를 전송할 수 있다.

셀프서비스의 확산은 많은 사회적 의미를 함축하고 있다. 저임금, 저숙련, 저부가가치 서비스 직종은 사라지게 될 것이다. 셀프서비스 부문의 도래는 서비스 부문의 고용 성장이 고숙련(예: 의료), 지식기반(예: 전문직), 창조적(예: 예능) 부문에 국한될 것임을 의미한다. 마지막으로, 셀프서비스 노동의 가치를 설명하기 위해 경제적 활동에 대한 새로운 정의가 필요할 것이다.

서비스 접점 삼각구조

서비스의 독특한 특징 중 하나는 고객이 서비스 생산 프로세스에 활발히 참여한다는 것이다. 모든 진실의 순간은 고객과 서비스 제공자 사이의 상호작용을 포함한다. 서비스 조직이 마련한 서비스 환경에서 고객과 서비스 제공자는 각각 수행할 역할을 갖고 있다. 그림 4.2에서 제시된 **서비스 접점 삼각구조(*service encounter triad*)**는 서비스 접점에서 3자 간의 관계를 나타내는 동시에 갈등의 원인을 제시하기도 한다.

영리목적 서비스 조직의 경영진은 마진을 확보하고 경쟁력을 유지하기 위해서 가능한 한 효율적으로 서비스를 전달하는 데 관심을 기울인다. 비영리 목적 서비스 조직에서는 효율성보다 효과성을 더 중시할 수 있지만, 예산 한도 내에서 운영되어야 하는 것은 여전하다. 그 결과 서비스 전달을 통제하기 위해 경영진은 고객에게 서비스를 제공할 때 현장직원의 자율권과 재량권을 제한하는 규칙과 절차를 부과하려는 경향이 있다. 이런 규칙과 절차는 고객에게 제공되는 서비스의 범위를 제한하기 때문에, 결과적으로 고객화의 결여에 따른 고객 불만으로 이어지기도 한다. 마지막으로, 현장직원과 고객 간의 상호작용에는 양자 모두에 있어 통제 요소들이 있다. 현장직원은 보다 쉽게 업무를 관리하고 스트레스를 덜 받기 위해서 고객 행동을 통제하고 싶어 한다. 이와 동시에 고객은 서비스

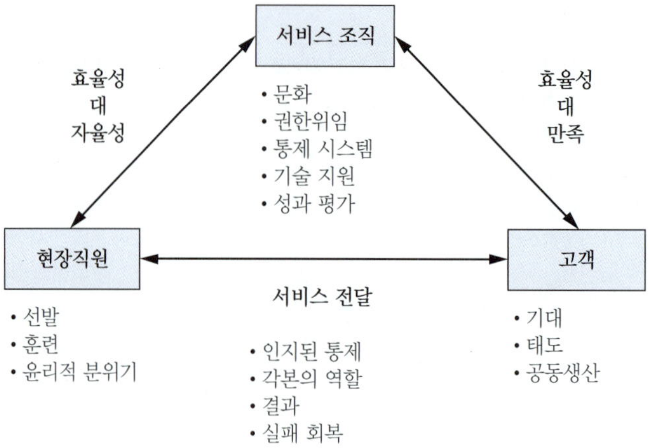

그림 4.2 서비스 접점 삼각구조

키오스크(kiosk)를 통한 체크인은 출장이 잦은 기업인에게 편리하게 이용되고 있다.

Thinkstock/Getty Images.

접점에서 최대한의 혜택을 이끌어 내기 위해 서비스 접점에 대한 통제권을 가지려고 한다.

가장 이상적인 것은 삼자가 상호 호혜적인 서비스 접점을 창출하기 위해 함께 노력하는 것이고 이로부터 많은 것을 얻을 수 있다. 그러나 서비스 접점에서 일방이 자신이 접점을 통제하는 것만 집중하며 상호작용을 지배할 때, 진실의 순간에는 장애가 발생할 수도 있다. 다음 사례는 각 참가자들이 서비스 접점에 대해 통제권을 지배할 때 발생하는 갈등을 보여준다.

서비스 조직의 서비스 접점 지배

효율적인 운영을 위해 그리고 원가주도 전략을 추구하기 위해, 기업은 엄격한 서비스 운영 절차를 통해 서비스 전달의 표준화를 시도할 수 있다. 이 경우 현장직원의 재량권은 엄격히 통제된다. 고객은 선택할 수 있는 몇 가지 표준화된 서비스 옵션만을 갖게 되므로 고객화된 서비스는 이루어질 수 없다. 맥도널드(McDonald's)나 지피 루브(Jiffy Lube), 에이치 앤 알 블락(H & R Block)과 같은 많은 프랜차이즈 서비스는 구조화된 조직과 서비스 접점을 지배하는 환경을 구축함으로써 기업을 성공적으로 운영하고 있다. 이 기업들은 고객에게 서비스로부터 기대해서는 **안 될** 것을 교육시킴으로써 성공을 이루었다. 그러나 다른 서비스 조직에서 소위 "관료주의"라는 냉소적인 표현이 붙는 고객 불만의 대부분은 현장직원에게 개별적으로 고객 요구를 처리할 수 있는 재량권이 주어지지 않기 때문에 발생한다. 이러한 조직에서 현장직원은 고객을 동정할 수는 있지만 "규정상" 어쩔 도리가 없고, 이 과정에서 자신의 직무 만족도는 떨어지게 된다.

현장직원의 서비스 접점 지배

일반적으로 서비스 직원은 고객 요구를 충족시키는 데서 발생하는 스트레스를 줄이기 위해서 서비스 접점의 범위를 제한하려는 경향이 있다. 현장직원이 자율적인 지위를 갖게 되면, 그들은 자신이 고객에 대해 상당한 통제권을 갖고 있다고 인식할 수 있다. 또한 고객은 서비스 제공자가 전문적인 지식을 갖고 있다고 인식하기 때문에 현장직원의 판단을 상당히 신뢰한다. 의사와 환자 사이의 상호관계는 현장직원이 지배하는 접점의 특징을 잘 설명해준다. 환자는 "고객"으로 간주되지 않으며 서비스 접점에 대한 아무런 통제권이 없는 종속적인 위치에 놓이게 된다. 더 나아가 제휴관계에 있는 서비스 조직(이 경우에 병원)은 의사로부터 효율성을 고려하지 않은 부담스러운 요구사항에 직면하게 된다.

고객의 서비스 접점 지배

고객은 극단적으로 표준화된 서비스와 극단적으로 고객화된 서비스를 통제할 기회를 가질 수 있다. 표준화된 서비스의 경우, 셀프서비스는 기업이 제공한 한정된 서비스를 완전히 통제할 수 있는 옵션을 고객에게 제공한다. 예를 들어, 신용카드 단말기가 설치된 셀프서비스 주유소에서 고객은 그 누구와도 상호작용할 필요가 없다. 결과적으로 서비스를 거의 필요로 하지 않는 고객을 매우 효율적으로 만족시켜줄 수 있다. 그러나 형사사건의 변론과 같이 고객화된 서비스에서는 조직의 모든 자원이 동원되어야 하고, 효율성 면에서도 많은 비용이 들게 된다.

그림 4.2와 같이 "현장직원"이 웹사이트로 대체된 온라인 접점(online encounter)이 점점 보편화되고 있다. 서비스 조직이 고객을 반복적으로 유인할 수 있는 웹사이트를 디자인하는 것은 도전할 만하다. 웹사이트의 효과성을 측정하기 위한 노력의 일환으로 E-S-QUAL이란 설문조사방법이 개발되었다.[4] 이 조사방법은 네 가지 차원, 즉 효율성(efficiency, 예: 용이한 사이트 검색), 시스템 가용성(system availability, 예: 고장 없는 사이트의 가동), 이행성(fulfillment, 예: 주문된 물품의 신속한 납품), 프라이버시(privacy, 예: 신용카드의 보안 유지)로 구성된 22개 문항의 설문지이다.

만족스럽고 효과적인 서비스 접점을 구축하기 위해서는 참가자 모두의 통제 욕구가 균형을 이루어야 한다. 예를 들어 경제적인 성장을 원하는 서비스 조직의 효율성 추구 욕구는 현장직원에 대해 적절한 교육이 이루어지고, 서비스전달프로세스에서 고객이 갖는 기대와 역할이 효과적으로 전달될 때 실현될 수 있다. 서비스 접점의 관리방식은 서비스 조직에 대한 논의로부터 시작된다.

서비스 조직

서비스 조직은 서비스 접점 환경을 설정한다. 고객과 현장직원 사이의 상호작용은 물리적인 주변 요인뿐만 아니라 조직의 문화적 맥락에서도 일어난다.

4) A. Parasuraman, Valarie A. Zeithaml, and Arvind Malhotra, "E-S-QUAL: A Multiple-Item Scale for Assessing Electronic Service Quality," *Journal of Service Research* 7, no. 3 (February 2005), pp. 213–33.

문화

어떤 이유로 고객은 여러 서비스 중 특정 서비스를 선택하고 직원은 여러 기업 중 특정 기업을 직장으로 선택하는가? 그 선택은 주로 그 기업의 명성(예컨대 그 기업의 서비스 혹은 직장으로서 호감)에 기초를 둔다. 이러한 명성은 그 조직의 **문화** 혹은 정체성에 바탕을 둔다. 조직에 대한 믿음과 전통이 독특한 정체성을 확립한다는 아이디어하에 조직문화에 대한 몇 가지 정의를 살펴보면 다음과 같다.

- 문화는 조직 구성원에 의해서 공유되는 믿음이나 기대의 형태를 지니며, 조직 내의 집단이나 개인의 행동을 강하게 규정짓는 규범을 창출한다.
- 문화는 다른 조직과 구별할 수 있는 믿음이나 전통이며, 개별적인 조직 구성원을 조직구조 속에 용해시킨다.
- 조직문화는 개체를 하나로 묶어 주는 공유된 지향점을 지닌 시스템이며 독특한 정체성을 제공한다.

의식적이든 무의식적이든 서비스 조직의 설립자나 최고 경영자는 직원 의사결정의 방향을 제시하기 위해 행위 규범이나 일련의 가치를 규정하는 분위기 혹은 문화를 설정한다. 병원과 회사의 청소를 대행하는 수익성이 매우 높은 기업인 서비스매스터(ServiceMaster)를 사례로 들어보자. 독실한 침례교 신자였던 고(故) 메리온 웨이드(Marion E.Wade)에 의해 설립된 이 회사는 항상 종교적인 원칙에 의해서 운영되고 있다고 스스로를 표현하고 있다.

월트 디즈니사(Walt Disney Corporation)가 시행하는 것처럼 언어 선택은 직원들에게 문화의 가치를 전달하는 또 다른 방식이 된다. 엔터테인먼트 사업의 속성상 디즈니 놀이공원에서는 쇼 비즈니스 용어가 사용된다. 직원(personnel)이라는 말 대신에 배역(casting)이란 용어가 사용된다. 또한 유연한 사고의 틀을 주입시키기 위해 직원들은 "출연자(cast member)"로 불린다. 출연자에 따라서 "무대 위에서", 혹은 "무대 뒤에서" 일을 하게 되지만 이들 직원 모두는 "쇼를 상영하기" 위해서 필요하다.

언어 및 상징의 사용이 조직문화를 전달한다.
©Carl & Ann Purcell/CORBIS via Getty Images FR

앞에서 제시한 사례들은 경영진이 일관성 있게 조직의 가치를 전달하면 현장직원은 상당한 재량권을 가지고 활동할 수 있게 된다는 것을 보여주고 있다. 이는 직원의 판단이 공유된 가치에 근거하고 있기 때문이다. 이러한 가치들은 조직과 고객을 위해서 개인적인 위험을 무릅쓰고 행동한 사람에 관한 이야기나 일화로 전해지고 있다. "익일 배달 서비스 보증(absolutely positively overnight)"을 모토로 한 FedEx (Federal Express)사는 서비스의 차질을 방지하기 위한 직원의 이례적인 무용담에 관한 많은 에피소드를 갖고 있다. 그중 한 가지 예를 들자면, 소화물 수집

박스가 열리지 않은 상황에 처한 소화물 수집 트럭운전사는 다른 정비공이 와서 수집박스를 고칠 때까지 길거리에 수집박스를 그대로 방치하는 대신에, 수집박스를 통째로 차에 실어 회사로 가지고 왔기 때문에 수집박스에 들어 있는 고객 소화물을 꺼내 다음날 정시에 배달할 수 있었다.

조직은 공유된 가치로부터 혜택을 본다. 그 이유는 경영자만이 조직을 대신해 행동할 권한을 갖고 있다고 가정하는 전통적인 기득권 대신 현장직원이 의사결정을 내릴 수 있는 권한을 갖기 때문이다.

권한위임

권한위임은 단순히 권한을 부여하는 것이 아니라 무조건적인 믿음을 갖고 직원의 권한을 창의적으로 행사할 수 있게 하는 것이다. 권한위임은 개개인의 차이가 발휘되도록 기회를 주는 것이다. 권한위임은 다른 사람을 대신해 특정 임무를 대리로 수행하는 것이다. 그것은 힘이 아니고 가급적 자주 행사하도록 만든 재량권이다.

서비스 조직의 새로운 모형으로서 T자를 거꾸로 엎어놓은 형태의 구조가 출현하였다. 이러한 조직에서는 관리 계층이 현저히 줄어들게 되는데, 그 이유는 현장직원에게 훈련과 동기부여가 이뤄짐과 더불어 서비스 전달 시점에서 서비스 접점을 관리할 수 있도록 도와주는 컴퓨터로 적시에 정보가 제공되기 때문이다. 더욱이 정보를 가진 사람은 책임을 회피할 수 없기 때문에 이러한 조직구조에서 권한위임이 수반되어야 한다.

타코벨(Taco Bell)이 직원 **권한위임**에 대한 새로운 서비스 모델이 되었다는 것은 놀라운 일이다. 새로운 서비스 모델을 채택한 기업으로는 서비스매스터(ServiceMaster), 매리어트(Marriott), 데이톤 허드슨(Dayton Hudson)이 포함되어 있다. 이러한 기업의 최고경영자는 직원이 훌륭한 일을 하기를 원하며, 기회가 주어진다면 그렇게 할 것이라는 믿음을 공유하고 있다. 결과적으로, 그들은 다음과 같은 의지를 갖게 되었다.

(1) 직원에게 설비 투자 이상으로 투자한다.
(2) 현장직원을 감시하거나 대체하기보다는 지원하기 위해 기술을 사용한다.
(3) 기업 성공의 핵심요인으로 현장직원 선발과 교육을 고려한다.
(4) 모든 직책의 직원에 대해 성과와 보상을 연계한다.

이러한 형태의 기업조직에서는 중간관리자들이 수적으로 상당히 감축되어 있으며, 더 이상 전통적인 감독자 역할을 수행하지 않는다. 대신에 중간관리자 계층은 최전방 혹은 현장직원의 업무를 촉진하는 역할을 한다. 보다 중요한 것은 문제가 발생하였을 때 이를 해결할 능력을 현장직원에게 제공하기 위해, 그리고 서비스 접점에서 품질을 보증하기 위해서는 컴퓨터 정보시스템에 대한 투자가 필수적이다.

통제시스템

표 4.2는 창의적인 직원에게 권한위임을 유도하기 위한 네 가지 조직통제시스템을 설명하고 있다. 신뢰시스템(belief system)은 잘 구현된 조직문화에 의해서 촉진된다. 한계시스템(boundary system)은 표준적인 운영절차의 사용으로 인해 부정적인 분위기가 형성되지 않도록 직원의 재량권에 대한 한계를 규정한다(예: 조직이 1,000달러를 초과하는 재정

표 4.2 직원에게 권한위임을 위한 조직통제시스템

통제시스템	신뢰	한계	진단	상호작용
목표	공헌	준수	달성	창출
종업원 과제	목표에 대한 불확실성	압력 혹은 유혹	초점의 결여	기회의 결여 혹은 위험부담의 두려움
관리자 과제	핵심가치 및 사명의 전달	기준의 규정 및 집행	명확한 표적의 구축 및 지원	학습의 촉진을 위해 조직 대화를 개방화
주요 이슈	핵심가치 규명	위험회피	주요 성과변수	전략적 불확실성

자료원: Adapted from James A. Fitzsimmons, Mona J. Fitzsimmons, Sanjeev Bordoloi, *Service Management Operations, Strategy, Information Technology,* 8th edition, (2014).

적인 책임을 부담하지 않도록 한다). 진단시스템(diagnostic system)은 측정 가능한 달성 목표를 정의한다(예: 90% 정시 출 · 도착 성과). 상호작용 통제시스템(interactive control system)은 컨설팅 회사와 같이 조직의 존속이 고객에게 창의적 해결방안 제공능력에 의해 좌우되는 "지식산업"에 가장 적합하다.

권한을 지닌 현장직원은 업무에 대한 의욕과 지식을 가지고 있으며, 유능하고 적극적이며, 잘 교육된 직원이어야 한다. 현장직원은 책임감, 자기관리능력, 고객에게 받은 스트레스에 대응할 수 있는 능력을 보여야만 한다.

고객관계관리

고객 및 잠재고객과의 상호작용을 조직 수준에서 관리하는 것을 돕는 시스템이 개발되고 있다. 고객관계관리(CRM: customer relationship management)는 이러한 종류의 시스템을 가리키는 정보산업계의 용어로 기업이 관계를 조직적으로 관리하는 것을 돕는 방법론, 소프트웨어, 인터넷 능력 등을 의미한다. 가령, 기업은 고객 데이터베이스를 구축해 관계를 기록함으로써 경영진, 영업사원, 서비스 제공자, 심지어 고객 자신까지 직접 정보에 접근해 고객의 수요에 적합한 제품을 제안하고, 고객에게 서비스 요건을 상기시키며, 이전에 구매한 상품의 목록을 살펴볼 수 있다. CRM의 전반적인 목적은 잠재고객을 찾아 고객으로 끌어들이고, 이전의 고객을 다시 오도록 유인하며, 마케팅과 고객 서비스의 비용을 줄이는 것이다. CRM시스템은 다음과 같은 기능을 제공한다.

- 마케팅 부서가 최고의 고객을 파악해 표적으로 하고, 마케팅 캠페인을 관리하며, 영업팀에 우수한 잠재고객들을 인도할 수 있도록 하는 것
- 고객과 개인적인 관계를 맺을 수 있도록 하여 가장 수익성이 높은 고객들을 파악하고, 그들에게 가장 높은 수준의 서비스를 제공함으로써 고객 만족을 높이고 이익을 최대화하는 것
- 직원들에게 고객들에 대해 알아야 할 정보와 프로세스를 제공하는 것; 고객의 욕구를 이해하고 파악하는 것; 그리고 기업과 고객, 유통 협력업체와 관계를 효과적으로 형성하는 것
- 다수의 직원들이 공유하는 정보를 최적화하고, 판매의 효율성을 나타내는 지표를 준비하며, 소셜 미디어를 통해 고객들이 스스로 문제를 해결하는 크라우드 소싱(cloud-

sourcing) 형태의 해결책을 제공함으로써 조직의 영업 관리를 돕는 것

현장직원

이상적인 현장직원은 유연성, 애매한 요구에 대한 참을성, 상황에 근거한 고객행동 관찰 및 변경 능력, 그리고 고객에 대한 공감성 등을 포함하는 인격적 속성을 지녀야 한다. 특히, 마지막 속성(고객에 대한 공감성)은 현장직원이 지닌 연륜, 교육 정도, 판매 관련 지식, 영업 훈련, 지성보다도 더 중요한 것으로 인식되고 있다.

직원에 따라서는 최전방 서비스를 지루하고 반복적인 것으로 생각하기도 하고, 다양한 사람들을 만나 상호작용을 할 수 있는 기회를 제공하는 것으로 생각하기도 한다. 따라서 필요한 대인관계 기술을 지닌 사람들은 높은 접촉의 서비스 직무에 자연스럽게 끌리게 되지만, 여전히 높은 품질의 진실의 순간을 보장하기 위해서는 효과적인 선발 프로세스가 요구된다.

선발

개인에 대한 서비스 성향 및 자질을 측정하는 신뢰할 만한 방법이 존재하지는 않지만, 다양한 면담 기법이 유용한 것으로 알려져 있다. 예컨대 추상적 질문, 상황스케치, 역할연기 등의 기법들이 현장직원의 잠재력을 평가하는 데 사용되고 있다.

추상적 질문(Abstract Questioning)

이 면담에서는 자유롭게 생각한대로 대답할 수 있는 질문이 주어진다. 이러한 질문을 통해 당면한 서비스 상황을 과거 경험에서 습득한 정보와 연결시키는 지원자의 능력을 통찰할 수 있다. 서비스 상황에 대한 지원자의 인식을 평가할 수 있는 질문으로 다음과 같은 예를 들 수 있다. "당신의 과거 업무 경험에 비추어 가장 대처하기 힘든 고객은 어떤 타입이며 그 이유는?" 만일 지원자가 얼마나 활동적으로 정보를 수집하는지를 판단하고자 한다면 다음과 같이 질문할 수 있다. "고객의 중요 불만사항 혹은 부정적인 특징은 무엇입니까?" 또한 지원자의 대인관계 스타일을 판단하기 위한 질문은 다음과 같을 것이다. "어떻게 고객을 대하고 있습니까?", 그리고 "그와 같은 형태의 고객을 대하는 가장 이상적인 방법은 무엇입니까?"

추상적 질문은 새로운 환경에 부합하고자 하는 의지를 갖고 있는지 여부를 파악하는 데 사용될 수 있다. 효과적인 직원은 자신의 개인 생활은 물론 직무에 대해서도 잘 알고 있을 것이다. 자기 주변의 사건을 고려할 뿐만 아니라 그 중요성을 아는 사람들이 대체로 더 빠르게 더 많은 일을 배울 수 있다.

개인의 성격이나 면접 준비 정도에 따라 자신의 과거 경험을 다른 지원자보다 폭넓게 이야기할 수 있는 사람도 있다. 면접관은 추상적 질문에 대한 답변 요지를 주의 깊게 경청하고 판단해야만 지원자의 "자기 과시"에 현혹될 확률을 감소시킬 수 있다. 끝으로 과거의 일을 회상할 수 있는 능력이 있다고 해서, 반드시 그러한 지각력과 유연성이 직무에 반영될 것이라는 보장은 없다.

상황스케치(Situational Vignette)

상황스케치 면담은 지원자에게 특정 상황에 관한 질문에 대해 답을 요구한다. 예를 들어 다음과 같은 상황스케치를 생각해 보자.

> 어느 연회 서비스 회사가 큰 파티에 음식을 공급한 다음 날 고객이 케이크가 상했다면서 반품을 요구하러 왔다. 고객은 환불을 요구하고 있지만 말씨가 너무 작고 흐릿해서 카운터 너머로 그의 말을 좀처럼 알아듣기가 힘들다. 그 케이크가 우리 주방장의 솜씨처럼 보이지 않았기 때문에 우리 회사가 만든 케이크가 아니라는 것을 알고 있다면 당신은 어떻게 할 것인가?

면접관은 이와 같은 상황을 제시함으로써 지원자의 직관, 대인관계 능력, 상식, 판단력 등에 관한 정보를 파악할 것이다. 더 나아가 지원자의 상황 적응력에 대해 보다 많은 정보를 획득하고자 한다면 다음과 같은 추가적 질문을 할 수 있다. "만일 이 사람이 갑자기 화를 내고 우긴다면 어떻게 대처하겠는가?", "이 상황을 개선하기 위해 어떤 조치를 취할 것인가?"

상황스케치는 지원자가 "주어진 상황에 대처하는 사고능력"을 지니고 있는지를 결정할 기회를 제공한다. 그러나 훌륭한 커뮤니케이션 능력을 지닌 지원자라 하더라도 고객에게 서비스를 제공하려는 진정한 욕구나 감정이입의 본성을 명확하게 나타내지 못할 수도 있다. 따라서 면접관은 지원자 반응이 전달되는 방식과 함께 반응의 실질적인 내용에 대해서도 세심한 주의를 기울여야 한다.

역할연기(Role Playing)

역할연기는 지원자에게 모의실험 상황에 참여하도록 하여 서비스 환경을 마치 실제상황인 것처럼 인식해 반응하도록 요구하는 면담 기법이다. 역할연기는 주로 직원 선발의 마지막 단계에서 사용되며 조직의 다른 사람에게 상황에 따른 "배역"을 주어 협조하도록 한다.

역할연기는 지원자가 스트레스를 받을 때 나타나는 행동을 면접관이 관찰할 수 있도록 고안된 방법이다. 이 방법을 사용하는 면접관은 연극 세션을 진행하면서 상황을 검토하고 변경할 수 있다. 이 방법을 사용하면 추상적 질문이나 상황스케치에 비해 보다 현실적인 반응을 관찰할 수 있다. 지원자는 평소 자신의 말투를 사용하고, 상황을 기술하는 것이 아니라 당면한 상황에 대해서 반응해야 한다.

비록 역할연기가 실제로 고객 접점에서 지원자의 강점 및 약점을 관찰할 수 있는 좋은 기회를 제공하지만 지원자 간의 직접적인 비교가 어렵다는 문제가 있다. 또한 역할연기는 자세한 대사를 필요로 할 뿐만 아니라 면담 전에 "연기자"가 주어진 역할을 연습할 필요가 있다는 문제점도 있다.

훈련

대부분의 훈련 교재나 현장직원을 위한 지침서는 업무를 수행하는 데 필요한 기술적 능력을 설명하는 것에 초점을 두고 있다. 예를 들어 교재나 지침서에는 고객 보고서 작성법, 금전출납기 사용법, 적합한 옷차림, 안전수칙 시행법 등에 대해 상세하게 기술하고 있다.

그러나 고객과의 상호작용 기법에 대해서는 단순히 유쾌한 표정으로 항상 웃음을 보이라는 간단한 설명 외에 특별한 언급이 없다.

고객과 현장직원 간의 상호작용에서 곤란한 상황은 크게 두 가지로 분류한다. 즉, 문제고객과 서비스 실패로 나눈다. 이러한 상황은 표 4.3에 제시되어 있다.[5)]

고객의 비현실적 기대(Unrealistic Customer Expectations)

의사소통 상의 어려움 가운데 약 75%가 서비스 전달에서의 기술적인 문제보다는 다른 문제로 인해 발생하는 것으로 보고된 바 있다. 서비스전달시스템에 의해 충족될 수 없는 비현실적인 기대를 지닌 고객 때문에 접점에서 어려움이 발생한다. 이러한 고객의 예로는 항공기 기내에 반입할 수 없는 여행가방을 가져온 탑승객이나 식당에서 손뼉을 치고 큰 소리로 직원을 부르는 고객이 포함된다. 고객의 비현실적인 기대는 다섯 가지 범주로 나누어 생각해 볼 수 있다.

1. **합리적이지 못한 요구** 서비스 기업이 제공하지 않은 서비스, 혹은 적절하지 못한 시간과 관심을 필요로 하는 고객 요구(예: “내 모든 여행가방을 기내에 갖고 탑승하고 싶습니다,” 혹은 “제발 내 옆에 앉아 있어 주세요; 난 비행기를 타는 것이 두렵습니다”)
2. **모욕적이거나 적대적 태도** 언어나 행동으로 현장직원을 부적절하게 대하는 것(예: “바보 같은 놈! 술 가져와” 혹은 여직원에게 집적대는 식당 손님)
3. **부적절한 행동** 술에 취했거나 부적절하게 행동하는 고객(예: 술에 취해 비행 도중 내리겠다고 하는 탑승객 혹은 호텔 수영장에서 알몸으로 수영하는 손님)
4. **예기치 못한 요구** 의학적 혹은 언어 소통의 어려움을 지닌 고객에 대한 특별한 취급(예: 분만 중인 산모에 대한 응급조치, 혹은 “Wieviel kostet das?”라고 외국어로 묻는 고객)
5. **정책에 위배되는 요구** 안전 규정, 법률, 회사 정책 때문에 충족시킬 수 없는 고객 요구(예: “비행기 이륙을 위해 1시간 동안 기다려 왔기 때문에 난 담배를 피워야겠습니다”, 혹은 ”우리 55명의 식사 대금을 각자가 지불할 수 있도록 55개의 계산서로 나눠 주십시오“)

표 4.3 고객과 현장직원 간의 상호작용에 있어서의 도전

문제고객	서비스 실패
1. 합리적이지 못한 요구	1. 서비스 제공 불능
2. 모욕적이거나 적대적 태도	2. 지체된 서비스 성과
3. 부적절한 행동	3. 마음에 들지 않는 서비스
4. 예기치 못한 요구	
5. 정책에 위배되는 요구	

5) Adapted from J. D. Nyquist, M. J. Bitner, and B. H Booms, “Identifying Communication Difficulties in the Service Encounter: A Critical Incident Approach,” in J. A. Czepiel, M. R. Solomon, and C. F. Surprenant (eds.), *The Service Encounter* (Lexington, MA: Lexington Books, 1985), chap. 13, pp. 195–212.

서비스 실패(Service Failure)

서비스전달시스템에서 발생하는 실패는 현장직원이 고객과의 의사소통에서 많은 부담이 된다. 그러나 서비스 실패는 현장직원이 실패를 회복하기 위해 혁신적인 사고와 유연성을 발휘할 수 있는 유일한 기회가 된다. 서비스 실패의 세 가지 범주는 아래와 같다.

1. **서비스 제공 불능** 정상적으로는 가능하며 기대할 수 있는 서비스가 제공되지 못하는 상황(예: "창가 쪽 좌석을 예약했는데 왜 그게 아닙니까?," 혹은 "현금자동입출금기가 고장이군요!")
2. **지체된 서비스 성과** 서비스가 예기치 못하게 느려서 많은 고객들이 기다려야 하는 상황(예: "왜 탑승할 비행기가 도착하지 않았습니까?," 혹은 "이곳에 1시간 동안 기다리고 있었지만 아무도 우리 주문을 받지 않았습니다")
3. **마음에 들지 않는 서비스** 표준에 미달하여 받아들일 수 없는 서비스(예: "내 의자가 뒤로 젖혀지지 않는다," 혹은 "음식에 머리카락이 들어 있군!")

고객과 의사소통 상의 어려움이 발생하는 경우, 곤란한 상황이 더 악화되지 않도록 만들 수 있는 훈련과정과 대인관계 기술을 습득한 현장직원이 필요하게 된다. 이를 위해 서비스 기업은 주어진 상황에 따라 미리 설정된 대응방식을 사용하도록 현장직원을 훈련시키는 프로그램을 개발해야 한다. 예를 들어 현장직원이 "나는 비행기 타는 것이 무서우니 내 옆에 앉아주세요"라는 승객의 합리적이지 못한 요구에 직면하였을 때 직원은 다른 승객에게 불편을 줄 수 있음을 주지시키며 승객의 요구를 들어주는 것은 공평하지 못하다고 설득할 수 있어야 한다. 또한 각 상황에 대한 실제 답안을 작성해 연습해야 한다. 예를 들어 "내 모든 여행가방을 기내에 갖고 탑승하고 싶습니다"에 대한 대응으로 직원은 "죄송합니다만 연방 안전 규정에 의하면 승객 한 사람당 좌석 아래나 위에 넣기에 충분한 휴대가방 2개만 기내반입을 허용하고 있습니다. 큰 가방은 최종 목적지까지 탁송 수하물로 부치시겠습니까?"라고 말하면 된다.

역할연기는 서비스 실패에 대한 처리 경험을 습득하는 방법으로 이상적이다. 이 방법은 현장직원이 고객과의 상호작용에서 접할 수 있는 대화의 형태를 예상하고, 가능한 대응방법의 목록을 작성해 주어진 상황에 가장 적절한 대응을 선택하는 의사결정 규칙을 개발하는 데 도움을 준다. 제대로 교육을 받은 현장직원은 전문가답게 서비스 접점을 통제할 수 있으며, 그렇게 된다면 고객의 서비스 만족도가 향상되고, 서비스 제공자의 스트레스와 좌절감이 해소된다.

윤리적 분위기 조성

시장에서 조직적 자율 규제에 대한 과거의 기대를 탈피하는 사회적 변화가 일어나고 있다. 한때 법률, 의료, 회계 법인뿐만 아니라 은행이나 보험회사와 같은 금융기관은 그들 자신을 공공의 책임을 지닌 민간부문 참여자로 생각했다. 실제로 변호사는 아직도 "법원 직원(officers of the court)"이라 불린다. 역사적으로 그들은 법률회사의 발전뿐만 아니라 전체 시스템을 위해 적절한 행위가 무엇인지를 염두에 둔 청지기(stewardship) 의식을 갖고 행동했다. 변호사란 시간만 잡아먹는 소송이나 특별한 이유가 없는 합병에 반대하도록

표 4.4 고객-접촉 설정에서 비윤리적 행동의 예

서비스 본질 호도	고객 호도	일반적 실상
• 빈 방이 없음에도 금연실을 예약 약속	• 예약을 보증함	• 고객을 불공정하게 혹은 불손하게 대함
• 미끼상술 사용	• 불필요한 서비스 실시	• 고객의 요구에 무반응
• 불필요한 서비스 유발	• 불필요한 항목을 넣어 계산서를 부풀림	• 규정된 회사정책 불이행
• 서비스 제공자의 자격을 그릇되게 설명	• 고객 소지품에 대한 파손을 은닉	• 고객 신용카드 정보를 몰래 빼냄
• 특정 서비스 혜택을 과장함	• 보증 서비스 적용을 어렵게 만듦	• 고객 정보를 제삼자와 공유함

자료원: Adapted from Charles H. Schwepker, Jr. and Michael D. Hartline, "Manaing the Ethical Climate of Customer-Contact Service Employees," *Journal of Service Research* 7, no. 4 (May 2005), p. 378.

고객에게 조언한다는 의미였다. 19세기 말 뉴욕 변호사협회의 리더였던 엘리휴 룻(Elihu Root)은 "양식 있는 변호사들의 송사 중 거의 절반은 고객이 되려는 사람을 그만두도록 설득하는 일이다"라고 말한 적이 있다.[6]

감독이 철저하지 않은 현장의 고객접촉 직원은 동시다발적으로 발생한 분쟁을 해결하기 위한 노력의 일환으로 윤리적 기준을 절충해야 하는 상황에 처할 때가 있다. 표 4.4는 직원이 그들의 실수를 덮고, 기업의 수익(예: 부적절한 끼워 팔기)을 높이고, 불만을 제기하는 고객을 만족시키기 위해 얼마나 비윤리적인 행위와 결부될 수 있는지를 예시하고 있다. 비윤리적 기회주의의 부정적 결과를 방지하고 믿음과 청렴결백의 문화를 구축하기 위해 경영자는 그들의 직원에게 윤리적 행동을 주입하기 위한 모종의 수단을 강구해야 한다.

슈웹커(Schwepker)와 하트라인(Hartline)은 공식적 통제(윤리 규정의 시행과 윤리 위반에 대한 처벌)와 비공식적 통제(윤리학 토론, 주관적 윤리 규정, 윤리적 분위기)가 윤리적 행동을 촉진하는 중심이며 서비스품질과 직무만족에 전념하도록 할 것이라 주장한다. 공식적 통제는 무엇이 수용 가능한 행동으로 간주되는지에 대한 경계를 설정하는 것이 필수적이다. 비공식적 통제하에 조성된 사회적, 문화적 분위기는 직원이 개별적 혹은 집단 내에서 그들의 윤리적 행동을 감시하고 규제하는 것을 보장한다.[7]

고객

서비스 구매가 고객에게는 특별하고 중요한 일이지만, 서비스 제공자에게는 대개 일상적인 일이 된다. 셀프서비스 주유소에서 휘발유를 구매하는 것이나, 패스트푸드점에서 햄버거와 감자튀김을 사먹는 것과 같은 일상적인 일과 관련한 고객의 감정은 별것 아닐 것이다. 반면에 환상적인 여행을 떠나려 하는 고객이나 의료시술을 받으려 하는 고객이 취하게 되는 매우 개별적이고 극적인 역할을 생각해 보면 얘기가 달라진다. 그러나 불행하게도 1주일에 수백 명의 고객을 만나는 따분한 일을 수행하는 현장직원에게 고객의 감정 수준에 부응하는 서비스를 유지하도록 요구하는 것은 매우 어렵다.

---

6) Cited by Fareed Zakaria, "The Capitalist Manifesto: Greed is Good (To a Point)," *Newsweek,* June 22, 2009, p. 44.

7) Adapted from Charles H. Schwepker, Jr. and Michael D. Hartline, "Managing the Ethical Climate of Customer-Contact Service Employees," *Journal of Service Research* 7, no. 4 (May 2005), pp. 377–97.

기대와 태도

서비스 고객은 제품과 마찬가지로 서비스도 면밀하게 살펴보려고 한다. 마찬가지로 고객의 기대는 자신의 쇼핑 태도를 결정하게 된다. 고객은 아래와 같이 네 가지 그룹으로 분류할 수 있다.

1. **절약형 고객**(*the economizing customer*) 이 고객은 자신이 사용한 시간, 노력, 금전으로부터 획득할 수 있는 가치를 극대화하고자 한다. 시장에서 여러 서비스 기업의 경쟁적 강점을 비교하여 가치를 철저히 찾기에 때로는 변덕스러운 고객이 되기도 한다. 이러한 고객을 잃어버리는 것은 잠재적 경쟁 위험에 대한 초기 경보 신호가 된다.
2. **윤리적 고객**(*the ethical customer*) 이 고객은 사회적으로 신뢰할 수 있는 기업의 단골이 되는 것을 도덕적 의무라고 인식한다. 지역봉사로 명성을 획득한 서비스 기업은 이처럼 충성스러운 고객기반을 창출할 수 있다. 예를 들어 병원에 입원한 어린이의 가정을 위한 로널드 맥도널드 하우스(Ronald McDonald House) 프로그램은 맥도널드가 사회적 의무를 수행하고 있다는 이미지를 형성하는 데 도움이 된다.
3. **개별화 추구 고객**(*the personalizing customer*) 이 고객은 서비스 경험에 바탕을 둔 친밀한 인사나 대화를 통해 만족스러운 대인관계를 추구한다. 오래된 동네 식당에서 단골고객의 이름을 부르며 인사하는 것은 흔한 일이다. 그러나 다른 서비스 산업에서도 최전방 직원이 컴퓨터에 저장된 고객 파일을 적절히 활용한다면 유사한 형태의 개인적 경험을 창출할 수 있다.
4. **편의성 추구 고객**(*the convenience customer*) 이 범주의 고객은 서비스를 이용하는 데 통상적인 방법으로는 관심을 끌 수 없기에 편의를 제공하는 것이 고객을 유인하는 비결이다. 편의 고객은 개인적이거나 번거롭지 않은 서비스에 대해 기꺼이 지갑을 열 용의가 있다. 아마존이 프라임(Prime) 서비스로 성공을 거둔 것은 이러한 고객으로부터 기인한 것이다.

고객의 서비스 접점 통제 욕구에 관한 고객의 태도는 셀프서비스 옵션과 전통적인 풀-서비스(full-service) 방식 사이의 선택에 직면한 고객이 취하는 의사결정 프로세스를 조사하는 연구의 주요 주제가 되고 있다. 고객은 이러한 선택을 할 때 다음과 같은 차원을 고려한다는 것이 고객의 인터뷰를 통한 연구의 결과에서 밝혀졌다. (1) 참여시간의 정도, (2) 상황에 대한 고객 통제, (3) 프로세스의 효율성, (4) 서비스와 관련된 인적 접촉 정도, (5) 서비스와 관련된 위험, (6) 서비스와 관련된 노력 정도, (7) 다른 사람에게 의존하고자 하는 고객 욕구 등이다.

셀프서비스 옵션에 관심이 있는 고객이 두 번째 차원(즉, 상황에 대한 고객 통제)이 옵션 선택에 있어서 가장 중요한 요인이라고 밝혀진 연구 결과는 그리 놀랄 만한 것은 아니다. 이 연구는 은행, 주유소에서 호텔, 항공업까지 다양한 서비스 산업에 걸쳐 수행되었다. 이 연구 결과를 활용한다면, 원가주도전략으로 경쟁하는 서비스는 비용을 줄이기 위해서 고객을 **공동생산자**로 참여시킬 수 있다.

공동생산에서 지침의 역할

서비스 접점에서 서비스 제공자와 고객은 모두 서비스 거래에서 수행할 일정한 역할을 갖고 있다. 은행에서 계좌를 개설할 때 필요한 절차처럼 사회적 통념은 서비스 고객이 수행해야 할 특정 역할을 정의한다. 일부 레스토랑의 고객은 자신이 직접 식단을 구성해서 자신의 식탁으로 가져가고, 샐러드 바에서 샐러드를 직접 선택하고, 식사를 마친 후 식탁을 치우는 등 여러 형태의 생산적인 역할을 수행한다. 각각의 경우 고객은 상황에 적합한 일련의 행동을 알고 있어야 한다. 고객은 서비스 전달과정에서 직원의 역할을 일부 수행하면서 참여하게 되며, 사회적 규범에 따르거나 혹은 제공된 서비스의 특정 디자인이 반영된 지침(script)을 따라야 한다.

고객은 다양한 서비스 접점에서 사용할 지침을 미리 습득하고 있다. 만일 고객이 적절한 지침에 따라준다면, 고객과 서비스 제공자 모두는 상대방을 존중하는 역할을 수행하기 때문에 각자의 행동을 예상할 수 있다. 그러므로 각 참가자는 서비스 접점에서 상호 인정할 수 있는 통제권을 어느 정도 기대한다. 만약 고객이 그들의 지침을 남용하면 문제가 발생할 수 있다. 예를 들어, 패스트푸드 식당에서 식사를 마치면 고객은 그들의 식탁을 치우도록 되어 있지만, 이러한 지침을 따르지 않는다면 직원이 이를 대신해야 한다.

사람에 의한 서비스 접점을 대체할 신기술을 받아들이는 것에는 고객이 새로운 지침을 학습할 동안 시간이 걸릴 수 있다. 일단 틀에 박힌 "단순한(mindless)" 서비스 접점이라 하더라도 당장 새로운 역할을 배우기 위해 어느 정도 노력이 필요하다. 예컨대, 슈퍼마켓이나 가정용품 상점에서 셀프스캐닝(self-scanning) 계산대를 도입할 때 새로운 프로세스를 접한 고객을 도와주기 위한 직원을 근처에 배치할 필요가 있다. 앞서 언급한 바와 같이, 고객이 그들의 새로운 지침에 익숙해지고 줄어든 줄에 대한 진가를 인정할 때쯤에 도와줄 직원은 더 이상 필요치 않을 것이고 셀프 체크아웃 투자의 충분한 효과를 누릴 수 있을 것이다.

서비스 변경이 과거 고객의 행동을 논리적으로 수정한 형태의 것일 때는 고객에게 새

고객이 스스로 원하는 음식을 가져다 먹으며 즐길 기회를 제공한 식당
Fuse/Getty Images.

로운 역할을 교육하는 것이 수월하다. 개인용 컴퓨터의 윈도우 운영시스템을 모든 사람이 받아들인 것은 모든 응용프로그램이 동일한 인터페이스를 공유한다는 사실에 기인한다. 따라서 고객은 단 한 가지의 지침만을 학습하면 된다.

코로나19에 따른 고객 행동 변화

2020년 이후 몇 년 동안 우리의 삶을 침해한 코로나19 팬데믹은 고객 행동에 지속적인 영향을 미쳤다. 코로나19 확진자를 격리하여 안전지대를 확보하고, 집에서 일하고, 군중을 피하고, 사회적 거리두기를 시행하는 것은 먹고, 쇼핑하고, 즐기는 방식을 변화시켰다. 이러한 행동은 서비스 제공에 영향을 미치는 관행으로 정착될 수 있다. 예컨대 매장을 방문하는 고객은 물리적 시설의 환기 및 전반적인 위생관리에 대한 개선을 기대하게 된다.

일상생활의 많은 부분이 우리의 가정과 온라인으로 이전되었다. 슈퍼마켓에 가서 실제로 장을 보는 것보다는 못하지만 차선책으로 식료품을 배달받는 것이 일상적인 관행이 되었다. 집으로 음식을 배달하는 편리함을 경험함에 따라 기존의 오래된 습관과 관행 중 일부는 바뀔 수 있다(예: DoorDash, 쿠팡이츠).

또한 서비스 부문 비즈니스에서 팬데믹 때문에 채택한 새로운 기술을 팬데믹이 끝났어도 폐기하지 않고 그대로 사용하는 경우가 있다. 예를 들면, 레스토랑이 사회적 거리두기에 대한 대처방법으로 도입한, 고객이 접객 직원 대신 스마트폰으로 픽업 음식을 주문하는 영업방식을 팬데믹 후에도 계속 유지하는 것이다.

다수의 회사와 근로자들이 채택한 재택근무 제도는 지속적인 영향을 미칠 수 있다. 이 제도에 적응이 되면 사람들은 일주일에 한두 번, 심지어 영구적으로 재택근무를 선택할 수도 있다. 결과적으로, 도심 사무실 공간에 대한 수요가 줄어들 것이고 지역 식당에서의 판매도 감소할 것이다. 또한 원격회의기술(예: Zoom)을 채택함에 따라 불필요한 비즈니스 출장이 줄어들어 출장 수요는 예전처럼 완전한 회복을 기대할 수 없다. 항공사, 호텔 및 컨벤션 비즈니스도 팬데믹 기간 동안 잃었던 사업 중 일부가 예전처럼 회복되기 어려울 것이다.

기술은 팬데믹 기간 동안 많은 사람들에게 봉쇄된 삶을 견딜 수 있도록 도와주었다. 출근, 등교, 쇼핑을 위해 집을 나서는 것이 다시 일상화되어도 우리는 예전처럼 돌아가지 않을 수도 있다. 코로나바이러스에 대한 광범위한 면역이 생긴 후에도 우리가 채택한 행동(예: 손을 씻거나 공공장소에서 마스크를 쓰는 것)을 포기할 것 같지 않다. 이같이 새로운 재택경제(stay-at-home economy)가 뉴노멀(new normal)의 중요한 부분이 될 이유는 많이 있다.

고객서비스 지향성의 창출[8)]

미국 은행 23개 지점에 대한 연구 결과에서 서비스품질에 대한 고객과 직원의 인식 사이에는 높은 상관관계가 있다는 것이 밝혀졌다. 그림 4.3에서 각각의 점들은 23개의 지점으

8) Adapted from Benjamin Schneider, "The Service Organization: Climate Is Crucial," *Organizational Dynamics,* Autumn 1980, pp. 52–65.

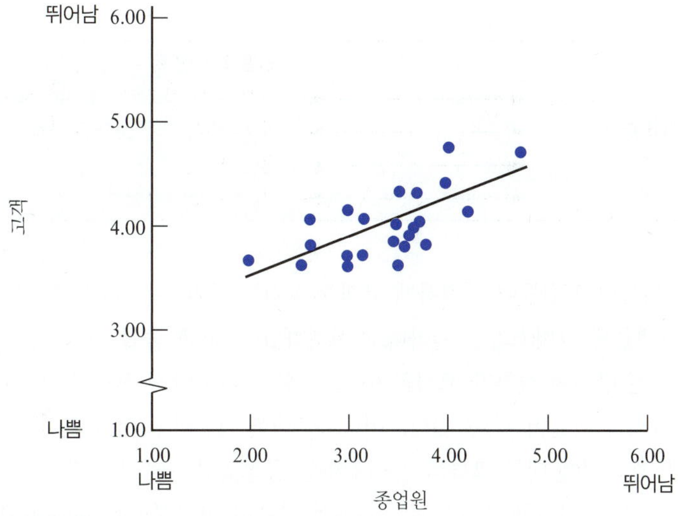

그림 4.3 고객 서비스에 대한 고객–직원 간 인식의 관계

자료원: Benjamin Schneider, "The Service Organization: Climate Is Crucial," *Organizational Dynamics,* Autumn 1980, p. 62.

로부터 나온 데이터를 표시한 것이다. 이 연구에서 직원에게 다음과 같은 질문을 하였다. "고객들이 지점에서 제공받은 서비스의 일반적인 품질에 대해 어떻게 생각하고 있다고 봅니까?" 그리고 고객에게는 다음과 같은 질문을 하였다. "지점에서 받은 일반적인 서비스 품질에 대해 기술하십시오." 고객과 직원은 모두 6점 척도로 서비스를 평가하였다.

심층분석 결과, 직원이 아래와 같은 특징을 보고한 지점의 경우, 고객이 인식하는 서비스 수준이 더 높은 것으로 나타났다.

1. 보다 열정적으로 서비스를 강조하는 지점
2. 지점 관리자가 서비스를 직원이 행할 직무상의 본분으로 강조하는 지점
3. 단지 고액을 가진 고객의 계좌뿐만 아니라, 모든 고객의 계좌를 유지하려고 적극적인 노력을 기울이는 지점
4. 충분히, 잘 훈련된 창구직원이 있는 지점
5. 장비가 잘 관리되고 업무용 비품 공급이 원활한 지점

이와 더불어 직원들이 지점의 관리자가 서비스를 강조하고 있다고 기술한 지점에 대해서는 고객이 인식하는 서비스 평가가 높게 나타났을 뿐만 아니라 구체적으로 다음과 같은 고객 인식도 보고되었다.

1. 창구 직원은 예의바르고 유능하다.
2. 직원 수준이 적절하다.
3. 지점이 잘 관리되고 있는 것으로 보인다.
4. 창구 직원의 이직률이 낮다.
5. 지원부서 직원은 긍정적 작업 태도를 지니고 있다.

표 4.5 만족의 이원성

높은 고객 만족		높은 직원 만족
보다 많은 반복 구매	↔	고객욕구와 충족방법에 대한 보다 많은 지식
서비스 실수에 대해 불평하려는 경향 증대	↔	실수 회복을 위한 보다 큰 가능성
낮은 비용	↔	높은 생산성
보다 나은 결과	↔	개선된 서비스품질

이 연구에 의하면 직원들이 강력하게 고객 지향적인 서비스를 추구하는 것으로 인식하고 있을 때 고객들은 서비스가 탁월하다고 지적하였다. 고객 중심 서비스를 창출하면 탁월한 서비스 실천 방법과 절차가 고객의 눈에 보이고, 더 나아가 직원의 관점에서 고객 대처에 적절한 방식을 이끌어 낼 수 있다. 서비스에 대한 직원과 고객의 관점이 서로 다르다 할지라도 조직 효과성에 대한 그들의 인식 간에는 긍정적인 관계가 있다.

고객과 직원 간의 이러한 관계는 표 4.5에서 만족의 이원성(satisfaction duality)으로 제시된다. 예를 들어 은행 직원이 고객과 친밀하게 되면 고객확인 소요시간이 줄어들고 고객의 요구가 예측 가능해지기 때문에 그 고객에게 보다 나은 결과를 제공하게 된다(예: 금융상품계좌에 잔액이 발생하면 금리가 높은 양도성예금증서(CD)자동 매입). 충성스러운 고객은 이와 같이 개선된 생산성과 함께 보다 개인적인 서비스에 가치를 둔다. 양쪽 모두 보다 인간적인 관계에 만족한다.

만족의 이원성은 경영진에게도 교훈을 제시해 준다. 경영진이 현장직원(혹은 내부 고객)과 관계를 갖는 방식은 외부 고객을 대하는 방식에도 반영되는 것이다.

서비스수익사슬[9)]

서비스수익사슬(service profit chain)은 수익성, 고객 충성도, 서비스 가치가 직원 만족, 역량, 생산성과 연결되는 일련의 관계로 제시된다. 그림 4.4에서 보는 바와 같이, 수익성과 수익증대는 충성스러운 고객으로부터 발생된다. 또한 충성스러운 고객은 인식된 서비스 가치에 의해 영향을 받는 고객 만족으로부터 발생된다. 서비스 가치는 직무에 만족하고, 업무에 매진하며, 능력 있고, 생산성을 지닌 직원에 의해 창출된다. 만족하며 충성스러운 직원은 선발과 훈련으로부터 시작되지만 정보 기술에 대한 투자와 함께 고객 서비스에 대한 의사결정 재량권을 허용해 주는 다른 업무 지원도 필요로 한다.

1. **내적 품질이 직원 만족 창출** 내적 품질은 직원의 직무 환경을 나타내며 직원 선발 및 자기개발, 보상 및 인정, 고객에게 서비스하기 위한 정보 접근 권한, 작업장에서 사용하는 기술, 직무 디자인 등을 포함한다. 예를 들어, 군인들에게 금융 서비스를 제공하는 USAA에서는 전화 서비스 상담원이 고객의 회원 번호를 받으면, 모니터 위에 완벽한 고객 정보 파일을 볼 수 있는 정교한 정보시스템의 지원을 받게 된다. 이 회사의 본

9) Adapted from J. L. Heskett, T. O. Jones, G. W. Loveman, W. E. Sasser, Jr., and L. A. Schlesinger, "Putting the Service-Profit Chain to Work," *Harvard Business Review,* March–April 1994, pp. 164–74.

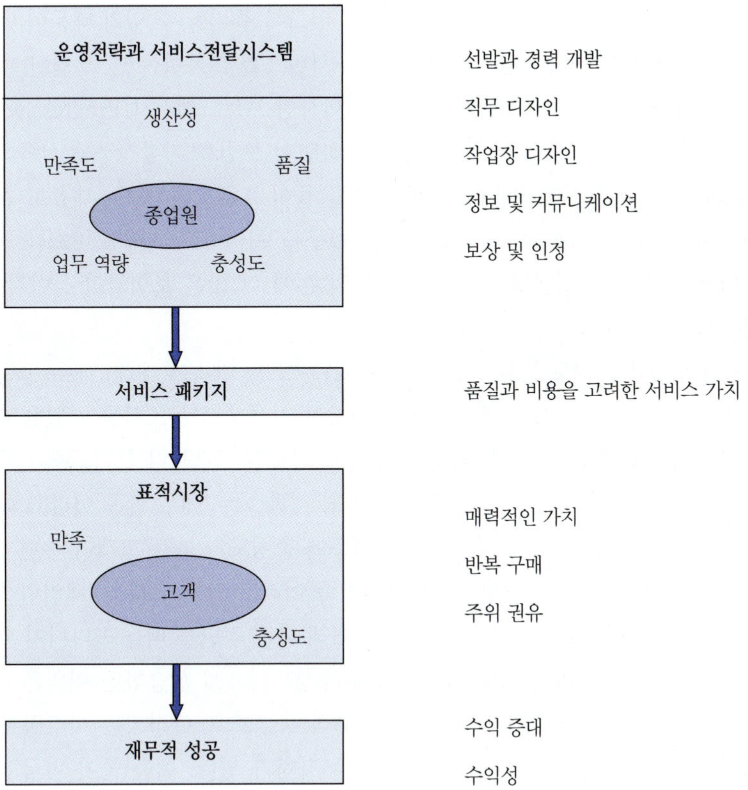

그림 4.4 서비스수익사슬

자료원: Adapted from James A. Fitzsimmons, Mona J. Fitzsimmons, Sanjeev Bordoloi, Service Management Operations, Strategy, Information Technology, 8th edition, (2014).

사는 샌 앤토니오(San Antonio) 교외에 위치하고 있으며 아담한 대학 캠퍼스를 닮았다. 75개의 강의실을 사용해 최신의 직무 관련 교육을 모든 사람에게 제공하고 있다.

2. **직원 만족이 직원 유지와 생산성 창출** 대부분의 서비스직에서 직원의 잦은 이직에 대한 실제 비용은 생산성의 손실과 고객 만족의 감소로 나타난다. 고객화된 서비스 기업에서 낮은 이직률은 높은 고객 만족과 깊은 관계가 있다. 예를 들어, 증권회사에서 유능한 브로커가 이직함으로써 발생하는 비용은 그의 후임자가 처음부터 고객 관계를 다시 수립하는 동안 발생하는 수수료 손실로 측정된다. 또한 직원 만족은 생산성 향상에 공헌할 수 있다. 사우스웨스트 항공사(Southwest Airlines)가 지속적으로 가장 수익성이 높은 기업이 된 이유 중 일부는 높은 직원 유지율 때문이다. 연간 5% 미만의 이직률은 항공업계에서 최저 수준이다.
3. **직원 유지와 생산성이 서비스 가치 창출** 사우스웨스트 항공사의 경우 항공 고객에게 좌석을 지정해 주지도 않고, 일등석을 제공하지도 않으며, 다른 항공사와의 연계예약 서비스도 실시하지 않음에도 불구하고 서비스 가치에 대한 고객 인지도는 매우 높다. 고객들은 빈번한 출발 편수, 정시 도착 서비스, 친절한 직원들, 그리고 경쟁사에 비해 낮은 요금 등에 높은 가치를 둔다. 이처럼 저렴한 가격이 가능한 것은 부분적으로는 고도로 교육되고 유연성을 지닌 직원들이 여러 가지 직무를 수행할 수 있기 때문이며,

15분 이내에 게이트에서 비행기가 출발할 수 있도록 준비할 수 있기 때문이기도 하다.

4. **서비스 가치가 고객 만족 창출** 고객 가치는 서비스를 획득하는 데 투입된 총 비용과 서비스 결과를 비교하여 측정된다. 상해보험회사인 프로그레시브(Progressive Corporation)는 보험가입자에 대한 요구를 최소화하면서 보험료 지불청구를 신속하게 처리해 줌으로써 고객 가치를 창출하고 있다. 예를 들어 프로그레시브는 대규모 참사 현장에 보험처리팀을 급파해 신속하게 보험금 청구를 처리하고, 지원서비스를 제공하며, 법률 비용을 줄이고, 실질적으로 피해 고객의 손에 더 많은 보험금이 돌아갈 수 있도록 해주고 있다.
5. **고객 만족이 고객 충성도 창출** 제록스(Xerox)는 고객 만족에 대해 "매우 불만족"에서 "매우 만족"까지의 범위를 포괄하는 5점 척도를 사용해 설문조사를 하였을 때, "매우 만족"이라고 대답한 고객이 단지 "만족"이라고 대답한 고객보다 무려 6배나 제록스 장비를 재구입하려고 한다는 사실을 발견하였다. 제록스는 "매우 만족"이라고 대답한 고객을 "사도"라고 부르는데, 그 이유는 그 제품에 충성도가 높은 고객이 주변 사람에게도 그 제품을 권유하기 때문이다. "매우 불만족"이라고 답한 고객을 "테러리스트"라고 부르는데, 그 이유는 불만족이 커서 기업에 대해 나쁜 점만을 떠들고 다니기 때문이다.
6. **고객 충성도가 수익성과 성장을 창출** 고객 충성도가 5% 상승하면 이익은 25%에서 85%까지 상승한다는 실증연구를 토대로 고객 충성도로 측정되는 시장점유율의 질은 양적인 시장점유율만큼 관심을 두어야 할 가치가 있다. 예를 들어 미국 오하이오주 콜럼버스시에 위치한 수익성 높은 은행인 뱅크 원(Banc One; 2004년 J.P. Morgan Chase에 합병됨)은 고객이 은행을 이용한 서비스 횟수와 뱅크 원과의 관계 정도를 측정해 고객 충성도를 추적하는 매우 정교한 시스템을 개발하였다.

서비스 벤치마크

미스 매너스(Miss Manners)의 불만처리 방식

미스 매너스에 따르면, 불만을 제기하는 사람과 이를 접수하는 사람 사이에 통상적으로 분쟁이 있게 되면 보통 사업장의 입장을 의무적으로 대변해야 하는 상황에서 다음의 두 가지 형태 중의 하나를 취하게 된다고 한다.

첫 번째는 "정말 이런 어처구니가 없는 일은 처음입니다. 우리 직원이 어쩌다가 그 일을 미숙하게 처리했는지 모르겠습니다. 이런 일이 어떻게 발생했는지 정확하게 알아내서, 바로 조치를 취하도록 하겠습니다"라는 식의 답변일 것이다.

두 번째는 "실수는 일어나는 법입니다. 이건 별것도 아니군요. 이런 것은 늘 있는 일이니 그렇게 불쾌하실 일도 아닌 것 같습니다. 이건 누구의 실수도 아닙니다"라고 답변하는 식일 것이다.

이와 같은 특이한 상황이 발생했을 때, 불만을 접수해야 하는 사람의 입장에서는 어느 답변 형태를 취할 것인지를 선택하게 되고, 불만을 제기하는 사람의 입장은 또 다른 것이다.

미스 매너스는 이런 상황이 결코 쉽지 않다는 것을 잘 알고 있다. 그것도 그런 것이 불만을 접수해야 하는 사람들은 수시로 짜증나는 일을 마지 못해 처리하면서 상황을 *호전시킬* 기회를 놓치기 때문이다.

통상적으로 이뤄지는 다툼은 이런 식으로 진행된다:

불만고객(약간은 날카롭지만 정상적인 목소리로): "이건 말도 안 됩니다."

불만접수자(지루한 듯한 어조로): "진정하세요. 이건 누구의 실수도 아닙니다. 가끔 일어나는 일이에요. 지금으로선 너무 늦어서 어쩔 수가 없네요."

불만고객(소리를 지르면서): "전에도 이런 일이 있었단 말이에요? 여기에서 일하는 사람은 전부 바봅니까? 내 일생에 이렇게 일을 엉터리로 하는 것은 처음 봤어요. 이건 절대로 용서할 수 없어요. 절대로." 그리고는 계속해서 언쟁이 오가게 된다.

그러나 똑같은 상황이지만 불만접수자가 공격적인 말을 자제해서, 상황을 잘 마무리하는 경우도 있다:

불만접수자(미안하고, 애절한 목소리로): "정말 그렇습니다. 어떻게 이런 일이 일어났는지 모르겠군요. 하지만 제가 조치를 취할테니 걱정마십시오. 뭐라고 사과를 드려야 할지 모르겠습니다. 우린 항상 정확한 일처리를 자랑스럽게 생각하고 있습니다만, 이 일은 정말 잘못된 것 같습니다. 기회를 한 번 주십시오. 보상해드릴 방법을 알아보겠습니다."

불만고객(처음엔 마지못한 듯한 표정이었다가, 계속되는 불만접수자의 미안한 표정 때문에 점차 누그러져서): "아, 괜찮아요. 누구나 실수를 할 수 있죠. 그리 중요한 일이 아니에요."

고객의 불만을 누그러뜨리는 가장 기본적인 요소는 사과와 무엇인가 조치를 취하겠다는 약속이지만, 이것이 받아들여지게 만드는 것은 말하는 어조에 있다. 두 사람이 서로 미안해하는 어투로 이야기하면서 논쟁을 계속할 리는 없다.

미스 매너스는 사람들이 이런 간단한 기법을 사용하면 험악한 언쟁이 오가는 일을 막을 수 있다는 사실을 거의 모른다는 것에 놀라움을 표한다.

자료원: Judith Martin, "Complaint-Handling Requires a Deft 'Switcheroo,'" Associated Press as printed in Austin American Statesman, November 1, 1992, p. E14.

요약

인터넷을 비롯한 여러 가지 기술은 셀프서비스 출현과 같은 서비스 기업과의 고객 인터페이스에 막대한 영향을 미쳤다.

서비스 접점은 서비스 조직에 의해 정의된 환경에서 서비스 프로세스를 통제하려는 고객과 현장직원으로 구성된 삼각구조로 표현된다. 고객 욕구를 충족시키는 데 있어 유연성의 중요성은 많은 서비스 조직들이 현장직원에게 보다 많은 자율권을 행사할 수 있도록 권한을 부여하는 계기가 되었다.

현장직원에게 보다 많은 자율권을 부여하려면 대인관계에서의 지원자의 행동 적합성을 파악하기 위한 직원 선발 과정이 필요하다. 그러나 아무리 좋은 서비스 상황에서도 고객과의 커뮤니케이션에 어려움이 따른다. 비현실적인 고객 기대나 예기치 못한 서비스 실패 때문에 현장직원은 이에 대한 대처를 준비해야만 한다. 발생 가능한 상황에 대한 예상 훈련과 문제에 대응하기 위한 "지침"을 개발하는 것은 서비스 제공자의 전문성에 기여할 수 있는 두 가지 중요한 수단이 된다.

고객은 그들의 기대에 의해 분류될 수 있다. 통제에 대한 욕구를 지닌 고객에게는 셀프서비스 옵션을 제공한다. 고객을 공동생산자로서 간주하려면 서비스 전달을 촉진시키고, 서비스 접점에서 행동 예측 가능성을 제공해주는 고객 "지침"의 사용이 필요하다.

고객 중심 서비스를 창출하는 개념이 은행 지점 연구를 통해서 논의되었다. 이 연구에서 고객과 현장직원은 고객에게 전달된 서비스품질에 대해 유사한 견해를 공유하고 있음이 밝혀졌다.

이 장은 기업의 수익성과 수익 증대는 직원선발과 서비스 제공자의 내부 역량의 개발, 그리고 만족한 충성고객으로부터 비롯된다는 서비스수익사슬에 대한 논의로 끝을 맺고 있다.

주요 용어

공동생산(coproduction) 서비스전달프로세스에서 고객을 생산적인 자원으로 간주하며 고객에게 수행할 역할(예: 자신의 식탁을 치우는 것)과 따라야 할 규칙(예: ATM 사용법)을 요구

권한위임(empowerment) 상세한 지도 · 감독 없이 기업을 위해서 의사결정을 내릴 수 있도록 직원에게 교육이나 정보를 제공하는 것

문화(culture) 직원들의 의사결정이나 행동을 인도할 수 있는 조직 전체의 공유된 믿음이나 가치

상황스케치(situational vignette) 지원자가 "자신이 처한 상황에서 생각한 것"이 좋은 판단이었는지, 즉 지원자의 상황 판단 능력을 검증할 수 있도록 만든 서비스 접점 상황

서비스 접점 삼각구조(service encounter triad) 서비스 조직, 현장직원, 고객 사이의 목적이 균형을 이루고 있는 삼각형의 모양

추상적 질문(abstract questioning) 지원자의 대인관계 기술 적용능력을 파악함으로써 잠재적 직원을 선발하는 데 사용하는, 정답이 없는 질문

토론 주제

1. 셀프서비스 실패가 발생했을 때 셀프 회복 절차를 어떻게 디자인할 수 있는가?
2. 고객을 "직원의 일부"로 간주하는 것이 서비스 조직과 마케팅 관점에서 시사하는 바는 무엇인가?
3. 서비스 접점의 인지된 통제에 관해 일대일 서비스와 그룹 서비스 간의 차별적인 역학관계를 설명하라.
4. 서비스품질 측면에서 "서비스 지침"을 어떻게 사용할 수 있는가?
5. 만일 고객에 의해 수행된 역할이 문화적 규범에 의해 결정된다면 서비스는 어떻게 이끌어 낼 수 있는가?

그룹활동 과제

수강생을 소집단으로 나누어 네 가지 조직통제시스템(즉, 신뢰, 한계, 진단, 상호작용)에 대한 예를 제시해 보자.

사례_4.1

에이미 아이스크림(Amy's Ice Cream)[10]

에이미 아이스크림은 텍사스(Texas)주 오스틴(Austin)에서 처음 비즈니스를 시작한 후 텍사스주 여러 도시로 확장되었다. 생산관리자인 필 클레이(Phil Clay)는 에이미 아이스크림의 성공 비결에 대해서 "제품도 우수하고, 뭔가 독특한 향을 가지고 있기도 하지만, 궁극적으로 아이스크림은 아이스크림일 뿐이다. 아이스크림만 사먹으려면 스웬슨(Swenson)이나 마블 슬렙(Marble Slab)에 가도 된다. 에이미가 다른 아이스크림 점포와 차별화되는 것은 서비스에 있으며, 이것이 바로 고객들이 우리를 다시 찾게 만드는 요인이다"라고 말한다. 정말로 에이미의 서비스는 독특하다.

창업자겸 소유주인 에이미 밀러(Amy Miller)가 처음 아이스크림 사업에 뛰어든 것은 보스턴(Boston)에 있는 스티브 아이스크림(Steve's Ice Cream) 가게에서 일할 때부터였는데, 이 아이스크림 가게에서는 토핑을 갈아서 아이스크림에 얹어 주는 것이 비결이었다. 그녀는 어떻게 하버드(Harvard)나 매서추세스공대(MIT) 학생들이 그 가게에서 일을 하게 되었는지 궁금했었는데, 물론 그들이 봉급이나 다른 복지혜택이 좋아서 일한 것은 아니었다. 그녀는 그 이유가 고객을 즐겁게 만드는 일이란 것을 곧 깨닫게 되었다. 아이스크림 가게에서 일하는 것은 다른 곳에서 얼마든지 더 많은 돈을 벌 수 있었을 똑똑한 직원을 유치할 수 있는 "매력적인" 직업이었다.

그녀가 1984년 10월에 처음으로 아이스크림 가게를 열었을 때 이미 두 가지 사업철학을 가지고 있었다. 첫째는 직원 자신이 하는 일을 즐길 수 있어야 한다는 것이었고, 둘째는 아이스크림뿐만 아니라 서비스도 고객을 즐겁게 만들어야 한다는 것이었다. 이러한 철학이 사업의 바탕이 되어서 십 년 후에는 확고하게 자리 잡고 번창해갈 수 있게 되었다.

초창기에는 연극전공자나 예술전공자들을 종종 서비스 직원으로 고용하였다. 고객을 즐겁게 만드는 아이디어는 바로 자신들이 하고 있는 일이고, 이는 돈을 버는 것만큼이나 그들에게 매력적인 일이었다. 이들처럼 개방적이고 창의적인 직원들은 자신의 발랄한 개성을 살려서 아주 능숙하게 카운터의 분위기를 바꿔놓았다. 그들은 고객의 주문을 수행하면서도 고객과 농담을 주고 받으며 분위기를 띄웠다. "아이스크림 극장"이라고 불릴 만큼 재미있고 다양한 서비스에 이끌려 들어온 고객은 한 번 찾으면 계속해서 공연을 보러 반복적으로 찾곤 하였다.

어떻게 에이미에서는 "공연"까지 할 수 있는 직원을 고용할 수 있었을까? 원래 입사지원서는 손으로 쓴 간단한 서식을 등사 인쇄해서 사용하고 있었다. 미스터 클레이가 기억하는 바로는 어느 날 아주 건장한 사람이 들어와서 지원서를 달라고 했는데, 마침 지원서가 떨어지고 없었다. 지원서가 없다는 말을 듣자 그 사람은 시비를 걸 것 같은 표정을 짓고 있었다. 미스터 클레이는 황급히 흰 포장용 종이봉지를 꺼내서(카운터에 글을 쓸 수 있을 만한 종이라곤 그게 전부였다) "지원서 양식 대용(alternate form)"으로 건네주었다. 그 지원자는 만족해서 그것을 가지고 돌아갔다. 미스터 클레이로부터 이 이야기를 전해 들은 에이미는 흰 종이봉지도 괜찮다고 하였고, 그 이후로 이 흰 봉지는 새로운 "공식" 지원서가 되었다, 실제로 이 봉지는 지원자가 자신을 손쉽게 창의적으로 표현할 수 있는 아주 좋은 도구로 손색이 없었다. 봉지 위에 이름이나 주소, 주민번호 등과 같이 일상적인 이력사항만 적어내는 사람은 이것으로 꼭두각시 인형이나 풍선을 만들어서 고객을 즐겁게 해줄 서비스 직원이 될 가능성이 없는 것이다. 에이미에서 "봉지"를 얻는 것은 특별한 의미가 있다. 봉지테스트에 합격한 지원자만이 인터뷰를 받게 된다.

신입 직원은 직무 훈련을 거치게 된다. 훈련의 한 부분은 아이스크림과 관련된 절차로서 균일한 품질의 아이스크림을 제공하는 일이다. 다른 부분은 카운터 뒤에서 자신을 연출하는 훈련으로써 어떤 고객이 왁자지껄 떠들석한 것을 좋아하고, 어떤 고객은 조용히 내버려두길 원하는지를 파악하는 일과 더불어, 고객에 따라서 어느 정도까지 농담이 가능한지를 알아내는 방법을 가르치고 있다. 일반적으로 직원은 고객이 원하는 대로 자유롭게 연극하듯이 고객을 대할 수 있다.

에이미의 이익 마진은 3%밖에 되지 않는다. 따라서 서비스 직원들의 급료는 낮을 수밖에 없으며, 직원의 80%는 시간제 직원이어서 추가로 받는 혜택도 없다. 에이미에서는 봉급 수준이 낮음에도 불구하고 어떻게 고객을 만족시

10) Prepared by Bridgett Gagne, Sandhya Shardanand, and Laura Urquidi under the supervision of Professor James A. Fitzsimmons.

킬 수 있는 수준 높은 직원을 고용할 수 있는 것일까?

직원이 되면 에이미 아이스크림의 티셔츠를 원가로 구입할 수도 있고, 모든 아이스크림을 먹어볼 수 있다! 그러나 아마도 주된 이유는 에이미가 규율지향적이기보다는 자유지향적이기 때문일 것이다. 직원이 입어야 할 "유니폼"이라곤 앞치마밖에 없으며, 이는 단지 카운터 뒤에서 이뤄지는 연속성의 느낌을 보여주기 위해서 사용하는 것뿐이다. 모자도 예의상 착용하도록 되어 있으나 머리를 잘 감쌀 수만 있으면 어떤 것을 택하든지 자유다. 뿐만 아니라 직원은 깨끗하지 못하거나, 정치적인 문구가 있거나, 혹은 노출이 심한 경우가 아니라면, 그날 자기의 기분에 따라서 어떤 의복을 입든지 상관이 없다.

직원은 단골고객들의 취향을 염두에 두고 상점에서 틀 음반을 자유롭게 가져올 수 있다. 예를 들어 시내의 나이트클럽 지역에 위치한 에이미 점포라면 라이브 음악을 좋아하는 젊고 혈기왕성한 고객을 끌어들이게 될 것이고, 부유층이 이용하는 쇼핑지역에 위치한 에이미 점포라면 보다 조용한 음악을 선호하는 단골고객을 끌어들이게 될 것이다.

각 점포의 디자인과 치장은 화려하고 다양하지만 직원들도 자유롭게 이에 참여할 수 있다. 에이미 아이스크림에서는 지역 점포마다 그 지역에서 활동하는 미술 전문가를 초빙해서 장식을 맡기고 있다. 그렇다고 해도 각 매니저는 자신의 지역에서는 어떤 것이 바람직한지에 대해 자신이 느끼는 바를 상당 부분 제안할 수 있다. 종종 장식의 내용을 보면 지역 활동 미술가의 역작을 보여주는 전시회가 되기도 한다.

누구나 점포에서 필요로 하는 일이라면 무엇이든지 맡아서 하고 있다. 매장에 청소가 필요하면 매니저도 다른 직원과 마찬가지로 청소를 한다. 거기에는 강한 팀워크와 동료애가 있다. 직원 미팅은 보통 에이미 아이스크림의 마지막 점포가 밤 영업을 마치고 문을 닫고 나서 새벽 1시에 열린다. 미팅의 참가를 유도하기 위해서 참가자에게는 추첨을 통해 상품을 주고 있다.

명확한 사실은 에이미를 위해서 일하는 것은 하나의 라이프 스타일에 따른 선택이라 할 수 있다. 이곳의 직원들은 특정한 옷을 착용해야 하고, 정해진 시간에 근무해야 하며, 이만큼 많은 재미를 느낄 수 없는, 소위 "정규 직장"을 원하는 사람들이 아니다. 분명히 돈이 직장선택의 동기는 아니며, 아마도 돈이 없다는 것이 직원들을 하나로 묶는 요인 중의 하나일 수도 있을 것이다.

에이미 아이스크림은 분명 "일반 직장 환경과는 다른" 비주류이지만, 이런 비즈니스를 즐기는 수많은 행복한 고객을 유지할 수 있는 비결을 지녔다는 것에 대다수가 공감할 것이다.

관련 질문

1. 에이미 아이스크림의 조직문화를 설명해보라.
2. 에이미 아이스크림이 추구하는 직원의 개성적 요인은 무엇인가?
3. 추상적 질문, 상황스케치, 혹은 역할 연기 등을 사용해서 에이미 아이스크림의 직원 선발절차를 디자인해보라.

Prepared by Bridgett Gagne,Sandhya Shardanand,and Laura Urquidi under the supervision of Professor James A.Fitzsimmons.

참고문헌

Ba, Sulin, and Wayne C. Johansson. "An Exploratory Study of the Impact of e-Service Process on Online Customer Satisfaction." *Production and Operations Management* 17, no. 1 (January–February 2008), pp. 107–19.

Bone, Sterling A., and John C. Mowen. "'By-the-Book' Decision Making: How Service Employee Desire for Decision Latitude Influences Customer Selection Decisions." *Journal of Service Research* 13, no. 2 (May 2010), pp. 184–97.

Bordoloi, Sanjeev. "Modelling Patient Satisfaction in Healthcare." *International Journal of Services and Operations Management* 35, no. 3 (2020), pp. 339–58.

Buell, Ryan W., Dennis Campbell, and Frances X. Frei. "Are Self-service Customers Satisfied or Stuck? *Production and Operations Management* 19, no. 6 (November–December 2010), pp. 679–97.

Coelho, Flilpe, and Mario Augusto. "Job Characteristics and the Creativity of Frontline Service Employees." *Journal of Service Research* 13, no. 4 (Nov 2010), pp. 426–38.

Evanschitzky, Heiner, et al. "How Employer and Employee Satisfaction Affect Customer Satisfaction: An Application to Franchise Services." *Journal of Service Research* 14, no. 2 (May 2011), pp. 136–48.

Grandey, Alicia A., Lori S. Goldberg, and S. Douglas Pugh. "Why and When Do Stores with Satisfied Employees Have Satisfied Customers?: The Roles of Responsiveness and Store Busyness." *Journal of Service Research* 14, no. 4 (November 2011), pp. 397–409.

Grougiou, Vassiliki, and Simone Pettigrew. "Senior Customers' Service Encounter Preferences." *Journal of Service Research* 14, no. 4 (November 2011), pp. 475-88.

Gummerus, Johanna, Michaela Lipkin, Apramey Dube, and Kristina Heinonen. "Technology in Use–Characterizing Customer Self-Service Devices (SSDS)." *Journal of Services Marketing* 33, no. 1, (2019), pp. 44-56.

Henning-Thurau, Thorsten, et al. "The Impact of New Media on Customer Relationships." *Journal of Service Research* 13, no. 3 (August 2010), pp. 311-30.

Lariviere, Bart. "Linking Perceptual and Behavioral Customer Metrics to Multiperiod Customer Profitability: A Comprehensive Service-Profit Chain Application." *Journal of Service Research* 11, no. 1 (August 2008), pp. 8-21.

Osarenkhoe, Aihie, et al. "Technology-Based Service Encounter–A Study of the Use of E-Mail as a Booking Tool in Hotels." *Journal of Service Science and Management* 7, no. 6 (2014), pp. 419-29.

Porath, Christine, Deborah Macinnis, and Valerie S. Folkes. "It's Unfair: Why Customers Who Merely Observe an Uncivil Employee Abandon the Company." *Journal of Service Research* 14, no. 3 (August 2011), pp. 302-17.

Reinders, Machiel J., Pratibha A. Dabholkar, and Ruud T. Frambach. "Consequences of Forcing Consumers to Use Technology-Based Self-Service." *Journal of Service Research* 11, no. 4 (May 2009), pp. 107-23.

Robertson, Nichola, and Robin H. Shaw. "Predicting the Likelihood of Voiced Complaints in the Self-Service Technology Context." *Journal of Service Research* 12, no. 1 (August 2009), pp. 100-16.

Roels, Guillaume. "Optimal Design of Coproductive Services: Interaction and Work Allocation." *Manufacturing & Service Operations Management* 16, no. 4 (2014), pp. 578-94.

Schneider, Benjamin, and David E. Bowen. "Modeling the Human Side of Service Delivery." *Service Science* 1, no. 3 (Fall 2009), pp. 154-68.

Seck, Anne Marianne, and Jean Philippe. "Service Encounter in Multichannel Distribution Context: Virtual and Face-to-Face Interactions and Consumer Satisfaction." *The Service Industries Journal* 33, no. 6 (2013), pp. 565-79.

Sharma, Piyush, Jackie L. M. Tam, and Namwoon Kim. "Demystifying Intercultural Service Encounters: Toward a Comprehensive Conceptual Framework." *Journal of Service Research* 12, no. 2 (November 2009), pp. 227-42.

van Beuningen, Jacqueline, Ko de Ruyter, and Martin Wetzels. "The Power of Self-Efficacy Change During Service Provision: Making Your Customers Feel Better About Themselves Pay Off." *Journal of Service Research* 14, no. 1 (February 2011), pp. 108-25.

Verhoef, Peter C., Werner J. Reinartz, and Manfred Krafft. "Customer Engagement as a New Perspective in Customer Management." *Journal of Service Research* 13, no. 3 (August 2010), pp. 247-52.

Yee, Rachel W. Y., Andy C. L. Yeung, and T. C. Edwin Cheng. "The Impact of Employee Satisfaction on Quality and Profitability in High-Contact Service Industries." *Journal of Operations Management* 26, no. 5 (September 2008), pp. 651-68.

Chapter 5

지원설비와 프로세스 흐름

학습목표

1. "서비스스케이프"가 고객과 직원의 행동에 미치는 영향에 대한 논의
2. 서비스스케이프의 세 가지 환경적 차원 규명 및 토론
3. 서비스 지원설비의 여섯 가지 결정적 디자인 특성 규명
4. 서비스 프로세스의 수영장 레인(lane) 흐름도, 프로세스 흐름도, 간트차트 등 작성
5. 처리시간, 직접노동이용률과 같은 성과척도 계산
6. 제품별 배치에서 병목현상을 규명하고, 전체적인 서비스능력을 증가시키기 위해 새로운 업무 창출을 위한 활동 재그룹하기
7. 작업순서 분석을 통해 공정별 배치에서 총흐름거리를 최소화하는 부서 간 상대적 위치 결정

설비 디자인에서는 미묘한 차이도 중요하다. 주택개선용품 판매업체의 라이벌인 홈디포(Home Depot)와 로웨스(Lowe's)를 예로 들어 보자. 둘 중에 보다 연륜이 깊은 홈디포는 "소매를 걷어붙이고 손을 뻗어 잡아보자"라는 메시지를 전달하는 듯이 보인다. 복도는 좁고, 상품을 천장 높이 쌓아 놓았으며, 조명은 산업처럼 설치되어 있고, 계산대의 줄은 으레 길게 늘어서 있다. 새로운 경쟁자인 로웨스는 처음엔 라이벌 업체를 모방하는 방식으로 출범했지만 곧 차별화된 접근방법을 취했다. 요즈음 로웨스 매장을 가보면 넓은 복도와 밝은 조명시설을 볼 수 있다. 상품은 고객이 살펴보기 쉽고 다양한 프로젝트 아이디어를 실행해 볼 수 있도록 진열되어 있다. 로웨스의 전략은 한동안 효과를 거두었지만, 경쟁은 두 회사가 현재 막다른 단계의 실행으로 이동할 정도로 발전했다.[1)]

로웨스는 설비 디자인을 통해 경쟁업체들과 차별화하는 데 성공했다. 설비 디자인을 차별화 전략의 일부분으로 사용하는 것은 매우 일반적인 일이다. 예를 들어, 아이홉(IHOP: International House of Pancakes)의 A형 구조물과 푸른색 지붕은 맥도널드의 "황금색 아치"가 햄버거 점심식사를 유혹하는 것처럼 팬케이크로 아침식사를 하려는 여행객들을 끌어들이고 있다.

표준 또는 정해진 "공식"을 이용한 설비 디자인은 많은 기업의 총체적 원가우위 전략에

1) http://www.fool.com/investing/2016/09/16/better-buy-the-home-depot-inc-vs-lowes.aspx.

서도 중요한 특성 요인이다. 주요 정유회사는 주유소를 대개 2주일 이내에 건축할 수 있고, 주유소 건축에 드는 비용을 줄이고, 고객을 유인할 지속적인 인지도를 창출하기 위해서 주유소의 디자인을 완벽하게 만들어 놓는다.

테마 레스토랑과 바(예: 웨스턴 바, 아이리시 바 등)에서의 설비 디자인은 특정 시장을 목표로 하여 독특한 분위기를 창출하기 위한 핵심적인 역할을 한다. 소매점은 먼저 고객을 끌어와야 하고, 그다음에는 유쾌한 분위기 속에서 눈길을 사로잡는 제품들을 보며 지나가도록 해야 한다. 예를 들면, 애플스토어는 현대 미술관처럼 디자인되었는데, 흰색 벽과 밝고 깔끔한 바닥의 인테리어 속에서 제품은 마치 전시품처럼 디스플레이 된다. 하지만 미술관과는 달리, 방문객들은 제품을 직접 조작하며 실험해 볼 것을 권유받는다. 모든 제품은 실제로 작동하며 인터넷과 연결되어 있다. 상점의 뒤편에 있는 "지니어스 바"에는 컴퓨터를 새로 구매하는 고객들의 질문에 답할 수 있고 짧은 교육을 제공할 수 있는 숙련된 직원들이 대기하고 있다.

개요

이 장은 익숙하지 못한 곳에 들어갈 때 고객이 느끼는 방향상실이나 좌절감을 줄이기 위해 설비 디자인이나 배치에 적용할 수 있는 환경심리문제로 시작한다. 일단 시설에서는 서비스스케이프 또는 환경 디자인이 고객 및 직원의 서비스 인식과 행동에 영향을 미친다. 설비 디자인 이슈를 서비스의 목적, 서비스 공간 요구, 유연성, 심미적 요소 및 환경요인 등과 연관하여 언급하였다. 프로세스 흐름 분석을 위한 도구들이 모든 프로세스 분석 항목을 평가하는 모기지(mortgage) 서비스운영의 흐름도를 사용하여 소개되고 도식화된다. 이 장은 제품별 또는 공정별(프로세스) 배치로 설명되는 설비배치 분석으로 결론을 맺는다. 업무할당 문제는 공정별 배치를 위한 제품별 배치와 상대적 위치 문제의 해결방법을 위해 설명된다.

환경심리와 방향감각[2)]

방향감각(orientation)이란 인간이 어느 장소에 들어설 때 가지게 되는 최초의 행동적 욕구이다. 기능적 방향감각(예: 이 서비스 기관은 어떻게 작용하고, 다음에 난 무엇을 해야 하지?)은 물론이고 장소적 방향감각(예: 내가 어디에 있지?)도 포함한다. 어떤 물리적 장소에 들어서면 고객은 어디에 있고, 어디로 가야 하고, 그리고 무엇을 해야 하는지 분별하기 위해 과거 경험들과 함께 언제 공간적 단서(cue)를 사용할 수 있는지에 대한 정보를 얻는다. 고객은 공간적 단서가 현재 없거나 과거 경험으로도 방향감각을 찾을 수 없을 때 걱정하거나 속수무책인 느낌을 받는다. 과거 경험, 이해하기 쉬운 디자인, 그리고 방향 지시물 등을 통합하는 설비 디자인으로 서비스에서 방향감각 상실을 일으키는 원인을 줄일 수 있다. **웨이페어링(wayfaring)**은 부호(사인)와 보조장치를 사용하여 디자인 공간 내에서

2) Richard E. Wener, "The Environmental Psychology of Service Encounters," in J. A. Czepiel, M. R. Solomon, and C. F. Surprenant (eds.), *The Service Encounter* (Lexington, MA: Lexington Books, 1985), pp. 101–13.

위치를 설정하는 디자인 원칙이다.

"현재 위치" 지도와 같은 표지판은 만약 사용자의 관점(즉, 기호 "위"는 사용자의 직진을 의미함)에서 적절히 배열되고 주변의 주요 시설(환경적 랜드마크)이 명확히 표시된다면 효과적일 수 있다. 전략적으로 특정 위치에 설치한 화분이나 공예품 등도 그것 자체가 하나의 길을 찾는 기준이 된다. 지하철 노선은 여러 가지 색으로 구분해 표시함으로써 쉽게 노선을 선택하게 도와주며, 또 갈아타는 곳에서는 원하는 노선의 색을 따라가면 실수 없이 갈아탈 수 있도록 도와준다.

고객이 들어간 곳과 통과한 곳을 모두 볼 수 있도록 설비 디자인을 하면 방향감각을 갖는 데 도움을 줄 수 있다. 하얏트 호텔에서는 종종 전체 공간을 한눈에 이해할 수 있도록 중앙 홀을 설치한다. 또한 이렇게 배치하면 고객들이 다른 고객들의 일반적인 행동이 어떠한지 쉽게 관찰할 수 있어서 좋다.

프랜차이즈 서비스는 공식화된 설비를 사용하여 고객들이 무엇을 해야 할 것인지를 정확하게 알 수 있게 함으로써 방향감각의 상실로 인한 불안감을 효율적으로 감소시킨다. 예컨대 홀리데이 인(Holiday Inn)은 고객이 어느 홀리데이 인을 방문하더라도 익숙하게 사용할 수 있도록 설비 배치를 한다고 광고한다.

서비스스케이프[3)]

서비스 설비를 지원하는 물리적 환경 또는 **서비스스케이프(*servicescapes*)**는 고객 및 직원의 행동에 영향을 미치기 때문에 서비스 개념과 일치하는 느낌과 이미지를 주도록 설계되어야 한다. 그림 5.1에서 제시한 서비스스케이프 구분은 서비스 환경 내의 참여자와 서비스스케이프의 복잡성 정도를 기준으로 만든 것이다.

셀프서비스 운영을 위한 서비스스케이프는 직원이 없기 때문에 표시판(예: 골프 코스에서 다음 티까지의 방향, 거리 표시)의 사용과 접점에서의 직관적인 디자인(예: 웹사이트의 버튼 표시)을 통해 고객의 행동을 유도한다. 원격 서비스에서는 고객들이 서비스 업체

	서비스스케이프의 물리적 복잡성	
서비스스케이프 내부의 참여자	**정교한**	**단조로운**
셀프서비스(고객만)	골프 코스	골프연습장
	박물관	갤러리
개인 간 서비스(고객과 직원)	리조트 호텔	저가호텔
	테마 레스토랑	패스트푸드 테이크아웃
	디즈니랜드	마을축제(컨트리페어)
	항공사 터미널	버스 정류장
원격 서비스(직원만)	교수연구실	조교(TA)실

그림 5.1 서비스스케이프 구분

자료원: Adapted from Mary Jo Bitner, "Servicescapes: The Impact of Physical Surroundings on Customers and Employees," *Journal of Marketing* 56, April 1992, p. 59.

---

3) Mary Jo Bitner, "Servicescapes: The Impact of Physical Surroundings on Customers and Employees," *Journal of Marketing* 56 (April 1992), pp. 57–71.

를 직접 방문하지 않기 때문에 직원만족, 동기유발, 운영 효율성 등이 물리적 설계에서 가장 많이 신경을 써야 하는 요소가 된다. 변호사나 의사 같은 전문 서비스업의 사무실은 역량과 권위를 보여줄 수 있어야 한다. 개인 간 서비스의 경우 직원과 고객 사이 또는 고객과 고객 사이에서 일어나는 사회적 상호작용이 서비스스케이프에 의해 조성되기 때문에 가장 관심을 기울여야 할 분야이다. 예를 들면, 디즈니랜드의 서비스스케이프는 고객들에게는 환상적인 경험을 만들어 주고, 직원들(즉, 그들의 용어로 등장인물들)에게는 무대를 마련해 주는 것으로 유명하다.

아래 두 레스토랑의 서비스스케이프 사진을 참고해 보자. 테이블세팅, 가구, 복도의 장식, 그리고 심지어 고객의 복장이 고객과 직원에게 뭔가 다른 느낌을 제공하고 있는 것 같이 보인다.

서비스스케이프에서의 행동

어떤 조직의 서비스 설비는 그 가치를 반영하며 전략을 실행하는 데 도움이 된다. 여러 설명 필요 없이 빌딩 그 자체가 고객과 직원 모두에게 메시지를 전달한다. 예를 들면, 어떤 건물은 현대적이며 진보적인 느낌을 주고 또 즐거움, 안전함, 그리고 편리함 등과 같은 특성도 전해준다. 확실히 설비 디자인은 그 기관이 무엇을 하는 곳인지 알기 쉽게 도우며 그 내용을 전달한다. 왜냐하면 그 건물은 그런 서비스가 전달되는 장소이기 때문이다.

그림 5.2에서 보듯이 공조환경, 공간/기능, 사인/심볼/조형물 등으로 구성된 환경차원 믹스는 서비스스케이프를 나타내며, 이는 고객과 직원들이 바라보는 전체적인 환경이다.

서비스스케이프에 대한 직원 또는 고객의 내부 반응은 접근적이거나 회피적 행동 둘 중의 하나이다. 예를 들면, 자극을 좋아하는 사람들은 높은 수준의 자극(밝고 강한 디스코 음악)을 찾아 즐기지만, 자극을 피하려는 사람들은 더 낮은 수준의 자극(조용한 박물관)을 더 좋아한다. 내부적인 반응은 인지적(예: 신호의 재확인), 감정적(예: 음악이 주는 안정감), 심리적(예: 어두운 조명에 따른 불편함) 차원에 의해 조정된다. 서비스스케이프는 고객과 직원 사이의 사회적 상호작용을 이끌어내기 위해서 디자인된 것이다.

서비스스케이프가 훌륭하다고 인식되면, 직원들(예: 기업에 남으려는 욕망과 몰입)과

레스토랑은 종업원과 고객의 바람직한 기대와 행동을 만들어 내기 위해서 서비스스케이프를 사용한다.
Anderson Ross/Blend Images LLC.; SolStock/E+/Getty Images.

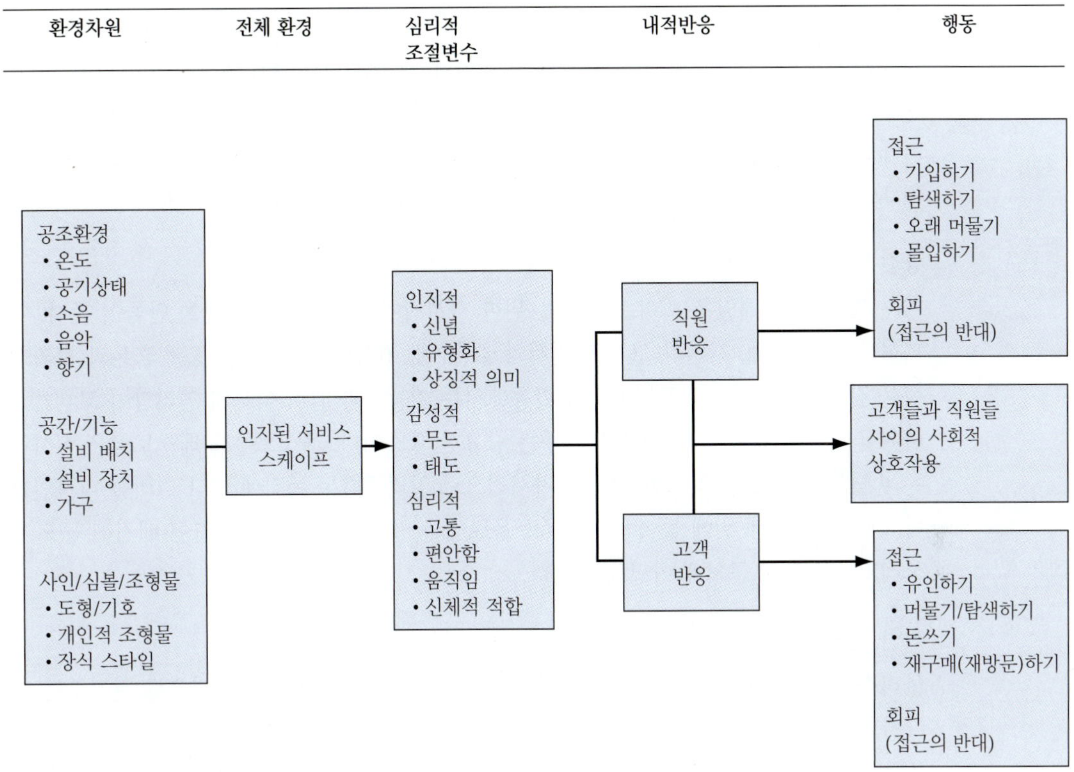

그림 5.2 서비스스케이프 프레임워크

자료원: Adapted from Mary Jo Bitner, "Servicescapes: The Impact of Physical Surroundings on Customers and Employees," *Journal of Marketing* 56 (April 1992), p. 60.

고객들(예: 탐색하기, 돈 쓰기 그리고 반환하기) 둘 다의 접근 행동이 활성화될 것이다.

물리적 환경이 감성적 반응을 이끌어 내며 행동에 영향을 미치기 때문에 서비스 설비 디자인은 조직목표의 달성을 지원하기 위해 의도적으로 참여자들의 행동을 변화시킬 수 있다. 따라서 주위의 관심을 끌려고 애쓰지만, 결국엔 불편함을 주는 환경(예: 많은 자극, 소음, 혼란 등)은 가능하면 피해야 한다.

서비스스케이프의 환경차원

서비스스케이프를 구성하는 물리적 환경에는 직원과 고객의 행동과 서비스에 대한 인식을 제고하기 위해 기업이 통제할 수 있는 거의 모든 객관적 요인들이 포함된다. 비록 이러한 차원들이 독립적으로 다루어지더라도 사람들이 환경에 전체적으로 어떻게 반응하는가를 이해하는 것이 중요하다. 즉 모든 감각에 복합적으로 미치는 영향이 우리가 인식하는 서비스스케이프를 결정한다.

공조환경

온도, 조명, 소음, 음악 그리고 향기와 같은 배경 환경은 우리의 오감에 영향을 준다. 예를 들면, 음악의 템포는 고객의 쇼핑 속도, 머무는 시간, 총 지출비용 등에 영향을 준다. 즉, 10대들이 어슬렁거리는 편의점에는 손님들이 들어가서 물건을 사려 하지 않는데, 그때

"감미로운 음악"을 틀자 그 10대들이 가게 밖으로 자연스럽게 나가고, 손님은 안으로 들어오는 현상이 나타난 것은 하나의 좋은 예이다. 쿠키(cookies)점 중에서 복잡하고 큰 쇼핑몰에 위치한 지점에서는 일부러 가게 문을 열어 갓 구운 쿠키 향이 주위에 퍼져 손님을 가게로 유인하는 전략을 사용하기도 한다. 그뿐만이 아니라 인테리어의 색감에 이르기까지 모든 주변 여건의 요소들이 직원의 성과와 직무만족에도 영향을 미친다.

공간 배치 및 기능성

가구 및 설비의 배열은 서비스 전달을 위한 가시적이고 기능적인 공간을 만들어 준다. 이러한 공간을 통해, 직원과 고객은 질서와 효율(예: 기하학적인 정원) 또는 혼돈과 불확실성을 감지할 수 있다. 셀프서비스의 활동에서는 기능성과 설비 이용의 편리함이 고객들로 하여금 스스로 행동할 수 있게 도와주는 중요한 요소이다. 패스트푸드 레스토랑은 식사하는 손님들이 해야 할 적절한 행동을 가시적으로 알려준다는 목적에 따라 설비를 디자인한다. 메뉴는 계산대 위에 붙여 놓고, 셀프 음료대를 카운터와 테이블 중간에 배치해 놓으며, 쓰레기통은 출구 근처에 마련해 놓는다.

사인, 심볼, 조형물

물리적 환경 내에는 고객이 지켜야 할 행동 규범을 묵시적 또는 명시적으로 알려주는 시그널의 역할을 하는 요소들이 많이 있다. "금연"이라는 명시적 사인은 행동의 규칙을 알려주는 반면, "재활용통"은 재활용 활동에 참여할 것을 유도하는 역할을 한다. 복도 마감재나 인테리어 소품, 그리고 청소 상태 등은 방문자에게 전반적으로 심미적인 인상을 형성하게 하며, 또 직원에게는 쾌적하고 유쾌한 근무여건을 제공하는 역할을 한다. 전문서비스 기업의 사무실에서는 고객에게 서비스의 전문성을 알리기 위해서, 또는 서비스의 역량을 간접적으로 과시하기 위해서 인테리어 장식에 많은 신경을 쓴다. 어떤 고급 레스토랑은 저명한 손님의 그림(사인), 테이블보(심볼), 그리고 도자기나 골동품(조형물)을 보여주어 고객에게 고가격의 풀(full) 서비스를 제공하는 레스토랑임을 알리기도 한다. 대학 교수 연구실 내의 책상 위치, 벽에 걸린 포스터나 그림, 연구실의 정돈 상태 등이 학생의 교수에 대한 신뢰감 형성에 영향을 준다는 연구도 있다.

서비스스케이프에 대한 논의는 물리적 환경이 서비스 개념을 지원하는 데 전략적으로 다양한 역할을 할 수 있다는 점을 제시한다. 첫째, 서비스스케이프는 기업의 제공물에 대한 은유적인 표현이기도 하다. 서비스스케이프의 환경적 차원은 상대적인 품질, 잠재적인 활용 그리고 목표 세분시장을 제안하는 이미지를 전달하는 제품의 패키지와 유사한 패키지를 창출해 낸다. 예를 들면, 앞에서 보았던 홈디포(Home Depot)와 로웨스(Lowe's)의 비교로 되돌아가 보자. 오렌지 색상에 노출된 바닥, 산업용 조명, 그리고 일반적으로 어수선한 분위기의 홈디포를 방문하면 남성적인 건축업의 이미지를 느끼게 된다. 그렇지만, 연청색에 깔끔한 복도 그리고 매력적으로 진열된 상품들이 있는 로웨스는 일반 가정용품 고객들을 위해 더 여성 친화적인 이미지를 보여준다.

둘째, 서비스스케이프는 사람들이 장소를 이동할 때 사용하는 "길 찾기(wayfinding)" 기법을 적용함으로써 고객 지향성을 강화할 수 있다. 건축 디자인에 쓰이는 길 찾기에는 표지판과 여러 그래픽 기법(예: 지하철 노선들을 다른 색으로 나타내기), 빌딩의 물리적 공간에 내재된 단서(예: 카펫과 식물), 논리적 흐름 계획, 음성 안내, 장애인을 위한 장치 등이 사용된다. 길 찾기에 대한 적절한 관심은 고객의 걱정을 줄이고 전반적인 서비스 경험을 향상시킬 수 있다. 상점의 웹사이트에 구글맵을 포함하면 길 찾기는 언어로 된 지시를 따르는 것이 아니라 시각적 찾기 연습이 된다. 가상세계에서 길 찾기는 웹사이트 방문을 활성화하고 원하는 주제에 도달하기 위한 클릭 수를 최소화하도록 한다.

미국 그래픽 아트 협회(AIGA: The American Institute for Graphic Arts)는 미국 교통부와 공동으로 현대적 생활의 교차로에서 국제적으로 사용되도록 디자인한 보행자 심볼 세트(즉, 공항, 철도역, 올림픽 게임)를 만들어 냈다. 50개로 구성된 심볼 세트는 http://www.aiga.org/content.cfm/symbol-signs에서 찾아볼 수 있다.

셋째, 서비스스케이프는 또한 고객들 사이의 사회적 상호작용을 조장할 수도 있다. 예를 들면, 테이블을 중심으로 주변에 의자를 배치한 대기실 내 배치는 사회적 상호작용을 이끌어내며 기다리는 시간을 더욱 즐겁게 만들기도 한다.

마지막으로, 물리적 환경은 직원들의 행동에 초점을 두기 위한 미묘한 방법의 역할도 수행한다. 예를 들어, 오레곤주 콜롬비아 리버(Columbia River)의 중앙-콜롬비아 메디컬 센터(Mid-Columbia Medical Center) 디자인은 직원용 출입구에 더 많은 주안점을 두었다. 특별 직원 전용 출입구는 5성급 호텔에 가까운 홀과 같이 디자인하였다. 직원들은 푹신한 의자와 꽃을 심은 화분, 그림, 그리고 영감을 주는 음악으로 구성된 환경하에서 아침 뷔페를 즐겁게 먹는다. 이러한 디자인은 하루일과를 좋은 기분으로 시작하게 돕기 위한 시도이며, 직원들의 개인적인 근심이나 문제는 문밖에 두고 들어오라는 배려이기도 하다.

설비 디자인

설비 디자인은 서비스 운영에 직접적인 영향을 줄 수 있다. 예를 들면, 비흡연자를 위한 적절한 환기장치를 갖추지 못한 레스토랑은 많은 고객에게 불편함을 준다. 반면에 휠체어의 출입이 편리한 체력단련장은 고객의 편의성을 높여서 고객층을 확대시킨다.

디자인과 배치는 **서비스 패키지**(*service package*)의 구성 요소 중 지원시설과 관계된다. 서비스 설비 및 배치는 설비의 이용에 상당한 영향을 준다. 토론토의 숄다이스 병원(Shouldice Hospital)을 생각해 보자(제3장에서 논의됨). 서혜부 탈장 수술의 성공요인의 대부분은 사려 깊은 설비 디자인과 배치 덕택이다. 예를 들어, 병원의 수술실을 그룹화해서 의사들은 수술 중에 서로에게 쉽게 조언을 받을 수 있다. 수술 후에 조기 보행을 위한 조치를 하고, 공동식당에서 음식을 제공한다. 이렇게 해서 환자가 좀 더 걷게 만들어 좀 더 빠른 쾌유를 유도한다. 게다가 다른 환자와의 “회복속도 비교표”도 볼 수 있게 한다. 또한 “추가적으로” TV 시청은 각자의 병실에서 하지 못하게 하고 공동으로만 하게 한다. 그래서 환자 “혼자 누워” 아파할 시간을 줄여 준다.

디자인과 배치의 또 다른 요인은 “긴급성”에 관한 것이다. 예컨대 공공건물, 특히 대형 공연장에서 여자 화장실이 부족한 경우를 생각해 보자. 공연 중간에 얼마나 많은 남자와 여자가 화장실을 얼마나 오랫동안 사용하는지 관찰해 보라. 당신은 건물 내에 “남녀 화장실 개수가 동일하게" 설치된 어떤 증거를 보았는가? 이것을 해결하기 위해서는 먼저 강의실 건물의 성별 변기 수를 조사해 보라. 성별로 동일한 변기 수가 있을 수 있지만, 이것이 동일한 접근성을 보장하지는 못한다.

분명히 훌륭한 디자인과 배치는 고객을 끌어들이고, 고객을 편하게 하며, 안정감(예: 적당한 조명, 비상구, 위험 설비의 적절한 위치)을 보장하여 서비스를 향상시킨다. 설비 디자인은 또한 서비스 패키지의 암묵적인 부분, 특히 프라이버시, 안전성, 분위기, 행복감 등에 대해서도 영향을 미친다.

한편 디자인에 영향을 미치는 요인으로는 (1) 서비스 조직의 특징과 목적, (2) 토지 가용성과 공간 요구, (3) 유연성, (4) 안전성, (5) 심미적 요소, (6) 지역사회와 환경 등이 있다.

서비스 조직의 특징과 목적

핵심 서비스의 특징은 서비스 디자인에 그대로 반영된다. 예를 들어, 소방서는 소방차량을 수용하고 24시간 교대근무를 수용할 수 있을 정도로 충분히 큰 구조물을 갖추어야 한다. 외과병원은 환자의 프라이버시가 보장되는 다양한 크기의 진료 공간을 확보해야 한다.

그러나 이러한 기본적인 요구조건 이외에도 디자인은 서비스를 정의하는 데 훨씬 더 많은 공헌을 할 수 있다. 가령, 맥도널드의 황금색 아치, IHOP의 푸른색 지붕과 같은 디자인은 그것이 무엇인지 즉각적으로 인식할 수 있게 해준다. 외부의 설계가 내부 서비스에 대한 단서를 제공하는 경우도 종종 있다. 아마도 장례식장에서는 잘 다듬어진 땅, 새롭게 칠한 대리석 기둥, 분수대를 볼 것을 기대할 것이다. 그러나 학교는 정면에 다채로운 타일을 가지고 있고, 근처에는 놀이터나 운동장이 있을 것이다.

그리고 디자인의 적절성을 갖추는 것도 중요하다. 주유소는 밝은색 계통의 조립식 철제 구조를 갖는 것이 좋겠지만 트레일러 위의 가건물에 설치된 은행 지점에 예금할 생각이 들지 않을 것이므로, 은행은 무엇보다도 안전성을 보장하는 디자인이 필요하다.

토지 가용성과 공간 요구

서비스 설비가 위치하는 대지에는 비용, 주변 지역 요구조건, 실제 면적 등의 제약 조건이 있기 마련이다. 그렇지만 좋은 디자인은 이러한 모든 제약 조건을 수용해야 한다. 이에 대한 몇 가지 예가 있다. 도심 지역에 위치한 서비스 기업은 확장이 단지 수직으로만 가능하기 때문에 상대적으로 협소한 공간을 효율적으로 이용하기 위한 매우 창조적인 디자인이 요구된다. 그래서 코펜하겐(Copenhagen)의 맥도널드(McDonal)에는 2층 다락방에 식사 공간을 설치해 공간 활용을 극대화하였다.

그러나 시골 지역에 위치한 서비스 설비는 더욱 넓은 공간 확보가 가능하다. 대개의 경우 특히 도시 지역에서는 토지 이용률이나 외부 구조 등을 관장하는 법률적 규제가 있어서 이것을 준수해야 한다. 주차 공간 또한 필요하다. 그렇지만 어느 경우든 미래의 확장을 위한 공간을 염두에 둔 디자인이 필요하다.

유연성

성공적인 서비스 기업은 서비스 수요의 본질 및 수요량의 변화를 수용할 수 있는 동태적인 기업이다. 서비스의 적응성은 서비스 디자인의 유연성에 크게 의존한다. 유연성은 또한 "미래를 위한 디자인"이라고 할 수 있다. 디자인 단계에서는 다음 사항이 고려되어야 한다. 미래에 확장이 가능하려면 이 설비가 어떻게 디자인되어야 하는가? 이 설비가 현재의 서비스와 다른 미래의 서비스 제공이 가능하려면 어떻게 디자인되어야 하는가? 예컨대 걸어 들어오는 고객을 위해 지어진 많은 패스트푸드 레스토랑은 차를 탄 채 주문하려는 고객의 수요를 충족하기 위해 기존 설비를 변경해야만 하였다.

몇몇 공항은 설계자가 승객의 급증과 지점-거점(hub-and-spoke)식 항공노선의 도래를 예상하지 못한 이유로 오늘날 설비 문제에 직면하고 있다. 결론적으로 승객들은 연결노선의 출발 게이트까지 계단과 긴 통로로 짐을 날라야만 했다. 더 나아가 대략 1960년대의 여행객을 위해 고안된 수하물 취급소에서 짐을 찾으려는 승객이 느끼는 일종의 좌절감을 생각해 보라.

미래를 위한 디자인은 가끔 비용 절약으로 연결될 수 있다. 새로운 주거지역에 들어선 교회를 예로 들어 보자. 당장은 갖고 싶은 성전과 앞으로 필요하게 될 필수 부속 건물을 모두 건축할 만한 재원이 없을 것이다. 그러나 디자인이 훌륭하게 이뤄진다면, 처음에는 일시적인 성전으로 사용할 수 있는 수수한 구조의 예배당으로 지었지만 후에는 증대되는 지역사회의 수요에 맞추어 부속 건물, 주일학교, 더 나아가 보육 시설로까지 쉽고 경제적으로 변경될 수 있도록 지어질 것이다.

또 다른 예로, 미래를 위한 디자인은 처음에는 추가 비용이 요구될지 몰라도 장기적으로는 총 비용을 절감할 수 있다. 사실, 이런 선지적 시각을 갖추면 불가능했을 성장을 이뤄낼 수도 있다. 예를 들어, 도시의 수도 및 하수 처리 시설은 초기에 종종 초과용량으로 건설된다.

예제 5.1 코로나19에 적응하는 치폴레(Chipotle)[4]

코로나19 팬데믹 기간 동안 레스토랑은 앉아서 식사하는 공간을 폐쇄하거나 제한된 인원 수용 등과 같이 비즈니스를 유지하기 위한 유연한 대응을 수행했다. 디지털 운영에 투자한 부리토 체인인 치폴레(Chipotle)는 현재 매출의 50%가 "치폴레인(Chipotlanes)"으로 불리는 새로운 드라이브스루 라인을 사용한 온라인 주문 및 픽업에서 발생한다는 사실을 알게 되었다. 또한 치폴레는 픽업이나 배달을 위한 카운터가 없는 "고스트 키친" 레스토랑을 오픈하였다. 치폴레는 팬데믹이 계속됨에 따라 더 많은 고객이 음식을 온라인으로 주문하고 픽업하는 행동 변화를 보여주고 있다고 보도하였다. 베스트바이(Best Buy)와 같은 다른 소매점은 고객 행동의 이러한 변화를 수용하기 위해 커브사이드 픽업(curbside pickup)과 사이드워크 쇼핑(sidewalk shopping)을 도입했다.

안전성

2001년에 발생한 9.11테러 이후 일반 항공기를 이용한 사람이라면 누구나 공항 내에 변화가 있었음을 관찰할 수 있다. 탑승객을 대상으로 예전에 보지 못한 안전성 검사 기술들이 활용되고 있는 것이다(예: 보다 정교한 휴대품 X-ray 스캐너, 가방 표면의 약품이나 폭약성분 잔재 감지용 "물휴지" 또는 티슈, 휴대용 자기감응기 등). 기타 공항 안전을 위해

4) Christopher Mims. "A Stay-at-Home Economy is Here to Stay." *The Wall Street Journal* (November 21–22, 2020), p. B4.

서는 승객들에게 잘 보이지 않는 안전 검사장치들도 활용되고 있다. 잠재적 테러리스트의 프로파일(다소 프로파일의 실효성에 문제의 여지는 있지만…)을 작성하는 일에 정보기술이 일익을 담당하고 있다. 미국의 법률에 의거 미국 내 공항의 모든 위탁수하물은 관련 요원이나 자동 스캐너로 검사하게 되어 있다. 일부 항공사에서는 마그네틱 ID카드 인식기를 사용해 출입을 통제하거나 신분확인을 위해 홍채 인식장치를 사용하기도 한다.

감시 카메라를 설치해 서비스 시설의 안전성을 강화할 수도 있다. 은행이나 편의점에서는 카메라를 설치해 강도행위를 예방하거나 강도발생 시 용의자의 신원을 확인하고 있다. "그래니 캠"을 사용해 가족들이 요양원에서 환자를 돌보는 광경을 보거나 "내니 캠"을 통해 보모가 집에서 아이를 돌보는 모습을 부모가 확인하기도 한다.

서비스 시설에 대한 안전 시스템의 모습은 이웃집 수영장과 같이 일상적인 곳에서도 발견할 수 있다. 수영장 주위에 높게 둘러친 펜스나 구명튜브, 갈고리 막대 같은 안전도구들이 수영장(pool) 주위의 사용하기 쉬운 곳에 놓여 있을 것이다. 안전성을 목적으로 한 다른 예들은 "나쁜 것"이 빠져나오지 못하게 만들기 위해 여러 단계에 걸쳐 장치해놓은 교도소나 위험물 실험실 등을 들 수 있다.

여러 소매점에서는 덜 현란한 안전장치들을 사용하고 있음을 볼 수 있다. 일부 상점에는 출입구 외부에 콘크리트 "기둥(구조물)"들을 설치해 놓고 있고, 스캐너나 태그를 옷에 부착해 도난을 예방하고 있다. 또한 요즈음은 많은 상점이 좀도둑의 침입을 예방하기 위해 대형 윈도우를 철거하고 있어서 예전과 같은 "윈도우 쇼핑"을 즐기는 일은 어렵게 되었다. 안전성에 대한 욕구의 급증 때문에 홀리데이 윈도우가 사라진 메이시(Macy) 백화점을 상상해보자.

심미적 요소

고급의류 스토어 두 곳을 비교해 보자. 첫 번째는 고소득층이 찾는 노드스트롬(Nordstrom) 백화점이다. 고급 여성복 매장에 들어서자마자 우리는 발아래 카펫이 깔려 있고 옷걸이 사이에는 여유 공간이 많고, 선반에는 옷들이 여유 있게 걸려 있으며 간접 조명을 써서 은은한 분위기를 주고 있고, 분명히 즉시 서비스할 준비가 되어 있는 아주 우아한 판매원이 있는 것을 보게 된다. 전시장과 떨어져 있는 곳에 위치해 있는 탈의실은 널찍하며 카펫이 깔려 있고, 옷 입은 모습을 여러 각도에서 볼 수 있게 삼면이 거울로 되어 있다. 매장의 모든 것은 우아함과 관심을 끌기에 충분한 느낌을 주도록 설계되어 있다.

두 번째는 에디바우어(Eddie Bauer) 팩토리 아울렛(factory outlet) 매장에 가는 것이다. 입구에서 몇 발자국 못 가서 많은 옷이 종류별로 쌓여 있는 테이블을 볼 수 있다. 벽을 따라 놓인 테이블 사이에 가능한 한 더 많은 옷을 진열하려고 설치한 선반이 있다. 미로처럼 좁은 통로만이 주변에 보인다. 판매원들은 계산대에 서 있고 그들에게 필요할 때만 도움을 받을 수 있다. 탈의실들은 전시실 층에 있는데 "칸막이만 한" 작은 공간이며, 거울이 한 개밖에 없다(따라서 옷 입은 것을 봐줄 수 있는 사람과 함께 쇼핑하는 게 도움이 될 것이다). 이것은 쇼핑하기에 적절한 규모로, 평온하고 우아한 장소라기보다는 대형 창고 유형의 매장이다. 그러나 할인 매장은 호화로움이나 개인적 관심을 제공하지 않는 대신 상당히 많은 가격할인을 제공한다.

두 매장 모두 관심을 끌 만한 질 좋은 옷을 제공한다. 그러나 쇼핑객들은 두 곳에서 각각 매우 다른 것을 느낀다. 따라서 각각의 설비는 쇼핑객들의 태도를 형성하는 데 매우 중요한 역할을 한다. 디자인의 심미적인 측면은 소비자의 인식과 행동에 명백하게 영향을 미친다. 또한, 설비는 직원과 그들이 제공하는 서비스에도 영향을 미친다. 디자인을 할 때 심미적 요소에 대한 관심이 부족하게 되면, "웃는 얼굴의 서비스"보다는 퉁명스러운 서비스가 나타나게 된다.

지역사회와 환경

서비스 설비 디자인은 지역사회와 그 환경에 영향을 미치는 경우 매우 중요할 수 있다. 계획된 교회는 주차할 수 있는 충분한 공간을 허락할 것인가, 아니면 이웃들이 교회 활동 중에 그들의 사유지에 들어가거나 나가는 것이 불가능하다고 생각할 것인가? 프리실라 프라이스(Priscilla Price)가 과도한 소음과 냄새로 주변 기업들을 "추적"하지 않는 탑승 수녀원을 설계할 수 있을까? 지역사회는 마을 주민의 안전을 보장하면서 수용자의 건강과 복지를 충분히 제공할 구치소를 어떻게 설계할 수 있을까? 그 지역의 환경을 해치지 않으면서 위험한 화학물질을 처리할 수 있는 설비를 세탁소 내에 어떻게 디자인해야 할 것인가?

이러한 질문들은 서비스에 대한 지역사회의 동의를 획득하는 것이 설비 디자인에서 얼마나 중요한지를 보여준다. 지역별 규제와 많은 공공 이익단체들 또한 지역사회와 환경이 양립할 수 있는 서비스 설비를 디자인하는 데 지침을 제공할 수 있다.

프로세스 분석

프로세스 유형(Types of Processes)

제조업을 연구하던 사람들은 동일한 프로세스를 공유하는 산업에 적용하면 좋을 일반적인 경영원칙을 도출하기 위해서 프로세스를 유형화하는 것이 유익하다는 것을 오래전에 알았다. 예를 들면, 자동차 또는 컴퓨터와 같은 모든 조립 생산활동은 "흐름" 프로세스의 특성을 공유한다. 서비스 역시 표 5.1에 제시된 전통적인 제조 프로세스 유형을 이용해 프로세스를 구분하고 경영과제를 도출해 낼 수 있다. 예를 들면, 어떤 서비스건 "배치" 프로세스로 실행되는 서비스는 시간에 따라 소멸성 자산(사용되지 않은 능력)의 관리라는 도전과제를 공통으로 갖고 있다. 비행기의 빈 좌석, 호텔의 빈 방, 크루즈 관광선의 빈 방 등

표 5.1 서비스 프로세스 유형별 경영 과제

프로세스 유형	서비스 예	특징	경영 과제
• 프로젝트	• 컨설팅	• 개별 계약	• 직원 채용과 일정 계획
• 잡숍	• 병원	• 다수의 특화된 부서	• 사용률 균형화와 환자 일정 계획
• 배치	• 항공	• 동시에 서비스를 받은 고객 그룹	• 좌석 등 시간이 지나면 사라져 버리는 자산의 가격 책정
• 흐름	• 카페테리아	• 생산 흐름의 고정화	• 수요 변동에 직원 조정 방안
• 연속	• 전력회사	• 끊김 없는 전달	• 유지보수와 능력 계획

이 소멸성 자산의 예이다. 프로세스의 유형을 규명하고 나면, 프로세스 분석의 첫 단계로서 프로세스를 그려보면 된다.

흐름도(Flowcharting)

프로세스를 그려보고, 병목현상을 찾아내며, 시스템의 서비스능력을 결정하는 역량은 서비스 운영관리와 개선을 위한 기본적인 기술이다. "무엇인가를 그려볼 수 없다면 결코 그것을 이해할 수 없다"라는 말은 누구나 공감하는 이치라 할 것이다.

전형적인 대학원 입학사정 프로세스를 수영장 레인 흐름도(swim lane flowcharts)의 예인 그림 5.3으로 살펴보자. 수영장 레인 흐름도는 레인 사이에서 일어나는 일을 집중 조명하여 기능별 라인(즉, 수영장 레인)을 가로지르는 조직의 활동을 그린 것이다. 흐름도 작성 시 가장 어려운 일은 프로세스의 실상에 대해 모든 사람의 동의를 얻어내는 일이다. 그렇지만 최종 흐름도는 기능 간 활동의 조정에 도움이 되고 교육훈련에도 유용하며 개선을 위한 창의적인 아이디어 도출에도 도움이 된다. 예를 들면, 지원자의 관점에서 보면 이 프로세스는 어떻게 개선될 수 있을까? 아마도 온라인 문의 시스템을 구축하면 지원자가 프로세스를 따라갈 수 있어서 폴더(자료)가 미비되었을 때, 사무실 직원은 "지원자 접촉"을 해야 할 필요성을 줄여줄 수 있을 것이다.

그림 5.3에서 보듯이 흐름도에 사용되는 표준 기호는 다음과 같다.

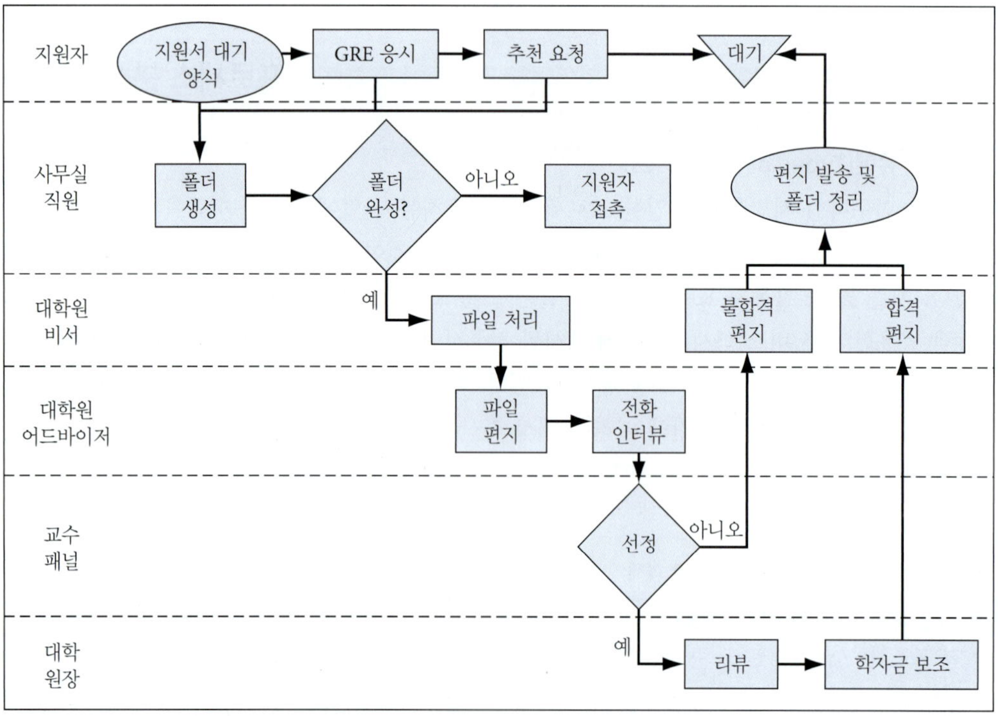

그림 5.3 대학원 입학사정 수영장 레인 흐름도

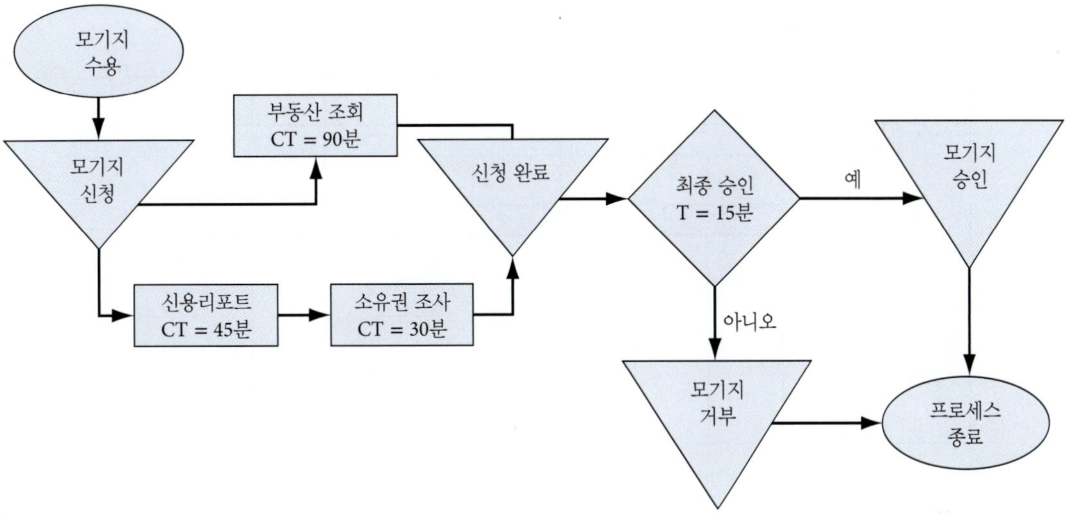

그림 5.4 모기지 서비스의 프로세스 흐름도

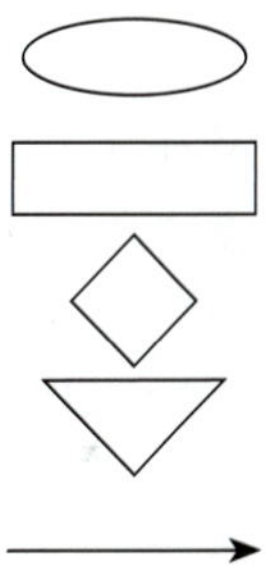

단락: 프로세스에서 시작이나 종료를 표시하는 **타원**

작업: 프로세스나 실행단계를 표현하는 **사각형**

결정: 질문이나 분기점을 표시하는 **다이아몬드형**

대기: 대기(대기시간) 또는 상품의 재고를 나타내는 **삼각형**

흐름: 고객, 상품 또는 정보의 이동을 나타내는 **화살표**

예제 5.2는 모기지 서비스에 대한 간단한 프로세스 흐름을 예시한 것이다. 이 예제는 프로세스 분석에 대한 토의로 사용될 것이다.

예제 5.2 모기지 서비스

부동산을 구매할 경우 보통 대출을 받거나 소유자산에 대한 "융자"를 얻게 된다. 대여 기관에서는 소유자산에 대한 정확한 기술과 더불어 소유권이 다른 미결제 저당권의 설정 없이 깨끗하다는 증명서를 요구하게 된다. 아울러 구매자의 지불능력이 충분한지를 반드시 확인해야 한다. 여러 독립적인 부동산 금융 서비스 회사들이 이러한 서비스를 제공하고 있다.

그림 5.4는 모기지 신청 프로세스를 단순화해 그린 흐름도이다. 여기서는 병목 활동과 처리시간 같은 프로세스 용어를 설명하는 예로 사용하기 위해서 이 도표의 각 활동에 사이클 타임(CT)[즉, 각 활동을 수행하는 데 소요되는 평균 시간(분)]을 포함시켰다.

간트차트(Gantt Chart)

모기지 서비스 프로세스의 활동기준 스케줄은 프로세스의 이해와 분석에 도움이 되는 또 다른 가시적 표현을 제공한다. 그림 5.5에서 세 건의 모기지 신청을 시간의 흐름을 따라 살펴보자. "부동산 조회"는 모기지 신청 1번 다음에 2번 또 그다음에 3번이 쉼 없이 연속되기 때문에 비정상적인 활동이다. "부동산 조회" 활동은 쉴 틈이 없으므로 이를 **병목현상**(*bottleneck*, 산출물을 제한하는 활동)이라 부르며, 사이클 타임이 90분이라는 것은 한 건

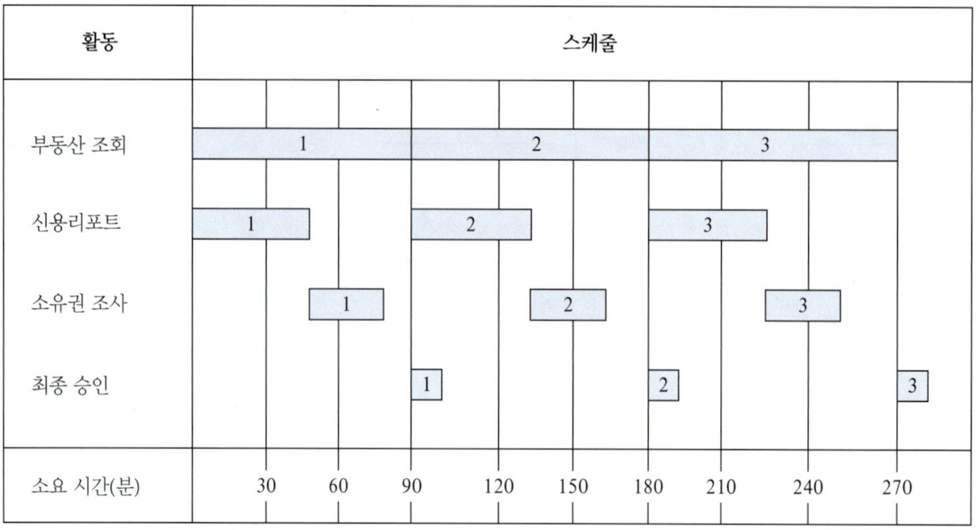

그림 5.5 모기지 서비스의 간트차트

의 모기지 신청이 완료되기까지 매번 90분이 소요된다는 의미이다. 또한 "신용리포트"와 "소유권 조사"는 시스템의 생산성에 어떠한 손실도 주지 않으며 하나로 합쳐도 된다. 이때 총 소요시간은 두 활동의 소요시간 45분, 30분을 합쳐서 75분이 된다. 각 사이클 타임이 90분이므로 이렇게 합쳐도 여전히 15분의 여유 시간이 있다. 간트차트는 다양한 용도로 사용이 되며 제16장의 서비스 프로젝트 관리에서도 다시 논의될 것이다.

프로세스 용어

한 작업자가 각 활동에 배치되어 있으며 모기지 신청자의 공급은 무한하다는 가정하에 모기지 서비스 프로세스를 예제 5.2를 이용해 다음의 프로세스 분석 용어들을 정의하고 설명한다.

사이클 타임

사이클 타임(CT)은 연속되는 서비스 단위의 완료 사이에 소요되는 평균시간을 나타낸다. 특정 작업의 경우 CT는 관련 활동을 수행하기 위한 평균 서비스 시간이다. 그림의 예를 들어 보면 신용리포트를 받기 위해서 평균 45분이 소요된다. 그러나 사이클 타임은 여러 서비스 제공자가 동일한 작업을 수행하게 되는 **작업장**(*work area*)을 대상으로도 적용될 수 있다. 가령 그림의 부동산 조회의 경우 두 사람이 조회업무를 담당하고 있다면 이 **작업장**에 대한 CT는 90/2 = 45분이 될 것이다. 마지막으로 전체 시스템의 사이클 타임도 정의해 볼 수 있는데 이는 바쁜 시간에 연속해서 서비스를 받고 돌아가게 되는 두 고객들 사이의 시간 차이를 나타내게 된다. 그러나 시스템 사이클 타임은 반드시 병목현상을 규명한 후에 결정될 수 있다.

병목현상

병목현상(***bottleneck***)은 생산을 제약하는 작업을 말한다. 보통 병목현상은 가장 느린(혹은 가장 긴 CT를 가진) 작업을 말하며, 예제의 경우 CT = 90분인 부동산 조회가 이에 해당된다. 병의 입구가 액체의 흐름을 제약하는 것과 마찬가지로 프로세스의 병목현상이 서비스 단위의 프로세스 이동속도를 제한하게 되며, 결과적으로 전체 시스템의 CT를 결정하게 된다. 병목현상은 시스템의 산출을 제한하게 되는데, 이러한 병목현상은 작업이 느리다는 것뿐만 아니라 작업자의 활용 가능성, 정보, 특히 서비스의 경우는 고객의 도착률 등과 같은 여러 가지 이유로 발생하게 된다. 흔히 병목현상 **앞에는** 대기 열이나 대기 장소 등을 의도적으로 설치해서 작업이 중단되는 것을 막고 산출을 적절하게 조절하게 된다. 병목현상에서 1시간을 낭비하게 되면 시스템 산출이 1시간 낭비된다는 것을 명심해야 한다. 프로세스를 이해함에 있어서 병목현상의 역할은 운영관리자가 되고 싶은 사람에게는 "필독도서"라 할 엘리 골드렛(Eli Goldratt)의 소설, **더 골**(*The Goal*)의 핵심 주제이기도 하다.

서비스능력

서비스능력(*capacity*)은 서비스 시스템이 **분주할 경우**(즉, 활동은 결코 유휴 상태가 아니다) 단위시간당 산출의 크기를 나타내는 측정치이다. 제한이 없는 특정 작업의 서비스능력은 1/CT로 측정된다. 예를 들면, 소유권 조사 작업의 서비스능력은 한 작업자를 처리하는 데 30분이 걸리기 때문에 시간당 2건이 된다. 전체 시스템의 서비스능력은 **병목현상**의 서비스능력에 의해 결정된다. 모기지 서비스의 경우 부동산 조회 작업이 가장 긴 CT = 90분을 가진 병목현상이 된다. 따라서 전체 시스템의 서비스능력은 (60분) × (1/90분) 즉, 시간당 2/3건이 되며 하루 8시간 영업을 전제로 하면 5.33건/일이 된다.

서비스능력 이용률

서비스능력 이용률(*capacity utilization*)은 서비스 시스템이 분주할 경우를 전제로 프로세스의 서비스능력에 대한 실제 산출의 상대적 크기를 나타내는 측정치이다. 특정한 날에 모기지 서비스 처리건수가 5건이었다면, 이 경우 서비스능력 이용률은 5/5.53 = 93.75%가 된다. 고객의 도착시간과 서비스 시간의 변동성 때문에 제12장 대기행렬 관리에서 볼 수 있는 바와 같이 서비스 기업의 경우 100% 서비스능력 이용률을 달성한다는 것은 불가능하다. 더군다나 병목현상이 아닌 작업의 서비스능력을 100% 이용하려고 노력하는 것은 결과적으로 불필요한 프로세스 재고(WIP)만 낳게 된다. 따라서 특히 개별적인 작업의 서비스능력 이용률은 **위험성**을 내포한 경영성과 측정치라 할 수 있기 때문에 매우 신중하게 사용되어야 한다.

처리시간

처리시간(*throughput time*)은 도착해서 나갈 때까지 프로세스 완료에 소요되는 시간을 나타낸다. 처리시간은 **주경로**(*critical path*) 작업시간들의 합과 모든 대기행렬에서 소비되는 평균시간을 더하여 결정한다. 주경로란 제16장 서비스 프로젝트 관리에 정의되어 있듯이 프로세스의 시작과 종료를 연결하는 가장 긴 시간을 필요로 하는 경로를 말한다. 모기지 서비스의 경우 서비스 신청부터 시작해 부동산 조회를 거쳐 최종 승인으로 종료되는 경로가 주경로이다.

처리시간 = 모기지 서비스 신청 평균 대기시간
+ 부동산 조회(90분)
+ 신청완료를 위한 평균 대기시간
+ 최종 승인(15분)

그림 5.5에서 신용리포트와 소유권 조사 작업에 모두 75분이 소요되지만, 병목현상에 의해 이들 작업은 주경로에 포함되지 않는다. 각 대기행렬에서 소요되는 평균시간은 부록 D에 소개된 대기행렬 공식이나 컴퓨터 시뮬레이션을 통해 추정할 수 있다. 그러나 어떤 경우든지 모기지 서비스 신청의 도착률에 의해 처리시간은 크게 달라진다.

긴급주문 흐름시간

긴급주문 흐름시간(***rush order flow time***)은 시작부터 종료까지 대기시간 없이 시스템을 진행하는 데 소요되는 시간을 말한다(즉, 대기시간이 없는 처리시간). 위의 예의 경우 주경로를 따라서 산출되는 긴급주문 흐름시간은 부동산 조회(90분)와 최종승인(15분)을 합한 105분이 된다.

총직접노동시간

총직접노동시간(***total direct labor content***)은 모든 작업시간의 합을 말한다(즉, 접촉시간). 전문 서비스의 경우 이를 종종 "요금청구(billable)" 시간이라고 한다. 간접노동시간 및 간접비(예: 유지관리 및 관리)는 계산에 포함되지 않는다. 앞의 모기지 예제의 경우 총직접노동시간은 90 + 45 + 30 + 15 = 180분이다.

직접노동이용률

직접노동이용률(***direct labor utilization***)은 작업자들이 실제로 서비스 가치에 기여하게 되는 시간의 비율을 나타내는 측정치이다. 모기지 서비스에 대한 직접노동이용률은 다음과 같이 계산된다:

$$\text{직접노동이용률} = \frac{\text{총직접노동시간}}{(\text{프로세스 사이클 타임})(\text{작업자 수})} = \frac{180}{(90)(4)} = 50\%$$

설비 배치

설비 디자인과 더불어 서비스전달시스템에서 배치, 또는 배열은 서비스 제공자에게는 물론이고 고객의 편의를 위해서도 중요하다. 제대로 디자인되지 못한 서비스 기관에서 불필요한 짜증을 느끼면서 서비스 받기를 원하는 고객은 아무도 없다. 게다가 잘못된 배치는 서비스 직원으로 하여금 비생산적인 작업을 하도록 하여 시간낭비를 초래한다.

흐름 프로세스의 배치와 작업할당 문제

몇몇 표준화된 서비스는 모든 고객이 경험해야 하는 고정된 단계 또는 작업순서로 분리될 수 있다. 이는 제품이 고정된 순서로 조립되는 생산조립 라인과 유사한 **흐름 프로세스 배치**(***flow process layout***)가 그 예이다. 가장 명확한 예는 식사하는 사람이 쟁반을 들고 다니면서 자기가 먹을 것을 선택하는 카페테리아 식당에서 찾아볼 수 있다. 이러한 서비스에서는 직원들이 거의 같은 시간의 작업을 하게끔 작업을 할당할 필요가 있다. 그런데 고객당 가장 많은 시간을 요구하는 작업은 병목현상을 초래하고 서비스 라인의 서비스능력을 제한한다. 서비스 라인 능력에 어떠한 변화라도 발생하면 병목활동에 주의를 기울여야 한다. 이 경우 병목현상에 다른 일손을 추가하기, 활동시간을 줄이기 위해 도움을 주기, 별도의 작업 할당으로 새 공정균형을 만들기 위해 작업을 다시 묶기 등 몇 가지 선택 가능한 대안이 가능하다. 균형화된 라인은 작업 할당에 있어서 불필요한 태만이나 불공정을 피하기 위해 모든 작업이 거의 같은 작업시간을 갖게 할 것이다. 이러한 방법을 사용하면 예제 5.3에서 설명하는 것과 같은 분업의 허용과 전용 특수 장비의 사용에 따른 부수적인 이점이 있다.

예제 5.3 운전면허 갱신 프로세스

자동차 운전면허 시험장 사무실에서는 현재 인원에 직원을 하나 더 늘려주는 대신 시간당 120명의 지원자를 처리하도록 생산성을 향상시키라는 압박을 받고 있다. 현재 면허 갱신 프로세스는 표 5.2에 열거된 작업을 고정된 순서로 처리하는 서비스 라인으로 디자인되어 있다. 활동 1(즉, 지원서 확인)은 반드시 먼저 행해져야 하고, 활동 6(즉, 임시 면허 발급)은 반드시 마지막 순서가 되어야 하며, 규정상 경찰관에 의해 처리되어야 한다. 활동 5(즉, 사진 촬영)에는 가격이 비싼 즉석 카메라가 있어야 한다.

그림 5.6(a)에 제시된 현재 배치의 공정 흐름도를 보면, 병목현상 활동(즉, 시간당 가장 느린 진행률의 활동)이 활동 3(즉, 위반과 규제 사실 체크)인 것을 알 수 있으며 활동 3은 서비스 라인의 능력을 시간당 60명의 지원자를 처리하도록 제한하고 있다. 병목에만 초점을 두면, 활동 3에 직원을 추가 배치해 병목을 해소하면 시간당 120명을 처리할 수 있을 것으로 생각할 수 있다. 그렇지만 병목현상이 활동 4로 옮겨가기 때문에 이 시스템의 능력은 시간당 90명으로 제한된다.

직원이 7명 있는 그림 5.6(b)에서 보이는 바와 같이, 제안된 프로세스 설계는 활동 1과 4가 하나의 그룹으로 묶여 직원들 사이의 작업 부담을 훨씬 더 균형화하는 새로운 작업(즉, 지원서 확인과 시력검사)을 만들었기 때문에 시간당 120명의 지원자를 처리할 수 있다. 두 작업을 하나로 묶는 것을 어떻게 알았을까? 공정의 각 단계는 시간당 적어도 지원자 120명(흐름율)을 처리해야 한다. 작업 2와 6은 이미 그렇게 하고 있으므로 더 이상 개선할 여지가 없다. 활동 3을 수행하는 데 직원이 추가적으로 필요한데, 그 이유

표 5.2 운전면허 갱신 프로세스 시간

활동	설명	사이클 타임(초)
1	지원서 확인	15
2	처리 및 기록비 수납	30
3	위반과 규제 사실 체크	60
4	시력 검사	40
5	사진 촬영	20
6	임시면허 발급(주 경찰관)	30

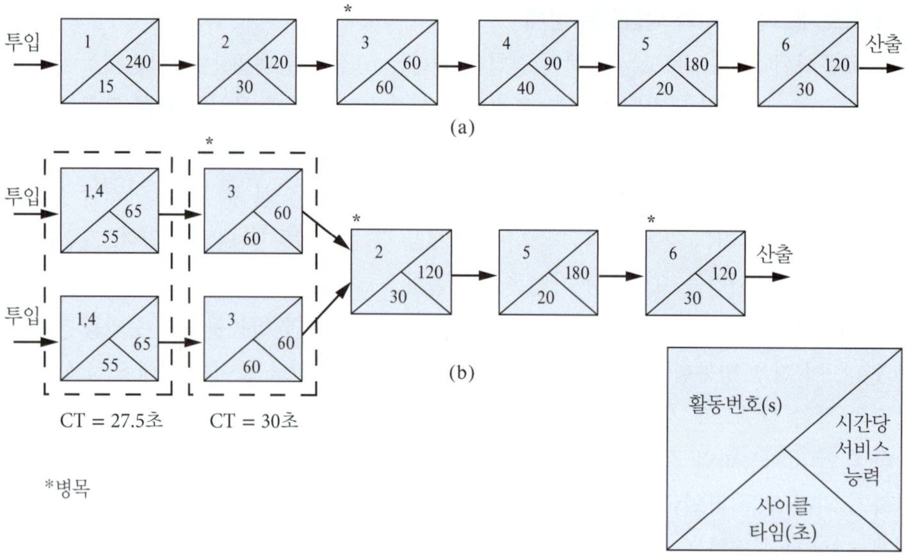

그림 5.6 (a) 현재의 흐름도, (b) 개선된 흐름도

는 두 작업자가 병렬로 작업을 수행하는 방법이 유일하게 시간당 지원자 120명이라는 결합된 흐름을 만들 수 있기 때문이다. 다음으로, 60초나 그 이하(즉, 시간당 적어도 지원자 60명을 처리할 수 있는) 정도로 시간이 적게 걸리는 작업을 묶을 수 있는지 물어봐야 한다. 40초가 걸리는 활동 4와 15초가 걸리는 활동 1을 묶어서 지원자당 55초 걸리는(또는 시간당 지원자 65명을 처리할 수 있는) 결합된 작업을 만들 수 있다. 이 해결책은 시력검사기가 하나 더 필요하다는 점을 유의해야 한다. 또 다른 해결책은 활동 4와 5를 결합하여 시간당 60명의 지원자를 처리하는 작업을 만드는 것이다. 그러나, 추가로 고가의 카메라를 구입해야 한다. 서비스 용량을 충족시키면서 고객과 직원 모두에게 고객화된 서비스를 제공하는 것으로 생각될 수 있는 또 다른 프로세스 설계는 없을까?

운전면허 시험장 사무실의 예에서 제품별 배치를 근본적으로 다시 한번 생각해보자. 컴퓨터, 시력검사 장비, 카메라에 추가로 투자할 수 있다면 전체적인 프로세스를 다시 설계할 수 있을 것이다. 165초에 다섯 가지 작업을 모두 할 수 있거나 시간당 개별 흐름율이 고객 22명이 되도록 직원을 훈련시키는 것을 고려해 보자. 이제 도착하는 고객은 그림 5.7에서 보는 바와 같이 나란히 일하는 여섯 명의 직원 중 한 명을 선택하면 된다. 이 시스템은 한 직원이 모든 업무를 처리하기 때문에 고객이 한 직원에서 다른 직원으로 옮겨 다니면서 중간중간에 기다릴 필요가 없으므로 고객에게 어필할 것이다. 더욱이 앞에서처럼 반복적인 정보가 필요 없기 때문에 전체적인 시간이 짧아질 수도 있다. 끝으로, 예상 요구 수요를 만족시킬 만큼의 직원만 근무하면 되기 때문에 사무실의 인원 배치가 유연해진다. 이러한 노동절약은 여섯 개의 작업 카운터에 대한 투자를 정당화하는 근거가 된다.

잡숍 프로세스 배치와 상대적 위치 문제

잡숍 프로세스 배치(***job shop process layout***)에서는 서비스 활동의 순서가 고정되어 있지 않으므로 고객의 요구를 충족하기 위해 서비스를 고객화할 수 있다. 배치의 유연성은 고객의 요구사항대로 서비스를 맞출 수 있게 함으로써 개별화된 서비스를 전달할 수 있다. 고객의 요구에 맞는 서비스를 제공하기 위해서는 그것을 수행할 역량과 기술이 있는 서비스 제공자가 있어야 한다. 법률, 의료, 컨설팅과 같은 전문서비스가 그 예이다.

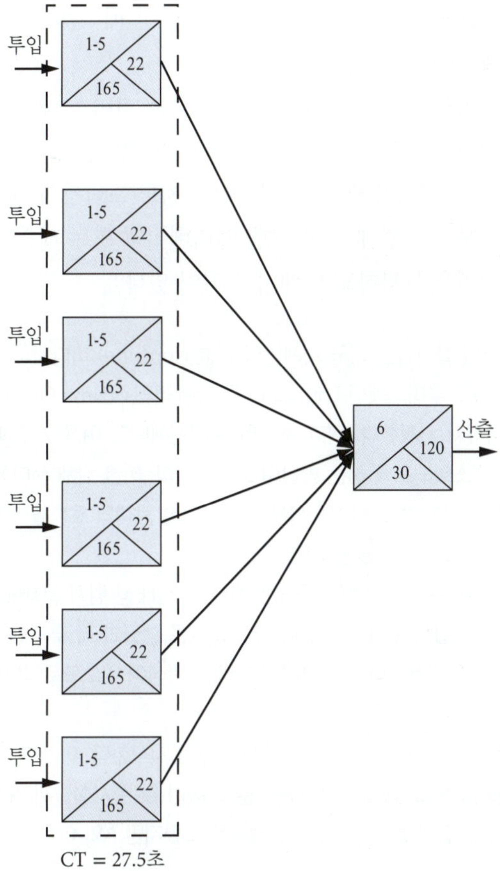

그림 5.7 운전면허 시험장의 리엔지니어링

서비스 제공자의 관점에서 보면, 고객 흐름은 불연속적이므로 각 부서별로 대기실이 필요하다. 고객들이 별도의 서비스 순서를 선택하거나 제공된 서비스에 대한 수요가 다를 때 각 부서의 수요가 변동한다. 만일 고객이 도착하였을 때 부서가 분주하면, 고객은 기본적으로 먼저 오는 사람이 먼저 서비스를 받는(FCFS: First-come, First-served) 대기행렬에서 기다린다.

서비스 프로세스 배치에 관한 실제적인 사례는 교과목을 학생들이 선택할 수 있도록 하면서 학과별로 독립적으로 사용되는 건물을 갖고 있는 대학 캠퍼스에서 찾아볼 수 있다. 상대적 위치 문제는 캠퍼스 배치에서 볼 수 있다. 학생과 교수 모두의 편의를 위해서 경제학과와 경영학은 각각 독립된 영역에 있더라도 근처에 있어야 할 것이며, 서로 상당히 관련이 깊은 공학과 물리학과 같은 학과는 가까운 위치에 배치되어야 한다. 도서관과 행정실은 캠퍼스의 중심부에 놓일 것이다. 이러한 배치를 선택하는 한 가지의 객관적인 목표는 교수와 직원과 학생이 이동하는 거리를 최소화하는 것이다. 하지만 여러 다른 배치가 가능하다. n개의 학과를 n개의 위치에 할당했다면 $n!$의 배치가 가능하다. 예를 들면, 10개 학과를 운영하면, $10! = 10 \times 9 \times 8 \times 7 \ldots 3{,}628{,}800$개의 다른 배치이다. 즉 이러 한 대안 중에서 최선의 배치를 찾기 위해 하나하나 대안을 열거하는 것은 어려운 때문에 예제 5.4 오션 월드 테마파크에서 보듯이 우수한 배치를 찾기 위해 휴리스틱(heuristic) 접근법이 사용된다.

이동거리 최소화 이외의 다른 목적을 기준으로 하는 서비스 배치도 고려될 수 있다. 예를 들면, 핵심적인 사업과 그에 관련된 부수적인 사업이 있을 때, 고객이 편리하게 서비스를 받을 수 있게 하는 배치를 만들어 낼 수 있다. 카지노 도박장의 배치를 생각해 보라. 고객은 패션매장을 따라 복도를 걷게 되고 호텔 엘리베이터 또는 레스토랑으로 가기 위해서는 반드시 슬롯머신 지역을 통과하도록 배치가 되어 있다.

예제 5.4 오션 월드(Ocean World) 테마파크

오션 월드(Ocean World)의 설계자는 미국 서해안의 넵튠(Neptune) 바다왕국의 설계를 성공적으로 마친 후 두 번째 해양공원으로, 루이지애나(Louisiana)주 뉴올리언스(New Orleans) 지역의 토지를 개발하기 위한 설계도를 작성하기 시작했다. 덥고 눅눅한 루이지애나의 여름 기후 때문에 방문객이 시설물 사이를 이동하는 거리가 최소화되도록 하는 방안이 고려되었다. 이를 위해 샌디에이고(San Diego) 테마파크의 자료를 이용하기로 했다. 샌디에이고 시설물 사이의 방문객의 흐름을 보여주는 자료는 표 5.3이며, 이는 배치설계의 기본 자료로 이용될 것이다.

작업순서 분석이라고 불리는 휴리스틱 접근법은 이러한 상대적 위치 문제에 대한 좋은 배치를 구별하는 데 사용된다. 이 방법은 입력자료로 각 부서 사이의 흐름 행렬과 각 부서별로 할당된 지역의 지리적 중앙 지점을 나타내는 격자를 사용한다. 표 5.3은 총계에만 관심이 있으므로 각 방향 흐름의 합을 구하기 위해 원본 흐름행렬을 삼각행렬로 만들었다.

휴리스틱은 그림 5.8(a)의 격자 위에 있는 초기 배치에서 시작한다. 이 초기 배치는 임의적이지만 판단과 과거 경험에 근거를 둘 수도 있다. 표 5.3은 1일 흐름이 많은 시설물끼리는 서로 가까워야 한다고 제안한다. 예를 들면, A를 D 옆에 놓아야 하는 필요는 못 느꼈지만 A와 C를 가까이 두는 것은 적절할 것이다.

인접하지 않은 시설물 사이의 흐름은 시설물을 나누는 격자 수를 곱하여 계산한다. 여기서 각 격자의 대각선 거리와 거의 같다고 가정하여 격자 사이의 거리는 피타고라스의 정리를 이용하지 않고 격자의 측면 거리를 대신 이용하였다(실제 거리는 플롯계획을 사용하여 측정된다). 이들 제품의 초기 배치의 총흐름거리(이웃하지 않는 시설물들 사이의 거리)의 합은 124이다. 여기서 떨어져 있는 A와 C를 인접하게 하면 총흐름거리가 줄어들게 되므로 그림 5.8(b)와 같이 배치를 바꾸어 보면 총 거리가 96인 새로운 배치를 얻을 수 있다. 그림 5.8(c)는 A와 C의 자리를 맞바꾼 결과다. 이 교환은 시설물 C를 시설물 D, E, F 곁으로 옮겨 총흐름거리를 70으로 줄였다. 그러나, 그림 5.8(c)의 직사각형이 아닌 배치는 실제 부동산 문

표 5.3 시설물 사이의 방문객의 하루 흐름(단위: 하루, 100명)*

	A	B	C	D	E	F
[illegible]	[illegible]	[illegible]	[illegible]	0	5	6
[illegible]	[illegible]	[illegible]	[illegible]	10	0	2
[illegible]	[illegible]	[illegible]	[illegible]	15	7	8
[illegible]	[illegible]	[illegible]	[illegible]		10	3
[illegible]	[illegible]	[illegible]	[illegible]	[illegible]		6
[illegible]	[illegible]	[illegible]	[illegible]	[illegible]	4	

[illegible]rix)

순흐름 →

	A	B	C	D	E	F
A		15	30	0	15	6
B			12	40	10	8
C				20	8	8
D					30	6
E						10
F						

삼각 행렬(triangularized matrix)

[illegible]래, D 수상스키, E 수족관, F 물놀이 기구

(*a*) 초기 배치

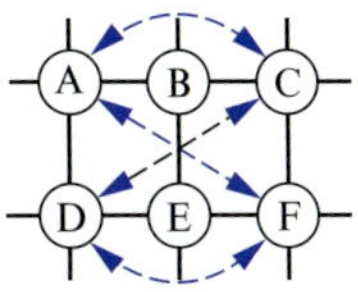

이동쌍	흐름거리
AC	30 × 2 = 60
AF	6 × 2 = 12
DC	20 × 2 = 40
DF	6 × 2 = 12
계	124

(*b*) A 옆으로 C 이동

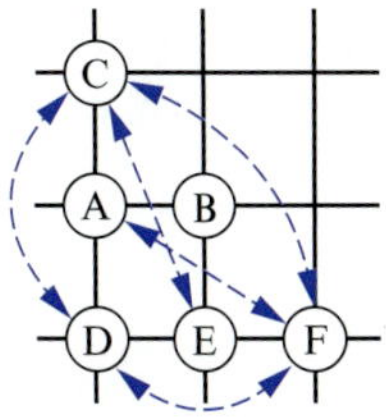

이동쌍	흐름거리
CD	20 × 2 = 40
CF	8 × 2 = 16
DF	6 × 2 = 12
AF	6 × 2 = 12
CE	8 × 2 = 16
계	96

(*c*) A와 C의 교환

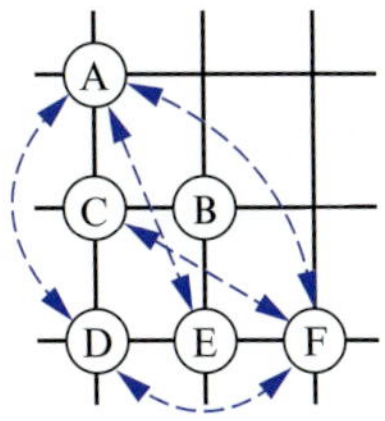

이동쌍	흐름거리
AE	15 × 2 = 30
CF	8 × 2 = 16
AF	6 × 2 = 12
AD	0 × 2 = 0
DF	6 × 2 = 12
계	70

(*d*) B와 E 옆으로 F 이동

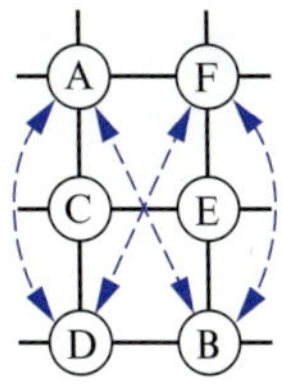

이동쌍	흐름거리
AB	15 × 2 = 30
AD	0 × 2 = 0
FB	8 × 2 = 16
FD	6 × 2 = 12
계	58

그림 5.8 작업순서 분석을 이용한 오션 월드 현장배치계획

제에 허용되지는 않는다. 마지막 배치인 그림 5.8(d)는 배치형태를 사각형으로 만들기 위해 시설물 F를 옮기고 시설물 B와 E를 바꿔 만들었다. B와 E를 바꾸면 더 작은 공간을 형성하기 위해 F를 옮긴 것과 같이 E와 F를 가까이 둘 수 있다. 흐름이 많은 시설물을 인접하게 하여 총흐름거리를 그림 5.8(d)에서 보듯이 58로 줄였고, 그 실제 배치모습은 그림 5.9와 같다.

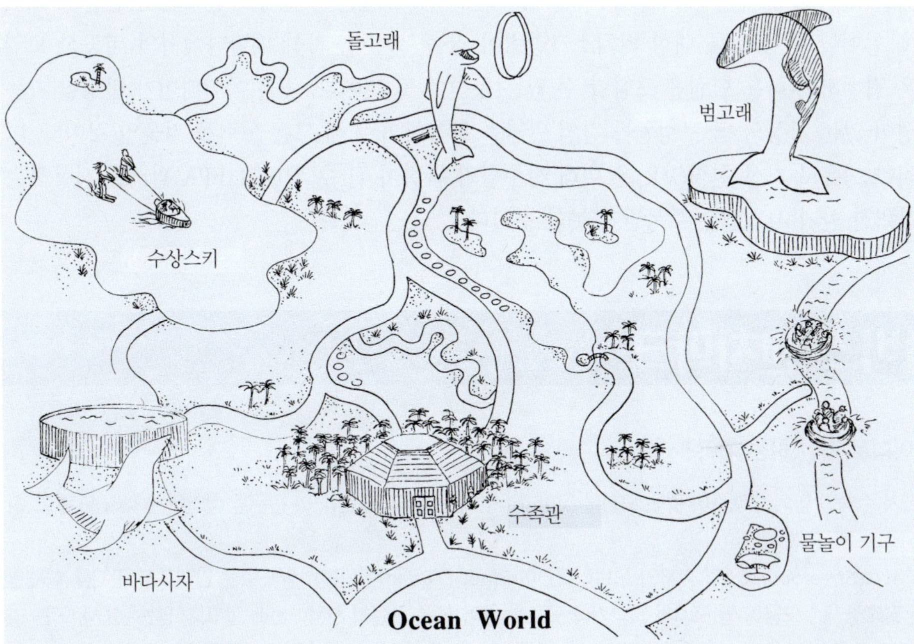

그림 5.9 오션 월드 테마파크의 최종 현장배치계획

자료원: Map by Kate O'Brien, Desert Tale Graphics.

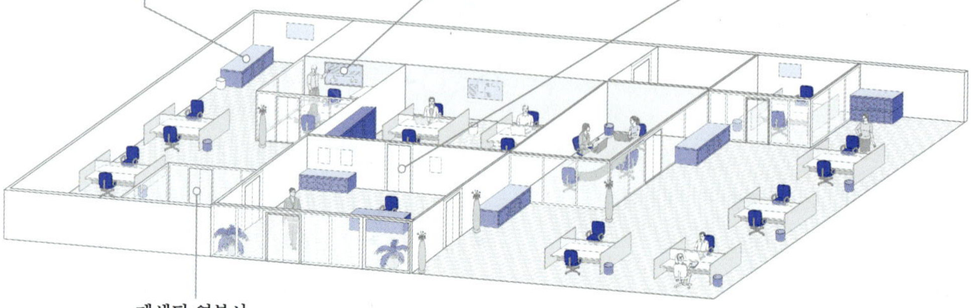

그림 5.10 코로나19 이후의 사무실 배치

자료원: https://gensler.com/research-insight/blog/reports-death-of-the-workplace-have-been-greatly-exaggerated.

코로나19 이후의 사무실

코로나19 경험 후 사무실로 복귀하는 종업원의 공기질환감염 전파로부터의 보호에 높은 관심을 반영한 변화될 환경을 그림 5.10에 묘사하였다. 회사에 도착한 직원은 출입증으로 보호되는 보안 출입구를 마주치게 될 것이다. 칸막이가 있는 사무실 책상은 사회적 거리를 고려해 배치될 것이다. 회의실에는 외부 팀 구성원이 실제로 참석한 사람들과 회의에 참여할 수 있도록 대형 터치스크린벽이 있을 것이다. 가상 베란다에서의 비공식 모임은 집에서 일하는 팀원을 포함할 수 있는 옵션이 될 것이다. 좋은 아이디어가 탄생할 가능성이 있는 가상의 팀 구성원들 간의 만남을 포착하기 위해 모든 노력을 기울일 것이다. 이러한 이유로 가상 현실(VR)은 미래 사무실의 특징이 될 수 있다. HEPA 필터를 사용하는 강력한 환기 시스템은 주목받지 못할 것이다.

서비스 벤치마크

어디로, 도대체 어디로 가야 하는 거야?

공항은 세계 곳곳에서 수백만 명의 승객들이 멋진 모험을 찾아 떠나는 관문이다. 그런데 이 관문을 찾아내는 것이 모험 그 자체가 될 수도 있다.

*월스트리트저널(Wall Street Journal)*의 기자인 오브라이언(Bridget O'Brian)은 공항 밖에 있는 안내표시 문제를 취재한 바 있다. 이 기자는 필요하거나 도움이 될 표시가 없다거나 모호한 용어 혹은 구절의 사용, "눈에 잘 띄지 않는" 표시, 또는 엉뚱한 곳에 설치된 표시 등과 같은 문제 사례들을 지적하였다. 이렇게 부실한 표시는 결과적으로 운전자의 기분을 망가뜨리고, 비행기를 놓치게 만들며, 자동차 사고를 유발하고, 죽음에 이르게 할 수도 있는 것이다.

미국에서는 이러한 문제를 해결하기 위해서 공항 안내표시를 위한 국가표준을 마련하고 있다. 이러한 표준이 채택된다면 하나의 중요한 서비스 발전사례가 될 것이다.

그러나 공항에 도착하는 노력은 모험의 일부분에 불과하다. 공항 내의 표시도 여행객들에게는 만만치가 않다. 캘리포니아(California)주 오클랜드(Oakland)에서 텍사스(Texas)주 오스틴(Austin)으로 가는 델타 항공(Delta Air Lines)을 예약한 두 승객의 경험을 예로 들어 보자. 이 두 사람이 오클랜드 국제공항에 도착하자 델타 항공사의 직원은 오클랜드-달라스 항공편이 취소되었다고 말하였다. 그 직원은 대신 아메리칸 항공(American Airlines) 이용권을 주면서 30분 비행거리인 달라스-오스틴(Dallas-Austin)의 델타 항공편의 예약은 아직 살아 있다고 말해주었다. 이들은 아메리칸의 체크인 카운터로 가서 탑승권을 받았다. 달라스-포트 워스(Dallas-Fort Worth) 국제공항에 도착하기 전까지는 이들의 여행이 순조로워 보였다.

두 승객은 탑승로 C에 있는 22번 출입구에 도착하자 곧 도착/출발 안내 모니터를 들여다보았으나 모니터에는 아메리칸 항공의 항공편만이 소개되고 있었다. 또한 공항 안내 "약도"에는 탑승로 A, B, C 말고 다른 탑승로가 있는지에 대한 표시가 없었다. 다른 두 탑승로(A와 B)로 가는 셔틀 전철 표시를 보고 아래층에 있는 정거장으로 향하였다. 그러나 탑승로 A와 B에 출입구와 모니터가 있었지만 모두 아메리칸 항공이 사용하는 것뿐이었다. 주위에는 아메리칸 항공만을 위한 것들 외에 다른 항공사나 공항운송 서비스에 대한 표시가 하나도 없었다. 할 수 없이 탑승로 A에 있는 아메리칸 항공 출입구 직원에게 방향을 묻자 탑승로 반대쪽에 있는 출입구 21A로 가서 한 층 내려간 후 탑승로 E로 가는 공항 셔틀 전철(즉, 아메리칸 항공 셔틀 전철이 아닌)을 타라는 것이었다. 그러나 아래층으로 가는 길을 안내하는 표시가 없었고 탑승로 출구에 있던 사람은 영어를 못해 도움이 될 수 없었다. 결국에는 엘리베이터를 발견하여 아래층으로 내려갈 수 있었으나 전철 정거장으로 가려면 빌딩 밖으로 나가야 한다는 것을 알게 되었다. 그러나 정거장은 폐쇄되어 있었고 우측에 있는 다음 정거장으로 가라는 표시만 있었다. 이들은 정거장 방향으로 출발하여 갔으나 정거장을 발견할 수가 없었다. 때는 밤이라서 행인이라곤 볼 수가 없었고 가까스로 보안요원 한 사람을 만날 수 있었다. 보안요원 말이 탑승 가능한 정거장은 다른 쪽 방향에 있다는 것이었다. 아메리칸 항공 출입구에서 델타 항공 출입구로 가는 것은 10분 거리도 안 되었지만 공항 표시판이나 주변을 숙지하고 있는 직원이 하나도 없었던 탓에 이동하는 데에 무려 한 시간 이상이나 걸렸던 것이다.

자료원: Bridget O'Brian, "Signs and Blunders: Airport Travelers Share Graphic Tales", *The Wall Street Journal*, March 28, 1995, p. B1.

요약

고객이 혼돈하지 않고 행동하도록 돕기 위한 방안으로 서비스 설비 디자인과 배치의 심리학적 응용에 대해서 설명하였다. 서비스 설비 디자인의 환경적 특성이 고객과 직원에게 미치는 행동적 영향을 설명하기 위해서 서비스스케이프 개념을 사용하였다. 설비 디자인은 서비스 경험을 담는 패키지와 같은 것으로 유연성, 안전성 그리고 심미성 등의 특징을 포함한다. 프로세스 분석은 시스템의 병목현상을 찾아내는 데 이용될 수 있고 처리시간을 결정하는 데 도움을 주는 프로세스 흐름도의 구성을 중심으로 설명하였다. 설비 배치는 분석을 위해 도입된 도식적 도구(graphic tool)와 함께 제품과 프로세스 유형으로 구분된다. 또한 코로나19 이후의 사무실은 어떤 모습일지에 대해서도 살펴보았다.

주요 용어

병목현상(bottleneck) 실행 시 가장 많은 시간이 소요되며 이와 같이 전 과정에 대한 최대흐름비율을 정의하는 제품배치 내의 활동

서비스능력(capacity) 시스템이 분주할 때를 기준으로 단위시간당 산출의 크기

서비스 이용률(capacity utilization) 분주할 때를 전제로 프로세스 서비스능력에 대한 실제 달성한 산출의 상대적인 크기를 나타내는 측정치

사이클 타임(cycle time) 연속되는 작업단위 완료 사이의 평균시간

직접노동이용률(direct labor utilization) 작업자가 실제로 서비스 가치에 기여한 시간의 비율을 나타내는 측정치

흐름 프로세스 배치(flow process layout) 고정된 순서에 따라 수행되는 표준화된 서비스(예: 카페테리아)

잡숍 프로세스 배치(job shop process layout) 고객들이 자신의 활동 순서를 결정하기 때문에 고객화가 허용되는 서비스(예: 놀이공원)

작업 순서 분석(operations sequence analysis) 각 부서의 상대적 위치를 조정함으로써 공정 배치 내에서의 이동거리를 개선하는 절차

긴급주문 흐름시간(rush order flow time) 시작부터 종료까지 대기시간 없이 시스템을 진행하는 데 소요되는 시간

서비스스케이프(servicescape) 고객 및 작업자 양자의 서비스에 대한 인식과 행동에 영향을 주는 서비스 지원설비의 물리적 환경

처리시간(throughput time) 도착해서 나갈 때까지 프로세스 완료에 소요되는 시간

총직접노동시간(total direct labor content) 모든 작업시간의 합

웨이페어링(wayfaring) 물리적 공간에서 사람들을 지향하는 디자인 원칙

토론 주제

1. 당신이 대기실에서 경험한 심미적 요소를 비교해서 설명하라. 당신의 기분에 영향을 주었던 환경 요소는 무엇이었는가?
2. 고객의 관점에서 서비스 개념을 잘 설명하는 서비스스케이프의 사례와 서비스 개념을 오히려 반감시키는 사례를 설명해 보라. 서비스스케이프 차원을 기준으로 성공 및 실패에 대해 설명하라.
3. 하나의 서비스를 선택해 디자인과 설비 배치가 어떻게 여섯 가지 요소—서비스 조직의 특징과 목적, 토지 가용성과 공간 요구, 유연성, 심미적 요소, 그리고 지역사회와 환경—와 부합되는지 논의하라.
4. 예제 5.4의 오션 월드 테마공원의 경우, 인기 있는 설비를 나란히 옆에 배치하지 말아야 하는 것에 대해 논의하라.

그룹활동 과제

수업에서 학생들을 소그룹으로 나눠보자. 그룹의 절반은 직무만족과 생산성의 관점에서 도움이 되는 서비스스케이프의 작업 환경을 만들어 보게 하고, 나머지 절반은 직무만족과 생산성이 형편없는 서비스스케이프의 예를 만들어 보게 하여 토론해 보자.

익힘 문제와 풀이

1. 제품별 배치의 작업할당

문제

해외로부터 뉴욕 JFK공항에 도착하게 되면 국내선으로 갈아타기 전에 입국심사와 세관검사를 받아야 한다. 다음 표에는 이 과정에 관련된 활동과 평균소요시간을 나타내고 있다. 수하물 찾기를 제외한 나머지 활동은 나열된 순서로 실행되어야 한다. 병목현상에 해당되는 활동은 무엇인가? 아울러 시간당 최대 처리승객의 수는 얼마인가? 이 프로세스의 균형을 개선하기 위해 어떠한 조치를 제안하겠는가?

활동	평균소요시간(초)
1. 비행기에서 내림	20
2. 입국심사	16
3. 수하물 찾기	40
4. 세관검사	24
5. 수하물 검사	18
6. 국내선 탑승	15

해

첫째, 프로세스 흐름도를 작성하고 병목현상 활동을 규명한다. 가장 느린 활동은 "수하물 찾기"이기 때문에 이 시스템의 최대 서비스능력은 시간당 90명이다.

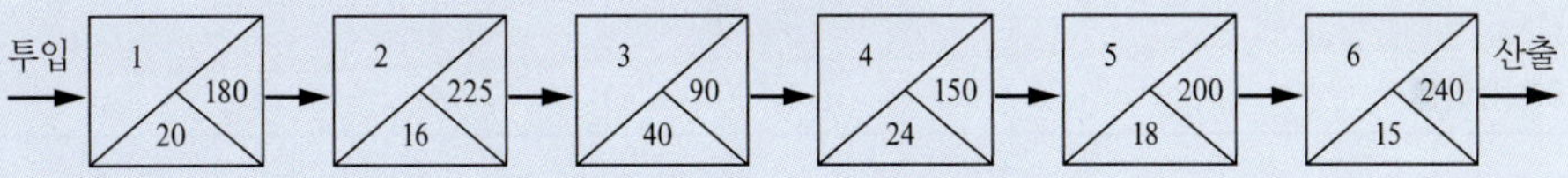

시스템의 서비스능력을 증가시키기 위한 한 가지 방안은 수하물 찾기 영역의 능력을 두 배로 늘림과 동시에 입국심사와 세관검사 영역의 활동을 합쳐서 시행하도록 하는 것이다. 이 새로운 제품별 설비 배치의 프로세스 흐름도는 다음 그림과 같으며, 결과적으로 시스템의 서비스능력은 두 배인 시간당 180명이 된다.

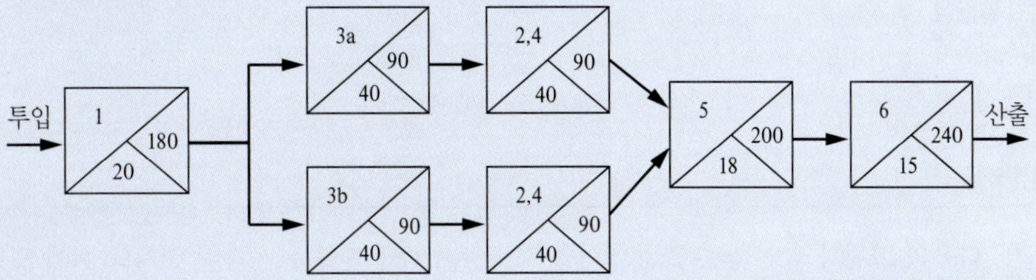

2. 프로세스 분석

문제

앞 문제의 JFK 공항에서의 국제선 도착을 묘사한 최초 프로세스 흐름도를 살펴보자. 시스템 능력, 총직접노동시간, 긴급주문 흐름시간, 그리고 직접노동이용률을 계산해 보자.

해

프로세스 분석의 첫 단계는 **병목현상** 활동의 확인에서부터 출발하는데 이 사례에서는 CT가 40초인 "수하물 찾기"가 병목현상이다. **시스템 능력**은 병목현상의 CT로 결정되며, 시간당 90명의 승객 처리로 계산된다. 즉, (60분/시간)(60초/분)(1/40초) = 90명/시간. 각 활동 사이의 대기시간은 없다고 가정하고, **긴급주문 흐름시간**은 모든 활동의 시간을 합한 133초(20 + 16 + 40 + 24 + 18 + 15 = 133)이다. 이 프로세스에는 단지 하나의 경로만 있으니, **총직접노동시간**도 모든 활동의 시간을 합한 시간인 133초이다. 직접노동이용률은 시스템 프로세스 사이클 타임(병목의 CT) 곱하기 작업자 수로 총직접노동시간을 나누어 %를 계산한다.

$$\text{직접노동이용률} = \frac{133}{(40)(6)} = 55.4\%$$

3. 공정별 배치의 상대적 위치

문제

어느 학부생용 도서관의 신축설계자는 이용자들의 편의성 관점에서 평면도를 설계하고자 한다. 기존 도서관의 조사자료를 바탕으로 작성해본 영역 간 월별 이동횟수(단위: 100회)는 다음의 흐름행렬에 표시된 것과 같다. 이웃하지 않은 영역 간의 총흐름거리를 최소화하는 초기 사각형 배치방안을 만들어 보고, 작업순서 분석을 사용해 배치방안을 개선해 보라.

도서관 영역	A	B	C	D	E	F
A 도서 예약실	—	5	9	3	7	1
B 참고 열람실	3	—	8	2	6	2
C 복사실	1	1	—	7	2	3
D 서고	2	2	10	—	2	5
E 정기 간행물실	1	2	6	3	—	2
F 컴퓨터실	1	1	1	4	2	—

해

첫째, 대각선을 중심으로 영역 간의 흐름을 합친 삼각 총흐름행렬을 작성한다.

도서관 영역	A	B	C	D	E	F
A 도서 예약실	—	8	10	5	8	2
B 참고 열람실	—	—	9	4	8	3
C 복사실	—	—	—	17	8	4
D 서고	—	—	—	—	5	9
E 정기 간행물실	—	—	—	—	—	4
F 컴퓨터실	—	—	—	—	—	—

둘째, 다음의 그림과 같이 높은 흐름영역을 서로 이웃하게 만드는 사각형 배치도 위에 도서관의 영역을 위치시킨다.

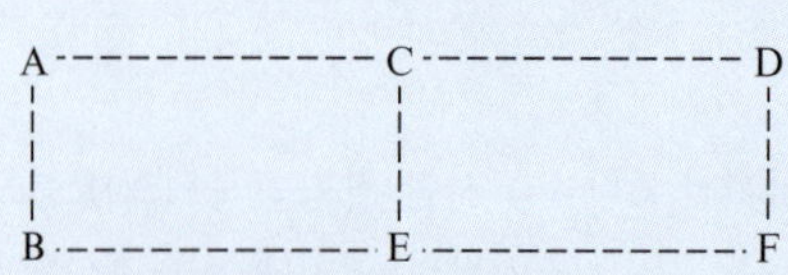

다음에는 아래와 같이 이웃하지 않은 영역조합에 대한 총흐름거리를 계산한다.

이웃하지 않은 영역 조합	흐름		거리		총계
AD	5	×	2	=	10
AF	2	×	2	=	4
BD	4	×	2	=	8
BF	3	×	2	=	6
					28

마지막으로 이웃하지 않은 영역조합을 바꿔서 개선의 여지가 있는지를 살펴본다. 이 경우는 개선의 여지가 없으므로 위의 배치안을 채택한다.

연습문제

5.1 공항 출발 게이트에 도착하는 승객은 탑승권이 인증되도록 게이트로 가기 전에 먼저 줄을 서서 기다려야 한다. 만약 탑승권이 출발 비행과 일치하지 않을 경우 승객은 적절한 탑승구로 가야 한다. 지나치게 큰 가방을 가지고 다니는 승객은 수하물 검사를 받고 돌아오라는 지시를 받게 된다. 적절한 탑승권과 적절한 크기의 기내 휴대용 가방을 승인받은 승객은 비행 통로로 진입하여 비행기에 탑승할 수 있다. 출발 탑승 게이트 프로세스의 프로세스 흐름도를 그려보라. 지연을 방지하기 위해 프로세스를 어떻게 개선할 수 있겠는가?

5.2 그림 5.4에 표시된 모기지 서비스 프로세스를 고려해 볼 때 소유권 조사 주기 시간이 60분으로 변경되었다고 가정하자.

a. 병목현상과 그에 상응하는 시스템 서비스능력은 무엇인가?

b. 긴급주문 흐름시간은 얼마나 되는가?

c. 만약 같은 사람이 신용리포트와 소유권 조사를 수행하는 경우 시스템 서비스능력은 얼마나 되는가?

5.3 운전면허 사무실의 예로 돌아가자.

a. 그림 5.6a에 표시된 프로세스에 대한 직접노동이용률은 얼마나 되는가?

b. 그림 5.6b에 표시된 프로세스에 대한 직접노동이용률은 얼마나 되는가?

c. 그림 5.7에 나타난 프로세스에 대한 직접노동이용률은 얼마나 되는가?

d. 이러한 계산으로 어떤 결론을 내릴 것인가?

5.4 운전면허 사무실의 예로 돌아가자. 몇 가지 제안했던 투자가 실행되었다고 가정하자. 예를 들면, "위반과 규제 사실 체크"가 이제는 60초가 아니라 30초가 걸리는 컴퓨터 단말기에서 실행된다. 하지만 추가적인 시력검사기나 카메라는 구매하지 않았다.

a. 직원이 각 활동에 배치되었다고 가정할 때, 어느 것이 병목현상을 일으키는 활동이고, 시간당 처리할 수 있는 최대 지원자 수는 몇 명인가?

b. 시간당 지원자 120명을 처리할 수 있도록 하는 여섯 명의 직원 활동의 실제 배열을 제시하라. 이 배치 제안을 실행하기 위해서는 어떤 투자가 필요한가?

5.5 의사의 사무실에서 신체검사를 받으려면 일련의 단계가 필요하다. 아래 표에는 이러한 활동과 평균시간이 제시되어 있다. 각 활동은 어떤 순서로도 발생할 수 있지만, 의사의 진료는 마지막에 받아야 한다. 3명의 간호사가 1, 2, 4 활동을 수행하도록 배정되어있다.

활동	평균 시간(분)
1. 혈압과 체온	6
2. 과거병력	20
3. 의사의 검진	18
4. 임상검진	10
5. 의사의 진료	12

a. 병목현상을 일으키는 활동은 무엇이며, 시간당 볼 수 있는 최대 환자 수는 몇 명인가?

b. 간호 그리고/또는 의사활동으로 서비스능력을 늘릴 수 있도록 활동을 재할당해 보고 이에 대한 서비스 흐름도를 그려보라. 새로 제시한 시스템의 서비스능력은 얼마인가?

5.6 어느 학교 구내식당은 다음의 활동들을 수행하는 다섯 명의 직원에 의해 운영되고 있다.

활동	평균 시간(초)
1. 샐러드와 후식 제공하기	10
2. 음료수 제공하기	30
3. 주요리 제공하기	60
4. 야채 제공하기	20
5. 집계 및 요금 지불하기	40

a. 병목현상을 일으키는 활동은 무엇이며, 시간당 처리할 수 있는 고객 수는 몇 명인가?

b. 4명의 직원만으로 서비스능력을 늘릴 수 있도록 활동을 재할당해 보고 이에 대한 서비스 흐름도를 그려보라. 새로 제시한 시스템의 서비스능력은 얼마나 되는가?

c. 직원 3명만으로 b에서 산출된 서비스능력을 유지할 수 있는 방안을 제안해보라.

5.7 매년 가을, 자원봉사자들은 지역 슈퍼마켓에서 독감 백신 주사를 놓는다. 이 과정은 다음 네 단계를 포함한다.

활동	평균 시간(초)
1. 리셉션	30
2. 약물 알레르기 상담	60
3. 양식 작성 및 포기 서명	45
4. 예방접종 관리	90

a. 병목현상을 일으키는 활동은 무엇이며, 시간당 처리할 수 있는 고객 수는 몇 명인가?

b. 만약 다섯 번째 자원봉사자가 예방접종을 돕기 위해 배정된다면, 현재의 어떤 활동이 병목현상이 되는가? 이러한 배치가 시스템의 서비스능력에 어떤 영향을 미치는가?

c. 5명의 자원봉사자를 이용하여 서비스능력을 늘릴 수 있는 활동을 재할당하여 제안하고 서비스 흐름도를 그려보라. 새로 제시된 시스템의 서비스능력은 얼마나 되는가?

5.8 예제 5.4의 오션 월드 테마파크에 나오는 시설물 사이의 방문객의 하루 흐름을 이용해 다음 문제에 답하라.

a. 시설물 사이의 총 이동거리를 최대화하는 배치를 제안해보라.

b. 오션 월드 테마파크 소유자에게 이러한 배치가 무슨 이득이 있겠는가?

c. 오션 월드 테마파크 배치에 대한 새로운 접근방법에 대해 표 5.3의 데이터를 사용하는 것에 대해 어떤 계획이 있겠는가?

5.9 제2의 최고 할인점은 고객 서비스를 개선하기 위해 재고를 재배치하는 것을 고려하고 있다.

현재, 투자추천자(stock pickers)에게는 6개 창고 지역에서 고객주문이 이루어지고 있다. 이러한 영역 간 이동은 다음 흐름표에 제시되어 있다.

	A	B	C	D	E	F
A	—	1	4	2	0	3
B	0	—	2	0	2	1
C	2	2	—	4	5	2
D	3	0	2	—	0	2
E	1	4	3	1	—	4
F	4	3	1	2	0	—

아래의 초기 배치를 사용하여, 작업순서 분석을 수행하여 인접하지 않은 부서 간의 총흐름을 최소화하는 배치를 결정하라. 흐름 개선을 계산하라.

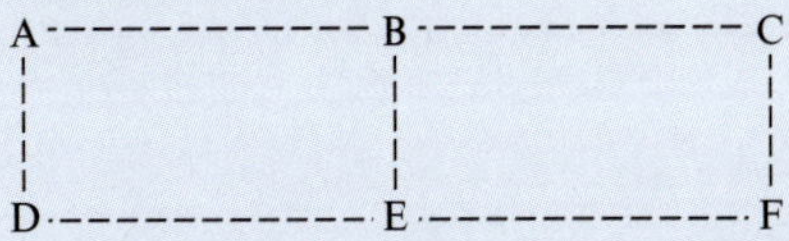

5.10 어느 편의점에서는 충동구매를 유도하기 위해 현재의 배치를 변경하려고 한다. 다음의 삼각 흐름행렬은 다른 상품 그룹(예: 맥주, 우유, 잡지) 사이의 연관성을 나타낸다. (+) 기호는 맥주와 땅콩 같은 높은 연관성을 나타내고, (–) 기호는 맥주와 우유같이 상충되는 연관성을 나타내며, (0) 기호는 연관성이 없음을 나타낸다.

아래의 초기 배치를 이용해 높은 연관성이 있는 제품군을 가까이 둠으로써 충동구매를 유도하는 배치를 결정하기 위해 작업순서 분석을 시행해보라.

	A	B	C	D	E	F
A		+	+	0	0	–
B			+	0	–	–
C				+	+	0
D					+	+
E						+
F						

아래의 초기 배치를 사용하여, 작업 순서 분석을 수행하여 높은 관련제품 그룹을 서로 가까이 배치함으로써 충동구매를 촉진하는 배치를 결정하라.

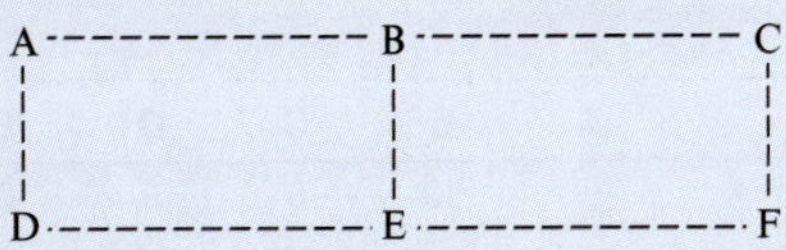

5.11 최근에 토지를 취득한 커뮤니티 칼리지가 부지계획을 준비하고 있다. 각 면에 3개 건물이 있는 쇼핑몰을 따라 6개의 건물마다 각각의 학과를 설치하는 데 관심이 있다. 등록 패턴에 기반하여, 이들 여섯 개 학과 학생들의 일별 흐름은 다음과 같다.

	A	B	C	D	E	F
A 심리학	—	6	4	8	7	1
B 영어	6	—	2	3	9	5
C 수학	6	1	—	12	2	4
D 경제학	3	2	10	—	3	5
E 역사	7	11	2	1	—	6
F 생물학	6	2	8	10	3	—

아래의 초기 배치를 사용하여, 학생들이 강의를 듣기 위해 걸어가야 하는 강의실 간 거리를 최소화하는 커뮤니티 칼리지 부지계획을 결정하라.

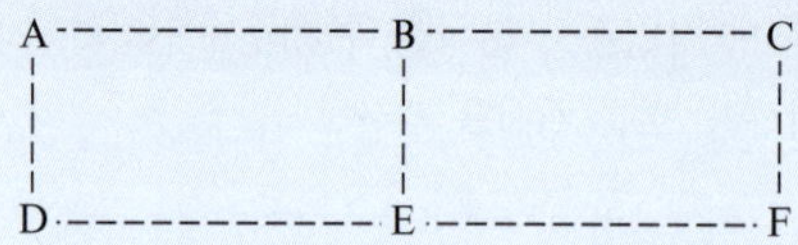

사례_5.1

Health Maintenance Organization (A)

2012년 1월에 뉴욕 버팔로에 있는 라이프 타임이라는 보험회사 HMO의 관리자인 조안 테일러(Joan Taylor)는 텍사스주 오스틴(Austin)시가 새로운 외래 건강센터 건립지로 선정된 것에 무척 고무되었다(지역 선정 과정은 제8장 "서비스 시설의 입지"에서 설명될 것이다). 이 센터는 오직 급성질환 환자들을 위한 진료 서비스를 제공할 뿐만 아니라 예방적 보건의료 서비스도 제공할 것이다.

HMO의 중요한 목표는 회원들의 건강유지를 장려하는 프로그램을 제공하는 것이었다. 금연, 적절한 영양 섭취, 다이어트(식이요법), 운동 등을 포함하는 다양한 프로그램들이 이미 계획되어 있었다.

건강센터의 진료 부분이 상당히 큰 부분을 차지하겠지만, 진료상의 위치선정에 특정한 제약이 필요할 수도 있다. 실질적으로 중증질환 환자들은 건강한 환자와 분리될 수 있도록 배치를 고려해야 한다. 또한 연방 안전 규정에 따라 방사선과는 주요 대기실에 인접하지 않도록 해야 했다.

테일러 부인에게는 환자와 HMO 직원으로의 보행거리를 최소화하는 것이 매우 중요했다. 아래 표는 하루 35명의 환자를 기준으로 부서 간 예상 흐름을 보여주고 있다.

관련 질문

1. 먼저 보행거리를 최소화할 수 있는 배치를 설계해 보고, 작업순서 분석(operations sequence analysis) 방법을 사용하여 클리닉의 여러 부서 간 보행거리를 최소화할 수 있는 배치를 결정해 보라.
2. 보행거리를 최소화하는 것 이외의 다른 기능들을 포함하는 배치를 제안해 보라.

		A	B	C	D	E	F
리셉션	A	—	30	0	5	0	0
대기실	B	10	—	40	10	0	0
진단	C	15	20	—	15	5	5
검진	D	5	18	8	—	6	3
엑스레이	E	0	4	1	2	—	4
간단한 수술	F	2	0	0	0	1	—

사례_5.2

Health Maintenance Organization (B)

종신보험회사 HMO의 관리자인 테일러(Taylor) 부인은 텍사스주 오스틴(Austin)에 새로운 클리닉을 개업하기 전에 잠재적인 문제를 해결하고자 하였다. 본점의 역할을 하는 클리닉은 뉴욕주 버펄로(Buffalo)에 위치해 있는데 약국은 시작할 때부터 극도로 바쁘게 운영되어 왔으며, 처방약을 받기 위해 대기하는 시간이 매우 긴 것이 큰 문제가 되었다.

버펄로의 HMO 약국은 현대적이며, 매우 넓고, 잘 디자인되어 있다. 처방하는 데 바쁜 시간은 아침 10시부터 오후 3시까지이다. 이 시간 동안에, 처방전은 쌓이고 대기시간은 증가하게 된다. 오후 5시 이후에 약국은 2명의 직원(1명의 약사와 1명의 기능직 직원)에 의해 운영되지만, 이들은 저녁까지 아무런 문제 없이 매우 적절한 서비스를 제공하고 있다.

테일러 부인은 몇 번의 불만을 제기받았기 때문에 대기시간이 길다는 것을 분명히 인식하고 있다. 대기시간이 1시간을 초과한다는 불만들이었다. 약국은 오후 5시까지는 5명의 직원이 근무한다.

테일러 부인은 모든 약국 관련 직원의 업무를 개인적으로 조사하였다. 그녀는 각 업무를 수행하는 데 필요한 시간을 측정하였으며, 그 결과를 아래의 표와 같이 제시하였다. 처방전은 두 명의 기능직 직원과 3명의 약사에 의해, 각각의 직원들은 단지 한 가지 업무만을 수행하는 조립-라인 형식으로 처방된다.

활동	활동시간(초)
처방전 수령	24
라벨 인쇄	120
처방약 조제	60
처방약 확인	40
처방약 투여	30

NOTE: 처방약 조제, 확인, 투여는 반드시 자격이 있는 약사에 의해 수행되어야 한다.

관련 질문

1. 병목현상 활동을 파악하고, 어떻게 하면 단지 두 명의 약사와 두 명의 기능직원을 사용해 서비스능력을 증가시킬 수 있는지를 제안해보라.
2. 앞서 제시한 방식은 직원 노무비의 절감뿐만 아니라, 또 어떤 다른 혜택이 있겠는가?

참고문헌

Arnolds, Ines Verena, and Daniel Gartner. "Improving Hospital Layout Planning through Clinical Pathway Mining." *Annals of Operations Research* 263, no. 1 (2018), pp. 453–77.

Baron, Opher, et al. "Strategic Idleness and Dynamic Scheduling in an Open-Shop Service Network: Case Study and Analysis." *Manufacturing & Service Operations Management* 18 (October 2016).

Bordoloi, Sanjeev K. "Agent Recruitment Planning in Knowledge-Intensive Call Centers." *Journal of Service Research* 6, no. 4 (2004), pp. 309–23.

Chang, Kuo-Chien. "Effect of Servicescape on Customer Behavioral Intentions: Moderating Roles of Service Climate and Employee Engagement." *International Journal of Hospitality Management* 53 (February 2016), pp. 116–28.

Dean, Dwane H. "Visual Antecedents of Patronage: Personal and Professional Items in the Servicescape." *Services Marketing Quarterly* 35, no. 1 (2014), pp. 68–83.

Goldratt, Eliyahu M., and J. Cox. *The Goal* (New York: North River Press, 2004).

K. C., Diwas Singh. "Does Multitasking Improve Performance? Evidence from the Emergency Department." *Manufacturing & Service Operations Management* 16, no. 2 (2013), pp. 168–83.

Kim, Gene, Kevin Behr, and Kim Spafford. *The Phoenix Project: A Novel about IT, DevOps, and Helping Your Business Win* (IT Revolution, 2014).

Nilsson, Elin, and David Ballantyne. "Reexamining the Place of Servicescape in Marketing: A Service-Dominant Logic Perspective." *Journal of Services Marketing* 28, no. 5 (2014): pp. 374–79.

Parish, Janet Turner, Leonard L. Berry, and Shun YinLam. "The Effects of the Servicescape on Service Workers." *Journal of Service Research* 10, no. 3 (February 2008), pp. 220–38.

Vilnai-Yavetz, Iris, and Anat Rafaeli. "Aesthetics and Professionalism of Virtual Servicescapes." *Journal of Service Research* 8, no. 3 (February 2006), pp. 245–59.

Wright, Juli, and Russ King. *We All Fall Down: Goldratt's Theory of Constraints for Healthcare Systems* (London: Ashgate, 2006).

Chapter 6

서비스품질

학습목표

1. 서비스품질의 다섯 가지 차원에 대한 설명과 예시
2. 서비스 기업의 품질 문제를 진단하기 위한 서비스품질 갭 모형의 이용
3. 서비스의 품질 설계에 포카요케(poka-yoke) 방법의 적용 예시
4. 품질기능전개 프로젝트의 일부로서 "품질의 집(house of quality)"의 구축
5. 서비스 운영을 위한 통계적 프로세스 관리도 구축
6. 무조건적인 서비스 보장과 경영적 이점에 관한 설명
7. 현장 서비스 실사(walk-through audit)의 수행
8. 서비스 회복이란 무엇이고 왜 그것이 중요한 것인가에 대한 설명

대부분의 고객은 "미소 띤" 서비스만으로도 충분히 만족하지만, 오늘날 서비스 기업은 차별화의 수단으로 "서비스보장(service guarantee)"을 제공한다. 일반적으로 고장 난 부품을 수리 혹은 교환해 주는 제품 보증(product warranty)과는 달리 서비스 보장은 불만족한 고객에게 환불, 할인, 혹은 무료서비스를 제공하는 것을 말한다. 미국의 한 은행(First Interstate Bank of California, 1996년에 Wells Fargo & Co.가 인수)은 고객을 대상으로 설문조사를 한 결과, 명세서가 부정확하거나 현금자동입출금기(ATM)가 작동되지 않는 일이 자주 반복됨에 따라 고객이 불편을 겪고 있다는 사실을 알게 되었다. 그 이후 서비스 장애가 발생할 때마다 장애를 보고하는 고객에게 5달러를 지급하였고, 그 결과 계좌 유치 실적이 증가하였다. 또한 서비스 보장이 직원에게도 업무 의욕을 높이는 동기부여 효과가 있는 것으로 나타났다. ATM이 고장 난 지점의 어떤 직원은 자부심이 있어서 수리가 끝난 오후 8시 30분까지 은행 문을 닫지 않고 영업을 계속하였다.

서비스 보장의 또 다른 잠재적 혜택은 고객 피드백이다. 고객은 그들 주변 사람들이나 친구 대신에 기업을 대상으로 불만을 토로할 수 있게 된 것이다.

서비스 보장은 품질에 대한 기업의 약속을 광고하는 것뿐만 아니라 직원들에게 성과달성 기준을 확실하게 인식토록 하며, 보다 중요한 것은 충성스러운 고객 기반을 구축하는 것이다. "고객 만족 100% 보장(100 percent satisfaction guarantee)"을 가장 먼저 채택한 햄프턴 호텔(Hampton Inns)의 경험은 서비스품질의 우위가 경쟁적 이점이 될 수 있다는

것을 보여주는 사례이다. 즉, 보장을 요구한 300명의 투숙객을 대상으로 실시한 설문조사 결과, 그중 100명 이상이 그 이후 햄프턴 호텔에 다시 묵었던 것으로 나타났다. 햄프턴 호텔은 불만을 품은 투숙객에게 1달러의 비용을 쓰면 수익으로 8달러가 되돌아오는 것을 알아냈다.[1)]

개요

서비스품질은 다섯 가지 차원을 포함하는 정의가 필요한 것에서 나타난 것처럼 복잡한 주제이다. 신뢰성, 대응성, 확신성, 공감성, 유형성(RATER)의 다섯 가지 차원을 이용한 서비스품질 갭(gap)의 개념을 소개한다. 이 갭은 서비스에 대한 고객의 기대와 전달된 서비스에 대한 고객의 인지 사이의 차이에서 발생한다. 또한 서비스품질 측정방법의 하나로서 서비스품질 갭 개념을 토대로 하여 SERVQUAL에 대해 논의한다.

품질은 서비스전달시스템의 설계로부터 시작되며, 제조업에서 개발된 포카요케(poka-yoke), 품질기능전개(quality function deployment)와 같은 개념이 적용된다. 한편 서비스에 통계적 프로세스 통제를 적용하기 위해서 품질관리도를 작성하고, 서비스 성과 평가척도의 변동을 관리한다. **현장 서비스 실사**(WtA)와 같은 고객 만족도 조사는 고객은 서비스 프로세스의 참여자라는 가정 위에 수립된다.

그러나 서비스 실패는 발생하게 되고 제품보증에 해당하는 무조건 서비스 보장을 제공한다. 서비스 전달 과정에 고객이 존재하기 때문에, 서비스 실패를 예상해 서비스 회복 전략을 수립해야 한다.

서비스품질의 정의

서비스에서 품질의 평가는 서비스 전달 과정 중에 일어난다. 즉 고객은 서비스의 본질을 느끼게 되는 진실의 순간(moment of truth)이라고 불리는 고객접촉 순간에 서비스에 대하여 만족 혹은 불만족을 평가하게 된다. 서비스에 대한 고객 만족은 인지된 서비스 수준과 서비스받기 이전의 기대 수준을 비교하는 것으로 정의할 수 있다. 인지된 서비스 수준이 기대를 상회할 때 서비스품질이 특별한 것으로 인식되며 고객 감동으로 이어진다. 그러나 기대 수준에 못 미칠 경우 서비스품질은 받아들일 수 없으며, 기대 수준과 비슷하면 품질은 만족스러운 것으로 여겨진다. 그림 6.1에서 보는 바와 같이 고객의 기대 수준은 구전(口傳), 개인적 욕구, 과거 경험 등에 의해 형성된다.

서비스품질의 차원

그림 6.1에서 제시된 서비스품질 차원은 마케팅 연구자들이 가전제품 수리업, 은행업, 장거리 전화 서비스, 증권 중개업, 신용카드 회사와 같은 몇 가지 다른 서비스의 유형에 대해 연구한 결과이며, 고객이 서비스품질을 판단하는 데 일반적으로 다섯 가지 차원을 기본으로 한다는 것을 찾아냈다. 다섯 가지를 나열하면 신뢰성(reliability), 확신성(assur-

---

1) Daniel Pearl. "More Firms Pledge Guaranteed Service." *The Wall Street Journal*, July 17, 1991, p. B1.

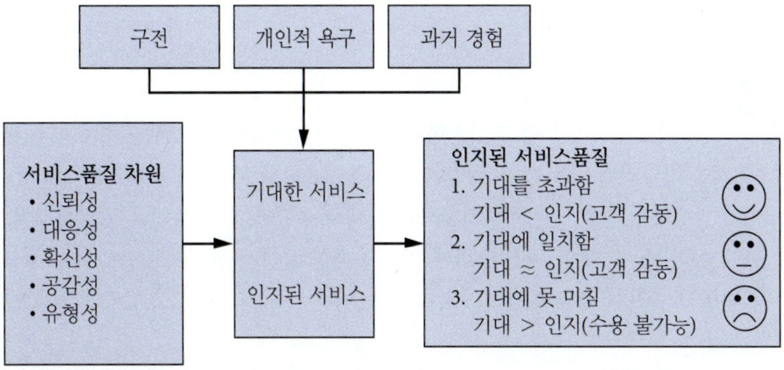

그림 6.1 인지된 서비스품질

자료원: Reprinted with permission of the American Marketing Association: adapted from Parasuraman A., V. A. Zeithaml, and L. L. Berry, 1985 "A Conceptual Model of Service Quality and Its Implications for Future Research," *Journal of Marketing* 49 (Fall): p.48.

ance), 유형성(tangibles), 공감성(empathy), 대응성(responsiveness)이고 영어 앞자로 RATER하여 쉽게 상기할 수 있다.[2)]

신뢰성. 약속한 서비스를 어김없이 정확하게 수행할 수 있는 능력을 의미한다. 신뢰할 만한 서비스의 수행은 고객 기대에 대해서 적시에 동일 방법으로 매번 실수 없이 제공할 수 있는 능력을 말한다. 예를 들면 여러분의 가정에 피자 배달을 생각해 보라. 또한 신뢰성은 청구서 작성과 기록 유지의 정확성이 기대되는 후방업무까지 확대 적용된다.

확신성. 확신을 주는 직원의 능력뿐만 아니라 그들의 지식과 예의 바른 근무 자세를 의미한다. 확신성 차원의 주요 특징은 서비스 수행 능력, 고객에 대한 정중함과 존중, 고객과의 효과적 의사소통, 서비스 제공자가 진심으로 고객에게 최선의 관심을 쏟는 것을 포함한다.

유형성. 물적 시설, 장비, 인력, 통신 장비 등의 외형을 의미한다. 물리적 환경(예, 청결도)의 상태는 서비스 제공자의 세심한 관심과 배려를 나타내는 유형적인 증거이다. 관심과 배려에는 서비스 제공 시 다른 고객의 행동(예: 호텔에서 옆방의 소란한 투숙객)까지도 포함될 수 있다.

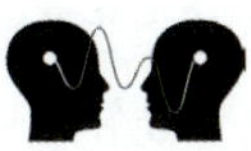

공감성. 고객에 대한 배려와 개별적인 관심을 보일 준비 자세를 의미한다. 공감성은 고객의 종업원에 대한 접근성, 사소한 것에도 소홀하지 않는 민감성, 고객이 필요로 하는 것을 이해하려는 성실한 노력을 특징으로 포함한다. 항공사 탑승창구의 직원을 대상으로 공감성의 예를 들면, 고객의 잘못으로 연결 항공편에 탑승하지 못하였을 때 탑승구의 항공사 직원이 도와주고 해

2) A. Parasuraman, V. A. Zeithaml, and L. L. Berry. "SERVQUAL: A Multiple-Item Scale for Measuring Consumer Perceptions of Service Quality." *Journal of Retailing* 64, no. 1 (Spring 1988), pp. 12–40.

결해 줄 수 있는 자세와 능력이다.

대응성. 고객을 돕고 신속한 서비스를 제공하겠다는 의지를 의미한다. 뚜렷한 이유도 없이 고객을 기다리게 하는 것은 품질에 대해 불필요하게 부정적으로 인식될 수 있다. 만일 서비스 실패가 발생하는 경우 전문성을 갖고 신속하게 복구할 수 있는 능력은 품질에 대해 매우 긍정적 인식을 만들어 줄 수 있다. 예컨대 비행 지연에 대한 보상적 성격으로 음료수를 제공하는 것은 고객의 불편한 잠재적 기억을 호의적으로 바꿀 수 있다.

고객은 다섯 가지 차원을 기준으로 기대한 서비스와 인지된 서비스를 비교하여 서비스품질을 판단한다. 기대한 서비스와 인지된 서비스 사이의 차이는 만족 수준이 긍정적이거나 부정적이거나 서비스품질의 척도가 된다.

서비스품질의 갭

고객의 피드백을 통해 기대한 서비스와 인지된 서비스 간의 차이를 측정하는 것은 선진 서비스 기업들에는 일상적인 프로세스이다. 예를 들면 전 세계 휴양지에서 리조트 빌리지를 운영하는 국제적 리조트 호텔 체인인 클럽 메드(Club Med)는 그림 6.2와 같은 설문지를 이용해 서비스품질을 측정한다. 설문지는 리조트 시설에서 휴가를 보낸 모든 고객에게 발송되어 그들이 경험한 서비스품질을 평가하게 한다. 설문지의 첫 번째 문항은 고객의 기대와 클럽 메드에서의 실제 경험 사이의 차이를 평가하기 위한 것이다.

그림 6.3에서 고객의 기대 수준과 인지된 품질 간의 차이를 GAP 5로 정의한다. GAP 5, 즉 고객 만족은 서비스 전달 과정에서 발생하는 네 가지 갭을 얼마나 최소화하느냐에 달려 있다.

첫 번째 갭은 **시장조사** 갭(*market research* gap)이라고도 부르는데, 고객의 기대수준과 기대수준에 대한 경영자의 인식 간의 차이이다. GAP 1은 고객이 서비스에 대한 기대수준을 어떻게 형성하는가에 대한 경영자의 이해 부족 때문에 발생한다. 고객은 광고, 기업에 대한 과거 경험, 개인적 욕구, 친구와의 커뮤니케이션 등에 근거해 서비스에 대한 기대수준을 형성한다. 이 갭을 해소하기 위한 전략으로는 시장조사 강화, 경영자와 고객접촉 직원과의 의사소통 촉진, 조직계층의 축소 등을 들 수 있다.

두 번째 갭은 **디자인** 갭(*design* gap)이라고도 부르는데, 고객의 기대에 대해서 인식한 것을 수용하고 그것을 실무적으로 작동 가능한 서비스 표준으로 전환할 수 있는 서비스 디자인을 도출해 내는 경영 능력이 부족하기 때문에 발생한다. GAP 2는 서비스품질에 대한 경영자의 열의가 부족하거나 고객 기대를 충족하는 것에 대한 현실적 가능성에 대한 인식부족 등으로 발생하지만, 목표를 설정하고 서비스 제공과정을 표준화함으로써 GAP 2를 어느 정도는 줄일 수 있다.

세 번째 갭은 **부합성** 갭(*conformance* gap)이라고 부르는데, 서비스 제공과정에 있어 관련되는 요소나 작업들이 사전에 설정된 절차, 기준 및 규격에 제대로 맞지 않기 때문에 발생한다. GAP 3은 팀워크의 결여, 부적합한 직원 선발, 적절한 훈련 부족, 직무 설계상

Hotel - Customer Satisfaction
Background Information

Date: ____________________

Age: ○ 0-14 ○ 15-24 ○ 25-34 ○ 35-44 ○ 45-54 ○ 55-64 ○ 65-74 ○ 75-84 ○ 85-

Gender: ○ male ○ female

Country: ____________________

How did you find out about the service?
You can select at most 10 options

☐ From the internet: company website
☐ From the internet: search engine, please specify:
☐ From the internet: social networking sites and discussion groups (IRS, Facebook, Tripsay.com, Suomi24, etc.)
☐ Friends, acquaintances, relatives
☐ Brochures
☐ Newspapers and local papers
☐ TV/Radio
☐ Tourism information service
☐ Personal experiences
☐ Elsewhere, please specify:
☐ Other, what? ____________________

Purpose of the trip:

☐ business
☐ leisure
☐ passing by
☐ other
☐ please specify: ____________________

Please answer the questions below using the following scale

Very good Very poor ? = no experience

General factors

	Very good	Good	Neutral	Poor	Very poor	?
Pleasantness in general	☐	☐	☐	☐	☐	☐
Tidiness in general	☐	☐	☐	☐	☐	☐
Staff willingness to server	☐	☐	☐	☐	☐	☐
Staff expertise	☐	☐	☐	☐	☐	☐
Availability of service	☐	☐	☐	☐	☐	☐

Accomodation

	Very good	Good	Neutral	Poor	Very poor	?
General appearance	☐	☐	☐	☐	☐	☐
Tidiness of the room	☐	☐	☐	☐	☐	☐

Would you come again? ○ Yes ○ No
Why not: ____________________

Would you recommend us to others? ○ Yes ○ No
Why: ____________________

What was the best of all? ____________________

How would you improve our operation? ____________________

Contact details: ____________________

I would like to subscribe to your direct mailing list: ○ Yes ○ No

Thank you for your comments!

그림 6.2 클럽 메드의 고객 만족 설문지

자료원: Club Med, 40 West 57th Street, New York, NY 10019.

의 오류 등으로 발생된다.

커뮤니케이션 갭은 서비스 전달 과정에서 실제 전달하려고 의도한 것과 고객인지가 조화되지 않은 것에 대한 결과이다. GAP 4는 운영관리자가 서비스 전달시점에서 고객이 경험한 모든 측면에서 증거 관리에 실패했을 때 발생한다. GAP 4는 통제부족이나 적절치 못한 종업원 훈련이 원인이 될 수 있다.

GAP 1부터 5까지 번호 매김은 새로운 서비스 프로세스를 디자인하는 순서에 따라 시장조사, 디자인, 부합성, 커뮤니케이션, 고객 만족의 순으로 정한 것이다. 본 장의 나머지 부문에서는 이런 서비스품질 갭을 줄이는 방법에 대해 기술할 것이다. 우선 서비스품질을 측정하는 방법에 대해 생각해 보자.

서비스품질의 측정

서비스품질의 측정은 간단하지가 않다. 왜냐하면 서비스품질은 객관적으로 측정할 수 있는 물리적 특성을 지닌 제품(예로, 자동차의 표준부합과 마감처리)과는 다르게 심리적 특징(예로, 레스토랑의 분위기)을 포함한 무형적인 요인들에 의해 결정되기 때문이다. 또한 서비스품질은 의료 서비스와 같은 경우에 환자 미래의 삶의 질에도 영향을 주기 때문에 현재의 즉각적인 접점 이외의 부분으로 확장되기도 한다. SERVQUAL은 서비스품질 갭 모형(quality gap model)을 근거로 고객 만족을 조사하기 위한 효과적인 도구로서 서비스품질의 여러 차원을 측정할 수 있다.

SERVQUAL[3)]

그림 6.3에서 제시한 서비스품질 갭 모형의 주창자들은 서비스품질의 다섯 차원(신뢰성, 대응성, 확산성, 공감성, 유형성)을 측정하기 위한 ***SERVQUAL***이라는 다문항 척도를 개발

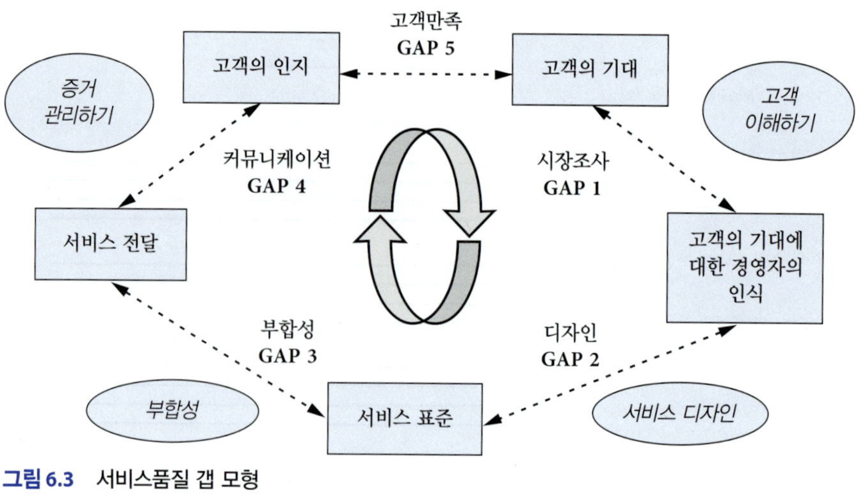

그림 6.3 서비스품질 갭 모형

자료원: Reprinted with permission of Professor Uttarayan Bagchi, University of Texas at Austin.

3) Ibid.

했다. SERVQUAL은 기대와 인지 수준의 쌍(pair)으로 구성된 22개 설문 문항으로 구성되어 있다(맥그로힐의 학생용 웹사이트 참조). 고객들은 예로 "XYZ사의 종업원은 예의 바르다"와 같은 22개의 문항에 대해 그들이 동의하는 정도 혹은 동의하지 않는 정도를 강한 동의부터 강한 비동의까지의 척도로 응답한다. 서베이의 22개 문항은 품질의 다섯 차원에 대한 모든 측면을 기술한다.

서비스품질 점수는 고객이 평가한 기대 점수와 인지 점수 간의 차이를 바탕으로 산출된다. 이 점수는 그림 6.3에 있는 GAP 5로 설명된다. 다른 네 가지 갭에 대한 점수도 마찬가지 방법으로 계산할 수 있다.

SERVQUAL은 여러 가지 서비스 접점에서 다양하게 활용할 수 있도록 설계되고 검증되었는데, 가장 중요한 기능은 정기적인 고객조사를 통해 서비스품질의 추이를 추적하는 것이다. 여러 곳에 체인으로 서비스를 제공하는 다점포 업체에서는 SERVQUAL을 이용해 서비스품질이 불량한(점수가 낮은) 점포에 대해서 고객 불만의 원천을 시정하도록 조치할 수 있다. 한편 마케팅 연구 측면에서는 SERVQUAL을 이용해 경쟁업체와의 서비스를 비교하여, 서비스품질이 뛰어난 영역과 뒤떨어지는 영역이 어디인지를 확인할 수 있다.

현장 서비스 실사

서비스 전달은 서비스 경험의 처음에서부터 끝에 이르기까지 고객의 기대에 부응해야 한다. 고객은 서비스 프로세스에 참여하기 때문에, 고객이 직접 경험하고 눈으로 관찰한 수많은 서비스 요소들이 서비스품질에 대한 고객의 생각에 영향을 미치게 된다. 서비스가 제공되는 환경에 대해 실사를 실시함으로써 서비스를 고객의 관점에서 체계적으로, 그리고 적극적으로 평가할 수 있다.

현장 서비스 실사(WtA: walk-through audit)는 서비스 경험을 고객의 관점에서 평가하는 기회가 된다. 왜냐하면 고객들은 종종 경영자나 관리자들이 간과하는 부분을 인지할 수 있기 때문이다. 처음부터 우수한 서비스를 설계할 수는 없다. 하지만 일관성 있고, 고객들에게 어떤 서비스를 기대해야 할지 적절한 신호를 주는 서비스의 설계는 가능하다. 서비스에서 유형성을 제공한다는 것은 유쾌한 경험과 재구매를 촉진하는 언어적, 환경적, 감각적 단서들을 고객들에게 제공하는 것을 내포하고 있다. 표 6.1은 고객 만족도 조사와 현장 서비스 실사의 특징을 비교한 것이다. 가장 큰 차이는 관점에 있다. 고객 만족도 조사는 마케팅 지향적이고, 전반적인 고객의 만족을 측정한다. 하지만 현장 서비스 실사는 운영 또는 프로세스 지향적이고, 개선 기회 발굴을 목적으로 한다.

피츠시몬즈(Fitzsimmons)와 모러(Maurer)는 레스토랑을 대상으로 한 현장 서비스 실사 방법을 개발했다.[4] 이 실사 방법은 레스토랑에서의 식사 경험에 관한 42개 문항으로 구성되어 있다. 설문 문항은 먼저 주차장에서 레스토랑 입구에 이르는 것에서 시작해, 레스토랑 안으로 들어와 입구에서 인사를 받고, 테이블 배정을 기다린 뒤 안내를 받고, 음료와 식사를 주문하고, 음식을 받아 식사를 한 뒤, 마지막으로 계산서를 받아 음식 값을 지

4) J. A. Fitzsimmons and G. B. Maurer. "Walk-through Audit to Improve Restaurant Performance." *Cornell HRA Quarterly*, February 1991, pp. 95–99.

표 6.1 고객 만족도 조사와 WtA의 비교

	고객 만족도 조사	현장 서비스 실사(Walk-through Audit)
목적	서비스품질의 현재 수준과 연관된 전체 만족도 결정	처음부터 끝까지 모든 고객 서비스 경험에 대한 시스템적 평가 수행
초점	서비스품질에 대한 고객 태도, 의견, 인지도를 측정	서비스전달시스템의 각 단계별 효과성에 대한 고객의 인지도를 측정
프로세스	1. 중요한 고객 서비스 요건, 혹은 품질 차원 확인 2. 표본 고객에게 설문지 디자인, 테스트, 집행 3. 과거 조사에 비해 낮은 평가를 받은 것에 중점을 두고 설문지 결과를 요약 및 분석 4. 필요한 개선 분야를 밝히고 결함을 교정하기 위해 설계된 변화 시행 5. 지속적 품질 개선 활동 반복	1. 고객의 관점에서 서비스전달프로세스 흐름도 작성 2. 고객, 경영진, 벤치마크 조직의 고객 각각의 표본에게 설문지 디자인, 테스트, 집행 3. 경영진과 고객 간의 갭 혹은 벤치마크 기업에 비해 낮은 평가를 받은 것을 강조하여 설문지 결과를 요약 및 분석 4. 결함을 밝혀 개선책 시행 5. 진행 중인 개선 활동 반복
특징	1. 서비스를 받은 고객은 언제든 조사에 응할 수 있다. 2. 일반적 서비스 차원(예: *가용성, 적시성, 대응성, 편리성*)에 맞춰 경영진은 조사를 설계/조직화한다. 3. 종종 마케팅 담당자가 수행한다. 4. 서비스에 대한 고객의 전반적 인상의 결정요인 평가에 주안점을 둔다.	1. 고객은 서비스를 받는 동안, 혹은 서비스를 받자마자 설문에 응한다. 2. 서비스 패키지의 5가지 차원(*지원설비, 보조용품, 정보, 명시적 서비스, 묵시적 서비스*)에 대한 고객의 모든 서비스 경험을 종합적으로 실사한다. 3. 보통 운영관리 담당자가 수행한다. 4. 서비스전달프로세스의 각 단계별 고객의 평가와 조직의 성과에 대한 고객의 전반적 인상에 중점을 둔다.

자료원: Elsa Lai-Ping Leong Koljonen and Richard A.Reid, "Walk-through Audit Provides Focus for Service Improvements for Hong Kong Law Firm, " *Managing Service Quality* 10, no.1, (2000), p.35.

불할 때까지의 전체 과정에 대한 질문들로 구성된다. 이 설문조사에 포함된 질문들은 다음의 아홉 가지 범주로 구분된다: (1) 유지보수 관련 사항, (2) 직접 대면해서 제공받은 서비스 사항, (3) 대기, (4) 식탁 및 장소 세팅, (5) 주변 분위기, (6) 제공된 음식의 모양새, (7) 계산서 제시, (8) 판촉 및 묵시적인 판매 권유, 그리고 (9) 봉사료에 관한 것이다. 이와 같은 방식으로 고객이 서비스를 제공받으면서 겪는 총체적인 경험을 처음부터 끝까지 살펴볼 수 있다. 그림 6.4에서와 같은 간단하면서도 전체적인 고객 만족도 조사와 달리 그림 6.5에서 볼 수 있듯이 현장 서비스 실사는 서비스전달프로세스의 세부 사항에 초점을 둔다. 이 조사에는 한 페이지가 넘는 강한 부정에서 강한 긍정까지 5점 척도의 **리커트 스케일**(***Likert Scale***) 응답 문항들이 사용되기도 한다.

현장 서비스 실사(WtA)의 디자인

WtA디자인의 첫 단계는 고객과 서비스 시스템과의 상호작용에 관한 흐름도(flowchart)를 만드는 것이다. 그림 6.5에는 핀란드의 헬싱키 미술관을 방문한 고객에 대한 WtA를 보여준다. 설문 문항들은 서비스전달프로세스의 다섯 가지 주요 부문(입장권 발매, 정보, 경험, 부대시설, 만족도)으로 구분된다. 각 부문에는 고객이 관찰할 법한 사항에 관한 기술된 문장들이 포함된다(예: 표지판은 전시물의 위치에 대해 명확히 알려준다). 질문형보다는 선언형 문장으로 기술되어야 한다. 고객의 인식을 측정하기 위해 5점 단위로 구분한 리커트 점수가 사용되었다(1 = 매우 부정적, 5 = 매우 긍정적). WtA에는 광고의 효과성

고객이 해주고 싶은 말...

____
____
____
____

	매우 훌륭하다	훌륭하다	보통이다	나쁘다
음식의 질				
서비스 제공 속도				
서비스 친절도				
청결함				
분위기				

이름 ______________________________
주소 ______________________________
도시 ______________ 주 ________ 우편번호 ________
전화번호 ______________ 날짜 ______________

그림 6.4 레스토랑 방문 고객 만족 조사

본 설문조사는 헬싱키 대학의 경제 및 경영학과 학생들이 미술관을 방문한 고객들의 서비스에 대한 고객의견을 알아보기 위해 실시하는 설문조사로서, 다음의 질문에 답변을 해주시면 감사하겠습니다.

본 설문지에 제공하신 개인 정보는 철저하게 보안이 유지된다는 것을 알려드립니다.

1. 미술관에 오는 데 불편했던 점이 있는가? ❑ 예 ❑ 아니오

2. 미술관 개관 시간은 적당하다고 생각하는가? ❑ 예 ❑ 아니오

3. 미술관에 누구와 동행했는가? ❑ 혼자 ❑ 동행 ❑ 동행자 수: ________

4. 이 전시회에 대한 정보를 어디에서 얻었는가? (해당 사항 모두에 표시하시오.)
❑ 신문 ❑ 인터넷
❑ 잡지 ❑ 친지나 친척
❑ 관광객/시내 관광가이드 ❑ 우연히
❑ 라디오 ❑ 기타(자세하게) ________

5. 미술관의 어느 작품을 보러 왔는가?
❑ Brooching It Diplomacy
❑ Wine—Nectar of Gods
❑ The Holy Cross
❑ 상설 전시작품
❑ 모든 전시작품

6. 어느 부대시설을 사용했는가? ❑ 매점 ❑ 선물용품점 ❑ 화장실

7. 몇 시간 동안 미술관에 머물렀는가? ________ 시간

8. 입장권 발매	전혀 아니다	아니다	잘 모르겠다	그렇다	매우 그렇다
a. 입장권 가격에 대한 정보를 얻기 쉬웠다.	1	2	3	4	5
b. 입장권 가격이 적절하다.	1	2	3	4	5
c. 입장권 구입 시 오래 기다리지 않았다.	1	2	3	4	5
d. 전화나 인터넷을 통해 입장권 예매를 원한다.	1	2	3	4	5

(계속)

그림 6.5 헬싱키 미술관의 서비스 현장 실사(WtA)

자료원: Prepared by Eivor Biese, Lauren Dwyre, Mikes Koulianos, and Tina Hyvonen under the supervision of Professor James A.Fitzsimmons.

9. 정보	전혀 아니다	아니다	잘 모르겠다	그렇다	매우 그렇다
a. 전시작품의 위치 안내 표시가 정확했다.	1	2	3	4	5
b. 전시작품의 정보를 전시장 내에서 적절하게 얻었다.	1	2	3	4	5
c. 모국어로 안내 및 정보를 얻을 수 있었다.	1	2	3	4	5
d. 안내 서비스를 이용할 수 있었다.	1	2	3	4	5
e. 전시작품에 대한 충분한 자료가 구비되어 있었다.	1	2	3	4	5
f. 전시작품에 대한 작품 설명이 명확했다.	1	2	3	4	5
g. 비디오 등과 같이 기타 다양한 매체를 통해서도 작품에 대한 설명을 듣고 싶다.	1	2	3	4	5
h. 녹음기와 같은 셀프가이드 도구를 이용해 더 많은 정보를 얻고 싶다.	1	2	3	4	5
i. 작품이 창작되는 과정에 대해 더 많은 정보를 얻고 싶다.	1	2	3	4	5
j. 전시작품을 보러 왔을 때 더 많은 것을 알고 싶다.	1	2	3	4	5
k. 미술관 직원에게서 부수적인 정보를 얻기가 수월했다.	1	2	3	4	5
l. 도움을 준 직원의 태도가 친절했다.	1	2	3	4	5

10. 서비스 경험 내용	전혀 아니다	아니다	잘 모르겠다	그렇다	매우 그렇다
a. 전시장을 둘러볼 때 충분한 통로가 확보되어 있었다.	1	2	3	4	5
b. 전시작품 주변에서 움직일 수 있는 충분한 공간이 있다.	1	2	3	4	5
c. 조명 시설이 적절했다.	1	2	3	4	5
d. 관람 시 틀어 놓은 배경음악에 만족한다.	1	2	3	4	5
e. 관람에 방해가 되는 주변의 소음이 없었다.	1	2	3	4	5
f. 전시된 작품 간의 간격이 적절했다.	1	2	3	4	5
g. 전시된 작품과 충분히 교감하면서 감상할 시간을 가질 수 있었다.	1	2	3	4	5
h. 여러 가지 감각적인 감상법이 매우 기억에 남는 경험이 될 것이다.	1	2	3	4	5
i. 작품을 손으로 만져볼 기회를 갖고 싶다.	1	2	3	4	5

11. 부대시설	전혀 아니다	아니다	잘 모르겠다	그렇다	매우 그렇다
a. 부대시설에 대한 안내표지가 분명했다.	1	2	3	4	5
b. 화장실을 찾기가 쉬웠다.	1	2	3	4	5
c. 화장실이 깨끗했다.	1	2	3	4	5
d. 음식의 질이 좋았다.	1	2	3	4	5
e. 음식 및 음료수의 종류가 다양했다.	1	2	3	4	5
f. 음식의 가격이 적절했다.	1	2	3	4	5
g. 레스토랑 내 흡연이 허용되어야 한다.	1	2	3	4	5
h. 서적을 포함한 선물용품의 종류가 다양해 원하는 것을 구매할 수 있었다.	1	2	3	4	5
i. 선물용품의 가격이 적절했다.	1	2	3	4	5

12. 만족도	전혀 아니다	아니다	잘 모르겠다	그렇다	매우 그렇다
a. 원하는 서비스를 제공받았다.	1	2	3	4	5
b. 전체적인 서비스가 매우 우수하다고 생각했다.	1	2	3	4	5
c. 본 서비스를 다시 이용하고 싶다.	1	2	3	4	5
d. 본 박물관을 친지에게 추천하고 싶다.	1	2	3	4	5
e. 고객의 기대치에 부응하기 위해 서비스를 개선할 여지가 있다.	1	2	3	4	5

13. 고객 의견란

____

____

____

그림 6.5 헬싱키 미술관의 서비스 현장 실사(WtA)(계속)

자료원: Prepared by Eivor Biese, Lauren Dwyre,Mikes Koulianos,and Tina Hyvonen under the supervision of Professor James A.Fitzsimmons.

을 파악하기 위한 "이 전시회에 대한 정보를 어디에서 얻었는가?" 같은 경영진이 관심을 가질만한 질문들도 포함된다. 또 설문지의 마지막 부분에는 질문사항과 별도로 고객들이 의견을 자유롭게 기술할 수 있는 "고객 의견란"을 제공해 예상치 못한 의견들도 수집한다. 고객들이 지나치게 부담스럽지 않도록 WtA의 분량은 양면 인쇄 기준으로 두 장을 넘지 않아야 한다.

WtA는 우편이나 전화 인터뷰, 대면 인터뷰 등 여러 가지 방법으로 실시될 수 있지만, 가장 효과적인 방법은 고객이 서비스를 제공받은 직후 그 자리에서 조사하는 것이다. 상품권이나 재방문 시 사용할 수 있는 할인쿠폰 등을 제공하면 고객의 참여율을 상당히 높일 수 있다. 모든 고객군을 다 고려할 수 있도록 조사 설계 시 적절한 표본수와 층화표본 추출 기법(stratified sampling) 등을 고려해야 한다.

관리진단도구로서의 WtA

WtA는 서비스전달시스템에 관한 고객과 경영자 간의 인식차이를 진단하는 유용한 도구가 될 수 있다. 경영자들은 매일 보기 때문에 부대시설의 점진적 노화를 잘 알아채지 못할 경우가 많다. 하지만 고객들은 서비스가 제공되는 현장을 경영자들보다 덜 방문하므로, 경영자가 간과할 수 있는 미묘한 변화(가령, 페인트칠이 벗겨졌거나 카펫이 낡은 것)를 민감하게 알아챌 수 있다. 고객 서비스의 품질도 악화될 수 있는데, 이 역시 직원과 경영자보다 고객이 더 잘 알아차릴 수 있다.

WtA의 이러한 목적의 검증을 위해서 헬싱키 미술관의 고객들에게 실시한 동일한 설문조사가 관리자와 직원을 대상으로 실시되었다. 동일한 설문에 대한 그룹별 응답 평균이 그림 6.6에 제시되어 있는데 관리자, 직원, 고객들 간 서비스에 대한 인식 격차가 잘 나타나 있다. "전시작품에 대한 충분한 자료가 구비되어 있었다"와 같은 문항에서 응답에 차이를 보인 것은 놀라운 일은 아니다. 직원들은 항상 근무를 하므로 전시작품에 대해 상당히 친숙할 것이기 때문이다. 기타 다른 설문 문항들, 예를 들면 "미술관 직원에게서 부수적인 정보를 얻기가 쉬웠다" 그리고 "도와준 직원의 태도가 친절했다" 등에 대한 응답의 차이는 서비스에 개선이 필요하다는 것을 시사한다. 직원과 관리자가 어떤 점을 서로 다르게 인식하는지 살펴보는 것도 흥미롭다. 가령, "전시작품에 대한 작품설명이 명확했다", "작품과 충분히 교감하면서 감상할 시간을 가질 수 있었다" 두 문항에 대해서 직원들은 고객들보다 더 긍정적이었던 반면, 관리자들이 가장 부정적이었다.

서비스품질 디자인

품질은 각 제품 속까지 검사될 수 없으며, 또한 제품에 추가될 수 없다. 서비스에서도 마찬가지이다. 서비스품질을 위한 노력은 서비스전달시스템의 디자인으로부터 시작된다. 어떻게 서비스에 품질을 디자인해 낼 수 있을까? 이를 위해서 제1장 서비스 이코노미에서 거론한 서비스 패키지의 다섯 가지 차원에 초점을 맞추어 보자.

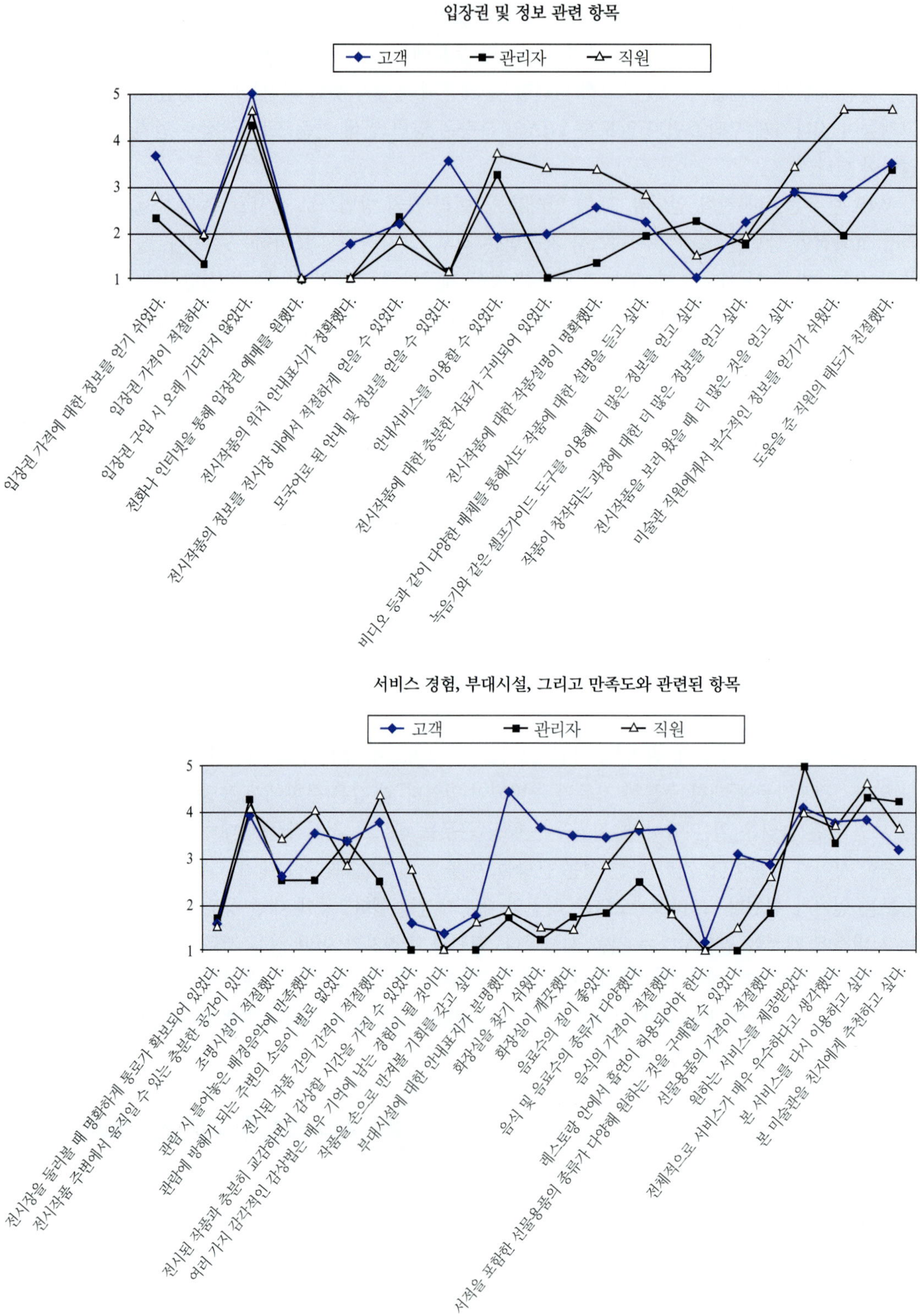

그림 6.6 헬싱키 미술관의 서비스 현장 실사상의 차이

자료원: Prepared by Eivor Biese, Lauren Dwyre, Mikes Koulianos, and Tina Hyvonen under the supervision of Professor James A. Fitzsimmons.

품질을 서비스 패키지에 통합

저원가 우위전략(overall cost leadership)으로 경쟁하는 저가 호텔(budget hotel)의 예를 고려해 보자.

1. **지원설비**. 건물은 콘크리트 벽돌처럼 유지 보수가 필요 없는 자재로 짓도록 설계된다. 정원은 자동 스프링클러 장치로 물을 주고, 냉·난방시설은 중앙 집중장치보다는 방마다 별개로 하여 고장이 나도 그 영향이 방 하나에만 국한되도록 한다.
2. **보조용품**. 객실에는 내구성이 크고 청소하기 쉬운 가구를 설치한다(침대 옆 테이블은 벽면에 부착하여 바닥 청소를 용이하게 한다). 또한 저가 호텔의 이미지에 맞게 유리컵 대신 일회용 컵을 사용한다. 그러나 환경을 고려하면 1회용 플라스틱컵의 사용은 문제가 있다.
3. **정보**. 온라인 컴퓨터시스템을 이용해 예약, 등록 및 객실 배정, 퇴실 시 요금 정산을 신속하게 처리하며, 청소원에게 정리할 빈 객실을 자동으로 통보한다. 이러한 자동 통보 시스템은 청소원으로 하여금 방 정리를 일찍하게 함으로써 일찍 도착한 손님에게 방 배정을 용이하게 한다. 퇴실시간을 미리 알려주면 이른 객실정리 계획이 가능하고 일찍 도착한 투숙객을 위한 객실을 준비할 수 있게 된다.
4. **명시적 서비스**. 모든 객실의 가구 배치와 내용 등 외관을 동일하게 하여, 청소와 침구 정리 등의 서비스는 표준작업방법에 따라 수행하도록 한다.
5. **묵시적 서비스**. 인상이 좋고 대인 관계가 능숙한 데스크 요원을 채용한다. 표준업무처리절차(SOPs: standard operating procedures)의 훈련을 통해 모든 고객에게 일관되고 예측 가능한 서비스를 보장한다.

표 6.2는 저가 호텔의 경우 어떻게 디자인 특성을 취하고 디자인 요건에 적합하도록 품질시스템을 적용하는지를 보여주고 있다. 이와 같은 접근은 "요구사항에 대한 부합성(conformance to requirement)"이란 품질의 정의에 근거한다. 이 예는 요구사항에 대한

표 6.2 저가 호텔(budget hotel)의 품질 요건

서비스 패키지 특성	속성 혹은 요건	측정 기준	부적합성 교정 활동
지원설비	건물 외관	도장 훼손 불허	재도장
	지상 경관	푸른 잔디	잔디에 물주기
	냉·난방시설	적정 온도 유지	보수 및 교체
보조용품	TV상영	선명한 화상도 유지	수리 혹은 교체
	비누	침대당 2개	보충
	얼음	1실당 1통	얼음기계로 보충
정보	손님 취향	완료	갱신
명시적 서비스	객실 청결도	얼룩 없는 카페트	세척 청소
	수영장 수질	수질 기준치 상회	여과장치 교환/소독
	객실 외관	규격대로 침구 정돈	청소원 교육
묵시적 서비스	안전도	모든 조명등 가동	불량전구 교체
	쾌적한 분위기	퇴실 고객에게 인사	창구직원 교육
	객실 배정 대기	고객 대기 없애기	객실 청소일정 검토

적합성으로, 어떤 측정 기준이 마련되어야 하는지를 명확하게 정의할 필요가 있다는 것을 보여준다. 품질은 부적합성(nonconformance)이 발생했을 때 적절한 시정 조치가 요구하는 행동 지향적인 활동으로 보아야 한다.

포카요케(실수방지)

시게오 신고(Shigeo Shingo)는 프로세스에 내재되는 저비용의 품질관리 메커니즘을 도입하면, 비용이 많이 소요되는 검사과정 없이 낮은 비용으로 높은 품질을 달성할 수 있다고 믿었다. 실수가 발생되는 것은 작업자가 능력이 부족하기보다는 작업 도중에 주의 부족 혹은 방해를 받기 때문이라는 것을 알아냈다. 그는 **포카요케(*poka-yoke*)** 방법의 채택을 주창했는데, 일종의 "실수 예방(foolproof)" 방법으로 번역할 수 있다. 포카요케 방법은 작업자가 실수를 범하지 않도록 점검표(checklist)와 지침서(manual)를 사용한다.[5] 서비스 실수는 서비스 제공자와 고객 양쪽으로부터 발생한다고 체이스(Chase)와 스튜워트(Stewart)는 주장하였으며, 표 6.3에 요약되어 있다. 그러므로 포카요케 방법은 서비스 제공자와 고객 양측의 실수 근원에 대한 예방 장치를 마련하는 것이다.[6]

서비스 제공자의 실수는 세 가지 유형, 즉 과업(task), 처리(treatment), 유형(tangible)으로 분류된다. **과업포카요케**의 예로써 맥도널드(McDonald's)의 감자튀김 주걱은 항상 일정량의 감자튀김이 담겨질 수 있도록 설계되어 있으며, 동시에 깨끗하고 심미적인 측면도 고려되어 서비스품질이 향상되도록 고안되었다. 은행에서 창구직원들이 우선 고객과

표 6.3 서비스 실패의 유형

서비스 제공자 실수	고객 실수
과업	*준비*
• 부정확한 업무처리 • 불필요한 업무처리 • 부적절한 업무처리 • 너무 느린 업무처리	• 필요한 자료를 지참하지 않음 • 서비스 제공 시 역할을 이해 못함 • 올바른 서비스를 찾지 못함
처리	*접점*
• 고객을 인지하지 못함 • 적절하게 반응하지 못함 • 고객의 소리를 듣지 못함	• 프로세스에서 절차를 잊어버림 • 시스템의 흐름을 따르지 않음 • 원하는 것을 충분하게 설명 못함 • 지시를 따르지 않음
유형	*마무리*
• 시설이 깨끗하지 않음 • 제복이 깨끗하지 않음 • 환경요인을 통제 못함 • 서류교정을 안 함	• 서비스 실패의 징후를 표시하지 못함 • 경험을 살리지 못함 • 기대를 조정하지 못함 • 접점 후 교정행위를 안 함

5) Shigeo Shingo. *Zero Quality Control: Source Inspection and the Poka-Yoke System* (Stanford, CT: Productivity Press, 1986).

6) R. B. Chase and D. M. Stewart. "Make Your Service Fail-Safe." *Sloan Management Review*, Spring 1994, pp. 35–44.

반드시 눈을 맞추고 업무를 처리하도록 하기 위해 고안된 **처리**포카요케는 거래가 시작될 때 점검표에 고객의 눈 색깔을 기입하도록 요구하고 있다. **유형**포카요케의 예는 직원이 고객과 접하는 영역으로 들어올 때는 반드시 단정한 모습을 갖추도록 직원 휴게실에 거울을 설치한 것이다. 비슷한 예로서 마이크로소프트 아웃룩(Outlook)의 자동 철자법 검토 기능은 오류가 없을 때까지 e-mail이 발송되지 않도록 확인 작업을 한다.

항공사에서는 기내 휴대가방의 크기를 고객이 스스로 확인할 수 있게 포카요케 도구를 이용한다.
Mona Fitzsimmons

서비스 전달 과정에서 고객도 적극적인 역할을 수행하고 참여하기 때문에 실수가 발생되지 않도록 도와줄 필요가 있다. 고객의 실수는 세 가지 유형, 즉 준비(preparation), 접점(encounter), 마무리(resolution)로 분류된다. 캐나다 토론토에 위치한 숄다이스(Shouldice) 병원은 오직 탈장수술만 시술한다. 모든 예비환자는 종합 의료설문지에 응답을 하도록 요구되는데, 이것은 숄다이스 병원에서 수술받는 데 적합한 건강상태인지 확인하는 **준비**포카요케이다. **접점**포카요케는 고객의 기분을 가능한 손상하지 않도록 비관여 방식으로 운영되는데, 예를 들면 놀이공원에서 놀이기구를 탈 때 키 제한을 초과하는지 확인하기 위해 키 막대(height bar)를 사용하거나, 혹은 공항의 탑승수속 창구에서 기내용 가방이 허용 가능한지 측정할 수 있는 규격틀을 비치해 사용하고 있다. **마무리**포카요케는 서비스 제공이 완료됨에 따라 서비스업체에서 원하는 방향으로 고객의 행동을 유도하는 데 도움을 준다. 패스트푸드 음식점은 전략적으로 쟁반 회수대나 쓰레기통을 출구 쪽에 위치시킴으로써 고객들이 각자의 쓰레기를 스스로 처리하도록 유도한다.

경영자가 서비스 전달 과정에 관여하거나 품질평가시스템을 작동시키기가 어렵기 때문에, 포카요케 방법을 사용함으로써 실수 발생 우려가 큰 곳에 물리적 디자인을 통해 직원과 고객의 자율적 행동을 제한하는 것은 실수 없는 서비스를 촉진하기 위한 중요한 선제 전략이다. 문서작업 시 오타가 발생하면 "경고음"이 발생하는 것과 같이 서비스 작업을 방해하지는 않는 이러한 디자인 특성으로 서비스가 진행되게 하는 것에 눈여겨 볼 만하다.

품질기능전개

품질기능전개(QFD: ***quality function deployment***)는 제품디자인 단계에서 고객의 요구를 반영하는 과정을 말하며, 일본에서 개발되어 도요타 자동차와 도요타 협력업체에서 광범위하게 사용되었다. 어떤 특정 제품에 대해서 고객 속성을 기술적인 특성에 연관시키는 과정을 "품질의 집(house of quality)"이라 불리는 하나의 매트릭스로 나타낸다. QFD의 중심 아이디어는 고객의 욕구와 취향을 반영하도록 제품이 설계되어야 하고, 마케팅, 설계기술, 제조부문의 기능이 연계 조정되어야 한다는 것이다. "품질의 집"은 제품이나 서비스 디자인 시 고객 만족을 확인하고 측정 가능한 작업명세서로 변환하는 틀을 제공한다.[7]

---

7) J. R. Hauser and D. Clausing. "The House of Quality." *Harvard Business Review*, May-June 1988, pp. 63-73.

비록 QFD는 제품 계획에 사용하기 위해 개발되었지만, 예제 6.1과 같이 서비스전달시스템의 디자인에도 적용된다.

예제 6.1 빌리지 볼보의 품질 기능전개

제1장의 사례로 살펴보았던 빌리지 볼보(Village Volvo)를 대상으로 설명해 보자. 빌리지 볼보는 볼보 자동차 수리만 전문으로 하는 독립적으로 운영되는 자동차 수리업체이며, 볼보 딜러(dealer)와 경쟁관계에 있다. 빌리지 볼보는 볼보 딜러와 비교하여 경쟁적 입지를 개선하기 위해서 필요한 분야를 결정하기 위해서 서비스전달시스템을 평가하기로 하였다. QFD 프로젝트의 실행과 "품질의 집" 구축 절차는 다음과 같다.

1. *프로젝트 목표 설정.* 프로젝트의 목표는 빌리지 볼보의 경쟁적 입지를 평가하는 것이다. 또한 새로운 서비스전달시스템의 도입이 검토될 때도 QFD가 사용될 수 있다.
2. *고객의 기대 결정.* 프로젝트의 목표에 의거해 만족시켜야 할 목표고객 집단을 확인하고 고객의 기대를 규정한다. 빌리지 볼보의 경우 목표고객 집단은 비정기적으로 수리를 의뢰하는 볼보 소유자이다(일상적 유지보수 제외). 고객의 기대는 인터뷰, 포커스 그룹, 설문 등을 통해 파악할 수 있다. 고객의 기대를 기술하기 위해 서비스품질의 다섯 가지 차원을 사용할 수도 있다. 그림 6.7의 품질의 집에서는 이들 다섯 가지 차원으로 *행*(*row*)을 구성한다. 좀 더 높은 수준의 QFD 프로젝트에서는 고객의 기대를 1단계, 2단계, 3단계의 상세 수준으로 분해하기도 한다. 가령, 1단계 기대인 "신뢰성"은 2단계에서는 "정확성"으로 세분하여 명시화될 수 있고, 이는 3단계에서는 "진단된 문제의 해결"이라는 좀 더 상세한 수준으로 기술될 수 있다.
3. *서비스 요소의 설명.* 품질의 집 매트릭스의 *열*(*column*)은 고객 기대를 만족시키기 위해서 경영자가 관리할 수 있는 서비스 요소를 포함한다. 빌리지 볼보의 경우 서비스 요소로서 훈련(training), 태도(attitude), 처리능력(capacity), 정보(information), 장비(equipment)를 선정하였다.

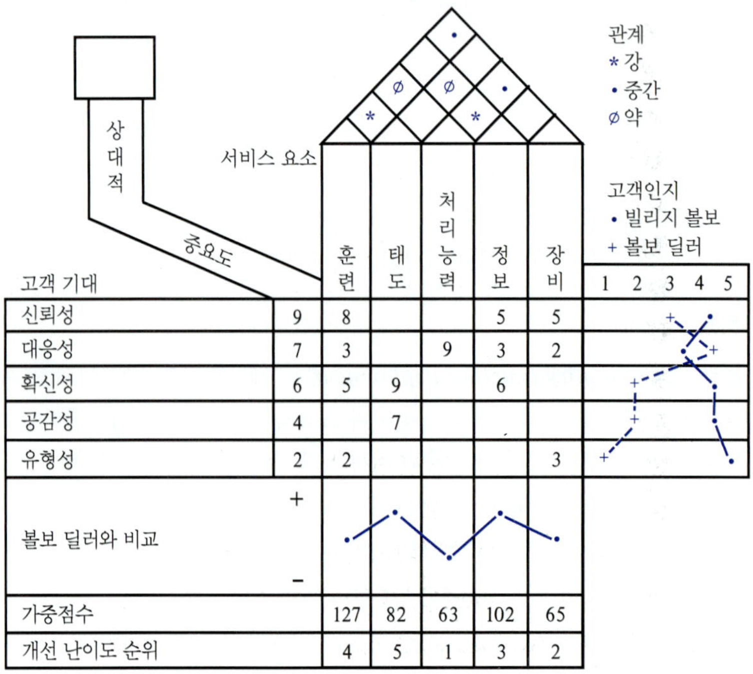

그림 6.7 빌리지 볼보 사례를 위한 "품질의 집"

4. *서비스 요소 간의 연관성 정도.* 품질의 집 *지붕*은 서비스 요소의 각 쌍 사이의 상관강도를 나타낸다. 강도는 3단계인데 * = 강, • = 중간, Ø = 약으로 표시된다. 예컨대, 훈련과 태도 사이의 관계는 강으로 표시되고 있다. 이와 같은 서비스 요소 간의 연관성은 서비스품질 개선에 도움이 되는 유용한 지렛대점(leverage) 역할을 제공할 수 있다.
5. *고객 기대와 서비스 요소 간의 조합.* 매트릭스의 *본체*는 서비스 요소와 이에 대응하는 고객 기대 차원 사이의 연관성 정도를 0에서 9 사이의 숫자로 나타낸다. 이 숫자는 다양한 서비스 요소가 서로 다른 고객의 기대를 만족시키기 위해 기업 능력에 얼마나 영향을 미칠 수 있는가에 대한 것이며, 프로젝트팀에 의해 결정된다.
6. *서비스 요소에 가중치 부과.* 이 단계에서는 서비스 요소에 대해 고객이 부여하는 중요도를 측정한다. 품질의 집 *굴뚝*은 고객조사에 의해 결정된 기대의 상대적 중요도를 1부터 9까지 가중치로 표시한다. 상대적 중요도와 연관성 정도를 곱하여 각 서비스 요소에 대한 가중점수를 구한다. 훈련 요소에 대한 가중점수는 다음과 같이 구한다.

   $$(9)(8) + (7)(3) + (6)(5) + (4)(0) + (2)(2) = 127$$

   가중점수는 품질의 집의 *지하실*에 위치하며, 고객 요구를 만족시키기 위해서 어떤 서비스 요소가 중요한지를 나타낸다. 그러나 가중점수는 상대적 중요도와 연관관계 간의 점수에 대한 불확실한 추정치에 의해 계산되기 때문에 주의를 요하며 상식에 근거하여 다루어져야 한다.
7. *서비스 요소 개선의 난이도.* 품질의 집 지하실에는 각 서비스 요소에 대한 개선의 어려움을 순위로 표시하고 있으며, 순위 1은 가장 어려운 정도를 나타낸다. 처리능력과 장비는 개선을 위해 많은 자금이 소요되기 때문에 가장 어려운 수준에 속한다. 따라서 서비스 요소의 가중점수가 높다 하더라도 개선이 불가능할 수 있다.
8. *경쟁 평가.* 타사(볼보 딜러)와 자사(빌리지 볼보)에 대한 고객의 서비스 인지도를 비교 평가한다. 두 회사를 모두 이용해 본 경험이 있는 고객을 대상으로 5점 척도에 의한 설문조사 결과를 매트릭스 *오른편*에 도표로 작성한다. 빌리지 볼보의 각 서비스 요소 수준을 볼보 딜러를 상대로 비교해 매트릭스의 *하단*에 작성한다. 이 정보는 빌리지 볼보의 상대적 강점과 약점을 평가하는 데 사용한다.
9. *전략적 평가와 목표 설정.* 완성된 품질의 집을 보면 경쟁적 입지에서 빌리지 볼보가 볼보 딜러보다 상대적으로 강한 면과 약한 면이 있는 것을 볼 수 있다. 고객 기대에서는 대응성을 제외한 다른 영역에서 모두 호의적인 것으로 나타났다. 그러나 이것은 빌리지 볼보의 고객을 대상으로 조사한 자료이기 때문에 예상된 결과라고 볼 수 있으므로 주의를 기울여야 한다. 서비스 요소에 대한 볼보 딜러와의 비교와 가중점수는 서비스 개선을 위해 가능한 방향을 제시한다. 태도와 정보 분야에서는 빌리지 볼보가 비교우위에 있으나 처리 능력, 훈련, 장비 분야에서는 문제가 있다. 가중점수가 가장 높은 것은 훈련이기 때문에 투자의 최우선 목표는 훈련이다. 훈련은 서비스 요소 중 태도, 처리능력, 장비와 연관되어 있어 효과가 크다. 또, 개선의 난이도 순위 역시 네 번째이기 때문에 개선의 여지가 크다.

서비스품질의 달성

서비스는 고객들이 실제로 경험하기 이전에는 평가하기가 어렵다. 앞에서도 이미 언급하였듯이 서비스는 무형이고 생산과 동시에 소비가 이루어진다. 서비스품질과 관련된 이와 같은 점들은 서비스경영자로서는 반드시 극복해야 할 어려움이다. 왜냐하면 고객과 현장 직원 사이의 품질검사과정은 서비스업에서는 제조업처럼 선택사항이 아니기 때문이다.

품질비용

라틴어 속담인 "구매자가 주의해야 한다(caveat emptor)"는 이제 오래전 이야기가 됐다. 1980년대 후반부터 1990년대 초반에 걸쳐 미국 기업들은 인간미 없는 서비스, 잘못된 제품 그리고 약속 어김 등은 모두 그에 상응하는 비용이 수반된다는 것을 알게 되었다. 2008년 금융위기 후 은행들이 지불한 막대한 벌금은 실제 예가 되고 있다. 오염된 샐러드로부터 발생된 식품독성 사건 후 Chipotle사가 경험한 것처럼 나쁜 품질은 시장점유율에 상당한 타격을 줄 수 있다. 부적절한 끼워팔기가 드러난 후 Wells Fargo은행의 예에서 목격했듯이, 기업의 비윤리적 행위로 명예는 크게 실추되기도 한다.

제품은 반품되거나 교환 또는 수리되지만, 잘못된 서비스를 받은 고객은 어떻게 보상을 청구할 수 있는가? 물론 법적인 상환 청구를 할 수 있다. 어떤 서비스도 법적 소송이나 책임으로부터 자유로울 수는 없다. 예를 들면 라스베이거스(Las Vegas)의 한 호텔은 투숙객이 자기 객실 내에서 폭행당했을 때 적절한 안전조치를 취하지 않은 것으로 고발되었다. 어떤 납세 신고자는 미국 국세청(Internal Revenue Service)의 규정을 따르지 않고 세금을 낮게 신고한 죄로 500달러의 벌금을 물게 되었다.

최고 경영자에게 품질 문제가 중요하다는 점을 확신시키기 위해 저명한 품질 전문가인 쥬란(Juran)은 품질비용 회계시스템을 주장하고 있다.[8] 그는 네 가지 비용 항목, 내부 실패비용(출고 이전에 발견된 불량에 따른 비용), 외부 실패비용(출고 이후에 발견된 불량에 따른 비용), 평가비용(구매 원재료와 제조공정 중에 발생하는 검사비용), 그리고 예방비용(초기부터 불량이 발생하지 않도록 사전 활동에 소요되는 비용)으로 분류하고 있다. 쥬란은 대부분 제조기업에서 외부 및 내부 실패비용을 합하면 전체 품질비용의 50% 내지 80%를 차지한다는 것을 발견하였다. 따라서 품질 관련 총 비용을 최소화시키기 위해서 예방에 더 많은 주의를 기울여야 한다고 주장하였다. 예방에 1달러를 투자하는 것은 평가비용에서 100달러를 투자하는 것과 같고, 실패비용에서 1만 달러를 투자하는 것과 같다고 주장하였다.

표 6.4에서 은행의 예를 가지고 서비스 기업에서 사용된 쥬란의 품질비용을 보여주고자 한다. 예방에 있어서는 서비스 인력의 모집과 선발이 나쁜 품질을 피하는 방법으로 고려되고 있다. 적절한 태도와 사교성을 갖춘 사람을 찾아내는 것이 결국 고객에게 서비스하는 데 필요한 자질을 갖춘 현장 직원을 선발하게 해준다. 검사는 평가 과정에 포함되어 있지만 서비스 지원 부서의 작업 외에는 대개 현실적으로 사용되기는 어렵다. 서비스는 바로 고객의 경험이 되기 때문에 서비스 실패는 다른 사람에게 이야깃거리로 전달된다. 서비스경영자는 불만족을 느낀 고객들이 차후에 다른 사람들에게도 자신의 유쾌하지 못한 경험을 이야기함으로써, 궁극적으로 미래 사업에 대한 엄청난 손실을 초래한다는 점을 인식해야 한다.

---

8) J. M. Juran and F. M. Gryna, Jr. *Quality Planning and Analysis* (New York: McGraw-Hill, 1980).

표 6.4 서비스에 대한 품질비용

비용 종류	정의	은행의 예
예방비용	실패가 일어나지 않도록 하거나 평가 비용을 최소화하기 위한 작업이나 활동과 관계된 비용	품질계획, 모집 및 선발 교육 프로그램, 품질개선 프로젝트
평가비용	서비스가 품질수준을 만족하는지를 결정하기 위해 서비스 상태를 확인하는 데 드는 비용	정기적 검사, 프로세스 통제 계좌잔고 확인 및 조사 품질 자료의 수집
내부 실패비용	고객에게 전달되기 전에 품질에 부적합한 부분을 교정하는 데 드는 비용	폐기처분된 양식과 보고서 재작업, 기계의 고장
외부 실패비용	고객에게 전달된 후에 품질에 부적합한 부분을 교정하거나 고객의 특정 요구를 만족시키지 못하는 부분을 교정하는 데 드는 비용	이자 위약금의 지불 조사 시간, 법적 판단 부정적인 소문 미래 사업 기회의 상실

자료원: Adapted from C. A. Aubry and D. A. Zimbler, "The Banking Industry: Quality Costs and Improvement," *Quality Progress*, December 1983, pp. 16–20.

통계적 프로세스 관리

서비스 성과는 흔히 주요 지표에 의해 판단이 된다. 예를 들면 고등학교의 교육성과는 학생들의 수능시험(SAT: Scholastic Aptitude Test) 점수로 측정된다. 경찰서의 범죄 예방 프로그램의 효과성은 범죄율에 의해 판단되고 은행원의 성과는 1일 잔고의 정확성으로 판단한다.

서비스 프로세스가 기대와 달리 수행되면 어떤 일이 일어날까? 일반적으로 문제의 원인을 찾아내기 위한 조사가 수행되고 보정활동이 이루어진다. 경우에 따라서는 성과 변동이 특정한 원인으로부터가 아니라 우연히 발생하는 것일 수도 있다. 의사결정자는 서비스 성과의 진정한 문제점을 찾아내고 품질수준이 낮은 서비스와 관련된 실패비용을 없애려고 할 것이다. 반면에 제대로 수행되고 있는 시스템에 대한 불필요한 변화도 피해야 할 것이다. 따라서 표 6.5에서 알 수 있듯이 품질을 관리하는 데 있어서 두 가지 형태의 위험이 수반된다. 이들 위험은 피해를 보는 쪽을 확인하기 위한 이름이 붙여진다. 만약에 프로세스가 실제로는 잘 수행되고 있는 데도 통제를 벗어나는 것으로 간주되었다면 생산자 위험인 타입 I 위험(Type I error)이 나타난 것이다. 그리고 실제로 프로세스가 잘못되어 있음에도 불구하고 제대로 작동되는 것으로 간주되면 소비자 위험인 타입 II 위험(Type II error)이 발생한 것이다.

프로세스가 통제되고 있는지(성과의 평균과 분산에 변화가 없음)를 결정하기 위해 프로세스 성과(구급차 대응시간)에 대한 측정값을 도표로 나타낸 **관리도(*control chart*)**가

표 6.5 품질관리 결정에 있어서의 위험

	품질관리 결정	
서비스의 진정한 상태	**보정 활동을 취함**	**그대로 둠**
통제되고 있는 프로세스	타입 I 위험(생산자 위험)	올바른 결정
통제되지 않는 프로세스	올바른 결정	타입 II 위험(소비자 위험)

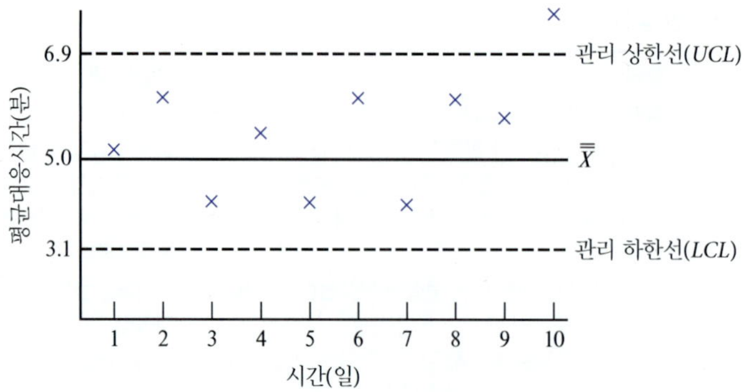

그림 6.8 구급차 대응시간에 대한 $\overline{X}$-관리도

사용된다. 예를 들면 그림 6.8에 응급환자를 위한 구급차의 대응시간에 대한 관리도가 주어져 있다. 이 관리도는 기준으로부터 이상한 변동을 관찰할 수 있도록 평균 대응시간에 대한 일일 상태를 보여주고 있다. 측정치가 관리한계 밖으로 나갈 때—즉, 관리 상한선(UCL: upper control limit)이나 관리 하한선(LCL: lower control limit) 밖으로 벗어날 때—프로세스가 관리되지 않는 것으로 간주되어 시스템은 주의를 요하게 된다. 구급차의 예에서, 처음 7일 동안은 모든 관측값의 평균에 대한 기대변동이 관리한계 내에 있음을 보여주고 있다. 그러나 10일째는 매우 드물게 관측값이 UCL을 초과하여 근본 원인분석(root-cause analysis)의 필요성에 대한 징후를 보인다.

관리도를 작성하는 것은 표본평균에 대한 신뢰구간을 정하는 것과 유사하다. 표본평균은 중심극한정리(central limit theorem: 통계량이 어떤 방식으로 분포되어 있든 이 통계량으로부터 도출된 평균치는 정규분포를 나타낸다는 것)에 따라서 정규분포를 하게 된다. 표준정규분포표로부터 정규분포의 99.7%가 평균으로부터 표준편차의 3배 이내에 있다는 것을 알 수 있다. 과거 자료를 이용하면 어떤 서비스 시스템 성과의 척도는 평균과 표준편차로 모두 결정된다. 이 값들을 이용해 성과 척도의 평균에 대한 99.7% 신뢰구간을 설정할 수 있다. 임의로 수집된 미래의 표본평균도 신뢰구간 내에 있기를 기대하는 것이다. 만약 신뢰구간을 벗어나면 프로세스가 변하여 실제 평균이 달라진 것으로 결론을 내린다.

품질관리도를 작성하고 사용하는 단계는 다음과 같이 요약할 수 있다.

1. 서비스 시스템 성과에 대한 척도를 결정한다.
2. 시스템 성과 척도에 대한 모집단의 평균과 분산 추정치를 결정하기 위한 과거 자료를 수집한다.
3. 표본의 크기를 결정하고 모평균과 모분산의 추정치를 사용하여 표준편차의 3배에 해당하는 관리 상한선과 관리 하한선을 계산한다.
4. 시간에 대한 표본평균의 함수로서 관리도를 그린다.
5. 관리도상에 임의로 수집된 표본평균을 나타내고 결과를 다음과 같이 해석한다.
   i. 관리 상태에 있음(즉 표본평균이 관리한계 내에 있음).
   ii. 관리 상태를 벗어남(즉 표본평균이 관리한계 밖에 있거나, 연속된 7개의 표본평균

이 평균의 위쪽이나 아래쪽으로 있음). 이 경우에는 다음을 행한다.

a. 상황을 평가함.

b. 보정 활동을 취함.

c. 활동 결과를 검토함.

6. 일정한 주기를 두고 관리도를 갱신한다. 그리고 최근의 자료를 통합한다.

평균에 대한 관리도는 성과 척도의 유형에 따라 두 가지 범주로 나누어진다. 변량 관리도(variable control chart)인 $\overline{X}$-관리도와 R-관리도는 길이, 무게 그리고 시간과 같은 연속적인 값을 갖는 척도를 기록한다. 반면에 속성 관리도(attribute control chart)인 p-관리도는 비율로 나타낸 결함이나 오류의 수와 같은 이산형 자료를 기록한다.

예제 6.2 변량 관리도 ($\overline{X}$-관리도와 R-관리도)

$\overline{X}$-관리도의 목적은 연속변수(예: 구급차의 대응시간)의 프로세스 평균의 변화를 찾기 위한 것이다. 연속변수의 R-관리도는 프로세스의 산포도(散布; dispersion)를 측정하는 것이다. 표 6.6은 과거 기록 중 대표적이라 할 수 있는 7일 동안의 응급실 구급차의 대응시간에 대한 자료를 모은 것이다. 이 표는 매일 하루 네 번씩(오전, 오후, 저녁, 밤 시간대별로) 대응시간을 무작위로 취한 것으로, 일별로 대응시간의 평균(네 개의 관측치 표본을 토대)과 범위(최댓값과 최솟값의 차이)를 마지막 두 행에 계산하여 표기했다.

대응시간의 모평균과 범위의 추정치는 다음과 같이 계산된다.

$$\overline{\overline{X}} = \frac{5.1 + 6.2 + 3.9 + 5.7 + 4.1 + 6.1 + 4.3}{7} = 5.0$$

$$\overline{R} = \frac{2.9 + 2.7 + 1.8 + 3.2 + 3.1 + 2.0 + 2.8}{7} = 2.6$$

흔히 R-관리도는 프로세스의 변동성이 통제 범위 내에 있는지 확인하기 위해 $\overline{X}$-관리도보다 먼저 작성한다. 범위에 대한 관리도는 다음과 같은 식을 이용하여 작성된다.

$$\text{관리 상한선} = D_4\overline{R} \tag{1}$$

$$\text{관리 하한선} = D_3\overline{R} \tag{2}$$

여기서 $\overline{R}$ = 모 범위의 추정치

D_4 = 표본크기 n에 대한 표 6.7로부터의 UCL 값

D_3 = 표본크기 n에 대한 표 6.7로부터의 LCL 값

구급차 대응시간에 대한 범위의 관리한계는 표본크기 4에 대해 표 6.7에서의 상수를 사용하여 계산된다.

$$(\text{UCL}) = D_4\overline{R} = (2.282)(2.6) = 6.0$$

$$(\text{LCL}) = D_3\overline{R} = (0)(2.6) = 0$$

표 6.6 구급차 대응시간(분)

일	1	2	3	4	5	6	7
오전	3.6	4.5	2.9	7.1	4.3	6.7	2.8
오후	5.2	6.3	4.7	6.2	2.8	5.8	5.6
저녁	6.5	7.2	3.8	3.9	5.9	6.9	3.8
밤	4.9	6.9	4.3	5.6	3.2	4.9	4.9
$\overline{X}$	5.1	6.2	3.9	5.7	4.1	6.1	4.3
범위	2.9	2.7	1.8	3.2	3.1	2.0	2.8

표 6.7 변량 관리도용 상수

표본크기	($\overline{X}$-관리도)	(R-관리도)	
n	A_2	D_3	D_4
2	1.880	0	3.267
3	1.023	0	2.574
4	0.729	0	2.282
5	0.577	0	2.114
6	0.483	0	2.004
7	0.419	0.076	1.924
8	0.373	0.136	1.864
9	0.337	0.184	1.816
10	0.308	0.223	1.777
12	0.266	0.283	1.717
14	0.235	0.328	1.672
16	0.212	0.363	1.637
18	0.194	0.391	1.608
20	0.180	0.415	1.585
22	0.167	0.434	1.566
24	0.157	0.451	1.548

자료원: Adapted from Table 27 of *ASTM Manual on Presentation of Data and Control Chart Analysis,* copyright 1976, Philadelphia; American Society for Testing and Materials.

표 6.6의 마지막 행에 있는 모든 범위값이 R-관리도의 UCL과 LCL의 범위 내에 있기 때문에 7일 동안 프로세스 변동성은 통제되고 있다. 따라서 $\overline{X}$-관리도를 작성할 수 있다.

$\overline{X}$-관리도에 대한 관리한계를 구하는 적절한 공식은 표 6.7에 있는 A_2의 값과 프로세스 산포의 측정치인 $\overline{R}$를 사용한다.

$$(\text{UCL}) = \overline{\overline{X}} + A_2\overline{R} \quad (3)$$

$$(\text{LCL}) = \overline{\overline{X}} - A_2\overline{R} \quad (4)$$

여기서 $\overline{\overline{X}}$ = 모평균의 추정치

$\overline{R}$ = 모범위의 추정치

A_2 = 표본크기 n에 대해 표 6.7에서 구한 값

표본크기 4의 관리한계는 다음과 같이 계산된다.

$$\text{UCL} = \overline{\overline{X}} + A_2\overline{R} = 5.0 + (0.729)(2.6) = 6.9$$

$$\text{LCL} = \overline{\overline{X}} - A_2\overline{R} = 5.0 - (0.729)(2.6) = 3.1$$

그림 6.8은 평균 $\overline{\overline{X}}$ = 5.0, UCL = 6.9, LCL = 3.1인 구급차 대응시간에 대한 $\overline{X}$-관리도를 보여준다. 표 6.6으로부터 처음 7일 동안의 표본평균 $\overline{X}$는 관리도를 적용하기 전보다 프로세스가 통제되고 있다는 것을 확인하기 위하여 7일 동안의 성과를 관리도에 그림으로 표시한 것이다. 처음 7일 동안의 모든 관측치는 UCL과 LCL 사이에 놓여 프로세스가 관리 상태에 있음을 알 수 있다. 그러나 10일째의 표본평균은 UCL을 초과하여 시스템에 대한 주의가 필요하다. 예제에 나온 구급차 대응시간은 미국 플로리다(Florida)의 포트 로더데일(Fort Lauderdale)시의 자료이며, 8일째부터 봄 방학이 시작되었다. 그러므로 대응시간이 길어진 것은 구급차가 해변가까지 가야 하는 경우가 늘어났기 때문인 것으로 설명할 수 있다. 따라서 봄

방학 기간에는 해변가에 구급차를 미리 배치하여 대응시간을 줄이면 프로세스는 다시 관리 상태로 돌아올 수 있다.

예제 6.3 속성 관리도 (*p*-관리도)

어떤 경우에는 시스템 성과가 “양품”이나 “불량”으로 분류되는데, 주된 관심사는 불량 성과의 비율이다. 예를 들면 우체국에 있는 분류 기계의 작업자를 고려해보자. 작업자는 소포에 있는 우편번호를 읽어 그 도시의 위치를 알고 난 뒤, 소포를 컨베이어를 통해 해당 도시로 향하는 트럭으로 보내는 것이다. 과거의 기록으로부터 숙달된 작업자의 실수율은 약 5%로, 불량비율이 0.05이다. 관리자는 새로운 작업자들을 모니터링하여 그 업무에 적절하지 않은 사람을 확인할 수 있도록 관리도를 만들고자 한다. 아래의 식 (5)와 (6)은 불량률, p-관리도를 작성하기 위해 사용된다. 이 공식은 비율에 대한 표준편차의 3배에 해당하는 신뢰구간을 나타내기 때문에 익숙하다고 할 수 있다.

$$UCL = \bar{p} + 3\sqrt{\frac{\bar{p}(1-\bar{p})}{n}} \quad (5)$$

$$LCL = \bar{p} + 3\sqrt{\frac{\bar{p}(1-\bar{p})}{n}} \quad (6)$$

여기서

$$\sqrt{\frac{\bar{p}(1-\bar{p})}{n}} = \text{비율의 표준오차}$$

$$\bar{p} = \text{모 비율의 추정치}$$

$$n = \text{표본크기}$$

분류 작업에 대한 p-관리도의 관리한계는 식 (5)와 (6) 그리고 운송 트럭으로부터 임의로 뽑은 100개의 소포를 이용하여 계산된다. 만약 *LCL*에 대한 계산이 음수가 되면 *LCL*은 0으로 놓음을 유의하기 바란다.

$$UCL = 0.05 + 3\sqrt{\frac{(0.05)(0.95)}{100}} = 0.05 + 3(0.0218) = 0.1154 \approx 0.11$$

$$LCL = 0.05 - 3\sqrt{\frac{(0.05)(0.95)}{100}} = 0.05 - 3(0.0218) = -0.0154 \text{ [0.0으로 대체]}$$

이 작업에 대한 p-관리도는 그림 6.9에 나타나 있다. 새로운 작업자에 대한 9일간의 시험 결과가 주어졌을 때 그 사람을 분류 작업에 대한 적격자라고 결론 내릴 수 있는가?

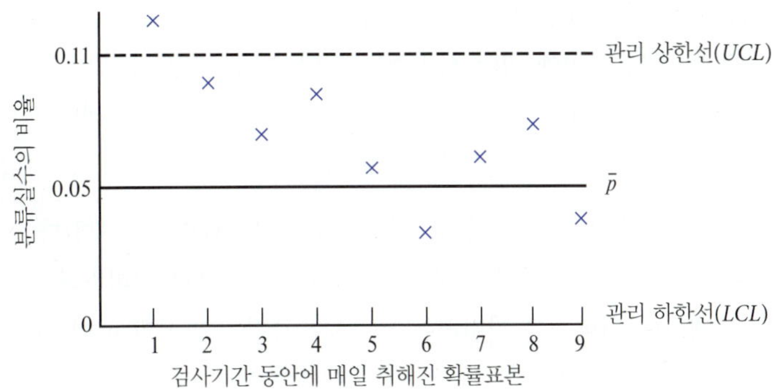

그림 6.9 우편번호 분류작업자에 대한 p-관리도

SELLER'S
REALTY GROUP

셀러스 리얼티 그룹은
우리의 서비스가 월등하다는
것을 확신하며, 무조건적인
서비스 보장을 제공함에 대해
자랑스럽게 생각합니다.

이 보장은 고객님께서 어느
때나 이유를 막론하고 우리와
맺은 부동산 중개 계약을 취소
할 수 있음을 의미합니다.

취소 요청을 받은 즉시 우리는,
영업일 기준으로 1일 이내에
고객님의 부동산을 모든 마케팅
리스트에서 삭제할 것이며,
마당에 설치한 매물 안내판도
제거할 것입니다.

그림 6.10 셀러스 리얼티 그룹(Seller's Realty Group)의 무조건 서비스 보장

자료원: Used with permission of Seller's Realty Group.

무조건 서비스 보장[9)]

고객들은 제품을 구입할 때마다 제품에 대한 보장을 기대하지만, 과연 서비스를 보장하는 것이 가능한가? 불가능하다! 그러나 **무조건 서비스 보장**을 집필한 하트(C. Hart)는 가능하다고 말한다. 그는 서비스 보장은 그림 6.10의 예에서 보듯이 다음의 다섯 가지 중요한 특징을 갖는다고 하였다.

1. 무조건적이어야 한다. 고객 만족은 예외 없이 무조건적으로 이루어져야 한다. 예를 들면 미국 메인 주에 위치한 우편주문 회사 L.L.Bean은 모든 반품을 의문 없이 받아들이고, 교체해 주거나 환불해 준다.
2. 이해 및 의사소통이 쉬워야 한다. 보장에서부터 기대할 수 있는 바를 정확하게, 그리고 측정 가능한 형태로 고객이 인지하도록 해야 한다. 예를 들면 베니건스는 15분 이내에 식사가 나오지 않으면 점심을 무료로 제공한다고 약속한다.
3. 고객에게 의미가 있어야 한다. 보장은 서비스 측면뿐만 아니라, 재무적 측면에서도 고객에게 의미가 있고 중요해야 한다. 도미노 피자에서는 주문이 30분 이내에 배달되지 않으면 고객은 무료 피자를 제공받기보다는 3달러 할인을 받는다. 고객들이 무료 피자보다 일부 할인이 더 합리적이라고 생각하기 때문이다.
4. 요구하기 쉬워야 한다. 불만족한 고객이 보장한 권리를 행사할 때 복잡한 서식을 작성하거나 편지를 쓰게 하는 것처럼 고객을 귀찮게 해서는 안 된다. 시티뱅크의 시티트래블(Cititravel)은 최저가 항공료를 보장하고 최저가가 아니었을 경우 차액을 환불해 주는데, 환불을 받기 위해 필요한 것은 단지 무료 전화 한 통화뿐이다.
5. 쉽게 보상받을 수 있어야 한다. 도미노 피자와 베니건스의 사례에서처럼 최고의 보장은 현장에서 바로 이루어진다.

서비스 보장은 분명히 마케팅적 매력을 가지지만, 더 중요한 점은 품질 표준을 정함으로써 서비스 보장은 해당 산업에 있어 서비스의 의미를 재정의할 수 있다는 것이다. 예를 들어 페더럴 익스프레스는 24시간 내 배달 보증을 통해 소규모 화물 배달 산업을 정의하였다. 서비스 보장은 다음과 같은 여러 가지 측면에서 사업의 효과성을 증진시킨다.

1. 고객에 초점. 서비스 보장은 기업이 고객의 기대를 파악하도록 강제한다. 브리티시 항공사는 승객에 대한 조사를 통해 고객들이 네 가지 차원으로 서비스를 판단한다는 것을 알았다. 고객들이 서비스를 판단하는 네 가지 차원은 관심과 배려, 선도적인 조치,

9) From Christopher W. L. Hart. "The Power of Unconditional Service Guarantees." *Harvard Business Review*, July–August 1988, pp. 54–62.

문제 해결, 그리고 (회사로서는 놀랍게도) 잘못된 서비스의 회복이었다.

2. **명백한 표준 설정.** 구체적이고 명확한 보장은 조직에게는 서비스에 대한 명확한 표준이 된다. 다음날 오전 10시 30분까지 배달을 보장한다는 페더럴 익스프레스의 서비스 보장은 모든 관련 직원들의 책임과 의무를 구체적으로 정의해 준다.
3. **보장 피드백.** 서비스 보장을 요구하는 고객은 서비스품질평가에 대해 매우 중요한 정보를 제공한다. 서비스에 만족하지 못한 고객은 불만을 제기하고 경영층의 주의를 환기시키고 싶어한다. 비정규직 인력 공급회사인 맨파워그룹(ManpowerGroup)은 인력을 파견한 첫날 고객에 전화해 피드백을 얻는 더 적극적인 방법을 취한다.
4. **서비스전달시스템에 대한 이해 증진.** 보장정책이 결정되기 전에 경영자가 자사 시스템 중 서비스 실패 가능성이 높은 곳과 서비스 오류를 어디까지 통제할 수 있는지를 확인하여야 한다. 플로리다에 위치한 해충서비스 업체 버거 버그 킬러(Burger Bug Killer)사는 벌레가 들어오지 못하게 문과 창의 틈을 철저하게 밀봉하는 것과 같은 시설 개선 제안을 고객이 지킬 때에만 작업을 맡고 서비스를 보장한다. 페더럴 익스프레스는 미국 어디든지 모든 위탁 화물이 당일 저녁에 멤피스에 도착해 분류되고, 그날 밤 비행기로 출발해 다음날 오전 10시 30분까지 배달될 수 있도록 거점-지점 네트워크(hub and spoke network)를 채택했다.
5. **고객의 충성도 제고.** 보장은 고객이 감당하는 위험을 줄이고, 고객의 기대를 명확하게 하며, 보장이 없었을 경우 다른 경쟁업체로 이탈되었을 불만족 고객을 계속 유지할 수 있게 해 시장점유율을 확보하도록 한다.

서비스 회복

품질에 관한 최선의 의도를 갖고 있다 할지라도 서비스 실패는 발생하게 마련이다. 그렇다면 무엇을 해야 하는가? 표 6.8은 불만족한 고객에 관한 통계자료이다. 이것이 시사하는 것은 서비스 실패에 대한 신속한 해결은 충성스러운 고객을 확보하는 중요한 수단이라는 것이다. 서비스전달프로세스에는 고객이 직접 참여하므로 **서비스 회복**기술을 잘 습득한 직원은 서비스 실패를 오히려 고객의 충성도를 높이는 전화위복의 계기로 만들 수 있다.

고객과 접촉하는 현장 직원들에게 잘못된 일을 "바로잡을" 수 있는 재량권을 부여함으로써 서비스 실패를 서비스 감동으로 연결시킬 수 있다. 예를 들면 사소한 기계 고장으로

표 6.8 고객의 피드백과 구전 효과

- 제품이나 서비스에 대해서 불만스런 고객 중에서 단지 4%의 고객만이 불평한다. 나머지 96%는 불평으로 인한 귀찮은 경험을 하고 싶지 않다. 그러나 그중 25%는 심각한 문제를 가지고 있다.
- 불평하는 4%의 고객들은 불평하지 않는 96%의 사람들보다 서비스 공급자와의 관계를 더 지속하고 싶다.
- 불만스런 사람의 60%는 만일 문제가 해결된다면 계속 고객으로 남고 싶어 한다. 그리고 95%는 문제가 신속히 해결된다면 계속 고객으로 남을 것이다.
- 불만스런 고객은 그들의 문제에 대해 보통 10~20명에게 이야기한다.
- 문제가 해결된 고객들은 약 5명의 사람들에게 그들의 경험에 대해 이야기한다.

출발이 지연된 항공편의 경우, 그 시간 동안 무료 음료를 제공함으로써 승객의 불만을 다소 해소시킬 수 있다. 더욱 영웅적인 노력은 전설이 되기도 한다. 눈폭풍 속에서도 헬리콥터를 빌려 전화선을 수리한 페더럴 익스프레스 직원의 이야기는 전설처럼 전해져 내려오고 있다. 회복을 위해 발생하는 비용은 부정적 의미의 "구전효과(word-of-mouth)"를 일으킬 뻔한 이야기가 어떻게 종업원이 고객의 편의를 위해 움직였는가와 같은 긍정적인 이야기로 바뀐 것에 비하면 "푼돈"에 불과하다. 서비스 실패와 회사의 명성을 훼손하는 "나쁜 구전효과(poor word-of-mouth)"를 막기 위해서는 직원들에 대한 서비스 회복 교육이 필요하다.

그림 6.11에 있는 서비스 회복 프레임워크는 휴식과 놀이에 전념할 수 있는 종합 휴양지인 클럽 메드(Club Med)의 사례를 예시한 것이다. 그러나 클럽 메드의 경우 날씨는 통제할 수 없는 변수라서 폭풍우로 해변가에서 일광욕을 하려는 기대가 어긋나게 될 가능성이 있다.

사전회복단계(*pre-recovery phase*)는 서비스 실패 직후부터 서비스 제공자가 이를 알아차리는 시점의 사이에 발생하는데, 고객들은 이 단계에서 서비스 회복에 대한 기대수준을 결정한다. 회복의 기대수준을 형성하는 요인들로는 실패의 심각성, 서비스품질과 관련된 과거의 경험, 고객 충성도, 서비스 보장 등이 있다. 클럽 메드의 고객들은 하늘에 먹구름이 끼는 것을 보고 야외활동이 취소될 것이라고 예상하지만, 클럽 메드가 다른 대안을 제시할 것을 기대한다.

즉각적인 회복단계(*immediate recovery phase*)는 적당한 회복수단이 제공되면 끝나는 단계인데, 클럽 메드의 경우 이는 궂은 날씨에도 불구하고 고객에게 즐거운 경험을 주기 위해 직원들이 주도적 역할을 해야 한다는 것을 의미한다. 서비스 회복 품질을 결정하는 요인으로는 직원들의 공감, 적절한 반응, 회복의 속도, 현장에서의 판단 등이 있다. 단체게임을 준비하거나 쇼를 무대에 올리는 등 클럽 메드에는 궂은 날씨에 대한 창조적 대응

서비스 회복에 대한 기대	서비스 회복	후속처리
• 고객충성도 • 서비스 보장 • 인지된 서비스품질 • 서비스 실패 **사전회복단계**	• 회복속도 • 현장 직원 판단 • 공감/사과 • 부가적 보상 **즉각적인 회복단계**	• 관심표현 • 사과 • 재방문 쿠폰 **후속처리 단계**

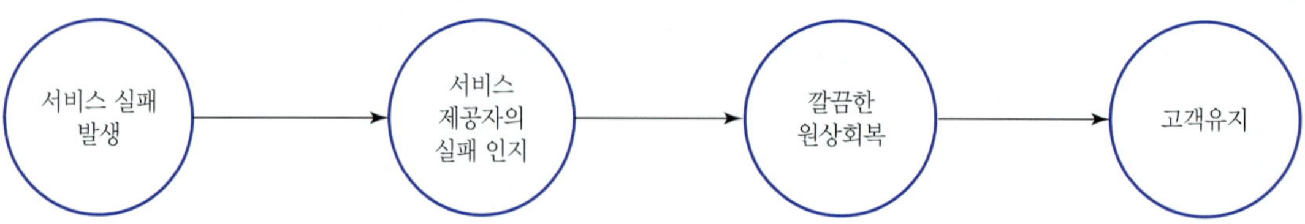

그림 6.11 서비스 회복단계

자료원: Adapted from Janis L. Miller, Christopher W. Craighead, and Kirk R. Kawan, "Service Recovery: A Framework and Empirical Investigation," Journal of Operations Management 18, 2000, p. 388.

사례가 풍부하다. 클럽 메드는 고객에게 인상적인 경험을 제공하는 직원의 능력을 "클럽 메드의 마술(Clun Med magic)"이라고까지 부른다.

후속처리 단계(*follow-up phase*)에서 고객은 휴가 사진과 기념품을 받고 날씨가 아주 나쁜 경우에는 다음 해 재방문 시 할인 혜택을 제공받는다. 서비스 회복이 잘 실행되면 고객 유지와 충성도 증가로 이어질 수도 있다. 고객들이 관심을 받았다는 것을 잘 알게 되기 때문이다.

서비스 회복을 위한 접근법[10)]

서비스 회복을 위한 기본적인 접근법들을 소개하면, 사례별(case-by-case), 체계적 대응(systematic response), 조기 예방(early intervention), 그리고 대체 서비스로 회복 조치(substitute service recovery) 등이다.

1. **사례별 접근법**. 고객의 불평을 서비스별로 개별적으로 처리하는 것이다. 이 접근법은 비용이 적게 소요되며 수행하기 쉬운 장점이 있으나 체계적이지 못하다. 예를 들면 불평을 심하게 하는 사람들은 만족스러운 대접을 받지만 불평하지 않는 사람들은 그러한 대접을 받지 못할 수 있다. 이렇게 체계적이지 못한 서비스 회복 조치는 고객들에게 공평하지 못하다는 인식을 야기할 수도 있다.
2. **체계적 대응 접근법**. 사전에 정해진 처리절차(protocol)를 사용해 고객의 불평을 처리하는 것이다. 이 접근법은 실패 가능성이 높은 요소들을 미리 파악해 사전에 결정된 적절한 회복 기준에 의거한 계획된 대응을 추구하므로 사례별 접근법에 비해 신뢰성이 높다. 초과예약된 항공편에 대한 탑승 관리 대행사는 바우처와 다음 가능 항공편을 예약해 주는 대신 현 항공편의 좌석을 포기할 지원자를 모집해 본다. 이 접근법은 회복을 위한 지침들이 계속 갱신되기만 한다면 서비스 일관성 유지와 시의적절한 대응을 가능하게 하므로 매우 유용하다.
3. **조기 개입 접근법**. 체계적 대응 접근법을 따르되, 고객에게 부정적인 영향을 주기 전에 서비스 프로세스상의 문제에 개입해 이를 해결하는 것을 추가하는 접근법이다. 예를 들면 트럭 고장으로 인해 선적이 중단되었음을 알게 된 운송업체는 이러한 지연사실을 고객에게 즉시 알리거나 다른 트럭을 구해 정시에 배송할 수 있도록 한다.
4. **대체 서비스 회복 접근법**. 서비스 실패 상황에서 경쟁기업이 대체 서비스를 제공하게 함으로써 서비스 회복을 추구할 수도 있다. 예를 들면 예약인원이 초과한 호텔의 프런트 응대 직원은 고객을 경쟁호텔에서 숙박하게 할 수 있다. 해당 호텔로 이동 수단을 제공하고 투숙비를 지불함으로써 회복절차를 완료할 수 있다. 이러한 접근법은 보통 협력 호텔들 간에 상호 호혜적으로 실행된다. 고객을 받은 경쟁호텔이 시의적절하고 높은 품질의 서비스를 제공하여 고객이 이탈될 수 있는 위험이 있다.

---

10) T. C. Johnston and M. A. Hewa. "Fixing Service Failures." *Industrial Marketing Management* 26, 1997, pp. 467–77.

불만 처리 정책[11)]

모든 고객의 불만은 고객이 주는 하나의 선물이라고 생각해야 한다. 불만을 제기하는 고객은 애정이 있기 때문에 자신의 시간을 써가며 회사가 실수를 알아차리도록 하는 것이다. 이러한 기회는 단지 고객을 만족시키는 것뿐만 아니라 회사의 강력한 지지자가 될 사람과의 관계를 형성하기 위해 꼭 잡아야 한다. 모든 고객접촉 직원은 불만 처리 정책에 대한 교육을 받아야 한다. 불만 처리 정책은 다음과 같은 요소들이 포함되어야 한다.

- 모든 불만은 고객이 주는 선물이라 생각하라.
- 불만 제기를 환영한다.
- 고객이 불만을 토로하도록 권장한다.
- 불만 제기를 용이하게 한다.
- 불만을 신속히 처리한다.
- 불만을 공평하게 처리한다.
- 불만 처리 직원에게 권한위임을 한다.
- 불만 처리를 위해 고객 친화적(customer-friendly)일 뿐만 아니라 직원 친화적(employee-friendly) 시스템을 갖춘다.
- 불만을 잘 처리하는 직원에게 보상을 한다.
- 불만에 대한 기록을 유지하고 이로부터 교훈을 얻는다.

서비스 벤치마크

브론슨 감리교 병원

미시간주 남서부의 지역병원인 브론슨 감리교 병원(BMH)은 말콤 볼드리지 국가 품질 프로그램(The Malcolm Baldridge National Quality Program), 미국 HHS부(Department of Health and Human Services), 미국 유수의 의료 평가회사인 HealthGrades, 토마스 로이터 의료평가기관, 미국 병원협회, *포츈(Fortune)*지 등의 평가는 물론이고 무엇보다도 중요한 그들의 환자가 평가하는 어느 기관보다도 한 수 위에 있다.

이 혁신적 병원은 의료 전달에 있어서 국가적 리더가 되기 위해 탁월한 의료서비스 제공 비전, 간호의 철학, 세 가지 공동 전략(임상의 수월성, 법인의 효과성, 고객과 서비스의 수월성)을 겸비하고 있다. 브론슨은 품질 관리(quality care) 측정을 차별화하여 "최고 진료(best practice)" 의료기관으로서 지속적으로 명성을 유지했다. 예를 들어, 심근 경색과 고관절 치환 시술에서 전국적으로 최고 등급인 별 5개(5-stars)를 받았다.

갤럽(Gallup)조사에서 환자 만족도가 97백분위수(97th percentile)로 보고되었고, 입원환자와 외과 외래환자 및 검사 외래환자에게는 더 높은 평가를 받았다. 이러한 뛰어난 성과는 환자의 니즈에 초점을 맞춘 몇 가지 노력의 결과인데, 즉 환자에 대한 설문조사, 퇴원 후 전화, 포커스 집단(focus groups), 커뮤니티 설문조사, BMH리더와 환자-관계 스태프에 의해 시행되는 병원 "일주(round)", 그리고 직원 지원에 대한 확실한 약속의 결과이다.

11) Private communication from Ms. Jeanne Zilmer, lecturer at Copenhagen Business School, Denmark.

BMH는 고객 서비스 표준과 기대(Customer Service Standards and Expectations)라는 프로그램을 운영하는데, 그것은 개개의 환자에게 훌륭한 진료를 제공하기 위해 각 의사의 개인적 책임을 포괄하고 있다. 이 병원은 직원을 가치 있는 자원으로 간주하기 때문에 직원을 개발하고 유지하기 위한 정규 계획을 가지고 있다. 예컨대 직원을 위한 평생교육을 지원하고 직원 자녀에게 대학교육 장학금을 보조한다. 또한 직원은 개인 트레이너, 마사지 요법, 금연, 체중 조절과 같은 형태의 건강 혜택에 대한 비용을 환급받을 수 있다. 직원 지원 문화로 인해 이 병원에서의 이직률은 매우 낮아졌다. 예컨대 최근 보고된 바에 따르면 간호사 이직률이 전국의 유명 병원과 비교할 때 절반도 안 된다.

전국적으로 훌륭한 의료서비스 제공 병원이 되는 것 외에 브론슨은 환경과 지역사회에 대한 책무를 다한다. 병원 의료진은 지역사회의 건강 관련 요구에 많은 시간을 들여 자원봉사 활동을 하고, 병원은 쓰레기와 공해를 줄인 공로로 환경 리더십 상을 수상했다.

자료원: https://www.bronsonhealth.com/quality-and-safety/hospitals/bronson-methodist-hospital-quality-and-safety/; https://truvenhealth.com/products/100-top/studies-winners; https://www.bronsonhealth.com/who-we-are/

요약

고객이 서비스 가치의 궁극적인 판단 주체라는 것에 주목하면서 서비스의 품질에 대한 학습을 시작하였다. 이 분야의 연구자들은 서비스품질을 평가하기 위해 고객이 사용하는 다섯 가지 주요 차원을 파악하였다. 즉 고객의 평가는 그들이 바라던 서비스에 대한 기대와 전달된 서비스의 인지된 수준을 비교하는 것에 주로 근거한다. 또한 서비스에 대한 고객의 기대와 인지된 수준이 일치되지 않을 때 발생할 수 있는 상이한 차이의 유형이 소개되었다.

다음은 서비스품질의 측정의 문제를 소개하였고, 현장 서비스 실사(WtA)와 SERVQUAL이 다양한 서비스품질을 측정하는 데 유용한 접근방법임을 설명하였다.

그림 6.12에서 보여준 서비스품질 사다리는 품질 개발의 발전 단계를 보여주고 있다. 보통 기업에서는 품질 문제를 처음으로 다룰 때 검사로부터 시작하기 때문에(호텔에서 객실 청소 후 검사) 사다리의 첫 번째 칸은 검사가 된다. 사다리의 제일 윗칸은 품질기능 전개가 위치하는데, 이것은 서비스전달시스템을 디자인할 때 고객의 기본요구사항이 반영되어야 하는 것으로 품질을 인식하기 때문이다.

품질비용은 실패비용, 평가비용, 예방비용으로 유형화되었으며, 서비스 운영에서 높은 실패비용을 방지하기 위한 통계적 프로세스 관리의 적용이 예시되었다.

마지막으로 서비스 실패로 기인한 서비스 회복과 무조건적인 보장 프로그램의 개념이 논의되었다.

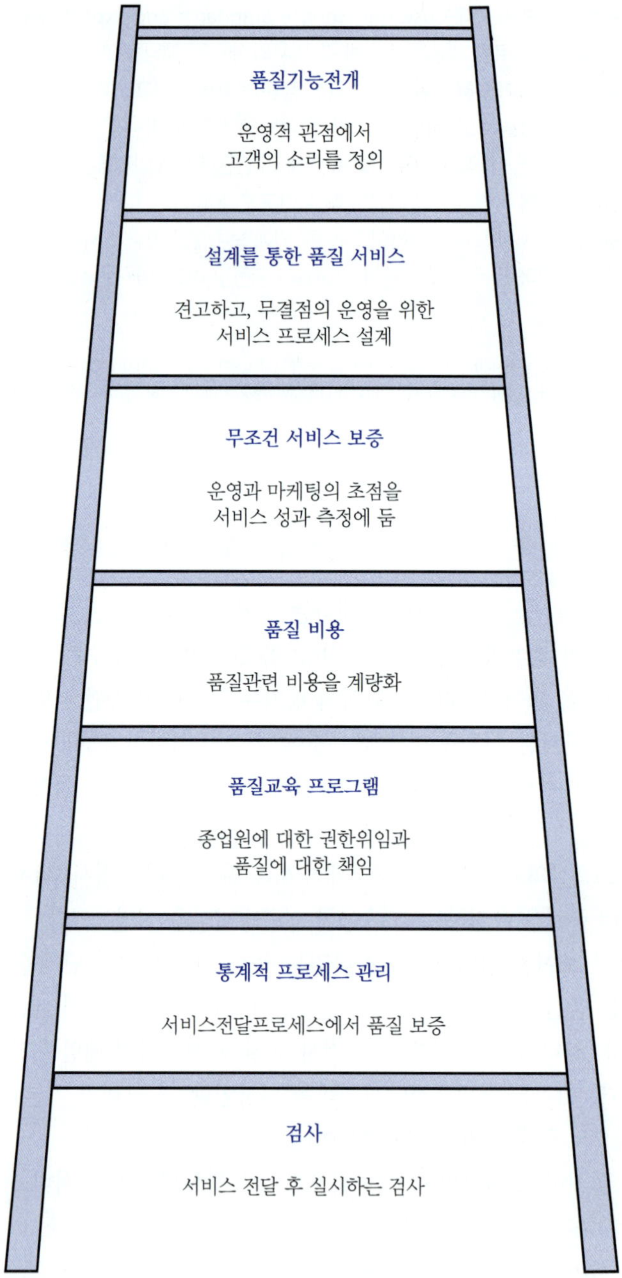

그림 6.12 서비스품질 사다리

주요 용어

관리도(control chart) 관리 상한선과 관리 하한선을 갖는 도표로 표본평균들이 주기적으로 표시되어 프로세스가 통제되지 못한 경우를 시각적으로 보여줌

무조건 서비스 보장(unconditional service guarantee) 기업을 위해 초점을 고객에게 두는 서비스 보장

리커트스케일(likert scale) "강한 긍정"에서 "강한 부정"까지 단계로 구분하여 의견을 구하는 문항들로 구성된 설문 도구

서비스 회복(service recovery) 불만족한 고객을 충성스러운 고객으로 만드는 것

통계적 프로세스 관리(statistical process control) 관리도를 사용해 공정성과를 측정할 때 중재가 필요한 경우에 신호를 감시하는 방법

포카요케(Poka-yoke) "실수예방" 기법, 혹은 직원들로 하여금 실수를 피하도록 하는 점검표

품질기능전개(quality function deployment) "품질의 집"을 사용하는 방법으로 고객의 요구를 서비스 프로세스 설계에 포함시키는 방법

현장 서비스 실사(walk-through-audit) 고객이 경험한 서비스에 관한 의견을 평가하기 위해 고객 자신 및 관리자를 대상으로 실시하는 서비스 과정에 초점을 둔 설문조사

SERVQUAL 고객 설문조사 기법으로 서비스품질 갭을 측정하는 데 사용됨

토론 주제

1. 서비스품질의 다섯 가지 차원은 제품 품질의 차원과 어떤 차이가 있는가?
2. 서비스품질은 왜 측정하기 어려운가?
3. 여러분이 선택한 서비스를 대상으로 품질비용의 네 가지 요소를 예시하라.
4. 서비스 기업은 왜 서비스 보장을 제공하기 주저하는가?
5. 서비스 실패를 어떻게 유익한 경험으로 회복시킬 수 있는가?

그룹활동 과제

수업에 참여한 수강생을 소그룹으로 나눠서, 각 그룹별로 수강생들이 경험한 최고의 서비스와 최악의 서비스를 토론하여 선정해 보라. 그리고 다시 모여서 전체적으로 서비스품질 측면에서의 시사점을 도출해 보자.

익힘 문제와 풀이

1. 변량 관리도($\overline{X}$-관리도와 R-관리도) 문제

문제

국제 리조트는 전화예약서비스 소요 시간에 관한 표준을 정하고자 한다. 예약서비스 소요 시간의 평균 및 범위뿐만 아니라 프로세스 관리도를 작성하기 위한 자료는 이미 수집되고 정리되어 있는데, 아래 도표는 일주일 동안 각 서비스 상담원이 예약 문의에 대한 응답 소요 시간을 분 단위로 측정한 것이다. 다섯 번째 줄에는 요일별 $\overline{X}$ 값이 나타나 있다. 마지막 줄에는 요일별로 최대치와 최소치 차이를 보여주고 있다(월요일의 경우 14 − 5 = 9).

상담원	월	화	수	목	금
혜수	5	11	12	13	10
태희	6	5	12	10	13
예진	14	13	10	9	9
현정	8	6	9	12	14
$\overline{X}$	8.25	8.75	10.75	11.0	11.5
범위	9	8	3	4	5

해

첫째, 5일 동안의 표본자료를 이용해 모집단의 평균과 범위를 아래와 같이 구한다.

$$\overline{\overline{X}} = \frac{8.25 + 8.75 + 10.75 + 11.0 + 11.5}{5} = 10.05$$

$$\overline{R} = \frac{9 + 8 + 3 + 4 + 5}{5} = 5.8$$

둘째, 수식 (1)과 (2)를 이용해 R-관리도를 작성하기 위해 각 상담원별 매일 4통화씩의 표본 통화시간의 범위에 대한 관리한계를 구한다.

$$UCL = D_4\overline{R} = (2.282)(5.8) = 13.2$$

$$LCL = D_3\overline{R} = (0)(5.8) = 0$$

셋째, 수식 (3)과 (4)를 이용하고 각 상담원별 매일 4통화씩을 샘플링해 $\overline{X}$-관리도의 관리한계를 구한다. 여기서 편의상 표본크기를 4로 하였다.

$$UCL = \overline{\overline{X}} + A_2\overline{R} = 10.05 + (0.729)(5.8) = 14.28$$

$$LCL = \overline{\overline{X}} - A_2\overline{R} = 10.05 - (0.729)(5.8) = 5.82$$

이러한 계산 결과를 바탕으로 평균 통화시간을 그리면, 각 상담원의 실적을 파악할 수 있다. 어떤 상담원의 통화 시간이 관리한계 바깥에 있다면 적절한 조치가 필요하다. 예를 들어 상한선을 초과하면 예약과정에 너무 많은 시간을 소비하였기 때문에 생산성이 낮다는 것을 의미하고, 하한선보다도 더 낮으면 상담원의 응대가 너무 소홀하여 고객에게 인지된 서비스품질이 다소 낮을 수 있다는 것을 의미한다.

2. 속성 관리도(p-관리도) 문제

문제

항공사는 주요 성과지표인 항공기의 정시출발을 위해 많은 노력을 한다. 한 항공사의 지난 10일 동안 정시 출발 실적을 보면, 매일 20회 운항 중: 17, 16, 18, 19, 16, 15, 20, 17, 18, 16회였다. 한 주일을 표본크기로 하여 평균 정시출발에 관한 p-관리도를 구해보자.

해

첫째, 정시출발의 기댓값을 10일 동안 총 200회 운항 중 정시출발 비율로 구한다.

$$\overline{p} = \frac{17 + 16 + 18 + 19 + 16 + 15 + 20 + 17 + 18 + 16}{(10)(20)} = 0.86$$

다음으로, 수식 (5)와 (6)을 이용해 표본크기 7(일주일)에 대한 관리한계를 구한다.

$$\text{UCL} = \bar{p} + 3\sqrt{\frac{\bar{p}(1-\bar{p})}{n}} = 0.86 + 3\sqrt{\frac{0.86(1-0.86)}{20}}$$

$$= 0.86 + 3(0.078) = 1.09[\text{set} = 1.00]$$

$$\text{LCL} = \bar{p} - 3\sqrt{\frac{\bar{p}(1-\bar{p})}{n}} = 0.86 - 3(0.078) = 0.63$$

p-관리도의 경우 종종 발생하는 경우이지만, UCL이 1을 넘는 경우와 LCL이 0보다 작은 경우는 각각 1과 0으로 상한과 하한을 정한다. 이 문제에서 정시출발 비율(%)이 63% 이하인 경우, 비정상적 상황에 대한 원인을 조사하기 위한 조치가 필요하다.

연습문제

6.1 예제 6.1에서 빌리지 볼보는 고객 기대에 대한 상대적 중요성에 변화가 발생했을 때 민감도에 대한 QFD 연습 결과를 테스트하고자 한다. 고객 기대에 대한 상대적 중요성이 모두 5로 동일한 경우 QFD 연습에서 가중치를 재계산하여 보자. 계산 결과가 원래 훈련에 집중하라는 이전 추천에 변화를 가져오는가?

6.2 예제 6.2에서 구급차 감독관은 대응시간 표본 크기를 2배로 늘려서 일일 8회로 증가시켰다. 개정된 $\bar{X}$-관리도에 대한 UCL과 LCL를 계산하라. 다음 주에 대해서 5.2, 6.4, 6.2, 5.8, 5.7, 6.3 그리고 5.6으로 일일 평균 대응시간 표본을 기록하라. 대응시간에 대해서 주의를 기울어야 하는가?

6.3 어떤 모텔에서 침대 정리하는 데 걸리는 시간을 정해서 관리하고자 한다. 그래서 일하는 여직원 4명을 표본으로 선정해 침대 정리에 걸리는 시간을 측정해 보았다. 그 결과는 다음과 같다.

	서비스 시간(초)		
직원	월요일	수요일	금요일
앤	120	90	150
린다	130	110	140
매리	200	180	175
미셸	165	155	140

a. 표본크기가 4인 $\bar{X}$-관리도와 R-관리도의 관리 상한과 관리 하한을 계산하라.

b. 관리도를 그린 다음 표본을 다시 조사해 보니 185, 150, 192, 178초였다. 관리도의 수정이 필요한가 검토해 보라.

6.4 프랜차이즈 레스토랑 체인인 Diners Delight의 경영진은 종업원이 각 고객 응대에 사용하는 서비스 시간에 대한 품질관리도를 수립하는 과정에 있다. 경영진은 서비스품질을 위해서 각 고객에게 소요되는 시간은 특정 시간 범위 내에 머물러야 한다고 생각한다. 6명의 서비스 종업원이 표본으로 선발되었고 고객 응대 시간을 네 차례 관측하였다. 서비스 종업원이 수행하는 활동은 파악되었고 한 명의 고객 응대에 소요되는 시간이 기록되었다.

종업원	서비스 시간(초)			
	표본 1	표본 2	표본 3	표본 4
1	200	150	145	90
2	120	85	105	75
3	83	93	130	150
4	68	150	145	175
5	110	90	75	105
6	115	65	115	125

a. 표본크기 6에 대해서 $\overline{X}$-관리도와 R-관리도의 상한값과 하한값을 결정하라.

b. 관리도가 수립된 후에 6명의 종원(표본)에 대해서 관찰하여 180, 125, 110, 98, 156 그리고 190의 응대시간이 기록되었다. 개선 조치가 필요한가?

6.5. 업무에 익숙해진 후에 예제 6.3의 분류 기계 작업자는 소포 100개를 분류하면 평균적으로 단지 2개의 오류를 범한다. 이 경우 p-관리도를 작성하라.

6.6. Gotham 시 경찰서에 시내 도로의 정체가 증가되는 것에 대해서 여러 건의 불만이 접수되었다. 불만의 내용은 교통 정체의 원인이 교통 신호등의 동시성이 부족하다는 것이다. 교통 신호등은 중앙 컴퓨터 시스템에 의해서 통제되고 있고 해당 프로그램을 조정하는 것은 비용이 많이 소요된다. 그래서 교통 통제관은 필요성이 명확하게 드러나지 않는 이상 상황에 대한 변화를 취하기 꺼려하고 있다.

경찰서는 지난해 1000개의 교차로에서 자료를 수집하였다. 자료는 다음과 같이 월 단위로 기록되었다.

월	정체 건수
1	14
2	18
3	14
4	12
5	16
6	8
7	19
8	12
9	14
10	7
11	10
12	18

a. 위의 자료를 이용하여 p-관리도를 작성하라.

b. 다음 3개월 동안 다음과 같은 정체 건수가 보고되었다면 시스템은 수정되어야 하는가?

월	정체 건수
1	15
2	9
3	11

6.7 Speedway Clinical Laboratory는 지역 병의원으로부터 샘플을 받아서 과학적인 혈액검사를 하는 시설이다. 혈액샘플은 여러 단계의 자동화된 검사를 거치고 각 샘플에 대한 정보를 읽고 저장하는 중앙 컴퓨터를 통해서 결과는 인쇄된다.

경영진은 혈액검사 서비스의 품질에 관심을 갖고 검사의 품질 측정을 위해서 관리도의 상·하한을 수립하기를 원한다. 이러한 경영 접근법은 의미있는 것으로 여겨진다. 왜냐하면 잘못된 샘플 분석으로 의료진은 오진을 할 수 있으며 결국 환자의 생명에 위험을 줄 수가 있기 때문이다. 검사된 샘플 중에서 매일 임의로 100개의 혈액 샘플을 수거하였다. 수거된 샘플에 대해서 수작업으로 재검사를 시행하였다. 그 결과는 다음표와 같다.

일	분석 오류	일	분석 오류
1	8	11	4
2	3	12	6
3	1	13	5
4	0	14	10
5	4	15	2
6	2	16	1
7	9	17	0
8	6	18	6
9	3	19	3
10	1	20	2

a. 해당 서비스의 품질을 평가하기 위해서 사용될 p-관리도를 작성하라.

b. 평균적으로 100개의 샘플에서 오류 검사는 몇 개로 예상되는가?

c. 추후 또 다른 100개의 샘플이 수거되었다. 검사의 정확성이 확보된 후에 10개의 샘플 검사가 오류임을 알았다. 본 서비스의 품질에 대한 당신의 결론은 무엇인가?

6.8 장수생명보험회사는 보험 모집인으로부터 보험 가입 희망자에 대한 정보를 받았다. 가입 서류를 검토하고 나서, 컴퓨터로 처리 과정을 거치게 된다. 그 다음 회사의 정책과 부합되지 않는 조건이 나오면 메시지를 프린트해주기 위해 프로그램된 컴퓨터를 이용한다. 이 보험회사는 훈련받은 보험 모집인이 얼마나 정확히 업무처리를 하는지, 그리고 그 업무처리 수준이 어느 정도 이하로 되면 재교육을 해야 하는지 검토하고자 한다. 특정 지역에서 모집된 보험가입 희망자 20명으로 구성된 5개의 표본을 조사한 결과가 다음의 표와 같다.

표본	가입 희망자 서류 오류의 수
1	2
2	2
3	1
4	3
5	2

a. 표본크기가 20인 경우 p-관리도의 관리 상한과 관리 하한을 계산하라.

b. 관리한계를 결정한 후에 샘플을 선정해서 보니, 4명의 가입희망자에서 오류가 발견되었다. 이러한 사실에서 내릴 수 있는 결론은 무엇인가?

사례_6.1

클린 스윕(CSI)

클린 스윕(CSI, Clean Sweep, Inc)사는 사무실 유지 보수 전문 관리 서비스 용역업체이다. 큰 경쟁사에 비해서 규모는 작지만, CSI는 몇 군데 주 정부 사무소를 고객으로 유치하고 있다. 관리 서비스 사업을 잘 하기 위해서 CSI는 신속하게 높은 품질을 제공하는 소규모 직원을 고용해야 한다는 전략을 선택하였다. 그래서 현재는 CSI의 직원들이 경쟁사에 비해 경쟁력이 있고 생산성이 높다고 경영진은 자평한다. 이 한 가지 요소가 이 회사 성공의 중요한 요소라고 생각하기에 경영진은 직원의 생산성 수준을 높게 유지하는 것이 중요하다고 생각한다.

직원은 조직 구조상 네 그룹으로 구분되며, 각 그룹은 리더와 6명 내지 9명의 정원으로 구성된다. 모든 직원은 1인 감독관의 지시를 받는다.

CSI가 계약을 맺은 주정부 종합 청사 내에는 모두 9개 동이 있으며, 직원들의 작업부담(직원당 담당할 총 단위면적 기준) 분포를 균등히 하기 위해 표 6.9에서 보듯이 작업 할당을 하고 있다.

각각의 직원들이 해야 할 일은 대략 다음과 같은 6가지이다. (1) 카펫 깔린 바닥 진공청소기 돌리기, (2) 쓰레기통 비우기와 분리수거 하기, (3) 대리석 바닥 걸레질과 광내기, (4) 화장실 청소하기, (5) 스낵바 청소하기, (6) 컴퓨터 먼지 털기.

직원들은 15분씩 2번 휴식시간을 포함해서 8시간 30분 동안 일하며, 별도로 점심시간 30분을 갖는다. 쉬는 시간과 점심시간은 리더가 결정하여 시행한다. 그룹 2와 3은 엄격한 통제를 받는 반면 그룹 1과 4는 덜 엄격하게 통제받는다.

CSI의 경영진은 주정부 청소관리 담당 부서에서 비정기적으로 CSI의 작업 수행을 점검한다는 것을 알고 있다. 이 부서는 불만사항도 지속적으로 수집한다. 표 6.10은 CSI의 계약 기간 중 접수된 월간 불만 건수와 평점을 정리한 표이다. 대개 재계약 협상을 하기 몇 개월 전부터는, 계약을 유리하게 하기 위해서 높은 수준의 품질과 순위를 유지하고자 노력한다.

관련 질문

1. 불만에 대한 $\bar{X}$-관리도를 그리고, 9개월 동안 각 직원의 평균 불만 건수를 표시하라. 성과 평점에 대해서도 같은 방식으로 작성하라. CSI 직원의 서비스품질에 대해서도 이 자료로 설명하라.
2. 서비스품질을 높일 수 있는 방법을 제시하라.
3. CSI 직원들의 문제를 줄여줄 전략에 대해서 의견을 이야기해 보자.

표 6.9 작업 할당

직원 그룹	직원 수*	할당된 빌딩 및 총 면적(ft^2)	총 할당면적(ft^2)
1	6	A동 30,000, C동 45,000, F동 35,000	110,000
2	8	B동 동측 95,000, H동 55,000	150,000
3	9	B동 서측 95,000, G동 85,000	180,000
4	8	D동 40,000, E동 75,000, I동 42,000	157,000

*리더를 제외한 순수 작업자 수

표 6.10 직원 불만 건수 및 성과 평점

월	빌딩									
	A	**Be**	**Bw**	**C**	**D**	**E**	**F**	**G**	**H**	**I**
1	2	5	7	3	2	3	2	4	3	4
	7	5	3	6	7	5	6	5	4	5
2	1	6	8	2	1	1	2	3	2	5
	7	5	3	6	6	5	6	5	5	4
3	0	6	8	1	0	2	2	4	0	1
	8	5	4	6	8	5	6	6	6	7
4	1	5	4	1	0	1	1	4	1	3
	7	5	5	8	8	6	7	5	6	6
5	1	3	2	2	0	1	1	3	1	2
	6	6	6	7	8	6	7	5	6	6
6	2	5	3	0	1	0	0	2	1	0
	7	6	6	7	7	8	6	5	5	7
7	0	4	2	1	0	0	0	0	0	1
	8	7	7	6	6	8	8	6	7	7
8	1	2	4	2	1	0	1	2	1	1
	6	6	5	7	7	8	7	5	6	7
9	1	2	4	1	1	0	1	1	3	0
	7	7	5	6	7	8	6	5	5	8

NOTE: 각 월의 첫 번째 줄은 총 불만 건수, 두 번째 줄은 1점에서 10점으로 평가한 평점, 5점 이하는 낮은 수준, 8점 이상은 우수한 수준.

참고문헌

Basfirinci, Cigdem, and Amitava Mitra. "A Cross-Cultural Investigation of Airlines Service Quality through Integration of SERVQUAL and the Kano Model." *Journal of Air Transport Management* 42 (2015), pp. 239-48.

Choo, Adrian S., Kevin W. Linderman, and Roger G. Schroeder. "Method and Context Perspectives on Learning and Knowledge Creation in Quality Management." *Journal of Operations Management* 25, no. 4 (June 2007), pp. 918-31.

Collier, Joel E., and Carol C. Bienstock. "Measuring Service Quality in E-Retailing." *Journal of Service Research* 8, no. 3 (February 2006), pp. 260-75.

Dagger, Tracey S., and Jillian C. Sweeney. "Service Quality Attribute Weights: How Do Novice and Longer-Term Customers Construct Service Quality Perceptions?" *Journal of Service Research* 10, no. 1 (August 2007), pp. 22-42.

–, –, and Lester W. Johnson. "A Hierarchical Model of Health Service Quality: Scale Development and Investigation of an Integrated Model." *Journal of Service Research* 10, no. 2 (November 2007), pp. 123-42.

DeWitt, Tom, Doan T. Nguyen, and Roger Marshall. "Exploring Customer Loyalty Following Recovery: The Mediating Effects of Trust and Emotions." *Journal of Service Research* 10, no. 3 (February 2008), pp. 269-87.

Eisingerich, Andreas B., and Simon J. Bell. "Perceived Service Quality and Customer Trust: Does Enhancing Customers' Service Knowledge Matter?" *Journal of Service Research* 10, no. 3 (February 2008), pp. 256-68.

Evanschitzky, Heiner, Christian Brock, and Markus Blut. "Will You Tolerate This? The Impact of Affective Commitment on Complaint Intention and Post-Recovery Behavior." *Journal of Service Research* 14, no. 4 (November 2011), pp. 410-25.

Gabbott, Mark, Yelena Tsarenko, and Wai Hoe Mok. "Emotional Intelligence as a Moderator of Coping Strategies and Service Outcomes in Circumstances of Service Failure." *Journal of Service Research* 14, no. 2 (May 2011), pp. 234-48.

Hanks, Lydia, Nathaniel D. Line, and Lu Zhang. "Expanding the Methodological Approach to the Social Servicescape: Moving from Measurement to Manipulation." *Cornell Hospitality Quarterly*, 2021, pp. 157-68.

Hays, Julie M., and Arthur V. Hill. "An Extended Longitudinal Study of the Effects of a Service Guarantee." *Production and Operations Management* 15, no. 1 (Spring 2006), pp. 117-31.

Heim, Gregory R., and Joy M. Field. "Process Drivers of E-Quality: Analysis of Data from an Online Rating Site." *Journal of Operations Management* 25, no. 5 (August 2007), pp. 962–84.

Hogreve, Jens, and Dwayne D. Gremler. "Twenty Years of Service Guarantee Research: A Synthesis." *Journal of Service Research* 11, no. 4 (May 2009), pp. 322–43.

Karande, Kiran, Vincent P. Magnini, and Leona Tam. "Recovery Voice and Satisfaction after Service Failure: An Experimental Investigation of Mediating and Moderating Factors." *Journal of Service Research* 10, no. 2 (November 2007), pp. 187–203.

Lapre, Michael A. "Reducing Customer Dissatisfaction: How Important Is Learning to Reduce Service Failure?" *Production and Operations Management* 20, no. 4 (July–Aug 2011), pp. 491–507.

Măgdoiu, Alex, and Constantin Oprean. "Broadening the Concept of Poka-Yoke Beyond the Automotive Industry." *ACTA Universitatis Cibiniensis* 65, no. 1 (2014), pp. 52–57.

Molina, Luis M., Javier Llorens-Montes, and Antonia Ruiz-Moreno. "Relationship between Quality Management Practices and Knowledge Transfer." *Journal of Operations Management* 25, no. 3 (April 2007), pp. 682–701.

Parasuraman, A., Valarie A. Zeithaml, and Arvind Malhotra. "E-S-QUAL: A Multiple-Item Scale for Assessing Electronic Service Quality." *Journal of Service Research* 7, no. 3 (February 2005), pp. 213–33.

Posselt, Thorsten, Eitan Gerstner, and Dubravko Radic. "Rating E-Tailers' Money Back Guarantees." *Journal of Service Research* 10, no. 3 (February 2008), pp. 207–19.

Rafaeli, Anat, Lital Ziklik, and Lorna Doucet. "The Impact of Call-Center Employees' Customer Orientation Behaviors in Service Quality" *Journal of Service Research* 10, no. 3 (February 2008), pp. 239–55.

Reimann, Martin, Ulrich F. Lunemann, and Richard B. Chase. "Uncertainty Avoidance as a Moderator of the Relationship between Perceived Service Quality and Customer Satisfaction." *Journal of Service Research* 11, no. 1 (August 2008), pp. 63–73.

Sajtos, Laszio, Roderick J. Brodie, and James Whittome. "Impact of Service Failure: The Protective Layer of Customer Relationships." *Journal of Service Research* 13, no. 2 (May 2010), pp. 216–29.

Shanmugasundaram, Palani, and Prathyusha Vikram. "Total Quality Management, Process Analytical Technology, Five Basic Principles, and the Pharmaceutical Industry: An Overview." *Total Quality Management* 8, no. 6 (2015), pp. 178–85.

Sila, Ismail. "Examining the Effects of Contextual Actors on TQM and Performance through the Lens of Organizational Theories: An Empirical Study." *Journal of Operations Management* 25, no. 1 (January 2007), pp. 83–109.

Smith, Jeffery S., and Kirk R. Karwan. "Empirical Profiles of Service Recovery Systems: The Maturity Perspective." *Journal of Service Research* 13, no. 1 (February 2010), pp. 111–25.

–, –, Gavin L. Fox, and Edward Ramirez. "An Integrated Perspective of Service Recovery: A Socio-Technical Systems Approach." *Journal of Service Research* 13, no. 4 (November 2010), pp. 439–52.

Theokary, Carol, and Zhon Justin Ren. "An Empirical Study of the Relations between Hospital Volume, Teaching Status, and Service Quality." *Production and Operations Management* 20, no. 3 (May–June 2011), pp. 303–18.

Chapter 7

프로세스 개선 도구

학습목표

1. 프로세스 분석과 문제해결을 위한 품질 도구의 적용
2. 기업 품질개선 프로그램의 이해와 비교
3. 프로세스 개선 추진 팀의 구성
4. 프로세스 능력의 측정
5. 6시그마 프로세스 분석에 대한 이해
6. 린(lean) 서비스의 철학 설명
7. 자료포괄분석(DEA: data envelopment analysis)에 대한 이해

프로세스 개선은 원가주도전략의 기본원칙이다. 호텔 체인인 슬립 인(Sleep Inn)에서 호텔 운영에 필요한 인건비 절감을 위해 적용한 노동력 절감 아이디어를 생각해 보자. 예를 들면, 세탁기와 건조기는 프론트 데스크 뒤에 배치해, 야간 근무 직원이 근무 중에 세탁을 할 수 있게 하였다. 청소 업무를 줄이기 위해 조명 스탠드를 벽에 달아 진공청소기를 돌리기 편하게 하였고, 샤워실은 둥근 형태로 만들어 코너에 때가 끼지 않도록 하였다. 컴퓨터 보안시스템을 도입해 방 열쇠를 없앴고, 손님들이 자신의 신용카드를 이용해 방에 들어갈 수 있게 했다. 또한, 에너지 비용을 줄이기 위해서 손님이 체크인이나 체크아웃할 때 냉난방이 자동으로 켜지거나 꺼지도록 했다. 한 걸음 더 나아가 청소담당 직원이 방을 청소하는 데 걸리는 시간을 컴퓨터가 일일이 기록한다. 따라서 창의적인 설비 디자인, 인력의 효과적 활용, 그리고 컴퓨터의 혁신적인 활용은 서비스의 생산성을 높이는 데 큰 영향을 미칠 수 있다.[1)]

개요

이 장의 주제는 생산성과 품질개선 추진을 통한 서비스 조직의 지속적인 개선에 있다. 세계 수준의 서비스 기업들은 고객 서비스의 지속적인 개선을 위한 헌신으로 유명하며, 이를 통해 산업에서 탁월성의 기준을 높이고 있다. 지속적인 개선은 기업의 문화에 잘 접목

1) David Wessel, "With Labor Scarce, Service Firms Strive to Raise Productivity," *The Wall Street Journal*, June 1, 1989, p. 1.

되어야 할 필요가 있는 일종의 사고방식이다.

에드워드 데밍(W. Edwards Deming)이 제안한 계획–실행–검토–조치(PDCA: plan-do-check-act) 사이클은 지속적 개선의 철학을 잘 담고 있으며, 분석과 문제해결을 위한 품질 도구들을 항공산업에 적용된 예를 통해 설명하였다. 기업 수준에서의 지속적인 개선 개념의 도입은 인적자원 개발 프로그램, 볼드리지 국가품질상(Baldrige National Quality Award), ISO 9000 표준 도입, 그리고 6시그마와 린 서비스 같은 보다 포괄적인 프로그램을 통해 이뤄질 수 있다.

마지막으로 자료포괄분석(DEA: data envelopment analysis)으로 알려진 일종의 선형계획법을 보충자료에 설명하였다. DEA는 한 개의 서비스 단위와 나머지 비교대상 서비스 단위 전체를 비교해 서비스 전달 단위의 효율성을 측정하는 실증적인 방법이다. 이 비교 분석법은 학습의 공유를 통해 지속적 개선을 촉진할 기회를 제공한다.

품질 및 생산성 개선 프로세스

지속적인 개선의 근간

지속적인 개선은 데밍의 가르침과 철학에 기반을 두고 있다. 데밍은 일본이 2차 세계대전의 피해를 복구하고 높은 품질의 상품을 저렴한 가격으로 수출한다는 전략을 추구하는 데 도움을 준 인물로 그 공로를 인정받고 있다. 이러한 품질과 저비용의 조합은 불가능한 것으로 생각되었는데, 대부분 고품질은 당연히 많은 돈을 들여야 얻을 수 있다고 생각했기 때문이다. 데밍의 가르침의 근간을 이루는 세 가지 근본 원칙들은 다음과 같다.

1. **고객 만족.** 고객의 요구를 만족시키는 일에 집중하는 것이 무엇보다 중요하다는 인식이 직원들의 마음에 새겨져 있어야 한다. 이를 위해서는 직원들이 고객을 최우선에 두는 태도와 자신이 일하는 목적이 고객 만족을 실현하는 것이라는 믿음이 필요하다.
2. **사실에 입각한 관리.** 과학적 사고를 장려하기 위해, 객관적 자료가 수집되어 의사결정을 담당하는 경영진에게 제시되어야 한다. 이러한 접근방법을 위해서는 품질개선팀이 공식적으로 자료를 수집하고 이를 통계적으로 분석해야 한다.
3. **인격존중.** 전사적으로 실시되는 품질개선 프로그램은 모든 직원이 스스로 동기부여를 할 수 있고, 창의적인 사고를 할 수 있는 능력을 갖추고 있다는 것을 전제로 한다. 직원들은 지원을 받고, 자신들의 아이디어가 존중받기를 바란다.

계획–실행–검토–조치(PDCA) 사이클[2)]

품질에 관한 데밍의 접근법은 품질을 검사하는 것은 너무 늦은 것이며, 이보다 프로세스에 초점을 두어야 한다는 인식에 바탕을 두고 있다. 바퀴로 상징되는 데밍의 접근법은 네 단계로 구성되어 있다. 즉, 문제를 선택하고 분석하는 **계획**(*plan*)단계, 해결책을 구현해 보는 **실행**(*do*)단계, 변화의 결과를 확인하는 **검토**(*check*)단계, 그리고 마지막으로 해결책

---

2) Michael Brassard and Diane Ritter, *The Memory Jogger II* (Methuen, MA: GOAL/QPC 1994), pp. 115–31.

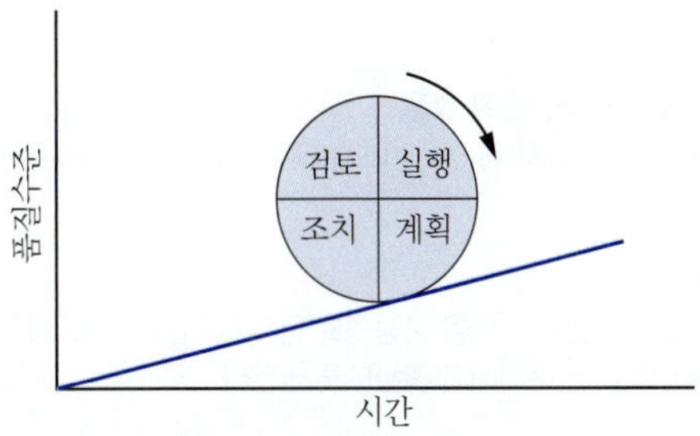

그림 7.1 데밍의 품질개선 바퀴

을 표준화하고 교훈을 반영하는 조치(*act*)단계이다. 이 네 단계를 ***PDCA* 사이클**이라고 한다. 그림 7.1에서처럼 데밍의 바퀴는 바퀴가 지속적이고 점진적으로 구르면서 품질이 개선되는 반복적인 사이클을 나타낸다.

계획단계. 계획은 문제를 선택하는 작업에서 시작한다. 문제는 불량률이나 고객불만과 같은 주요 고객 지표가 변화하는 형태로 드러날 것이다. 프로젝트의 초점 범위를 좁히고 개선의 기회를 기술해 보도록 한다. 현재의 프로세스를 문서화하고 자료를 수집한다. 이때 흐름도와 같은 도표가 사용될 수 있다.

문제의 원인에 대해 브레인스토밍 방식으로 토론을 해보고, 자료를 이용해 근본적인 원인에 대한 의견 일치를 이룬다. 실행 가능한 해결 방법, 성공의 척도, 합의된 구현 일정 등을 포함한 실행 계획을 수립한다.

실행단계. 문제 해결방안이나 프로세스의 변화를 시험적으로 구현해 본다. 성과 척도에 관한 자료를 수집하고, 주요 중간목표에 대한 진척도를 주시하며 구현과정을 관리한다.

검토단계. 변화에 대한 성과를 검토하고 평가하도록 한다. 해결 방법이 처음에 의도했던 효과를 발휘하고 있는지를 살피고, 예상치 못한 결과가 있는지 주목한다.

조치단계. 실행 경험을 통해 배운 교훈을 되새겨 보고 조치한다. 성공적으로 문제가 해결된 경우, 프로세스 변화를 표준화하고 관련된 모든 직원에게 이를 알리고, 필요하면 새로운 방식을 교육한다. 어떤 경우에는 고객이나 공급업체와 같은 외부인도 포함될 수 있다. 성공을 축하하고, 다른 문제에 대해 PDCA 사이클을 반복한다.

문제해결

시스템적인 문제해결 방법론은 직원에 권한을 부여해 품질과 생산성의 지속적인 개선을 이루고자 하는 프로그램에서 중심적 역할을 수행한다. 지속적인 개선의 기본적인 목적은 문제가 재발하지 않도록 문제의 근본 원인을 제거한다는 데 있다. 데밍의 PDCA 사이클에 근거한 문제해결 접근법은 표 7.1에 설명되어 있다.

분석 및 문제해결에 필요한 품질개선 도구[3)]

품질개선 팀은 PDCA 사이클에서 많은 도구를 사용하게 된다. 이러한 도구들은 데이터

3) D. Daryl Wyckoff, "New Tools for Achieving Service Quality," *Cornell HRA Quarterly* 25, no. 3 (November 1984), pp. 78–91.

표 7.1 PDCA 사이클의 문제 해결을 위한 10단계

단계	내용
단계 1	**문제를 인식하고 해결해야 할 문제의 우선순위 설정** 문제를 인식하는 단계에서 경영진은 다양한 정보를 입수해서 직원들이 이해할 수 있도록 개략적으로 문제를 설명한다.
단계 2	**서비스 품질개선 전담업무 팀 구성** 발생된 문제와 밀접한 연관이 있는 직원들로 팀을 구성하고 문제를 제기하도록 지시한다. 경영진 개입을 통해 팀이 실행 가능한 해결 방안을 모색하고 여기에 집중하도록 만든다.
단계 3	**문제 규정** 전담 업무 팀은 우선 문제가 무엇인지를 규정하고 그 범위를 분명히 정의한다. 이 경우 조사되어야 할 주요 분야를 파레토 분석법을 사용해 지정할 수 있다.
단계 4	**업무수행평가 방법 개발** 프로세스상의 변화는 업무수행평가 작업 이전 및 이후 그 효과성을 검토하는 방법을 통해서만 입증될 수 있다.
단계 5	**문제 및 프로세스 분석** 문제 해결 프로세스의 흐름을 도표로 나타내는 것이 이 단계에서 취해야 할 첫 번째 조치로서 복잡한 부수적인 상황들을 완전히 이해하는 데 도움이 된다. 단계 5에서 수집한 정보는 향후 문제 해결 방안을 제시하는 데 유용하게 쓰일 것이다.
단계 6	**문제 발생이 가능한 요인 규정** 인과관계를 밝힌 도표는 문제를 발생시킬 만한 원인을 규명하는 데 특히 도움이 된다. 품질개선 전담 업무 팀은 문제의 근본적인 원인을 찾기 위해 팀원들의 아이디어를 브레인스토밍 토론 과정을 통해 개진해 보는 데 이 도표를 사용할 수 있다. 브레인스토밍 토론에서 팀 구성원들이 다른 사람의 비판에 개의치 않고 자유롭게 자신의 아이디어를 개진할 수 있어야 한다. 물론 이러한 토론 방법은 토론 과정 내내 다른 사람의 의견에 대해 어떠한 논쟁이나, 비판 또는 평가도 허용하지 않기 때문에 문제에 대한 가능한 원인을 찾는 데 구성원 자신들이 자신의 의견을 부담 없이 나타낼 수 있다. 가능한 원인이 규명되면 점검표, 산포도, 도수분포도 및 런(run)차트 등을 이용해 데이터를 정리해서 근본적인 원인을 밝혀내도록 한다.
단계 7	**해결 방안 선별 및 시행 작업** 이 단계는 가장 흥미진진하긴 하지만, 해결 방안을 즉각적으로 적용하려는 유혹을 버려야 한다. 해결 방안을 선별하는 기준은 근본적인 원인이나 문제의 재발 방지, 비용 효율성, 그리고 적용 시기에 초점을 맞춘 것이어야 한다.
단계 8	**해결방안평가 작업: 후속 작업** 일단 해결방안을 시행해서 시간이 경과하면 그 프로세스를 점검해 관련 문제가 해결되었는지 확인한다. 런차트는 현재 시행되고 있는 업무 수행과 그 이전의 데이터를 비교하는 데 유용하게 사용될 수 있다.
단계 9	**확실한 업무 수행** 새로운 방법을 수립해 직원들을 교육시켜야 한다. 관리도표는 개선 작업과정이 착실하게 진행되고 있는지를 확실히 하기 위해 그 프로세스를 관리 감독하는 데 사용될 수 있다.
단계 10	**지속적인 개선 작업** 그림 7.1의 데밍의 바퀴가 제시하고 있는 것처럼 품질 및 생산성은 PDCA 순환 주기가 반복적으로 그 기능을 할 경우에만 향상된다. 일단 한 가지 문제를 해결한 후 개선이 필요한 다른 부문을 분석할 새로운 기회를 확인해 둔다.

자료원: From D. C. S. Summers, *Quality*, 2nd ed., (Upper Saddle River, N.J.: Prentice Hall, 2000,) pp. 64-109.

분석에 도움을 주고 의사결정의 기초를 제공한다. 여기서는 여덟 가지 품질개선 도구들을 미드웨이 항공사가 자신의 문제를 해결하는 데 적용한 예와 함께 설명할 것이다. 지역 항공사인 미드웨이 항공은 1991년 사우스웨스트 항공에 합병될 때까지 시카고에 있는 미드웨이 공항을 거점으로 비즈니스 여행객들에게 주요 서비스를 제공했다. 거점-지점(hub-spoke) 네트워크는 지점에서 출발한 승객들이 거점에서 효율적으로 갈아탈 수 있도록 항공기 출발 시각을 정확히 지켜야만 한다. 자사 항공기의 정시 출발 기록을 주시해 온 미드

웨이 항공사는 정시 운항 실적이 전반적으로 악화되어 비즈니스 여행객들의 불만을 사고 있다는 것을 알게 되었다. 다음의 서비스 품질개선 도구들은 문제해결 과정에서 사용될 수 있다.

점검표

점검표(*check sheet*)는 일정기간 동안 관찰된 사항을 기록한 표로 분석 및 문제 확인 작업 착수에 필요한 자료의 출처를 의미한다. 원래 점검표는 향후 발생할 가능성이 있는 문제들을 열거해 놓은 표에 불과했고, 직원들은 일상적인 업무를 하면서 문제가 발생하면 해당 문제 표시란에 그 빈도수를 표시하곤 했다. 오늘날에는 컴퓨터상의 엑셀 스프레드시트 프로그램에 문제 발생 빈도수에 관한 자료를 입력해 분석을 쉽게 하고 있다. 그림 7.2는 미드웨이 항공사가 전년도에 직면했던 문제들을 엑셀 스프레드시트 프로그램에 입력해 놓은 기록을 나타낸 것이다.

런차트

런차트(*run chart*)는 중요한 프로세스 변수들의 변화를 추적하는 도표로 추세, 변화, 또는 순환주기를 조사할 수 있다. 이 도표는 분석하기 쉬워 추세를 예측하는 데 유용하게 사용할 수 있다. 팀은 이 도표를 이용해서 해결방안 시행 전후의 업무 성과를 비교 평가할 수 있다. 그림 7.3이 보여주는 바와 같이 미드웨이 항공사의 항공기 출발 시간의 지연 문제가 꾸준하게 증가하고 있음을 알 수 있다.

히스토그램

히스토그램(*histogram*)은 막대 도표를 이용해 빈도수의 분포를 나타낸 것으로 일정기간 동안 수집된 데이터를 보여준다. 엑셀 소프트웨어로 작성된 이 도표를 이용하면, 점검표에 나타난 데이터의 분포 상황을 일목요연하게 한눈에 알아볼 수 있으며, 비대칭이나 기

월	문제 발생 부문				
	수하물 분실	출발 지연	기계적 결함	초과 예약	기타
1	1	2	3	3	1
2	3	3	0	1	0
3	2	5	3	2	3
4	5	4	4	0	2
5	4	7	2	3	0
6	3	8	1	1	1
7	6	6	3	0	2
8	7	9	0	3	0
9	4	7	3	0	2
10	3	11	2	3	0
11	2	10	1	0	0
12	4	12	2	0	1
합계	44	84	24	16	12

그림 7.2 엑셀 스프레드시트를 이용한 점검표

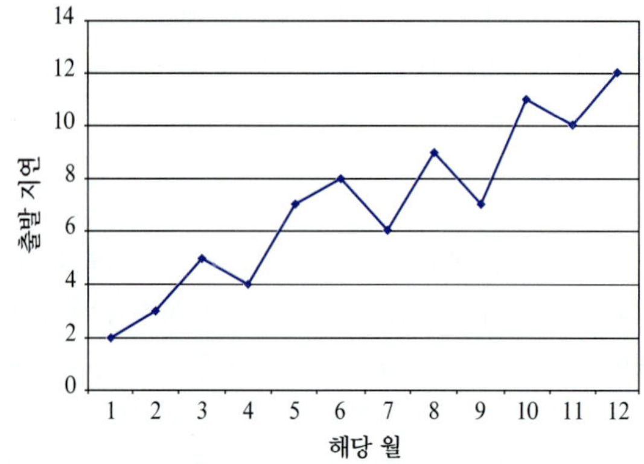

그림 7.3 항공기 출발 시간 지연에 관한 런차트

울기와 같은 특이한 경향을 명확하게 볼 수 있다. 두 개의 정점, 즉 두 가지 형태의 분포곡선이 보인다는 것은 서로 다른 평균값을 가진 두 가지 분포상황이 데이터의 기초를 이루고 있다는 것을 시사해준다. 항공사의 경우 항공기 출발시간 지연을 나타내는 최저점이 나타난 도수분포는 기상 조건으로 인한 계절 요인에 의해 설명될 수 있다. 그림 7.4에서는 "수하물 분실" 부문을 히스토그램으로 나타냈다. 도수분포곡선이 비대칭적이긴 하지만 빈도수가 작은 쪽으로 기울어져 있다는 점도 파악할 수 있다.

파레토차트

파레토차트(*pareto chart*)는 문제의 발생 빈도수가 비교되도록 차례대로 늘어놓아 개선 가능성이 가장 큰 문제부터 해결하려는 노력에 초점을 맞출 수 있도록 해준다. 19세기 이탈리아 출신 경제학자인 빌프레도 파레토는 전체적으로 가장 높은 비율로 발생되는 문제는 상대적으로 적은 수의 원인에서 기인한다는 것을 알아냈다(예: 20%의 국민이 국가 전체 부의 80%를 차지한다). *80/20* **규칙**으로 알려진 이 법칙은 여러 가지 경우에서 관찰되어 왔다. 예를 들어, 소매점 매출의 80%는 20%의 고객이 창출해 준다. 그림 7.5는 해당 연도에 발생한 문제의 총계를 파레토차트로 나타낸 것인데, "출발 지연" 문제가 고객과 관련된 서비스 문제 가운데 가장 심각하게 발생하는 문제라는 점을 확인시켜 주고 있다.

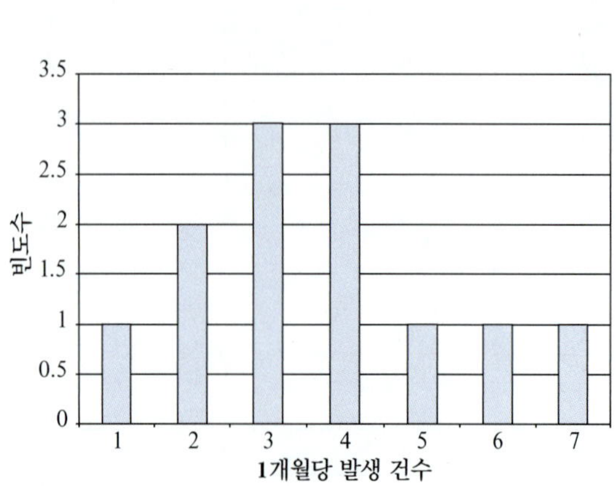

그림 7.4 수하물 분실 히스토그램

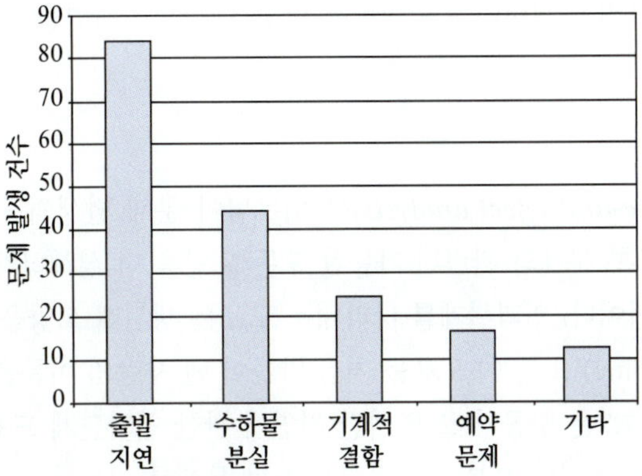

그림 7.5 파레토차트

흐름도

흐름도(*flowchart*)는 개선 작업 과정을 일목요연하게 볼 수 있도록 나타낸 도표로서 팀의 구성원들이 문제가 발생한 시점과 문제를 해결하기 위해 개입해야 할 시점을 확인할 수 있도록 해준다. 흐름도를 그림으로 나타냈을 때 다이아몬드 모양은 의사결정 시점을 의미하며, 직사각형은 업무 활동을, 타원형은 출발 및 종결 지점을 나타낸다. 여기서 사용된 모든 모양 표시는 서로 화살 표시로 연결되어 각 업무 활동이 진행되어야 할 순서를 나타낸다. 그림 7.6은 비행기 출발을 지연시킬 수도 있는 요인을 파악하기 위해 탑승구에서 승객의 탑승과정을 흐름도로 나타낸 것으로, 승객이 비행기 탑승 시 허용기준이 넘는 수하

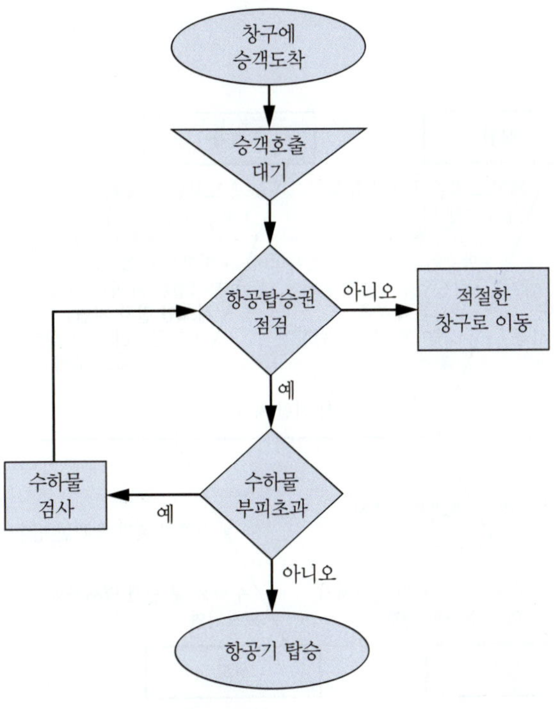

그림 7.6 탑승구에서의 흐름도

물을 기내에 반입하려고 실랑이를 벌이면서 비행기 출발이 지연될 수도 있다는 것을 보여준다.

인과관계도표

인과관계분석(*cause-and-effect analysis*)은 업무팀이 문제 발생의 근본 원인을 탐색, 규명, 표시할 수 있도록 문제와 관련된 가능한 모든 요인을 더 상세하게 도표로 표시해주는 구조적인 접근 방법이다. 인과관계를 나타내는 도표는 생선뼈 모양을 닮았다고 해서 **생선뼈 도표**(*fishbone chart*) 또는 이 도표를 처음 만들어 낸 사람의 이름을 따서 **이시가와 도표**라고도 한다. 그림 7.7은 항공기 출발 시간 지연에 관한 인과관계 도표이다. 이 도표의 구조는 생선의 머리가 위치한 부분에 해결되어야 할 문제를 기록하고, 등뼈를 따라 주요 요인들을 종류별로 기록한다. 서비스 관련 부문에 있어서 정보, 고객, 자료, 절차, 인력 및 장비 등과 같은 부문은 일반적으로 다른 부문과 다를 바가 없다. 브레인스토밍 토론 기법을 이용해 자세하게 설명된 각각의 요인들을 해당 부문 및 하위 부문에 기입한다. 흔히 이러한 요인들은 **누가, 무엇을, 어디서, 언제, 왜,** 그리고 **어떻게**라는 육하원칙으로 밝혀질 수 있다. 오늘날 생선뼈 도표는 토론과 의견 일치를 도출해 내는 과정을 통해 항공기 출발을 지연시키는 원인을 없애는 데 사용될 수 있고, 여전히 원인이 될 가능성이 있는 사항들에 대해 추가적인 자료수집에 사용될 수 있다.

예를 들어, 표 7.2는 원인이 될 만한 요인들을 나타낸 파레토차트이다. 항공기 출발을 지연시키는 요인 가운데 약 88%는 네 가지 근본적인 원인에 기인한다. 마지막으로 생선뼈 도표는 인과관계를 나타내는 기록이며 컨설팅 업무를 주로 하는 부서에 공고 자료로 사용되기도 한다.

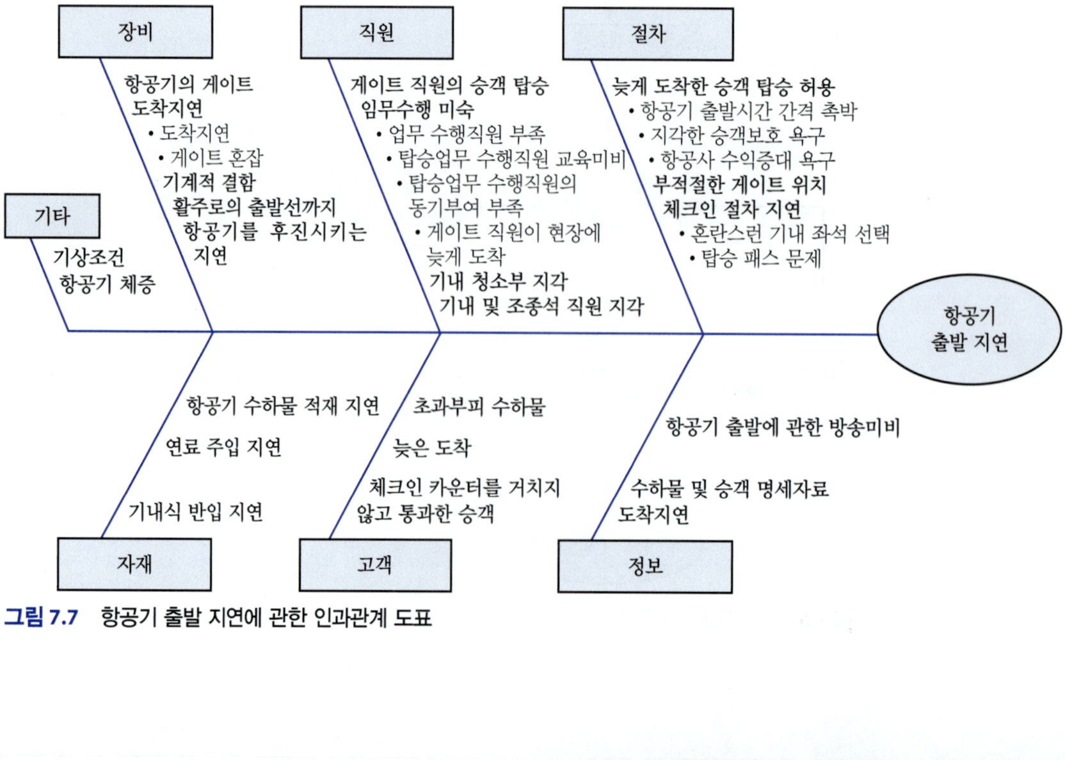

그림 7.7 항공기 출발 지연에 관한 인과관계 도표

표 7.2 항공기 출발 지연 원인에 관한 파레토 분석

원인	발생비율	누적비율
지각 승객	53.5	53.3
비행기 동체 후진 작업을 위해 대기	15.0	68.3
비행기 연료 주입	11.3	79.6
화물 및 승객 명세 기록 지연	8.7	88.3

산포도

산포도(*scatter diagram*)는 두 변수 사이의 관계를 눈으로 볼 수 있게끔 나타낸 도표이다. 문제를 야기할 수 있는 원인을 좌표점으로 표시해 연결하면 서로 밀접한 상관관계를 갖는 요인들이 어디에 존재하는지 파악할 수 있다(즉, 흩어져 있는 점들을 연결하면 변화 추이선을 그릴 수 있다). 그림 7.8이 보여주는 바와 같이 승객이 공항에 늦게 도착하는 것과 항공기 출발 지연과의 상관관계를 나타내는 산포도는 항공기 출발 지연을 일으키는 근본 원인이 무엇인지 확실하게 보여준다.

따라서 항공기 출발 시간보다 늦게 도착한 승객을 기다려서 탑승시키는 것이 바로 비행기 출발을 지연시키는 근본적인 주요 원인이라는 것을 알 수 있다. 탑승구의 항공사 직원은 지각한 승객의 반감을 사고 싶지 않았기 때문에 비행기 출발을 지연시켜서라도 승객을 탑승시키게 되고, 이로 인해 제시간에 도착한 승객들에게 피해를 입히게 되는 것이다. 미드웨이 항공사는 이와 같은 문제를 해결하기 위해 항공기가 탑승구에서 대기 중인 상태라고 하더라도 정시에 도착하지 않은 고객은 탑승시키지 않는 정시 출발 정책을 수립해 승객들에게 알렸다. 승객들이 미드웨이 항공사가 이러한 정시 출발 정책을 진지하게 시행하고 있다는 것을 인식한 뒤부터는 늦게 도착하는 경우가 현저하게 감소했다. 그다음 단계로 항공기 출발을 지연시키는 요인(예: 항공기 연료주입이나 활주로의 비행기 동체 후진작업대기) 등과 같은 기타 요인들이 처리되었다.

관리도

관리도(*control chart*)는 서비스전달프로세스를 관리 감독하는 데 사용된다. 그림 7.9를 보면 전년도에는 프로세스가 통제 불능이었던 것을 보여준다(즉, 전년도의 좌표는 일정

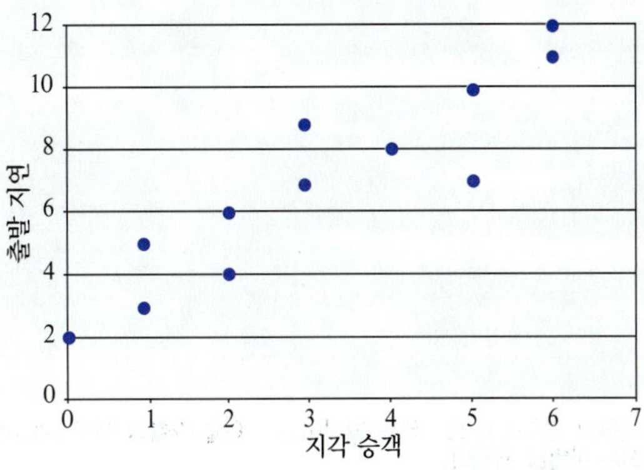

그림 7.8 산포도

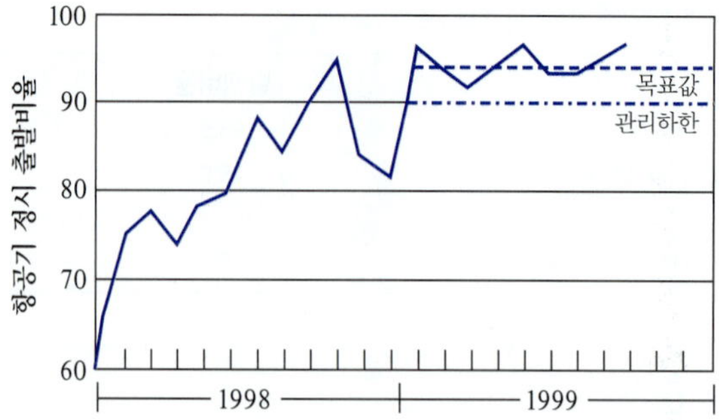

그림 7.9 미드웨이 항공사의 항공기 출발 지연에 관한 관리도

구역 내에 머무르지 않았다). 관리도는 문제 해결책을 구현한 이후 프로세스가 통제되고 있는지를 확인할 수 있게 해준다(예: 그림을 보면 현재 연도의 경우 정시 출발 95%를 목표로 정시 출발이 90% 이상에서 유지되고 있다). 이로 미루어볼 때, 당해 연도에는 프로세스가 통제되어 출발 지연의 근본적인 원인은 해결된 것으로 보인다.

벤치마킹

기업 성과에 대한 품질은 "업계 최고(best in class)"로 알려진 타사의 성과와 비교해서 측정할 수 있는데, 이 과정을 **벤치마킹(*benchmarking*)**이라고 한다. 예를 들어, 싱가포르 항공사는 탁월한 기내 서비스로, 페덱스(FedEx)는 일관된 익일배달로, 햄프턴인(Hampton Inn)은 깨끗한 객실로, 노드스트롬(Nordstrom) 백화점은 세심한 판매원으로 성과를 얻고 있다. 모든 성과 차원에서, 일부 기업은 "업계 최고"라는 평판을 얻었기 때문에 비교를 위한 벤치마크의 기준이 된다. 그러나 벤치마킹은 단순히 통계치만 비교하는 것은 아니다. 선도업체를 방문해 그처럼 탁월한 경영실적을 올리는 경영 비결을 배우는 것도 벤치마킹에 포함된다. 벤치마킹은 가끔 고유 분야 밖으로 눈을 돌리는 것이 필요하다. 예컨대

항공사는 자동차 경주에서 팀워크를 발휘하는 모습을 관찰해 게이트에서의 총 소요 시간을 줄이는 방법을 배웠다.

자료원: U.S. Air Force photo by Senior Airman Mike Meares

일부 제조업자는 생산라인의 교체시간 단축을 위해서 자동차 경주장의 핏 스톱(pit stop, 경주용 차를 수리하는 곳)을 방문하거나, 도미노 피자를 방문해 주문된 피자 배달을 30분 이내로 가능하게 만드는 비결을 배우려고 한다.

벤치마킹 프로세스는 다섯 단계로 구성된다: (1) 개선이 필요한 핵심 프로세스의 선정, (2) 프로세스에서 최고의 성과를 갖는 기업 발굴, (3) 벤치마킹 대상 기업 접촉 및 방문을 통하여 프로세스 연구, (4) 결과물 분석, 그리고 (5) 자신의 프로세스를 적절하게 개선.

구매기능 강화를 모색하는 한 전자회사의 전형적인 벤치마킹의 예를 고려해 보자. 이 회사는 팀을 구성해 포드자동차에서 공급업체 수를 줄이는 방법을, 도요타로부터는 판매업체와의 관계를, 릴라이언스 일렉트릭(Reliance Electric)에서는 구매과정을 벤치마킹하였다. 팀은 이러한 업계 최고 기업의 성과를 벤치마킹하여 계량화된 측정치와 이를 달성하기 위한 지식을 획득하여 돌아왔다.

품질개선 프로그램

서비스품질은 사람으로부터 시작된다. 통계에 기초한 관리도를 이용해 부적합성을 방지하는 측정도구가 있다 하더라도, 이것이 반드시 우수한 서비스를 생산하는 것은 아니다. 그 대신 품질은 모든 조직 구성원의 긍정적인 태도의 개발에서부터 시작된다. 그렇다면 어떻게 품질개선이라는 목표를 달성할 것인가? 직원 채용에서부터 훈련, 최초의 업무 배분, 그리고 경력 개발 프로그램을 실시하면 긍정적인 태도를 조성할 수 있다. 자기 만족을 방지하기 위해서는 지속적으로 품질개선 프로그램을 시행해야 한다. 이러한 프로그램은 불량 품질을 예방하고, 품질에 대한 책임 소재를 명확히 하며, 품질을 확실하게 보장하려는 자세를 구축하는 데 주안점을 두고 있다.

데밍의 14가지 요점 프로그램

일본에서의 품질혁신 성공은 에드워드 데밍(W. Edwards Deming)의 공이 크다. 데밍의 견해에 의하면 모든 품질 문제의 85%는 경영자의 책임이라는 것이다. 따라서 경영자는 품질 문제를 초래하는 시스템과 프로세스를 변화시키는 작업에서 리더십을 발휘해야 한다. 경영진은 경쟁우위를 지켜나가기 위해 고객의 욕구를 충족시키고 지속적인 품질개선 작업에 다시 집중해야 할 필요가 있었다. 그의 철학은 14개 요점 프로그램에 나타난다.[4)]

1. **제품과 서비스의 향상 목표를 지속적으로 강조하라.** 경영자는 단순히 그 다음 분기에만 열중하지 않고 미래를 설계해야 한다. 사업 전반에서 혁신을 이루도록 해야 한다.
2. **새로운 경영철학을 받아들여라.** 통상적으로 받아들여졌던 저품질 작업, 지연, 태만한 서비스를 더 이상 허용하지 않도록 한다.
3. **전수 검사에 의존하는 품질 향상에서 탈피하라.** 완제품 검사는 많은 시간과 비용이 든다. 그 대신 프로세스 자체의 개선에 초점을 둔다.

---

4) W. Edwards Deming, *Quality, Productivity, and Competitive Position* (Cambridge, MA: MIT Center for Advanced Engineering Study, 1982).

4. **가격표에 기초해 사업을 심사하는 관행을 중단하라.** 구매부서는 가격이 아니라 품질에 대한 통계적 자료를 기초로 자재를 구매해야 한다. 협력업체의 수를 줄이고, 높은 품질의 공급업체에게는 장기계약으로 보상하라.
5. **생산과 서비스 시스템을 지속적으로 개선하라.** 시스템의 문제점을 계속해서 조사하고 개선 방안을 모색한다. 전방업무와 후방업무를 포함해 기업의 모든 활동에서 낭비를 줄이고 품질을 개선하도록 한다.
6. *OJT (On the Job Training)*를 **제도화하라.** 수용 가능한 수준의 작업을 정의하도록 훈련을 재정비한다. 통계적 방법을 이용해서 훈련을 평가한다.
7. **관리감독을 제도화하라.** 관리감독의 목표는 직원이 일을 더 잘 수행할 수 있도록 돕는 것이다. 자신의 일에 자부심을 증진시키도록 도구와 기술을 제공하라.
8. **두려움을 없애라.** 문제에 대해서 의견을 교환하고, 아이디어를 표현하는 것을 적극적으로 장려하여 두려움을 없애라.
9. **부서 간의 장벽을 없애라.** 팀워크를 통한 문제해결을 장려하고, 품질관리 분임조를 활용하라.
10. **근로자에게 수치로 정해진 목표를 설정해주지 않도록 하라.** 생산성을 증대시키라는 목표나 구호, 강령 등으로 근로자들을 부추기지 않도록 한다. 대부분의 필요한 변화는 직원의 통제하에 있지 않았으므로, 그러한 설교는 직원의 반감을 살 뿐이다.
11. **수치로 표시한 작업 표준과 할당량을 없애라.** 양에 초점을 두는 생산 할당이 불량 품질의 원인이 된다. 일정 비율의 불량품을 허용하는 한 품질 목표는 근로자에게 개선의 동기 유발이 되지 않는다. 통계적 방법을 이용해 품질과 생산성을 지속적으로 개선한다.
12. **시간급근로자의 업무를 방해하는 장벽을 없애도록 하라.** 근로자는 자신의 작업 품질에 대해서 피드백을 필요로 한다. 근로자가 자신의 작업에 자부심을 갖는 데 장애가 되는 모든 것들은 제거되어야 한다.
13. **활발한 교육훈련 프로그램을 제도화하라.** 기술의 변화, 직원의 이직 때문에 모든 직원은 계속적으로 훈련과 재훈련을 받을 필요가 있다. 모든 훈련에는 기초적인 통계 기법이 포함되어야 한다.
14. **위의 13개 요점을 추진할 최고경영층을 조직하라.** 품질과 생산성 모두를 지속적으로 개선하려는 경영자의 목표를 명확하게 정의하라.

ISO 9001

ISO 9001 시리즈 품질 관리 시스템 표준은 자발적인 기준임에도 불구하고 많은 업계에서 사업을 하는 데 필요한 사실상의 표준으로 확산되고 있다. ISO(그리스어로 "동일"이라는 의미)는 국제 표준화 기구(International Organization for Standardization)에 의해 정의된 일련의 품질 기준이다. ISO는 선진국의 콘소시엄으로 구성되어 있다. 이 기준의 글로벌 적용이 빠르게 이루어져서 결정적인 비즈니스 표준이 되었고, 이것이 일종의 "자격조건"으로 자리잡게 되었다. 그래서 기업들은 품질개선에 도움이 된다는 믿음의 정도에 관계없이 무조건 인증을 획득하려 노력하고 있다.

ISO 9001 표준 인증은 산출 품질의 일관성을 보장하는 품질경영 시스템을 기업이 가지고 있음을 보여주는 상징이다. ISO 9001 요구사항의 일반적인 문구는 "하고 있는 것을 말하고, 말한 것을 행하는 것"에 관해 묻는다. ISO 9001은 몇 가지 중요한 특성이 있다. 첫째, 특정한 업무 수행에 대해 묘사하지는 않는다. 둘째, 제품이나 서비스 그 자체의 품질에 대해서 직접적으로 아무런 언급도 하지 않는다. 셋째, 인증 제공 주체는 매우 분산된 감시원과 인증기관이다. ISO 그 자체는 표준의 설계와 개정에만 관여하고, 인증 그 자체에 대해서는 관여하지 않는다.

ISO 표준의 주요 특징은 프로세스의 문서화와 일관된 성과이다. ISO 9001은 다음과 같은 3가지 구성 요소를 이행해야 한다.

1. **계획**. 품질에 영향을 미치는 활동은 반드시 계획해서 목표, 권한 그리고 책임 등을 확실히 규정하고 이해할 수 있도록 한다.
2. **통제**. 품질에 영향을 미치는 활동은 반드시 통제되어야 하며, 특정 요구사항이 충족되었는지, 문제의 발생을 예상하고 방지하였는지, 그리고 수정 활동을 계획하고 시행하였는지 확인한다.
3. **문서화**. 품질에 영향을 미치는 활동은 반드시 문서화하여 품질 목표와 방법, 조직 내의 원활한 상호작용, 피드백을 이해하고 있는지, 그리고 품질 시스템의 성과를 평가하기 위한 객관적인 증거 역할을 수행하는지 등을 확인한다.

ISO 9001을 기업에서 관리하는 이유 중의 하나는 EEC (European Economic Community)가 이 기준을 회원국에서 사업을 하기 위한 전제조건으로 적용하고 있다는 점이다. 강제적인 요구사항이라기보다는 자발적인 기준으로 ISO 9001 품질 기준을 받아들여 적용하고 있다. 많은 기업은 표준을 실행하는 프로세스와 품질개선을 통한 이점이 이러한 노력도 기울일 만큼 중요하다는 것을 이해하게 되었다.

6시그마(Six Sigma)

1980년대 중반에 모토로라 엔지니어들은 프로세스 개선을 추진하기 위해서 품질 문제에 관심을 집중하여 산출물의 백만 개당 불량으로 품질 수준을 보고하려고 결정했다. 모토로라는 이 새로운 기준을 수용해 조직 내 문화 변화를 가져오며 최고경영층 수준에서 진행되는 **6시그마(*Six Sigma*)**라는 방법론을 실행하였다. 이러한 노력의 결과로 모토로라는 제품 비용에서 제외되는 수입의 증가와는 달리, 순전히 현장에서 적용되는 비용 절감이 무려 160억 달러($)였다고 한다. 이러한 재무적 성과는 금방 주목을 받게 되어, 전 세계 수백 개의 기업이 6시그마를 새로운 비즈니스의 방식으로 받아들였다. 소문에 의하면, 얼라이드 시그널[Allied Signal: 현, 하니웰(Honeywell)]의 래리 보시디(Larry Bossidy)와 GE의 잭 웰치(Jack Welch)는 언젠가 같이 골프를 했는데, 이때 잭 웰치가 래리 보시디에게 GE (General Electric)가 6시그마를 통해 얼라이드 시그널이 달성했던 것보다 더 빨리, 더 큰 성과를 낼 것이라는 것에 대한 내기 제안을 했다고 한다. GE의 재무적 성과는 예상을 훨씬 뛰어넘었고 6시그마는 잭 웰치 신화의 주춧돌이 되었다. 6시그마는 진화를 거듭해 단지 품질 시스템 그 이상이 되었으며 비전, 철학, 심볼, 척도, 목표 그리고 방법론으로

간주되는 하나의 사업방식으로 자리 잡게 되었다.[5)]

변동은 프로세스의 일부이다. 그림 7.10에서 보여준 항공기 정시 도착 성과를 살펴보자. 조직에서는 일반적으로 그들의 노력을 "평균"으로 설명하려고 한다. 그렇지만 평균은 변동을 표시하지 않아 문제를 감출 수 있다. 6시그마의 목적은 고객의 기대로 정의된 한계치에 6배의 표준편차가 포함될 수 있도록 성과의 변동을 극도로 줄이는 것이다. 이러한 한계는 규격상한선(USL)과 규격하한선(LSL)으로 정의된다. 그림 7.10을 보자. 고객들이 예정된 출발 및 도착 시간에서 플러스, 마이너스 15분의 편차를 기대하고 있다면, 현재의 변동은 고객의 기대를 훨씬 초과한다. 6시그마 목표는 프로세스에서 충분한 변동이 제거될 때 달성된다. ±15분의 범위가 ±6 표준편차(σ)를 수용하기에 충분해지면 그 목표가 달성되는 셈이다.

변동성을 줄이기 위해 노력하려면 상한선과 하한선의 규격 목표에 얼마나 도달했는지를 알려주는 척도가 필요하다. **프로세스 역량지수(*process capability index*)**는 프로세스의 변동성이 얼마나 줄었는지를 알려주는 통계적 척도이다. 평균이 규격상한과 하한의 중간에 있을 때 프로세스 역량지수(C_p)는 다음과 같이 측정된다.

$$C_p = \frac{USL - LSL}{6\sigma} \tag{1}$$

C_p 값이 2.0 이상이면 프로세스 역량이 6시그마 기준으로도 수용 가능한 수준이라는 것이다. 예를 들어, 그림 7.10에 제시된 정시 도착 분포를 보면, σ = 15/6 = 2.5가 시그마 수준에 달하기 위한 최소한의 변동 수준이라는 점을 보여준다.

$$C_p = \frac{USL - LSL}{6\sigma} = \frac{+15 - (-15)}{6(2.5)} = 2.0$$

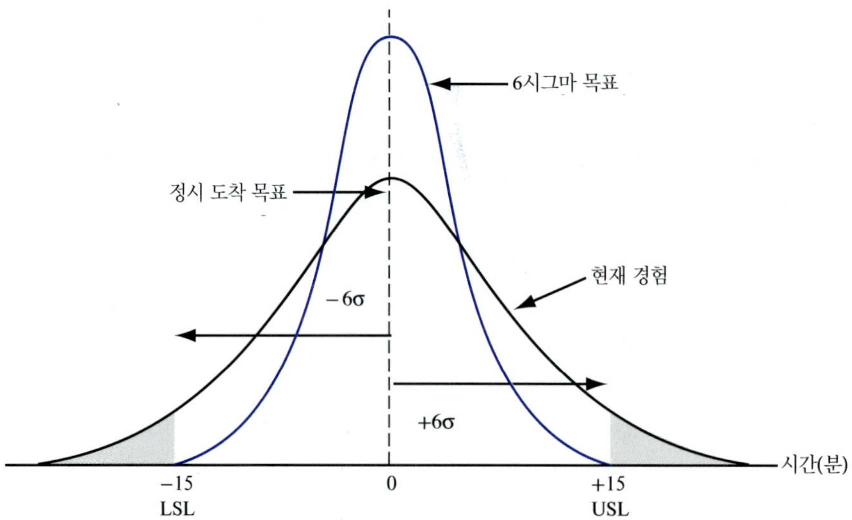

그림 7.10 정시 도착 분포

5) http://www.isixsigma.com.

만약 평균이 특정 상하한선의 중앙에 있지 않으면, 프로세스 능력지수는 다음과 같은 C_{pk}를 이용한다.

$$C_{pk} = \min\left[\frac{USL - \mu}{3\sigma}, \frac{\mu - LSL}{3\sigma}\right] \quad (2)$$

다시 그림 7.10으로 되돌아가서 정시 도착 평균(μ) = 0에서 μ = +1로 이동되었다고 가정하고 표준편차(σ)는 그대로 2.5라고 가정하자.

$$C_{pk} = \min\left[\frac{USL - \mu}{3\sigma}, \frac{\mu - LSL}{3\sigma}\right] = \min\left[\frac{15 - 1}{3(2.5)}, \frac{1 - (-15)}{3(2.5)}\right] = \min[1.87, 2.13] = 1.87$$

새로운 평균을 반영하기 위해 규격상한선(USL)을 16으로 증가시키지 않는다면, 프로세스는 이제 더 이상 $C_{pk} \geq 2.0$의 6시그마 기댓값을 충족시키지 못한다.

6시그마는 견고하고 체계 잡힌 방법론으로, 데이터와 통계 분석을 사용해 불량을 제거함으로써 기업의 운영을 향상시키고 고객 만족을 높인다. 6시그마는 1백만 건 중 3.4건의 실수만 허용하는 사실상 완벽함을 궁극적인 목표로, 모든 계층의 직원들이 지속적인 개선을 추구하는 열정을 가진 조직문화가 필요하다. 통계적인 용어로 설명하면, 만약 프로세스 변동이 표준정규분포를 가진다면, 6표준편차(6σ) 밖에 위치한 꼬리 부분 분포의 확률은 0.0000034이다. 6시그마의 초점은 에러의 보고에 있으며, 이는 성과를 성공 비율로 설명하는 것보다 더욱 개선의 동기부여가 된다. 예를 들면, 익일 배달 서비스 기업(가령, 페덱스)은 소화물의 정확한 배달 비율이 99.9%라면 이를 자랑스러워할 수도 있다. 하지만 이것은 만약 하루에 1백만 건의 소화물 배달이 있다면, 하루에 무려 1,000건이 잘못 배달된다는 것이다. 흥미롭게도 이러한 실수의 절반가량이 고객에 의한 것이며, 따라서 고객의 투입 정보가 개선되지 않는다면 6시그마 도달은 불가능하다. 이것은 서비스 기업에 존재하는 전형적인 문제이기도 하다.

6시그마는 재무적 이익의 극대화를 추구하기 위해서 목표 기회를 규명해 내는 하향식(top-down) 지원과 리더십에 강조를 두는 경향이 강한 프로젝트이다. 6시그마 프로젝트의 목적은 불량(서비스 실패), 원가, 프로세스 변동 등의 감축이나, 생산성 향상, 고객 만족도 개선 등이 될 수 있다. 6시그마는 수직적 구조의 교육 훈련과 책임 할당을 통해 프로젝트의 책임을 구조화한다. 그림 7.11은 최고 경영진, 챔피언, 마스터블랙벨트, 그린벨트, 그리고 프로젝트 참여자로 구성된 위계적 구조에 따른 역할과 부여된 책임을 보여준다. 기능의 개발은 장려된다. 가령, 프로젝트 구성원은 훈련을 통해 그린벨트가 될 수 있고, 이후 조직 내 6시그마 프로그램에서 높은 수준의 책무를 감당하게 될 수 있다. 표 7.3에서 보듯이 6시그마는 예제 7.1에 설명된 DMAIC(정의, 측정, 분석, 개선, 통제) 사이클을 이용해 불만족스러운 기존의 프로세스에 대한 개선 노력을 구조적으로 관리한다.

예제 7.1 빅 텍스 버거 (Big Tex Burgers)

빅 텍스 버거는 "허리띠를 터뜨리는 1파운드 햄버거"라는 거대 햄버거로 유명한 패스트푸드 체인이다. 최근, 한 소비자 단체에서는 햄버거에 16온스, 1파운드의 쇠고기가 들어간다는 광고가 사실이 아니며 실제로는 이보다 쇠고기가 적다는 불만을 제기했다. 당신의 상사는 이 레스토랑의 품질관리 책임자인 당신에게 이 문제를 조사해 볼 것을 지시했다. 이것이 자신의 재능을 발휘할 좋은 기회라고 보고, 당신은

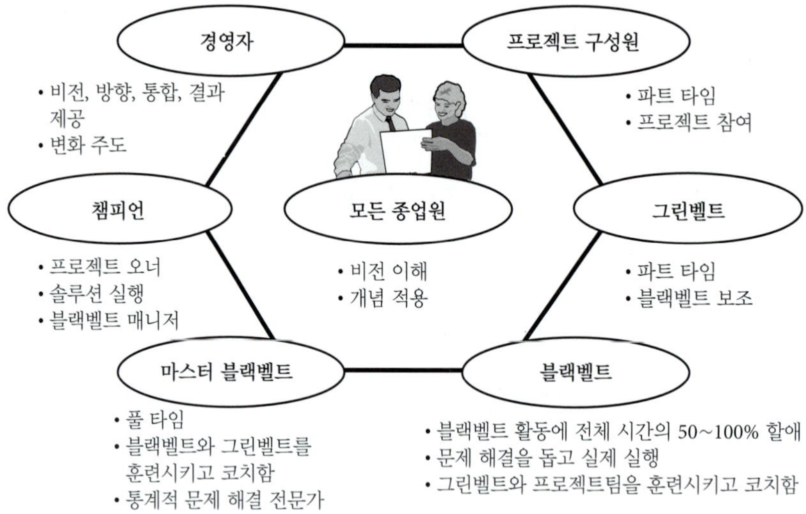

그림 7.11 6시그마 조직의 역할과 책임

자료원: Paul Fox, "Six Sigma Deployment," presented at session Driving Improvement through Six Sigma, National Quality Conference of the European Society for Quality in Healthcare, Dublin, Ireland, November 8, 2001.

표 7.3 6시그마 DMAIC 프로세스 단계

단계(step)	정의(definition)
정의(define)	프로젝트의 목적, 내외부 고객 정의
측정(measure)	현재 성과 수준의 측정
분석(analyze)	현재 문제의 원인 결정
개선(improve)	문제 제거를 위한 프로세스 개선 가능 방법 확인
통제(control)	개선된 프로세스의 통제를 위한 메커니즘의 개발

6시그마의 DMAIC 사이클을 이 상황에 적용하기로 한다.

1단계: 정의

주요 품질 특성을 쇠고기 패티의 중량으로 정의한다.

2단계: 측정

문제의 심각도를 파악하기 위해 먼저 품질 특성, 즉 쇠고기 패티 중량의 허용 범위를 정할 필요가 있다. 광고된 중량의 5% 내외를 품질 기준으로 정한다.

$$\text{상한허용한계(upper tolerance limit)} = 16 + (0.05)\ (16) = 16.8$$
$$\text{하한허용한계(lower tolerance limit)} = 16 - (0.05)\ (16) = 15.2$$

그 다음으로 답해야 할 질문은 "햄버거 중 15.2온스 이하인 비율은 얼마인가"이다. 또, 고객들은 16.8온스(즉, 상한허용한계 이상) 이상의 고기가 버거에 들어가도 불만은 없을지 몰라도, 이익에 미치는 영향을 고려해 이 또한 내부적인 불량으로 간주해야 한다.

3단계: 분석

다음으로 무작위로 햄버거 표본을 뽑아 중량을 측정한다. 측정 표본의 평균 중량은 15.8온스이고 표준편차는 0.5온스로 나왔다. 비록 평균 중량은 광고에서 제시한 16온스에 미달하는 15.8온스이기는 하지만, 이것만 가지고 "불량"이 상당한 수준이며 시스템 자체에 문제가 있다고 결론 내릴 수는 없다. 시스템 자체에 문제가 있다고 판단하기 위해서는, 하한허용한계인 15.2온스 이하의 햄버거 비율이 상당한지를 살펴봐야 한다.

표준정규분포를 활용해,

$$Z = \frac{x - \mu}{\sigma} = \frac{(15.2 - 15.8)}{0.5} = -1.2$$

부록 A에 제시된 표준정규분포표 또는 엑셀 함수를 사용해 음수 영역의 비율을 다음과 같이 알아낸다.

NORMDIST(Z) = NORMDIST(−1.2) = 0.1151

이렇게 15.2온스 미만인 햄버거는 11.51%일 것으로 추정할 수 있다.

4단계: 개선

당신의 상사는 11.51%의 불량률을 받아들일 수 없었고, 전반적인 품질 향상 방안을 만들어내라는 지시를 한다. 품질개선을 위해 당신은 다음의 세 가지 방안을 생각해 낸다.

a. 프로세스 변동 감소
b. 16온스를 중앙에 맞추도록 전반적인 프로세스 조정
c. 기준 확대

먼저, 프로세스 변동 개선을 통해 표준편차가 0.5온스에서 0.4온스로 줄었다고 생각해 보자. 그러면, 다음과 같이 *Z*-스코어가 산출된다.

$$Z = \frac{x - \mu}{\sigma} = \frac{(15.2 - 15.8)}{0.4} = -1.5$$

NORMDIST(−1.5) = 0.0668 또는 6.68%

두 번째 방안으로, 현재의 표준편차 0.5온스를 유지하면서 평균이 정확히 16온스가 되도록 프로세스의 중심을 이동한다고 가정하자. 그러면, 다음과 같이 *Z*-스코어가 산출된다.

$$Z = \frac{x - \mu}{\sigma} = \frac{(15.2 - 16)}{0.5} = -1.6$$

NORMDIST(−1.6) = 0.0548 또는 5.48%

세 번째 방안으로, 소비자 단체와의 협의를 통해 상한허용한계와 하한허용한계를 각각 17온스와 15온스로 바꾸었다고 하자. 그러면, *Z*-스코어는 다음과 같다.

$$Z = \frac{x - \mu}{\sigma} = \frac{(15 - 15.8)}{0.5} = -1.6$$

NORMDIST(−1.6) = 0.0548 또는 5.48%

따라서 세 방안 중 어떤 것을 사용하더라도 현재 11.51%인 "불량률"은 5에서 7% 이내로 줄일 수 있다. 만약 세 방안이 동시에 적용될 경우, *Z*-스코어는 다음과 같이 산출된다.

$$Z = \frac{x - \mu}{\sigma} = \frac{(15 - 16)}{0.4} = -2.5$$

NORMDIST(−2.5) = 0.0062 또는 0.62%

즉, 세 방안을 동시에 수행한다면 1% 미만의 햄버거만이 하한허용한계 미만의 패티 중량을 갖게 된다.

5단계: 통제

원하던 개선을 얻은 다음에는 품질 표준이 지속적으로 유지되어야 한다. 제6장 서비스품질에서 관리도를 통해 통계적 품질 프로세스 관리를 이룰 수 있음을 이미 살펴보았다. 햄버거의 패티 중량을 통제하는

것이 주된 관심이므로 $\overline{X}$차트나 R-차트의 사용이 적당하다. $\overline{X}$의 기대치를 16온스로, R의 기대치를 2온스로 설정하고 관리도를 그리기로 결정한다. 매 시간 네 개의 햄버거를 표본으로 추출하기로 하고, 이 경우 $A_2 = 0.729$, $D_3 = 0$, $D_4 = 2.282$가 됨을 파악한다. 제6장의 수식 (1)과 수식 (2)를 사용해 범위의 관리한계는 다음과 같이 선정한다.

$$UCL = D_4R = (2.282)(2) = 4.6$$

$$LCL = D_3R = (0)(2) = 0$$

제6장의 수식 (3)과 수식 (4)를 활용해 표본 평균의 통제선을 다음과 같이 선정한다.

$$UCL = \overline{X} + A_2 R = 16 + (0.729)(2) = 17.5$$

$$LCL = \overline{X} - A_2 R = 16 - (0.729)(2) = 14.5$$

분석결과, 빅 텍스 버거는 앞으로 무작위적으로 시간을 정해 시간당 4개의 햄버거를 표본 추출해 그 평균을 계산할 것이다. 이 정보는 상한선과 하한선이 표시된 두 개의 관리도, 즉 범위 차트와 평균 차트에 기록될 것이다. 만약 이 값이 통제선 밖을 벗어난다면 그 근본원인을 파악해 조치가 필요함을 나타낸다.

린(Lean) 서비스

린 서비스(*lean service*)는 낭비 제거, 지속적 흐름, 그리고 풀(pull) 방식에 초점을 두는 적시 생산시스템(just-in-time production)이라고 알려진 도요타 생산시스템(TPS: Toyota Production System)의 린 제조 원칙을 확장 적용한 것이다. 린 서비스 프로세스의 목적은 일련의 부가가치 활동들을 지속적으로 신속하게 실행함으로써 고객 요구를 만족시키는 것이다. 린 철학은 다음과 같은 세 가지 기본원칙이 있다.

1. 고객의 눈으로 볼 때 가치를 부가하는 활동들만을 수행해 고객의 요구를 만족시킬 것.
2. 부가가치 활동과 비부가가치 활동을 규명하기 위해 프로세스 흐름도를 통해 "가치 흐름(value stream)"을 정의할 것.
3. 낭비를 제거할 것. 가치 흐름 내 고객이 지불하려 하지 않는 모든 활동은 낭비이다.

린 서비스는 적합한 목표(가치), 최고의 방법(프로세스), 그리고 최고의 성취감(직원)이라는 세 가지 목적을 완벽하게 수행하는 프로세스를 만들어내기 위한 접근방법이다. 여기서 적합한 목표는 고객에게 가치를 제공하는 활동들에 초점을 맞추는 것으로 해당 활동의 특성으로는 역량이 있고(예: 6시그마), 가능하며(예: 직원의 수준), 적합하고(예: 훈련된 직원), 유연하게(예: 직원의 분별) 하는 것이다. 최고의 프로세스는 다품종 소량 흐름도 감당할 수 있는 역량을 보유하며, 고객 수요에 풀(pull) 방식으로 대응하는 것이다. 이러한 프로세스는 직원들도 만족시키는데, 직원들에게 가치 있는 서비스를 제공한다는 생각이 들게 하고 인간적인 느낌이 들게 하기 때문이다.

가치흐름도(*VSM: value-stream mapping*)는 린 서비스 구현을 위한 핵심 도구로서, 린 경영의 개념을 통해 개선할 기회를 찾기 위해 프로세스를 도식화하는 것이다. 가치흐름도는 부가가치를 창출하는 프로세스(예: 테이블에 식사를 제공하는 웨이터)와 부가가치가 없는 프로세스(예: 신용카드를 처리하기 위해 계산원에게 걸어가는 웨이터)를 구분한다. 서비스전달시스템의 전반적인 효율성은 총부가가치 시간을 처리시간으로 나눈 값의 비율로 계산된다. 가치흐름 분석의 이점은 고객 관점에서 시스템을 보고, 도표로 도식화

하여 주요 프로세스와 활동 시간을 포착하고, 개선 기회를 확인하는 데 효과적이다.[6)]

예제 7.2 중소기업 대출승인 (small business loan approval)

농촌 지역의 한 지방 은행은 지점에 찾아오는 고객에게 중소기업 대출을 제공한다. 그림 7.12의 현재 상태 가치흐름도는 고객이 은행을 방문하여 대출계좌를 개설하고 떠날 때까지 경험하는 일련의 활동을 도식화하였다. 가치흐름도(VSM) 분석은 다음과 같다.

- 총 부가가치 시간은 95분
- 부가가치가 없는 총 시간은 45분
- 대출 처리를 위한 처리시간(95 + 45) = 140분
- 전체 효율성(총 부가가치/처리시간) 95/140 = 68%

은행이 지사의 "가입신청" 단계를 생략하는 온라인 프로그램 사용을 고려 중이라고 가정하자. 이것은 대출신청자가 고객 프로필을 준비한 후 지점의 대출담당자를 만날 수 있으므로 대출신청자는 "가입신청" 전 15분과 "고객 프로파일 생성" 전 5분의 대기시간을 줄일 수 있다. 수정된 가치흐름도는 다음과 같이 산출된다.

- 총 부가가치 시간: 95 − 30 = 65분
- 총 부가가치가 없는 시간: 45 − 15 − 5 = 25분
- 대출 처리를 위한 처리시간: (65 + 25) = 90분
- 전체 효율성: 65/90 = 72% 또는 4%의 향상

다음 단계는 린 서비스를 달성하기 위한 가이드이다.[7)]

1. 조직 내 핵심 프로세스를 규명하라.
- 주요 프로세스는 무엇인가?
- 지원 프로세스는 무엇인가?

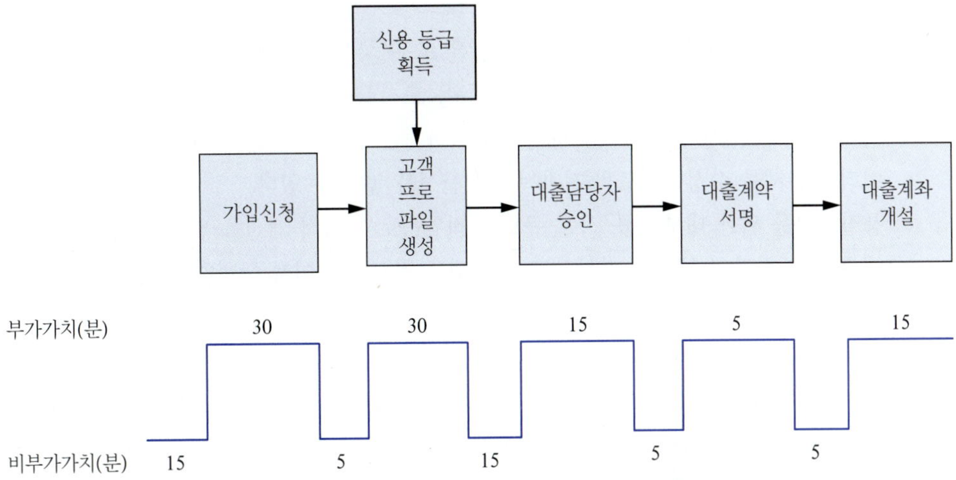

그림 7.12 중소기업 대출승인의 가치흐름도

6) http://www.leanmanufacturingtools.org/551/creating-a-value-stream-map/
7) James P. Womack, "An Action Plan for Lean Services," presentation at Lean Service Summit, Amsterdam, June 23, 2004.

- 고객에게 가장 중요한 프로세스는 무엇인가?
- 조직의 성공에 가장 중요한 프로세스는 무엇인가?
- 직원들에게 가장 문제가 되는 프로세스는 무엇인가?

2. 가장 중요한 프로세스들을 선택하고 이들을 중요도 순으로 정렬하라.
   - 고객을 포함해 프로세스에 관련된 직원들로 팀을 구성하라.
   - 프로세스의 "현재 상태"를 반영해 가치흐름도를 작성하라.
3. 프로세스가 완벽하게 되기 위해 어떻게 변화되어야 할 것인지를 분석하라.
   - 프로세스가 개선된 "미래 상태"를 반영하는 가치흐름도를 작성하라.
4. "미래 상태"의 프로세스를 유지하는 데 필요한 변화가 무엇인지 질문하라.
   - 신규 프로세스를 위한 관리직을 조직할 것인가?
   - 기존 부서와 기능을 재조정할 것인가?
   - 부서와 기능의 정렬을 위한 신규 평가척도를 도입할 것인가?
5. "미래 상태"의 프로세스를 만드는 데 필요한 변화를 실행하라.
   - "현재 상태"와 대비하기 위해 성과를 측정하라.
   - 프로세스를 조정하는 데 필요한 변화를 도입하라.
   - 조정된 프로세스가 안정적이며 지속 가능한지를 결정하라.
6. "미래 상태"의 프로세스가 검증되면:
   - 초과 직원과 자산으로 무엇을 할지를 결정하라.
7. 모든 프로세스가 개선되면:
   - 이상과 같은 사이클을 다시 시작하라.
   - 다른 조직과 공유할 수 있는 상류와 하류 프로세스들을 고려하라.

다음 기술은 서비스에서 린 개념 실행을 강화할 수 있다.

- **프로세스 흐름 개선**: 서비스 청사진과 같은 도구들은 프로세스 개선을 위한 잠재적 원천이다. 가령, 병원 내에서 환자들의 흐름을 도식화함으로써 병원은 환자의 대기시간을 늘리고 병원의 자원을 소모하는 불필요하거나 중복되는 단계들을 파악할 수 있다. 이러한 문제를 수정함으로써 전반적인 생산성을 높일 수 있다.
- **품질개선을 위한 내부그룹**: 작은 규모의 직원들로 지속적 개선을 위한 팀을 구성하고, 매주 만나 현장의 문제를 파악하고, 해결책을 평가하고 이를 구현하는 것은 상당한 비용 절감으로 이어질 수 있다. 이러한 팀들은 일반적으로 **린팀**, **카이젠팀**, **품질분임조**(*quality circle*) 등의 이름을 갖는다.
- **더 나은 하우스키핑**: 레스토랑이나 병원처럼 위생에 민감한 서비스에 있어서 우수한 하우스키핑을 수행하는 것은 고객들에게 품질에 대한 인식을 높여준다. 가령, 많은 도시들은 부동산의 외관과 내부 관리에 대한 자부심을 고취하기 위해 "황금 빗자루 상"을 수여하기도 한다.
- **서비스 전달에서의 품질개선**: 맥도널드와 같은 식음료 체인들과 메리어트와 같은 호텔 체인들은 지점의 서비스전달프로세스를 표준화함으로써 품질 수준의 일관성을 달

성하고자 한다. 그 결과로 얻게 되는 예측 가능성은 기업을 더 린하게 만드는 서비스의 제공과 자원의 효율성으로 이어진다.

- **자원의 유연성**: 자원 활용의 유연성은 다양한 운영에 공통으로 사용되는 자원의 활용률을 높일 수 있게 한다. 여기서 가장 큰 도전과제는 지연을 최소화하기 위한 신속한 운영 전환이다. 이러한 역량은 유연한 프로세스 기술을 통해 달성할 수 있는 **범위의 경제**(*economy of scope*)로 이어진다. 가령, 병원에서의 수술실은 종종 환자에 맞춰 다른 종류의 의료 기술이 준비되어야 한다.
- **풀(pull)시스템 구현**: 린 서비스 기업은 고객지향 수요 풀–시스템을 채택할 수 있다. 가령, 몇몇 웬디스 레스토랑의 부엌은 주차장을 볼 수 있어서, 주차장에 차가 들어오는 순간 신선한 소고기 패티를 굽기 시작할 수 있다.
- **라인밸런싱**: 서비스 기업들은 수요와 공급을 적절히 관리함으로써 자원 활용률을 균등화할 수 있다. 가령, 맥도널드는 인력을 좀 더 효율적으로 활용하기 위해 오전 시간에만 한시적인 아침식사 메뉴를 제공하는데, 이는 고객 대기시간의 감소로도 이어진다.
- **공간배치 개선**: 린 서비스의 구현은 일반적으로 효율적인 공간 사용으로 이어진다. 한 병원에서는 공간배치를 향상함으로써 환자와 물류의 흐름을 개선하였고, 이는 고객 서비스 시간 및 대기시간의 감소로 이어졌다.
- **우수한 공급자 관리**: 서비스 기업의 공급자는 특정 업무를 수행하는 데 필요한 기술을 지닌 인력 공급업체도 될 수 있다. 콜센터와 같은 서비스 공급자들의 우수성은 훈련과 재훈련에 필요한 시간과 노력을 아낄 수 있게 해준다. 린 구현은 이러한 절약을 가능하게 하는 요인이 된다.
- **서비스에 있어서 낭비(무다) 찾기**: 일본어 무다(*muda*)는 다양한 형태의 낭비를 의미한다. 가령, 병원에서의 낭비는 환자에 대한 과잉 진료, 과도한 대기시간, 좋지 않은 물류 흐름 등을 생각해 볼 수 있다.

코로나19 이후 린 서비스에 대한 재사고

2020년 코로나19 확산 기간 동안 린 및 6시그마의 전통적인 운영관리 프로세스 개선 원칙이 위협을 받았다. 예를 들어, 의료진들은 코로나19 확산 기간 동안에 이전의 린 수준에서 운영하는 것이 "너무 린"하고 너무 위험한가, 더 많은 사망자 수를 발생시킬 수 있지 않을까 하는 문제를 제기하기 시작했다. 중요한 장비와 기기(디바이스)에 대한 수요의 불확실성이 높아지면서 목표 서비스 수준에 대한 적정 재고 수준을 설정하는 것이 매우 어려워졌다. 운영관리 측면에서 린 실행의 이점은 인명 손실에 기여한다면 정당화될 수 없다. 따라서 우리는 불필요한 사망률 증가를 초래할지도 모르는 감염병(팬데믹) 및 기타 위기 상황에서 현재의 린 원칙이 적합한지에 대해 새롭게 검토할 필요가 있다. 예를 들어, 병원은 모든 공급 재료에 대해 전반적으로 린(lean)을 구현하는 대신, 공급의 다양성에 대해 다양한 수준의 린 애플리케이션을 개발하는 것으로 결정할 수 있다. 예를 들어, 인공호흡기 및 개인보호장비(PPE) 품목은 린 공급망의 좋은 대체물품이 아니지만, 침대 시트와 같은 덜 위험한 공급품목은 린 적용의 좋은 대체 품목이 될 수 있다.

또한 코로나19는 재고관리 이외에 서비스 운영관리의 다른 측면과도 연관되어 있다. 배치계획에는 사람들과 코로나19 관련 활동 및 자재(재료)를 지속적으로 격리시키기 위한 인적(환자와 직원)자원뿐만 아니라 자재에 대한 별도의 흐름 스트림을 만들기 위한 조정이 필요하다. 코로나19 관련 프로세스 흐름 요구사항을 통합하려면 서비스 블루프린팅(청사진) 수정이 필요하다. 코로나19 경험으로 인해 좋은 관리유지의 중요성이 부각된다. 많은 서비스에서 손 씻기, 사회적 거리두기, 마스크 착용을 요구하는 코로나19 프로토콜은 지속적인 행동 변화가 될 수 있다.

서비스 벤치마크

어떤 것이 잘되지 않을 때, 때로는 유머(예: 망치)로 해결될 수 있다.

나의 남편은 우리가 몇 년 전에 L.L.Bean에서 산 작은 캐리어를 소지하고 있다. 최근에 캐리어 손잡이가 케이스에 끼어 빠지지 않는 일이 있었다. 우리는 힘을 가해 손잡이를 잡아 올리려고 시도했고 절단하지 않고서도 고칠 방법이 있는가 고민했지만, 결과는 실패였다. 오늘 남편은 L.L.Bean에게 수리 또는 교체에 대한 문의 이메일을 보냈다. 그가 받은 답변은 다음과 같다.

"캐리어에 대해 L.L.Bean에게 연락해 주셔서 감사합니다. 손잡이 문제를 해결하는 가장 좋은 방법은 적당히 내려치는 것입니다. 진짜로, 때로는 공항에서 수하물 처리 도중 손잡이의 확장부분이 쐐기 형태로 변형이 될 수도 있습니다. 고무망치로 먼저 시도해 보신 후에도 해결이 안 되었다면 교환 또는 환불을 위해 캐리어를 회사로 반품하시는 것이 좋겠습니다. 저희 회사 제품은 모든 면에서 100%의 만족을 보장합니다. 만족하지 못한다면 언제든지 우리에게서 구입한 제품을 반품하십시오. 저희는 귀하가 L.L.Bean으로부터 구매한 어떠한 제품에 완전히 만족하시길 바랍니다. 오늘 L.L.Bean에 연락해주셔서 고맙습니다. 저의 답변이 약간 기이하게 들릴지도 모르지만, 귀하의 문제가 해결될 것으로 생각합니다."

물론 반품할 수 있다는 것을 알고 기뻤지만, 먼저 남편은 정말로 고무망치로 "세게 쳐" 보았고, 그 손잡이는 다시 작동하였다. 어쨌든, (a) 훌륭한 반품서비스와 (b) 유머감각을 가지고 있다는 것에 대해 L.L.Bean에 칭찬을 하고 싶다.

자료원: Private communication from a customer.

요약

지속적인 프로세스 개선은 PDCA 사이클에서 포착된 문제를 해결하는 데 적용된 데밍(Deming)의 점진적 접근법에 근간을 두고 있다. 개선 프로세스에 점검도, 런차트, 히스토그램, 파레토차트, 흐름도, 산포도, 그리고 인과관계 도표 등 7가지 품질 도구를 적용할 수 있다. 이러한 도구들은 프로세스 개선에 공헌하고자 하는 조직 내 누구든지 이용할 수 있다. 그러나 잭 웰치(Jack Welch)가 제너럴 일렉트릭(GE)에서 6시그마를 추진한 것처럼 최고 경영진은 리더십을 발휘할 필요가 있다. 가장 최근 주목받고 있는 린 서비스와 6시그마는 모토로라, 얼라이드 시그널, 그리고 GE와 같은 기업에서 상당한 성과를 낸 것으로 알려져 있다.

주요 용어

벤치마킹(benchmarking) 특정 분야에서 "세계 최고"로 알려져 있는 다른 기업의 우수한 업적을 비교 · 분석하고 활용하는 기법

인과관계분석(cause-and-effect analysis) 서비스품질 문제의 근본 원인을 찾아내기 위해서 마치 생선뼈와 같은 모양의 차트를 작성하는 프로세스

ISO 9001 일정한 산출 품질을 담보하기 위한 품질경영시스템을 확보한 기업에게 인증을 주는 국제적인 프로그램

린 서비스(lean service) 비부가가치 활동을 제거하는 데 기본을 둔 프로세스 개선 철학

파레토차트(pareto chart) 상대적인 빈도가 많은 것부터 작은 순으로 막대그래프에 문제를 표시하는 방법

PDCA 사이클(PDCA Cycle) 계획, 실행, 점검, 조치의 4단계로 구성된 지속적 개선 프로세스

프로세스 역량지수(process capability index) 특정 기준(명세서)에 적합한 프로세스의 능력을 측정하는 지수

6시그마(six sigma) 프로세스 결함을 제거해 기업의 운영성과를 개선하기 위해 사용하는 명확하고 잘 정비된 방법론

가치흐름도(value-stream mapping) 서비스 프로세스에서 부가가치 활동과 비부가가치 활동을 구별하기 위한 것

토론 주제

1. 미국 기업에서는 받아들여지지 않았던 데밍의 14가지 요점 프로그램이 왜 제2차 세계대전 후 일본 기업에서 받아들여졌는지 토론해 보자.
2. PDCA 사이클의 적용이 저원가 리더십 경쟁전략을 어떻게 지원할 것인지 설명해 보자.
3. "벤치마킹"의 한계점은 무엇일까?
4. 원하는 서비스 산업을 선택하고 심각한 기후로 인한 장기간의 정전에 대응하기 위해 어떤 정책이 필요한지 논의해 보자.
5. 그림 7.12 중소기업 대출 승인 프로세스의 가치흐름도를 재고려해 보자. 프로세스가 완전히 온라인으로 수행될 경우, 어떤 부가가치 활동이 제거될 수 있는가? 온라인 프로세스의 전체적인 효율성은 무엇인가?

그룹활동 과제

익숙한 서비스의 프로세스 흐름도(가치흐름도)를 수업시간에 작성해 보고 비부가가치 활동을 규명해 보자. 그리고 낭비를 어떻게 제거할 것인지 제안해보자.

사례_7.1

소노라 카운티 보안관(Sonora County Sheriff)

소노라 카운티는 캘리포니아 북부에 위치해 있으며, 와인과 거친 태평양 해안선으로 잘 알려져 있다. 소노라 카운티는 인구 약 150,000명의 산타 리타(Santa Rita)라는 하나의 시를 포함하는 시골 지역이다. 소노라 스테이트 대학교(Sonora State University)는 산타 리타에 위치해 있으며 약 12,000명의 학생이 재학 중이다. 카운티 보안관은 그림 7.13과 같이 전년도의 사건별 부서별 법 집행 활동에 대한 월별 기록을 보관한다. 최근 강도사건의 증가로 어려움을 겪고 있다.

관련 질문

1. 사건 범주 각각에 대해 런차트(run chart)를 작성하라. 강도사건에 대해 고민해야 되는 이유는 무엇인가? 강도사건 예방을 설명하기 위한 산포도 작성 시 어떠한 변수를 사용할 수 있는가?
2. 월별로 보고된 풍기문란과 음주운전사고 패턴의 특이점은 무엇인가? 이러한 행동에 대해 가능한 해석은 무엇인가? 보안관은 이러한 패턴에 대해 어떻게 대처하고 사건 발생 수를 줄일 수 있겠는가?
3. 폭행과 절도 사고에 대해 관리도 작성을 추천하겠는가? 왜 추천하는가? 또는 왜 추천하지 않는가?
4. 전년도 사건의 총계를 기준으로 파레토차트를 작성하라. 보안관은 파레토차트의 결과에 따라 사건 감소에 대한 노력을 우선시하지 않을 수도 있다. 왜 그런가 설명하라.

	사건				
월	**폭행**	**강도**	**풍기문란**	**음주운전 (driving under the influence)**	**절도**
1월	2	2	3	6	6
2월	2	1	1	2	4
3월	1	3	2	4	5
4월	2	2	1	2	6
5월	2	4	2	3	7
6월	3	5	4	4	5
7월	2	4	5	3	3
8월	1	7	4	4	6
9월	3	9	2	3	5
10월	2	8	1	2	4
11월	1	10	2	4	5
12월	1	13	1	7	6

그림 7.13 사건 점검표

사례_7.2

메가바이트 레스토랑(Mega Bytes Restaurant)[8]

메가바이트 레스토랑은 비즈니스 여행객들에게 셀프서비스로 아침 뷔페를 제공한다. 이 식당은 고객 만족도를 측정하기 위해 저녁 식사 동안에 설문조사를 실시하며, 3개월 간격의 보고서를 고객들에게 보여준다. 그림 7.14에 요약

8) Reprinted and selectively adapted with permission from M. Gaudard, R. Coates, and L. Freeman, "Accelerating Improvement," *Quality Progress* 24, no. 10 (October 1991), pp. 81–88.

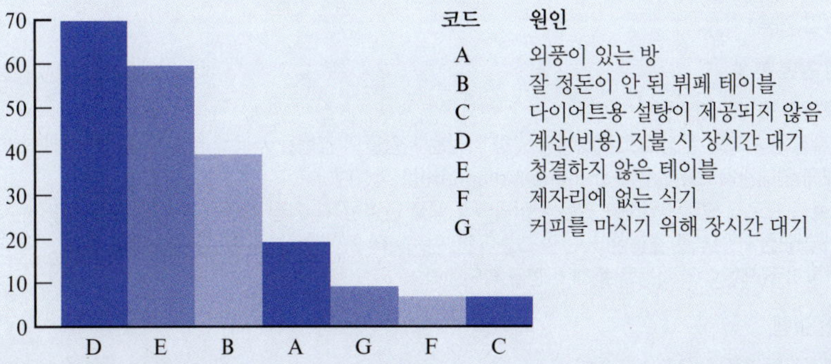

그림 7.14 불만 건수에 대한 파레토차트

자료원: Reprinted with permission from Gaudard. M, R. Coates, and L. Freeman, October 1991, "Accelerating Improvement," *Quality Progress* 24, no. 10, p. 83.

된 파레토 결과 보고서를 보면, 이 레스토랑의 가장 큰 문제는 고객이 좌석에 앉기 전까지 너무 오래 기다린다는 것이다.

이 문제를 해결하기 위해 직원들로 이루어진 팀을 구성하였다. 팀 구성원들은 7단계 방법(SSM: Seven Step Method)을 사용하기로 하였다. SSM은 문제해결과 프로세스 개선을 위해 구축된 방법으로 위스콘신의 메디슨에 있는 조이너 어소시에이츠사(Joiner Associates. Inc)에서 개발된 것이다. 7개 단계를 통해 팀은 철저한 문제 분석, 문제의 잠재원인, 그리고 해결 가능한 방안을 찾을 수 있다. 또한 SSM의 구조는 팀이 정확한 이슈에 대해 초점을 맞출 수 있도록 하고, 비핵심적이거나 비효율적인 것에 팀의 정열을 낭비하지 않게 해준다. SSM은 단순 열거가 아니고 분석적인 연구이다. 일반적으로 분석적인 연구는 원인과 결과, 예측을 하는 데 관심이 있지만, 열거 위주의 연구는 현재 존재하는 문제 전체에 초점을 둔다.

메가바이트 레스토랑의 사례에 적용될 이 방법의 단계들은 표 7.4에 나타나 있다.

단계 1: 프로젝트 정의 메가바이트의 설문조사 결과에 따르면, 고객들은 좌석에 앉기 전까지 매우 오래 기다린다. 대부분의 고객들은 비즈니스 여행자들이다. 그들

표 7.4 7단계 방법

단계 1: 프로젝트 정의

1. 문제를 현재 상태와 이상적인 상태 간의 차이로 정의한다(예를 들어, "고객이 실수가 매우 많다고 보고하였다. 팀의 목표는 실수의 수를 줄이는 것이다").
2. 왜 특정 문제를 다루는 것이 중요한가를 명시한다.
   - 증빙자료들을 제시하면서 특정 문제점을 설명한다.
   - 고객의 주요 품질 특성을 나열하고 이 특성의 측면에서 차이를 줄이는 것이 고객을 유익하게 한다는 것을 설명한다.
3. 측정을 위해 어떤 자료가 필요한지 결정한다.
   - 개선 정도를 측정할 자료로 어떤 기초자료를 사용할 것인지 결정한다.
   - 수집할 자료에 대해 조작적 정의를 내린다.

단계 2: 현재 상태 파악

1. 기초자료를 수집해 도표로 나타낸다(때때로 과거 자료가 활용됨). 기초자료를 표현하기 위해 런차트(run chart)나 관리도(control chart)를 종종 사용한다. 자료를 차트에 어떻게 나타낼 것인지 결정한다. 축에 어떤 이름을 붙일 것인지 결정한다.
2. 공정의 흐름도(flow chart)를 만든다.
3. 도움이 될 만한 다른 도표나 수단을 제공한다.
4. 문제를 내포하고 있는 변수를 파악한다. 무엇을, 어디에, 어느 정도, 누구 등과 같은 변수를 고려한다. 이 변수들에 대해 자료를 수집함으로써 문제를 구체화한다.
5. 자료수집 도구를 설계한다.
6. 자료를 수집하고 변수가 문제에 미치는 영향에 대해 요약한다.
7. 그 외 다른 도움이 될 만한 자료가 있는가를 고려한 후 충분한 자료가 수집될 때까지 2번에서 7번까지를 반복한다.

(계속)

표 7.4 7단계 방법(계속)

단계 3: 잠재적인 원인 분석

1. 현재 상태의 잠재적 원인을 파악한다.
   - 단계 2에서 수집된 자료와 현장 프로세스에서 일하고 있는 사람들의 경험을 사용해 문제가 야기된 상태를 파악한다.
   - 이 상태에 대해 인과관계도표(cause-and-effect diagram)를 작성한다.
   - 단계 2의 자료와 프로세스에서 일하고 있는 사람들의 기대를 반영한 후, 가장 가능성이 높은 원인을 결정한다.
2. 더 많은 자료가 필요한지 여부를 결정한다. 만일 그렇다면, 단계 2의 2번에서 7번까지를 반복한다.
3. 가능하다면, 관찰과 통제변수의 사용을 통해 원인을 확인한다.

단계 4: 해결 방안 실행

1. 해결 방안을 열거하며, 창의적으로 생각한다.
2. 어떤 해결 방안을 시도할 것인지를 결정한다.
   - 각 해결 방안의 실행 가능성, 성공 가능성, 잠재적인 부작용 등을 섬세하게 평가한다.
   - 왜 특정 해결 방안을 선택하였는지 명확하게 밝힌다.
3. 선택된 해결 방안을 어떻게 실행할 것인지 결정한다. 예비 조사를 할 것인지, 누가 실행에 책임을 질 것인지, 훈련을 받아야 할 사람이 누구인지를 고려한다.
4. 선택된 해결 방안을 실행한다.

단계 5: 결과 점검

1. 단계 4의 조치가 효과적이었는지 검토한다.
   - 단계 1의 기초자료를 더 수집한다.
   - 적절하다고 여겨지는 자료를 추가로 수집한다.
   - 결과를 분석한다. 실행된 해결 방안이 효과적이었는가를 결정한다. 필요하다면 앞의 모든 단계를 반복한다.
2. 계획 및 분석결과로부터 얻은 차이점을 기술한다.

단계 6: 개선 방안의 표준화

1. 개선 방안을 제도화한다.
   - 개선 방안을 제도화하기 위한 전략을 개발하고 책임을 부과한다.
   - 전략을 실행하고 성공적인지를 점검한다.
2. 개선 방안이 다른 곳에도 적용 가능할 것인지 결정하고 계획을 수립한다.

단계 7: 미래 계획의 수립

1. 미래를 위한 계획을 수립한다.
   - 차이가 계속 줄어들 수 있는가를 확인하고, 다른 프로젝트를 어떤 방식으로 진행할 것인지, 누가 포함될 것인지 등을 결정한다.
   - 다루어야 할 관련 문제들을 파악한다.
2. 프로젝트 팀의 경험으로부터 배운 것을 요약, 정리하고 미래의 프로젝트 팀을 위한 제안서를 작성한다.

자료원: Reprined with permission from Gaudard. M, R. Coates, and L. Freeman, October 1991, "Accelerating Improvement," *Quality Progress* 24, no. 10, p. 82.

은 신속한 서비스를 제공받기 원하고, 식사하는 동안 사업에 대해 이야기를 나눌 기회를 원한다. 팀은 "언제 기다림이 시작되고 끝나는가?", "이것을 어떻게 측정할 수 있을까?" 등과 같은 질문들을 통해, 그들이 해결할 문제에 대해 "좌석에 앉기 전까지의 기다림"으로 조작적 정의(operational definition)를 내렸다.

단계 2: 현재 상태 파악 팀은 기초적인 자료를 수집해 그림 7.15와 같이 좌석에 앉기 전까지 1분 이상 기다리는 고객의 비율을 도표로 나타내었다. 또한 한 그룹의 고객들이 좌석에 앉기까지의 흐름도(flow chart)와 그림 7.16과 같이 식당의 평면도를 작성하였다.

팀이 수집한 기초자료에 의하면, 기다리는 사람들의 비율이 주말보다는 주중에 더 높았다. 그러나 메가바이트 레스토랑의 대부분 고객은 비즈니스 여행객이기 때문에 이러한 결과는 예견된 것이었다. 식사 그룹의 인원 수는 중요한 요인이 아니었다. 또한 아침 시간대에 1분 이상 기다리는 사람들의 수를 히스토그램으로 나타내었을 때 많은 사람이 한가한 시간대보다는 바쁜 시간대에 더 많이 기다리는 것

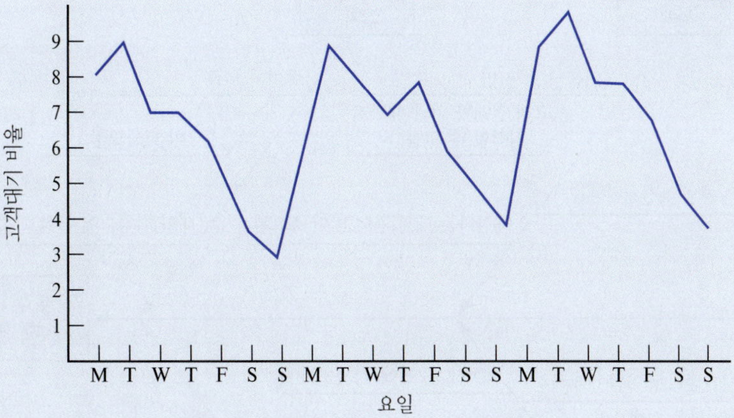

그림 7.15 좌석에 앉기 전까지 기다리는 고객 비율의 런차트

자료원: Reprinted with permission from Gaudard, M., Coates, R., and Freeman, L. October 1991, "Accelerating Improvement," *Quality Progress* 24, no. 10, p. 83.

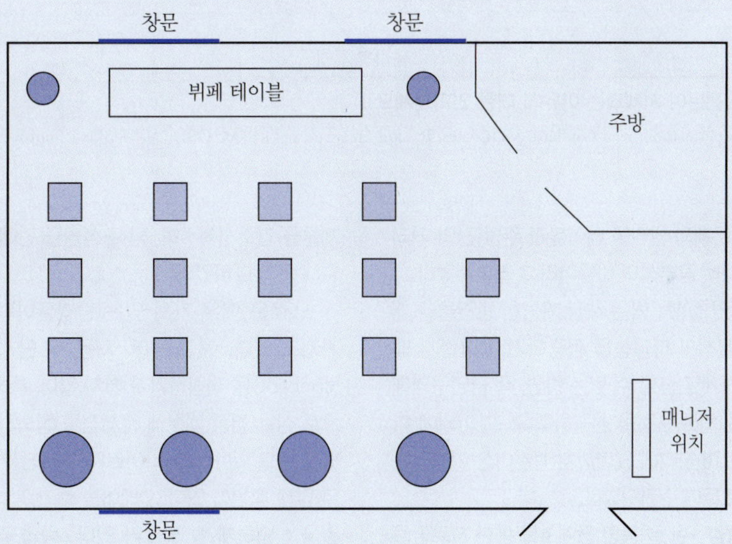

그림 7.16 식당 평면도

자료원: Reprinted with permission from Gaudard, M., Coates, R., and Freeman, L. October 1991, "Accelerating Improvement," *Quality Progress* 24, no. 10, p. 83.

을 발견하였다. 이것 또한 놀라운 발견은 아니었다.

그러나 기다림의 이유는 매우 흥미로웠다. 대부분의 사람들은 단지 테이블이 없어서, 혹은 그들이 선호하는 장소에 빈 테이블이 없어서 계속 기다리는 것이 아니었다. 고객들은 그들을 안내할 직원이 없어서, 혹은 같이 식사할 사람이 아직 도착하지 않아서 기다리는 일도 별로 없다. 이 시점에서 주중에 그리고 바쁜 시간대에 직원을 증원한다는 성급한 결론에 이르기 쉽다.

그러나 팀 구성원들은 왜 테이블이 부족하고, 고객의 식사 장소에 대한 선호가 기다림에 어떠한 영향을 주는지에 대해 더 많은 정보가 필요하다고 생각하였다. 추가적인 자료들을 통해 팀은 기다림이 테이블 "부족"이 다른 고객들이 점유하고 있어서가 아니고 테이블 정돈 때문에 발생한다는 것을 알게 되었다. 또한 선호하는 장소를 기다리는 대부분의 고객들은 금연구역에 앉고 싶어서 기다린다는 것도 알게 되었다.

단계 3: 잠재적인 원인 분석 그림 7.17의 인과관계도표는 "왜 테이블이 빠르게 정돈되지 않는가"에 대한 것이다. 팀은 테이블 정돈의 지연과 금연구역 테이블의 선

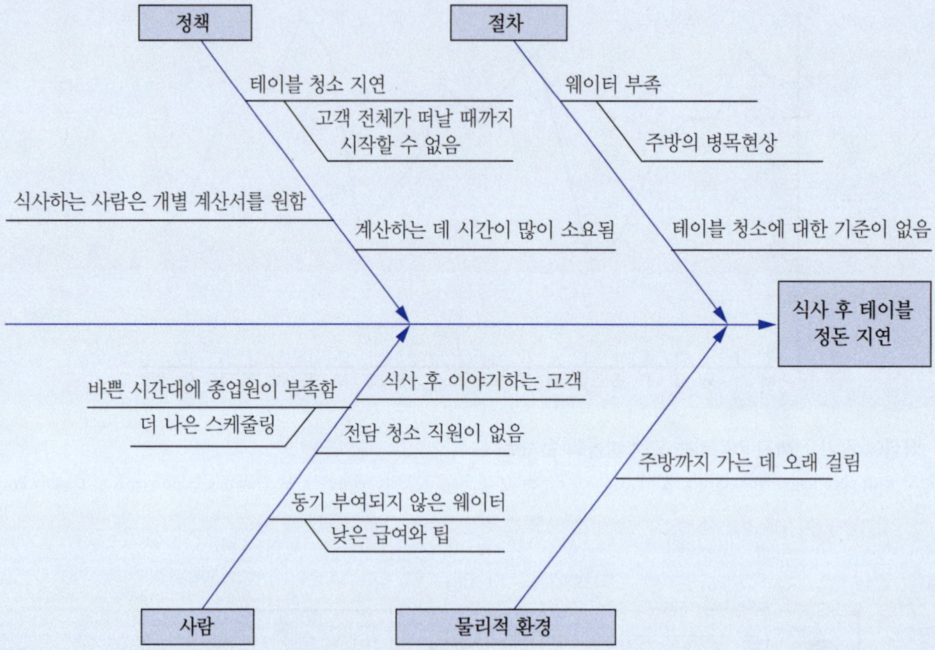

그림 7.17 테이블 정돈이 지체되는 이유에 대한 인과관계도표

자료원: Reprinted with permission from Gaudard, M., Coates, R., and Freeman, L. October 1991, "Accelerating Improvement," *Quality Progress* 24, no. 10, p. 82.

호라는 두 가지 문제의 원인을 테이블과 주방 간의 거리 그리고 흡연석 대비 금연석의 비율이라고 결론지었다.

단계 4: 해결방안 실행 팀은 해결 가능한 방안들을 개발하였지만, 해결책의 타당성을 검증하기가 어렵기 때문에 팀은 간단하게 검증할 수 있는 방안, 즉 금연구역에 임시 작업대를 설치하는 것을 선택하였다. 그 이외에 다른 변화는 없었으며 자리에 앉기까지 1분 이상 기다리는 비율에 대한 자료들이 수집되었다.

단계 5: 결과 점검 한 달 동안 단계 4를 통한 자료들을 분석하였으며, 그림 7.18에서 보이듯이 개선의 결과는 인상적이었다.

단계 6: 개선 방안 표준화 현재 설치된 임시작업대를 상설화하였다.

단계 7: 미래 계획 수립 차후에 팀은 고객불평 파레토 차트에서 두 번째로 높게 나타난 문제인 "뷔페 테이블이 잘 구성되지 못함"을 다루기로 하였다.

이 사례의 저자들은 여러 상황에서 SSM을 사용한 관리자들이 이 방법의 초점과 한계점을 발견한 것이 매우 가치 있는 것이라고 말한다. 이러한 초점과 한계점은 조직력과 논리적, 그리고 철저함을 제공해주기 때문이다. 또한 관리자들은 이 방법이 단순한 의견들 대신에 자료를 사용하는 것에 인상이 깊었다고 한다. 그들은 이 방법이 주변적인 문제들을 감소시켜주며, 팀 구성원들 간에 협동과 신뢰를 구축해 준다고 하였다.

SSM은 매우 가치 있는 방법론이지만 어려운 점들도 가지고 있다. 예를 들어, 처음 두 단계에서는 여러 개념(concept)을 정립하기가 쉽지 않다. 특히 문제점을 해결책으로 삼는 경향 때문에 문제점을 정의하는 데 큰 어려움이 있을 수도 있다. 메가바이트의 사례에서 팀은 문제점을 "너무 많은 직원이 있다", "테이블 수가 적다", 혹은 "직원들이 일을 신속하게 할 필요가 있다" 등과 같이 정의하는 것을 피해야만 한다. 진정한 문제점은 "고객들이 너무 오래 기다린다"는 것이다.

팀이 겪는 또 다른 문제는 구체화 개념의 정립이다. 여기서 구체화란 작지만, 핵심적인 문제에 초점을 맞추도록 하는 프로세스이다. 팀 구성원들이 개선은 고객 요구로부터 나와야 한다는 개념을 잘 이해하지 못할 수 있으므로 구체화는 시작부터 어려운 문제가 된다.

어떤 팀들은 다른 종류의 고민을 경험한다. 팀 구성원들이 정확한 자료를 수집하는 장점을 알지 못하거나 기초자료들이 해결책의 타당성을 검증하는 데 어떻게 사용되는지 이해하지 못하기도 한다. 몇몇 구성원들은 열린 생각을 갖는 데 어려움을 겪기도 하고, 결과적으로 그들이 적절하다고 생각하지 않는 변수들의 영향력을 조사하는 데 반대하

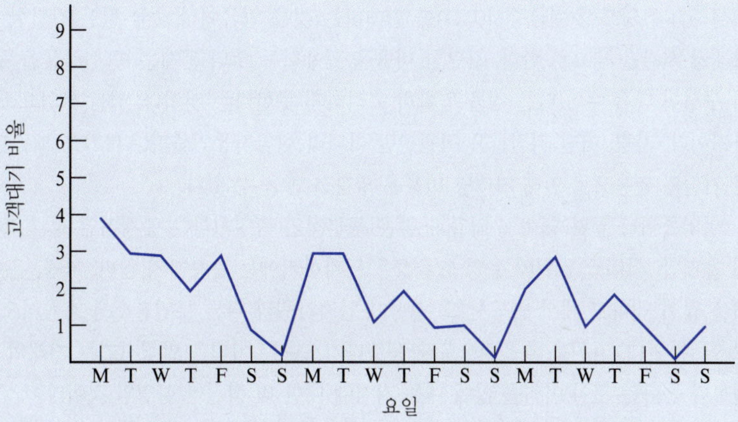

그림 7.18 해결방안의 실행 후 좌석에 앉기 전까지 1분 이상 기다리는 고객 비율의 런차트

자료원: Reprinted with permission from Gaudard, M., Coates, R., and Freeman, L. October 1991, "Accelerating Improvement," *Quality Progress* 24, no. 10, p. 85.

기도 한다. 팀 구성원들은 시스템 내에서 호의적으로 자료를 수집하는 방법과 같은 새로운 기술도 배워야 한다. 끝으로, 회의시간 결정, 동료들의 지원 등과 같은 조직차원의 문제가 해결되어야 한다.

관련 질문

1. SSM과 데밍의 PDCA 사이클과는 어떻게 다른가?
2. "커피를 마시기 위해 고객이 왜 오랫동안 기다려야 하는가?"와 같은 문제에 대해 정책, 절차, 사람, 그리고 물적 환경의 범주들을 사용해 그림 7.17과 유사하게 인과관계도표를 작성하라.
3. SSM을 적용할 때, 팀들이 겪는 어려움을 어떻게 해결할 수 있는지 설명하라.

보충자료

자료포괄분석(DEA)

패스트푸드점, 은행지점, 건강관리센터, 혹은 초등학교의 생산성은 어떻게 평가되고 관리할 수 있을까? 생산성 측정에 있어 어려운 점은 세 요소로 나누어진다. 먼저, 시스템에 다수의 투입요소(예: 노동시간이나 자재비)가 있을 때, 어떤 투입요소들을 분석에 포함시키며 이들을 어떻게 측정할 것인가? 둘째, 시스템의 산출물이 다수일 때(예: 수표의 현금화, 예금증서) 어떤 산출물들을 분석에 포함해야 하고 이들을 어떻게 측정할 것인가? 셋째, 이들 투입요소들과 산출물들 간의 관계를 측정하는 적당한 방법은 무엇인가?

서비스 생산성 측정

기술적인 관점에서 보면, 조직의 생산성을 측정하는 것은 시스템의 효율성을 측정하는 것과 유사하다. 즉, 투입 대비 산출의 비율로 생산성을 나타낼 수 있다(예: 자동차의 연료단위당 주행거리).

가령, 은행지점의 운영 효율성을 평가하기 위해서 거래처리당 비용과 같은 회계적 지표가 활용될 수 있다. 이 비용이 다른 지점에 비해 높은 지점은 효율성이 낮다고 간주할 수 있을 것이다. 하지만 이는 해당 지점이 맡는 거래가 더 복잡한 편이었기 때문일 수도 있다. 예를 들어, 신규 계좌를 개설하거나 양도성 예금증서(CD)를 판매하는 것은 입금이나 출금 같은 간단한 거래보다 더 많은 거래당 시간을 필요로 한다. 간단한 비율을 활용하는 것의 문제는 총 산출물을 구성하는 산출물들의 구성이 다를 수 있다는 점을 명확히 고려하지 못한다는 것이다. 이는 투입요소에 대해서도 마찬가지이다. 가령, 어떤 지점들은 직원뿐만 아니라 현금자동인출기(ATM)를 보유할 수 있는데, 이러한 기술의 활용으로 인해 거래당 비용은 영향을 받을 수 있다.

이익률이나 투자 대비 수익률과 같은 포괄적인 측정치들은 총체적인 성과 측정과는 매우 관련이 높지만, 서비스 단위의 운영 효율성을 평가하기에는 충분하지 않다. 가령, 은행의 한 지점이 이익을 많이 낸다고 해서 반드시 그 지점이 인적자원과 다른 투입요소를 효율적으로 사용하고 있다고 할 수 없다. 자원을 효율적으로 활용했다기보다는 이익을 발생시키는 거래의 비율이 다른 지점들보다 높다는 것이 이익을 많이 내는 지점에 대한 더 적절한 설명일 것이다.

자료포괄분석 모형

다행스럽게도 비슷한 서비스를 제공하는 복수의 서비스 단위들의 효율성을 비교할 수 있게 해주는 기법이 개발되어왔다. 이 기법은 복수의 산출물(즉, 서비스)을 생산하기 위한 복수의 투입물들(즉, 자원)의 사용을 명시적으로 고려한다. **자료포괄분석**(*DEA: data envelopment analysis*)이라 부르는 이 기법은 각각의 서비스에 대한 표준 비용을 계산할 필요를 없애준다. 효율성 비율을 측정할 때 복수의 투입요소와 복수의 산출 요소를 모두 금액으로 변환하지 않고 분자와 분모로 사용하기 때문이다. 이렇게 자료포괄분석방법에서 측정하는 효율성은 투입물과 산출물의 구성을 명확히 다루고 있으므로 운영 비율이나 이익 측정보다 더 포괄적이며 신뢰할 만하다.

자료포괄분석은 선형계획법의 일종으로, 투입 대비 산출의 비율을 효율성 지표로 놓고, 동일 서비스를 제공하는 유사한 서비스 단위들의 효율성과 특정 서비스 단위의 효율성을 비교하면서, 특정 서비스 단위의 효율성을 최대화한다. 이 과정에서 일부 서비스 단위들은 100%의 효율성을 보이게 되며, 이들을 **상대적으로 효율적인 단위들**이라 부른다. 반면, 그 이외의 서비스 단위들은 효율성이 100% 미만을 보이게 되며, 이들은 **비효율적인 단위들**이라 부른다.

이렇게 기업 경영진은 DEA를 활용해 서비스 단위들을 비교함으로써 상대적으로 비효율적인 단위들을 알아내고, 비효율의 정도를 측정하며, 효율적인 단위들과 비효율적인 단위들을 비교함으로써 비효율을 줄일 수 있는 방법을 알아낼 수 있다.

차네스(Charnes)와 쿠퍼(Cooper), 그리고 로즈(Rhodes)가 DEA를 선형계획법 형태로 모델링했고, 이를 CCR모형이라고도 부른다.[9)]

변수 정의

E_k: 평가대상 DMU* K의 효율성 비율, $k = 1, 2, \ldots, K$. K는 평가 대상이 되는 전체 단위의 수

u_j: j번째 산출물에 대한 가중치 $j = 1, 2, \ldots, M$. M은 고려하는 산출요소 종류의 총 수, 산출요소 가중치 변수 u_j는 산출요소 한 단위가 줄었을 때 효율성의 상대적 감소를 나타낸다.

v_i: i번째 투입요소에 대한 가중치, $i = 1, 2, \ldots, N$. N은 고려하는 투입요소 종류의 총 수, 투입요소 가중치 변수 v_i는 투입물 한 단위가 줄었을 때 효율성의 상대적 증가를 나타낸다.

O_{jk}: j번째 산출요소의 수량(단위기간 동안 DMU K가 산출한)

I_{ik}: i번째 투입요소 사용량(단위기간 동안 DMU K가 사용한)

*DMU (Decision Making Unit: 의사결정 단위)

*참고: 본 예제에서는 DMU가 서비스 단위임

목적함수

목적함수는 평가 대상이 되는 서비스 단위의 효율성을 최대의 값으로 만드는 산출요소 가중치들(u_j들의 값)과 투입요소 가중치들(v_i들의 값)을 계산하는 것이다. 즉,

$$\max E_e = \frac{u_1O_{1e} + u_2O_{2e} + \cdots + u_MO_{Me}}{v_1I_{1e} + v_2I_{2e} + \cdots + v_NI_{Ne}} \tag{3}$$

여기서 e는 평가대상이 되는 서비스 단위의 번호를 나타낸다.

이 목적함수에 투입과 산출에 대한 동일한 가중치들(u_j들과 y_i들)이 평가 대상에 포함된 모든 서비스 단위들에 적용될 때, 어떠한 서비스 단위의 효율성도 100%, 즉 비율 1을 넘지 않도록 하는 제약조건식들이 적용된다.

제약조건식

$$\frac{u_1O_{1e} + u_2O_{2e} + \cdots + u_MO_{Me}}{v_1I_e + v_2I_{2e} + \cdots + v_NI_{Ne}} \leq 1.0 \qquad k = 1, 2, \ldots, K \tag{4}$$

여기서 모든 가중치들의 값은 0이 아닌 양수값을 갖는다.

표준적인 선형계획 소프트웨어를 활용해 풀기 위해서는 이렇게 분수로 표현된 선형계획모형을 재구성해야 한다. 목적함수와 제약조건식 모두 선형 함수가 아니라 비율로 표현되었음을 살펴보라. 수식 (3)으로 표현된 목적함수는 평가대상 서비스 단위의 투입 요소를 임의로 1로 봄으로써 선형함수로 만들 수 있다.

$$\max E_e = u_1O_{1e} + u_2O_{2e} + \cdots + u_MO_{Me} \tag{5}$$

이때 다음과 같은 제약조건식을 추가한다.

$$v_1I_{1e} + v_2I_{2e} + \cdots + v_NI_{Ne} = 1 \tag{6}$$

유사하게 수식 (2)의 제약조건들도 다음과 같이 선형함수로 만들 수 있다.

$$u_1O_{1k} + u_2O_{2k} + \cdots + u_MO_{Mk} - (v_1I_{1k} + v_2I_{2k} + \cdots + v_NI_{Nk}) \leq 0 \qquad k = 1, 2, \ldots, K \tag{7}$$

여기서

$$u_j \geq 0 \qquad j = 1, 2, \ldots, M$$
$$v_i \geq 0 \qquad i = 1, 2, \ldots, N$$

표본크기

서비스 단위의 표본크기가 얼마나 되어야 하는가? 일반적으로 분석에 사용된 투입요소와 산출요소들의 수에 비례해 커지게 된다고 답할 수 있다. DEA전문가들은 경험을 바탕으로 평가 대상이 되는 서비스 단위의 수 K, 투입요소의 수 N, 산출요소의 수 M은 다음과 같은 관계를 유지해야 한다고 본다.

$$K \geq 2(N + M) \tag{8}$$

예제 7.3 버거 팰리스 (Burger Palace)

자동차를 탄 채로 음식을 주문하고 받아 갈 수 있는 혁신적인 햄버거 체인 버거 팰리스는 서로 다른 도시에서 6개 지점을 운영하고 있다. 각 지점은 쇼핑센터의 주차장에 위치하고 있으며 햄버거, 프렌치프라이, 음료로 구성된 표준화된 주문만 가능하다. 경영진은 DEA를 활용해 생산성이 우수한 지점들을 파악한 뒤, 우수 지점들의 경험과 지식을 다른 점포와 공유함으로써 생산성을 높이고자 한다. 표 7.5에 두 가지 투입요소에 대한 자료가 요약되어 있다(일반적인 점심시간 동안 100개의 식사를 판매하기 위해 소요된 노동시간과 재료비). 일반적으로 산출의 양은 지점마다 다르겠지만, 이 예제에서 우리는 각 지점의 생산성을 그래픽으로 표현할 수 있도록 지점의 산출은 모두 같다고 놓았다. 그림 7.19에서와 같이, 서비스 단위(지점) S_1, S_3 그리고 S_6이 결합하여 100인분의 식사제공을 위한 노동시간 및 재료자원을 활용하는 대체방법에 효율적인 생산 영역을 형성한다. 보이는 바와 같이 이들 효율적 지점들은 다른 비효율적 지점들을 포함하는 봉투의 형상을 나타내기 때문에, 이러한 분석 과정을 "자료포괄분석(DEA: data envelopement analysis)"이라고 부른다.

이 간단한 예제에서, 우리는 가장 효율적인 지점을 인식할 수 있으며 비효율적인 지점에서 과다 투입된 투입요소를 볼 수 있다(예: S_2 지점이 S_3과 같이 효율적이기 위해서는 재료비를 $50 감소시켜야 한다). 그러나 DEA를 이해하기 위해서는, 우리는 선형계획법의 식을 통해 각각 지점의 문제를 해결하고 효율적인 지수와 다른 정보들을 얻고자 한다.

먼저 수식 (5), (6), (7)을 이용한 S_1 지점에 대한 선형계획모형을 보자.

$$\max E(S_1) = u_1 100$$

subject to

$$\begin{aligned}
u_1 100 - v_1 2 - v_2 200 &\le 0\\
u_1 100 - v_1 4 - v_2 150 &\le 0\\
u_1 100 - v_1 4 - v_2 100 &\le 0\\
u_1 100 - v_1 6 - v_2 100 &\le 0\\
u_1 100 - v_1 8 - v_2 80 &\le 0\\
u_1 100 - v_1 10 - v_2 50 &\le 0\\
v_1 2 + v_2 200 &= 1\\
u_1, u_2, v_2 &\ge 0
\end{aligned}$$

이 선형계획모형을 약간만 수정해 다른 지점들도 계산할 수 있는데(또는 S_1선형계획 문제를 수정하는 것이 좋음), 이때 목적함수의 산출식은 해당 지점을 위한 것으로 변형해야 하고, 마지막 제약조건식의 투입요소의 값들도 해당 지점의 수치로 바꾸어 주어야 한다. 효율성이 100% 이상이 되지 못하게 하는 처음 여섯 개의 제약조건식들은 모든 지점의 경우에 동일하다.

6개의 지점을 위해 6개의 선형계획 문제를 엑셀 솔버 7.0 (Excel Solver 7.0)으로 풀어내는 것은 5분이 채 걸리지 않는다. 매번 선형계획모형을 약간만 수정하면 되기 때문이다. 이 예제에서는 산출은 100

표 7.5 버거 팰리스 투입 및 산출 요약

서비스 단위	식사 판매	노동시간	자재비(달러)
1	100	2	200
2	100	4	150
3	100	4	100
4	100	6	100
5	100	8	80
6	100	10	50

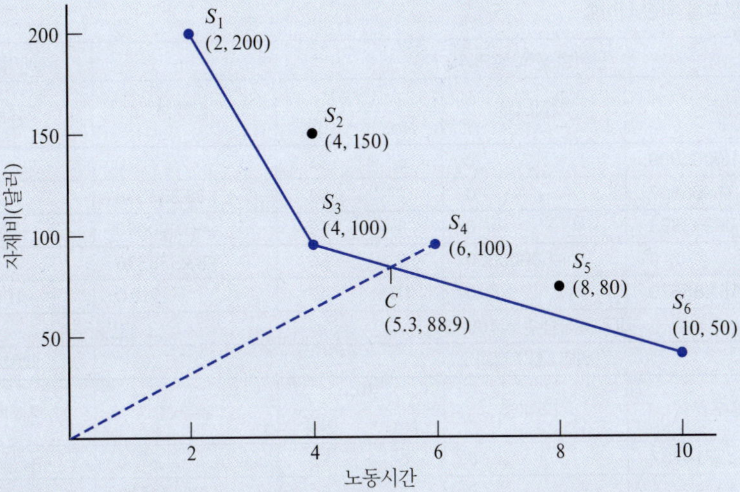

그림 7.19 버거 팰리스의 생산성 프론티어

개로 동일하므로, 단지 마지막 제약조건식만 표 7.5의 수치에 근거해 수정하면 된다.

그림 7.20은 버거 팰리스의 1번 지점의 자료를 엑셀을 사용하여 선형계획모형식을 만든 것을 보여준다. 각 지점에 대한 결과는 표 7.6에 나와 있고, 이들의 요약은 표 7.7에 나와 있다.

표 7.6을 살펴보면 DEA를 통해 파악한 효율적인 지점들은 그림 7.19에서 파악한 지점들과 동일함을 알 수 있다. 지점 S_2, S_4, S_5는 그 정도는 다르지만 모두 비효율적인 것으로 나타나 있다. 표 7.6에서 확인할 수 있는 또 다른 것은 각각의 비효율적인 지점은 *효율적 참조 집합*과 연관되어 있다는 것이다. 비효율적 지점들을 비효율적이라 판단하는 근거는 연관된 효율적 참조집단의 생산성이다. 그림 7.19에서와 같이 S_4 지점은 지점 S_3와 S_6을 연결한 이상적 효율성 라인에 근거해 비효율적이라 판정된다. 원점에서 S_4

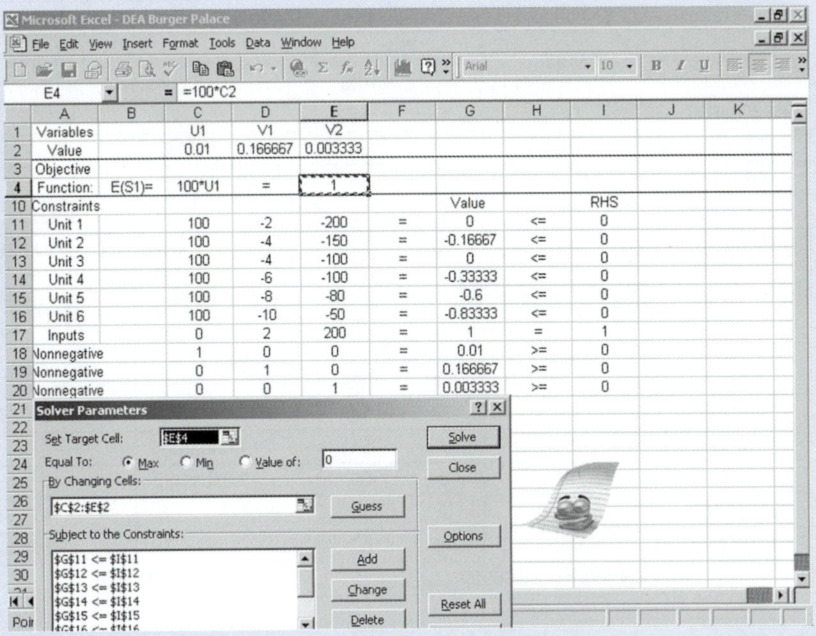

그림 7.20 버거 팰리스 단위 1의 DEA 분석을 위한 엑셀 데이터 파일

표 7.6 버거 팰리스 DEA 분석을 위한 LP 해

단위별 요약 결과 1							페이지: 1
변수		솔루션	기회비용	변수		솔루션	기회비용
No.	이름			No.	이름		
1	U1	+1.0000000	0	6	S3	0	0
2	V1	+.16666667	0	7	S4	+33.333336	0
3	V2	+.00333333	0	8	S5	+60.000000	0
4	S1	0	+1.0000000	9	S6	+83.333336	0
5	S2	+16.666670	0	10	A7	0	+100.00000
최대 목적함수 = 100						반복 = 4	

단위별 요약 결과 2							페이지: 1
변수		솔루션	기회비용	변수		솔루션	기회비용
No.	이름			No.	이름		
1	U1	+.85714287	0	6	S3	0	+.71428573
2	V1	+.14285715	0	7	S4	+28.571430	0
3	V2	+.00285714	0	8	S5	+51.428574	0
4	S1	0	+0.28571430	9	S6	+71.428574	0
5	S2	+14.285717	0	10	A7	0	+85.714287
최대 목적함수 = 85.71429						반복 = 4	

단위별 요약 결과 3							페이지: 1
변수		솔루션	기회비용	변수		솔루션	기회비용
No.	이름			No.	이름		
1	U1	+1.0000000	0	6	S3	0	+1.0000000
2	V1	+.06250000	0	7	S4	+12.500000	0
3	V2	+.00750000	0	8	S5	+10.000001	0
4	S1	+62.500000	0	9	S6	0	0
5	S2	+37.500008	0	10	A7	0	+100.00000
최대 목적함수 = 100						반복 = 3	

단위별 요약 결과 4							페이지: 1
변수		솔루션	기회비용	변수		솔루션	기회비용
No.	이름			No.	이름		
1	U1	+.88888890	0	6	S3	0	+.77777779
2	V1	+.05555556	0	7	S4	+11.111112	0
3	V2	+.00666667	0	8	S5	+8.8888893	0
4	S1	+55.555553	0	9	S6	0	+.22222224
5	S2	+33.333340	0	10	A7	0	+88.888885
최대 목적함수 = 88.88889						반복 = 3	

단위별 요약 결과 5							페이지: 1
변수		솔루션	기회비용	변수		솔루션	기회비용
No.	이름			No.	이름		
1	U1	+.90909088	0	6	S3	0	+.45454547
2	V1	+.05681818	0	7	S4	+11.363637	0
3	V2	+.00681818	0	8	S5	+9.0909100	0
4	S1	+56.818180	0	9	S6	0	+.54545450
5	S2	+34.090916	0	10	A7	0	+90.909088
최대 목적함수 = 90.90909						반복 = 4	

(계속)

표 7.6 버거 팰리스 DEA 분석을 위한 LP 해(계속)

단위별 요약 결과 6							페이지: 1
변수		솔루션	기회비용	변수		솔루션	기회비용
No.	이름			No.	이름		
1	U1	+1.0000000	0	6	S3	0	0
2	V1	+.06250000	0	7	S4	+12.500000	0
3	V2	+.00750000	0	8	S5	+10.000001	0
4	S1	+62.500000	0	9	S6	0	+1.0000000
5	S2	+37.500008	0	10	A7	0	+100.00000
최대 목적함수 = 100						반복 = 4	

를 연결하는 점선이 이 효율성 라인을 통과한다는 것은 S_4가 비효율적임을 의미한다. 표 7.7에서 괄호 안의 값은 연관된 효율적 참조집단들에 속한 지점들의 수치를 알려주는데, S_4의 경우 S_3은 0.7778, S_6은 0.2222로 표시된 이 수치들은 S_4의 효율성을 측정할 때 두 효율적 지점에 할당한 상대적 가중치를 나타낸다. 이들 상대적 가중치는 선형계획모형의 해에 있어서 해당 지점의 제약조건에 대한 잠재가격의 수치이다(표 7.6의 S_4에 있어서, 이러한 가중치들은 S_3와 S_6의 기회비용으로 제시되었다).

v_1과 v_2의 값은 각각 투입요소의 노동시간과 재료비와 연관 있으며, 투입요소의 절감으로 인한 효율성의 상대적 증가를 측정한다. S_4의 경우, 노동시간을 1시간 줄이면 효율성은 0.0555 증가하게 됨을 알 수 있는데, S_4가 효율적이 되기 위해서는 효율성이 0.111 증가해야 하므로, S_4는 노동시간을 2시간(2시간 × 0.0555 = 0.111) 줄임으로써 효율적이 될 수 있음을 의미한다. 여기서 주의할 점은 S_4가 노동시간을 줄임으로 인해서 효율적으로 된다는 것은 S_3처럼 효율적으로 된다는 것을 뜻한다. 또 다른 방안은 재료비를 $16.57 줄여 효율적이 되는 것이다(0.111/0.0067 = 16.57). 이상과 같은 두 가지 방안의 선형적 결합도 S_4를 이상적 효율성 라인으로 이동시킬 수 있다.

표 7.8은 효율적 참조집합 S_3와 S_6의 투입요소에 가중치를 조정해 효율적인 것으로 합성해낸 가상적 지점 C를 위한 계산을 보여준다. 그림 7.19에서 보듯이, 합성된 C지점은 효율성 라인과 S_4와 원점을 연결한 점선의 교차점에 위치한다. 그러므로 참조집단의 C지점과 비교해 보면 S_4는 노동시간 0.7시간과 재료비 $11.1의 투입요소가 과다하게 투입되었다.

DEA는 비효율적인 지점이 참조집단의 지점처럼 효율적으로 되기 위한 많은 기회를 제공한다. 현실적으로 관리자는 비용, 실용성, 현실성의 관점에서 평가해 특정한 접근 방식을 취할 것이다. 하지만, 변화해

표 7.7 DEA 결과 요약

서비스 단위	효율성 평가 (E)	효율성 참조집합	상대적 노동시간 가치(V_1)	상대적 자재가치(V_2)
S_1	1.000	N.A.	0.1667	0.0033
S_2	0.857	S_1 (0.2857) S_3 (0.7143)	0.1428	0.0028
S_3	1.000	N.A.	0.0625	0.0075
S_4	0.889	S_3 (0.7778) S_6 (0.2222)	0.0555	0.0067
S_5	0.901	S_3 (0.4545) S_6 (0.5454)	0.0568	0.0068
S_6	1.000	N.A.	0.0625	0.0075

표 7.8 단위 S_4에서 사용된 초과 투입물 계산 단위

산출과 투입	참조집합		단위 C의 참조집합 결합		초과 사용된 투입요소
	S_3	S_6		S_4	
식사	(0.7778) × 100	+ (0.2222) × 100 =	100	100	0
노동시간	(0.7778) × 4	+ (0.2222) × 10 =	5.3	6	0.7
자재($)	(0.7778) × 100	+ (0.2222) × 50 =	88.9	100	11.1

야만 한다는 것은 분명하다(즉, 다른 지점들도 더 적은 자원을 쓰면서 동일한 산출을 낼 수 있다).

DEA와 전략 기획

이익이 함께 고려될 때, DEA의 효율적 분석은 호텔 체인과 같이 다수의 지점을 통해 전달하는 서비스의 전략을 기획하는 데 매우 유용하다.

그림 7.21은 효율성과 이익을 조합한 2 × 2 매트릭스를 보여준다.

매트릭스의 좌측상단, 즉 아직 성장에 이르지 못한 잠재적 스타는 높은 수익을 보이지만 단위 운영에 있어서는 비효율성이 있음을 드러낸다. 그러므로 실현되지 않은 잠재력을 가지고 있다. 이러한 사실을 비슷한 효율성을 가진 다른 단위와 비교하면, 좀 더 효율적인 운영을 통해 더 많은 이익을 실현할 수도 있음을 알 수 있다.

잠재적 스타, 즉 벤치마킹 대상 그룹은 우측상단 사분면에 위치한다. 이러한 효율적인 단위들은 높은 이익을 달성하며, 따라서 이들의 효율적 운영과 높은 수익을 내는 성공적인 마케팅은 다른 단위들의 귀감이 된다.

우측하단(즉, 잠재적 분할매각 대상)은 효율적이지만 수익성이 없는 단위를 포함한다. 이러한 단위는 아마도 위치가 좋지 않기 때문에 이익 잠재력이 제한적이며, 새로운 영역에서 확장을 위한 자본을 창출하기 위해 매각되어야 한다.

좌측하단(즉, 문제 점포)은 어떤 전략을 채택해야 할지 명확하지 않다. 만약 수익 잠재력이 제한된다면, 효율적인 영업에 대한 투자는 미래의 잠재적 분할매각 대상으로 이어질 수 있다.

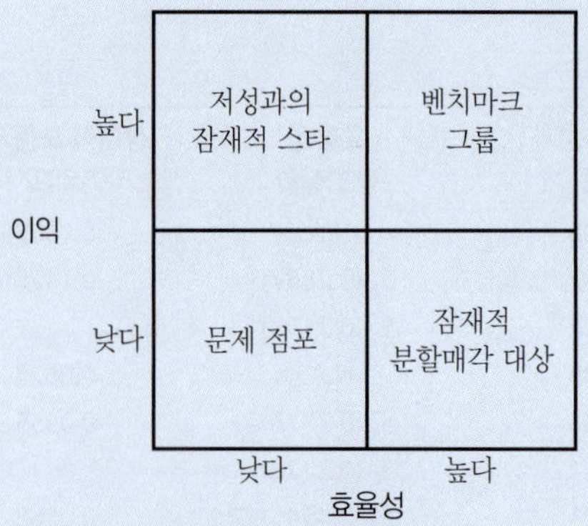

그림 7.21 DEA 전략 매트릭스

연습문제

7.1 버거 팰리스의 사례에서, 합성된 참조단위 결정을 포함해 S_2의 효율성을 개선하기 위한 대안 분석을 완성해보자.

7.2 버거 팰리스의 사례에서, 합성된 참조단위 결정을 포함해 S_5의 효율성을 개선하기 위한 대안 분석을 완성해보자.

7.3 버거 팰리스의 사례에서 S_2와 같은 비효율적인 단위를 분석에서 제외하면 어떤 영향이 있겠는가?

7.4 버거 팰리스의 사례에서 S_6와 같은 효율적인 단위를 분석에서 제외하면 어떤 영향이 있겠는가?

사례_7.3

대서양 중부 버스회사

대서양 중부 버스회사는 그레이하운드가 트레일 웨일즈 그룹을 합병하였을 때 트레일 웨일즈에서 나온 매니저들에 의해 설립되었다. 그들은 필라델피아, 펜실베이니아, 잭슨빌, 플로리다로부터 주요 해안도시 간의 퍼스트클래스 고속버스 운송서비스를 시작하였다. 트레일 웨일즈에서 해고된 운전자를 고용하고 버스를 임대하였고, 그들은 대서양 중부 버스 터미널을 운영할 수 있는 운영권을 받은 지역 사업가들과 함께 프랜차이즈를 각각의 지역도시에 설립하였다. 고객 승차권 판매대금 중 일부는 터미널 운영자의 비용과 이익에 대한 금액으로 지불되었다.

몇 개월 운영하였을 때, 어떤 체인점에서는 수지가 맞지 않는다는 불만이 터져 나오고 터미널을 봉쇄하겠다고 위협했다. 그러나 다른 체인점은 그들의 경험에 만족했기 때문에 시스템 내의 모든 터미널에 관한 연구가 시작되었다. 표 7.9의 정보는 몇 주 이상 수집되었으며 일반적인 날의 운영 상황을 보여준다.

관련 질문

1. DEA를 이용해 터미널 운영에 있어 효율적인 터미널과 비효율적인 터미널을 구분하라. 선형계획모형식을 이용하고 데이터를 재배열해 입력하는 엑셀 서버와 같은 소프트웨어 프로그램을 활용해 보자.
2. 효율적인 터미널인 적절한 참조집단을 활용해 각 비효율적인 터미널의 자원투입에 있어서 변화시킬 수 있는 것을 추천해 보자.
3. 가장 심각한 비효율적인 터미널이 산출물을 증가시킬 수 있도록 어떤 면을 개선해야 하는지 추천해 보자.
4. 대서양 중부 버스회사를 위한 DEA를 응용하는 것에 있어서 어떠한 결점이 있는지 토의해 보자.

표 7.9 대서양 중부 버스 노선의 투입과 산출 자료

버스 종점	해당 서비스 지역(시)	승객 매출	화물 매출	노동 시간	설비(달러)
1	Philadelphia, PA	700	300	40	500
2	Baltimore, MD	300	600	50	500
3	Washington, DC	200	700	50	400
4	Richmond, VA	400	600	50	500
5	Raleigh, NC	500	400	40	400
6	Charleston, SC	500	500	50	500
7	Savannah, GA	800	500	40	600
8	Jacksonville, FL	300	200	30	400

참고문헌

Anand, Alan Gopesh, Peter T. Ward, and Mohan V. Tatikonda. "Role of Explicit and Tacit Knowledge in Six Sigma Projects: An Empirical Examination of Different Project Success." *Journal of Operations Management* 28, no. 4 (July 2010), pp. 303-15.

Brenner, Mary J., and Francisco M. Veloso. "ISO 9000 Practices and Financial Performance: A Technology Coherence Perspective." *Journal of Operations Management* 26, no. 5 (September 2008), pp. 611-29.

Chakraborty, Ayon, and Tan Kay Chuan. "An Empirical Analysis on Six Sigma Implementation in Service Organisations." *International Journal of Lean Six Sigma* 4, no. 2 (2013), pp. 141-70.

Cooper, W. W., L. M. Seiford, and K. Tone. *Introduction to Data Envelopment Analysis with DEA-Solver Code and References* (New York: Springer, 2006).

Drotz, Erik, and Bozena Poksinska. "Lean in Healthcare from Employees' Perspectives." *Journal of Health Organization and Management* 28, no. 2 (2014), pp. 177-95.

Gabow, Patricia A., and Philip L. Goodman. *The Lean Prescription: Powerful Medicine for Our Ailing Healthcare System* (London: CRC Press, 2014).

George, Michael L., David Rowlands, and Bill Kastle. *What Is Lean Six Sigma?* (New York: McGraw-Hill, 2003).

Huang, Ming-Hui, and Roland T. Rust. "Engaged to a Robot? The Role of AI in Service." *Journal of Service Research* 24, no. 1 (2021), pp. 30-41.

LaGanga, Linda R. "Lean Service Operations: Reflections and New Directions for Capacity Expansion in Outpatient Clinics." *Journal of Operations Management* 29, no. 5 (July 2011), pp. 422-33.

Martinez-Costa, Micaela, et al. "ISO 9000/1994, ISO 9001/2000 and TQM: The Performance Debate Revisited." *Journal of Operations Management* 27, no. 6 (December 2009), pp. 495-511.

Nair, Anand, Manoj K. Malhotra, and Sanjay L. Ahire. "Toward a Theory of Managing Context in Six Sigma Process-Improvement Projects: An Action Research Investigation." *Journal of Operations Management* 29, no. 5 (July 2011), pp. 529-48.

Psychogios, Alexandros G., Jane Atanasovski, and Loukas K. Tsironis. "Lean Six Sigma in a Service Context: A Multifactor Application Approach in the Telecommunications Industry." *International Journal of Quality & Reliability Management* 29, no. 1 (2012), pp. 122-39.

Schroeder, Roger G., et al. "Six Sigma: Definition and Underlying Theory." *Journal of Operations Management* 26, no. 4 (July 2008), pp. 536-54.

Shah, Rachna, and Peter T. Ward. "Defining and Developing Measures of Lean Production." *Journal of Operations Management* 25, no. 4 (June 2007), pp. 785-805.

Singh, Prakash J., Damien Power, and Sum Chee Chuong. "A Resource Dependence Theory Perspective of ISO 9000 in Managing Organizational Environment." *Journal of Operations Management* 29, no. 1 (January 2011), pp. 49-64.

Staats, Bradley R., David James Brunner, and David M. Upton. "Lean Principles, Learning, and Knowledge Work: Evidence from a Software Service Provider." *Journal of Operations Management* 29, no. 5 (July 2011), pp. 376-90.

White, Sheneeta W., and Sanjeev K. Bordoloi. "A Review of DEA-based Resource and Cost Allocation Models: Implications for Services." *International Journal of Services and Operations Management* 20, no. 1 (2014), pp. 86-101.

Wickramasinghe, Nilmini. "Lean Principles for Healthcare." In Nilmini Wickramasinghe et al. (eds.), *Lean Thinking for Healthcare* (New York: Springer, 2014), pp. 3-11.

Zu, Xingxing, Lawrence D. Fredendall, and Thomas J. Douglas. "The Evolving Theory of Quality Management: The Role of Six Sigma." *Journal of Operations Management* 26, no. 5 (September 2008), pp. 630-50.

Chapter 8

서비스 입지

학습목표

1. 경쟁적 군집화(competitive clustering)와 포화 마케팅(saturation marketing)의 차이 설명
2. 입지 선정에 있어서 인터넷이 미치는 영향력을 설명
3. 지리정보시스템(GIS: geographic information system)이 서비스 입지 선정에 어떻게 사용되는지에 대한 설명
4. 이동 거리 측정법에 있어서 유클리디안(Euclidian) 척도와 메트로폴리탄(metropolitan) 척도 구별
5. 교차 중앙값(cross-median) 접근법을 이용한 단일 시설 입지 선정
6. 허프(Huff)의 소매 입지 모형을 사용해 잠재적 입지에 대한 시장점유율과 총 수익을 추정
7. 집합 덮기 모형(set covering model)을 이용한 복수 시설의 입지 선정

위치 정보분석 솔루션 공급업체인 피트니 보우즈(Pitney Bowes)는 맵인포 프로패셔널(MapInfoPro™)을 통해 조직에서 위치 기반 정보를 활용하여 좀 더 통찰력 있는 의사결정을 내리도록 돕는다. 일상 업무에 위치 정보를 결합하는 것은 조직의 중요한 분석 및 운영에 있어서 이점을 얻도록 하며, 새로운 지점을 어디에 위치시켜야 하는지, 시장이 경쟁에 취약한지, 송신탑이나 ATM과 같은 자산들은 어디에 배치해야 하는지 등에 대한 해답을 얻도록 한다. 이러한 위치 정보를 **공간 지능**(*location intelligence*)이라 부른다.

프랜차이지(franchisee)가 신규 사업을 시작한다고 생각해 보자. 그들은 사회경제적 데이터를 통해 지역 내의 상권과 가구 수를 알아보고자 할 것이다. 그러나, 상권 침해에 대한 분쟁을 해결하기 위해서는 정확한 지리 데이터가 필수적이다. 이러한 상황에서 맵인포 프로페셔널은 위치의 정확성을 신속하게 검증하고 프랜차이즈 분쟁을 해소하도록 돕는다. 도미노(Domino's)의 사례를 다시 한번 살펴보자. 먼저, 맵인포 프로페셔널이 제공하는 최신 도로정보는 도미노에게 새로운 주택(고객)이 생겼음을 알리고 배달 범위를 확대시킨다. 또한, 고객이 전화 주문을 하였을 때 가장 가까운 점포로 연결함으로써 배달 시간이 단축되며, 도미노는 직접적인 마케팅 노력에만 집중할 수 있게 된다. 이 프로그램을 통해 도미노는 지역을 신속하게 관리하고 최신 정보로 유지할 수 있었다. 불확실한 주소는

이제 과거의 일이며, 이때 진정한 승자는 효율적으로 주문하고 빠르게 배송받는 고객일 것이다.[1)]

개요

이 장은 입지 선정의 전략적 고려에 대한 토의로부터 시작한다. 예를 들어 서비스 시설에 고객이 흥미를 끌 수 있도록 경쟁적 군집화나 포화 마케팅 같은 전략을 사용할 수 있다. 중간 마케터(marketing intermediary)나 인터넷 서비스 같은 서비스 전달 전략들을 사용함으로써 고객 이동거리를 줄이고 비용이나 숙련된 노동력의 사용 가능성 등과 같은 기타 다른 고려사항에 입각해 입지를 결정할 수 있다. 지리정보시스템(geographic information system) (즉, 시장 영역의 수요와 수요 특성의 분포)은 입지 모델에 핵심적 입력요소이다. 이 장의 끝부분에서는 모형 수립 시의 고려사항과 단일시설 및 복수시설의 입지를 위한 시설 입지 기법에 대한 검토를 제시한다.

전략적 입지 고려사항

왜 어떤 숙박업소는 성공하고 다른 곳들은 성공하지 못하는지를 알아보기 위해 라 퀸타 모텔(La Quinta Motor Inns)을 대상으로 수행된 연구에서, 입지와 관련한 몇 가지 전략적 차원들이 발견되었는데, 이에는 유연성, 경쟁적 위치선정, 수요관리 그리고 집중 등이 있다.[2)]

입지의 **유연성**(*flexibility*)은 변화하는 경제 환경에 서비스가 대응할 수 있는 정도를 나타내는 척도이다. 입지의 결정은 많은 자본 투자를 수반하는 장기적 의사결정이기 때문에 미래의 경제적, 인구통계학적, 문화적, 경쟁적 변화에 대응할 수 있는 입지를 선정하는 것이 매우 중요하다. 예를 들어 여러 지역에 입지를 분산한 기업은 특정 지역경제가 쇠퇴하는 데에 따른 위험을 줄일 수 있다. 복수 지역 입지에 대한 이러한 포트폴리오 접근법은 비탄력적인 수요 주변에 개별 지점의 위치를 선정함으로써(가령, 컨벤션 센터 근처의 호텔 입지) 더욱 발전할 수 있다.

경쟁적 위치선정(*competitive positioning*)은 경쟁자를 고려해 자신의 위치를 상대적으로 구축하는 방법을 말한다. 복수 입지(multiple location)는 경쟁적 위치를 구축하고 시장 인지도를 높여주기 때문에 경쟁으로부터의 보호 장벽 역할을 할 수 있다. 특히 시장이 형성되기 전에 핵심 지역을 선점하는 전략은 경쟁자가 원하는 곳에 위치를 잡을 수 없게 함으로써 인공적인 진입장벽으로 작용한다. 이는 마치 제품의 특허와 같은 역할을 한다.

수요관리(*demand management*)는 수요의 양과 질 그리고 시점을 조절하는 활동이다. 가령 호텔의 경우 시설이 고정되어 있기 때문에 서비스능력(capacity)을 조절할 수 없지만 요일, 계절, 경제 상황에 상관없이 안정적 수요를 만들어내는 다양한 수요층 주변에 위치함으로써 수요를 조절할 수도 있다.

---

1) http://www.pitneybowes.com/us/location-intelligence/case-studies/dominos-pizza.html.
2) S. E. Kimes and J. A. Fitzsimmons. "Selecting Profitable Hotel Sites at La Quinta Motor Inns." *Interfaces* 20, no. 2 (March 1990), pp. 12–20.

집중(*focus*)은 특정한 서비스를 여러 지점에 동일하게 제공하는 것을 말한다. 즉 복수 입지 서비스 기업들은 시설의 표준을 개발해 서비스 시설을 여러 지점에 복제할 수 있게 한다. 이러한 소위 "쿠키커터(cookie-cutter)" 전략은 사업을 쉽게 확장할 수는 있게 해주지만, 지점들이 가까이 위치해 있을 경우 서로의 수요를 차지하게 될 수 있다. 따라서 이와 같이 수요의 제 살 깎기(cannibalization)를 피하기 위해서는 지점 증가를 위한 바람직한 성장 패턴을 구축해야 한다.

이어지는 논의에서, 우리는 쇼핑몰에 적용되는 경쟁적 군집화와 제 살 깎기의 폐해에 대항하는 포화 마케팅 전략 등 입지에 관련된 더 많은 전략적 고려사항들을 살펴볼 것이다. 또한 **중간 마케터(*marketing intermediaries*)**의 이용, 정보통신을 통한 이동의 대체, 전방업무(front office)와 후방업무(back office) 운영의 물리적 분리, 마지막으로 인터넷을 통한 글로벌 시장 접근 등의 방법을 통해 지리적 한계를 벗어나서 서비스 시장을 확장하는 전략들에 대해 살펴볼 것이다.

경쟁적 군집화(Competitive Clustering)

경쟁적 군집화(*competitive clustering*)는 여러 경쟁자 중 선택을 해야 할 때 관찰된 고객 행동에 대한 반응이다. 새 차나 중고차를 구입할 때 고객들은 비교 쇼핑을 원하기 때문에 편의상 많은 딜러들이 모여 있는 지역을 찾는다[예: 소위 모터 마일(motor mile)].

라 퀸타(La Quinta)와 같은 모텔 체인도 경쟁자 근처에 위치하는 것이 따로 떨어져 있는 것보다 객실 점유율을 높인다는 사실이 확인되고 있다. 이렇게 때때로 직관과는 달리 경쟁자 근처에 위치하는 것은 높은 이익을 가져오는 의외의 전략이 되기도 한다.

포화 마케팅(Saturation Marketing)

샌드위치와 프랑스 빵, 크루아상 등으로 유명한 카페인 오봉빵(Au Bon Pain)은 유럽에서 유행하는 **포화 마케팅(*saturation marketing*)** 전략을 이용했다. 포화 마케팅의 기본 개념은 도심지나 교통 중심지에 동일한 회사의 점포를 집중 배치하는 것이다. 오봉빵의 경우 보스턴의 도심지에만 25개의 카페가 대부분의 경우 100야드 이내에 밀집해 있고, 심지어 피레네의 백화점 안에는 서로 다른 층에 다섯 개의 점포가 운영되고 있다. 비록 제 살 깎기(cannibalization)의 문제가 있다는 보고가 있었지만, 광고비를 절감할 수 있고 감독이 수월하며 고객 인지도를 높이는 등의 장점이 단점을 훨씬 능가하게 된다. 이 전략은 도심에 입지를 선정할 때 최고의 효과를 거둘 수 있는데, 쇼핑할 시간적 여유가 없는 충동구매자들을 유인할 수 있기 때문이다.[3)]

자동차 딜러들이 무리 지어 있음으로써 원 스톱(one-stop) 비교 쇼핑이 가능하게 되어 먼 곳에 있는 고객들을 유인한다.
Shuang Li/Shutterstock

3) Suzanne Alexander. "Saturating Cities with Stores Can Pay." *The Wall Street Journal*, September 11, 1989, p. B1.

이 전략의 대표적인 성공사례는 여름철에 핀란드 헬싱키(Helsinki)를 방문하면 볼 수 있는데, 동일한 아이스크림 회사의 수레가 도심 보도의 모퉁이마다 늘어서 있다. 이러한 광경은 보행자에게 '아이스크림을 먹을까?' 하는 생각을 1차로 심어주게 되고, 마침내 다음 번 나타나는 카트에서는 보행자가 아이스크림을 구매할 수밖에 없게 된다.

중간 마케터(Marketing Intermediaries)

서비스는 주로 생산과 소비가 동시에 이루어지기 때문에 "유통 채널"이 불필요하게 여겨진다. 서비스는 무형이고 저장되거나 운반될 수 없기 때문에 지리적인 제약을 벗어날 수 없는 것처럼 보인다. 하지만 서비스에서도 생산자와 소비자 사이에 중개자 역할을 하는 유통 채널이 존재할 수 있다.

제임스 H. 도널리(James H. Donnelly)는 지리적으로 제한되지 않는 서비스의 예를 여러 가지로 제시했다.[4] 소매상은 은행의 신용을 고객에게 연결시킨다는 점에서 신용의 유통자라고도 할 수 있다. 씨티뱅크(Citibank)는 코스트코(Costco)에서 비자 카드를 이용해서 결제할 때 별도의 한도를 두지 않는다. HMO (health maintenance organization)는 편리한 "원 스톱(one-stop)" 서비스를 가능하게 해줌으로써 의사와 환자 사이에 중개자의 역할을 하고 있으며, 고용주와 노조 사이에 체결된 단체보험은 어떻게 보험산업이 중개자를 이용해 보험서비스를 유통시키고 있는지를 보여주는 사례가 된다.

이동을 대체하는 커뮤니케이션(Substitution of Communication for Travel)

인적 이동의 매력적인 대안으로 정보통신 기술의 이용을 들 수 있을 것이다. 어느 정도의 성공을 거둔 한 가지 제안으로는 원격 진단을 통해 의료 서비스를 제공하는 것이다. 때때로 긴급조치 요원이나 임상 간호사가 병원과의 커뮤니케이션을 통해 환자를 병원에 이송하지 않고 의료 서비스를 제공할 수도 있다. 또 은행업계에서는 고용주가 급여를 직원들의 계좌에 직접 이체할 수 있도록 장려함으로써 직원은 은행 방문을 위한 비용을 절약할 수 있고, 은행업자는 수표 처리 업무를 줄이고, 그들의 텔러 설비에 대한 혼잡도를 줄일 수 있다.

전방업무와 후방업무의 분리(Separation of Front from Back Office)

서비스에 따라서는 전방업무와 후방업무가 동일한 장소에 위치할 필요가 없는 경우가 많다(예: 드라이클리닝, 구두수선, 은행과 ATM). 표 8.1에서 보여주는 바와 같이 전방업무를 후방업무로부터 분리한다는 측면에서 생각해 보면 전략적인 이점들을 얻어낼 수 있다.

만약 전방업무와 후방업무가 동일한 장소에 위치할 필요가 없는 경우라면, 창조적인 서비스 디자인을 할 수 있는 기회가 존재한다. 예를 들어, 텍사스주의 맥도널드(McDonald's)에서 드라이브 인(drive-in) 주문을 할 때, 주문을 받는 사람은 아이오와주에 있는 콜센터에 있을 수도 있다. 한 곳의 중앙 입지에서 여러 점포의 주문을 받음으로써 각 지역

4) James H. Donnelly. "Marketing Intermediaries in Channels of Distribution for Services." *Journal of Marketing* 40, January 1976, pp. 55–70.

표 8.1 전방업무와 후방업무의 입지와 관련한 고려사항

	전방업무	후방업무
외부 고객(소비자)	고객에게 이동해 가거나 고객이 이동해 오는가? 위치가 진입장벽이 되는가? 전자적 매체가 물리적 이동을 대체할 수 있는가?	서비스를 수행하는 것이 사람인가 설비인가? 동일 장소에 있는 것이 필요한가? 의사소통 방안은?
내부 고객(직원)	노동력을 활용할 수 있는가? 셀프서비스 키오스크(kiosk)가 대안이 되는가?	규모의 경제가 가능한가? 직원이 재택근무를 할 수 있는가? 해외 아웃소싱이 대안이 되는가?

별 점포의 점원은 주문 내역을 이행하는 것에 집중할 수 있다. 내부 고객(직원)과 외부 고객(소비자)의 측면에서 입지 의사결정을 검토해보면 셀프서비스의 기회나 전자 매체를 사용해 물리적인 이동을 대체시킬 수 있는 기회가 존재하는지를 잘 파악할 수 있다. 또한 진입장벽을 구축하거나 규모의 경제를 통한 이익을 실현할 수 있는 전략적 기회를 포착해 볼 수도 있다.

서비스 입지에 대한 인터넷의 영향(Impact of the Internet on Service Location)

인터넷이 등장하면서 고객이 집에서 장을 보거나 웹을 서핑하는 등 전자상거래의 잠재적 가능성이 가시화되었다. 웹사이트는 순수 인터넷기업의 가상 입지장소(virtual location)가 되거나(예: 이베이), 기존 기업의 새로운 유통경로가 되었다(예: 반즈 앤 노블). 시장 경계는 고객이 얼마나 멀리 이동을 하는가에 의해서 정의되었으나 인터넷의 가상 세계에서는 물리적 이동이란 요소는 이제 아무런 관계가 없게 되었다. 그러나 입지 문제는 제품을 운송해야 하는 전자상거래 소매업자에게는 여전히 중요한 요소이다. 이들은 페더럴 익스프레스의 집하장인 멤피스에 창고를 세우는 등 특송업체에 대한 접근 용이성을 고려해야 한다. 반면 뱅가드(Vanguard)와 같은 증권 관련 브로커들의 인터넷 서비스에 있어서는 실제 사무실의 위치가 별로 중요하지 않으며, 이베이(eBay)와 같은 경매 중계업의 경우에는 업주의 개인적 선호 또는 인적자원 확보의 용이성 등이 판단 기준이 된다. 마지막으로 인터넷은 콜센터의 국제적 배치를 통해 연중 24시간 콜센터 접속을 가능하게 한다. 각 센터(예: 인도, 아일랜드, 자메이카)는 영어를 할 수 있는 저임금 노동자에 의해 정규 주간근무로 운영된다.

전자적 거리(*e-distance*)의 개념은 웹사이트에 접속하기 위해 필요한 내부적/외부적 검색으로 인해 생성되는 장벽으로, 웹사이트로 고객을 유인하기 위한 요구가 만들어낸 개념이다. 예를 들어 발견되지 않은 웹사이트의 거리는 무한대이며 5번 클릭해야 접속할 수 있는 웹사이트는 90%의 대중이 외면할 것이다. 사이트 이동을 위한 노력이 거리의 척도이므로, 웹 개발자는 언제나 홈페이지에서 고객이 원하는 최종 사이트까지 도착할 때 2번 이상 클릭하지 않도록 하는 2번 클릭 규칙(two-click rule)이란 것을 자주 사용한다. 웹사이트의 위치를 알아내어 접속하는 것은 거리의 또 다른 형태이다. 만약 고객이 검색 엔진을 사용한다고 하더라도, 고객은 검색 결과로 나온 링크들 중 클릭할 링크를 선택하기 위해 링크를 읽어보고, 평가해야 하기 때문이다.

줄리 켄달(Julie Kendall)은 남부 뉴저지주에 있는 작은 오프 브로드웨이(off-broadway) 극장에 대해 연구하였다. 이곳에는 중심적인 극장 밀집 지역이 존재하지 않아서, 이 극장은 “경쟁적 군집화” 전략의 이점을 얻지 못하고 있었다.[5] 극장들은 8개 지역에 흩어져 있어서 잠재적 관객에게 극장의 존재를 알리기가 어려웠다. 그러나 통합 홈페이지는 잠재적 고객이 둘러보면서 각 극장의 티켓을 구매하고 좌석을 선택할 수 있는 링크를 제공하였다. 통합 홈페이지는 하나의 사이트에서 여러 개별적 웹사이트를 접속할 수 있게 함으로써 극장 고객의 전자적 거리를 줄여준다. 이는 모든 극장들이 고객의 관심을 증가시킬 수 있게 됨으로써 경쟁적 군집화 전략의 가상적 적용이 이루어지는 결과로 나타나게 되었다.

입지에 대한 고려사항(Site Considerations)

사용 가능한 부동산이 있는지는 입지 선정의 최종단계에서 주요한 제약사항이 된다. 게다가 장소 선정을 하기 위해서는 물리적으로 방문해 지역 환경(예: 해당 지역이 고품격 호텔에 적합하게 부유한 지역인지)을 알아보아야 한다. 표 8.2는 접근성, 가시성 및 교통 등 특정 장소에 고객을 끌어들이기 위해 고려해야 할 여러 물리적 속성들을 포함하고 있다. 경쟁적 군집화에서 설명한 것처럼 경쟁자의 근처에 입지하는 것이 바람직한 경우가 종종 있다. 또 다른 고려사항은 모텔 옆에 레스토랑을 여는 것처럼 보완적인 서비스의 존재이다.

만약 고객이 직접 특정 장소로 이동할 필요가 없다면, 이러한 물리적 속성은 중요하지 않을지도 모른다. 대신 숙련된 노동력의 가용 여부가 중요할 수 있다. 예를 들자면 앞서 언급한 것처럼 많은 서비스 회사들이 콜센터를 인도 방갈로어(Bangalore) 지역에 위치시키고 있는데, 이는 해당 지역에 영어를 할 수 있고 재능이 있으면서 저임금인 노동력이 있기 때문이다.

표 8.2 입지 선정의 고려사항들

1. **접근성:** 고속도로 출입 램프 접근이 용이함 대중교통이 지원됨	5. **확장:** 확장을 위한 공간
2. **가시성:** 도로변에 위치함 간판의 위치	6. **환경:** 주변 환경이 서비스를 보완해야 함
3. **교통:** 충동구매의 가능성을 나타내는 도로의 교통량 장애요인으로 작용할 수 있는 교통 혼잡(예: 소방서)	7. **경쟁:** 경쟁자의 위치
4. **주차:** 충분한 주차공간	8. **정부:** 도시계획상의 제한 세금
	9. **노동:** 적합한 기술을 갖춘 노동력
	10. **보완성:** 주변에 보완 서비스가 존재함

5) Julie E. Kendall. “E-distance and the Theatres of South Jersey.” *Decision Line*, March 2003, pp. 13–15.

지리정보시스템[6]

어둡고 폭풍이 치는 어느 밤, 씨 랜치(TSR: The Sea Ranch) 시의 주요 상수도 배관이 터졌다. 아마 당신은 이것이 큰 문제는 아니라고 말할지도 모른다. 최대한 빠른 시간 내에 수리를 하면 캘리포니아주 북부 해변의 10평방 마일 구역에 환경친화적으로 계획된 도시에 위치한 1,305가구는 다음 날 커피나 차를 마실 수 있을 것이라고. 그러나 문제는 이 사건이 2021년이 아닌 2007년에 일어났다는 것이다. 수도관 파열은 씨 랜치 수도 회사의 사무실에 자동 알람을 울렸고, 곧 이 회사의 관리 책임자인 랜디 버크(Randy Burke)에게 알려졌다. 버크와 다른 중역들은 사무실에 모였다. 알람을 정지시킨 후 상황을 파악해본 결과 저장탱크의 수위가 급격히 낮아지고 있음을 알게 되었다. 그들은 현장에 내려가 파열된 지점을 알아내기 위해 2,000에이커에 이르는 지역을 수색해야 했다. 그들은 4륜 구동차에 올라타 주로 비포장 도로를 달리며 누수 시 발생하는 소리를 듣기 위해 때때로 멈추었다. 하지만 이들의 영웅적인 노력에도 불구하고 주민들은 다음 날 아침 커피와 차를 마실 수는 없었다.

2021년으로 시간을 돌려보자. 2007년의 대형 누수 같은 사건은 여전히 자동 알람을 울릴 것이고, 버크와 그의 동료들은 사무실에 모일 것이다. 하지만 유사점은 여기까지다. 대형 누수 사건 이후, 지역사회는 지리정보시스템(GIS)을 도입했다. 그림 8.1에서와 같이 전체 시스템은 해발 고도, 수자원, 교통, 토양, 지질, 소유권, 장소 데이터, 형상의 8계층의 지리 정보 데이터를 포함한다.

수년 전, 환경연구소(ESRI: Environmental Research Institute, Inc.)라는 회사에서는 다른 성질의 인구통계학적 데이터를 지도상에 시각적으로 표시해 주는 아크뷰(ArcView)라는 유용한 GIS 도구를 출시했다. 가령, 기업은 이렇게 지도에 표시된 데이터를 활용해 목표 시장의 위치 선정, 수요 분석, 서비스전달시스템의 개선 등을 하는 것이 가능하다.

하지만, 최근의 정보기술 발달은 훨씬 더 정교한 GIS 도구들을 가능하게 해주었다. 가

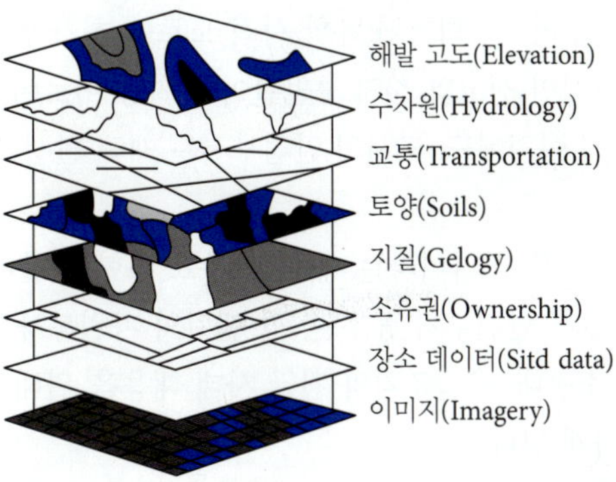

그림 8.1 씨 랜치(The Sea Ranch)의 GIS 데이터 계층

6) Information provided by Michael Lane (geologist, PHD, TSRA GIS coordinator), Sara Windsor (information technology manager), Lisa Dundee (DCEM director), Randy Burke (TSR Water Company director), and Louise deWilder (security and emergency management director).

령 ESRI는 아크뷰(ArcView) 소프트웨어를 아크GIS (ArcGIS)라는 시스템으로 확장해 민간, 공공, 비영리, 정부, 군대 등을 포함한 모든 서비스에 적용이 가능하게 만들었다. 오늘날의 GIS 도구들은 조직 내의 모든 운영 영역을 아우르는 적용 범위를 갖는다. 데이터를 스프레드시트 형식으로 나타낼 수 있다면 지도로도 나타낼 수 있게 되었다.

가상적인 사례로 또 다른 대형 누수 사건을 맞은 랜디 버크를 생각해 보자. 버크와 그의 동료들은 컴퓨터 주변에 앉아 GIS 지도를 보고 각 수도관과 밸브를 비롯해 누수를 잡는 데 필요한 모든 다른 요소들의 지도상 위치를 파악할 것이다. 만약 씨 랜치가 압력 감지 밸브와 데이터 로직 통제장치를 설치했다면, GIS 지도는 사무실에서 누수 위치를 정확히 파악할 수 있도록 해줄 것이다. 이 지도 표시 기능 하나만으로도 상당한 비용을 절약할 수 있다. 누수 지역을 파악하고 수리하는 데 필요한 작업 시간을 단축하고 그 시간 동안 누수되는 물의 양을 줄일 수 있기 때문이다. 하지만 이것이 씨 랜치 사례의 전부는 아니다.

이 지역사회의 설계, 건설 및 환경 관리(DCEM: Design, Construction, and Environmental Management) 위원회는 GIS를 운영에 통합하였다. DCEM 위원회는 모든 건축물의 초기 계획을 검토해 이것이 지역사회에서 지정한 표준에 부합하지 않는 일이 없도록 방지하는 역할을 담당한다. 제안된 구조물의 설계와 외양에 대한 고려뿐 아니라, 위원회는 "보이지 않는" 요인들, 즉 여과 공간의 위치, 폭풍을 대비한 하수도, 밑에 있는 기반의 지질 구조, 지하 시설 등도 고려한다. 이렇게 성격이 다른 데이터들은 GIS 지도를 통해 종합될 수 있고, 이는 DCEM 위원회뿐 아니라 건물주, 건축가, 건설 업자, 부동산 중개인들에게 건축물과 그 부지에 관한 포괄적인 그림을 제공한다.

DCEM 위원회는 2,000에이커에 달하는 공유지의 조경도 담당한다. 여기서도 GIS는 시간과 비용을 절감하는 도구로 매우 유용하게 쓰인다. 의사결정자에게 공유지와 사유지의 정확한 경계와 건축물과 관련된 모든 정보를 간편하게 제공하기 때문이다. 서식 조류의 숫자, 식물과 관련된 질병, 연료 관리와 관련된 우려 사항 등과 같은 기타 정보도 GIS에 포함될 수 있다.

DCEM 위원회에 유용한 통합된 데이터는 지역사회의 안전 및 비상 상황 관리에도 필수적이다. 목줄이 풀린 개, 지역사회가 소유한 사적 도로에 허가 없이 들어온 "관광" 목적의 모터사이클 같은 일상적인 신고와 지역 보안관이나 연방 어로/수렵국의 개입이 필요한 좀 더 중대한 사안의 처리 이외에도, 도시의 안전부서는 재해 발생 시 핵심적인 역할을 수행한다.

씨 랜치의 경우 산불, 지진, 쓰나미라는 세 가지 주요 위협 요인에 직면하고 있다. 이런 재해가 발생하게 되면, 먼저 안전부처 공무원, 씨 랜치의 자원봉사 소방 요원, 씨 랜치 근방에 위치한 주 정부의 소방대, 응급조치와 긴급 사태 대응을 위해 훈련되고 장비를 지급받은 주민들이 대처를 하게 된다.

어떤 재해가 발생하든 정보는 생명을 의미한다. 지진 때문에 파손된 기간망(상수도 또는 전력)을 찾는 것을 생각해 보라. 의료 용품과 식수, 비상식량을 저장하는 장소를 선정하는 것을 생각해 보라. 산불이나 쓰나미로부터의 대피로를 제공하는 것을 생각해 보라. 여기에 더해 씨 랜치가 해안가 절벽에서 세쿼이아 나무 숲이 있는 해안 산맥까지 1마일

밖에 안 되는 폭을 따라 10마일 길이로 위치하고 있다는 지형적 특성도 고려해야 한다. 또 주요 도로는 해안 고속도로 하나뿐이며(즉, 탈출구는 두 방향뿐이다!), 이 도로는 통행이 불가능해질 수도 있다는 점도 고려해야 한다. 고속도로에서 분기된 마을의 2차선 도로는 산맥을 향해 나 있지만, 인근 도시로 가기 위해서는 산길을 따라 2시간 정도 운전해야만 한다. 씨 랜치의 주민들은 재해를 맞았을 때 피난하는 것이 언제나 가능하지는 않다는 것을 알았다. 따라서 그들은 이러한 경우 외부의 도움 없이 일정 기간 생존하기 위해 GIS가 제공하는 방비와 대처 방안에 많이 의존한다.

새로운 정보기술에 대한 의존도가 높기 때문에, 씨 랜치는 3단계 데이터 보안 시스템을 구축했다. 백업 데이터는 내부와 원격지, 그리고 클라우드에서 관리된다.

씨 랜치 사례는 GIS가 계획과 분석, 자산 및 데이터 관리, 조직 간 정보 공유, 현장 작업반 지원 등에 어떻게 사용될 수 있는지를 보여준다.

GIS는 공간 분석을 통해 변화를 예상하고 관리하는 능력을 향상시키고, 결과를 관측하고 공유하는 플랫폼을 제공한다. 다양하고 방대한 양의 데이터가 지도에 기반한 직관적인 형태로 제시될 수 있다. 데이터 일치성(integrity)은 관리될 수 있고, 조직이 속한 산업의 표준 템플릿도 사용 가능하다. GIS의 응용은 최고 경영진에서 현장 직원에 이르기까지 특정한 사용자를 위해 맞춤화될 수 있고, 실시간 정보 제공, 자동 분석, 알람 도구 등도 제공할 수 있다. 이러한 데이터는 다양한 현장 프로젝트를 수행하는 현장 직원들에게 매우 편리하고 유용하다.

씨 랜치 사례에서 볼 수 있는 바와 같이, GIS는 더 나은 의사결정을 유도하고, 온라인 데이터 지도를 통해 모든 사용자들에게 최신의 정보를 제공함으로써 자원 이용의 효율성을 높여준다.

설비 배치 모형 수립 고려사항

예로부터 시설의 입지는 복합적인 결과들을 불러일으키는 직관을 기반으로 결정해왔다. 입지 선정이 종종 현장 가동률, 유리한 임대조건과 같은 기회주의적 요인에 기초하지만, 심각한 실수를 피하기 위해서는 정량적 분석이 유용할 수 있다. 서비스 시설의 입지 의사결정과 관련된 요소들은 여러 가지가 있다. 그림 8.2는 우리의 논의를 진행하는 데 사용할 입지 관련 이슈들을 구분해 나타내고 있다. 이들은 크게 지리적 구조의 표현방식, 시설의 수, 그리고 최적화 기준으로 분류된다.

지리적 구조의 표현 방식(Geographic Representation)

전통적인 입지 문제에 대한 분류는 지형을 어떻게 모형화 할 것인가에서 출발한다. 입지 가능 지역과 이동 거리는 평면(plane) 혹은 네트워크(network)로 나타낼 수 있다. 평면에서 입지 선정은 무한한 가능성을 가진 해집합 공간(solution space)으로 특징지을 수 있다. 시설은 평면 위의 어디든지 입지가 가능하며 그림 8.3과 같이 *xy* 카테지안 좌표(Cartesian coordinate)(혹은 지리적인 위치로서 위도와 경도)로 나타낼 수 있다. 두 지점 사이의 거리는 두 가지 방법으로 측정할 수 있다. 첫 번째 방법은 **유클리디안 거리척도**(*Euclid-*

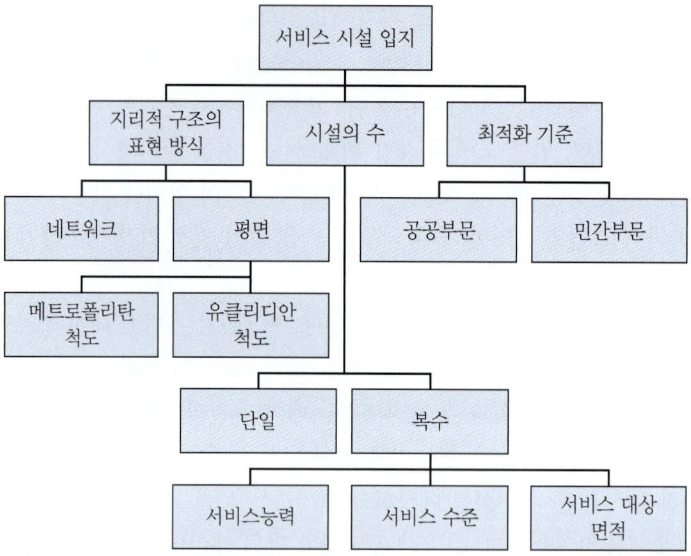

그림 8.2 서비스 시설 입지 관련 이슈의 분류

ean metric)이며(피타고라스의 정리를 상기하라), 다음과 같이 정의할 수 있다.

$$d_{ij} = [(x_i - x_j)]^2 + (y_i - y_j)^2]^{1/2} \quad (1)$$

여기서

d_{ij} = 점 i와 j 사이의 거리

x_i, y_i = i점의 좌표

x_j, y_j = j점의 좌표

예를 들어 출발점이 $(x_i, y_i) = (2, 2)$이고 종착점이 $(x_j, y_j) = (4, 4)$이면

$$d_{ij} = [(2-4)^2 + (2-4)^2]^{1/2} = 2.83$$

으로, 두 점 사이의 거리는 2.83이다.

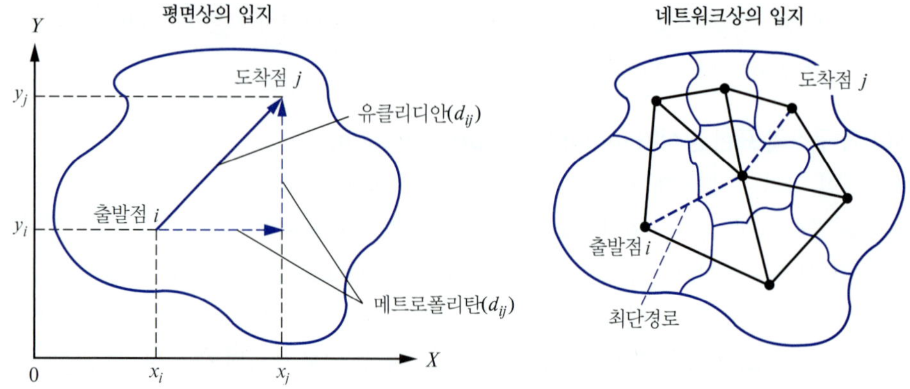

그림 8.3 지리적 구조

두 번째 방법은 **메트로폴리탄 거리척도(*metropolitan metric*)**, 또는 직각 척도(rectangular displacement)로, 주로 도시지역의 동, 서 또는 남, 북 간의 이동을 나타내며 다음과 같이 정의할 수 있다.

$$d_{ij} = |x_i - x_j| + |y_i - y_j| \tag{2}$$

위의 예를 이 식에 적용하면,

$$d_{ij} = |2 - 4| + |2 - 4| = 4.0$$

으로 두 점 사이의 거리는 4.0이다.

네트워크상의 입지는 해집합 공간(solution space)이 네트워크 마디(node)로 한정된다. 고속도로의 경우를 예로 들자면 교차점은 마디로, 마디 간의 이동거리는 네트워크의 선분(arc)의 길이로 표현할 수 있는데 이때 마디 사이의 이동거리는 실제 두 지점의 최단 경로를 통한 거리(또는 시간)이다.

지리적 구조의 표현방식과 거리 척도는 자료 수집 노력의 경제성과 문제의 전반적 특성을 고려해 선정한다. 네트워크의 경우 이동 가능 경로 등을 고려할 수 있으므로 지역의 지리적 특성(예: 적은 수의 교량만 있는 강이나 산맥으로 인한 이동 제한)을 비교적 정확히 나타낼 수는 있지만 마디 간의 이동 시간을 수집하는 데에는 과도한 비용이 유발될 수 있다. 도시지역을 나타내는 평면상에 입지를 정할 때는 메트로폴리탄 거리척도가 주로 사용되는데 이는 도시의 거리가 동, 서와 남, 북의 패턴으로 잘 배열되어 있기 때문이다. 메트로폴리탄과 유클리디안 거리척도 두 경우 모두 이동 거리를 시간으로 전환하기 위해서는 평균 속도를 추정해야 할 필요가 있다.

시설의 수(Number of Facilities)

일반적으로 단일 시설의 입지는 수학적으로 별 어려움 없이 문제가 풀린다. 하지만 단일 시설의 입지에 사용되는 방법을 복수 시설의 입지 문제에 단순히 적용하면 최적의 결과를 보장할 수 없다. 복수 입지의 경우 각 서비스 시설이 위치한 지역마다 서비스를 제공할 수요처를 설정해야 하기 때문에 복잡해지고 각 서비스 시설마다 서비스능력이 다양할 경우 문제가 더욱 복잡해진다. 게다가 의료 · 보건 서비스와 같은 경우에는 서비스에 계층구조가 존재하는데 의원과 전문클리닉은 1차 진료를 제공하며 종합병원은 입원 서비스가 추가되고 의료센터(health center)는 특수 치료 능력이 추가로 요구된다. 따라서 이 경우에는 각 계층의 시설에서 제공할 수 있는 서비스의 종류가 변수로 포함되어야 한다.

최적화 기준(Optimization Criteria)

민간부문의 입지문제나 공공부문의 문제는 모두 어떤 혜택을 나타내는 측정치를 극대화시킨다는 목표를 공유한다는 점에서 유사하다고 할 수 있다. 그렇지만 민간부문과 공공부문은 "소유 주체"가 다르기 때문에 선택하는 입지 기준이 다를 수밖에 없다. 민간부문에서는 입지 비용의 최소화(예: 유통센터의 경우) 또는 이윤의 극대화(예: 소매점의 경우)에 의해 입지가 결정된다. 반대로 공공부문의 입지는 사회 전체의 요구에 의해 결정된다. 즉 공공의사결정의 목적은 계량하기 어려운 사회적 후생을 극대화하는 것이다.

민간 부문의 기준(Private Sector Criteria)

전통적인 민간부문의 입지 분석은 시설의 건축과 운영에 소요되는 비용과 수송비용 간의 상충관계에 초점을 둔다. 많은 문헌들이 이 문제를 다루고 있으며 이는 제품의 유통(즉, 창고 입지 문제)에 적합하다. 그렇지만 컨설팅, 회계감사, 빌딩관리, 잔디관리 등과 같이 서비스가 고객에게 전달(delivery)되는 서비스 분야에도 이 모형이 응용되기도 한다.

고객이 서비스 시설까지 이동하는 경우 이동에 따르는 직접비가 공급자에게 부과되지는 않지만 거리는 잠재 수요와 수익을 제한하는 장벽이 될 수 있다. 따라서 쇼핑센터와 같은 시설은 고객을 최대한 끌어들일 수 있게 입지를 결정해야 한다.

공공부문의 기준(Public Sector Criteria)

공공부문의 경우 목표에 대한 합의가 부족하고 시설 투자 비용과 상충관계에 있는 여러 이해관계를 측정하기 어렵기 때문에 문제가 복잡해진다. 공공 서비스의 이익은 직접적으로 정의하거나 계량화하는 것이 어렵기 때문에 효용의 대리척도(surrogate or substitute measures of utility)가 많이 활용된다.

사용자가 시설까지 이동하는 평균 거리(average distance)는 가장 빈번하게 쓰이는 대리척도이다. 평균 이동거리가 짧을수록 사용자의 접근 가능성(accessibility)이 커진다. 그러므로 이는 시설의 수를 제약조건으로 하여 총 평균 이동거리를 최소화하는 문제가 된다. 이때 사용자의 최대 이동거리(maximum travel distance)가 제약조건으로 추가되기도 한다. 다른 형태의 모형은 수요의 창출이 가능한 경우인데, 이때 사용자의 규모는 고정되어 있지 않고 입지 규모 시설의 수에 의해 결정되는 것으로 간주된다. 이 경우 수요가 더 많이 창출될수록 이 지역의 요구를 더욱 충족시킨다는 면에서 더 효율적이라고 여겨질 수 있다.

이러한 효용의 대리척도는 투자 제약에 의해 최적화된다. 비용편익 분석은 대개 투자와 효용 간의 상충관계를 검토하기 위함이며 이러한 대리척도의 상충관계는 다음과 같이 두 가지이다: (1) 1천 달러 추가 투자에 대한 평균 이동거리의 감소량, (2) 1천 달러 추가 투자에 대한 수요의 증가량.

최적화 기준이 입지 선정에 미치는 영향(Effect of Optimization Criteria on Location)

최적화 기준의 선정은 서비스 시설의 입지에 영향을 미친다. 예컨대 애버나시(William J. Abernathy)와 허쉬(John C. Hershey)는 3개 도시에서 의료 센터 입지 문제를 연구했다.[7] 이 연구에서 그들은 다음의 3가지 기준이 의료센터 입지에 미치는 효과에 주목하였다.

1. 이용률 극대화(*maximize utilization*). 센터의 총 방문자 수를 극대화
2. 1인당 이동거리의 최소화(*minimize distance per capita*). 가장 가까운 센터까지 1인당 평균 이동거리를 최소화
3. 1회 방문당 이동거리 최소화(*minimize distance per visit*). 가장 가까운 센터까지 1회 방문당 평균 이동거리를 최소화

---

7) W. J. Abernathy and J. C. Hershey. "A Spatial-Allocation Model for Regional Health Services Planning." *Operations Research* 20, no. 3 (May–June 1972), pp. 629–42.

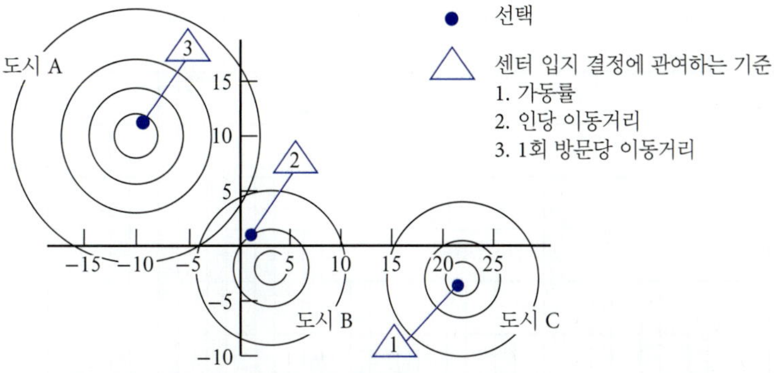

그림 8.4 동일한 보건 센터의 3가지 다른 기준에 의한 입지

자료원: W. J. Abernathy and J. C. Hershey, "A Spatial-Allocation Model for Regional Health-Services Planning." Reprinted with permission from *Operations Research* 20, no. 3, 1972, p. 637, Operations Research Society of America. No further reproduction permitted without the consent of the copyright owner.

문제에서 각 도시의 주민은 서로 다른 소비성향을 갖도록 설정되었다. 이 성향은 다음의 두 가지 차원, (1) 의료 서비스를 이용할 때 장애로 작용하는 이동거리(distance)와 (2) 센터 인접지역에서의 이용률에 근거해 작성되었다. 그림 8.4는 세 도시가 존재할 때 세 가지 기준 중 각각 한 가지 기준만을 만족시킨다는 가정하에 단일 의료센터의 입지를 선정한 결과이다. 각 기준들은 도시마다 행동패턴이 다르기 때문에 전혀 다른 결과를 만들어 냈다. 기준 1(이용률 극대화)의 관점에서 센터는 도시 C에 입지하는데, 이 도시에는 이동거리가 주요 장애요인이 되는 노년층이 많이 살고 있기 때문이다. 도시 B는 두 도시 사이에 위치하기 때문에 기준 2 (1인당 평균 이동거리의 최소화)의 관점에서 입지가 결정되었다. 도시 A는 인구가 가장 많고 의료 서비스를 가장 빈번하게 이용하기 때문에 기준 3 (1회 방문당 이동거리 최소화)의 관점에서 입지가 결정되었다.

시설 입지 선정 기법

시설의 입지 문제는 일직선상에 단일 시설의 입지를 결정하는 간단한 모형을 통해서도 이해될 수 있다. 예를 들어 와이키키(Waikiki) 해변가에 비치매트(beach mat) 매장의 위치를 선정하는 문제를 생각해 보자. 해변의 임의 지점에서 매장까지의 평균 거리를 극소화시키는 입지를 원한다고 가정하자. 그리고 해변가를 따라 고객의 밀도(호텔의 입지와 규모에 관련)를 보여주는 자료를 갖고 있다고 가정하자(그림 8.5 참고).

목적함수는 다음과 같이 나타낼 수 있다.

$$\text{최소화} \quad z = \sum_{i=0}^{s} w_i(s - x_i) + \sum_{i=s}^{n} w_i(x_i - s) \tag{3}$$

여기서

w_i = i번째 지역 수요의 상대적 가중치

x_i = 출발점(이 예제에서는 서쪽 끝)에서부터 피트(feet) 단위로 나타낸 i번째 수요지점(demand point)의 위치

s = 비치매트 매장의 위치

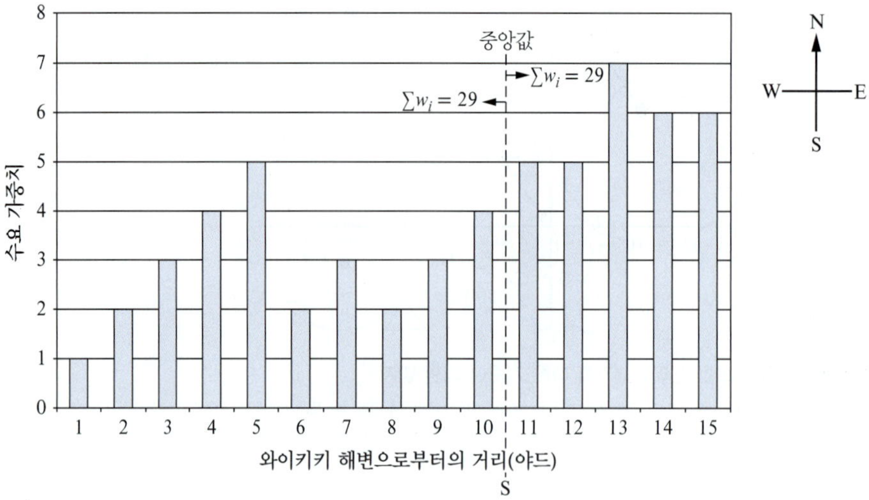

그림 8.5 일직선상에서 단일 설비의 입지

총 거리 함수 Z를 s에 대해 미분을 하고 0으로 놓으면 다음의 식을 구할 수 있다.

$$\frac{dZ}{ds} = \sum_{i=0}^{s} w_i - \sum_{i=s}^{n} w_i = 0 \qquad \text{혹은} \qquad \sum_{i=0}^{s} w_i = \sum_{i=s}^{n} w_i \tag{4}$$

이 결과를 통해 최적 입지는 고객의 밀도 함수 분포의 중앙값(median)이라는 것을 알 수 있다. 이는 시설 양쪽(즉, 그림 8.5에 있는 29) 잠재수요의 50%씩 흡수하도록 입지를 선정함을 의미한다. 중앙값에서 최적 입지가 선정된 이유는 중앙값이 절대 편차의 합을 극소화하는 성질을 갖고 있기 때문이다.

일직선을 따라 입지를 결정하는 결과는 메트로폴리탄 거리척도를 이용해 평면에 입지를 결정하는 문제로 일반화될 수 있다. 입지점이 상대적 밀도 분포에 따라 x와 y의 중앙값의 교점에 대응한다면 총 이동거리를 최소화할 수 있다. 이러한 방법을 **교차 중앙값(*cross-median*)** 접근법이라 한다.

입지 문제의 해결기법은 그림 8.2에서 제시된 것과 같이 문제의 특성에 따라 선택할 수 있다. 우리가 모든 입지 선정 기법에 대해 논의하고 있는 것은 아니지만, 문제에 대한 다양한 접근법을 설명하기 위해 몇 가지 기법들을 논의하도록 하자. 제시된 기법들은 또한 다양한 문제의 특성을 다루고 있다: 단일 시설(single facility) 대 복수 시설 입지(multiple facility location), 평면 또는 네트워크에의 입지, 그리고 공공부문 대 민간부문 최적화의 기준.

단일 시설의 교차 중앙값 접근법(Cross-Median Approach for a Single Facility)

메트로폴리탄 거리척도를 이용해 가중된 이동거리를 최소화하는 단일 시설의 입지는 교차 중앙값 접근법을 이용하면 간단하다. 목적함수는 다음과 같다.

$$\text{최소화} \qquad Z = \sum_{i=1}^{n} w_i \left\{ |x_i - x_s| + |y_i - y_s| \right\} \tag{5}$$

여기서

w_i = i번째 점의 가중치(예: 매달 이동거리)

x_i, y_i = i번째 수요지점(demand point)의 좌표

x_s, y_s = 서비스 시설의 좌표

n = 서비스가 제공되는 수요지점의 수

목적함수는 다음의 2개의 독립된 항으로 다시 정리될 수 있다.

$$\text{최소화} \quad Z = \sum_{i=1}^{n} w_i \left| x_i - x_s \right| + \sum_{i=1}^{n} w_i \left| y_i - y_s \right| \tag{6}$$

비치매트(beach mat)의 예에서 볼 수 있듯이 중앙값은 절대 편차의 합의 최솟값이다. 따라서 최적 지점은 다음과 같은 좌표를 갖는다: (1) x_s는 x축에서 w_i의 중앙값이고 (2) y_s는 y축에서 w_i의 중앙값이다. x_s, y_s는 유일한 한 점이거나 한 범위 내에 존재하기 때문에 최적 입지는 한 점, 일직선상의 한 구간, 또는 평면상의 한 지역 등의 형태로 얻어진다(예제 8.1 참조).

예제 8.1 복사 서비스(Copying Service)

한 복사 서비스 업체는 도심에 사무실을 개설하기로 결정했다. 관리자는 사업상 주요 지점에 4개의 오피스 빌딩을 선정했다. 그림 8.6은 *xy* 좌표 평면상에 4개의 수요지점의 위치를 보여준다. 각 점의 가중치는 1개월당 잠재수요를 나타낸다. 관리자는 고객이 복사 서비스 설비로의 이동거리를 최소화하는 중심지에 입지를 결정하길 원한다.

입지를 원하는 지역이 도시이기 때문에 이 경우 메트로폴리탄 거리척도가 적합하고 교차 중앙값 접근법에 의해 문제를 해결할 수 있다. 우선 식 (7)을 이용해 중앙값을 계산한다.

$$\text{중앙값} = \sum_{i=1}^{n} \frac{w_i}{2} \tag{7}$$

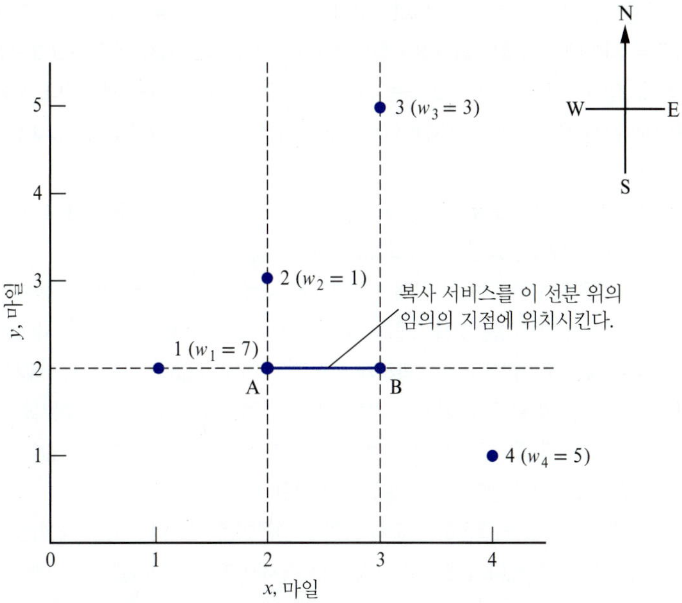

그림 8.6 교차 중앙값 접근법을 활용한 복사 서비스의 입지

표 8.3 x_s의 중앙값

점 *i*	입지 x_i	Σw_i
	서쪽에서 동쪽으로의 순서 ⟶	
1	1	7 = 7
2	②	7 + 1 = 8
3	3	
4	4	
	동쪽에서 서쪽으로의 순서 ⟵	
4	4	5 = 5
3	③	5 + 3 = 8
2	2	
1	1	

표 8.4 y_s의 중앙값

점 *i*	입지 y_i	Σw_i
	남쪽에서 북쪽 방향으로 이동 ↑	
4	1	5 = 5
1	②	5 + 7 = 12
2	3	
3	5	
	북쪽에서 남쪽 방향으로 이동 ↓	
3	5	3 = 3
2	3	3 + 1 = 4
1	②	3 + 1 + 7 = 11
4	1	

그림 8.6으로부터 중앙값이 (7 + 1 + 3 + 5)/2 = 8의 값을 갖는다는 것을 알 수 있다. x좌표 중앙값 x_s를 구하기 위해 w_i값을 서쪽에서 동쪽으로(표 8.3 상단 참조), 그리고 동쪽에서 서쪽으로(그림 8.6의 1, 2, 3, 4) 순서대로 각 입지의 가중치를 더해서 8 또는 그 이상의 값이 나올 때까지 계산한다. 서쪽으로부터 계산할 경우 입지 1에 입지 2의 가중치를 더하면 8이 된다. 따라서 첫 번째 x 중앙값은 2마일 값을 갖는 입지 2에서 결정된다.

x축을 기준으로 동쪽에서 서쪽으로 이러한 과정을 반복하면 표 8.3 하단(즉, 4, 3, 2, 1)처럼 감소하는 것을 관찰할 수 있고, 두 번째 x 중앙값은 3마일 값을 가지는 입지 3에서 얻어진다.

표 8.4는 y좌표의 중앙값 y_s를 구하기 위해 표 8.3에서 사용한 것과 같은 방법을 활용한다. 표 8.4의 상단 부분을 보면 남쪽에서 감소하는 것을 그림 8.6(즉, 4, 1, 2, 3)에서 볼 수 있다. 순서대로 입지 4와 입지 1의 가중치를 더할 경우 중앙값인 8을 초과하게 되므로 12마일의 값을 갖는 입지 1에서 첫 번째 중앙값이 결정된다. y 중앙값은 2마일 값을 가지는 입지 1에서 얻어진다. 표 8.4 하단 부분을 보면 북쪽에서 남쪽으로 순서대로 3과 2에 가중치를 더하면 그림 8.6(즉, 3, 2, 1, 4)처럼 11마일의 값을 갖는 입지 1에서 결정된다. y 중앙값은 2마일 지점에서만 유일하게 발견된다.

4개 모두의 범위에서 중앙값을 결정하는 교차 중앙값 접근법은 위치의 범위가 적절한지를 명확히 해준다. 이것은 손쉽게 확인할 수 있다. 선분 AB 상의 모든 위치가 총 이동거리를 극소화해 준다는 것을 알 수 있다(즉, 좌표 $2 = x_s = 3$, $y_s = 2$).

표 8.5 위치 A와 B의 총 가중 이동거리

위치 A (2, 2)						위치 B (3, 2)					
사무실	거리		가중치		계	사무실	거리		가중치		계
1	1	×	7	=	7	1	2	×	7	=	14
2	1	×	1	=	1	2	2	×	1	=	2
3	4	×	3	=	12	3	3	×	3	=	9
4	3	×	5	=	15	4	2	×	5	=	10
					35						35

표 8.5로부터 점 A와 B 모두 가중치를 곱한 이동거리의 합이 35마일로 동일한 값을 갖는 것을 알 수 있다. 따라서 점 A 또는 점 B와 선분 AB 상의 어떤 입지도 최적 입지로 선정될 수 있다. 이 예가 설명하는 것처럼 입지 결정의 해는 일직선(도시의 직선대로), 한 점(교차로), 또는 한 지역(도시의 블록)이 될 수 있다. 따라서 교차 중앙값 접근법은 경우에 따라 위치 선정의 유연성을 가질 수 있다.

아웃렛을 위한 허프 모형(Huff Model for a Retail Outlet)

슈퍼마켓과 같은 소매점포의 입지를 결정할 때 입지 선정의 목적은 이윤을 극대화하는 것이라고 할 수 있다. 이 경우에 여러 대안 중에서 가장 이윤 창출 가능성이 높은 위치를 찾아야 할 것이다.

중력 모형(gravity model)은 소비자의 수요를 예측하기 위해 활용된다. 이 모형은 두 물체의 중력이 두 물체의 질량의 곱에 정비례하고 거리의 제곱에 반비례한다는 물리학 이론에 기초한다. 서비스에 있어서 시설의 매력도(attractiveness)는 다음과 같이 표현될 수 있다.

$$A_{ij} = \frac{S_j}{T_{ij}^{\lambda}} \qquad (8)$$

여기서

A_{ij} = 고객 i에 있어서 시설 j의 매력도
S_j = 시설 j의 규모
T_{ij} = 고객 i가 시설 j까지 이동시간
λ = 이동시간이 다양한 종류의 쇼핑에 미치는 영향을 경험적으로 추정한 계수(예를 들어 쇼핑몰은 $\lambda = 2$, 편의점은 $\lambda = 10$ 이상)

허프(David L. Huff)는 점포의 규모와 입지에 따라 고객이 얻는 이득(benefit)을 예측하는 데 중력 모형을 사용해 **허프 모형(*Huff model*)**으로 알려진 소매점 입지 모형을 개발했다.[8] 고객은 경쟁업체에도 매력을 느낀다는 사실에 입각해 허프는 P_{ij} 비율을 고안했다. n개의 소매점이 있을 때 이 비율은 지역 i[예: 인구조사의 표준구역(census-tract)]의 고객이 특정 쇼핑 시설 j를 이용할 확률을 나타낸다.

8) David L. Huff. "A Programmed Solution for Approximating an Optimum Retail Location." *Land Economics*, August 1966, pp. 293–303.

$$P_{ij} = \frac{A_{ij}}{\sum_{j=1}^{n} A_{ij}} \tag{9}$$

E_{jk}는 쇼핑 시설 j에서 상품계열 k에 대한 연간 소비자 지출의 추정치로서 다음과 같이 계산된다.

$$E_{jk} = \sum_{i=1}^{m} (P_{ij} C_i B_{ik}) \tag{10}$$

여기서

P_{ij} = (9)에서 계산된 지역 i의 고객이 특정 쇼핑 시설 j를 이용할 확률
C_i = 지역 i의 고객의 수
B_{ik} = 지역 i의 고객이 상품계열 k에 지출하는 평균 연간 예산
m = 지역의 수

M_{jk}는 시설 j의 상품계열 k에 대한 시장점유율의 추정치로서 다음과 같이 계산된다.

$$M_{jk} = \frac{E_{jk}}{\sum_{i=1}^{m} C_i B_{ik}} \tag{11}$$

이러한 철저한 계산 절차를 통해 다양한 규모의 점포 크기에 대해서 입지 후보지의 연간 기대 이윤을 계산할 수 있다. 세전(稅前)순이익은 점포 규모에 대응하는 판매비율을 가지고 계산할 수 있다. 이 계산 결과에 의해 점포의 규모에 따라 이익을 극대화할 수 있는 예상 입지 목록을 만들 수 있고, 이제 남은 것은 연간 이익을 극대화하는 입지의 부동산을 흥정하는 일뿐일 것이다. 예제 8.2에서는 허프 분석(Huff Analysis)을 이용하여 복사 서비스를 다시 살펴본다.

예제 8.2 복사 서비스—허프 분석(Copying Service—Huff Analysis)

예제 8.1에서 복사 서비스가 입지(그림 8.6 참조) 최적 선분의 왼쪽 끝 A (x = 2, y = 2)에 위치하고 각 지역 소비자의 지출이 약 10달러라고 가정하자. 또한, 편의성이 고객 입장에서 중요한 기준이므로, λ = 2라고 가정하자. 만일 입지 B (x = 3, y = 2)에 기존 점포에 비해 *2배* 규모의 새로운 점포를 열 계획이라면 시장점유율은 얼마가 될까? 표 8.6의 이동거리를 허프 모형에 대입하면 표 8.7에서 표 8.9까지의 결과를 얻을 수 있다.

이 예제는 자금이 풍부한 전국적인 소매 체인들이 사용하는 공격적인 입지전략의 결과를 나타낸다. 그 예를 들자면 블록버스터 비디오(Blockbuster Video)는 이름이 의미하는 것처럼 대규모 상점들이 밀집한 지역에 입지를 정해, 넷플릭스가 차례로 사업을 중단할 때까지 지역의 소규모 비디오 대여점들을 퇴출시킨 것으로 유명하다.

표 8.6 마일 단위로 측정한 이동거리(T_{ij})(메트로폴리탄 척도 활용)

	고객의 위치(i)			
입지(j)	**1**	**2**	**3**	**4**
후보지(3, 2)	2	2	3	2
현재(2 ,2)	1	1	4	3

표 8.7 매력도(A_{ij})

	고객의 위치(i)			
입지(j)	**1**	**2**	**3**	**4**
후보지($S_1 = 2$)	0.5	0.5	0.2222	0.500
현재($S_2 = 1$)	1.0	1.0	0.0625	0.111
매력도 합계	1.5	1.5	0.2847	0.611

표 8.8 고객이 이동할 확률(P_{ij})

	고객의 위치(i)			
입지(j)	**1**	**2**	**3**	**4**
후보지	0.33	0.33	0.78	0.82
현재	0.67	0.67	0.22	0.18

표 8.9 월간 지출(E_{jk})과 시장점유율(M_{jk})

	고객의 지출					
지역(j)	**1**	**2**	**3**	**4**	**월간 합계**	**시장점유율%**
후보지	$2,333	$333	$2,340	$4,100	$9,106	0.57
현재	4,667	667	660	900	6.894	0.43
합계	$7,000	$1,000	$3,000	$5,000	$16,000	1.00

복수 시설을 위한 집합 덮기 입지 선정(Location Set Covering for Multiple Facilities)

공공시설의 입지결정은 평가하기가 어렵기 때문에 입지의 혜택을 간접적으로 측정하는 방법이 사용된다. 이러한 대리척도(surrogate or substitute measure)의 한 가지 예는 가장 먼 거리에 있는 고객의 시설까지의 이동거리, 다시 말해 최대 서비스 거리(*maximal service distance*)이다. 이때 최대 서비스 거리 제한하에서 모든 수요를 만족시키는 최소한의 시설 수와 그 위치를 찾는 문제가 **집합 덮기(*location set covering*)** 문제이다.

예제 8.3 교외 의료 클리닉 문제 (Rural Medical Clinics)

어느 지방의 보건 당국은 교외의 의료 서비스 부족을 해결하고자 고심한 끝에 9개 지역을 클리닉 시범 사업의 대상지역으로 선정해 1차 진료 서비스를 제공하기로 하였다. 모든 지역이 적어도 한 클리닉에서 30마일 범위 내에 있도록 계획 담당자들은 필요한 클리닉의 수와 입지를 결정해야 한다. 사용할 수 있는 시설이 없는 지역 6을 제외한 모든 지역이 입지 후보이다. 그림 8.7은 지역을 네트워크로 표현하였는데 각 마디의 숫자가 지역의 번호이고 마디를 연결하는 선은 지역 간 이동거리이다.

이 문제를 풀기 위해서 우선 각 지역이 다른 지역으로부터 30마일 내에 있는지를 확인한다. 지역 1에서 시작하면, 지역 2, 3, 4가 30마일 이내에 있음을 그림 8.7에서 알 수 있다. 표 8.10의 두 번째 열은 해당 지역으로부터 최대 서비스 거리 내에 있는 지역들이다. 동일한 표현으로서, 이 집합은—부지로 이용할 수 없는 지역을 제외하고—해당 지역을 30마일 이내 거리에서 서비스할 수 있는 지역이라는 뜻도 된다. 따라서 지역 5에 대해서는 지역 3, 4, 5에 위치한 의료 클리닉이 최대 서비스 거리 이내를 충족하는 곳이 된다.

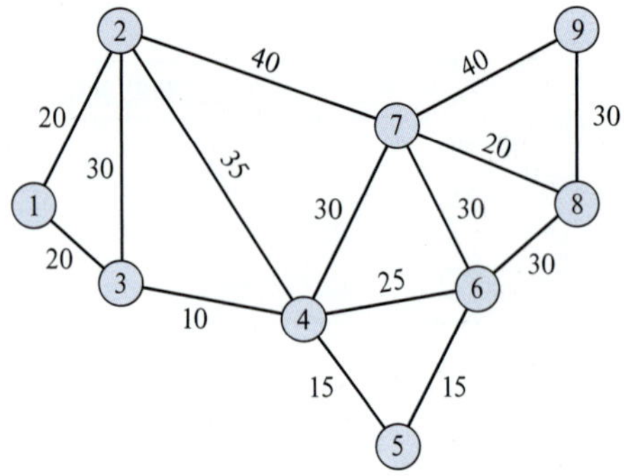

그림 8.7 교외 지역의 이동 네트워크

표 8.10 잠재적 입지에 대한 서비스 범위

지역	이 지역에서 서비스 가능한 지역의 집합	이 지역을 서비스 할 수 있는 지역
1	1, 2, 3, 4	1, 2, 3, 4
2	1, 2, 3	(1, 2, 3)†
3	1, 2, 3, 4, 5	1, 2, 3, 4, 5
4	1, 3, 4, 5, 6, 7	1, 3, 4, 5, 7
5	3, 4, 5, 6	(3, 4, 5)†
6*	N/A	4, 5, 7, 8
7	4, 6, 7, 8	(4, 7, 8)†
8	6, 7, 8, 9	7, 8, 9
9	8, 9	(8, 9)†

* 지역 6은 의료 클리닉 부지로 사용할 수 없음
† 후보 지역의 부분집합

표 8.10의 세 번째 열은 해당 지역에 서비스를 실제 제공할 수 있는 후보 지역들이다(즉 두 번째 열에서 지역 6을 제외한다). 괄호 안에 있는 집합은 다른 예상 입지의 집합의 부분집합이다. 예를 들어 지역 2는 지역 1, 2, 3에서만 서비스를 제공할 수 있기 때문에 이들 중 한 곳이 클리닉 입지로 반드시 선정되어야 한다. 이런 제약만 충족시킬 수 있다면 이들 부분집합을 찾아내는 것을 통해 문제의 크기를 줄일 수 있다.

모든 지역을 포함하는 클리닉의 수를 최소화해야 한다는 전제하에 두 개 또는 그 이상의 부분집합에 공통적으로 포함되는 지역이 최상의 입지 후보가 된다. 이 경우에 지역 3, 4, 8이 후보가 될 수 있다. 여기서 지역 3과 8을 선정하면 모든 지역을 최대 서비스 거리 내에 포함할 수 있게 된다. 또한, 각 클리닉의 서비스 제공 범위도 알 수 있다. 지역 3에 위치한 클리닉은 지역 1에서 5까지를, 지역 8에 위치한 클리닉은 지역 6에서 9까지를 서비스하게 된다.

이러한 입지문제의 해는 하나 이상이 존재할 수 있다. 이 예제에서 최대 서비스 거리를 40마일로 확대하면 다섯 쌍의 입지 (3, 8), (3, 9), (4, 7), (4, 8), (4, 9)가 모두 해가 된다.

입지 의사결정에서의 회귀분석

여러 개의 시설을 가진 회사가 많은 시설을 확장하기를 원할 때는 후보 지역의 성과를 예측하기 위해 기존 시설에 관한 통계적 정보를 활용할 수 있다. 몇 개의 독립변수—예를 들면 규모, 주변의 경쟁자들, 교통상황 등—에 기초해 성과(즉, 예상 수익)를 예측하기 위한 회귀 모형을 수립할 수 있다.

예를 들어 전국적 호텔 체인인 라 퀸타(La Quinta Motor Inns)는 확장 전략의 방향성을 정하기 위한 연구를 발주하였다.[9] 회사는 어떤 요인이 수익성 높은 호텔의 입지를 결정하는지를 알고자 하였으며, 이를 이용해 경영진이 새 호텔을 위한 후보지를 선별할 수 있기를 원하였다. 연구자들은 기존 위치에 대해 교통량, 주변에 위치한 경쟁 호텔 객실 수, 간판의 가시성, 지역 공항의 교통량, 주변 지역의 비즈니스 유형, 중심업무지역까지의 거리 등 여러 요인들에 대한 자료를 수집하였다. 전체적으로 35개의 요인, 즉 독립변수가 고려되었다.

호텔의 영업 이익은 가장 신뢰할 만한 예측 대상 척도, 즉 종속변수 Y로 선택되었다. 표 8.11에 있는 모든 변수에 대한 통계적 평가를 통해 연구자들은 예측 모형에서 사용될 네 가지의 핵심 요인—STATE, PRICE, INCOME, COLLEGE—을 선별하였다. 그 결과 (만들어진) 회귀 모형 (12)은 설명이 필요한 몇 개의 종속변수를 포함하고 있다. 호텔 개당 해당 주의 인구로 정의되는 STATE 변수는 브랜드의 노출 정도에 대한 척도이다. 이 변수의 값이 작다는 것은 해당 주에 라 퀸타 모텔들이 더 밀집되어 있다는 뜻이고, 따라서 브랜드 인지도가 강하다는 의미가 된다. INCOME 변수는 평균 가구당 수입으로 정의되며, 호텔이 위치한 지역의 부유한 정도를 나타낸다. 라 퀸타는 업무 출장자들을 목표 고객으로 하기 때문에 거주 지역에서 벗어난 지역이 선호된다.

후보로 제시된 호텔 부지의 독립변수들에 관한 데이터를 수집하고, 필요시 이를 가공함으로써 조사자들은 영업 이익을 예측할 수 있다.

$$\text{영업 이익 } Y = 39.05 + (-5.41)\text{STATE} + (5.86)\text{PRICE} + (-3.09)\text{INCOME} + (1.75)\text{COLLEGE} \tag{12}$$

이 연구의 결과는 이 모형이 제안된 위치에 새로운 호텔을 설립하였을 때의 성공 가능성을 예측하는 데 있어서 매우 우수함을 입증하였다.

---

9) S. E. Kimes and J. A. Fitzsimmons. "Selecting Profitable Hotel Sites at La Quinta Motor Inns." *Interfaces* 20, no. 2 (March 1990), pp. 12–20.

표 8.11 호텔 입지 선정 문제에 활용된 독립변수들

변수명	설명
	경쟁요인
INNRATE	호텔 가격
PRICE	호텔의 객실 요금(INNRATE랑 차이가?)
RATE	경쟁 호텔의 평균 객실 요금
RMS1	1마일 이내의 호텔 객실 수
RMSTOTAL	3마일 이내의 호텔 객실 수
ROOMSINN	객실 수
	수요 창출요인
CIVILIAN	기지 내 민간인 수
COLLEGE	대학 등록생 수
HOSP1	1마일 이내의 병원 병상 수
HOSPTOTL	4마일 이내의 병원 병상 수
HVYIND	중공업 종사자의 수
LGTIND	경공업 면적
MALLS	쇼핑몰 면적
MILBLKD	출입이 제한된 군부대
MILITARY	군인의 수
MILTOT	MILITARY + CIVILIAN
OFC1	1마일 이내의 사무공간
OFCTOTAL	4마일 이내의 사무공간
OFCCBD	중심 업무지역의 사무공간
PASSENGER	공항의 비행기 탑승객
RETAIL	소매 활동의 규모 순위
TOURISTS	연간 관광객
TRAFFIC	교통량
VAN	공항 택시
	지역 인구통계학적 요인
EMPLYPCT	실업률
INCOME	평균 가구 소득
POPULACE	거주 인구
	시장 인지도
AGE	호텔이 영업해 온 연수
NEAREST	가장 가까운 호텔까지의 거리
STATE	호텔당 해당 주의 인구 수
URBAN	호텔당 도시 인구 수
	물리적 속성
ACCESS	접근성
ARTERY	주요 도로
DISTCBD	도심까지의 거리
SIGNVIS	간판의 가시성

자료원: Reprinted by permission, Kimes S. E. and J. A. Fitzsimmons, March – April 1990, "Selecting Profitable Hotel Sites at La Quinta Motor Inns," *Interfaces* 20, no. 2, p.14. Copyright 1990, the Operations Research Society of America and The Institute of Management Sciences, 290 Westminster Street, Providence, RI 02903.

서비스 벤치마크

여기도 빵, 저기도 빵, 온 천지에 빵-빵(HERE A BUN, THERE A BUN, EVERYWHERE A BUN-BUN)

경쟁적 군집화나 포화 마케팅과 같은 아이디어는 오봉뺑(Au Bon Pain)이나 베네통(Benetton), 그리고 스타벅스(Starbucks)와 같은 여러 회사에서 이미 여러 해 전에 도입되어 잘 이용되었다. 언뜻 보아서는 좁은 지역에 심지어 한 블록 안에 한 회사가 여러 점포를 여는 것이 위험천만일 것 같다. 그러나 특별한 샌드위치와 잘 구운 빵으로 유명한 오봉뺑의 경우엔 이러한 장점으로 단점을 상쇄시켜 왔다.

포화 마케팅은 광고 부담을 줄여준다. 베네통 옷가게나 스타벅스 커피숍을 지나지 않고 한 블록 아니 심지어 백화점 한 층을 지나가기가 어려울 정도인데 광고를 할 이유가 있겠는가? 오봉뺑은 점포를 밀집시켜 두면 관리하기에도 편리하다는 것을 알고 있다. 포화 마케팅은 스타벅스와 오봉뺑과 같은 특정한 비즈니스에 대해 고밀집 도시 지역에서 가장 성공적인 것으로 알려져 있다. 사실 이 경우에 스타벅스나 오봉뺑은 목적지가 아니다. 고객들은 다른 목적지를 찾아가면서 단지 이곳에 잠시 거쳐간다.

군집화는 개인 소유의 독자적인 프랜차이즈보다는 회사 소유의 아웃렛에서 보다 진가를 발휘한다. 한 기업이 소유한 아웃렛이 모여 있는 곳에서는 어디든지 장사가 잘되면 다행이지만 개인 소유의 프랜차이즈가 모여 있는 곳에서는 한 곳에서 장사가 잘되면 다른 곳은 손해를 보게 되기 때문이다.

요약

입지 선정은 유연성, 경쟁적 입지, 수요관리, 집중 등의 경쟁 차원에 영향을 미치므로 서비스 기업의 전략에서 중요한 역할을 한다. 경쟁적 군집화와 같은 전략은 쇼핑몰의 입지에서 자주 활용되고, 포화 마케팅은 소규모 소매점 등에서 성공적으로 활용된다. 중간 마케터의 활용은 소비자와 생산자를 분리하는 데 유효하다. 생산자와 소비자의 대면접촉이 불필요하다면, 인터넷 서비스 제공자의 예에서 볼 수 있듯이 정보통신기술을 이용해 물리적 이동을 대체할 수 있다.

입지 선정 기법에 대한 설명은 단일 시설 입지 문제에서부터 시작하였다. 교차 중앙값 접근법은 고객의 총 이동거리를 최소화시키기 위한 최적 입지를 찾는 것이다. 이윤극대화를 위한 단일 소매점의 입지모형은 허프(David Huff)가 점포의 규모와 입지를 고려하여 매력도를 예측하기 위하여 중력모델을 이용하여 연구한 중요한 문제이다. 복수 시설의 입지 문제에서 집합 덮기 개념은 후보 입지를 식별하기 위한 제약으로서 최대 서비스 거리를 사용한다.

주요 용어

경쟁적 군집화(competitive clustering) 고객들이 비교 쇼핑을 하기 편하게 경쟁자들이 주위에 몰려 있는 것(예: 자동차 딜러들)

교차 중앙값(cross-median) 메트로폴리탄 거리척도 하에서 총 가중 이동거리를 최소화하는 단일시설의 입지결정 기법

전자적 거리(e-distance) 웹사이트로의 접속 과정에 존재하는 장벽

허프 모형(Huff model) 특정 설비에 대한 고객 매력도를 측정하기 위해 완벽한 무게중심의 개념에 기초해 작성한 소매입지 모형

입지 집합 덮기(location set covering) 주어진 최대 이동거리 제약 안에서 모든 수요 지점을 만족시켜 줄 수 있는 최소 시설의 수와 입지를 찾는 접근법

중간 마케터(marketing intermediaries) 서비스 공급자와 최종 소비자를 연결하는 유통경로에 있는 매개물 또는 중개자(신용카드를 통해 신용을 소매업자에게까지 확대한 은행의 예)

메트로폴리탄 거리척도(metropolitan metric) 직각거리를 가정한 이동거리 척도(예: 도심에서 남–북, 동–서 이동)

포화 마케팅(saturation marketing) 고객의 주의를 끌기 위해 같은 회사의 매장들이 한 지역에 집중적으로 입지하는 마케팅 전략

토론 주제

1. 특정한 서비스 사례를 선정해 시설 입지상의 문제점을 파악하라.
2. 은행지점에 대해서 허프 모형의 λ 값을 어떻게 추정할 것인지 논하라.
3. 서비스의 어떤 특징이 고객의 이동을 커뮤니케이션으로 대체할 수 있도록 하는가?
4. 서비스 유통 채널에서 중간 마케터를 이용하는 이점은 무엇인가?
5. 구글을 검색해 “공간 지능(location intelligence)”의 정의를 검색하라. 무엇을 사용해 지리정보를 만드는가?

그룹활동 과제

지리정보시스템(GIS) 및 시설 입지의 맥락에서 구글 어스(Google Earth)와 구글 지도(Google Map)의 특별한 기능을 이용하여 정부(예: 군대, 법 집행 기관) 및 당신이 선택한 산업에서 그러한 기술이 어떻게 활용될 수 있는지 논의하라.

익힘 문제와 풀이

1. 교차 중앙값 모형으로 입지 선정하는 문제(Cross-Median Location Problem)

문제

서부 텍사스 교외 지역에 병원을 세울 계획이다. 이 지역은 다음의 좌표에서 보는 바와 같이 4개 지역으로 구분이 된다. *xy*좌표로 4개 지역을 표시하면 A(6, 2), B(8, 6), C(5, 9), D(3, 4)이며 각각의 인구는 2,000, 1,000, 3,000, 2,000이다. 교차 중앙값 모형을 이용해 총 가중 메트로폴리탄 이동거리를 최소화할 수 있는 최적의 입지를 선정해보자.

해

첫째, 인구의 중앙값을 먼저 계산한다(단위는 천 명으로 한다).

$$중앙값 = (2 + 1 + 3 + 2)/2 = 4$$

둘째, 4지역의 위치를 *xy*좌표 평면에 표시하고 각 위치를 표시할 때 아래첨자로 인구 수를 함께 표기한다(단위는 천 명으로 한다). 그러면 다음의 그림과 같다.

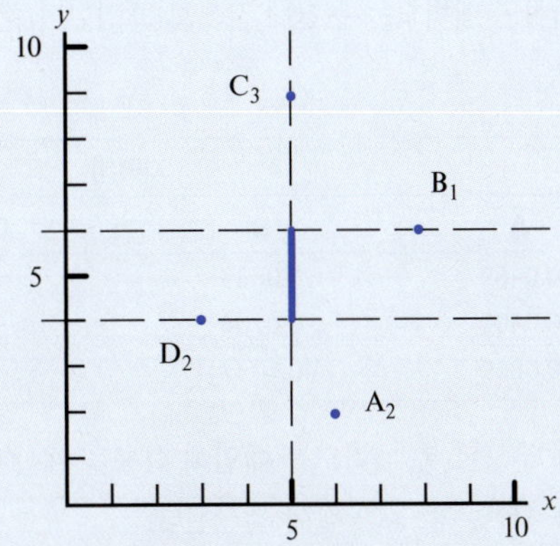

셋째, 가중치의 합계가 중앙값과 같거나 많을 때까지(즉, $D_2 + C_3 = 5$), 왼쪽에서 오른쪽으로 이동하면서 좌표평면에 수직선으로 x중앙값을 찾아 표시한다. 이렇게 찾아낸 수직선은 $x = 5$에 위치한다. 오른쪽에서 왼쪽으로 이동하면서 같은 방식으로 수직선을 구하면(즉, $B_1 + A_2 + C_3 = 6$), 역시 $x = 5$의 수직선을 찾을 수 있다.

넷째, 가중치의 합계가 중앙값과 같거나 많을 때까지(즉, $C_3 + B_1 = 4$), 위에서 아래쪽으로 이동하면서 좌표평면에 수평선으로 y중앙값을 찾아 표시한다. 이렇게 찾아낸 수평선은 $y = 6$에 위치한다. 아래쪽에서 위로 이동하면서 같은 방식으로 수평선을 구하면(즉, $A_2 + D_2 = 4$), 역시 $y = 4$의 수평선을 찾을 수 있다. 따라서 여기서는 xy 좌표평면의 (5, 4에서 5, 6)에 이르는 직선상의 위치가 가장 좋은 입지가 된다.

2. 허프 모형으로 소매점 입지 선정하는 문제(Retail Location Using the Huff Model)

문제

앞의 문제에서 살펴본 서부 텍사스 지역의 D지역에 식료품점이 입지해 있다고 하자. 그런데 C지역에 그 점포보다 3배나 넓은 점포가 들어올 예정이라고 한다. 월간 평균 고객들의 소비지출은 약 100달러라고 가정하자. 그리고 $\lambda = 2$일 때, 메트로폴리탄 거리척도를 이용해 만약 C지역에 새로운 점포가 개점을 할 경우에 D지역의 점포가 받게 될 월간 지출 및 시장점유율을 허프 모형을 이용해 산출해보자.

해

첫째, 메트로폴리탄 거리척도를 이용해 이동거리를 계산한다.

마일 단위로 나타낸 이동거리(T_{ij})(메트로폴리탄 척도 이용)

입지(*j*)	지역(*i*)			
	A(6, 2)	B(8, 6)	C(5, 9)	D(3, 4)
제안 C (5, 9)	8	6	0	7
현존 D (3, 4)	5	7	7	0

둘째, 수식 (8)을 이용해 $\lambda = 2$를 가지고 매력도 매트릭스를 계산한다. 예를 들면 신규 점포 C (S = 3, 점포 넓이가 3배)에 대한 A구역의 매력도는 다음과 같이 계산된다.

$$A_{ij} = \frac{S_j}{T_{ij}^{\lambda}} = \frac{S_1}{T_{11}^2} = \frac{3}{8^2} = \frac{3}{64} = 0.0469$$

점포가 동일한 지역에 위치하면 매력도는 무한대 값으로 표기한다(분모의 $T_{ij} = 0$이므로).

매력도(A_{ij})

입지(j)	지역(i)			
	A	B	C	D
제안($S_1 = 3$)	0.0469	0.0833	∞	—
현존($S_2 = 1$)	0.0400	0.0204	—	∞
총 매력도	0.0869	0.1037		

셋째, 수식 (9)를 이용해 분모로 총 매력도를 대입해 확률을 계산한다. 예를 들면 A구역 거주자의 신규 점포 C까지의 이동 확률은 다음과 같이 계산된다.

$$P_{ij} = \frac{A_{ij}}{\sum_{j=1}^{n} A_{ij}} = \frac{A_{11}}{A_{11} + A_{12}} = \frac{0.0469}{0.0469 + 0.04} = 0.54$$

확률(P_{ij})

입지(j)	지역(i)			
	A	B	C	D
제안	0.54	0.80	1.0	0
현존	0.46	0.20	0	1.0

넷째, 수식 (10)을 이용해 월간 지출을 계산할 수 있으며 수식 (11)을 이용하면 시장점유율도 산출해 낼 수 있다. 예를 들면 A구역 거주자가 신규 점포 C에서 지출할 액수를 계산하면 다음과 같다.

$$E_{jk} = \sum_{i=1}^{m} (P_{ij} C_i B_{ik}) = P_{11} C_1 B_1 = (.54)(2000)(100) = \$108{,}000$$

월간 지출(E_{jk})과 시장점유율(M_{jk})

입지(j)	각 지역의 지출액					
	A	B	C	D	월간 합계	시장점유율%
제안	$108,000	$80,000	$300,000	$0	$488,000	0.61
현존	92,000	20,000	0	200,000	312,000	0.39
총계	$200,000	$100,000	$300,000	$200,000	$800,000	1.00

연습문제

8.1 예제 8.1에서 제시된 복사 서비스 문제를 다시 고려하되, 4개의 수요지점의 월간 수요가 $w_1 = 7$, $w_2 = 9$, $w_3 = 5$, $w_4 = 7$의 가중치로 증가했다고 가정하자. 만약 이전에 복사 서비스가 그림 8.6의 A 지점에 위치했었다면, 우리는 위치 변경을 고려해야 하겠는가?

8.2 임시 지원(temporary-help) 대행사는 대도시 교외 지역에 사무실을 개설하고자 한다. 이를 위해 잠재 고객인 5개의 큰 회사의 사무실을 알아보고자 한다. 이 사무실들의 입지를 xy좌표로 표시하면 다음과 같다: $c_1 = (4, 4)$, $c_2 = (4, 11)$, $c_3 = (7, 2)$, $c_4 = (11, 11)$, $c_5 =$

(14, 7). 이 고객들로부터의 임시 지원 서비스의 예상 수요는 $w_1 = 3$, $w_2 = 2$, $w_3 = 2$, $w_4 = 4$, $w_5 = 1$과 같은 상대적 가중치로 나타난다. 회사는 직원들의 출장 비용을 지급한다. 회사의 업무 관련 이동에 대한 총 가중 메트로폴리탄 거리를 최소화하는 *xy*좌표 입지를 선정하라.

8.3 어떤 지역에 위치한 4개의 병원은 중앙 혈액은행 시설을 설립해 서로에게 혈액을 공급하고자 한다. 각 병원들의 *xy*좌표는 다음과 같다: $H_1 = (5, 10)$, $H_2 = (7, 6)$, $H_3 = (4, 2)$, $H_4 = (16, 3)$. 혈액은행으로부터 각 병원으로 이동되는 혈액의 양은 월간 450, 1,200, 300, 1,500이다. 교차 중앙값 접근법을 사용해 총 이동거리를 최소화할 수 있는 혈액은행의 입지를 선정하라.

8.4 피자배달 서비스 업체는 학교 외부에 위치한 학생 아파트 근처에 새로운 지점을 설치하려 한다. 프로젝트 담당자가 알아낸 다섯 군데의 학생 아파트의 위치를 *xy*좌표에 표시하면 $C_1 = (1, 2)$, $C_2 = (2, 6)$, $C_3 = (3, 3)$, $C_4 = (4, 1)$, $C_5 = (5, 4)$이다. 각 아파트에서 기대되는 수요를 가중치로 표시하면 $w_1 = 5$, $w_2 = 4$, $w_3 = 3$, $w_4 = 1$, $w_5 = 5$이다. 교차 중앙값 접근법을 이용해 총 이동거리를 최소화할 수 있는 피자 지점의 위치를 선정하라.

8.5 한 작은 도시에 위치한 공항을 4개 항공사가 이용하고 있다. 각 항공사에 할당된 공항 승강장은 넓은 지역에 분산되어 있고 이를 *xy*좌표에 표시하면 $A = (1, 4)$, $B = (5, 5)$, $C = (8, 3)$, $D = (8, 1)$이다. 각 항공사는 비슷한 기종의 항공기를 보유하고 있는데 매일 운항하는 편수는 $A = 28$, $B = 22$, $C = 36$, $D = 18$이다. 이 공항에서는 중앙에 새로이 수하물 수령 지역(baggage claim area)을 설치하려 한다. 교차 중앙값 접근법을 이용해 승강장으로부터 총 가중이동거리를 최소화하는 위치를 선정하라.

8.6 당신은 도시의 중앙업무지구에서 음식을 케이터링 해주는 서비스 업체의 입지 선정을 도와달라고 요청을 받았다. 잠재 고객의 입지 *xy*좌표는 각각 $P_1 = (4, 4)$, $P_2 = (12, 4)$, $P_3 = (2, 7)$, $P_4 = (11, 11)$, $P_5 = (7, 14)$이며, 예상 수요의 가중치는 $w_1 = 4$, $w_2 = 3$, $w_3 = 2$, $w_4 = 4$, $w_5 = 1$로 나타나 있다. 교차 중앙값 접근법을 사용해 업체에서 고객 서비스를 위해 이동하는 총 가중 이동거리를 최소화할 수 있는 입지를 선정하라.

8.7 예제 8.2의 복사 서비스-허프 분석을 다시 논의해보자. 입지 B에 복사 센터를 제안했을 때 매월 고객의 지출과 시장점유율을 다시 계산해보자. 새로운 가게가 입지 A의 능력에 3배라고 가정하고, 연습 문제 8.1에서 사용한 새로운 수요 가중치를 사용한다.

8.8 어느 지역에 기반을 둔 A 백화점에서는 가전제품에 대한 수요를 추정하기 위해서 5개 지역에 걸쳐 각각 2명의 고객으로 표본조사를 실시하였다. 이 백화점의 총 고객 수는 1만 명인데 이들의 지역별 분포는 $C_1 = 1{,}500$, $C_2 = 2{,}500$, $C_3 = 1{,}000$, $C_4 = 3{,}000$, $C_5 = 2{,}000$이다. 각 지역의 두 명의 샘플 고객이 연간 가전제품 구매를 위해 지출하는 예산은 $B_{11} = 100$, $B_{12} = 150$; $B_{21} = 75$, $B_{22} = 100$; $B_{31} = 125$, $B_{32} = 125$; $B_{41} = 100$, $B_{42} = 120$; $B_{51} = 120$, $B_{52} = 125$이다(단위: 달러).

a. 허프의 소매점 입지모형을 이용해 연간 가전제품 수요를 추정하라.

b. 체인 형태의 Bull's-Eye 백화점에서는 기존 백화점 근처에 새로운 시점을 개설하였다. 새로운 지점은 기존 백화점 대략 3배 정도의 규모이고 각 지역에서 두 백화점(기존 백화점인 경우 $j = 1$, 지점 백화점인 경우 $j = 2$)까지의 거리는 $T_{11} = 20$, $T_{12} = 15$; $T_{21} =$

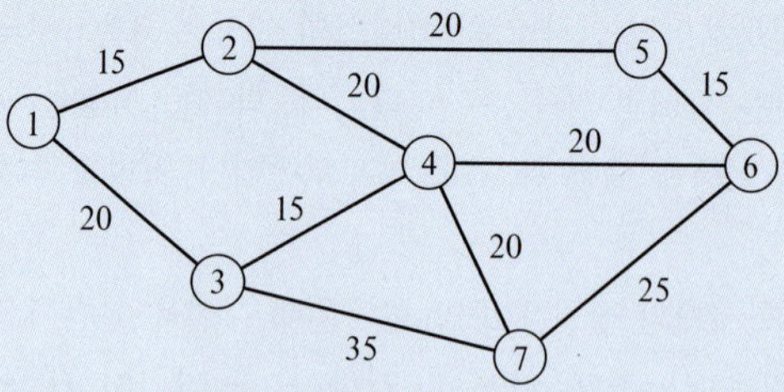

그림 8.8 서비스 지역 네트워크

표 8.12 주유소까지 가는 데 걸리는 시간

지역	1	2	3	4
기존 주유소	5	1	9	15
새로운 경쟁자	20	8	12	6
고객의 수	100	150	80	50

35, $T_{22} = 20$; $T_{31} = 30$, $T_{32} = 25$; $T_{41} = 20$, $T_{42} = 25$; $T_{51} = 25$, $T_{52} = 25$이다. 각 백화점의 가전제품 매장이 $\lambda = 1$일 때 허프 모형을 사용해 각 백화점에서의 연간 소비자 지출액을 추정하라.

8.9 어떤 도시에서는 현재 6개의 주유기를 가진 셀프서비스 주유소 한 곳이 영업하고 있다. 그리고 경쟁업체가 12개의 주유기를 가진 새로운 시설을 시내 건너편 위치에 오픈할 예정이다. 표 8.12에는 각 지역에서 주유소 위치까지의 이동 시간과 해당 지역에 있는 고객들의 수를 나타내고 있다.

a. 허프의 소매 입지 선정 모형을 사용해 $\lambda = 2$라고 가정했을 때 각 지역에서 각 주유소로 고객 이동의 확률을 계산하라.

b. 신규 경쟁업체에 의해 손실을 입는 기존 시장의 비율은 얼마나 되는지 추정하라.

8.10 예제 8.3의 교외 의료 진료소를 다시 상기하라. 각 지역에서 가까운 진료소까지의 거리는 최대 25마일 이하가 되어야 한다. 몇 개의 진료소가 필요한가? 그리고 그들의 입지는? 모든 가능한 입지를 계산하라.

8.11 한 은행에서는 그림 8.8에 표시된 지역에 현금자동입출금기(ATM)를 설치하려고 한다. 각 지역 간의 이동시간(분 단위)은 그림 8.8에 표시된 바와 같다. 은행에서는 현금자동입출금기들을 어느 지역에 설치해야 현금자동입출금기까지 20분 내에 도착할 수 있는지를 알고 싶어 한다. 최소한의 기계로 이런 조건을 만족시킬 수 있는 입지 선정 방법은 무엇인가?

8.12 그림 8.8에 나타난 지역을 담당하는 자원 봉사 소방서에서는 인근 지역에서 경매를 통해 중고 소방차 두 대를 구매했다.

a. 소방차가 30분 이내에 모든 지역에 도착하는 것을 보장하도록 하기 위한 두 소방차 위치의 가능한 모든 조합을 제시하라.

b. a.에서 알아낸 두 위치의 조합을 바탕으로, 최종적으로 위치를 선정하기 위한 추가적인 고려사항에는 어떤 것들이 있겠는가?

사례_8.1

Health Maintenance Organization (C)

뉴욕주 버펄로(Buffalo)에 있는 종신보험 회사의 행정관인 조안 테일러(Joan Taylor)는 텍사스주 오스틴(Austin)의 HMO 부속 클리닉을 설치하라는 임무를 맡았다. HMO라는 서비스는 오스틴 거주민에게 전통적인 개별 지불 의료 서비스에 대한 하나의 대안으로 제시되는 의료 서비스 개념이다. 개개인은 HMO에 자발적으로 가입하게 되면 정액 진료 서비스를 받을 수 있다. 그렇지만 정액 진료비는 사전에 지불해야 한다.

테일러는 오스틴에 새로운 클리닉의 개원을 위해 필요한 사전 작업을 조심스레 준비해 그녀가 오스틴에 도착하였을 때 대부분의 작업이 완료되어 있었다. 그렇지만 도보로 접근이 가능한 클리닉의 입지 선정 문제는 아직 남아 있었다. HMO에 등록할 것으로 예상되는 잠재 고객의 사전 자료는 표 8.13에서 제시된 국세조사 표준구역(census-tract)에 기초해 작성된 것이었다. 그림 8.9의 국세조사 표준 구역도와 교차 중앙값(cross-median) 접근법을 이용해 이 클리닉의 입지가 어디가 좋을지 제시해보자.

표 8.13 국세조사 표준 구역당 예상 등록자 수

표준 구역	등록자 수(단위: 천 명)	표준구역	등록자 수(단위: 천 명)
1	5	13.02	4
2	4	14	5
3	3	15.01	6
4	1	15.02	4
5	2	15.03	5
6	1	16.01	3
7	4	16.02	2
8	1	18.03	5
9	2	20	2
10	4	21.01	4
11	2	21.02	3
12	2	23.01	4
13.01	3		

참고문헌

Baron, Opher, Joseph Milner, and Hussein Naseraldin. "Facility Location: A Robust Optimization Approach." *Production and Operations Management* 20, no. 5 (September-October 2011), pp. 772-85.

Castillo, Ignacio, Armann Ingolfsson, and Thaddeus Sim. "Social Optimal Location of Facilities with Fixed Servers, Stochastic Demand, and Congestion." *Production and Operations Management* 18, no. 6 (November-December 2009), pp. 721-36.

Chanta, Sunarin, Maria E. Mayorga, and Laura A. McLay. "Improving Emergency Service in Rural Areas: A Bi-objective Covering Location Model for EMS Systems." *Annals of Operations Research* 221, no. 1 (2014), pp. 133-59.

Ehsani, Amir, Abolfazl Danaei, and Mohammad Hemmati. "A Mathematical Model for Facility Location in Banking Industry." *Management Science Letters* 4, no. 9 (2014), pp. 2097-100.

Fernández, José, and Eligius MT Hendrix. "Recent Insights in Huff-like Competitive Facility Location and Design." *European Journal of Operational Research* 227, no. 3 (2013), pp. 581-84.

Min, H. "Location Planning of Airport Facilities Using the Analytic Hierarchy Process." *Logistics and Transportation Review* 30, no. 1 (March 1995), pp. 79-94.

Schmenner, Roger W. "The Location Decisions of New Services." In *New Service Development,* Eds. J. A. Fitzsimmons and M. J. Fitzsimmons. Thousand Oaks, CA: Sage Publications, 2000, pp. 216-38.

Part 3

서비스 운영 관리

고객–공급자의 양면성 때문에 서비스 공급사슬이 관계 관리 측면에서 실제로 도전과제가 되고 있다. 또한, 오늘날의 국제적 경쟁 환경에서의 서비스 성장에 대한 논의도 중요한 토론과제가 되고 있다. 기업의 목적, 고객의 요구, 서비스 제공자에 대한 관심은 계속 변화하는 환경하에서 동시에 관리되어야 하기 때문에, 서비스 운영은 끊임없는 도전과제이다. 이어서 초과예약, 근무교대 일정 및 수율관리 등의 기법을 활용하여 서비스 공급능력과 수요를 일치시키는 전략에 대해 살펴볼 것이다. 그렇지만, 공급능력과 수요의 완벽한 일치는 거의 불가능하며, 이는 고객이 기다리게 되는 결과로 나타난다. 따라서 고객의 불만족스러운 서비스 경험을 방지하기 위한 대기행렬의 관리는 중요한 기법이다. 적절한 서비스능력을 계획하기 위한 분석적 대기행렬 모델의 적용이 다양한 시나리오에서 입증된다. 컴퓨터 시뮬레이션에 관한 부록으로 Part 3을 마무리한다.

Chapter 9

서비스 공급관계 관리

학습목표

1. 일반 재화의 공급사슬과 서비스 공급 간의 관계를 비교
2. 전자상거래에서 옴니채널 공급사슬의 역할에 대한 설명
3. 서비스 공급에 있어서 가치 원천을 파악
4. 양방향 관계가 가지는 경영적 의미에 대해 논의
5. 서비스 전문 기업의 수익성 창출에 기여할 세 가지 요소 파악
6. 서비스와 아웃소싱 조직에 미치는 중요성에 근거하여 비즈니스 서비스를 분류
7. 아웃소싱 서비스 분야에서 다뤄질 경영적 고려사항 논의

공급사슬 관리는 생산된 상품을 최종 소비자에게 전달하기 위한 총체적 시스템 접근법이라고 할 수 있다. 부품 공급사로부터 소매점에 이르기까지 공급사슬을 구성하는 요소들을 조정하기 위해 정보기술을 사용하는데, 이를 통하여 전통적인 물류 시스템에서는 실현하기 힘들었던 통합 수준을 달성하여 기업은 경쟁에서 우위를 차지할 수 있게 되었다.

휴렛팩커드사의 의사결정을 예로 들어보자. 기본 데스크젯 프린터를 생산하는 휴렛팩커드사는 유통업체에 적합한 매뉴얼과 전원 코드를 옵션으로 추가함으로써 프린터 생산을 지역화(localization)하였다. 그 결과 한 가지 기본 프린터로 수요가 통합되었기 때문에, 나라별로 재고를 보유할 필요가 없어져 완제품 재고가 급격히 줄어들었다. 이러한 지연 전략은 또한 포장할 때의 불필요한 공간을 줄여 선적비의 절감이라는 예기치 않던 성과를 가져왔다.

타코벨은 휴렛팩커드사와 동일한 공급사슬 접근법을 취하였다. 타코벨 공급사슬의 첫 번째 단계는 농산물 식자재 원재료(고기, 야채, 향신료, 곡류 등)로 구성된다. 이들 원료는 대량으로 구매된 후, 각 소매점으로 공급을 앞두고 지역 물류센터에 보관된다. 소매점에서 조리 시설을 없애고 조리 파트를 한곳에 집중시킴으로써 수요의 통합은 물론 음식물 쓰레기도 줄일 수 있게 되었다. 소매점의 생산 과정은 주문생산방식(make-to-order)에서 주문조립방식(assemble-to-order)으로 변경되었다. 음식을 기다리는 시간이 줄어드는 것은 물론, 깔끔해진 시설과 식사할 수 있는 여분의 공간이 마련되어 소비자들은 이러한 타코벨의 경영방식을 반기게 되었다.

개요

제조업에서 공급사슬 관리의 이점은 제품설계부터 애프터서비스까지를 포함하는 가치사슬을 총체적인 시스템 관점으로 접근한 데에서 도출된다. 공급사슬상의 독립기업들이 공통으로 수행하는 상호 연계된 수많은 경영활동들을 조정할 수 있게 된 배경에는 정보기술(IT)이 원동력으로 작용하였다. 그러나 서비스 공급 관리는 고객과 공급자 역할의 이원성으로 인하여 활동의 연속적 사슬(chain of activities)이라기보다는 관계(relationship)의 형태로 묘사할 수 있다. 서비스 공급관계에서 가치의 원천을 설명하기 위해 가정건강관리(home health care)에 관한 사례가 소개될 것이다. 전문 서비스의 독특한 특성에 대해 살펴본 후, 본 장은 서비스 아웃소싱 및 이와 관련하여 경영상 고려할 사항에 대한 논의를 끝으로 결론을 맺는다.

공급사슬 관리

우리가 서비스 공급사슬을 살펴보기에 앞서서, 제조 공급사슬을 먼저 고려할 필요가 있겠다. 공급사슬 관리에서 어려운 점은 고객에게 신뢰감을 주고 신속하게 배달하면서도 생산-재고비용과 적절한 균형을 이루는 것이다. 공급사슬 모델링을 통해 관리자들은 어떤 대안이 합리적인 비용으로 고객만족을 최대로 향상시킬 수 있는지 평가할 수 있다. 공급사슬은 자산비용(즉, 재고자산과 설비자산)과 고객 서비스에 대한 시간적 특성(즉, 납기의 반응성과 신뢰성) 간의 관계의 네트워크로 모델화된다.

네트워크 모델

일반 재화에 대한 공급사슬은 각각 투입과 자재 변환 그리고 수요 산출로 정의되는 자재처리 단계들의 부가가치 창출 네트워크로 볼 수 있다. 그림 9.1에서와 같이 이러한 단계들(공급, 생산, 유통, 소매, 재활용)은 각 단계 사이의 재고와 자재 흐름을 나타내는 화살표들로 연결되어 있다. 생산단계는 외부 공급자에 의한 원자재와 부품의 공정과정을 보여준다. 이때 자재는 운송과 조립과정을 거치면서 가치가 더해지며, 만들어진 최종 제품의 재고는 도매상에서 소비자들이 직접 물건을 구입하는 소매상으로 운송된다.

지속 가능한 환경에 대한 관심이 늘어나면서 생산자들은 제품생산 전체 주기를 관리할 필요성을 인식하게 되었다. 이에 따라 수많은 제품들이 쓰레기장에 버려지기보다는 재활용 또는 재생산을 염두에 두고 생산되었다. 그러한 예로 오래된 프린터용 카트리지가 재활용되는 경우와 알루미늄 캔이 다시 쓰일 수 있는 경우를 들 수 있다. 유럽의 몇몇 국가에서는 정부차원에서 재활용 부품 사용이 용이하게 설계된 자동차 생산을 요구하기도 한다.

이와는 반대방향으로 발생하는 정보의 이동은 그림 9.1에서 점선으로 나타나 있으며 공급사, 공정 및 제품 설계, 판매 후 서비스(A/S) 활동을 포함한다. 공급사슬 조정과정에서 얻을 수 있는 확실한 이점은 하위단계 정보의 활용에 있다. 자동차 제조업자가 제품의 A/S 과정에서 디자인상의 결함을 발견할 수 있는 점은 그 예라고 할 수 있다. 도매단계에서는 소매상으로부터 얻은 그때그때의 판매 실적이 집계되는데, 이는 생산스케줄을 계획

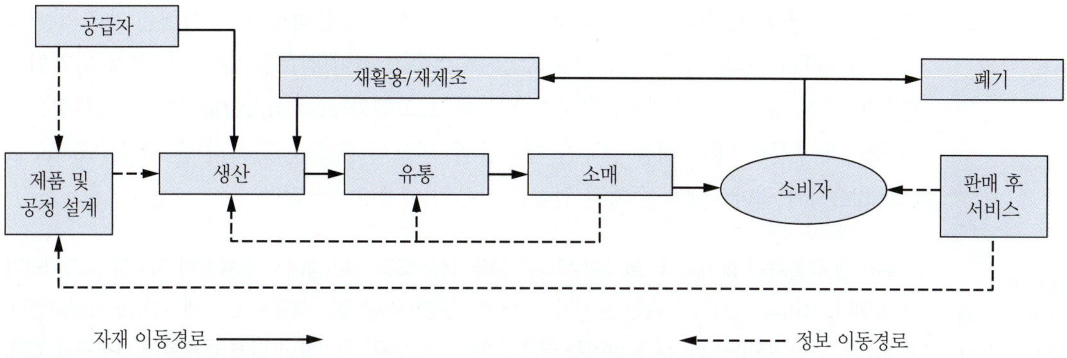

그림 9.1 물리적 상품의 공급사슬

함에 있어 재고가 쌓이거나 판매량 감소를 막을 수 있게 해준다.

공급사슬의 성공은 전체 참여 기업 간의 효과적인 파트너십과 협력의 형성을 통해서 달성할 수 있다. 비협조적인 공급사슬에서는 "**채찍현상(*bullwhip effect*)**"이 발생하는데, 이는 소매점에서의 작은 주문 변화가 공급사슬상의 도매점 그리고 제조업체로 갈수록 그 변화의 폭이 커지는 현상을 말한다. 사슬상의 개별 단계는 최종 수요를 알 수 없어 하위 고객의 주문에 과잉 반응하고, 납품지연이 발생하면 재고수준의 변화 폭이 사슬의 윗단계(상위부문)로 갈수록 증폭된다. 공급사슬의 조정이 결여되면 재고 과잉이 발생하거나 재고 부족이 발생해 시스템의 불안정을 초래하게 된다.

불확실성의 관리

공급업자의 배달 성과, 제조기업의 신뢰성, 그리고 고객의 수요는 세 가지 불확실성의 원천이 되는데, 이를 제외하면 공급사슬 관리는 비교적 명확한 메커니즘이라 할 수 있다. 이러한 불확실성의 세계에서 재고는 보험과 같은 역할을 한다. 고객 서비스 수준의 목표(예: 품절 발생기간을 전체 시간의 5% 미만)를 만족시키기 위해서 약간의 여분 자재나 안전재고를 보유함으로써, 사슬상의 상위 공정과정에서 잘못된 상황이 발생해도 고객납기를 맞출 수 있다.

선적을 지연시키는 폭풍, 품질 문제, 기계고장, 원자재 공급의 지연 중에서 어느 하나라도 생기면, 공급업자의 정시 납기에 변동을 초래할 수 있다. 과거 오랜 기간 동안의 자료로부터 각 공급사에 대한 납기이행 정확성의 분포를 도출해 낼 수 있으며, 이는 구매 협상에 사용될 수 있다. 왜냐하면 공급사의 신뢰성이 높을수록 공급사슬 하위 단계에서 필요한 안전재고의 수준은 낮아지기 때문이다. 제조의 신뢰성은 공급사와 접촉하면서 생길 수 있는 이와 같은 문제들의 영향을 받으며, 또한 내부적으로는 공통 자원을 사용하는 공정(예를 들어, 기계작업장의 크레인)을 거쳐야 하는 여러 제품들의 스케줄 과정에서 발생하는 상충으로 인한 지연의 영향을 받기도 한다. 전체적인 불확실성은 적시 이행에 대한 확률분포로 이해될 수 있다. 고객수요의 변동성은 결정하기 가장 어려운 요소이다. 시장조사법이나 유사 상품에 대한 과거 경험이 미래 수요분포의 예측에 적용될 수 있다.

전략적 구상은 불확실성으로 인한 충격을 줄이고 소비자에 대한 서비스를 향상시킬 수 있다. 예를 들어, 통계적 공정관리와 같은 전사적 품질관리 기법의 실행은 제조의 신뢰성을 높여준다. 이와 함께 보다 믿을 수 있는 수송 방식이 검토될 수 있다. 제품 디자인의 변화는 생산 공정에서 미완성 제품을 비축하고 고객화(customization)를 지연시킴으로써 소비자 주문에 대한 대응 능력을 제고할 수 있도록 해준다. 프록터 앤 갬블(Procter & Gamble)사와 월마트에서 수행된 전략은 다음의 예제 9.1과 같다.

예제 9.1 프록터 앤 갬블(Procter & Gamble)사와 월마트

프록터 앤 갬블사와 월마트 두 회사의 목적은 모두 생산/유통 시스템에서 효율성과 이윤을 증대시키려는 것이다. 그러나 자신의 잇속만 챙기려는 독자적 운영방식은 일시적으로 산업에 지장을 초래하였다. 표 9.1의 "이전" 부분은 공급사슬상에서 공급자 및 소매상들이 직면했던 많은 문제들을 보여주고 있다. 프록터 앤 갬블사는 시장 지분을 늘릴 목적으로 일회용 기저귀 제품인 팸퍼스(Pampers)에 가격촉진 정책을 시행하였다. 월마트에서는 팸퍼스 제품을 낮은 가격에 다량으로 구입하였다. 월마트의 의도는 할인기간 동안 물건을 사들인 후(일명 "사재기"), 나중에 가격촉진 정책이 끝나면 정상가격에 판매함으로써 영업이익을 늘리려는 것이었다. 이러한 전략은 결국 공급사슬상에서 완제품의 재고 단계에 "채찍현상(bullwhip effect)"을 일으키게 되었다. 사재기는 생산용량에 막대한 동요를 가져왔는데, 이는 월마트가 쌓아둔 제품들로 인해 수개월간 별도의 주문을 하지 않았기 때문이다. 월마트가 재고로 인해 부담하

표 9.1 월마트와 프록터 앤 갬블에서 공급사슬 관리의 영향

구성요소 혹은 연결 관계	이전	이후
채널관계	독립/경쟁; 다수의 경쟁관계의 공급자와 유통업자	상호 의존적; 몇몇 정해진 공급자와 유통업자의 파트너십
재화의 흐름	밀기식 흐름(push)	당김식 흐름(pull)
정보의 흐름(상류)	당김 작용, 미완성, 부분적, 수동적; 사슬상의 수많은 인간 간의 연결 관계 때문에 지연됨; 몇 주 혹은 몇 달 단위로 느림; 하류의 최근 수요 자료와 생산 스케줄이 가용치 않음	밀기 작용, 계획, 적절성, 자동화; 사슬의 모든 참여자를 위한 높은 수준의 연결성과 투명성; 빠름, 경우에 따라서는 순식간, 최근 수요 자료와 생산 스케줄 자료에 접근이 가능함
정보의 흐름(하류)	제품 추적 정보가 거의 없음	RFID를 이용한 제품 추적; 사전 선적 통지
비즈니스 프로세스	주로 사내에서 이루어짐; 효율성의 지역 최적화	주요 프로세스는 사내에서, 그 외의 것은 유연성을 위해서 아웃소싱; 수요에 공급을 맞추기 위해서 통합과 동시화(synchronized)됨
수요관리	능력계획 도출을 위해서 반응예측 사용; 분할되었음	변동성을 제거하기 위한 사전관리; 고객관계 관리
재고	많음; 불확실성과 정보 부재에 대비하기 위한 완충 역할로 사용됨; *채찍현상*이 보편화되었음	낮음, 정보의 연결성은 투명성으로 인하여 완충재고를 줄임; 차별화 지연은 리스크 풀에서 효과적으로 사용되고 재고를 줄임; 재고 위치의 개선은 공급사슬을 향상시킴
생산	경직되었음; 긴 리드 타임; MRP에 의한 생산; 밀기 생산; 재고생산	유연함; 리드타임 단축; 당김 생산(just-in-time); 대량고객 지향화(고객 납기 준수하기 위해서 공급사슬상에서 올바른 장소에 위치한 공동 부품에 근거한 제품); 주문생산
유통	전통적인 창고의 네트워크; 유통까지 확장된 MRP; 유통소요계획; 밀어내기식 유통	QR, 연속재고 보충과 같은 프로그램에서 당김 아이디어가 유통까지 확장; VMI; 유통센터와 크로스도킹; 직접배송이 좀 더 가능함
제품설계	제조와 유통으로부터 입력 없이 제품설계	제조와 공급사슬 관리를 위한 설계 강조
가격결정	촉진을 위한 가격결정 강조	고정화된 매일 최저 가격(EDLP) 결정 강조

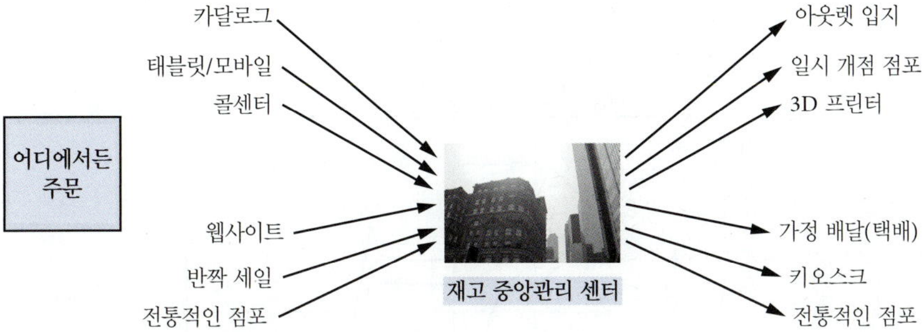

그림 9.2 옴니채널 공급사슬

게 된 추가 비용과 이에 따른 생산 스케줄상의 차질은 표 9.1의 "이후" 부분에 보이는 것과 같이 월마트와 프록터 앤 갬블사 사이에 상호 협력할 기회를 제공하였다. 프록터 앤 갬블사는 가격촉진 정책을 중단하는 데 동의하였고, 월마트는 "매일매일 낮은 가격에"라는 마케팅 문구를 시행하기 시작한 것이다.

옴니채널 공급사슬

전통적으로 점포에 물건을 보충하는 역학에 초점을 두었던 창고는 이제 전자상거래를 지원하는 역할을 하게 된다. 유통 채널에 상관없이 창고 재고의 가시성을 확보하려는 기업들이 점차 늘어나고 있다. 이는 낮은 재고수준으로 수요를 통합하여 보다 낮은 원가에 보다 높은 서비스 수준을 제공하는 데에 도움이 될 뿐만 아니라 고객들에게 주문 상태를 점검할 수 있게 해 준다는 점에서도 의의가 있다. 아마존에서 물건을 구매하고, 그 배송과정을 추적하고 받아보는 고객경험을 "아마존 효과(the Amazon effect)"라고 하는데, 이는 **옴니채널 공급사슬**을 모든 유통단계에서 구현하도록 소매업자들을 압박하는 효과로 작용하고 있다.

그림 9.2는 옴니채널 공급사슬이 재고 관리와 주문 처리 프로세스를 관리하는 재고 중앙관리 센터나 창고를 어떻게 활용하는지를 보여주는 예이다. 중앙 창고는 다양한 공급자로부터 주문이 어떻게 흘러가는지 보여주는 역할을 하며 다양한 복수의 채널을 이용하는 유통 관리의 흐름도 보여 주어, 고객의 손에 공급사슬을 쥐여주는 꼴이 된다. 옴니채널 공급사슬은 전통적인 점포 내에서의 경험에 국한되지 않고 다양한 채널을 통해서 고객들이 상품을 탐색하고 구매하며 반품을 하는 활동을 수행하도록 한다.

코로나19가 공급사슬 설계에 끼친 영향

공급사슬 설계는 공급 측면과 수요 측면의 불확실성을 모두 고려해야 한다. 이 관찰을 바탕으로 Hau Lee[1]는 4가지 유형의 공급사슬 설계를 식별하기 위해 2 × 2 매트릭스를 제시했다. 수요와 공급의 불확실성이 모두 낮을 때 권장되는 설계는 **효율적** 공급사슬(예: 식료품점)이다. 알려진 공급 측면에 대한 수요 변동성이 높을 때 권장되는 설계는 **반응적** 공급사슬(예: 패션 의류)이다. 수요는 확실하지만 공급이 가변적일 때 권장되는 설계는 **리스크**

---

1) Hau L. Lee. "Aligning Supply Chain Strategies with Product Uncertainties." *California Management Review* 44, no. 3 (2002), pp. 105–19.

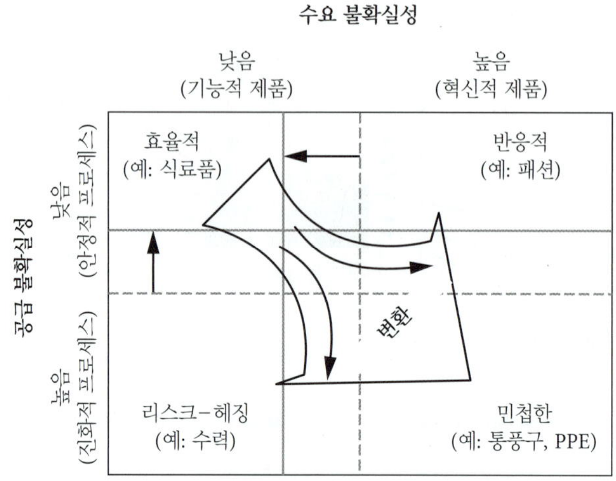

그림 9.3 코로나19에 따른 예상되는 공급사슬 전환 방향

자료원: Adapted from Hau L. Lee, "Aligning Supply Chain Strategies with Product Uncertainties," *California Management Review* 44, no. 3 (2002), p. 108.

헤징 공급사슬(예: 수력 발전)이다. 공급측과 수요측 모두에서 높은 불확실성을 위해 권장되는 설계는 **민첩한** 공급사슬(예: 의료용 인공호흡기)이다.

코로나19는 공급사슬의 취약성에 대한 우리의 인식을 높였으며 미래 공급사슬 설계에 중대한 변화를 이끌어 낼 것으로 보인다. 개인 보호 장비(PPE)를 예로 들어 보면, 코로나19 이전에 PPE는 공급 및 수요 측면(예측 가능한 수요 및 신뢰할 수 있는 공급 원천) 모두에서 불확실성이 낮았다. 따라서 PPE 생산은 **효율적** 공급사슬 설계 하에 운영되고 있었다.

그림 9.3에서 글로벌 코로나19 경험의 결과로 예상되는 미래 공급사슬 설계의 선택 방안을 찾아보자. 코로나19가 발생하는 동안 두 가지 시나리오가 가능하다. 첫째, 사용 가능한(또는 쉽게 얻을 수 있는) 공급 측면에서 수요가 크게 증가하면 공급사슬을 **반응형** 공급사슬로 재설계해야 한다. 다음으로 더 복잡한 것은 공급 측면도 예측할 수 없게 되면 공급사슬 설계를 민첩한 공급사슬로 만들어야 한다는 것이다. 이러한 재설계 없이 병원은 다시 PPE 가용성의 심각한 상황에 직면하게 되어 안전하지 않은 의료 관행으로 이어지며, 이는 의료 제공자를 위험에 빠뜨리고 사망률을 더욱 높일 것이다. 화살표가 나타내는 바와 같이, 낮은-낮은 상자는 미래에 작아지고 높은 상자는 더 커질 것으로 예상된다. 이러한 주요 변환은 공급사슬 설계를 **효율적** 범주에서 **민첩한** 범주로 이동하게 할 것이다.

고객-공급자 간 이원성[2]

고객-공급자 간 이원성

서비스는 본질적으로 고객-공급자 간 이원성을 만들어내며, 이는 제조업체에서 생산된 재화의 공급사슬보다는 서비스 공급관계로 나타낼 수 있다. 서비스는 사람의 **마음**(예: 교

2) Scott E. Sampson, "Customer-Supplier Duality and Bidirectional Supply Chains in Service Organizations," *International Journal of Service Industry Management* 11, no. 4 (2000), pp. 348–64.

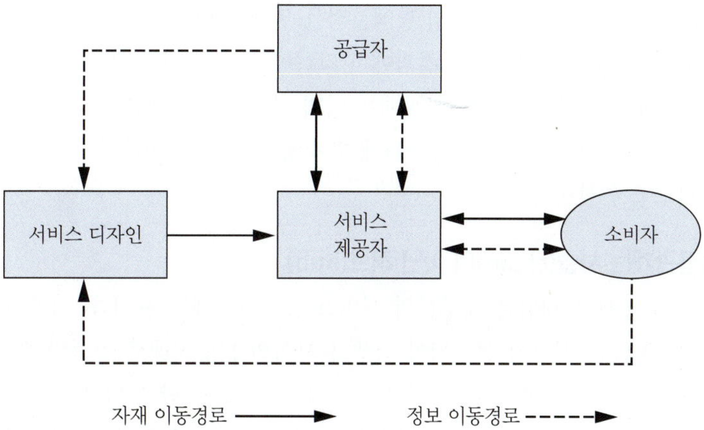

그림 9.4 서비스 공급의 양방향성 관계

육, 엔터테인먼트, 종교), **신체**(예: 교통, 숙박, 건강관리), **속성**(예: 자동차 수요, 드라이클리닝, 금융 등), 그리고 **정보**(예: 세금보고 준비, 보험, 법률 서비스) 등의 차원에서 고려할 수 있다. 그렇기 때문에 모든 서비스는 고객에 의해서 제공되는 것들에 대해 반응한다. 즉, 서비스 교환에 있어서 고객 역시 공급자의 역할을 한다는 것을 의미하며, 이것이 고객-공급자의 이원성을 의미한다. 고객-공급자의 이원성은 그림 9.4에 나타나 있고, 서비스 전달업체와 공급업체 그리고 고객 간의 **양방향 관계**로 표현되고 있다.

가장 기초적인 단일단계(single-level) 서비스 공급사슬(즉, 공급업체가 없음)의 예가 표 9.2에 나타나 있다. 각 경우에서 서비스 거래는 부수적인 제공자 없이 고객과 서비스 제공자 사이에서 직접적으로 이루어진다. 예를 들어 환자는 치통으로 치과의사를 찾아가는데 문제의 치아에 대한 보철용 충전재(材)를 갖고 있는 경우가 있다.

표 9.3은 그림 9.4에서 묘사한 두 단계(two-level) 서비스 공급사슬의 예를 보여주고 있다. 각 예에서 서비스 제공자는 완성된 서비스를 위해서 제3의 공급업체로부터 지원을 필

표 9.2 단일관계 양방향성 서비스 공급관계

서비스 카테고리	고객-공급자	> 투입/산출 >	서비스 제공자
마음	학생	> *마음가짐*/지식 >	교수
신체	환자	> *치아*/충전재 >	치과의사
소유물	투자자	> *현금*/이자율 >	은행
정보	고객	> *서류*/1040 >	공인세무조정자

표 9.3 두 단계 양방향성 서비스 공급관계

서비스 카테고리	고객-공급자	> 투입/산출 >	서비스 제공자	> 투입/산출 >	서비스 제공자
마음	환자	> *불안정*/치료	치료사	> *처방전*/약품 >	약사
신체	환자	> *혈액*/검사	의사	> *혈액샘플*/검사결과 >	검사실
소유물	운전자	> *차량*/수리	차고	> *엔진*/교체 >	정비소
정보	주택 구매자	> *자산*/대출	모기지 회사	> *위치*/소유권 >	소유권 검색

요로 한다. 예를 들면 의사는 환자의 혈액분석을 위해서 다른 곳에 있는 실험실로 혈액을 보낸다. 그리고 의사는 혈액검사의 결과에 따라 진단을 내리게 된다.

고객-공급자의 이원성과 양방향 관계는 서비스 관계의 본질을 이해하는 데 매우 중요한 부분이다. 다음에서는 서비스 공급관계의 경영적 의미를 이해하기 위해 여러 가지의 경우를 살펴보고자 한다.

서비스 공급관계는 사슬(chain)이 아닌 허브(hub)

생산과 소비의 동시성 개념은 대부분의 서비스 공급관계에 적용된다. 치과에서 스케일링을 받는 경우 공급관계는 치아와 치아 위생사 사이의 1회 거래로 압축할 수 있다. 표 9.3에서 나타내고 있는 바와 같이, 공급사슬은 서비스 제공자뿐만 아니라 공급자를 포함하여 확장될 수 있다. 그러나 서비스 공급관계가 두 계층 이상으로 확장되는 경우는 매우 드물다고 볼 수 있다. 사실상 서비스 공급관계는 사슬이라기보다는 허브(hub)와 같다. 왜냐하면 서비스 제공자는 외부의 공급자들과 거래할 때 고객의 대리인처럼 행동하기 때문이다. 허브는 사슬보다 서비스 공급이 지연될 가능성이 낮고 정보도 쉽게 공유될 수 있어 바람직하다. 서비스 제공자와 공급자 간의 파트너 관계 혹은 독점적 공급관계(sole sourcing)는 보편적 관행이다. 이는 마치 의사와 검사실 간의 관계에서와 같이 재무적인 측면과 프로세스적 측면에서 효율적이기 때문이다.

재화의 재고개념과 유사한 서비스능력(capacity)

재고는 재화의 공급사슬상에서 최종 고객수요의 변화를 흡수하고 생산능력을 최대로 활용할 수 있게 한다. 서비스의 경우, 고객은 요청한 서비스의 즉각적인 처리를 기대하기 때문에 고객에 의해 공급되는 요소 투입은 일반적으로 불규칙하게 발생한다. 예를 들면, 패스트푸드 식당을 방문하는 고객은 몇 분 이상 오랜 시간을 기다리는 경우가 거의 없다. 서비스에서는 재고가 없으므로 고객의 즉각적인 기대를 만족시키기 위해서 서비스의 초과능력이 계속 유지되어야 한다. 가능한 대안으로 예약시스템을 이용하여 능력에 맞도록 고객서비스를 스케줄하는 경우를 생각할 수 있다.

품질의 변화를 가능하게 해주는 고객 차원의 투입요소

고객 차원의 요소 투입물은 미완성 형태일 수 있고(예: 세금 서류), 설명이 불충분할 수 있고(예: 구역질 날 것 같은 느낌), 또는 정보를 비밀로 해 두는 것(예: 주택 판매자 공개)일 수 있다. 이처럼 요소 투입에서 결여된 일관성은 그 투입물이 의심스러울 때 서비스 공급자가 약속된 서비스를 제공하는 데 어려움을 겪을 수 있음을 보여준다. 이러한 상황에서는 효과적인 의사소통이 특히 중요하다. 서비스를 제공하기 전 고객과의 대화는 오해를 피할 수 있게 해주고 서비스의 가치를 높일 수 있다.

관계 관리

건강관리에 있어서 막대한 의료비용 증가로 인하여 낮은 비용으로도 건강관리 서비스를 제공할 수 있는 방안들이 모색되어 왔다. 가정건강관리가 한 가지 접근방안인데, 이는 집

표 9.4 가정건강관리에서의 서비스 관계 관리의 영향

구성 요소	이전	이후
서비스 수혜자	수동적	공동생산자로서 능동적
서비스 흐름	수요 발생을 기다리고 있음	수요에 의해서 활성화됨
정보 흐름(상류)	당김 작용; 수요 자료의 수작업 보고로 관리 대응이 지연된 결과	밀기 작용; 최근 수요 자료에 대한 신속하고 즉각적인 접근이 가능한 높은 수준의 연결성과 투명성
정보 흐름(하류)	자원 고갈에 대한 지식이 거의 없음	실시간 추적과 전달
수요 관리	예약 활동으로 한정되어 있음	양방향 최적화를 이루기 위한 스케줄 도출에 고객을 포함하면서 사전 관리
능력 관리	파트타임 근로자로 한정되어 있음	다기능 종업원, 아웃소싱, 고객 셀프서비스의 창조적인 활용
서비스 전달	경직되어 있음: 표준화되고 비개인적임	유연함; 가능한 고객 지향화하며 개별화되어 있음
경로와 스케줄 결정	정적임; 1일 스케줄이 고정되어 있음	동적임; 시스템 연결성과 프로세스 가시성에 근거함
뉴 서비스 설계	고객의 요구에 대해 기업이 인식한 바에 따라 마케팅 주도	뉴 서비스 개발을 주도하는 고객 데이터베이스 정보로 실질적 가치 사슬
가격 결정	고정화되었음	변동적임; 산출 관리를 통해서 비수기 수요를 촉진하고 생산능력의 비작업 발생 피함

자료원: James Fitzsimmons, Edward Anderson, Douglas Morrice, and G. Edward Powell, "Managing Service Supply Relationships," *International Journal of Services Technology and Management* 5, no. 3, 2004, pp. 221 – 32.

에서 환자를 관리함으로써 병원에 입원하는 데 드는 비용을 줄일 수 있다. 가정건강관리 서비스에서는 서비스 제공자(간호사, 영양사, 치료사)가 환자의 가정에 방문하는 이동서비스를 제공하는 또 다른 장점을 갖고 있다.

표 9.4의 "이후"는 전통적 접근법인 "이전"과 비교하여 관리가 잘되는 서비스 관계의 특징을 요약하고 있다. 서비스 공급관계 관리에서 중요한 가치는 다음 세 가지 원천으로부터 발생된다. 즉, 양방향 최적화, 생산능력 관리, 그리고 소멸성 관리이다.

양방향 최적화

양방향 최적화란 서비스 기업을 위한 최선의 작업을 하면서, 아울러 고객의 관점에서도 최선의 작업을 수행할 수 있는 가능성을 의미한다. 위에서 예로 든 가정건강관리에서는 환자도 서비스 창출에 적극적으로 참여하게 된다. 고객의 직접 참여는 양방향 최적화, 즉 서비스 수요와 공급의 동시 최적화를 촉진한다. 이에 따라 기업 입장에서 상당히 효율적인 비용으로 고객에게 개별화된 서비스를 제공할 수 있다.

이동서비스(mobile service)에서는 서비스 제공자가 고객이 요구한 서비스를 수행할 수 있도록 "시간 간격(time window)"이 각 고객마다 예약되어 있다. 고객의 입장에서는 비효율적인 서비스 제공자들을 위해 길게 설정된 시간 간격 때문에 고객의 시간을 낭비하게 되는 것을 가장 불편한 사항으로 여기고 있다. 기능적으로 통합되어 있는 정보 시스템에는 이동작업자의 이동 경로, 고객 순서 결정, 그리고 서비스 제공자 작업 상황에 대한 빈번한 변경 상황이 포함되어 있지 않다. 따라서 이동작업인력 관리자들은 대개 고객에게 긴 시간 간격(예: 12:00부터 오후 5:00)을 제시하고 서비스를 그 시간 내에 제공받을 수 있도록 고객에게 요구한다. 서비스 관계 관리에서는 각 작업자의 1일 계획 초안을 수립하

기 위해서 예측된 자료를 활용한다. 그리고 해당 지역의 전체 서비스 작업자에 대해 최적화된 사전 계산에 근거하여 몇 가지 선택 가능한 시간을 고객들에게 제공한다. 최적안을 도출하는 과정에서는 특정 고객과의 약속 시간 전후에 서비스 작업자의 위치와 같은 지리적 정보와 함께 고객의 선호사항과 서비스 필요사항(즉, 언어, 작업자 기술, 작업자 인증, 공급물품)을 고려한다.

생산적 생산능력

이동작업자의 **생산능력** 관리에 대한 주된 고려사항은 한 작업에서 다른 작업까지의 거리 때문에 생기는 작업 간 소요시간이다. 이동작업자가 고객이 위치한 곳에 머물러 있을 때 주로 가치가 창출되기 때문에 고객 위치와 위치 사이를 이동하는 시간에는 생산능력이 활용되지 못하고 소멸된다. 따라서 작업자가 고객 위치에 머물러 있는 누적 시간을 증가시킬 수 있도록 효율적으로 서비스 사슬을 관리함으로써 작업자의 생산능력을 증대시킬 수 있는 기회를 포착할 수 있다. 서비스 작업자의 생산능력을 늘리는 전략에는 전달(transfer), 대체(replacement), 연마(embellishment)가 있다.

전달 전달이란 고객이 지식을 이용할 수 있도록 매우 저렴한 비용으로 가치를 고객에게 전달하는 접근 방식이다. 웹 기반에서 자주 질문되는 사항(FAQ)에 대한 데이터베이스를 한 가지 예로 들 수 있다. 이와 같은 정보의 전달 도구는 값비싼 인력 대신 사용할 수 있고 또한 24시간 항시 이용 가능하다. 예를 들면 환자들은 질병 관련 웹사이트에 들어가 약의 부작용, 병의 증상, 처치 과정에 대한 정보를 얻을 수 있다.

대체 대체란 인적자원을 기술로 대체하는 전략을 의미한다. 혈압측정을 예로 들 수 있다. 하루에 세 차례씩 혈압측정이 필요한 환자들에 대해서 자동 혈압측정 시스템으로 간호사의 방문을 대체할 수 있다. 디지털 혈압측정기는 환자들이 사용하기 쉽고, 가정건강관리 간호사의 1회 방문 비용보다 저렴하다.

연마 셀프서비스가 가능하도록 고객이 기술을 연마하는 것은 가정건강관리 시스템의

가정방문을 할 때 비생산적인 이동시간을 회피하기 위해 동적인 방문동선 설정이 필요하다.
Terry Vine/Blend Images LLC

생산능력을 확장하는 세 번째 전략이다. 환자나 가족에게 외과용 붕대를 교환하는 방법을 가르치는 것은 경우에 따라서 적절하다고 할 수 있다. 이렇게 고객을 교육하는 것은 초기에는 추가적인 간호 시간을 필요로 하지만, 상처가 오래가서 한동안 매일 붕대를 교환해야 하는 경우 상당한 간호 자원을 절약할 수 있게 된다. 간호사는 환자를 매일 체크하는 대신에 사흘에 한 번 상처를 체크하게 되어 결과적으로 환자 간호 시간의 66%를 절약하게 된다.

소멸성

소멸성(*perishability*) 관리는 분산되어 있는 서비스 인력의 생산능력에 비작업 시간이 미치는 부정적인 영향을 최소화하기 위해서 서비스 관계 관리에서 사용되는 접근법이다. 서비스 작업자의 생산능력은 작업자가 올바른 도구와 기술을 갖추고, 고객의 요구와 선호사항을 인지하여 고객 위치에 머물러 있는 시간으로만 한정된다.

소멸성 관리는 이동 작업자에 대해서 다음 두 가지에 초점을 둔다. 첫째, 작업자를 "최대한 활용"한다는 관점에 근거하여 고객에게 서비스 가능한 시간 간격을 제공하는 시간할당 시스템을 들 수 있다. 스케줄을 동태적으로 최적화하는 소프트웨어를 사용하는 서비스 관계 관리에서는 작업자 파견 전에 가능한 최종 순간까지 스케줄이 만들어지고 개선된다. 통신 시설을 갖추지 못한 서비스 시스템에서는 매일 작업 시작 시점에서 각 작업자에 대한 고정된 스케줄을 작성할 뿐이다. 그러나 이동 데이터 통신 시스템을 갖춘 서비스 시스템에서 각 작업자는 현재의 업무를 마치고 나서야 다음 업무를 통보받는 "실시간" 스케줄 작성이 가능하게 된다. 이러한 동적 직무할당은 비작업(즉, 소멸성) 시간을 최소화한다.

소멸성 관리는 훈련, 개선, 작업자의 기술과 능력의 확장 등의 과정을 포함한다. 잠재되어 있는 작업자의 비작업 시간이 파악되고 이것이 훈련활동으로 전환된다면, 생산능력은 개선될 수 있다. 이러한 서비스 재고 헤징 전략으로 비작업 시간을 기술 증진 활동에 활용할 수 있게 됨으로써 기업에 도움을 준다. 즉, 헤징 전략이 사용되지 않았더라면 전통적인 훈련 활동은 생산능력을 소모하게 되는데, 헤징 전략으로 인해 훈련 시간이 비작업 시간에 할당되며, 절약한 시간 동안 작업자가 작업을 할 수 있도록 한다. 이동 데이터 통신 도구를 갖춘 이동작업자는 모듈화되어 있는 컴퓨터 훈련, 자격증, 시험 자료를 "온라인"(서비스 차량의 이동 데이터 터미널을 사용하여)으로 얻게 되고 이러한 헤징 전략을 최대로 활용하게 된다.

서비스 분야에서의 소셜 미디어

소셜 미디어의 출현은 서비스 기업들의 사업운영 방식에 상당한 영향을 미쳐왔다. 소셜 미디어란 상호 쌍방향의 대화를 가능케 하는 웹기반 및 모바일 기술을 의미한다. 소셜 미디어는 가치의 공동창출을 위한 기술과 사회적 상호작용의 융합화에 기여한다. 페이스북은 2020년 4분기에 28억 명 이상의 이용자를 보유하게 되어, 미국에서 주 단위 구글 트래픽에서 선두를 달리고 있다.

소셜 미디어 또는 웹 2.0은 제1세대인 웹 1.0과는 다른 방식으로 기업에 의해 이용되고 있다. 예를 들어, 월마트는 인터넷을 이용한 공급사슬 재고관리의 향상으로 낮은 가격을 유지하고 있고, 은행은 온라인 계정과 이메일을 사용하여 사무 인력을 감소시키고 있다. 1.0이 일상적인 프로세스를 자동화시키는 것이라면, 2.0은 고객관계구축, 광범위한 조직 내의 관계 촉진, 공동 제품 개발의 수용에 관한 것이다.[3)]

서비스 기업에 유용한 소셜 미디어의 특징은 다음을 포함한다.

- 분산되고, 다소 비계층적인 구조로, 생산과 소비의 여러 측면을 지닌 광범위한 도달성
- 거의 무비용으로 일반인들이 이용 가능한 용이한 접근성
- 전문기술 및 교육이 필요 없고 기존 사용기술의 적당한 재해석 정도로 충분한 사용의 용이성
- 즉각적인 응답을 허용하는 순간성
- 댓글과 편집에 의해 즉시 변경될 수 있는 정보의 유연성

소셜 미디어는 더 이상 서비스 기업들이 선택되는 대안이 아니라, 지금은 고객과 서비스 기업과의 첫 접촉 관문인 것이다. 고객 경험 분석 회사인 ClickFox가 실시한 2011년 연구는 사람들이 소셜 미디어를 사용하여 고객 서비스 정보를 검색하는 상위 5개 산업 그룹군(소매, 전화, 여행 및 호스피털리티, 케이블, 은행)을 찾아냈다.[4)]

고객이 타겟(Target)에서 T-셔츠를 구매하려고 할 때, 그 상점은 고객이 제품후기에 포함할지도 모를 댓글이나 의견에 매우 신중하게 "경청"을 한다. 고객은 전화 통화에 장시간을 할애하는 대신 제품후기 제공 및 대부분의 서비스에 대한 정보 검색을 트위터나 다른 유사한 매체에서 수월하게 수행한다.

Google 지도 앱은 길 찾기, 교통 상황, 지역 시설 검색, 경찰 과속 단속 탐지에 널리 사용된다. 때때로 앱은 교통 상황에 따라 기기 캘린더에서 특정 이벤트에 대한 출발 알림, 날짜 및 시간 스탬프가 있는 앨범으로 여행 중에 찍은 사진 편집, 일정 기간 동안 자신의 완전한 지점별 운전 기록에 대한 전체 보고서 작성 등에 대해서 관리 범위를 "벗어나는" 것 같아 보인다. 이러한 특수 기능 중 일부는 개인 정보 침해, 지나치게 많은 원치 않는 추적 및 의심스러운 데이터 소유권으로 간주될 수도 있다.

소셜 미디어와 마케팅 잠재력의 효과적인 사용을 위해 고객의 위치, 고객의 구매성향, 고객의 문제점 파악을 위한 심도 깊은 이해의 노력이 필요하다. 기업이 소셜 미디어로 할 수 있는 가장 중요한 것들 중 하나는 그 기업의 서비스에 대한 자원과 정보를 제공하는 것이다.

경쟁전략으로서의 소셜 미디어

서비스 혁신은 대개 특허의 대상이 아니기 때문에 서비스 산업의 기업들은 서로 배우고 서로를 능가하기 위해서 소셜 미디어 공간에서의 경쟁이 매우 치열하다. 기업은 끊임없이 경쟁기업의 온라인 전략을 확인하고 필요한 경우 그들 자신의 전략을 재조정한다. 또한 소셜 미디어를 사용하는 기업의 또 다른 관심사는 광고와 마케팅 규제에 있다. 전자마케

---

3) https://www.investopedia.com/terms/w/web-20.asp
4) Christopher Elliott. "5 Businesses That Will Live (or Die) by Social Media." *CBS MoneyWatch*, August 25, 2011.

팅 서비스 컨설팅 회사인 Onmark Solutions(온마크 솔루션)의 보고서는 소셜 미디어 기반의 경쟁에서 성공하기 위해 오프라인 운영에서 온라인으로 이동하는 다섯 가지 전략을 제안하였다.[5)]

- **사전알림(tune-up reminders)**: 고객은 서비스와 관련된 정기 사전알림 혜택을 누릴 수 있다. 사전알림은 예를 들면 페이스북이나 트위터에 게시된 세금신고 날짜 또는 치과 약속과 같은 것이다.
- **사이버 공간에서 쿠키커터 존재**: 기업이 더 다양한 통신채널을 제공할수록 고객은 더 나은 서비스가 제공된다고 인식한다. 기업은 고객이 궁금증이나 후기 검색을 이용하는 온라인 사이트를 규명하고 소셜 채널을 이용하여 대응하여야 한다.
- **리드 생성**: 기업은 추천으로 이어질 수 있는 자신들만의 외부 관계 서비스를 개발할 수 있다. 소셜 미디어는 좋은(때로는 부정적인) 구전효과를 전파하는 가장 빠른 방법이다.
- **고객 교육**: 서비스 판매 대신에, 기업은 간접적으로 서비스 제공과 일치하는 "라이프스타일"에 대해 고객을 교육할 수 있다. 예를 들면, 보험회사는 소셜 미디어를 사용하여 안전운전에 대해 홍보할 수 있다.
- **시작은 온라인, 마무리는 오프라인**: 고객은 종종 중요한 정보를 포함하는 질문을 온라인상에서 한다. 이러한 경우, 서비스 담당자는 직접 고객에게 전화를 하거나 고객을 사무실에 초대하여 대응할 수 있다.

예제 9.2 소셜 미디어를 사용하여 브랜드 구축하는 베이커리[6)]

뉴욕 이스트 빌리지 비즈니스의 한 베이커리가 12월의 눈보라로 묻혔을 때, 페이스북을 통해 뜨거운 음료를 반값에 제공한다는 내용으로 고객에게 연락을 취했다. 그러나 이것은 일회성 행동이 아니었다. 베이커리는 예를 들어 좋아하는 음식의 베스트 사진에 대한 콘테스트 또는 상품을 사용하여 페이스북에서 정기적으로 고객과 소통한다. 고객이 베이커리에 대해 포스팅을 하면 모든 친구들이 보게 되고 이것이 브랜드 홍보의 수단이 된다. 페이스북 사이트는 광고 플랫폼의 등장을 피하지만 대신 브랜드의 개성을 만들어 간다.

소셜 미디어와 고객 편의

서비스 기업은 고객 편의를 추가하기 위해 소셜 미디어와 기술적 이점을 사용하는 혁신적인 방법을 찾아왔다. 은행은 고객이 스마트폰으로 찍어 전송한 수표의 예금서비스를 추가하였다. 항공사는 탑승권을 고객의 스마트폰으로 전송하고, 승객은 탑승권 발급 절차 없이 공항 보안 검색대에서 스마트폰을 스캔하여 통과될 수 있다. 보험회사는 보험업자 또는 청구 전문가가 개개인의 생활, 경험, 습관을 추적 가능케 할 수 있도록 페이스북, 트위터, 또는 다른 사이트를 통해 고객정보를 축적 및 가공한다. 예를 들면, 보험사들은 소비자의 결제 내역과 운전습관의 위험성 간의 연관성을 확인할 수 있다.[7)] 물론 이러한 데이

5) Amy Kristy, "5 Ways to Use Social Media in the Service Industry." OnMark Solutions. (http://www.onmark-solutions.com/), June 23, 2011.
6) Kyle Stock. "A Bakery Gets Sweet Returns from Social-Media Blitz." *Wall Street Journal*, February 14, 2011, R3.
7) Becky Yerak, "Insurance Industry Entering Age of Innovation." *Chicago Tribune*, December 4, 2011.

터 마이닝으로 인해 소비자의 개인정보가 노출되는 위험에 처하기도 한다. “라스베이거스에서 일어난 것이 페이스북, 트위터, 혹은 인스타그램… 등에 남게 된다”는 새로운 유행어가 생겼다.

“필립.투(Flip.to)”라는 소셜 미디어 서비스 회사는 호텔 투숙객(게스트)을 브랜드 옹호자로 변화시켰다.[8] 필립.투사는 이것을 “유인 마케팅(magnetic marketing)”이라 부른다. 유인 마케팅은 고객이 매매승인 준비가 되면 브랜드와 고객 사이에 가장 큰 유대가 존재한다는 것을 의미한다. 필립.투사는 구매 주기상의 이 단계에서 소셜 미디어를 활용하여 소비자의 행동을 이해하고 고객 참여를 유도한다. 한 연구에서, 호텔 객실 예약 시점에 사용자에 의해 남겨진 긍정적 사용후기는 평균적으로 8개의 새로운 예약을 유도한다는 점을 보여주고 있다. 서비스 기업은 오늘날 “**소비자–생성 미디어**(*CGM: consumer-generated media*)”라는 용어를 사용하여 소셜 미디어 기반의 프로모션(social media-based promotion)의 역량을 언급하고 있다. 소셜 미디어 컨설턴트 회사인 라디안6 (Radian6)는 금융 부문이 소셜 미디어를 사용하도록 전자책을 출간하였고, 서비스 제공자가 “3Ds(폭로, 명예훼손, 차별)”를 예방하고 “3Rs(보답, 존중, 신뢰성)”을 촉진할 수 있는 소셜 미디어 “네티켓(인터넷 사용 때 지켜야 할 에티켓: netiquettes)”을 권장하였다.[9]

가치의 공동 창조와 조직화를 위한 소셜 미디어

지리적으로 분산된 조직을 연결하도록 소셜 미디어를 활용하면 학습과 창의성의 촉진효과를 얻을 수 있다. 예를 들면, 레드 로빈(Red Robin)이 태븐(Tavern) 더블 버거를 출시할 때, 전국의 매장 관리자에 제품소개 책자를 보내는 대신 내부 소셜 네트워크를 사용하였다. 본사 직원의 개별 매장 방문 대신 모두가 참여하는 온라인 토론을 실행하였다. 이러한 토론과 동영상으로 인해 수일 만에 검증된 조리법이 제시되었고 조리과정에 대한 신규 아이디어 생성에 필요한 시간을 상당히 줄일 수 있었다. 기업은 문제해결, 정보공유, 고객의 제품설계 참여 유도를 위해 소셜 네트워크를 사용한다. 예를 들면, 델 컴퓨터는 백클릿 키보드(backlit keyboards)와 같은 제품 개선 아이디어를 고객에게서 얻기 위해 아이디어 스톰(Idea Storm) 사이트를 사용했다. 델 컴퓨터는 또한 신제품을 출시하기 전에 고객의 의견을 수렴할 목적으로 신제품에 대한 아이디어를 사이트에 게시한다.[10]

소셜 미디어의 경제학은 “소셜노믹스(socialnomics)”라는 새로운 영역을 만들었다.[11] 서비스 기업은 브랜드, 채용, 건물 인식, 정보 공유, 네트워킹 및 가장 중요한 고객의 의견을 청취하기 위해 소셜 미디어를 사용한다. 오늘날의 기업은 먼저 듣고 그 다음 판매한다. 소셜 미디어 세대는 더 이상 제품과 서비스를 찾아 나서지 않는다. 대신 제품과 서비스가 그들을 찾기를 기대하고 있다.

---

8) Ron Callari, “Social Media Service for Hospitality Industry Shows Early Results,” *InventorSpot.com,* 2011.
9) Community e-book, “How to Create a Social Media Strategy for the Financial Services Industry,” *radian6.com,* December 2011.
10) https://consumervaluecreation.com/2016/02/22/dells-ideastorm-still-co-creation/
11) http://www.socialnomics.net.

전문 서비스 기업[12)]

전문 서비스 영역은 지적인 도전, 직업 발전의 잠재력, 높은 임금 등의 이유로 매력적이다. 건축가, 변호사, 컨설턴트, 회계사, 계약직 엔지니어 등이 전문 서비스의 예라고 할 수 있다. 전문가들은 특정 지식 분야를 다루며, 보통 공인회계사(CPA)와 같이 검증된 능력에 근거하여 회원들에게 수여되는 자격증을 소지하고 있다. 어떤 전문가들은 개인적으로 활동하지만, 대부분의 전문가들은 단독, 혹은 여러 전문 분야가 협력하는 그룹으로 활동한다. 여기서 말하는 전문 서비스 제공자는 기업을 소유 · 경영하는 파트너와 임금을 받으면서 일하지만 나중에 파트너로 성장하길 희망하는 전문직 하급 직원을 의미하는 것으로 한다.

전문 서비스의 속성(attributes)

전문 서비스라는 용어는 지식 노동자가 제공하는 서비스를 의미하며, 다음과 같은 네 가지 특징을 갖고 있다. 첫째, 전문 서비스는 높은 수준의 전문성과 고객 지향성을 갖추고 있다. 높은 수준의 전문성과 고객 지향성을 갖춘 이러한 서비스는 대량판매 시장에 표준화된 서비스와는 다른 경영 관련 이슈를 만들어낸다. 더욱 중요한 것은 다른 산업에서 일반적으로 활용되는 검증된 작업방식 없이 정보와 활동을 다룰 능력을 요구한다.

둘째, 고객이라 불리는 소비자와 대면하여 상호작용하는 것은 그 중요성과 빈도에 있어서 특별한 주의를 요구한다. 대면접촉의 특성으로 인해 서비스의 품질과 수준을 관찰 및 측정하는 방식이 바뀐다. 이에 더하여 소비자 관리와 같은 행태적 기술은 기술 경쟁력만큼이나 중요하다.

셋째, 전문 서비스는 서비스 제공 기업의 자산을 대표하는 고학력 전문가에 의해 이루어진다. 따라서 어느 조직이나 서비스의 투입(예를 들어, 인재 채용)과 산출(예를 들어, 고객) 두 측면에 대한 신중한 주의가 필요하다.

마지막으로, James Brian Quinn, Philip Anderson, Sydney Finkelstein에 따르면 진정한 전문가는 다음 네 가지의 지식체계에 능통해야 한다.[13)]

인지된 지식(know-what)은 다양한 훈련과 증명과정을 통해 얻은 지식이 기본적으로 숙달되어 있는 것을 의미한다. 이러한 지식은 필요하긴 하지만 상업적 성공에 충분하지는 않다.

고급 기술(know-how)은 "책에서 배운" 내용을 효과적으로 실행하는 것을 의미한다. 지식 습득에 필요했던 훈련 규칙을 복잡한 실제 세계에 적용하는 능력은 가치창출에 있어 가장 잘 알려진 전문기술단계이다.

시스템적 사고(know-why)는 훈련의 근간을 이루는 복잡한 인과관계에 대한 깊은 이해를 의미한다. 시스템적 사고를 하는 전문가는 미묘한 상호작용이나 의도치 않았던 결과를 예측할 수 있다. 이러한 체계 이해의 가장 궁극적인 형태는 고도로 훈련된 직관능력이다.

자발적 창조성(care-why)은 성공에 대한 의지와 동기, 그리고 적응력을 포함한다. 지식을 선도하는 사람에게 자발적 창조성이 없다면 현실에 안주해 지적 우위를 잃을 수 있다.

---

12) Prepared by Tom Leuschen under the supervision of Professor James A. Fitzsimmons.

13) From James Brian Quinn, Philip Anderson, and Sydney Finkelstein, "Managing Professional Intellect: Making the Most of the Best," *Harvard Business Review,* March–April 1996, pp. 71–80.

따라서 파트너의 직원관리와 교육에 대한 투자는 전문화된 기업에 참여하는 사람들이 기대하는 바이다.

서비스 컨설팅

서비스 분야에서 컨설팅 시장은 꾸준히 성장하고 있다. 기업은 내부 역량으로 해결할 수 없을 정도의 새로운 도전과 기회에 직면했을 때 서비스 컨설팅을 모색한다. 컨설팅의 일반적인 서비스 산업 분야로는 의료, 금융 서비스, 물류, 접대업(호스피털리티, hospitality) [호텔, 음식점, 엔터테인먼트 회사(예: 디즈니)] 등이 있다. 서비스 컨설팅의 범위는 운영상의 광범위한 범위인 인력, 결제, 사무 자동화, 인력 스케줄링, 프로세스 개선, 품질 보증, 대기라인 관리, 콜센터 관리 등을 포함한다. 또한 비영리기관 및 정부 기관의 증가는 외부 조언을 위해 컨설팅 서비스를 추구한다. 주요 서비스 컨설팅 회사로는 Accenture, Bain,-Booz Allen Hamilton, Deloitte Consulting (Deloitte Touché-Tohmatsu의 계열사), 그리고 IBM 글로벌 서비스 기업 등이 있다. 서비스 컨설팅의 효과로서 일반적으로 기업의 운영 효율성 제고와 사업 지속성의 유지력 향상 측면이 강조된다.

전략개발 시 서비스 컨설팅 비즈니스가 전통적 운영의 5P's를 사용할 경우 다음 방법을 고려하라:

- 인력(people): 인력 관리, 생산성 향상 및 직원 충원 결정
- 프로세스(processes): 프로세스 개선, 사무 자동화 및 재설계
- 프로그램(programs): 품질 개선 및 린(lean)/카이젠(kaizen) 프로젝트
- 플랜트(plant): 서비스 시설 및 배치 계획
- 계획 및 통제 시스템(planning and control systems): 디스패칭(dispatching), ERP 시스템, 폐쇄 루프시스템(closed-loop systems)

전형적인 서비스 컨설팅 프로젝트는 다른 비율의 구성 요소(인력, 프로세스, 프로그램, 공장, 계획 및 통제 시스템)간의 조합을 의미한다. 일반적인 컨설팅 활동 단계들은 그림 9.5에 나타난 것과 같다.

비즈니스의 형태와 무관하게 컨설팅 사이클의 일반적인 단계는 유사하지만 각 단계에서 사용되는 툴과 핵심사항은 다를 수 있다. 라지엘(Rasiel)은 맥킨지 모델을 사용하여 성공적인 컨설팅을 위한 몇 가지 유용한 팁을 제공한다.[14)]

- 작은 약속과 큰 보상: 고객에게 무엇을 약속할 것인지 매우 신중하게 결정하라.
- 80:20의 법칙: 80%의 문제는 20%의 사안에서 온다.
- "바다는 끓지 않는다": 이길 수 있는 전략을 선택하라.
- "엘리베이터 규칙" 사용: 엘리베이터를 타고 있는 30초 동안 고객에게 충분히 설명할 수 있도록 해법을 철저히 파악하라.
- 낮게 매달린 과일을 취하라: 프로젝트의 중간이라도 쉬운 방법으로 빨리 개선하라.

---

14) E. M. Rasiel, *The McKinsey Way: Using the Techniques of the World's Top Strategic Consultants to Help You and Your Business* (New York: McGraw-Hill, 1999).

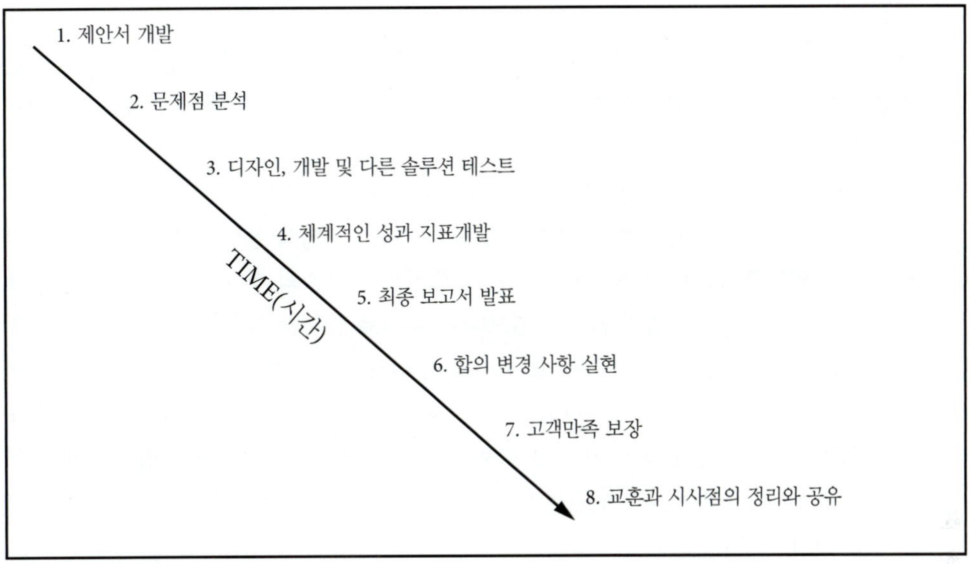

그림 9.5 컨설팅 참여의 단계

- 단타 공략: 각 단계에서 홈런을 치려 하지 말고 목표를 향해 작은 진전을 지속하라.
- 매일매일 차트를 만들어라: 시각적 표현으로 결과를 설명하라.
- 고객참여: 고객의 지속적인 참여는 프로젝트 진행을 유지하고 지연을 방지할 수 있다.

전형적인 컨설팅 기업은 네 가지 층인 "파인더(finders)", "마인더(miders)", "바인더(binders)" 및 "그라인더(grinders)"로 구성된 피라미드로 생각할 수 있다. 파인더(발견자)는 새로운 비즈니스 기회를 확보하는 기업의 파트너이다. 마인더(감시자)는 프로젝트 전반에 걸쳐 참여하는 중간 수준의 관리자를 의미한다. 바인더는 매우 높은 수준의 기술을 가진 사람이며, 고객 관계, 신뢰 구축, 원활한 소통 유지 등에 재능이 있는 사람을 의미한다. 그라인더는 많은 작업을 수행해야 하는 초보 또는 주니어 컨설턴트를 의미한다.[15)]

운영상의 특징

전문 서비스 기업은 회사보다는 동업 형태로 조직되는 경우가 많다. 기업의 파트너는 회사의 지분을 가지는 것은 물론, 구성원으로서 기업의 실무행정을 대표한다. 기업의 일상 업무는 임금을 받고 일하는 전문직 하급 직원에 의해 이루어진다.

파트너십의 경제적 성공 여부는 파트너당 이윤으로 측정되는데, 이는 아래의 관계에서 볼 수 있듯이 영업이윤, 생산성, 영향력의 세 요소에 영향을 받는다.

$$\text{파트너당 이윤} = \left(\frac{\text{이윤}}{\text{수임료}}\right)\left(\frac{\text{수임료}}{\text{인력}}\right)\left(\frac{\text{인력}}{\text{파트너}}\right)$$
$$= (\text{영업이윤})\ (\text{생산성})\ (\text{영향력})$$

15) J. Prosek, *Army of Entrepreneurs: Create an Engaged and Empowered Workforce for Exceptional Business Growth*, AMACOM, 2011, pp. 50–52.

영업이윤

영업이윤은 전문 서비스 기업 내에서 부서의 수익성을 측정하는 데 가장 많이 활용되는 지표이다. 그러나 안타깝게도 영업이윤은 종종 부정확하며 잘못된 결론을 이끄는 지표이기도 하다.

영업이윤은 수임료 단위당 이윤의 비율과 동일하다(즉, 영업이윤은 수임료 비율에 해당하는 비용을 수임료에서 뺀 금액과 동일하다). 이는 기업의 **생산성**(즉, 직원당 수임료 비율)이나 **영향력**(즉, 파트너당 직원 비율)과 같은 많은 요소의 영향을 받는다. 예를 들어, 보다 생산적인 기업은 그렇지 않은 기업보다 각 수임료 단위당 적은 원가가 들 것이다. 적은 원가는 곧 보다 높은 단위 이윤으로 이어지며, 이것이 높은 영업이윤을 의미한다.

생산성과 영향력 요소를 제외하고 사무 지원이나 사무 공간, 시설과 같은 간접비용도 영업이윤에 영향을 준다. 만일 이러한 비용이 제대로 제어되지 않으면 영업이윤 또한 영향을 받게 된다. 그러나 장기적 관점에서 보면 간접비용 절감이 바람직한 결과를 가져오는 것은 아니다.

생산성

생산성은 기업의 단기와 장기 성공 여부에 영향을 미치는 두 가지 요소, 즉 시간당 수임료(가치)와 전문 인력의 가동률로 다시 나눌 수 있다.

$$\text{생산성} = \left(\frac{\text{수임료}}{\text{시간}}\right)\left(\frac{\text{시간}}{\text{인력}}\right)$$
$$= (\text{가치})\ (\text{가동률})$$

가동률은 가용 인력에 대해 청구 가능한(billable) 시간 대비 실제 청구된(billed) 시간의 비율이다. 대부분의 전문가들이 주당 40시간을 일한다고 가정하면, 주당 30시간을 청구할 경우 가동률은 30/40 = 75%가 된다.

가동률은 전문 서비스 사업의 두 가지 측면에 영향을 받는다. 첫째, 수요와 능력 간 균형은 특히 전문가들에게 어려운 문제이다. 이러한 어려움은 소비자들이 고도로 전문화된 사람들로부터 즉각적인 서비스를 받을 수 있길 희망한다는 사실에 기인한다. 프로젝트나 계약이 모두 끝나고 다른 밀린 업무가 없다면, 전문 인력은 다른 일을 찾을 때까지 청구되지 않은 시간을 써야 한다. 대개의 경우 고객들이 그렇게 인내심이 많지 않기 때문에, 잔여 업무(backlog)를 유지하는 것은 어렵다.

가동률을 극대화하기 위해 수요와 능력의 균형을 맞추기 위한 몇 가지 전략들이 사용된다. 먼저 기업은 처리되지 않은 일을 잔여 업무로 스케줄하기 위한 방안을 찾는다. 고객들이 즉각적인 서비스를 요구할지라도 기업은 고객에게 인센티브를 제공하거나, 고객을 잔여 업무로 "묶어(lock)"둔다. 이러한 인센티브에는 서비스에 대한 차별화된 가격 수준이나 서비스 지연에 대한 할인 정책 등이 포함된다. 고객 묶어두기(lock-in)에는 고객지식데이터베이스 구축, 상품과 서비스의 번들링(bundling), 그리고 소비자의 프로세스와 디자인을 소유하는 것 등이 포함된다.

가동률 극대화를 위한 또 다른 전략은 조직 전반에 개인의 지식 및 기술을 전파하는 것이다. 이러한 전략은 소비자가 특정 인력을 지속적으로 요구할 경우 기업의 서비스능력에 제약이 될 수 있기 때문에 유용하다. 만일 기업이 지나치게 활용되는 인력 비율을 높게 유지하는 대신에, 어떤 임무에 대해서도 쓰임새 있도록 다방면에 걸쳐 훈련된 사람들을 보유하고 있다면, 그 회사는 회사 전반에 걸쳐 높은 가동률을 유지할 수 있을 것이다.

가동률에 영향을 주는 두 번째 사실은 청구할 수 없는 활동의 중요성이다. 이러한 활동은 사업 개발, 훈련, 그리고 일반적 관리를 포함한다. 이들 중 어떤 활동은 곧바로 수입을 창출하는 것은 아니지만, 회사의 미래를 위해서는 더없이 중요할 수 있다. 예를 들어, 컨설팅 회사는 6명에서 10명으로 이루어져 기능적으로 움직이는 청구 가능한 인력그룹을 가지고 있다. 만일 전담 관리자가 9명의 청구가능 인력그룹에 배속된다면, 이 그룹의 활용도는 9/10 = 90%로 떨어질 것이다. 이 그룹의 경우 관리자가 없는 것이 단기적으로는 더욱 수익성이 좋을지도 모르지만, 장기적으로 보면 빠르게 비조직화되고 경쟁력이 떨어지게 될 것이다.

전문 서비스 기업의 생산성에 대한 또 다른 요소는 기업이 일정한 비율로 전달하고 점유할 수 있는 **가치**의 양이다. 서비스 가치의 향상은 일련의 가치 증진 활동을 통해 얻을 수 있다. 먼저 기업은 제품 개발, 시장 조사, 소비자로부터의 피드백 등을 통해 소비자들이 소중하게 여기는 서비스를 파악할 수 있다. 다음으로 기업은 스스로 전문성을 갖추고 경쟁자들과 차별화함으로써 이에 상응하는 보다 높은 수임료를 요구할 수 있다. 이를 위해서 전문 인력 고용 및 특별 자문을 제공할 수 있는 재능을 키우는 데 투자가 필요하다.

영향력

영향력(leverage)은 기업에 참여하는 파트너 수 대비 전문 인력의 수의 비율로 나타내며, 파트너당 수익을 결정하는 중요한 요인이다. 파트너는 다음의 두 가지로부터 이윤을 얻는다. 첫 번째는 고위 임직원이 서비스에 대해 지불하는 높은 요금이며, 이보다 더 중요한 두 번째는 고용된 전문 직원들이 그들이 받는 임금의 몇 배를 고객들에게 청구할 수 있는 능력이다. 프로젝트를 성공적으로 완성할 능력을 유지하면서 영향력을 극대화할 수 있는 기업을 성공적인 기업이라 할 수 있다.

기업의 영향력 관리는 계약이나 프로젝트에서 요구하는 바를 전문 인력의 기술 수준과 맞추는 과정을 포함한다. 프로젝트의 세 가지 공통된 범주가 아래에 제시되어 있다.

- **두뇌 프로젝트**(*brains project*)는 전문적 · 기술적 지식을 요구하는 고객의 문제해결을 포함한다. 두뇌 프로젝트는 주어진 상황이 극도로 복잡한 가운데 문제 해결을 위한 새로운 접근법을 창조, 혁신, 탐구할 자질을 갖춘 전문 인력을 최소한으로 요구한다. 두뇌 프로젝트를 목표로 하는 기업은 스스로를 최고의 기술과 재능을 갖추고 있다고 선전해야 한다. 기본적으로 이러한 기업의 마케팅 전략은 "우리의 능력을 믿고 맡겨주세요"라는 식이 될 것이다. 두뇌 프로젝트가 표준화되거나 반복되는 경우는 거의 없다. 아울러 전문 인력에 대한 기술 수준 요구 정도가 높으며, 파트너들은 자기 분야의 전문가이다. 표준화가 어려운 점과 높은 기술 수준에 대한 요구는 영향력의 걸림돌로 작용한다.

- **그레이 헤어 프로젝트**(*grey hair project*) 또한 고도의 기술 수준과 고객 지향성을 필요로 하지만, 상기 두뇌 프로젝트보다는 창조성 · 개혁성 정도가 덜하다. 그레이 헤어 프로젝트의 어려운 점은 두뇌 프로젝트의 경우와 유사하지만, 마케팅 기법은 두 프로젝트가 서로 상이하다. 그레이 헤어 프로젝트는 지식과 판단을 필요로 하지만, 기업이 전사적 자원관리(ERP) 체계의 실행과 같은 일정한 유형의 프로젝트에 특화된 경우에는 표준화와 반복이 가능하다. 이전에 비슷한 유형의 프로젝트를 진행한 경험이 있으므로 업무의 일정 부분은 하급 직원들에게 일임하고 그 결과를 예측할 수 있다. 그레이 헤어 프로젝트에서의 마케팅 전략은 "우리의 경험을 믿고 맡겨주세요"가 될 수 있다.
- **절차 프로젝트**(*procedure project*)는 회계 감사와 같이 이미 잘 알려진 표준화 프로젝트를 일컫는다. 이 프로젝트는 일정 수준의 고객 지향성을 필요로 하지만, 프로젝트의 실행이 익숙해서 마치 프로그램화된 것처럼 보일 수 있다. 다시 말해서 절차 프로젝트는 프로젝트 실행에 필요한 분석과 진단, 결론 단계가 잘 정의되어 있다. 이러한 프로젝트는 쉽게 하급 직원에게 일임할 수 있다. 절차 프로젝트를 의뢰하는 고객은 보통 빠르고 저렴하게 프로젝트를 마칠 수 있는 기업을 찾는다. 절차 프로젝트를 제공하는 기업은 보통 그들이 갖춘 효율성과 정확성, 체계성, 유용성을 소비자에게 판매하게 되는데 이 경우 마케팅 전략은 "우리의 노하우와 효율성을 믿고 맡겨주세요"가 된다.

전문 서비스 기업의 운영관리와 궁극적 수익성을 위한 열쇠는 위에서 살펴본 바와 같이 영업이익, 생산성, 그리고 영향력을 어떻게 관리하는지에 달려있다. 표 9.5에는 이들 세 요소의 범주 안에서 수익성을 증진시킬 수 있는 전술이 제시되어 있다.

표 9.5 수익성 확보 전술

전술	범주
고정(간접) 비용 낮춤	**영업이익**
현금 흐름 개선	
사무 공간 및 설비 축소	
행정 · 보조 인력 감축	
가격 및 차별성 제고	**생산성**
특화, 혁신, 부가가치	
고부가가치 업무 겨냥	
훈련에 대한 투자	
고부가가치 서비스에 대한 투자	
실적 부진 프로젝트의 처리	**생산성**
수익성 없는 서비스 중지	
수익성 없는 소비자 포기	
용량 증가	**생산성**
가동률 증가	
변동비용 낮춤	**영향력**
참여 경영 증진	
전문가의 영향력 증대	
준전문가의 활용 증대	

아웃소싱 서비스

그림 9.4에서 보이는 바와 같이, 서비스 공급자들은 고객 만족을 위해 또 다른 서비스 공급자들과 관계(relationship)를 형성한다. 예를 들면, 의사가 검사실에서 환자들로부터 채취한 혈액의 검사를 위해 외부 실험실을 사용한다면, 그는 이 혈액검사 서비스를 **아웃소싱**한 것이다.

그러나 아웃소싱 관계를 찾고 이를 유지하는 일은 거래비용을 수반한다. 이러한 거래비용은 아래와 같다.

- 적절한 공급자를 찾는 데 드는 **탐색**비용
- 거래 당사자와 합의를 하고 계약을 작성하는 일과 관련한 **협상**비용
- 거래 당사자가 합의를 준수하고, 위반 시 법적 대응을 할 수 있게 해주는 **강제**비용

아웃소싱 서비스의 혜택과 위험

서비스 활동을 직접 수행하지 않고 아웃소싱하는 데는 여러 가지 이유가 있다. 다음 사항들을 고려해 보자.

- 기업의 핵심역량에 집중할 수 있도록 돕는다. 예를 들어, 모병제인 미 육군에서는 더 이상 병사들에게 식당 잡역을 시키지 않는다.
- 서비스는 기업 내에서 수행하는 것보다 외부로부터 구매하는 것이 저렴하다. 예를 들어, 위생서비스가 시장에서 가지는 경쟁력을 감안하면 이를 청소 용역업체에 맡기는 편이 낫다.
- 투자하지 않고 최신 기술을 이용할 수 있도록 한다. 지방 병원들은 MRI와 같은 비싼 진료설비에 투자하기보다 특수 서비스를 제공하는 외부 공급자와 계약을 맺는다.
- 규모의 경제를 지닌 공급자로부터 이익을 확대한다. 자동차 딜러들이 소비자들의 변덕스러운 요구에 맞춰 사고차량을 수리할 능력까지 갖춘 경우는 드물다. 이는 사고차량 수리에 대한 수요가 매우 간헐적이어서 많은 비용을 지불해야 하는 수리 전문가에게 항상 일거리가 있게 만드는 것이 어렵기 때문이다.

물론, 아웃소싱은 다음과 같은 이유로 신중히 수행되어야 한다.

- 품질에 대한 직접적인 통제가 불가능하다.
- 실직에 대한 두려움으로 인해 직원 충성도가 위협받는다.
- 데이터 보안 및 고객 프라이버시 문제가 발생한다.
- 특정 공급자에 대한 의존도는 미래의 협상 능력에 방해가 된다.
- 추가적인 조정 비용과 지연이 발생한다.
- 아웃소싱 서비스를 실행할 수 있는 내부 능력이 위축된다.

아웃소싱 프로세스 모델은 그림 9.6에 도식화되어 있고, 필요성 인식, 정보 탐색, 공급업체 선정과 성과 평가의 과정으로 구성되어 있다. 그러나 일반적으로 아웃소싱 서비스는 서비스의 무형성으로 인한 문제점을 지닌다. 예를 들면, 서비스의 요구 사항을 문서화하

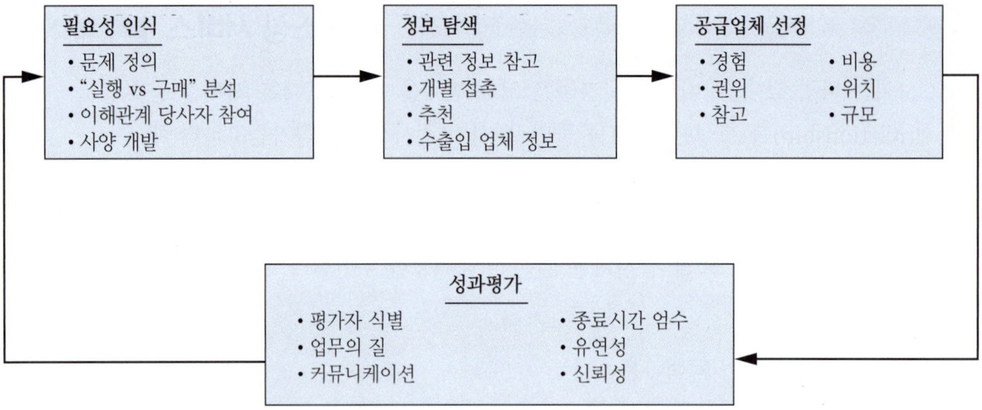

그림 9.6 아웃소싱 프로세스

는 작업은 매우 어렵다. 더구나 서비스는 세밀히 관찰하고 조사할 수 없기 때문에 전달된 서비스가 기대를 충족하고 있는지 판단하기가 어렵다. 공장의 보안 서비스를 제공하는 계약자가 효과적인지 여부를 어떻게 알 수 있는가? 재화는 납기가 완료된 시점에 검사할 수 있지만 구매된 서비스는 그렇지 못하다.

가장 중요한 아웃소싱 문제는 공급업체 선정 및 성과 평가이다. 예를 들어, 타겟(Target)이나 월마트(Walmart) 등 다국적 유통 업체들은 공급업체 선정 및 평가에 대한 엄격한 내부 프로세스를 적용하고 있다. 공급업체 선정에서는 경험, 명성, 지리적 근접성 및 비용과 같은 다양한 매개 변수들이 고려된다. 공급업체의 성과 평가에서 중요한 기준은 커뮤니케이션 능력, 신뢰성, 운영의 유연성 및 적시배달 기록과 같은 품질 측정 항목 등이 포함된다.

Hayes를 포함한 공동연구자는 수직적 통합으로부터 중립적 거래 관계에 이르는 공급자 관계를 위한 구조를 제시하였다.[16] 일반적으로 중립적 거래 관계는 아웃소싱을 위한 좋은 방안이다. 이러한 중립적 거래 관계를 위한 공급 업체와의 협력을 위해 가격, 수량 및 인도 일정에 대해 매우 체계화되고 표준화된 정보를 규정할 필요가 있다. 수직 통합은 전략적인 통제에 유리하다. 그 이유는 상당한 투자는 업무의 최적 실행을 위해 상당히 내구적인 관계-관련 자산에 의해 이루어져야 하기 때문에 수직 통합은 중간 종료위험을 줄일 수 있다. 공급업체 선정에서 중요한 역할을 하는 또 다른 요인은 지적재산권이다. 중립적 거래 관계에서는 서로 다른 구성 요소 사이에서 매우 분명한 경계와 함께 지적재산권 보호가 필요하다.

다국적 의류 산업은 신중히 개발된 공급자 관계의 좋은 예이다. 스포츠 재킷 소매업체와 제조업체인 스포트 오버마이어(Sport Obermeyer)가 그 사례이다. 콜로라도에 본사를 두고 있는 스포트 오버마이어는 홍콩과 중국에 제조 공장을 두고 있다. 미국 사무실에서는 유행추이, 소비자 선호 및 소매관리 파악과 같은 업무에 집중하고, 아시아 지역에서는

16) R. Hayes, G. Pisano, D. Upton, and S. Wheelwright, *Operations Strategy and Technology: Pursuing the Competitive Edge* (New York: John Wiley, 2004), pp. 119–38.

원단 선택, 건조와 인쇄 선택, 지퍼, 버튼, 레이블을 위한 공급업체 관리에 중점을 두고 있다. 스포트 오버마이어는 글로벌 공급사슬에서 품질의 표준화를 위한 통제와 모니터링이 매우 중요한 요소임을 강조한다.

아웃소싱 프로세스는 많은 관련 인원을 만족시켜야 하기 때문에 더욱 복잡해진다. 여행 예약, 청소 서비스, 음식 서비스와 같은 계약된 서비스는 모든 종업원들에게 개별적인 영향을 미치는 서비스이다. 이는 생산 프로세스에서 사용할 목적으로 구매한 재화들과는 다르다.

비즈니스 서비스의 경우 종종 조직의 요구를 만족시키고자 고객 지향화를 할 필요가 있으며, 특히 제조 프로세스의 지원을 위한 서비스의 경우 더욱 그렇다. 기업에 대한 비즈니스 서비스의 경우, 조직의 요구가 개인 차원보다 복잡하기 때문에 일반 소비자에게 제공되는 서비스보다 본질적으로 좀 더 기술 측면에 초점을 두는 경향이 있다.

구매할 서비스에 따라 의사결정 과정은 다를 수 있다. 예를 들면 컴퓨터 소프트웨어를 구매하는 경우는 최종 사용자가 적극적으로 구매과정에 참여해야 하고 사용자에 대한 친절, 편리함과 같이 계량화가 어려운 여러 가지 속성에 비추어 최종 선택을 하게 된다. 그러나 쓰레기 처분 서비스를 아웃소싱하는 경우는 비용이 가장 중요한 기준이며 일상적으로 다루어질 수 있다. 해당 산업에서 쓰레기 관련 지식과 경험을 갖춘 책임 있는 공급자를 선정하는 일은 쓰레기 처분과 관련한 법적 책임 때문에 중요하다. 이러한 이유로 구매 프로세스를 지원하기 위하여 서비스 분류 작업을 개발한다.

비즈니스 서비스의 분류

비즈니스 서비스는 유형성의 정도에 따라 분류된다. 유형화 정도란 서비스가 물리적으로 측정 가능한 산출물의 성질을 어느 정도 지니고 있느냐를 나타낸다. 청소나 세탁 서비스 같은 것은 유형성이 높고, 잘 규정되어 있으며, 측정 가능한 산출물을 지니고 있다. 홍보나 광고와 같은 서비스는 측정 및 규정이 어려운 산출물을 지니고 있다.

유형화 정도에 근거해서 서비스를 차별화함에 따라 구매자가 직면하게 될 어려움을 나타낼 수 있지만, 유형화의 정도는 구매자에게 구매의사결정을 지원함에 있어 충분한 정보를 제공하지 못한다. 따라서 비즈니스 서비스의 초점(자산, 사람, 프로세스)을 분류의 축으로 사용한다. 각 분류에서 서비스를 구매할 때 서비스 유형성 정도는 고려해야 할 속성이 될 것이다. 그러나 일반적으로 서비스 유형성은 서비스의 초점이 자산에서 사람으로, 그리고 프로세스로 이동함에 따라 감소할 것이다.

구매기업에게 서비스의 중요성이 어느 정도인지를 나타내는 두 번째 차원 또한 구매의사결정의 관점에서 고려되어야 한다. 서비스의 중요성은 서비스와 기업 핵심활동과의 관계에 따라 높은지 혹은 낮은지가 결정된다. 기업 핵심부문에 중요한 서비스는 구매의사결정에서 고위 관리자의 참여를 유도하게 된다. 왜냐하면 기업 목표와 부합되는 것은 매우 중요하고, 만약 실패하는 경우 상당한 위험에 노출되기 때문이다. 이것은 제품시험, 의료관리, 공공관계, 홍보, 광고와 같은 민감한 부문에서는 설명할 필요 없이 분명하다고 할 수 있다. 세탁, 쓰레기 처리, 공장 보안, 여행 예약과 같은 서비스는 기업의 핵심 영역에서

표 9.6 아웃소싱 비즈니스 서비스 분류 체계

		서비스의 중요성: 낮음	서비스의 중요성: 높음
서비스의 초점	자산	**시설 지원** • 세탁 • 청소 • 쓰레기 처리	**장비 지원** • 수리 • 보수유지 • 제품 시연
	사람	**종업원 지원** • 식사 제공 • 공장 안전 • 비정규 직원	**종업원 개발** • 훈련 • 교육 • 의료 지원
	프로세스	**촉진 서비스** • 장부 정리 • 여행 예약 • 콜센터	**전문 서비스** • 광고 • 공공관계 • 법률

볼 때 덜 중요하다고도 할 수 있다.

그러나 중요성의 관점에서 덜 중요한 서비스로 간주하는 것은 상대적인 것이다. 예를 들면 반도체 제조사의 청정작업실에서 일하는 작업자의 작업복은 제조과정에서 오염물질이 유입되는 것을 방지하기 위해서 엄격한 통제하에 세탁되어야 한다. 따라서 개별 기업이 처한 상황에 따라 중요성에 근거한 서비스 분류를 수정할 수 있다.

표 9.6은 이러한 두 개의 축에 근거한 여섯 가지 분류를 보여주고 있다. 각 분류에는 해당 서비스 부문을 나타내는 명칭이 있다. 즉, 시설 지원, 장비 지원, 종업원 지원, 종업원 개발, 촉진 서비스, 전문 서비스 등 여섯 가지이다.

서비스 아웃소싱의 관리상의 고려사항

표 9.7은 각 비즈니스 서비스의 분류별 아웃소싱의 고려사항을 서비스 초점을 기준으로 보여주고 있다.

시설 지원 서비스(자산/서비스 중요성 낮음)

시설 지원 분류에 해당하는 서비스는 재화를 구매하는 경우와 유사하게 취급될 수 있다. 엄격한 사양을 정할 수 있고, 낮은 입찰가를 기준으로 공급자를 선정할 수 있다. 이러한 서비스의 구매가 간단한 작업이라 할지라도, 조직 내의 관련 인사는 품질과 적시성에 주안점을 두고 서비스의 수행 정도를 평가해야 할 책임이 있다. 예를 들면 유형성의 정도가 높기 때문에, 서비스 전후의 비교(즉, 세탁 전후 깨끗함, 고장난 장비의 수리 완료)를 통해서 수행 정도 측정이 가능하다. 구매자들은 기업의 핵심 부문에 대한 중요성이 낮은 서비스를 평가할 경우에는 가격에 중요성을 부여하고, 중요성이 높은 서비스의 경우에는 품질에 중요성을 부여한다. 청소 작업, 음식 서비스, 장부 정리 등과 같이 중요성이 낮은 서비스는 가격이 구매결정의 요인이 되는 일용품 서비스와 같이 취급될 수 있다.

표 9.7 서비스 아웃소싱의 고려사항

자산에 초점
시설 지원 서비스
• 낮은 원가
• 성과 평가를 위한 책임 있는 당사자 파악
• 정확한 사양의 작성
장비 지원 서비스
• 공급자의 경험과 명성
• 응급 대응 시 공급자의 가용성
• 서비스 콜과 만족도 검사 담당자 지명
인력에 초점
종업원 지원 서비스
• 참고자료(의견서)를 위해 접촉한 공급자 고객
• 최종 사용자가 선호하는 사양 입력
• 주기적 성과 평가
종업원 개발 서비스
• 특정 산업에 대한 경험의 중요성
• 공급업체 파악과 선택 시 최고 경영층의 참여
• 참고자료를 위해 접촉한 공급자 고객
• 공급자 성과를 평가한 종업원
프로세스에 초점
촉진 서비스
• 대안적인 공급자에 대한 지식의 중요성
• 공급자 파악에 있어서 최종 사용자의 참여
• 참고자료(의견서) 또는 제3자 평가의 유용성
• 사용자가 작성한 상세한 사양
전문 서비스
• 공급자 파악과 선정 시 최고 경영진의 참여
• 명성과 경험이 매우 중요함
• 최고 경영진에 의한 성과 평가

장비 지원 서비스(자산/서비스 중요성 높음)

장비 지원 서비스의 경우 응급 서비스를 제공할 수 있도록 공급자가 충분히 근접해 있어야 하기 때문에 이에 따른 추가적인 문제를 야기한다. 서비스 계약에서는 조직 내부에서 누가 응급 서비스를 요청할 권한을 가진 사람인지 명시되어야 한다. 산업장비, 혹은 제품 검사기는 본질적으로 유지 및 보수가 중요하기 때문에, 공급업체는 구매 기업이 속한 산업에 대한 경험이 있어야 한다. 공급자의 명성과 신용은 중요한 선정 기준이 된다. 작업의 품질 이외에도, 수행평가에는 공급자와 구매업체 간의 의사소통 문제와 신뢰성에 대한 평가가 포함된다.

종업원 지원 서비스(사람/서비스 중요성 낮음)

사람에게 제공되는 서비스의 경우 서비스 사양을 정의하는 데 있어서 사용자의 투입 부문이 중요하다. 종업원 지원 서비스는 보통 기능 부서로부터 요청된다(예: 임시 직원 요청).

따라서 그들의 요구에 따라 필요 사양이 결정된다. 제공된 서비스는 동일한 기능 부서에 의해서 주기적으로 평가되며, 그 평가는 재계약 조건 중의 하나가 된다. 공급자 선정의 과정에는 공급자의 고객들로부터 얻은 의견서(임시 도움 서비스의 일반적 관행)를 포함해야 한다.

종업원 개발(사람/서비스 중요성 높음)

종업원 개발 서비스에 대한 요청 또한 해당 기능 부서에 의해 이루어지고, 인사 부서나 고위 관리가 개입한다. 서비스 구매를 관리하기 위해서 전문성을 필요로 하는 기업의 인적자원관리에서는 종업원 개발이 중요한 투자항목이다. 예를 들어, 회사 종업원들이 가입한 보험회사를 변경하는 일에는 여러 가지 대안이 있으며, 이 경우 공급자 선정은 그리 단순한 작업이 결코 아니다. 종종 외부 전문가를 모색하기도 하고, 공급자의 명성과 해당 산업과의 경험이 중요한 고려사항이 된다. 고려 중인 서비스에 의해 영향을 받는 종업원들도 평가 과정에서 매우 유용할 수 있다.

촉진(facilitator) 서비스(프로세스/서비스 중요성 낮음)

유형성이 가장 낮은 비즈니스 서비스는 조직의 사명이나 프로세스를 지원하는 정보처리와 관련된 활동을 취급하고 있다. 촉진 서비스는 장부 정리나 여행 예약과 같은 일상적인 정보처리 프로세스를 포함한다. 최종 사용자는 자세한 필요 사항을 기재하고 가능한 공급자를 파악할 수 있어야 한다. 예를 들면, 여행사 선정은 종업원이 부수적 서비스(예: 신용카드로 결제)를 입력함으로써 도움을 받는다. 공개된 의견(예: Yelp.com) 및 공급자 간 비교는 가능한 공급자원을 파악하고 적합한 기준을 선정하는 데 유용하게 쓰인다.

의사결정 기준이 제대로 결정되어 있지 않는 경우, 구매자는 주변 환경으로부터 기준에 대한 실마리를 찾는다. 이 경우 최종 선정은 부차적인 고려사항에 근거해서 이루어지기 쉽다. 예를 들어 여러 여행사가 모두 평판이 좋고 기본적인 여행 예약 서비스가 동일한 경우, 티켓의 배달과 일시불이 아닌 할부와 같은 부수적 서비스에 근거해서 최종 선정이 이루어질 수 있다는 것이다. 또 다른 부차적인 고려사항으로 공급자와 구매자 간의 인간관계를 들 수 있다.

전문(professional) 서비스(프로세스/서비스 중요성 높음)

전문 서비스는 조직의 전략적인 미래에 중요한 영향을 미치기 때문에 최고 경영층이 처음부터 관여해야 한다. 프로세스는 필요성 파악으로부터 시작하여 가장 중요한 성과 평가를 포함한 구매의 전 단계를 거친다. 공급자에 대한 신뢰도는 가장 중요하게 고려해야 할 요소이므로 공급자의 명성과 경험이 선정의 유일한 중요 기준이 될 수 있는 것이다. 고객 지향화의 정도가 증가하면서 컨설팅, 공공관계, 혹은 종업원 훈련과 같은 서비스는 연장될 가능성이 높아진다. 따라서 이런 경우 공급자의 성과 평가는 지연된다.

서비스 벤치마크

린치버그에서는 시민이 우선

버지니아주 린치버그에서는 처음에 11개 자치구 부서들이 독립적으로 일을 했고, 부서 간에는 단지 전화나 메모 형식으로 대화가 이루어졌다. 그 결과 시민 한 사람이 주택개조 요청에 대한 처리 결과를 확인하는 데 몇 주, 혹은 몇 달이 소요되었다. 시민들은 물론 정부 관계자들 또한 이에 대해 만족하지 못하고 있었다. 그래서 의회는 시민들이 필요로 하는 모든 서비스를 제공하기로 공약을 내걸었다.

그 이후의 이야기는 그 지역사회가 SuiteResponse라는 서비스 모듈을 도입할 때부터 시작한다. 이 소프트웨어는 린치버그 주민 우선 정보센터를 지원하였고 지역 공무원에게 주민의 불만 대신 만족을 창출하는 고객서비스를 책임질 권한을 부여하였다. 공무원들은 콜센터에서 이 서비스로 인해 서비스 요청자에 대한 필요한 정보를 축적할 수 있었고 업무를 적재적소에 신속하게 할당할 수 있었다. 또한 첫 서비스 문의에서부터 최종 결과까지 전자추적이 가능하게 되었다. 이러한 서비스 모듈은 인터넷과 연결되어 있기 때문에, 시민들은 '시와 관련된 일들'을 집에서 처리할 수 있었고, 그들의 문의에 대한 진척 상황을 알 수 있게 되었다.

그 후로 린치버그 시민들은 그 전보다 훨씬 만족스러운 삶을 영위하게 되었다.

요약

전통적인 제조업에서의 공급사슬과 달리 서비스에 있어서는, 고객-공급자의 이원성에 따라 관계 네트워크가 형성된다. 우리는 양방향 최적화, 생산능력 관리가 서비스 공급관계 관리의 가치의 원천이라는 것을 발견하였다. 전문 서비스는 수익성 창출을 위해 창조적 리더십을 필요로 하는 독특한 특징을 지니고 있다. 비즈니스 서비스 구매 분류와 연관시켜 서비스 아웃소싱이 증가하는 현상을 살펴볼 수 있었다.

주요 용어

대체(replacement) 서비스 제공자의 개별적 관심을 대신해서 고객이 직접 셀프서비스해서 사용하기 위한 기술로 대체하는 전략

생산능력(productive capacity) 고객에게 서비스를 제공할 수 있는 작업 시간으로 측정됨

소멸성(perishability) 서비스 작업자의 생산능력을 재고화할 수 없기 때문에 비작업 시기에는 생산능력을 잃어버리게 되는 것

소셜 미디어(social media) 상호 쌍방향의 대화를 가능케 하는 웹기반 및 모바일 기술

아웃소싱(outsourcing) 조직 내부에서 수행하였던 서비스를 외부 공급업체를 고용하여 수행하고자 하는 의사결정

양방향 최적화(bidirectional optimization) 서비스 공급자와 고객이 양쪽의 요구사항을 고려하여 서비스가 전달될 시간에 대해서 합의할 때 발생하는 현상

연마(embellishment) 셀프서비스가 가능하도록 고객의 기능을 훈련시키고 제고함으로써 생산능력을 높일 수 있는 전략

영향력(leverage) 기업에 참여하는 파트너 수 대비 전문인력의 수의 비율로 나타내며, 파트너 대비 수익을 결정하는 중요한 요인

옴니채널 공급사슬(omnichannel supply chian) 옴니채널 공급사슬은 재고 중앙관리 센터를 이용하여 다양한 주문 대안과 복수의 유통 채널로 구성된 공급사슬에서 주문처리를 관리함

전달(transfer) 저렴한 비용으로 고객이 지식을 이용할 수 있도록 하는 접근 방법

채찍현상(bullwhip effect) 재화의 공급사슬상에서 발생하는 것으로, 최종 수요의 변화가 공급사슬상에서 상류 부문으로 가면서 그 변화의 폭이 확대되어가는 현상

토론 주제

1. 효율적인 제품 공급사슬 관리가 어떻게 지속 가능한 환경을 만드는 데 도움을 주는지 논하라.
2. 서비스 공급사슬을 제조 공급사슬로부터 유추하는 것이 왜 적절하지 못한지 설명하라.
3. 한 기업이 해외에 콜센터(call center)를 아웃소싱하려고 할 때, 그 서비스 아웃소싱이 직원, 주주, 고객, 그리고 유치국가의 경제에 미치는 영향에 대해 논하라.
4. 소셜 미디어는 서비스 산업 성장에 어떻게 영향을 미쳤는가?
5. 서비스 기업이 경쟁전략 개발에 활용한 소셜 미디어의 기능은 무엇인가?
6. 외부 컨설턴트를 이용하여 혜택을 얻을 수 있는 몇몇 서비스 산업(예를 들어, 건강관리 및 호스피탈리티 산업) 내에서 영역을 파악하여 논하라.
7. 서비스 분야에서 성공적인 컨설턴트가 되기 위해 어떻게 자신을 스스로 훈련시킬 수 있을까?
8. 공급업체와의 중립적 관계 관리 유지를 위한 월마트의 수직통합 노력과 비교할 수 있는 활동들에 대하여 논하라.
9. 향후 공급사슬 설계에 상당한 변화를 일으킬 만한 서비스 제품을 식별하고 이러한 변화에 대해 심사숙고하여 대응하라.

그룹활동 과제

강의를 듣는 사람들끼리 소규모 그룹으로 모여 다층적 양방향 서비스 관계(즉, 셋 혹은 그 이상의 서비스 공급자 관계)의 예를 찾아보라. 또한 왜 그런 종류의 관계가 드문지를 논의하라.

사례_9.1

마케팅 컨설팅 업체 부머[17]–Boomer Consulting, Inc.

부머 컨설팅(BCI)은 처음에 바니 종합 회계사(Varney & Associates)의 조그만 지역 회계 사무소 내 사업부로 업무를 시작하였다. 그리고 이 사업부는 L. Gary Boomer의 단독 파트너 체제로 첫 발을 내딛었다. 점차 사업부의 수입이 증가하자 이 회사는 1995년 컨설팅과 회계 업무를 분리시켰고, Boomer는 독립채산시스템으로 운영하는 부머 컨설팅(Boomer Consulting)을 창립했다. 1997년이 되자 Boomer는 사업제휴 지분을 사들여 CEO가 되고 BCI를 신규 창업기업으로 전환하였다.

L. Gary Boomer는 기업 경영과 기술 분야에서 선도적

17) Prepared by Eric Baur, Jim Boomer, Chad Turner, and Matt Wallace under the supervision of Professor James A. Fitzsimmons.

지위로 정평이 나 있는 회계 전문가이다. 1995년 이래 그는 *Accounting Today*가 선정한 회계분야에서 가장 영향력 있는 100인에 선정되었다. 또한 그는 전략 및 기술 계획, 보상, 훈련/학습 문화의 개발과 같이 경영 · 기술 분야와 관련 있는 주제에 대해 국내외적으로 컨설팅 자문을 맡는다. 그는 기획 퍼실리테이터로서의 역할을 수행하며, 코칭을 하고, 여러 자문역을 맡았다.

회계 산업

1989년까지만 해도 회계 분야는 이른바 "8대 회계법인"과 "다른 나머지"로 양분되었다. 산업 통합의 움직임과 더불어 이미 잘 알려진 Arthur Anderson이나 Enron사 사태로 인해 회계 분야는 "4대 회계법인"과 "다른 나머지"로 전환되기에 이른다. 최근의 회계 관련 스캔들은 Sarbanes-Oxley 법안과 같은 관련 규정의 증가와 잦은 소송에 대한 우려로 이어졌다. 이러한 일련의 사태는 4대 회계법인과 함께 일하는 데 따른 비용 및 회계법인에서 근무하는 회계사들의 업무 부담에 영향을 미쳤다. 그 결과 고객과 회계사들은 "다른 나머지"로 분류되던 소규모 회계사무소로 옮겨가게 된다.

회계 관련 스캔들은 또한 회계 분야에서 윤리와 경영 관련 문제에 보다 더 초점을 맞추게 되는 계기가 되었다. 회계 분야의 주요 이슈는 점차 회사 경영이 동업 형태에서 소유-경영 분리 구조로 바뀌는 것과 그 밖에도 서류 관리와 기록 보관, 업무 승계 계획, 해외 이전에 따른 세금 혜택, 전략 계획, 그리고 인적 자본과 보상과 같은 일반적 경영관련 주제들을 망라한다. 또한 회계 분야는 고객의 입장에서 하드웨어적으로나 소프트웨어적으로 상당한 흥밋거리를 유발하는 기술 분야에 대한 적응 속도가 늦은 것으로도 정평이 나 있다.

BCI의 초기 영업활동

BCI의 기본 고객층은 크기와 지역에 따라 다양한 회계 업체들로 구성된다. 이들은 "4대 회계법인"보다 약간 작은 크기부터 몇 명의 직원으로 이루어진 사무소까지 다양하다. BCI의 고객 기업들은 또한 미국과 영국, 호주, 캐나다, 인도에 이르기까지 지역적으로도 다양하다. 고객들은 일반적으로 BCI에 전통적인 1:1 방식의 업무에서부터 Boomer Technology Circles의 회원자격을 얻는 것까지 다방면의 서비스를 요청한다. BCI가 제공하는 광범위한 서비스는 BCI가 여타 기업들의 전략 계획 프로세스에 구심점 역할을 하도록 해주며, 또한 BCI를 회계 분야의 기업들을 지도하는 위치에 있도록 만들었다.

BCI의 초창기 시절을 돌아보면, CEO인 Boomer가 일요일 오후 비행기로 캔자스시티에서 뉴욕까지 날아오는 것이 하나의 규범처럼 되어 있었다. 고객층이 대부분 미국과 캐나다에 흩어져 있었으며, Boomer는 월요일과 화요일에는 뉴욕에, 수요일에는 샌디에이고에, 목요일에는 잭슨과 미시시피에, 그리고 금요일 늦은 시각이 되어서야 비행기 편으로 다시 캔자스로 돌아왔다. 그의 이와 같은 스케줄은 고객의 사무소가 위치한 곳에서 1:1 방식으로 컨설팅을 진행할 수 있게 해 주었고, 이것이 바로 그 시절 고객에게 컨설팅 서비스를 제공하는 방법이었다. 사실 개인이 이러한 스케줄을 소화하기란 쉽지 않은 일이므로 Boomer는 여정을 줄일 수 있는 방안을 모색하였다. Boomer는 그의 고객들 중 특히 비슷한 규모의 기업들이 공통적인 문제를 가지고 있다는 것을 깨닫고 그가 가지고 있는 지식과 경험을 전달할 표준화된 방법을 모색했다.

그때부터 BCI의 서비스는 1:1식 고객 지향적 프로젝트에서 보다 표준화된 서비스로 진화하게 되었다. 오늘날 이러한 서비스 제공은 기술리더십 프로세스(Technology Leadership Process)라고 불리며, 이는 그림 9.7에서 보는 바와 같이 5단계로 요약할 수 있는 프로세스 지향적 해결 방안이다.

Boomer Technology Circles—서비스의 혁신

Boomer는 여행 부담을 줄이고 컨설팅 프로세스를 표준화하는 노력의 일환으로 BCI 비즈니스 모델이라 불리는 독특한 서비스 제공체계를 고안하였다. 하루 혹은 이틀 정도 걸리는 프로젝트를 위해 고객이 있는 곳으로 끊임없이 찾아가는 대신, 고객이 BCI를 찾아오도록 하는 Boomer Technology Circles를 창안하였다.

Boomer Technology Circles은 "원탁" 개념에서 출발하며, 이는 고객들이 공통의 관심과 해결책을 공유할 수 있도록 한다. 이 모임은 미주리주 캔자스시티에 위치한 한 호텔에서 열리며, 지리적으로 흩어져 있는 고객들을 한데 모으는 중심 창구 역할을 한다. 이 모임의 회원들은 10개의 서로 다른 소모임 중 하나에 배속되며, 각 소모임은 1년에 세 번, 하루 내지 한나절이 걸리는 회의를 진행한다. 소모임은 비슷한 규모를 가진 15~20개의 기업으로 구성되며, 각 기업은 두 명의 고용인을 회의에 파견한다. 소모임에 포함된 기업들의 규모가 비슷하기 때문에 이는 구성 기업들이 문제와 관심사를 공통으로 가질 가능성을 높인다. BCI는 모든 참가자의 동의 없이는 같은 모임 안에 지리적 위치상 직접적으로 경쟁할 고객들을 함께 배속시키지 않는다.

소모임은 회계 분야의 "중요한 문제" 토론, 소집단 간

1단계: 워크숍	2단계: 검토	3단계: 청사진	4단계: 팀	5단계: 개별지도
워크숍 기술지도를 위한 BCI의 컨설턴트와 함께 하는 1시간 동안의 1:1 무료 미팅이다. 이 과정을 통해 우리는 기업의 인식과 요구사항, 미래에 대한 기대와 관련한 문제들을 처리한다.	**전략 검토™**는 기업 고객이 처한 위험이나 기회, 그리고 장점 등을 처음으로 인식할 목적으로 만들어졌다. 그리고 기업 고객에게 막대한 이익은 물론 수익을 보장하는 데 필요한 시각과 전략을 제공한다. **기술 검토™**는 현재의 기술상황을 평가하고, 보다 생산적이고 수익성을 높일 수 있도록 피드백을 제공한다. **실행 분석™**은 전략 및 기술 검토의 조합이다. 이는 기술 및 경영 분야에 가장 적합하다. **컨설턴트 훈련 프로그램™**은 컨설팅 실행 창출을 위해 컨설턴트를 교육시켜 기업이 기술 사용에 있어 선두주자가 될 수 있도록 한다.	**기술지도 청사진™**은 기업의 기술 전략을 점검하는 데 도움을 준다. 최종 생산품은 사용목적, 우선순위, 전략, 유통기한 등을 함축하고 있는 공식화된 계획이다. **기술지도 예산™**은 3년 단위로 기업의 필요성과 비전, 기대에 따른 상세한 예산안을 기획한다.	**Kolbe 팀 성공 프로그램™**은 조직의 생산성 문제를 진단하고 기업의 성공에 도움이 될 처방을 제시하는 데 도움을 준다. 이 세미나는 팀 상호 간 타고난 장점을 경주할 수 있는 방법을 탐색할 때 상호작용할 수 있는 틀을 마련해준다. 이 세미나를 통해 팀의 성공 여부는 물론 개별 역점분야를 예측할 수 있다.	**Boomer Technology Circles™**은 기업의 현실을 진단하고 오늘날 기업이 직면한 경영 · 기술 측면의 난제와 관련하여 공통된 고민을 나누는 기업 임원진급 모임이다. **기업 정상모임™**은 부머 컨설팅의 주관하에 기업의 연간 경영성과를 돌아볼 기회를 제공한다. 회계법인과 지난 20년간 일해왔던 노하우가 귀중한 시간 동안 기업고객을 돕는 데 일조할 것이다.

그림 9.7 기술리더십 프로세스

집중회의(breakout session)를 통한 정보공유, 참가자들이 이끄는 프레젠테이션, 90일간의 전략 시행을 통한 책임소재 파악, 진행 보고서, 향후 모임에 대한 계획 등 여러 가지 목적을 위해 열린다.

이 모임의 핵심은 소모임 구성 기업 간 정보를 공유함에 있다. 구성원들은 소집단 간 집중회의 및 참가자들에 의한 프레젠테이션을 통해 기업에서 가장 문제가 되는 사안과 그들이 찾고 있는 해결방안을 공유하게 된다. 소집단 간 집중회의에는 5~7명의 소규모 참가자가 지식 전달을 위한 친밀한 분위기를 조성한다. 이전 모임에서 각 구성원들에게 역할이 분담된 참가자 주도의 프레젠테이션은 다른 구성원들의 동의 아래 산업 관련 주제들을 다룬다.

BCI 직원들은 회의가 진행되는 동안 회의 진행을 촉진하는 역할을 맡게 되며, 주어진 12시간 가운데 단 2시간 동안만 고객들에게 정보를 제공한다. 이와 같은 방식으로 인해 고객들은 현재 회계 분야가 처해 있는 주요 문제들에 나란히 동참할 수 있고, BCI 직원들도 고객들을 "직접 만나 이야기하는 시간"을 가질 수 있다.

다음 단계는 90일간의 전략 시행을 통한 책임소재 파악과 진행상황에 대한 보고서이다. 구성원들은 각 모임의 마지막에 단기 목표를 포함하여 향후 세 달간 전략 시행을 위한 양식을 작성한다. 이렇게 작성한 계획을 소집단 간 집중회의에서 모든 참가자들이 공유한다. 그 다음에 이어지는 모임에서 각 참가자는 진행보고서를 작성하여 이미 끝난 전략 시행 및 추가적으로 필요한 사항을 구성원들에게 상기시킨다. 이러한 과정은 기업의 목표에 대한 책임감을 배양하고 같은 구성원 동료로부터의 압박을 가중시킨다.

끝으로 구성원들은 다음 모임을 위한 계획 과정에 참여하게 된다. BCI는 다음 모임의 안건을 위한 제안 및 궁극적 결정사항을 용이하게 해 주지만, 이에 대한 아이디어나 결정사항은 전적으로 모임에 참여하는 구성원들에게 달려있다. 이 과정은 회계 분야에 직접 종사하는 모임 구성원들로부터 최신 관련 정보를 얻고 이를 확인할 수 있게 하는 데 도움을 준다.

고객과의 관계, 그리고 고객의 품위 유지

BCI는 고객을 위한 코칭 역할에 충실한 것은 물론, 위에서 소개한 소모임(Circle)을 통해 모임에서 논의된 내용이 시의적절하고 고객의 문제해결에 직접적으로 연관된다는 인식을 심어줌으로써 고객들과 장기적인 관계를 발전시킬 수 있었다. 또한 회합이 있을 때마다 상호관계를 강화시킬 수 있는 이벤트를 마련하였다. 즉, 모임이 시작하기 전 아침식사를 제공하거나, 구성원들이 서로 인사를 나누고 의견을 개진할 수 있도록 저녁식사와 칵테일을 옵션으로 제공하였다. 또한 이러한 활동은 고객들이 BCI 직원들과 직접 면담을 나눌 수 있는 기회를 제공하였다.

BCI는 모임에 참여하는 모든 구성원들의 고급스러운 품위 유지를 위해 고객에 대한 특별대우에도 심혈을 기울였다. 모임은 캔자스시티에서 가장 좋은 호텔 중 하나인 페어몬트 플라자 호텔에서 열리며 모임 참여자의 대다수가 이 호텔에 머문다. 또한 구성원들에게만 다양한 분석 틀과 특별한 정보를 제공하는 Boomer 웹사이트(www.boomer.com)에 접근할 권한을 부여함으로써 고객들의 특권에도 신경을 썼다.

관련 질문

1. Boomer Technology Circle의 사례는 어떻게 양방향 서비스 공급관계에 대한 개념을 설명하는가?
2. 서비스 전달 경로상에서 BCI는 어떻게 고객들을 서비스의 공동생산자(coproducer)로 참여시켜 왔는가?
3. 부머 컨설팅에서 수행된 "영향력(leverage)" 개념에 대해 논하라.
4. Boomer Technology Circle의 사례를 다른 산업에도 적용할 수 있는가? 이러한 전략을 추진함에 있어 위험성이 있다면 무엇인가?

참고문헌

Akcay, Yalcin, Anant Balakrishnan, and Susan H. Xu. "Dynamic Assignment of Flexible Service Resources." *Production and Operations Management* 19, no. 3 (May-June 2010), pp. 279-304.

Akkermans, Henk, and Chris Voss. "The Service Bullwhip Effect." *International Journal of Operations & Production Management* 33, no. 6 (2013), pp. 765-88.

Alicke, Knut, Daniel Rexhausen, and Andreas Seyfert. "Supply Chain 4.0 in Consumer Goods." *Mckinsey & Company*, 2017, pp. 1-11.

Bolton, Ruth N., et al. "Understanding Generation Y and Their Use of Social Media: A Review and Research Agenda." *Journal of Service Management* 24, no. 3 (2013), pp. 245-67.

Choi, Tsan-Ming. "Facing Market Disruptions: Values of Elastic Logistics in Service Supply Chains." *International Journal of Production Research* 59, no. 1 (2021), pp. 286-300.

Choi, Tsan-Ming, Stein W. Wallace, and Yulan Wang. "Risk Management and Coordination in Service Supply Chains: Information, Logistics and Outsourcing." *Journal of the Operational Research Society* 67, no. 2 (2016), pp. 159-64.

Goodale, John C., Donald F. Kuratko, and Jeffrey S. Hornsby. "Influence Factors for Operational Control and Compensation in Professional Service Firms." *Journal of Operations Management* 26, no. 5 (September 2008), pp. 669-88.

Hopp, Wallace J., Seyed M.R. Iravani, and Fang Liu. "Managing White-Collar Work: An Operations-Oriented Survey." *Production and Operations Management* 18, no. 1 (January-February 2009), pp. 1-32.

Leung, Daniel, et al. "Social Media in Tourism and Hospitality: A Literature Review." *Journal of Travel & Tourism Marketing* 30, no. 1-2 (2013), pp. 3-22.

Roth, A., et al. "Knowledge Creation and Dissemination in Operations and Supply Chain Management." *Production and Operations Management* 25, no. 9 (2016), pp. 1473-88.

Ryals, Lynette J., and Andrew S. Humphries. "Managing Key Business-to-Business Relationships: What Marketing Can Learn From Supply Chain Management." *Journal of Service Research* 9, no. 4 (May 2007), pp. 312-26.

Vilko, Jyri, and Paavo Ritala. "Service Supply Chain Risk Management." *Operations and Supply Chain Management* 7, no. 3 (2014), pp. 139-40.

Wang, Yulan, et al. "Service Supply Chain Management: A Review of Operational Models." *European Journal of Operational Research* 247, no. 3 (2015), pp. 685-98.

Xia, Yu, et al. "Competition and Market Segmentation of the Call Center Service Supply Chain." *European Journal of Operational Research* 247, no. 2 (2015), pp. 504-14.

Xue, Mei, and Joy M. Field. "Service Coproduction with Information Stickiness and Incomplete Contacts: Implications for Consulting Services Design." *Production and Operations Management* 17, no. 3 (May-June 2008), pp. 357-72.

Chapter 10

서비스의 글로벌화

학습목표

1. 서비스 기업의 국내 성장 및 확장 전략 4가지에 대한 확인과 비교
2. 프랜차이징의 본질을 프랜차이저(본부 기업)와 가맹점의 관점에서 논의
3. 일반적인 국제화 전략 3가지에 대한 비교
4. 다국적 운영 계획에 있어서 고려되는 3가지 요소에 대한 논의
5. 국경 없는 세계에서 균형을 유지해야 하는 5C에 대한 논의
6. 글로벌 서비스 전략 5가지에 대한 확인 및 비교

KFC, 피자헛, 그리고 타코벨 등 퀵 서비스 레스토랑의 모회사인 얌! 브랜드(YUM! Brands)는 국제적인 성장에 집중하여 일본, 호주, 멕시코, 말레이시아, 사우디아라비아 그리고 유럽 전역에 걸쳐 80개국 이상에 점포를 소유한 글로벌 기업이 되었다. KFC 매장만 500개가 넘는 중국에서는 매달 평균 10개 이상의 새로운 점포가 개설되었다.

대부분의 성공적인 글로벌 기업처럼 얌! 브랜드는 그 사업 방식은 지역에 기반을 둔다고 생각한다. 실무적인 측면에서 보면, 해외의 레스토랑은 지역의 입맛을 메뉴에 반영하여야 한다. 예를 들면, KFC는 일본에서는 데리야끼 크리스피 스트립스(teriyaki crispy strips)를 판매하며, 영국 북부에서는 그레이비(gravy)를 강조하고, 태국에서는 간장 소스의 신선한 쌀을 제공하며, 네덜란드에서는 감자와 양파 크로켓을 만들며, 중국에서는 다른 곳보다 치킨을 보다 매콤하게 요리한다.

얌! 브랜드가 해외시장에서 성공한 것은 지역적으로 유연한 현지화 전략을 펼치면서 품질을 관리하고 집중방식의 마케팅 전략을 구사하는 입증된 프랜차이즈 모델방식을 추구했기 때문이다. 얌! 브랜드는 자신의 표준을 따르지 않는 프랜차이즈 가맹점의 문을 닫고, 시장에 새로운 상품을 소개하며 "버킷(bucket) 속의 치킨"이라는 예전의 콘셉트를 뛰어넘고 있다. 얌! 브랜드는 기업의 성공을 증명하고 새로운 가맹점을 끌어들이기 위해서 의심 많은 프랑스, 네덜란드, 독일 등에 가장 먼저 매장을 설립하였다.

개요

이 장에서는 다수 입지 전략과 다수 서비스 전략 측면에서 서비스 기업의 성장과 확장에

대해 살펴본다. 이 두 측면을 통해 우리는 서비스 전략을 집중 서비스, 집중 네트워크, 군집 서비스, 다각화 네트워크의 4가지로 구분할 수 있다.

프랜차이징은 운영체계가 잘 확립된 서비스 기업의 효율적인 다각화 확장 전략이 될 수 있다. 따라서 이 장에서는 계약관계에 의해 얻게 되는 가맹점의 이점과 프랜차이저(가맹본부 기업)의 의무에 대해 살펴볼 것이다.

"국경 없는 세계"로 명명되는 현 상황에서 서비스업체의 확장은 더 이상 국내에 한정될 수 없다. 그러나 해외로의 확장은 서비스의 문화적 전이성과 경쟁으로부터 자국 서비스 기업을 보호하기 위한 현지 정부의 차별대우와 같은 독특한 과제들을 갖고 있다.

국내 성장 및 확장 전략

창업가적인 혁신은 고도화되는 고객 요구에 대한 인식으로부터 시작된다. 시장 잠재력의 발굴, 그리고 경쟁자에 대한 진입장벽의 필요성 때문에 지속적으로 서비스 혁신을 추구해야 하는 것이다. 기업이 그 개념을 확장할 수 있는 다양한 방법을 보다 더 잘 이해하기 위해서 그림 10.1은 서비스업체가 채택할 수 있는 기본 성장 전략들을 나타낸다. 이 장에서는 이러한 전략을 차례로 살펴보고 이와 관련한 위험 및 경영자에게 주는 시사점에 대해 논의하고자 한다.

집중 서비스(Focused Service)

서비스 사업은 단일 입지에서 전개되는 것이 일반적이며, 하나의 새롭고 독특한 서비스에 초점을 둔 잘 정립된 사업 목표를 갖게 된다. 예를 들어 Fred Smith의 페더럴 익스프레스(Federal Express)에 대한 사업 비전은 소포의 익일 배송을 보장하기 위해 거점-지점(hub-and-spoke) 네트워크의 운영방식을 채택하였다.

사업의 성공은 수요증가를 유발하여 시설확장 및 인력충원으로 이어진다.

성공적인 기업들은 또한 지역시장 내에서 가능한 많은 고객들 사이에서 보다 유리한 포지션을 구축하고 경쟁을 유발해 낼 것이다. 부수적인 서비스를 추가하는 것은 경쟁을 피하면서 시장점유율을 유지하거나 새로운 시장에 진입하는 데 사용되는 하나의 방법이다. 음식점을 예로 든다면 기본적인 서비스는 훌륭한 요리가 될 것이며, 부가적인 서비스로는 샐러드 바, 드라이브-스루 창구(drive-through window) 등을 들 수 있다.

	단일 서비스	다수 서비스
단일 입지	*집중 서비스(focused service)*: • 치과진료 • 소매업 • 패밀리 레스토랑	*군집 서비스(clustered service)*: • 스탠포드 대학(Stanford University) • 메이요 클리닉(Mayo Clinic) • USAA 보험회사
다수 입지	*집중 네트워크(focused network)*: • 페더럴 익스프레스(Federal Express) • 맥도널드(McDonald's) • 레드 루프 인(Red Roof Inns)	*다각화 네트워크(diversified network)*: • 네이션스 뱅크(NationsBank) • 아메리칸 익스프레스(American Express) • 액센츄어(Accenture)

그림 10.1 다수 입지 및 다수 서비스 확장 전략

단일 입지(single service location)로 인한 위험 요인으로는 사업체가 속한 지역이 경제적으로 어려움에 처하게 되거나 경쟁업체가 지역시장을 빼앗아 버린다거나 하는 경우가 있다. 그러나 이 전략은 기업을 관리하고 통제하는 것이 여타 성장전략에서 보다 훨씬 간편하다는 이점이 있다.

집중 서비스(focused service) 전략의 성공 사례는 매우 많다. 버클리에 있는 쉐 파니스(Chez Panisse)나 뉴올리언스에 있는 안투완(Antoine's) 같은 고급 레스토랑 등이 바로 그것이다. **집중 서비스** 전략은 수상 경력이 있는 요리사, 전국적으로 알려진 심장 전문의와 같은 재능을 가진 인력들 때문에 단일 입지로 제한되어 있다. 만약, 바닷가와 같은 입지가 서비스 전략의 핵심 요소라면 그것은 다른 곳에서는 쉽게 발견될 수 없을 것이다.

집중 네트워크(Focused Network)

패스트푸드 음식점과 같이 고객에 대해 정형화된 서비스를 제공하는 서비스 기업들은 성장을 위해서 다수 입지로 확장을 도모할 필요가 있다. 예를 들어 맥도널드와 같은 기업은 **집중 네트워크(*focused network*)** 전략이 다수의 입지에 있어서 서비스품질을 균등화하기 위한 통제를 가능하게 한다. 페더럴 익스프레스나 여타의 운송 및 통신업체들의 경우와 같이, 고객 서비스를 제대로 제공하기 위해 네트워크화가 필수적인 경우도 있다. 또한 성공적이고 잘 확립된 서비스 개념을 보유하고 대량시장으로 진출하기를 원하는 기업의 경우, 여러 지역에서 최상의 입지를 확보하여 경쟁자의 모방을 막을 수 있다.

하지만 서비스의 개념은 매우 정형화되어야 한다. 그래야 서비스품질과 비용의 엄격한 관리를 복제하기 용이하다. 흔히, 서비스 단위를 복제하는 쿠키커터(cookie-cutter) 개념은 시설의 건설, 운영 매뉴얼, 직원 교육 등에 적용될 수 있다. 빠른 성장을 목표로 하는 기업에게는 프랜차이징이 매우 유효한 방안이며, 이 경우 가맹주들로부터 자본 투입 및 독립적 영업에 의한 동기유발을 기대할 수 있다. 프랜차이징에 대한 더 많은 논의는 뒤에서 제시하고자 한다.

단일 입지 전략에서 경영주는 물리적으로 기업의 자원을 관리하고, 서비스를 팔며, 직원을 훈련시키고, 서비스 콘셉트의 통합을 확립한다. 특히 초기에는 확장이 점진적으로 발생할 수 있다. 처음에 입지의 수가 증가함에 따라 추가된 입지들에 경영주가 없더라도 그들이 효율적으로 운영을 관리할 수 있도록 하기 위해서 통제는 비공식적에서 공식적으로 서서히 전환되도록 관리되어야 한다.

그러나 서비스 입지의 네트워크를 관리하는 것은 다양한 관리 기술이 필요하며, 정교한 의사소통과 통제를 이용해야 하는 과제들을 수반한다. 무엇보다도, 서비스 콘셉트는 일관된 서비스를 수행해야 하는 지점 관리자와 직원들에게 합리적으로 설명되고 전달되어야 한다. 다수 입지로의 확장은 직원 교육, 운영 매뉴얼, 서비스 콘셉트의 브랜드화, 국가적인 마케팅 런칭과 같은 많은 계획이 선행되어야 한다.

다수 입지 전략을 활용한 성장은 규모 경제를 신속히 달성할 수 있다는 점에서 대단히 매력적일 수 있으나, 한편으로는 과도한 확장의 위험과 통제력의 상실로 인해 많은 실패를 초래해 왔다. 그렇지만 거의 모든 도시에 설립된 "수많은 프랜차이즈들(franchise rows)"은 다수 입지 네트워크(multisite network)를 통한 집중화된 서비스(focused service) 운영의 성공을 입증해 준다.

마지막으로, 다양한 지역에서의 다수 입지 전략은 심각한 지역경제 침체로부터 기업의 재무적 위험을 감소시킨다. 예를 들어 라 퀸타 모터 인(La Quinta Motor Inns)을 들 수 있다. 텍사스주에서 창업된 라 퀸타 모터 인은 1980년에 이르러서는 텍사스주의 거의 모든 주요 도시에 사업장을 가지게 되었고, 1980년대 초 유류와 가스가 호황기에 달했을 시기에 석유 산지인 콜로라도, 루이지애나, 오클라호마, 와이오밍 등 여러 주로 영업망을 확장시켜 나갔다. 1980년대 중반에 이르러 유류와 가스 붐이 끝났을 때는 신규 개점된 영업소들의 영업 실적이 곤두박질치게 되었는데, 유류와 가스 산업과 관련되지 않은 다른 영업소들이 계속 번창했기 때문에 이 기업은 재정적 위기를 견디어 낼 수 있었다.[1)]

군집 서비스(Clustered Service)

대규모 생산 시설을 갖춘 서비스 기업들은 제공하는 서비스를 다양화함으로써 성장을 추구하는 경우가 종종 발생한다. 예를 들어 1970년대에 많은 작은 대학들은 학위에 대한 수요 증가를 충족시키기 위해서 4년제 대학으로 확장하였다. 또 다른 예로 USAA (United Service Automobile Association)를 들 수 있는데, 이 단체는 원래 우편으로 군인들에게 보험 서비스를 제공하기 위해서 설립되었으나 현재는 모든 군 관련 공동체에 금융업, 뮤추얼 펀드, 자동차 및 주택보험, 생명보험과 건강보험, 재무 설계, 여행 서비스와 구매 서비스를 제공한다. 메이요 클리닉(Mayo Clinic)이나 M.D. 앤더슨(Anderson) 매사추세츠 종합병원과 같은 대규모 병원들은 단일 입지에서 다수 서비스, **군집 서비스**를 제공하는 조직으로 분류될 수 있다. 위의 모든 예의 공통적인 특징은 기업들의 시장이 그 기업이 위치한 지역에 국한되지 않는다는 점이다. 메디컬 센터나 대학들의 경우, 고객들은 기꺼이 업체가 있는 장소로 방문하여, 그곳에서 상당한 시간을 보낸다(대학생의 경우 몇 년씩이나). USAA 같은 경우는 서비스가 고객과 직접 접촉하지 않고 이루어질 수 있기 때문에 고객이 사업체를 방문할 필요가 없다.

서비스 다양화와 관련된 주요 위험요소로서 사업 초점의 상실과 핵심 서비스의 수준 저하를 들 수 있다. 예를 들어 스키 리조트의 경우 여름 기간 동안 유휴시설의 이용률을 높이기 위해 각종 회의를 유치할 수 있는데, 스키 고객과 회의 고객이 요구하는 숙박 시설, 음식, 음료수 등의 특성에는 상당한 차이가 있을 수 있다. 그러나 이 경우에 두 고객군의 방문 시기가 서로 다름으로 인해 어려움이 덜하지만, 다른 고객군들을 동시에 맞아야 하는 경우에는 자칫 서비스품질이 상당 수준 저하될 위험이 있다. 한 호텔에서 여행객과 비즈니스 고객 모두를 겨냥하여 서비스 정책을 펴는 경우가 이에 해당할 것이다.

"집중화된 다양화(concentric diversification)" 전략은 이러한 위험을 최소화하기 위한 또 하나의 옵션이다. 집중화된 다양화는 핵심 서비스를 중심으로 시너지 효과를 유발할 수 있는 서비스의 확장을 제한한다. 편의점의 발전이 좋은 예이다. 빠르게 구매할 수 있는

1) S. E. Kimes and J. A. Fitzsimmons, "Selecting Profitable Hotel Sites at La Quinta Motor Inns," *Interfaces* 20, no. 2 (March 1990) pp. 12–20.

일용 잡화의 제한된 물품은 편의점들이 셀프 주유 서비스, 비디오 대여, 자동 세차 등의 서비스를 추가하게 했다. 집중화된 다양화는 범위의 경제를 달성하게 한다. 왜냐하면, 추가적인 서비스는 변동비의 한계적인 증가만을 필요로 하기 때문이다(예: 추가적인 출납원이 필요하지 않다).

다각화 네트워크(Diversified Network)

기업 합병을 통해 성장을 추구해 온 기업들은 흔히 다수 입지와 다수 서비스 전략을 동시에 채택하는 경우에 처하게 된다. 지난 일이긴 하지만, 유나이티드 항공사(United Airlines)는 자사가 소유한 Apollo 예약시스템과의 시너지 효과를 노려 호텔과 자동차 렌탈 사업에 진출하였는데, 기대 수익이 실현되지 않아 인수한 업체들을 처분하고 핵심 사업인 항공 사업으로 돌아와야 했다. 마치 유나이티드 에어라인을 비롯한 많은 기업들이 경험하였듯이 **다각화 네트워크(*diversified network*)**를 운영하는 일은 매우 복잡한 것임에 틀림없다.

이러한 형태의 서비스 기업이 성공하는 경우는 주로 단일 브랜드하에서 마케팅 이미지를 확립하여 서비스를 제공하는 경우이다. 아메리칸 익스프레스(American Express)는 금융 및 여행 서비스의 시너지 효과를 최대한 달성하여 국제적 서비스 네트워크를 훌륭하게 운영하고 있는 대표적인 예라고 하겠다.

프랜차이징

프랜차이징은 지리적으로 확산되는 집중 네트워크를 구축하고자 하는 기업들이 추구하는 자체적인 확장 대안 중의 하나이다. 현대 프랜차이징은 19세기 후반에 싱어 재봉틀의 독립적인 판매자들이 사용한 것으로부터 유래한다.

프랜차이징은 계약을 맺어 잠재적 가망 소유자에게 비즈니스 개념을 판매하여 최소한의 자본으로 신속하게 기업을 확장하는 데 유용한 방안이다. 이러한 서비스 개념에 확실한 품질을 부여하는 것은 프랜차이징 계약의 핵심적 목표이다. 그래서, 이것은 표준화된 디자인, 운영 방식, 그리고 가격 결정에 의해 유지된다. 그럼으로써 고객들은 어느 매장에서나 동일한 서비스를 기대할 수 있으며, 모든 매장은 이러한 견실한 브랜드에 힘입어 지역에 관계없이 이득을 본다.

프랜차이징의 본질

국제 프랜차이즈 협회는 다음과 같이 프랜차이징을 정의하고 있다. 프랜차이징은 한 기업—즉 프랜차이저(franchiser)—이 다른 업체들—즉, 가맹점(franchisee)—에게 특정한 제품이나 서비스를 판매할 수 있는 권한(즉, 가맹점)을 부여하는 것이며, 여기에는 종종 프랜차이저에 의해 개발된 경영시스템의 사용이 포함되기도 한다.

어느 도시인지 아는가? 프랜차이징은 미국 전역을 특색 없게 만드는 주범으로 비판받고 있다.
Kristi Blokhin/Shutterstock.

가맹점은 프랜차이즈 수수료(franchise fee)의 지급과 시설 및 도구의 구입에 의하여 사업을 소유하게 되며, 가맹점은 종업원의 고용, 지역광고 등을 포함한 모든 일상적인 영업활동에 대한 의사결정과 책임을 지게 된다. 이를 위한 초기 투자액은 시설투자의 종류에 따라 차이가 날 수 있는데, 예를 들어 맥도널드 프랜차이즈를 오픈하려면 대략 1백만 달러에서 2백만 달러가 소요되며, 프랜차이즈 수수료는 45,000달러이고 유동자본은 대략 50만 달러가 있어야 한다고 한다. 서비스 업종의 가맹점은 대개 동일 시장 지역에서 단일 서비스 판매자의 권한을 부여받게 되는데, 이는 동일 지역에 다수 업체가 동일 브랜드를 취급할 경우 수요량이 분산되어 경쟁력을 가질 수 없기 때문이다. 예를 들어 패스트푸드 음식점인 하디스(Hardee's)는 기존 매장으로부터 1.5마일 이내에는 새로운 매장을 허가해 주지 않고 있다.

프랜차이저는 계약상의 조건을 집행할 수 있는 권한을 지니게 되는데, 이에 따라 가맹점은 표준화된 운영절차를 준수해야 한다. 또한, 자재는 프랜차이저 또는 허가된 공급자로부터 구매해야 하며, 정해진 제품라인 외에는 판매하지 말아야 하며, 교육훈련에 참석해야 하고, 로열티—예를 들어, 웬디스(Wendy's)의 경우 판매액의 4%—를 지불해야 한다.

가맹점에게 이로운 점

가맹점으로서의 사업 주체는 그룹 멤버십을 통해 높은 수익을 기대할 수 있으며, 이와 아울러 상당 수준의 독립성을 유지할 수 있다. 또한 가맹점은 확립된 서비스 브랜드의 기반 위에서 실패 위험을 줄일 수 있다. 프랜차이즈 멤버십을 통해서 얻을 수 있는 추가적인 이점들은 다음과 같다.

관리자 교육

새로운 매장이 열리기 전에 프랜차이저는 실질적인 교육프로그램을 일반적으로 제공한다. 예를 들어 맥도널드는 음식 조리 및 고객 서비스의 방법을 가르치기 위해서 시카고에 있는 햄버거 대학에서 2주간의 교육을 가맹점들에게 제공한다. 이 교육 프로그램은 두 가지 목표를 추구하고 있다. 그 하나는 가맹점이 사업을 성공적으로 운영하기 위해 준비되어야 하는 것이며, 두 번째는 맥도널드의 표준 절차를 통해 각 매장의 서비스 수준을 균일하게 유지하는 것이다. 이후의 교육은 온라인이나 방문 컨설턴트를 통해 제공된다.

브랜드의 명성

가맹점은 전국적으로 알려진 브랜드에 의해 즉각적인 고객 확보가 가능하다. 따라서 전통적인 신사업 개척의 경우보다 신속하게 손익분기점에 도달할 수 있다.

전국적인 광고

가맹점은 프랜차이저에 대해 총 매출액의 1% 정도를 광고비로 지급해야 하지만, 그로 인한 효과는 매우 크다. 특히 패스트푸드 음식점이나 모텔 같은 경우에는 매장이 속한 지역 외부로부터 고객이 방문하는 비율이 높아 전국적 광고효과가 크다.

증명된 사업의 인수

일반적으로 독립적 사업가들은 높은 실패율의 위험에 처하지만 가맹점의 경우는 그렇지 않다. 프랜차이저는 적절한 입지의 선정, 신뢰성 있는 회계제도, 고객에 의해 선호되는 서비스 전달체제 등에 있어 확고한 성공적 경험을 보유하고 있는 것이 일반적이다.

규모 경제의 실현

프랜차이징 네트워크의 일원으로서, 가맹점은 집중화된 구매체제에 의해 자재 및 도구의 구입비용을 절감할 수 있다.

프랜차이저(가맹점 본사)가 고려할 사항

투자자 겸 매장 주인들의 사업 의욕은 프랜차이징의 성공 여부를 결정하는 밑바탕이 된다. 따라서 프랜차이저가 매장의 핵심 관리자를 배양해야 할 의무가 없으며, 이와 관련된 비용도 지출할 필요가 없다. 물론 가맹점(프랜차이즈)을 선정하는 데 있어서 최소한의 필요 자본 외에도 투자자의 경영 능력을 평가함이 필요하다. 예를 들어, 베니하나 오브 도쿄(Benihana of Tokyo)는 초기의 많은 가맹점들이 일본식 식당 서비스를 정확하게 관리하지 못한다는 것을 알게 되었다.

이외에도 가맹점의 독립성, 프랜차이즈 계약의 성격, 그리고 분쟁 해결 절차 등에 대한 의사결정도 중대한 고려 사항에 해당한다.

가맹점의 독립성

가맹점의 독립성은 매장 운영에 있어 주어지는 자유재량을 뜻하며, 그것은 주로 프랜차이즈 계약에 명시된 운영 지침에 의해 결정되며, 전국적인 광고를 통해서 성공적인 브랜딩에 의해서도 결정된다.

운영 지침은 전체 체인에 걸쳐 품질과 서비스의 동질성을 보장하기 위해 중요한 역할을 한다. 만약 일부 가맹점들이 기준에 못 미치는 수준으로 매장을 운영하게 된다면, 이는 체인 전체의 이미지에 먹칠을 하게 될 것이다. 운영 지침(operation programming)에 포함되는 주요 내용들은 다음과 같다.

1. 일일 운영 절차, 입지 선정, 시설 디자인, 회계시스템, 사용자재 및 공급처, 가격 결정, 음식 메뉴 등에 대한 세부 사항
2. 시설에 대한 수시 검사
3. 규정위반의 매장에 대한 재구매 권한

브랜드화는 개별적인 가맹점들이 벗어나기 어려운 명확한 고객의 기대를 확립함으로써 운영 지침을 강화한다. 또한, 성공적인 브랜드화는 보다 큰 수익, 위험 감소, 그리고 더 많은 투자 기회를 가져온다.

프랜차이즈 계약

통제와 권한은 프랜차이저에게 집중된 경향을 보이며, 이것은 프랜차이저와 가맹점 간의 관계에 있어 권한의 악용과 같은 문제를 가져온다. 많은 경우에 프랜차이즈 계약은 프랜차이저에게 일방적으로 유리하도록 규정되어 있다. 대개 계약서에는 가맹점의 의무 조항은 매우 명확하게 명시되어 있는 반면 프랜차이저의 의무 사항은 불명확하게 나타나 있다. 예를 들면, 프랜차이저로부터 인상된 가격의 공급 구매 계약 요청에 구속되고 가맹점

의 재판매 가치를 산정하는 계약을 명문화하는 과정에서 소송이 발생한다.

프랜차이즈 계약은 상호 간의 협력적 관계가 손상되지 않도록 법적 분쟁을 사전에 방지할 수 있도록 작성되어야 하며, 상호 간을 보호하며 전체 체인의 경쟁력을 높일 수 있도록 해야 한다.

분쟁의 해결

정당하고 세심한 프랜차이즈 계약은 분쟁의 가능성을 최소화하기 위한 가장 효과적인 방법일 것이다. 그러나 프랜차이저와 가맹점의 서로 다른 목표로 인해 다음과 같은 문제에 있어 분쟁은 흔히 발생하게 된다.

1. 수수료율의 결정과 이익의 배분 방식
2. 매장 시설의 업그레이드 시기 및 이와 관련한 비용 배분
3. 수요가 충족된 동일 시장 지역 내 새로운 매장의 개설을 위해서 벌려야 하는 거리

프랜차이즈 시스템의 성공을 위해서는 계약자 상호 간의 관계가 잘 정립되어야 하므로, 분쟁 발생으로 인해 조직이 분열되고 체인 전체의 이미지 및 경쟁력이 손상되지 않도록 사전에 관련 규칙과 절차를 잘 마련해 두는 것이 프랜차이저의 중요한 임무이다.

서비스의 글로벌화

페더럴 익스프레스는 유럽과 아시아로 화물을 보내고자 하는 고객들이 증가함에 따라 1988년 서비스를 해외로 확장하기로 결정하였다. 이후 해외 영업은 지속적인 적자를 기록하였으며, 1991년에는 기업 전체의 분기별 영업 실적이 마이너스를 기록하게 되었다. 불행하게도 DHL과 TNT는 1970년대 후반 페더럴 익스프레스의 사업 개념을 모방하여 업계에 늦게 진출하였음에도 불구하고, 이미 10년 전에 해외영업에 착수한 상태였다. 또한 페더럴 익스프레스는 현지 정부의 규제에 거의 무방비 상태였고 기존 업체들을 보호하고자 하는 관료적 행정의 벽을 극복하는 데 큰 어려움을 겪어야 했다. 예를 들어 해외영업에 있어서 핵심노선이라고 할 수 있는 일본-멤피스 직항로 개설을 허가받는 데 3년이나 걸렸으며, 더구나 이 서비스의 개시 직전에 70파운드를 초과하는 우편물은 도쿄를 경유할 수 없다는 통보를 받았는데, 이것 또한 자국의 운송업자를 보호하기 위한 조치였다.

페더럴 익스프레스의 중앙집중식 통제방식도 해외영업을 어렵게 만든 원인을 제공하였다. 최근까지도 모든 선적 서류는 영어로 인쇄되어 있었으며, 영업마감 시각은 미국의 관습에 따라 오후 5시로 한정해 왔다. 그러나 스페인에서는 낮에 긴 휴식을 취하고 영업은 오후 8시까지 지속된다. 페더럴 익스프레스는 이제 미국 내에서 성공적이었던 독선적이고 중앙집중적인 영업 방식을 탈피하기 시작하여 영업시간, 무게 제한, 기술 등에 있어 각국의 환경에 맞게 조정하는 노력을 기울이고 있으며, 배송과 마케팅에 관해서는 현지 업체들과 제휴를 모색하고 있다.[2)]

---

2) Daniel Pearl, "Federal Express Finds Its Pioneering Formula Falls Flat Overseas," *The Wall Street Journal,* April 15, 1991, p. 1.

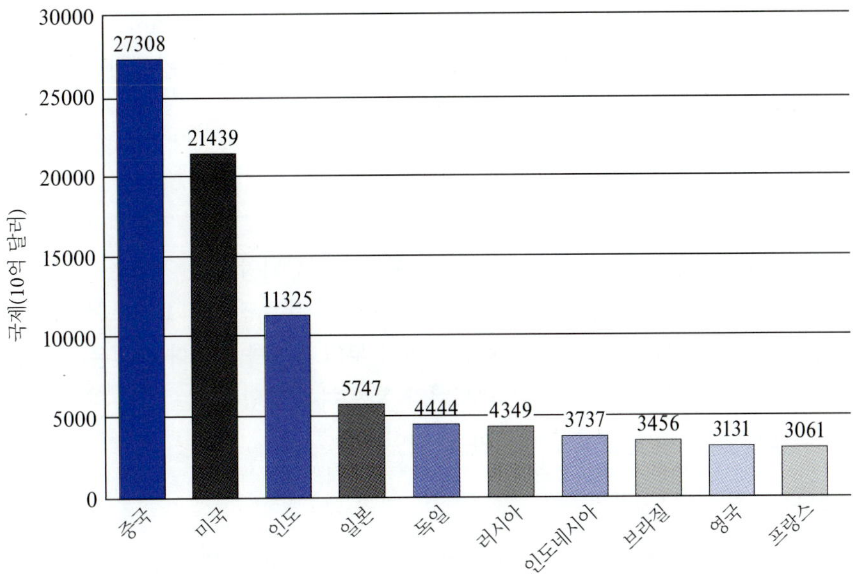

그림 10.2 세계 10대 GDP 국가(구매력평가기준, 2019)

자료원 : http://statisticstimes.com/economy/world-gdp-ranking-pp.php

서비스 글로벌화의 또 다른 문제점은 미국에서 당연시되다시피 하는 사회 간접시설이 외국에서는 매우 부족하다는 것이다. 예를 들어 맥도널드는 모스크바에 매장을 열기 위해서 공급자 육성에 많은 노력을 기울여야 했다. 경영자는 식자재를 저장 · 처리하기 위한 창고를 짓는 동시에 농부들에게 필요한 작물(예: 감자, 상추)을 심고 재배하는 방법을 가르쳐야 했다.

이러한 어려움에도 불구하고, 성장의 추구 노력은 해외에서 대부분 쉽게 찾을 수 있다. 국내총생산(GDP) 상위 10위 국가의 경우를 살펴보면 다음의 그림 10.2와 같다. 국가 간 임금이나 가격 차이를 조정한 구매력평가(PPP: Purchasing Power Parity)를 살펴보자. 그러면 새로운 고객은 결국은 신흥 경제권에서 찾을 수 있을 것이다.

국경 없는 세계의 특징[3)]

경영전략의 권위자인 Kenichi Ohmae는 이제 우리는 국경 없는 시대에 살고 있으며, 고객들은 세계적으로 가장 우수한 제품과 가장 우수한 서비스에 대해 알고 있고, 그들의 구매 행위는 국적에 구애받지 않는다고 역설하고 있다. 그의 견해에 의하면, 모든 기업들은 긴밀하게 연계된 국제 경제 속에서 경쟁하며, 경쟁에서 이기기 위해서는 전략계획의 5C—즉 고객(customer), 경쟁기업(competitor), 자사(company), 통화(currency), 국가(country)—의 균형을 제대로 유지해야 한다.

고객

사람들이 지갑을 열 때 품질, 가격, 디자인, 가치, 그리고 개인적인 취향을 고려한다. "golden arches"와 같은 브랜드 상표는 전 세계적으로 널리 알려져 있으며, 그 제품에 대

3) Kenichi Ohmae, *The Borderless World* (New York: Harper Business 1990), p. 19.

한 소문을 잠재우기는 어렵다. 특히 북미 · 유럽 · 아시아의 "3대" 시장에서는 제품과 서비스에 대한 정보를 소비자가 쉽게 입수하게 됨으로써, 고객의 권한이 강해지고 경쟁은 그만큼 치열하게 되었다.

경쟁기업

독점은 오래 지속되지 않는다. 설비와 소프트웨어 개발자들은 그들의 제품과 서비스를 다양한 고객들에게 공급하고, 그 결과 그 기술은 빠르게 확산되어 모든 기업들이 이용 가능해진다. 두 가지 요소, 즉 시간과 기술의 선두에 선다는 것은 전략적 요소로서 매우 중요하다. 또한, 개별 기업이 모든 필요기술에 있어 선두의 위치를 지킨다는 것은 사실상 불가능하므로, 글로벌 운영을 하는 것은 파트너와 함께 하는 운영이라는 점을 의미한다. 즉, 페더럴 익스프레스의 경험을 교훈 삼아야 할 것이다.

자사(自社)

생산 및 사무의 자동화 추세는 변동비용보다는 고정비용에 더 큰 비중이 주어지는 기업의 비용구조를 유발하였다. 따라서 경영관리의 초점이 자재 및 노무비 등 비용요소의 절감을 통한 이윤 향상보다는 고정비를 회수하기 위한 판매량 증대에 두게 되었는데, 이러한 현상은 항공사, 통신회사 등 시설과 장비에 대규모 투자가 요구되는 일부 서비스 기업에서 더욱 뚜렷하다. 이러한 기업들에 있어서는 글로벌화가 시장 확대를 위한 필연적 선택이 되었다.

반면 기업 문화는 해외에서 얼마나 효율적으로 기업의 서비스를 전달할 수 있는지를 결정할 것이다. 그 예로 페더럴 익스프레스가 해외영업에서 별로 성공적이지 못한 이유는 독립적인 운영방식, 비용절감을 제안한 비노조원에 대한 보상, 불평이 있을 경우 최고 경영자와 직접 대화 등 미국 내에서의 성공적인 경영 경험에 기인하는 것으로 생각된다. 이와 대조적으로 노조와 엄격한 작업 규칙을 지닌 UPS의 경우는 해외영업에 있어 어려움을 훨씬 덜 겪은 것으로 전해지고 있다.

통화

글로벌 기업들은 비용과 수익의 균형을 추구함으로써, 그리고 세계 3대 주요 지역에 모두 생산-판매 거점을 확보하여 어느 한 지역의 경제 상황이 좋지 못할 때 그 어려움을 다른 지역에 의해 지원을 받음으로써 환위험을 최소화하고 있다. 기업들은 또한 헤징, 옵션 등 국제 재무기법들을 활용하기도 한다. 기업의 글로벌화는 환위험의 축소 수단이 될 수 있다.

국가

세계 3대 주요 지역에의 확고한 진출은 환위험에 대한 고려 외에도 추가적인 전략적 혜택을 제공한다. 첫째, 앞에서도 언급했듯이 어느 한 지역에서의 경제 불황이 여타 지역 활동에 의해 보완될 수 있다. 둘째, 경쟁기업의 국내시장을 분할함으로써 그 기업이 독립적 내수를 기반으로 하여 해외로 진출할 수 있는 역량을 축소시킬 수 있다. 예를 들면, 미국 제약회사는 국내에서는 보다 높은 가격으로 의약품을 판매하며 캐나다에서는 같은 의약품을 상당히 할인하여 판매한다.

진정한 글로벌 기업만이 "현지화(global localization)"를 이룰 수 있으며, 그럼으로써 전 세계적인 운영의 이점을 누림과 동시에 지역회사로서 현지 고객들에게 받아들여질 수 있다. 이러한 수준에 도달하기 위해서 기업은 현지 고객들과 가까워져야 하고, 고객들 특유의 서비스 욕구(service needs)를 충족시켜야 한다. 패스트푸드점에서 해당 국가의 식습관이나 음주문화를 고려하는 것은 성공에 있어 중요한 요소이다. 일례로, 독일의 맥도널드는 빅맥과 콜라는 함께한다는 인식에서 탈피하여, 독일인이 좋아하는 맥주를 메뉴에 추가시켰다. 지역의 기호를 반영하는 범위 내에서(비록, 약간의 동질성을 희생하더라도) 서비스를 변경하여 지역적으로 관리하는 것은 필요하다. 극단적인 예로, 일본에서의 Mr. Donut은 로고를 제외하고 제품과 서비스 모든 것을 바꾸었다.

본원적인 국제화 전략

Bartlett과 Ghoshal은 그림 10.3과 같은 다양한 환경하에서 국제화 전략을 구분하였다.[4] 경제적 통합도와 현지 적응성의 두 요인을 고려하여 적절한 전략을 택할 수 있다.경제적 통합도는 규모의 경제성이나 경쟁우위의 정도를 나타낸다. 현지 적응성은 현지의 니즈나 문화에 얼마나 적응하여 현지화를 이루었는가를 나타낸다. 그림 10.3에서 좌측 하단에 속하는 서비스 기업은 국제화 전략에 적은 관심을 갖는 반면, 나머지 세 전략을 택하는 기업은 어떤 국제화 전략이 기업 특성에 맞는가를 고려하여 전략을 결정해야 한다는 것을 나타낸다.

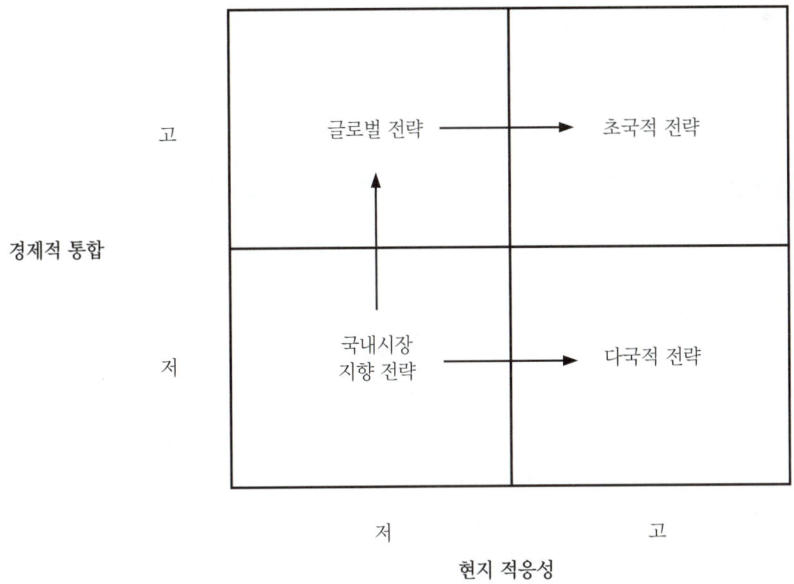

그림 10.3 본원적인 국제화 전략

4) Christopher A. Bartlett and Sumantra Ghoshal, *Managing Across Borders: The Transnational Solution,* 2nd ed. (Boston: Harvard Business School Press, 1998).

국가 내의 성공적 사업이 타국으로 확장될 경우, 서비스 패키지도 현지 문화를 수용하는 방향으로 조정된다.
Christopher Kerrigan/McGraw-Hill Education

글로벌 전략(Global Strategy)

글로벌 전략은 세계를 동일한 방식으로 접근할 수 있는 하나의 커다란 시장으로 여긴다. 강력한 브랜드를 가진 기업인 Ikea(가구, 가정용품, 액세서리 소매상으로 유명한 국제적 스웨덴 기업)나 싱가포르를 대표하는 항공회사인 Singapore Airline과 같은 기업은 이 전략을 따른다. 시티뱅크는 언제 어디서나 동일한 방식으로 서비스를 제공하는 글로벌 은행의 이미지로 고객에게 포지셔닝하고 있다.

다국적 전략(Multidomestic Strategy)

법률회사 Fulbright and Jaworski, 컨설팅기업 Booz Allen Hamilton, 출판회사 McGraw-Hill과 같은 전문 서비스 기업은 다국적 전략을 따른다. 해외지사들은 담당 지역을 서비스하기 위하여 자율적인 연합을 형성하고 직접 인사를 담당하고 지사를 경영한다.

초국적 전략(Transnational Strategy)

초국적 전략은 연구조사와 특별한 전문 기술과 같은 특정 기업자산(경쟁우위)으로 수익을 얻을 수 있을 경우에 채택하는 전략이다. 이 전략은 서비스 전달에 있어서 현지화가 필수조건이다. Toys "R" Us는 Ikea와는 달리 표준화된 상점 인테리어와 중앙조달 방식을 따르지만 현지 관리자에게 그 지역의 고객 기호를 최대한 수용할 수 있는 권한을 부여한다. 맥도널드는 글로벌 전략에서 초국적 전략으로 전략의 방향을 수정하고 있다. 예를 들어 인도에서는 야채로만 만들어진 샌드위치, 독일에서는 맥주를 메뉴에 넣는 등 현지의 기호와 관습을 반영하고 있다.

글로벌 서비스 전략[5)]

글로벌 확장을 고려하는 기업이라면 그 서비스에 적합한 글로벌 경쟁전략의 선택에 주의를 기울여야 한다. 치열한 글로벌 경쟁에 대응하려는 서비스 기업은 단지 국내에서만 사업을 하는 기업과는 사뭇 다르게 행동할 것이다. 글로벌에 관심을 두는 기업들이라면 유연한 배달 시스템, 품질을 담보하는 브랜드 인지도, 그리고 다양한 인력을 갖춰야 할 것이다.

5가지의 기본적인 글로벌화 전략은 다음과 같다: (1) 다국적 확장(multicountry expansion), (2) 고객 수입(importing customers), (3) 고객 동반 진출(following your customers), (4) 서비스 해외 이전(service offshoring), (5) 24시간 서비스(beating the clock). 그러나 이러한 전략들은 모두 상호적으로, 배타적이지 않다. 경우에 따라 두 가지, 또는 그 이상을 혼합하여 쓸 수도 있다(예: 다국적 확장과 24시간 서비스의 혼합).

표 10.1은 각각의 글로벌화 전략이 다국적 서비스 기업들이 직면한 글로벌화 요인들에

5) From Curtis P. McLaughlin and James A. Fitzsimmons, "Strategies for Globalizing Service Operations," *International Journal of Service Industry Management* 7, no. 4 (1996), pp. 45–59.

표 10.1 글로벌 서비스 전략의 선택 시 고려사항

글로벌화 요인	글로벌 서비스 전략				
	다국적 확장	**고객 수입**	**고객 동반 진출**	**서비스 해외 이전**	**24시간 서비스**
고객화	표준 서비스	전략적 기회	현지화	품질과 조정	신뢰성과 조정에 대한 많은 요구
복잡성	일상적	전략적 기회	운영을 수정	집중을 위한 기회	시간 압축
정보 집약도	위성 네트워크	인터넷 효용성	숙련된 관리자 이전	훈련 투자	기회를 활용
문화 적응	서비스 수정	외국 고객의 편의 도모	규모 달성을 위해 가능한 모두	문화적 이해	일반적으로 필수적인 언어
고객 계약	현지 직원 훈련	외국어와 문화적 민감성 훈련	외국인 고객	후방업무 서비스를 특성화	서비스 연장시간 제공
노동집약도	노무비 절감	노무비 증대	현지인 고용	노무비 절감	노무비 절감
기타	정부 규제	물류 관리	부적절한 인프라	본사 직원의 사기	자본 투자

자료원: Curtis P. McLaughlin and James A. Fitzsimmons, "Strategies for Globalizing Service Operations," *International Journal of Service Industry Management* 7, no. 4, 1996, pp. 45-59.

의해 어떠한 영향을 받는지를 나타내고 있다. 이 표를 토대로 관리자들은 글로벌화 요인들이 다양한 전략의 실행에 어떻게 영향을 미치고, 목표한 나라 또는 지역에서 특정 사업의 성공 가능성에 어떻게 영향을 미치는지를 고려할 수 있다. 또한, 표 10.1은 각각의 글로벌화 요인이 각각의 글로벌 서비스 전략에 기여하는 중요한 기회와 잠재된 문제들을 제시한다. 다국적 확장 전략을 시작으로 5가지의 기본적인 글로벌화 전략에 대해 살펴보자.

다국적 확장 전략

다수입지로의 확장은 흔히 투자자를 유인하는 프랜차이징과 다양한 입지에서 서비스를 빠르게 복제하는 방식의 "쿠키커터(cookie-cutter)" 형태로 전개되어 왔다. 확장 전략은 고객이 서비스를 제공받기 위해 매장을 방문할 필요가 있을 때 유용하다. 성공적인 서비스를 원형 그대로 다른 국가에 수출하는 것은 "이국적 체험"을 제공한다는 면에서 하나의 강점이 될 수도 있는데, 유럽에서 맥도널드의 성공이 바로 그러한 경우이다(특히, 모스크바의 경우). 그러나 독일의 맥도널드에서 맥주를 메뉴에 추가한 것처럼, 현지 문화를 고려한 약간의 변형도 필요한 경우가 있다.

서비스 운영을 해외로 이전, 다국적 확장을 할 때 다양한 전략적 과제들이 고려된다. 맥도널드의 사례와 같이 획일적인 서비스를 제공할 때는 전 세계에 걸쳐 서비스를 복제(획일화)하는 것이 가장 좋은 방법이다. 그러나 고객 계약(customer contract)이나 회사 본부의 운영은 지역 문화의 반영을 요구한다. 최선의 방법은 다른 나라들에서 성공했던 접근 방식을 아는 사람과 협의하여 그 프로세스를 다룰 수 있도록 지역사람들을 고용하고 훈련시키는 것이다.

전문적인 서비스를 제외하고, 고객화와 복잡성은 패스트푸드점과 같이 다수의 입지에서 획일화된 고객서비스를 전달하는 특징을 고려할 때 중요한 문제는 아니다. 정보의 집약도도 중요한 고려사항은 아니지만, 서비스 입지의 글로벌 네트워크를 관리하는 것은 위성에 의한 커뮤니케이션을 필요로 할 수 있다.

그러나, 문화적응은 서비스 디자인에서 중요한 문제이다. 이러한 문제는 중앙식 통합관리 또는 국가별 개별관리로 이루어져야 하는가? 이러한 질문은 많은 전문관리자들이 겪을 상황을 설명하는 인용문에 의해 강조된 것처럼 켄터키프라이드치킨(KFC)에 의해 언급되었다.[6)]

> 해외 관리자들은 로마제국의 힘과 명성을 유지하기 위해 단지 충고하려고 지방에 파견된 로마 관리들이나 다름없었다. 운영의 전문지식은 전혀 없는 상태에서 그들은 최소한의 종업원 지원을 받았다. 제품 품질을 유지하기 위한 커널 샌더스의 개인적인 노력만이 운영에 반영되었다. 각 해외 관리자는 스스로 성공의 법을 터득해야 했고 대부분은 처음부터 경영을 배워야만 했다.

불행하게도, 기업의 직원은 해외 사업운영이 미국식 모형을 준수하도록 시도하는 것 이외에는 별로 할 것이 거의 없었던 것 같았다. 결국, 프랜차이징의 존재 이유도 지역 문화적응 앞에서 무너져 버렸다. 하지만, 해외 관리자들은 쿠키커터 방식 역시 성공하지 못할 것임을 잘 알고 있었다.

고객 수입

단일 입지–다수 서비스 전략이 국제적으로 성공하기 위해서는 고객이 장거리로 여행하여 상당 기간 동안 그 시설에 체류할 의향을 갖도록 하거나, 통신 수단이 물리적 이동을 대체할 수 있어야 한다. 명문대학, 의료기관(예: 메이요 클리닉), 관광명소(예: 디즈니 월드) 등이 이러한 유형에 속하는 것으로 볼 수 있다. 특별한 장소의 관광 명소(예: Mt. Crested Butte In Colorado)이기 때문에, 겨울에는 스키를 타는 사람들을 위한, 그리고 여름에는 등산객을 위한 음식을 제공하는 서비스에 초점을 둔다. 다수 입지 전략과 같이 서비스를 전파(수출, exporting)하는 것과 달리 다수 서비스 전략은 고객을 끌어들이는 것(**고객수입**, ***customer importing***)과 관련이 있다.

서비스 지역의 특성을 그대로 유지하고 세계의 모든 고객들을 대해야 하는 이러한 서비스는 고객과의 접점에 있는 종업원들의 외국어 능력과 문화적인 민감성 등에 대한 교육 · 훈련에 신경을 써야 한다. 지역의 독특한 특징들(예: 관광명소)은 전략의 선택에 영향을 미친다. 차별화는 서비스의 복잡성과 고객화를 통해서 수행될 것이며, 수송 인프라와 물류 관리는 방문자를 수용하기 위해서 풀어야 할 과제가 될 것이다. 예를 들면, 미국 LA에서 남태평양의 쿡 제도로 가는 직항은 목요일과 일요일을 제외하고는 매일 한 편뿐이라는 것이 문제가 될 것이다.

고객 동반 진출

많은 서비스 기업들은 현지 시장에 서비스를 제공하는 것이 아니라 국내 고객의 해외진출에 동반하여 그들에게 계속해서 서비스를 제공하기 위해 해외로 진출하고 있다. 그러나 이를 위해서는 서비스 패키지에 대한 변경과 지역 비즈니스 관행에 익숙한 사람들을 고용할 필요가 있다.

---

6) Kentucky Fried Chicken (Japan) Limited, case no. 9-387-043, Harvard Business School, Boston, 1993, p. 1.

고객 동반 진출(*follow your customer*) 전략을 실행하기 위해서는 세계 전역에 걸쳐 대규모의 비즈니스 여행사와 파트너십을 형성해야 한다. 고객과 동반하여 해외에 진출한 기업들은 그들의 고객들이 어디에 있든지 정확한 서비스를 제공받기를 원한다. 글로벌 "테러의 시대"에서는 다양한 신규 사업이 등장하였다. 일례로 여행주의보를 발행하고 시민/군사반란, 또는 자연재해 등과 같은 위험한 상황에 처한 고객을 구출하는 사업이 탄생하였다.

법률회사가 그들의 거래처나 고객과 제휴하기 위해 여러 지역으로 확장을 하는 것처럼, 서비스 기업들은 동일한 국가에서 그들의 고객처럼 운영을 해야 한다. 진정한 글로벌 기업은 그들의 여행사 직원, 회계 감사관, 컨설턴트 등으로부터의 진정한 글로벌 서비스를 요구한다.

이미 해외 운영을 시작한 기업들에게 이 전략의 약점은 많은 나라에서 급속하게 커지는 중간층을 대표하는 거대 시장을 간과한 것이다. 또한, 기업들은 그들이 충분한 품질과 국제적으로 위협이 될 수 있는 규모에 도달하기 전까지 경쟁 없이 성장하기 위해 무료로 서비스를 제공해야 한다.

보통 해외 방문객이나 이주자들로부터의 판매량은 적다. 이것은 서비스 관리자들이 고객들이나 그들의 요구를 따라서 서비스를 디자인해야 하는가, 지역 문화에 맞게 서비스를 디자인해야 하는가, 또는 둘 사이에서 타협을 해야 하는가, 둘 다 고려하여 성공하기를 바래야 하는가와 같은 선택을 하게 한다. 운영 관리자들이 서비스에 대해 알고 있는 모든 것은 둘 다를 고려하여 성공하는 것과는 반대로 나타난다. 따라서 관리자들은 해외 방문객이나 이주자들에게 맞는 서비스를 제공할 것인지 아니면 지역이 고객에게 맞는 서비스를 제공할 것인지에 관한 문제에 초점을 두어야 한다. 현지 시장이 협소하고 영업 방식이 현지 실정에 맞게 상당 부분 변형되어야 하는 경우에는 현지 업체와의 합작 또는 제휴에 의한 진출이 합당하다. 본사에 새로운 서비스가 필요하지 않더라도, 지역적인 환경에 맞는 운영을 도입하는 것과 지역 인프라와 사회적 시스템에 맞게 일할 수 있는 숙련되고 유연한 관리자를 영입하는 것이 필요할 수 있다.

서비스 해외 이전

서비스 해외 이전(*offshoring*)은 해외 지역에서 외주업체에 의해 서비스를 제공하는 이전의 일환이다. 결론적으로, 해외 이전은 글로벌 서비스 전략으로 분류할 수 있다. 일부 서비스 기업들은 인터넷을 통해 비영업부서를 해외로 이전하고 지역적인 고객 접촉 활동에 초점을 둠으로써 노무비를 절약할 수 있다. 즉, 이 전략은 고객과의 직접 대면이 필요 없는 서비스 부분을 따로 분리하여 사업을 특화하는 것을 의미한다. 예를 들어서, 어음할인 중개는 전형적인 시장거래 활동과 해외에서 수행되는 고객계좌유지 등이 가능하지만, 국내적으로는 맞춤형 전문광고활동을 유지할 수 있다. 인도의 미국 항공사 콜센터도 해외에서 고객과 직접 만나지 않고 서비스를 제공하는 것이 일례이다. 하지만 인도에서 저녁근무(미국에서는 낮)를 하는 숙련되지 않은 젊은 직원이 전화로 고객과 접촉할 때 서비스품질에 있어 문제가 발생할 수 있다. 델 컴퓨터사에서 회사 고객들의 불평은 일부 콜센터 업무를 미국으로 다시 이전시키게 했다.

노무비 절감은 비영업부서를 해외로 이전하기 위한 매력적인 인센티브가 될 수 있지만, 외주 업체에서 직원들을 훈련시키고, 문화적인 이해를 갖게 하고, 직원들의 사기를 높이기 위해 고려되는 투자비용이 필요하게 된다.

해외 이전은 대부분의 나라에 숙련되지 못한 노동자들과 영어에 익숙하지 않은 노동자들이 많기 때문에 계속해서 지속될 것이다. 이러한 모든 노동자들(특히, 계량적인 기술을 보유하고 높은 수준의 서비스를 제공할 수 있는 사람들)은 높은 수준의 기술적 훈련을 해야 한다. 서비스 해외 이전에 대한 현재의 시장 세분화는 고객 서비스, 재무 분석, 소득세 대비, 행정 기능, 소프트웨어 개발, 그리고 연구 개발(R&D)을 포함한다.

24시간 서비스

24시간 서비스(*beating the clock*)는 시간 기반의 국내 작업 규칙이나 규제를 포함하는 시간이나 국내 시간대의 제약조건을 회피할 수 있다는 점에서 경쟁우위를 얻을 수 있다. 다양한 시간대의 수요를 조합할 수 있는 것을 오랫동안 알고 있는 미국 내 기업들은 예약 담당자와 텔레마케터의 생산성을 향상시킬 수 있다. 사이버 보안 분야의 리더인 시맨텍(symantec)사는 아일랜드에 소재한 지원센터로, 이는 아침 시간의 전화요청을 전달하여 보다 동쪽에 있는 미국 고객들에게 기술 지원을 제공할 수 있다. 캘리포니아 사무실이 문을 닫을 시간에 동부 지역 고객들에게 고객 서비스를 제공할 수 있다는 이점도 있다. 시장 종료 시간에 대한 정부 국제나 지역적 직무규칙에도 불구하고 24시간 서비스를 제공하게 되면,보안시장에서 진정한 글로벌리제이션을 구축할 수 있게 된다.

프로젝트의 수행에 있어서도 이 전략이 비용 및 소요기간의 단축에 활용될 수 있는데, 예를 들어 노스캐롤라이나에 있는 어느 은행은 그 대출 기록 시스템의 확장 작업을 인도의 어느 기업에 의뢰하였다. 프로그래밍 작업은 인도에서 행해지고, 검사와 오류 탐색 작업은 인공위성을 통하여 다른 시간대에 노스캐롤라이나에서 행함으로써 이러한 목적을 충분히 달성할 수 있었다.

소프트웨어 개발 프로세스의 시간 압축으로 인한 이점은 여러 설정에서 간과될 가능성이 없다. 시간 기반 경쟁은 제조 분야에서 널리 받아들여지는 전략이다. 실시간 서비스 세계에서는, 모든 새로운 혁신이 빛의 속도를 사용하여 전 세계의 시간적 한계를 극복하고 경쟁우위를 확보할 것으로 기대하는 이유이다.

관리자는 서비스 프로세스를 살펴보고 시간을 맞추기 위해 전자적 수단을 사용할 수 있는 방법을 찾아야 한다. 한 번 이것이 확인되면 관리자는 공격 또는 방어 전략을 개발할 수 있다. 이 분석에는 서비스의 마케팅, 운영 또는 인적 자원 측면에 대한 시간대 이동의 잠재적 영향 등의 고려 사항이 포함되어야 한다. (1) 운영의 경제를 가져오고, (2) 국내외 고객에게 더 나은 접근을 제공하고, (3) 운영에서 시간 기반 경쟁을 지원하거나, (4) 속도를 늦추지 않으면서 프로세스에서 사용할 수 있는 창의성을 추가하거나, 방어 전략은 다른 시간대에서 전략적 동맹을 형성하는 것을 포함하는 등의 이러한 교체가 가능한가? 공격적인 활동에는 새로운 시장을 개척하거나 기존 시장을 개선하여 시간을 초월하여 경쟁에서 이기기 위한 국내가 아닌 시간대의 다음 지역으로 이동하거나 작업을 수정하는 작업이 포함될 수 있다.

위치와 시간대 간의 더 큰 신뢰성과 조정이 필요하기 때문에 교육, 운영 방법 및 통신에 상당한 추가 투자가 필요할 수 있다. 통신은 고객에게 투명하게 위치이동을 하고 시간적 이점에서 최대한의 가치를 실현하기 위해서 확실히 필요하다.

다국적 운영계획

제2장 서비스 전략에서 다루었던 국내 운영에서의 전략적 서비스 비전은 해외에서의 성공적인 운영에 영향을 미칠 수 있는 문화적인 요인들을 고려하여 수정될 필요가 있다. 표 10.2는 전략적 서비스 비전의 요인을 국제적인 관점에서 살펴보기 위한 새로운 과제를 제시하였다. 특히, 3가지의 과제—문화전이 가능성, 노동 시장 규범, 현지 정부의 정책—에 대해 깊이 있게 다루고자 한다.

문화전이 가능성

서비스 글로벌화의 가장 큰 딜레마는 국제 기준과 지역 고객화 사이의 균형을 유지시켜야 하는 것이다. 금융업은 자금의 수요 및 이와 관련한 거래가 국제적으로 거의 동질적인 것이므로 각국의 문화에 따라 큰 차이가 없는 것으로 여겨진다. 그러나 중동지역은 예외이다. 중동지역에서는 대출에 대한 이자지급이 무슬림 신앙에 의해 허용되지 않으므로 은행들은 이자 대신 서비스 수수료란 명목으로 자금조달 비용을 충당해야 한다. 고객 서비스는 또한 언어장벽이나 서비스 전달에 영향을 미칠 수 있는 행동 관습에 의해서도 영향을 받는다(예: 스페인에서는 한낮에 낮잠을 즐긴다).

그러나 외식업에서 외국의 문화적인 경험들과 경쟁을 하는 경우도 있다. 미국에서의 베니하나 오브 도쿄의 성공은 친숙한 음식을 제공하면서 일본의 정찬 경험의 환상을 갖게

표 10.2 전략적 서비스 비전의 국제적 요소

서비스전달시스템	운영 전략	서비스 개념	목표 시장세분
• 가능한 기술은? 인프라 구조? 유용한 서비스? • 노동 시장 규범과 관습은? • 공간가용성은? • 공급자와의 관계는? • 고객들의 교육은?	• 적절한 관리적 실행은? 참여적인가? 독재적인가? • 노동 시장의 협회는? 정부 규제? 노동조합? • 현지 정부의 정책은? • 언어는? 경영본부(대고객 부서)? 고객들을 직접 상대하지 않는 부서?	• 고객들의 기대는? 가치의 인식? 서비스 윤리? • 서비스 접점은? 언어? 셀프서비스의 용인? • 일반적인 서비스 패턴은? • 문화전이 가능성은?	• 시장 세분화는? 국내의? 다국적의? 여행객? • 중요한 문화적 차이는? 언어? 라이프 스타일? 지불 가능한 소득? • 종업원의 인구통계학적 특성은? 기술? 나이 분포? 태도? 직업 윤리?

하여 이루어졌다. 마찬가지로, 미국인이 아닌 이들은 맥도널드에서 햄버거를 먹고 콜라를 마시면서 "American"을 경험할 기회를 갖는다. 반면에 이탈리아의 의류소매 회사인 베네통은 보편적이고 전 세계적인 기업의 이미지를 갖기 위해 노력한다.

노동 시장 규범

노동 시장의 규범과 관습은 언어의 차이를 뛰어넘는다. Geert Hofstede는 50개국 이상에서 일과 관련된 가치를 조사하여 다음의 5가지 차이를 제시하였다.[7]

- 권력 거리 지수(*PDI: power distance index*)는 조직 구성원 간의 평등 혹은 불평등의 정도에 초점을 둔다. 높은 PDI는 권력과 부의 불평등이 사회 내에서 증대되는 것을 허용하는 것을 나타낸다. 이러한 사회는 카스트제도처럼 구성원의 신분 상승이 허용되지 않는다. 낮은 PDI는 구성원 간의 부와 권력의 차이를 중요시하지 않는 것을 나타낸다. 이러한 사회에서는 모두에게 평등과 동등한 기회가 주어지는 것을 중요시한다.
- 개인주의(*IDV: individualism*)는 사회가 개인적, 집단적 성취, 그리고 대인관계에 대해 얼마나 강화시키는지에 초점을 둔다. 높은 IDV는 개개인의 권리가 사회에서 중요시 여겨지는 것을 나타낸다. 이러한 사회에서의 개인들은 느슨한 관계를 형성하는 경우가 많을 것이다. 낮은 IDV는 구성원 개인들 간의 강한 결속력을 나타낸다. 이러한 문화는 모두가 그룹의 동료 구성원들에 책임을 갖는 광범위한 공동체를 갖게 한다.
- 남성다움(*MAS: masculinity*)은 남성의 성취, 통제, 힘에 대한 전통적인 남성역할 모델을 강조하는가 그렇지 않은가에 초점을 둔다. 높은 MAS는 높은 수준의 성차별을 나타낸다. 이러한 문화에서는 남성이 사회의 중요한 분야를 점유하고 여성은 남성의 지배에 종속된다. 낮은 MAS는 성별 간의 차별이 낮음을 나타낸다. 이러한 문화에서는 여성을 남성과 동등하게 여긴다.
- 불확실성 회피 지수(*UAI: uncertainty avoidance index*)는 불확실하거나 모호한 것에 대한 인내의 정도에 초점을 둔다. 높은 UAI는 불확실하거나 모호한 것에 대하여 낮은 인내력을 보인다. 이러한 사회에서는 불확실성을 낮추기 위하여 법, 규제, 통제를 강조한다. 낮은 UAI는 불확실성이나 모호성에 대하여 염려가 적고, 다양한 의견에 대하여 관대하다. 이러한 사회에서는 규율이 적고, 보다 변화를 잘 수긍하고, 위험을 감수한다.
- 장기 지향성(*LTO: long-term orientation*)은 미래 가치를 고려함에 있어 전통에 대한 오랜 애착을 얼마나 받아들이는지를 나타내는 정도이다. 높은 LTO 순위는 그 국가가 전통에 대한 장기적인 관심과 존경을 보이는 것에 대한 가치를 인정함을 보여주는 것이다. 이러한 사고방식은 오늘날 열심히 일한 결과로 장기적 보상이 기대되는 것과 같은 강한 직업 윤리로 이어진다. 그렇지만, 특히 "아웃사이더"에게는 이런 사회에서는 비즈니스를 개발하는 데 더 오랜 시간이 걸린다. 낮은 LTO 순위는 국가가 장기적이며 전통적인 지향성이란 개념을 강조하지 않는 것을 의미한다. 이러한 문화에서는 장기적

7) Geert Hofstede,"Cultural Dimensions," on ITIM Creating Cultural Dimensions website, http://www.geert-hofstede.com, June 30, 2004.

인 전통이나 헌신이 변화의 장애물이 되지 않기 때문에 변화가 빈번하게 이루어진다.

노동자 규범을 세계적으로 동일하게 간주하는 것은 잘못이다. 예를 들면, 디즈니사는 파리 외곽에 놀이동산을 개장했을 때, 지역 근로자 채용 부족으로 당황하였다. 프랑스 지역의 근로자들은 디즈니 캐릭터로 일을 하는 것에 거부를 했고, 그 관행을 그들의 개인주의를 제한하는 것으로 여겼기 때문에 그들의 기준을 고수했다. 지역 규범을 무시하는 것의 문제는 고객에게로도 이어진다. 예를 들어, 미국과 일본에 있는 디즈니 놀이동산에서는 술이 제공되지 않는다. 그래서 식사 시 와인을 마시는 관습을 자국의 자부심으로 생각하는 프랑스에서도 식사 시 와인이 제공되지 않는다.

현지 정부 정책

현지 정부는 국제적 서비스의 성장을 제한하는 중요한 규율을 적용한다. 이것은 본국으로 돈을 송금하는 데 어려움이 따르게 한다(현지에서 발생한 이윤을 해외로 반출하는 행위). 차별은 이미 여러 가지 방법으로 이루어져 왔다. 예를 들어 외국기업에 대한 보험판매 금지, 현지 해운사에 대한 특별대우, 국제흐름에 대한 정보의 제한 그리고 각종 합의서/협정서 인증의 지연 등이 그것이다. 외국 항공의 이착륙과 승객탑승 그리고 경유제한(입국금지 이상) 등 대부분은 정부가 소유한 현지 업체를 보호하기 위한 것이다.

현지 국민들은 외국기업의 무제한적인 활동에 대해 경제와 문화 위협을 느낄지도 모른다. 특히 정보 관련 서비스 분야가 주목대상이 된다. 그래서 현지 정부(중국과 사우디아라비아)는 국제 은행거래에 제한을 두고 위성 안테나의 개인소유를 금한다. 그리고 인터넷에 접속도 함께 금한다. 그러나 노동집약 서비스는 자국 지역의 일자리 창출 기회를 만들어 주기 때문에 종종 환영받는다.

서비스 벤치마크

작은 세상과 그 밖의 오해들

우리는 단 몇 시간 안에 멀리 떨어진 섬이나 다른 대륙에 가볼 수 있으며 세상이 얼마나 좁은지 충격을 받을 수 있다. 다른 나라에서 사업을 하는 회사도 여행시간이나 컴퓨터나 전화로 소통하는 시간이 훨씬 적게 걸린다는 점을 고려해 보면 세상은 아주 작다.

그러나 다양한 국가에서 비즈니스를 할 때 겪는 문화적 요인을 고려해 볼 때 세상은 점차 확대되고 있기도 하다. 문화적 차이는 때로 극복하기 어려워 보이기도 한다. 최근까지도 이전 동부권에서는 물자가 부족했고 공급자들이 우위를 차지했었다. 고객은 재화를 가진 자들에게 열등하게 느껴졌었다. 오늘날 판매대는 전에 없이 물자로 가득하지만, 공급자나 고객 모두 "고객은 항상 옳다"라는 개념 때문에 골치를 앓는다. 방긋이 웃는 공급자는 의심스러워 보이고, 고객은 새로운 비즈니스 방식 때문에 힘들어하는 공급자에게 항상 참을성을 보이지는 않는다.

다른 경우, 문화적 차이를 수용함으로써 이윤을 창출하거나 즐거움을 얻기도 한다. 맥도널드는 청결한 화장실 개념을 해외에 전파하기도 한다.

요약

성공적인 서비스 혁신은 두 가지의 근원적인 측면에서 시작된다. (1) "집중 네트워크"로 되는 다입지 전략으로 상이한 지리적 입지에서 서비스를 복제하기 (2) 단일 입지 내에서 다수 서비스를 제공하는 다수 서비스 전략의 "군집 서비스". 바람직한 목표는 아니더라도 몇몇 서비스 기업에서는 두 전략을 결합시켜 "다각화 네트워크"를 추구한다.

프랜차이징은 투자자의 자본을 이용하며, 다수 입지 전략을 수행하는 데 있어 가장 일반적인 방식이 되었다. 프랜차이징은 검증된 서비스를 구매하는 장점 때문에 장래 기업가들에게 매력적이다. 그러나 무엇보다 중요한 사실은 실패 위험이 감소한다는 점이다.

우리는 현재 전 세계의 고객들이 이용 가능한 제품과 서비스에 대한 정보가 제공되는 "국경 없는 세계"에서 살고 있다. 지속적으로 고객들에게 서비스를 제공하고자 하는 많은 서비스 기업들에게 글로벌화는 더 이상 선택사항이 아닌 필수사항이다. 그러나 해외 확장은 서비스의 문화적 이전 가능성, 해외 네트워크 개발, 자국보호를 위한 현지 정부의 차별대우 등 많은 위험과 도전이 따른다.

주요 용어

고객 동반 친출(follow your customers) 이미 다국적 운영을 성취한 기존 고객들에게 서비스를 제공하기 위해서 해외로 확장하는 개념

고객 수입(importing customers) 해외에 사무실을 내는 대신 기존의 입지에 고객들을 유인하는 성장 전략

군집 서비스(clustered service) 다수 서비스가 단일 입지에서 제공되는 경우(예: 병원)

다각화 네트워크(diversified network) 다수 서비스가 다수 입지에서 제공되는 경우(예: 은행 지점)

다국적 확장(multicountry expansion) 지역 문화를 약간 받아들이고 프랜차이징 방식을 이용하여 여러 국가에 서비스가 확산되도록 하는 성장 전략

서비스 해외 이전(service offshoring) 노무비 절감을 위하여 비영업 부문을 해외로 이전하는 방법

집중 네트워크(focused network) 다수 지역에서 제공되는 단일 서비스로 주로 프랜차이징을 이용(예: 모텔 체인)

집중 서비스(focused service) 단일 입지에서 제공되는 단일 서비스(예: 패밀리 레스토랑)

프랜차이징(franchising) 동일한 서비스를 제공하기 위한 계약관계에 의해 운영자가 되려는 투자자를 유인하여 서비스 개념을 복제시키는 방법

24시간 서비스(beating the clock) 24시간 서비스를 이용할 수 있도록 세계의 여러 지역에 서비스 거점을 두는 것

토론 주제

1. 서비스 운영은 사람, 상품, 정보를 처리하는 과정에 따라 분류됨을 상기하라. 글로벌화를 진행함에 있어서 각각의 분류에서 직면하는 도전과제들은 무엇인가?

2. 멕시코 음식을 제공하는 칠리스(Chili's)는 미국에 본사를 둔 레스토랑이며 멕시코 몬테레이에 가장 큰 매장을 설립했다. 왜 칠리스가 몬테레이에서 성공하였는가?
3. 프랜차이징 협정 시 내재적으로 발생하는 분쟁은 무엇인가?
4. 미국의 지속적인 서비스 무역 수지 흑자가 갖는 의미는 무엇인가?

그룹활동 과제

가능하다면 한 명의 외국 학생이 그룹에 포함되도록 조를 나누어라. 해외 여행 경험을 토대로 각 나라로부터 발견한 다양한 특징들을 보고서로 작성하라.

사례_10.1

Goodwill Industries of Central Texas (GICT)[8)]

"당신이 Goodwill사에 기부를 할 때마다 다른 사람의 인생에 직업을 갖게 하는 힘이 될 수 있습니다. 당신이 작년에 입었던 셔츠가 어떤 사람에게는 일자리를 줄 수도 있다는 것을 아십니까!" -Helping! Magazine, a publication of Goodwill Industries International Inc., Winter 1998.

회사 개요

GICT는 비영리 단체이며 독립적으로 운영되고 Goodwill Industries International Inc. (GIII)에 가입되어 있다. GIII는 각각의 Goodwill에 간행물 공급, 전국적인 마케팅 캠페인, 정보 수집, 정부 입법 로비 활동 등을 돕는다. 현재 Goodwill 체인점은 북미에서 156개에 달하고 있으며, 12개 Goodwill 유관 조직들은 동일한 사명을 가지고 있다.

기증품 수입

Goodwill은 사람들의 관대함과 그 지역사회의 경기를 기

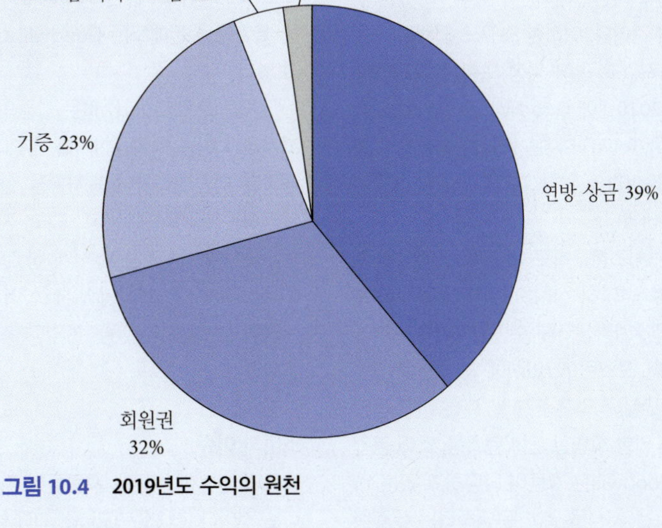

그림 10.4 2019년도 수익의 원천

8) Prepared by Steve Callahan, Cindy Gage, and Kathleen Woodhouse under the supervision of Professor James A. Fitzsimmons.

본으로 하여 운영된다. 기증품은 가장 큰 수익의 원천이다. 이 단체는 기증받은 옷, 가정용품, 가전제품, 운동용품 그리고 다른 수익을 위해 제공되는 서비스용 물품들에 크게 의지한다. 그림 10.4는 2019년의 모든 수입원천을 보여준다.

직면한 과제

임원진은 절약활동 분야에서 경쟁시장 환경이 조성될 것으로 판단한다. 이러한 사실은 그들의 사업방식의 변경을 강요하였다. 최근에는 직원들이나 기증품들의 경쟁이 더욱 높아진 반면에 매장들이 매년 더 나은 서비스를 수행하도록 압력을 받는다. 결과적으로, 몇몇 매장들은 목표 수익에 미치지 못하였다. 그 결과 Goodwill은 1990년대에 매우 높은 직원 이직률의 경험이 있다. Goodwill의 미션은 사람들이 의미있는 직업을 찾도록 도움을 주는 것이지만, 사람들이 Retail Operation의 종업원으로 고용될 때, 안정적이고 양질의 노동력을 창출할 수 있도록 그 사람 고용을 유지하려고 하였다.

경쟁

Goodwill에게 기증을 받는 것과 기증품의 판매에 있어 경쟁상대가 생겼다. 몇 년 전까지 Goodwill은 기증품들의 경쟁이 거의 없었다. 사람들은 쓰레기장 외에는 다른 소매상이 없었기 때문에 Goodwill에 중고품을 기증하였다. 구세군이 경쟁상대로 나타났지만, 오랜 기간 동안은 Goodwill과 구세군만이 그 도시에 있었다. 그러나 그것은 위탁 판매하는 가게들의 인기와 mom and pop 중고 가게들의 출현으로 바뀌기 시작했다. 사람들에게는 기부할 수 있는 곳이 더 많아지기 시작한 것이다. 이러한 소규모 업체들이 잠재적인 기증품들을 가져갔고 판매 경쟁 또한 심화되었다. The Thrift Dollar는 2010년에 Goodwill과 경쟁할 만큼 성장하였다. 또한 Thrift Town과 같은 영리를 목적으로 하는 중고 가게는 Goodwill과 동일한 고객집단에게 적극적으로 중고 용품을 권유하였다.

지역 경쟁이 증가함에도 불구하고 GICT의 소매상의 체인점들은 2002년 이후 상당히 성장하였다. Goodwill은 2020년에 69개의 상점, 기부센터를 수반한 서점, 기부물품보관소를 갖게 되었다. 오스틴(Austin)에 지어진 큰 건물은 2개의 창고시설, 사무실, 직업훈련 교실, 다른 비영리 단체 및 지역 사회활동을 위한 회의실, 컨퍼런스룸, 소매 공간으로 사용되고 있다. Goodwill은 그들이 담당하고 있는 15개 시영역에 걸쳐 새로운 지점을 열고 운영하려는 뚜렷한 확장전략을 갖고 있다.

무엇이 성장을 지속시켰는가?

Goodwill은 넓은 지역에서의 경쟁을 위해 독특한 전략을 기획했다. Goodwill은 사람들이 돈을 쓰는 전통적인 휴가(즉, 연말기간) 시즌에 다른 가게들과 맞대결하는 경쟁을 선택하지 않았다. 그 대신 할로윈 의상과 장식물들을 위한 틈새 시장을 만든 것이었다. Goodwill은 매장을 할로윈 장식물들로 꾸미고 점원들에게도 할로윈 의상을 입고 일하도록 권장하였다. 대략 45%의 광고 예산은 할로윈을 위해 쓰였다. 이 전략은 성공한 것처럼 보였다. 왜냐하면 10월의 수입이 그해 총 수입의 30% 정도를 차지하였기 때문이다. 다른 면에서는 이것은 할로윈 수입이 좋지 못하면 기업에게도 수입 또한 좋지 않을 수 있다는 것을 의미했다.

Goodwill은 그들의 능력으로 유동인구가 많은 곳이나 기증하는 사람들이 많이 사는 지역에 지점을 여는 것에 의존했다. Goodwill은 새로운 지역을 탐색하는 공식적인 절차는 없다. 지점을 여는 결정은 매니저가 잠재력 있는 지역을 보고 결정한다. Goodwill은 그들의 첫 지점으로 도시개발지역을 선택하였다. 그것은 오랜 기간 동안의 계약이나 생산방식의 역사를 가진 회사로서 큰 의미를 지닌 이전이었다.

Goodwill은 사업을 다각화하여 왔기 때문에 최근의 전세계적, 국가적, 지역적 경제 위기 상황에서도 재정적으로 안정상태를 유지하여 왔다. 지속적인 재판매와 직업훈련 서비스와 더불어, 정부기관과 사기업에 종업원을 공급하는 Goodwill staffiup 서비스, 관리인이나 조경업무를 위해 작업자를 공급하는 Goodwill Commerical 서비스, 그리고 중고 컴퓨터 관련 장비를 고쳐 판매하거나 책이나 다른 특가품을 판매하는 Goodwill Computer Works를 갖고 있다.

결과적으로 Goodwill은 그들의 이미지가 일반적인 중고가게가 아닌 백화점이기를 원했다. 그 지점에는 새로 깔끔하게 페인트칠하여 표지판을 설치했다. 손님들이 쓰는 탈의실은 정기적으로 청소했고, 사람들이 물건을 기증하는 곳은 깨끗하고 눈에 띄게 하였다. 그들의 회사 트럭은 Goodwill의 로고와 함께 "당신이 기증한 청바지가 다른 사람에게는 일자리를 줄 수 있다."라는 문구로 새로 페인트 칠하였다.

소비자 이슈

대중의 빈번한 비판은 사람들이 기증하는 데 어려움이 있다는 것이다. 한 번은 Goodwill에서 기증품을 받아오는 서비스를 제공하였으나 곧 그만두었다. 왜냐하면 집에 가서 수거하는 것을 조정하는 것이 너무나 힘들기 때문이다. 또한 집에 가서 수거하는 사람들이 처리해야만 하는 "쓰레기"의 양도 문제였다. 지금은 기증자들이 반드시 가까운 곳에 가서 기증해야만 한다.

고객들의 또 다른 걱정은 Goodwill의 규칙 중에 "모든 판매는 마지막"이라는 것이다. 손님들은 산 물건이 가게에서 시험했을 경우는 잘 되었는데 집에 와서는 작동하지 않는다고 항의한다. 그러나 "모든 판매는 마지막"이라는 규정 때문에 돈을 되돌려 받을 수 없어 매니저는 가게 안에서 다른 물건으로 바꿀 수 있게 해주었고 가끔 그런 일이 일어난다. 몇 가지 규정들 때문에 Goodwill에서 그 물건들이 구매 전의 상태로 돌아간다는 것은 증명하기 어렵다. Goodwill은 실질적으로 배송 중 잘못 설명하거나 손상을 입힌 품목과 같은 특정 상황에서 온라인 구매에 대한 7일간의 반환 기간을 제공한다.

관련 질문

1. Goodwill의 고객은 누구인가? 그리고 시간이 지남에 따라 그들은 어떻게 바뀌었는가?
2. 영리목적의 자선단체 도입이 고객 서비스 역할에 대한 Goodwill의 의사결정에 어떻게 영향을 미쳤는가?
3. Goodwill은 다른 경쟁자들과 어떻게 차별화 할 수 있었는가?
4. http://shopgoodwill.com/에 방문하여 Goodwill 경매의 특별히 관심 있는 물건에 대해 이야기해보고, 왜 온라인상 사이트가 큰 이익을 남길 가능성이 있는지에 대해 토론하라.

참고문헌

Aharoni, Yair, ed. *Coalitions and Competition (Routledge Revivals): The Globalization of Professional Business Services* (London: Routledge, 2014).

Boussebaa, Mehdi, and James Faulconbridge. "Global Professional Service Firms as Agents of Globalization: A Political Perspective." In *Academy of Management Proceedings*, vol. 2018, no. 1, p. 14822. Briarcliff Manor, NY: Academy of Management.

Hahn, Eugene D., and Kraiwinee Bunyaratavej. "Services Cultural Alignment in Offshoring: The Impact of Cultural Dimensions on Offshoring Location Choices." *Journal of Operations Management* 28, no. 3 (May 2010), pp. 186-93.

——, ——. "Offshoring of Information-based Services: Structural Breaks in Industry Life Cycles." *Service Science* 3, no. 3 (Fall 2011), pp. 329-55.

Karmarkar, Uday. "OM Forum–The Service and Information Economy: Research Opportunities." *Manufacturing & Service Operations Management* 17, no. 2 (2015), pp. 136-41.

Lu, Lu, Gary Gregory, Liem Ngo, and Richard Bagozzi. "Managing Customer Uncertainty in Making Service Offshoring Decisions." *Journal of Service Research* (2021): 1094670521992130.

Mclvor, Ronan. "How the Transaction Cost and Resource-based Theories of the Firm Inform Outsourcing Evaluation." *Journal of Operations Management* 27, no. 1 (January 2009), pp. 45-63.

Robbins, Thomas R., and Terry P. Harrison. "New Project Staffing for Outsourced Call Centers with Global Service Level Agreements." *Service Science* 3, no. 1 (Spring 2011), pp. 41-66.

Tate, Wendy L., Lisa M. Ellram, and Stephen W. Brown. "Offshore Outsourcing of Services: A Stakeholder Perspective." *Journal of Service Research* 12, no. 1 (August 2009), pp. 56-72.

Youngdahl, William, Kannan Ramaswamy, and Rohit Verma (eds.). "Special Issue: Offshoring of Service and Knowledge Work." *Journal of Operations Management* 26, no. 2 (March 2008), pp. 135-336.

Chapter 11

서비스능력과 수요의 관리

학습목표

1. 서비스능력과 수요를 일치시키는 전략의 이해
2. 기대손실의 최소화를 위한 서비스 초과예약 전략의 이해
3. 선형계획법에 의한 주간 교대근무 일정 수립방법의 이해
4. 시간제 근로자의 근무 일정 수립방법에 대한 이해
5. 수율관리란 무엇이며, 언제 사용하는 것이 적절하며, 임계비율 기준을 사용하여 어떻게 달성되는지를 이해

신축 호텔의 객실 수나 항공기 구매 대수와 같이 고정된 서비스능력에 대한 투자 결정이 이루어진 후에는 일상적인 운영에서 수익이 나도록 호텔 객실이나 항공기 좌석을 채워야 할 것이다. 본 장의 주제는 관리자가 일상적으로 당면하는 과제, 즉 역동적인 환경 속에서 매일 고객의 수요와 서비스능력을 일치시켜야 하는 문제를 다루고 있다.

서비스능력(service capacity)은 소모성 상품과 같다. 예를 들어 좌석을 비운 채 운항하는 비행기는 추가적으로 고객을 운송할 수 있는 수익창출의 기회를 영원히 놓치게 되는 것이다. 아메리칸 에어라인(American Airlines)은 처음으로 이러한 문제를 지적하고 오늘날 소위 **수율관리(*yield management*)**라고 부르는 방법이 지닌 잠재적인 해결 능력을 인식한 바 있다. 이에 대해서는 앞서 제2장의 서비스 전략에서 간략하게 언급한 바 있고, 본 장에서 보다 자세하게 다루게 될 것이다.

미래에 사용될 목적으로 창고에 저장되어 있는 제품들과 달리 서비스는 한 개인으로부터 다른 사람에게로 전달될 수 없는 무형의 개인적 경험이다. 오히려 서비스는 생산과 동시에 소모된다. 서비스 수요가 서비스능력에 미달되면 서비스 제공자와 시설은 유휴 상태로 남아 있게 된다. 게다가 서비스 수요의 변동성은 매우 심하며 우리의 문화나 습관이 이러한 변동성의 원인이 된다. 예를 들어 사람들은 대부분 같은 시간대에 식사를 하며, 주로 7~8월에 휴가를 간다. 병원에 대해 조사된 자료에 따르면 여름과 가을에는 환자들의 병원 이용률이 낮은 것으로 나타났다. 이와 같은 서비스 수요의 자연적인 변동은 어느 시기에는 서비스가 유휴 상태로 있게 되고, 또 다른 시기에는 고객을 기다리게 한다.

개요

본 장은 두 가지 일반적인 전략, 균일 공급수준 전략과 수요추종 전략에 대한 논의로 시작한다. 균일 공급수준 전략(level capacity strategy)의 경우, 고정된 공급능력을 보다 잘 활용하기 위하여, 고객의 수요를 고르게 만들 수 있는 가격 인센티브와 같은 마케팅 지향적(marketing-oriented) 전략에 대해 논의할 것이다. 수요추종 전략(chase demand strategy)의 경우, 작업교대 일정 수립과 같은 서비스 공급수준을 변경시켜 수요에 맞추기 위한 운영 지향적(operation-oriented) 전략들도 아울러 제시될 것이다. 결론 부문에서는 수익을 극대화하기 위해 정교한 온라인 정보시스템을 활용하는 수율관리(yield management)라 불리는 혼합 전략에 대해 살펴보게 될 것이다.

균일 공급수준 전략과 수요추종 전략

균일 공급수준(level capacity)과 수요추종(chase demand)이라는 두 가지 일반적인 전략이 있다. 표 11.1은 이 두 가지 전략의 상충관계(trade-off)를 제시한다. 전기나 수도와 같은 공공서비스는 순수한 **균일 공급수준** 전략을 사용하는데 이는 발전설비는 고가이고 증설 단위가 크며, 고객은 중단 없는 서비스를 기대하기 때문이다. 순수한 **수요추종** 전략은 전화 응대 요원의 수를 수요의 변동 추정치에 맞추어 계획하는 콜센터의 경우에서 볼 수 있다. 그렇지만 대부분의 서비스는 혼합 전략을 사용한다. 예를 들어, 호텔 객실의 설비능력은 고정되어 있지만 직원의 수는 계절 수요에 따라 변경될 수 있다. 다음의 두 절에서는 그림 11.1에 나타난 바와 같이 균일 공급수준이 유지될 때 사용되는 수요관리 방안과 수요추종이 사용될 때의 공급능력 관리 방안에 대해 살펴본다.

수요관리 전략

고객 유발성 변동(Customer-Induced Variability)[1)]

고객 도착률의 변동성은 서비스 관리자들이 공급과 수요를 일치시킴에 있어서 잘 알려진

표 11.1 균일 공급수준과 수요추종의 상충관계

전략 차원	균일 공급수준	수요추종
고객 대기	일반적으로 낮음	보통
직원 가동률	보통	높음
노동력의 기술 수준	높음	낮음
노동력의 회전율	낮음	높음
직원 교육훈련의 요구 수준	높음	낮음
근무 환경	쾌적함	바쁨
감독 필요성	낮음	높음
예측	장기	단기

1) Frances X. Frei, "Breaking the Trade-Off Between Efficiency and Service," *Harvard Business Review* 84, no. 11 (November 2006), pp. 92–101.

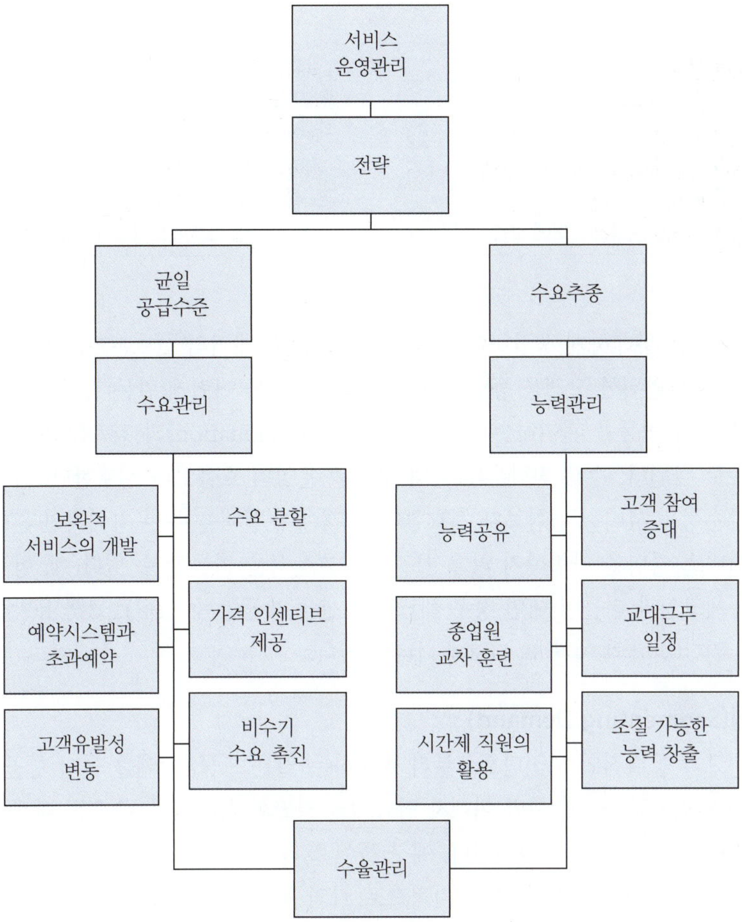

그림 11.1 서비스 수요와 공급을 일치시키기 위한 전략

도전과제이다. 프랜시스 프레이(Frances Frei)는 서비스 운영에 있어서 고객 유발성 변동의 다섯 가지 원인을 제시하고 있다. 일반적인 **도착 변동성**(*arrival variability*)은 서비스를 받고자 하는 고객들의 개별적 의사결정이 시간에 따라 균일하게 분포하지 않기 때문에 발생하며, 이는 고객의 대기나 서비스 공급자의 유휴시간으로 귀결된다. 고객의 지식이나 신체적 능력, 기술은 **능력 변동성**(*capability variability*)을 발생시키는데, 어떤 고객은 과업을 쉽게 수행하는 반면 다른 고객은 시간을 많이 소요하기 때문이다. **요구사항 변동성**(*request variability*)은 고객별로 서로 다른 요구사항으로 인해 서비스 소요시간이 일정하지 않기 때문에 나타나는 것으로서, 은행에서 CD(양도성 예금증서)를 사려는 고객과 수표를 현금으로 바꾸려는 고객이 있는 것을 예로 들 수 있다. 고객이 서비스 상호작용에서 어떤 역할을 수행한다면(예: 쇼핑카트를 일정 장소에 반납함) 참여 수준은 **노력 변동성**(*effort variability*)으로 나타난다. 마지막으로, 좋은 대우를 받았다는 것의 기대수준은 고객마다 다르며 이는 **주관적 선호 변동성**(*subjective preference variability*)을 초래한다. 예를 들어, 어떤 고객은 웨이터가 자기 이름(first name)을 부르는 것을 호의로 생각하는 반

표 11.2 고객 유발성 변동 관리 전략

변동의 종류	수용 전략	감축 전략
도착	직원의 수를 늘림	예약을 요구함
능력	고객의 기술 수준에 맞춤	능력을 갖춘 고객을 목표로 함
요구사항	직원의 교차 훈련(cross-training)	서비스 범위를 제한함
노력	고객을 위해 노력함	노력 증가분을 보상함
주관적 선호	기대 수준을 분석하여 이에 맞춤	기대 수준을 조정하도록 고객들을 설득함

면, 다른 고객은 무례하게 생각하여 화를 낼 수도 있다. 개인의 선호는 예측불가능성을 야기하며, 이는 광범위한 고객을 동일하게 서비스하는 것을 어렵게 만든다.

고객 유발성 변동을 관리하는 전략은 수용(accommodation)과 감축(reduction)의 두 가지 범주로 나뉜다. 수용 전략은 고객의 경험을 운영의 효율보다 선호한다. 감축 전략은 운영의 단순성을 서비스 경험보다 선호한다. 고객에게 선택을 주는 창의적인 혼합 전략을 통하여 서비스 경험을 타협하지 않고서도 운영 효율성을 획득할 수 있다(예: 항공사는 셀프서비스 체크인과 더불어 대면 창구 체크인 옵션을 제공할 수 있다). 고객 유발성 변동을 관리하기 위한 전략의 예가 표 11.2에 나타나 있다.

수요 분할(Segmenting Demand)

서비스 수요가 동질적인 모집단으로부터 발생하는 일은 드물다. 예를 들어 항공사에서는 주중의 비즈니스 탑승객과 주말 여행자 탑승객을 차별화하고 있다. 수요는 대개 무작위적인 도착과 계획된 도착으로 나눠진다. 예를 들어 드라이브 인(drive-in) 은행 업무의 경우 기업 계좌를 가진 사람들은 매일 주기적으로 거의 동일한 시간에 방문이 이루어질 것을 기대할 수 있는 반면, 개인 계좌를 가진 사람들은 무작위적으로 방문할 것으로 기대할 수 있을 것이다.

예제 11.1 레드우드 해안 의료서비스

레드우드 해안 의료서비스(RCMS)는 캘리포니아 북부 해안에 걸쳐 있는 작은 마을에 의료서비스를 제공한다. 지난해 RCMS의 의료진료 수요에 대한 분석이 그림 11.2에 제시되어 있다. 가장 많은 내과의사 방문자 수는 월요일에 발생하였으며, 다른 요일에는 그보다 적은 것으로 나타났다. 예약하지 않은 수요는 통제할 수 없으나 예약 수요는 통제할 수 있다. 그러므로 수요를 평탄하게 하기 위해 주일의 다른 요일에 예약 제도를 사용할 필요가 있지 않을까? 1인당 내과의사의 진료능력에서 비예약 환자의 수를 차감하면 각 요일별 환자 수요를 고르게 하기 위해 필요한 예약 가능 환자 수가 산출된다. 이러한 절차를 사용하여 표 11.3에 나타난 요일별 예약환자의 수가 결정된다. 평탄화된 요일별 수요는 적절한 시간대로 예약 일정을 수립하여 더욱 정교하게 조절될 수 있다. 환자들의 대기 시간이 줄어들고, 통제되지 않은 업무 부담으로부터 발생하는 내과의사의 스트레스 감소가 가장 명백한 혜택이 된다.

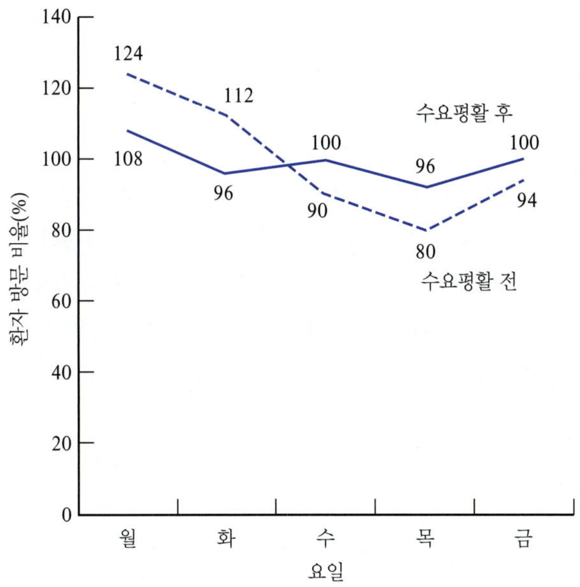

그림 11.2 내과의사 방문 환자를 고르게 조정한 효과

표 11.3 의사진료를 평활한 효과

요일	예약자 수
월	4
화	8
수	10
목	12
금	10

가격 인센티브 제공

가격 차별화의 예는 많이 있다. 다음의 경우를 생각해 보자.

1. 이른 시간대의 영화 관람요금 할인
2. 리조트 지역의 비수기 호텔요금
3. 피크 시간대의 공공요금 정책

희소한 자원을 보다 유용하게 쓰도록 유도하기 위해서 국립캠핑장의 경우에도 가격차별화 정책이 제안된 바 있다. 예를 들어 캐나다의 너티얼(Nautiyal)과 초드해리(Chowdhary)는 차별화된 가격시스템을 개발함으로써 캠핑요금이 어느 주어진 날에 마지막으로 남은 캠핑 장소가 지닌 한계이익을 정확하게 반영하여 책정되도록 하였다.[2)]

이들은 캠핑 시즌의 요일과 주의 특성을 감안하여 네 가지 각기 다른 캠프 이용 실태를

---

2) J. C. Nautiyal and R. L. Chowdhary, "A Suggested Basis for Pricing Campsites: Demand Estimation in an Ontario Park," *Journal of Leisure Research* 7, no. 2 (1975), pp. 95–107.

찾아냈다. 표 11.4는 각 캠프 이용 실태별 1일 요금 부과계획을 담고 있다.

이와 같은 캠핑 이용 실태 구분은 캠프장 사용이 이용 가능한 레저시간과 기후에 의해서 직접 영향을 받는다는 가정 하에 캠핑장의 총 1일 이용 상황을 반영하여 이루어진 것이다. 각 이용 실태에 속하는 캠핑객들에 대해 인터뷰를 실시해서 그들이 얼마 정도의 여행 경비를 사용하는지를 조사하였다. 한계 방문자(마지막 방문자)는 레크리에이션 지역에 들어옴으로써 가장 높은 비용을 발생시키게 되는 캠핑객으로 가정하였다. 이 정보는 각 캠핑 실태별 수요곡선을 개발하기 위해 사용되었고, 주어진 캠핑 가능 지역에 대한 캠핑 요금은 이러한 수요곡선을 이용해서 결정하였다. 표 11.5는 기존의 요금체계와 차별요금제를 실시할 경우 발생수익을 비교한 것이다. 제안된 요금체계를 따를 경우 캠핑객의 유치 수가 증가하는 반면, 상응하는 총수익은 감소하는 것으로 나타난다. 하지만 78일간의 무료 캠핑기간 동안에는 캠핑장에서 요금을 받는 순시원이 필요하지 않으므로 노무비용이 감소될 수 있을 것이다. 그렇다고 해도 수요 변화작업을 효과적으로 수행하기 위해서는 이를 잘 홍보해야 함은 물론 보다 개선된 예약시스템을 마련해야 한다.

상당히 인하된 요금 때문에 캠핑 실태 3의 예상 수요가 증가하는 것에 주목할 필요가 있다. 비수기 가격정책의 결과는 성수기의 수요를 비수기로 재분배하기보다는 캠프장의 잠재적인 수요 발생을 야기한다. 따라서 차별화된 가격정책이 성수기의 수요를 평준화시키기보다는 비수기의 수요를 메꾸어 주는 역할을 하고 있다. 이러한 결과는 희소한 자원을 보다 잘 활용할 수 있게 해줌과 동시에 사기업(private sector firm)에 대해서는 보다 증가된 이윤을 얻을 수 있다는 가능성(단 인하된 요금이 변동비용을 충당할 수 있다는 것을 전제로 할 때)을 제시하고 있다. 그러나 사기업의 경우 고비용 지불 고객을 저비율 서

표 11.4 제안된 캠핑요금 차별화 계획

캠핑 실태	캠핑 시즌(요일 및 주)	일 수	1일 요금
1	10번째 주부터 15번째 주의 토요일과 일요일, 자치령 창설기념일, 시(市)제정 공휴일	14	$6.00
2	3번째 주부터 9번째 주 및 15번째 주부터 19번째 주의 토요일과 일요일, 빅토리아데이 포함	23	2.50
3	3번째 주부터 15번째 주의 금요일, 9번째 주부터 15번째 주의 요일 중에서 위의 1, 2에 명시하지 않은 모든 요일	43	0.50
4	기타 캠핑 시즌 요일	78	무료

표 11.5 기존의 수익과 가격차별화에 따른 예상수익의 비교

캠핑 실태	기존 요금($2.50)		차별 요금	
	사용된 캠프장의 수	수익	캠프장의 수(추정)	수익
1	5,891	$14,727	5,000	$30,000
2	8,978	22,445	8,500	21,250
3	6,129	15,322	15,500	7,750
4	4,979	12,447	—	—
합계	25,977	$64,941	29,000	$59,000

비스 일정 시기로 옮기게 하는 것을 원치는 않을 것이다. 예를 들면 항공사의 경우 승객이 요금할인을 받으려면 주말에 목적지에 머물러야 한다는 조항을 제시함으로써 비즈니스 승객이 할인된 요금 혜택을 받지 못하도록 하고 있다.

비수기 수요의 촉진

비수기 서비스능력을 창의적으로 사용한다는 것은 다른 수요의 원천을 찾아보는 것을 말한다. 한 예로써 비수기에 리조트 호텔을 사업가나 전문가 그룹을 위한 연수원으로 사용하는 것을 들 수 있다. 또 다른 예로서는 산악의 스키 리조트 지역을 여름에 등산을 위한 집결지로 사용하는 것을 들 수 있다.

비수기 수요의 촉진 전략은 다른 시기에 발생하는 초과 부하를 억제하기 위해서도 사용될 수 있다. 백화점에서 "일찍 쇼핑하시면 크리스마스의 혼잡을 피하실 수 있습니다"라고 호소하는 것이나 슈퍼마켓에서 주중에 더블 쿠폰을 제공하는 것이 바로 그 예에 해당된다.

보완적 서비스의 개발

음식점에서는 바(bar)를 설치하는 보완적 서비스의 이점을 발견한 바 있다. 혼잡한 시간대에는 대기 중인 고객을 라운지로 안내함으로써 레스토랑의 수익성을 도모함과 아울러 시간에 쫓겨서 초조해 하는 고객의 비위를 맞춰 주는 효과도 거둘 수 있다. 영화관에서는 전통적으로 팝콘과 청량음료를 판매해 왔지만 요즈음은 추가로 영화관 로비에 비디오 게임기를 설치하여 운영하고 있다. 이와 같은 예들은 대기 중인 고객들을 사로잡기 위해서 제공하는 보완적 서비스들이다.

전통적인 의학적 처치에 영양학적인 치료와 정신과적인 치료를 결합하는 대체의학(holistic medicine) 개념도 또 다른 예가 된다. 보완적인 서비스를 개발하는 것은 자연스러운 시장 확대의 방법이다. 새로운 서비스 수요가 기존의 수요와 상반되는 수요 주기를 가지고 있어서 보다 균일한 총괄 수요를 창출하게 되면(즉, 새로운 서비스 수요가 높을 때 기존 서비스 수요가 낮아진다면) 더욱더 바람직할 것이다. 거의 대부분의 난방 서비스 업체가 에어컨 서비스를 겸하는 것도 이러한 이유에서다.

예약시스템과 초과예약

예약을 받는 것은 잠재적인 서비스를 미리 파는 것이다. 예약이 이루어지면 추가 수요는 동일한 설비의 다른 시간대로 옮겨지거나 동일한 조직 내의 다른 설비로 옮겨지게 된다. 전국적인 예약시스템을 가진 호텔 체인에서는 통상 고객이 처음 원했던 호텔의 예약이 불가능하면 체인이 소유하고 있는 가까운 호텔에서 고객의 예약을 처리해 준다.

예약을 하면 고객의 입장에서도 대기하는 일이 줄어들고 서비스 제공을 약속받을 수 있는 이점이 있다. 그러나 고객이 예약을 지키지 않을 때 문제가 발생한다. [이러한 고객을 **노-쇼우**(*no show*)라고 부른다.] 보통 고객은 예약을 지키지 않았더라도 재정적인 부담을 지지 않는다. 이러한 관행은 승객이 비행기를 예약할 때 만약을 대비하여 여러 개를 예약하는 등의 바람직하지 않은 행동을 유발시킬 수 있다. 이는 언제라도 떠날 채비가 되어 있어야 할 비즈니스 승객이 취하는 통상적인 관행이었다. 그러나 사전에 예약 취소를 하지 않는 한 지켜지지 않은 예약좌석은 모두 빈 채로 남게 된다. 할인요금 승객의 노-쇼우를 방지하기 위해 항공사에서는 요즘 환불이 안 되는 티켓을 발행하며, 호텔에서는 도착 당일 6시 이전에 취소할 것을 요구하며 그렇지 않을 경우 1일치 숙박비를 결제한다.

노-쇼우 때문에 발생하는 빈 좌석 운항에 대비하여 항공사에서는 **초과예약**(*overbooking*) 전략을 채택하고 있다. 실제로 제공 가능한 좌석보다 많은 예약을 받음으로써 상당한 수의 노-쇼우에 대비하고 있다. 그러나 너무 많은 좌석을 초과예약을 받을 경우 예약한 승객을 거절해야 하는 위험이 있다. 초과예약의 남용을 막기 위해서 미국 연방항공국에서는 초과예약된 승객에 대해서 요금 변제와 더불어 다음 비행기편에 좌석을 배정해 주도록 요구하는 규정을 시행하고 있다. 마찬가지로 많은 호텔의 경우 초과예약된 손님을 무료로 근처에 있는 동급호텔에 방을 마련해 주고 있다. 바람직한 초과예약 전략은 유휴 서비스 능력의 기회비용과 예약 초과에 따른 비용을 최소화하는 것이다. 초과예약 전략을 채택하려면 호텔 프론트 데스크를 담당하는 직원처럼 고객을 최일선에서 접대하는 직원들로 하여금 예약한 서비스를 제공받지 못한 고객들을 정중하게 모시도록 훈련시켜야 한다. 최소한 의전용 밴(van)이라도 사용해서 손님을 비슷한 수준의 경쟁호텔에 객실을 마련해서 안내해 주는 예의는 갖춰야 한다. 예제 11.2의 서프사이드 호텔에 대해 초과예약 분석을 살펴보자.

예제 11.2 서프사이드 호텔

서프사이드(Surfside) 호텔은 완벽한 호텔 객실 예약시스템을 갖추고 있음에도 불구하고 지난 관광시즌에 높은 투숙률을 달성하지 못했다. 유망고객들이 관광시즌에 예약해 놓고 나타나지 않았던 것이 주된 이유였다. 프론트 데스크의 기록을 검토한 결과 호텔의 예약이 꽉 찬 피크 기간 동안에 발생한 노-쇼우의 기록은 표 11.6과 같다.

노-쇼우로 인해 비게 된 객실에 대해서 80달러의 기회손실이 발생하게 된다. 표 11.6의 자료로부터 노-쇼우 수의 기대값을 계산하면 다음과 같다.

$$0(0.07) + 1(0.19) + 2(0.22) + \cdots + 8(0.02) + 9(0.01) = 3.04$$

따라서 기대기회손실은 하루에 3.04 × 80달러 또는 243.20달러가 발생하게 된다. 이러한 기회손실을

표 11.6 서프사이드 호텔의 노-쇼우 기록

노-쇼우 수 d	확률 $P(d)$	초과예약 수 x	누적 확률 $P(d < x)$
0	0.07	0	0
1	0.19	1	0.07
2	0.22	2	0.26
3	0.16	3	0.48
4	0.12	4	0.64
5	0.10	5	0.76
6	0.07	6	0.86
7	0.04	7	0.93
8	0.02	8	0.97
9	0.01	9	0.99

피하기 위해서 호텔 경영진에서는 초과예약 정책을 고려하고 있다. 그러나 초과예약 때문에 예약한 손님에게 객실을 제공하지 못할 경우에는 다른 비용을 부담하게 된다. 서프사이드 호텔에서는 객실을 제공하지 못하는 예약 손님에게 인근 호텔의 객실을 무료로 마련해 주고 있다. 물론 고객에 대한 이미지 손상과 더불어 이것이 미래의 고객 유치에 미치는 부정적인 영향도 감안해야 한다. 경영진에서 추정하고 있는 이러한 손실의 크기는 대략 손님당 200달러 정도이다. 바람직한 초과예약 전략은 공실에 따른 기회비용과 예약 불이행에 따른 비용 간에 균형을 이루게 해야 한다. 따라서 최선의 초과예약 전략이 되려면 장기적으로 기대되는 비용을 최소화시킬 수 있어야 한다.

표 11.7은 발생 가능한 각각의 초과예약 대안이 가져오는 손실을 나타내고 있다. 표의 주 대각선에서는 각각의 경우 초과예약된 수와 노-쇼우 수가 정확하게 일치하기 때문에 비용이 발생하지 않는다. 가령 4건의 초과예약이 있었는데, 4명의 예약 손님이 나타나지 않았다면 모든 예약 손님에게 객실을 제공할 수 있게 되므로 호텔은 꽉 차게 되는 윈-윈(win-win) 상황이 벌어지게 되는 것이다. 대각선 위의 값들은 예상한 것보다 적은 노-쇼우가 발생한 것을 나타내므로 충족시켜 주지 못하는 예약에 대해서 오른쪽으로 한 칸씩 이동해 갈 때마다 손실이 200달러씩 증가하게 된다. 예를 들어 첫 번째 줄은 노-쇼우가 한 건도 발생하지 않는 것을 전제로 하는데 초과예약을 한 건 받은 경우 200달러의 손실이 발생하게 되는 것이다. 대각선 아래의 값들은 기대했던 것보다 많은 노-쇼우가 발생해서 빈 객실로 남게 되는 것을 나타내므로 한 줄씩 아래로 내려갈 때마다 80달러씩 손실이 증가하게 된다. 예를 들어 초과예약 전략을 사용하지 않는 것을 나타내는 첫 번째 열의 경우, 고객이 예약을 지킬 것으로 전제할 경우 발생하는 손실의 증가 행태를 나타내고 있다.

각 초과예약 전략의 기대손실은 각 노-쇼우에 따른 손실과 발생 확률을 곱한 후 이를 합하여 구할 수 있다. 예를 들어 2개의 초과예약을 허용한 경우 기대손실은 2번째 열의 확률과 5번째 열(즉, 2건의 초과예약을 허용한 경우)의 손실을 곱하여 다음과 같이 구할 수 있다.

$$0.07(\$400) + 0.19(\$200) + 0.22(\$0) + 0.16(\$80) + 0.12(\$160) + 0.10(\$240)$$
$$+ 0.07(\$320) + 0.04(\$400) + 0.02(\$480) + 0.01(\$560) = \$175.60$$

표 11.7을 보면 장기적으로 2개의 초과예약을 허용할 때 기대손실이 최소화될 수 있음을 알 수 있다. 만일 이 정책을 채택한다면 초과예약을 통해 하루에 67.60달러의 이득을 실현할 수 있다. 이는 초과예약을 허용하지 않을 때의 기대손실(243.20달러)과 2개의 초과예약을 허용할 때의 기대손실(175.60달러)의

표 11.7 초과예약 손실표

		초과예약 건수									
노-쇼우 수	확률	0	1	2	3	4	5	6	7	8	9
0	0.07	0	200	400	600	800	1000	1200	1400	1600	1800
1	0.19	80	0	200	400	600	800	1000	1200	1400	1600
2	0.22	160	80	0	200	400	600	800	1000	1200	1400
3	0.16	240	160	80	0	200	400	600	800	1000	1200
4	0.12	320	240	160	80	0	200	400	600	800	1000
5	0.10	400	400	240	160	80	0	200	400	600	800
6	0.07	480	480	320	240	160	80	0	200	400	600
7	0.04	560	560	400	320	240	160	80	0	200	400
8	0.02	640	640	480	400	320	240	160	80	0	200
9	0.01	720	720	560	480	400	320	240	160	80	0
기대손실($)	—	243.20	182.80	175.60	230.00	329.20	462.00	622.80	803.20	994.80	1,120.00

차이를 나타내는 기대손실값이다. 이와 같은 실질적인 손실 절감효과가 바로 항공사나 호텔과 같이 서비스능력이 제한되어 있는 서비스 기업들에서 초과예약 전략을 선호하게 만드는 이유가 된다.

제15장 "서비스 재고관리"에서 소모성 재화(이 경우에는 호텔 객실)에 대한 재고관리를 위해 *임계비율*(*critical fractile*)을 다음과 같이 정의하고 있다.

$$P(d < x) \leq \frac{C_u}{C_u + C_o} \tag{1}$$

여기서, x = 초과예약한 객실의 수

d = 과거의 경험에 의한 노-쇼우의 수

C_u = 예약이 지켜지지 않을 경우(즉 노-쇼우의 크기를 작게 예측한 경우) 상실하게 되는 객실요금 기여분(80달러)

C_o = 초과예약된 손님에게 객실을 배정해 주지 못할 경우(노-쇼우의 크기를 크게 예측한 경우)의 기회손실 부분(200달러)

한계 분석에 기반을 둔 이러한 임계확률은 최선의 초과예약 전략을 규명하는 데도 사용될 수 있다. 즉 초과예약된 객실의 수는 다음에 계산된 바와 같이 노-쇼우의 수를 초과하지 않을 누적확률을 충족시켜야 한다.

$$P(d < x) \leq \frac{\$80}{\$80 + \$200} \leq 0.286$$

표 11.6을 참조하면 객실 2개를 초과예약하는 전략을 택할 때 위에서 구한 임계비율 평가 기준을 충족시킨다. 즉 $P(d < x)$의 누적확률은 0.286이기 때문에 이는 초과예약에 따른 기대손실을 최소화시킨다는 관점에서 선택했던 앞서의 의사결정을 확인시켜 준다.

능력관리를 위한 전략

서비스능력의 정의

서비스능력(service capacity)은 단위 시간당 달성할 수 있는 산출 수준으로 정의된다(예: 사용량이 많은 은행 현금지급기의 일일 거래건수). 서비스 공급자는 서비스능력의 측정치가 바쁜(계속 일하고 있는) 직원에 기반을 두고 있으며 또한 제12장 대기행렬의 관리에서 논의하겠지만 관찰된 산출량은 항상 능력보다 적다는 것을 인지하여야 한다. 그렇지만, 서비스능력은 호텔 객실의 수 또는 항공사의 시스템 수준에서의 가용 좌석 마일리지와 같은 지원 시설에 의거해서 정의될 수도 있다. 항공사의 예를 보면, 서비스능력은 기술 분류별 가용 인력(파일럿, 승무원 그리고 유지보수 직원), 장비(항공기 종류와 수), 그리고 가용 게이트 수 등의 여러 요인에 의해 제한되고 있음을 알 수 있다. 항공사 사례는 또한 능력을 서로 다른 위치에 적절하게 배치해야 하는 서비스 운영의 일상적인 도전과제를 보여준다.

대다수 서비스의 경우 수요를 효과적으로 고르게 할 수 없다. 가령 그림 11.3에 있는 전화교환원의 수요를 고려해 보자. 이 자료는 30분 간격으로 대도시 전화회사에서 어느 하루 24시간 동안에 발생한 교환원 통화 횟수를 나타내고 있다. 그림에서 보면 오전 10:30에 최대 통화량(2,500통화)이 발생했고, 오전 5:30에는 최소 통화량(20통화)이 발생했다. 최대와 최소 통화량의 비율은 125:1이다. 어떠한 유인책도 이러한 수요 패턴에 실질적인 변화를 발생시키기 어렵다. 그러므로 수요에 부합될 수 있도록 서비스능력을 조절하는 통제 노력이 있어야 한다. 이러한 목적을 달성하기 위해서 몇 가지 전략들을 사용할 수 있다.

1일 교대근무 일정

1일 교대 일정을 주의 깊게 수립함으로써 서비스능력의 양상을 수요와 유사하게 만들 수 있다. 교대근무 일정 수립은 전화회사, 병원, 은행, 경찰서 등과 같이 주기적인 수요 특성을 지닌 대다수 서비스 조직에서 중요한 인원배치 문제가 된다.

일반적인 접근은 시간별 수요 예측으로부터 시작한다. 예측된 수요는 시간별 서비스 인원 배치 요구량으로 전환시키게 된다. 시간 간격은 1시간보다 적게 할 수도 있다. 가령 패스트푸드 음식점에서는 식사 시간대의 근무 일정을 짜기 위해서 15분 간격의 시간 간격을 사용한다. 다음에는 인원 배치 요구량을 가능한 근접하여 충족시켜 줄 수 있도록 순회 혹은 교대 일정을 개발하게 된다. 마지막으로 특정한 서비스 제공자를 각 순회 혹은 교대 일정에 할당하게 된다. 예제 11.3에 제시된 전화회사 교환원 배치 문제를 예로 하여 4단계 일정수립 프로세스에서 요구되는 분석을 살펴보기로 한다.

단계 1. 수요 예측

예제 11.3 마린시의 응급전화 911 응대 서비스

일일 수요는 그림 11.3에서 나타난 바와 같이 30분 단위로 예측치를 구하며, 주중과 주말의 변화뿐만 아니라 계절적인 변화도 고려하여 예측해야 한다. 토요일과 일요일의 통화량은 대략 주중 통화량의 55% 정도인 것으로 나타났으며, 여름의 경우는 통화수요가 일반적으로 높은 것으로 나타났다. 새해 첫날(New Year's Day)과 같은 특별히 통화수요가 많은 날들도 고려하였다.

단계 2. 전화교환원 요구 수로 전환

일일 통화수요의 예측치와 통화수요 분포를 바탕으로 30분 단위의 교환원 요구 수를 산출하였다. 서비스 수준은 서비스를 요구하는 통화의 89%에 대해 10초 이내의 응답을 주는 것으로 결정되었다. 각 30분 단위별로 요구되는 교환원의 수는 일반적인 대기행렬 모형(제13장 공급능력 계획과 대기행렬 모형)을 사

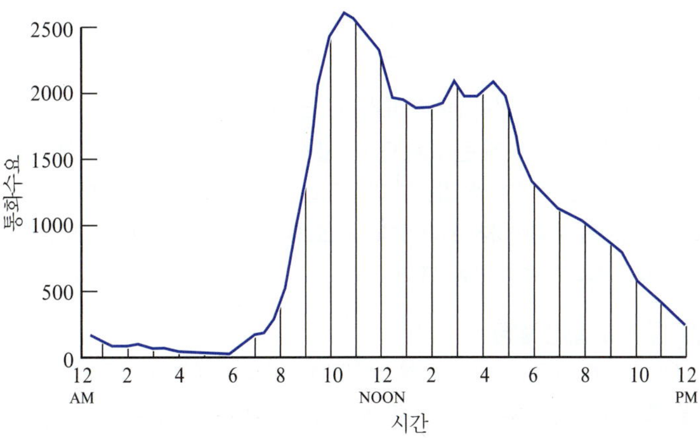

그림 11.3 전화교환원의 하루 수요

자료원: E. S. Buffa, M. J. Cosgrove, and B. J. Luce, "An Integrated Work Shift Scheduling System," *Decision Sciences* 7, no. 4, October 1976, p. 622. Reprinted with permission from Decision Sciences Institute, Georgia State University.

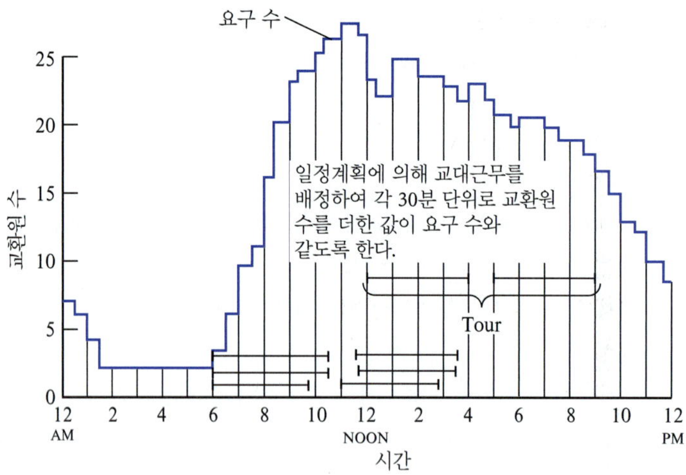

그림 11.4 교환원 요구 수와 교대근무 배치

자료원: E. S. Buffa, M. J. Cosgrove, and B. J. Luce, "An Integrated Work Shift Scheduling System," *Decision Sciences* 7, no. 4, October 1976, p. 626. Reprinted with permission from Decision Sciences Institute, Georgia State University.

용하여 이러한 서비스 요구 수준이 달성될 수 있도록 결정한다.[3] 30분 단위로 요구되는 전화교환원 수에 대한 결과는 그림 11.4와 같다.

단계 3. 교대 일정 수립

교대의 형태는 다양한 시작 및 종료시간을 가지게 되며, 이를 적절히 종합하여 그림 11.4에 나타난 시간대별 교환원 요구 수를 충족시켜야 한다. 각 교대의 운영은 중간에 휴식 혹은 식사시간을 할당하고(예를 들면 오전 9시-오후 1시, 점심시간, 오후 2시-오후 6시) 이 전후에 작업을 하는 방식으로 이루어진다. 사용 가능한 교대의 형태는 주법 혹은 연방법, 노사 협정, 기업의 정책에 따라서 결정된다. 특별히 교대 일정을 결정하기 위해 마련된 휴리스틱 컴퓨터 프로그램을 사용하여 모든 30분 단위 기간("n")에 걸쳐 요구되는 교환원 수와 배치된 교환원 수 차이의 절대값 합이 최소가 되도록 만든 허용 가능한 근무 일정에서 교대 일정을 선정하게 된다. 만일 R_i가 기간 i에 요구되는 교환원의 수이고, W_i가 기간 i에 배치된 교환원 수라면 목적 함수는 다음과 같이 정의할 수 있다.

$$\text{최소화} \qquad \sum_{i=1}^{n} |R_i - W_i| \qquad (2)$$

그림 11.5는 이와 같은 일정 수립의 과정을 도식적으로 나타내고 있다. 각 할당 단계마다 모든 할당 가능한 교대 일정 중에서 하나씩 택하게 된다. 각 단계에서 선택된 교대 일정은 식 (2)에서 정의한 성과 기준을 가장 잘 충족시킬 수 있는 것이 된다. 짧은 교대 일정을 선호하는 제약성을 극복하기 위해서 교대 일정의 길이에 따라서 가중치를 차별화하게 된다. 결과적으로 예측된 수요를 충족시키기 위한 교대 일정과 근무 중의 식사 및 휴식 일정의 목록이 만들어지게 된다.

단계 4. 교환원별 교대 일정 할당

필요한 근무 일정의 내용이 마련되더라도 하루 24시간 1주일 내내 운영이 이루어져야 하기 때문에 근무 일정에 교환원을 할당하는 것은 복잡한 일이 된다. 쉬는 날의 시기를 결정한다든지 추가 수당이 관련된

---

3) The *M*/*M*/*c* queuing model as described in Chapter 13 is used. This model permits the calculation of probabilities for having a telephone caller wait for different numbers of operators.

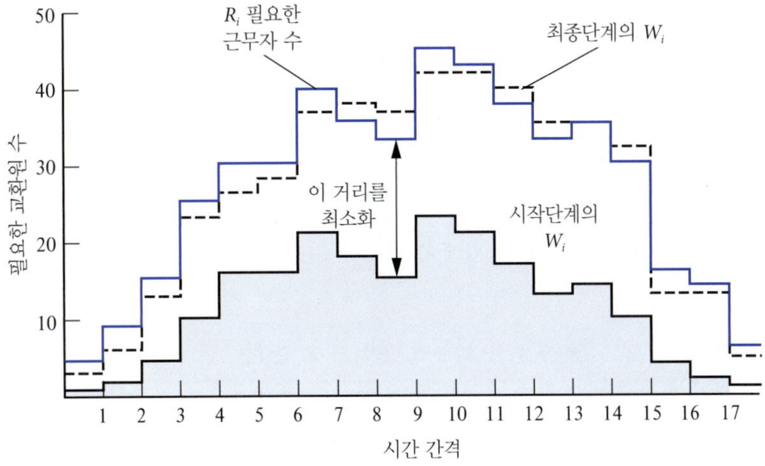

그림 11.5 일정 수립 프로세스

자료원: E. S. Buffa, M. J. Cosgrove, and B. J. Luce, "An Integrated Work Shift Scheduling System," *Decision Sciences* 7, no. 4, October 1976, p. 622. Reprinted with permission from Decision Sciences Institute, Georgia State University.

초과 작업을 할당하는 일들은 형평성 문제가 야기될 소지가 있다. 게다가 만약 근무 일정이 자녀를 돌본다든지 병원 예약과 같은 다른 일들과 반복적으로 겹치게 되는 경우, 사기 저하, 잦은 결근 및 에너지 소모의 결과를 초래할 수 있다. 일반적인 접근 방법은 웹을 기반으로 한 교대근무 경매 시스템을 이용하는 것이다. 이것은 전화교환원이 온라인 경매에서 직접 보너스 포인트, 연공서열 및 직위에 기반을 두어 그들이 원하는 특정한 교대시간에 응찰하도록 하는 것이다. 보너스 포인트는 전화교환원의 성과, 이전의 기피시간의 교대근무의 성공적 완수, 또는 지난해에 요청한 교대근무를 획득하지 못하였던 것 등의 기준에 의해 지급받게 된다. 명확히 정의된 기준을 사용하면 일정 수립 프로세스에 대해 공정성과 만족감을 얻어낼 수 있다.

휴무 조건을 고려한 주별 교대근무 일정

1일 수요를 충족시켜 주기 위한 교대 일정을 개발하는 것은 이러한 문제 유형의 일부분일 뿐이다. 경찰서, 소방서, 응급진료실 등과 같은 공공기관의 서비스도 하루 24시간, 1주일 내내 제공되어야 한다. 이러한 기관들에서는 근무자들이 통상 주당 5일 근무하고 반드시 토요일과 일요일은 아니더라도 2일 연속해서 쉬게 된다. 관리자의 입장에서는 근무 일정의 수립과 더불어 최소한의 근무자들만으로 주중과 주말의 다양한 근무 요구 수준을 충족시키는 것에 관심을 두게 된다.

이러한 문제는 선형정수계획법(ILP: integer linear programming)으로 작성해 볼 수 있다. 우선 각 요일에 대한 바람직한 인원배치 수준을 결정한다. 이제 문제는 7개의 가능한 교대근무 일정별로 할당에 필요한 최소한의 종업원 수를 결정하는 것이 된다. 각 교대 일정은 5일 근무, 연속 2일 휴무로 구성되며, 각기 다른 요일에 시작해서 5일간 연속 근무하도록 되어 있다. 이러한 문제는 아래와 같이 일반적인 정수계획법 모형으로 작성되며 예제 11.4 병원 응급실 근무 일정에서 설명되고 있다.

변수의 정의:

x_i = 교대 일정 i에 할당된 종업원의 수, 단 i요일로부터 연속해서 2일간 휴무함. 따라서 x_i에 할당된 종업원들은 일요일과 월요일에 휴무하게 됨.

b_j = j요일에 바람직한 인원 배치 수준

목적 함수:

최소화 $x_1 + x_2 + x_3 + x_4 + x_5 + x_6 + x_7$

제약 조건:

일요일		$x_2 + x_3 + x_4 + x_5 + x_6 + x_6 \geq b_1$
월요일		$x_3 + x_4 + x_5 + x_6 + x_7 \geq b_2$
화요일	x_1	$x_4 + x_5 + x_6 + x_7 \geq b_3$
수요일	$x_1 + x_2$	$1\ x_5 + x_6 + x_7 \geq b_4$
목요일	$x_1 + x_2 + x_3$	$+ x_6 + x_7 \geq b_5$
금요일	$x_1 + x_2 + x_3 + x_4$	$+ x_7 \geq b_6$
토요일	$x_1 + x_2 + x_3 + x_4 + x_5$	$\geq b_7$

단 $x_i \geq 0$, 정수

예제 11.4 병원 응급실 근무 일정

응급실은 하루 24시간, 1주일 내내 운영한다. 하루는 8시간씩 3교대로 나눠진다. 요일별로 필요한 총 간호사의 수는 다음과 같다.

요일	일	월	화	수	목	금	토
간호사 수	3	6	5	6	5	5	5

응급실 책임자는 응급실에 배치해야 할 간호사의 수를 최소화할 수 있는 근무 일정을 개발하고자 한다. 간호사는 주당 5일 근무하고 매주 2일 연속해서 쉬어야 한다.

제약조건식의 우변상수 값($b_1 = 3$, $b_2 = 6$, ⋯ , $b_6 = 5$, $b_7 = 5$), 정수계획법 모델을 작성해서 해를 구하면: $x_1 = 1$, $x_2 = 1$, $x_3 = 2$, $x_4 = 0$, $x_5 = 3$, $x_6 = 0$, $x_7 = 1$이 된다. 따라서 일요일과 월요일에 쉬는 근무자 한 사람, 월요일과 화요일에 쉬는 근무자 한 사람, 화요일과 수요일에 쉬는 근무자 두 사람, 목요일과 금요일에 쉬는 근무자 세 사람, 그리고 토요일과 일요일에 쉬는 근무자는 한 사람이 된다. 이에 따른 근무 일정을 나타내면 표 11.8과 같다. 표에서 보는 바와 같이 일요일과 토요일에만 초과 배치인원이 발생한다.

이 문제의 경우 여러 복수의 최적해가 존재한다. 예를 들면 $x_1 = 1$, $x_2 = 1$, $x_3 = 1$, $x_4 = 1$, $x_5 = 1$, $x_6 = 1$, $x_7 = 2$도 실행 가능하며, 8명의 간호사만 필요하다. 경우에 따라서는 이 해가 표 11.8에 나타난 일정보다도 나은 일정이 될 수도 있을까?

고객 참여 증대

고객 참여 증대 전략의 가장 좋은 예는 음식을 나르고 식탁을 치우는 종업원을 없애 버린 패스트푸드 음식점이다. 고객(공동생산자)은 제한된 메뉴를 보고 직접 주문을 낼 뿐만 아니라, 식사 후에 식탁을 치워 주게 된다. 고객들은 당연히 이러한 도움의 대가로 빠른 서비스와 저렴한 가격을 기대하게 된다. 그러나 서비스 업체도 여러 가지 형태의 이득을 보게 된다. 물론 감독하고 임금을 지불해야 할 서비스 인원의 수가 줄어들게 될 것이다. 그

표 11.8 간호사 근무 배치 일정표(x = 근무일)

간호사	일	월	화	수	목	금	토
A	...	...	x	x	x	x	x
B	x	...	...	x	x	x	x
C	x	x	...	...	x	x	x
D	x	x	...	...	x	x	x
E	x	x	x	x	...	...	x
F	x	x	x	x	...	...	x
G	x	x	x	x	...	...	x
H	...	x	x	x	x	x	...
합계	6	6	5	6	5	5	7
요구인원	3	6	5	6	5	5	5
초과인원	3	0	0	0	0	0	2

러나 보다 중요한 것은 고객이 공동생산자의 역할을 함으로써 서비스 제공이 필요한 시점에 바로 이루어진다는 점이다. 따라서 서비스능력이 고정되기보다는 수요에 따라 직접적으로 변화하게 되는 것이다.

예를 들어 시간 내에 비행기 탑승을 마치기 위해 승객의 협력이 필요한 경우를 생각해 보자. 항공 운행 간에 게이트에서 비행기를 이동하는 것은 프로 경주대회인 NASCAR의 타이어교환 장소(피트 스톱)처럼 과학적인 방법이 적용되어 왔다. 탑승 지연은 출발시간을 맞추지 못하게 만들고, 결과적으로 모든 항공 연결편에 영향을 미친다. NASCAR의 타이어교환팀에 의해 수행되는 조화로운 팀워크를 연구하면서 비행사는 탑승객을 순서화하는 여러 방법들을 실험하였다. 가장 일반적인 탑승방법은 탑승객의 혼잡을 피하기 위해 뒷자석부터 시작하여 탑승하는 방법이다. 유나이티드 항공은 창가 쪽 좌석 승객이 복도 쪽 좌석 승객보다 먼저 탑승하는 "outside-in" 탑승방법을 시도하였지만 나중에 이 방법을 철회하였다. 델타 항공은 여러 좌석 줄을 구역으로 묶는 "구역(zone)" 시스템을 사용한다. 최근 들어, 항공사들은 휴대 가방이 없는 승객을 먼저 탑승시키기 시작하였는데, 그 이유는 무거운 가방을 기내 머리 위 선반에 밀어 넣기 위해 발생하는 지연을 회피하고 항공수화물을 위탁한 고객에 대한 보상차원이다. 다른 방법으로 사우스웨스트 항공은 좌석을 지정하지 않고 있으며, 자신들의 탑승 프로세스가 다른 좌석지정 방법보다 우월하다고 주장한다.

조절 가능한 서비스능력 창출

설계에 따라서는 서비스능력의 일부분을 변동이 가능하게 만들 수 있다. 항공사의 경우 좌석 등급별 승객 수의 비율 변화에 대처하기 위해서 주기적으로 일등석과 일반석 사이의 분리대를 이동시키고 있다. 일본 베니하나 오브 도쿄(Benihana of Tokyo) 레스토랑은 음식점 내의 공간을 각각 8명의 고객이 앉는 2개의 테이블 단위로 배열하여 요리사 한 명씩을 배치하는 혁신적인 방식을 사용하고 있다. 각 요리사는 담당 테이블에서 번쩍이는 칼과 극적인 몸동작으로 음식을 준비한다. 레스토랑에서는 근무에 필요한 요리사만으로 서비스능력을 조절할 수 있는 것이다.

여유 시간을 효과적으로 사용함으로써 성수기의 서비스능력을 확장할 수 있다. 수요가 적을 때 보조적인 업무를 수행하던 종업원으로 하여금 수요가 밀려들 때 본원적인 업무에 집중하도록 할 수 있을 것이다. 이러한 전략을 사용하려면 수요가 낮은 시기에는 고객과 접촉하지 않는 업무를 수행할 수 있도록 교차 훈련된 작업자를 사용해야 한다. 예를 들어 레스토랑 근무자의 경우 고객이 적을 때는 포크나 나이프 등을 네프킨에 싸도록 한다든지, 레스토랑 내를 청소하게 할 수 있다. 물론 고객이 많을 때는 이러한 일을 시키지 않게 된다.

서비스능력의 공유

서비스 제공 시스템은 장비와 설비에 많은 투자를 종종 필요로 하게 된다. 시설의 이용이 적을 때는 서비스능력을 다른 용도로 활용하는 것이 가능할 수도 있다. 항공사들은 수년간 이러한 방식으로 서로 협력해 왔다. 소규모 공항인 경우 항공사들이 같은 승강구와 램프, 수하물처리 장비, 육상 근무자 등을 공동으로 사용한다. 또한 비수기에는 항공사들이 다른 항공사에 비행기를 임대해 주기도 한다. 이 임대 계약에는 필요한 항공사 표지를 페인팅하거나 내부 인테리어를 바꾸는 것도 포함되어 있다.

종업원 교차 훈련

여러 개의 운영 작업으로 이루어진 서비스 시스템의 경우 어느 작업은 바쁜데 다른 작업은 유휴 상태인 경우가 있다. 이때 여러 개의 운영 작업 업무를 수행할 수 있도록 종업원을 교차 훈련시키면 부분적으로 발생하는 피크 수요를 충족시키기 위한 신축성 있는 서비스능력을 창출할 수 있다.

종업원 교차 훈련의 성과는 슈퍼마켓에서 찾아볼 수 있다. 계산대에 대기하는 열이 길어지면 상품 진열 작업자들을 투입해서 대기하는 고객이 줄어들 때까지 계산 업무를 하도록 지시한다. 마찬가지로 대기하는 고객의 줄이 짧을 때는 계산 업무 작업자들로 하여금 상품 진열 작업을 하도록 조치한다. 이러한 접근 방식은 단결심을 고취시키고 작업의 단조로움을 덜어 주는 데 도움을 줄 수 있다. 패스트푸드 음식점의 경우 교차 훈련된 종업원들을 활용하면 신축성 있는 서비스능력을 창출할 수 있다. 즉 손님이 적을 때는 적은 수의 근무자만으로 업무를 담당하게 하고(일시적인 직무 확대), 바쁠 때에는 보다 세분화된 업무를 수행하도록 한다(분업).

시간제 직원의 활용

음식점의 식사 시간대나 월급날 은행과 같이 피크 활동이 지속적이고 예측 가능한 경우는 시간제 직원들이 정규 직원을 보충해 줄 수 있다. 만일 요구되는 기술이나 훈련의 정도가 단순한 경우는 학생들이나 2차 수입원에 관심 있는 사람들을 시간제 노동 인력으로 바로 활용할 수 있다.

또 다른 형태의 시간제 지원 방식은 근무 대기상태에 있는 비번 근무자들이다. 항공사나 병원에서는 약간의 명목상 수당을 주고 직원의 활동을 제한하였다가 필요한 경우 바로

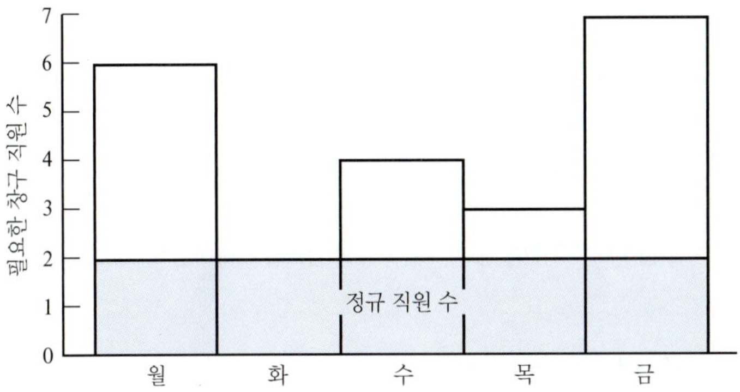

그림 11.6 창구 직원 소요

업무에 투입할 수 있도록 준비시키기도 한다. 예제 11.5에 제시된 바와 같이, 시간제 직원의 근무 일정 수립은 3단계 프로세스이다.

예제 11.5 메리디안 드라이브 인 은행(Drive-In Bank)의 시간제 직원 근무 일정 수립[4)]

드라이브 인 은행들은 요일별로 업무 활동의 변화를 예측할 수 있다. 그림 11.6은 고객수요 변화에 따른 1주간에 필요한 직원 수를 나타내고 있다. 이 은행에서는 금요일의 피크 수요를 충족시키기 위해서 통상 8명의 직원을 고용하고 있다. 그러나 이러한 고용 정책은 특히, 화요일과 목요일 같이 수요가 적은 요일에는 상당한 양의 유휴시간이 발생한다. 경영진은 직원 비용을 줄이기 위해서 정규 직원의 수를 화요일의 수요를 충족시키는 수준으로 줄이고, 시간제 직원을 고용하기로 결정하였다. 근무시간을 균일하게 하기 위해서 시간제 직원은 주당 최소한 2시간 이상을 근무하는 대신 3시간을 초과하지 않도록 결정하였다.

시간제 직원 근무 일정 수립의 주요 목표는 최소한의 직원-일수(teller-days)로 수요를 충족시키는 것이고, 2차적인 목표는 최소한의 시간제 직원 수를 유지하는 것이다. 이 방법은 은행 직원을 예로 설명하고 있지만 다른 여러 서비스 분야의 시간제 고용자들의 근무 일정 수립을 위해서도 동일하게 사용될 수 있다. 근무 일정 수립 절차는 다음과 같다.

단계 1. 최소 시간제 직원 수를 결정

그림 11.6의 경우 2명의 정규 직원을 사용하면 주중에 직원-일수가 모자라게 된다. 시간제 직원이 3일 근무하는 일정을 사용하더라도 금요일에 5명이 필요하게 되므로 최소한 5명을 고용해야 한다.

단계 2. 수요 감소형 히스토그램을 작성

그림 11.6으로부터 요일별 필요한 시간제 창구 직원의 수를 알 수 있다. 수요가 감소하는 순서로 요일을 재배열하면 그림 11.7과 같다.

단계 3. 직원을 히스토그램에 할당

첫 번째 시간제 직원부터 그림 11.7의 금요일 첫 번째 칸에 할당하고 차례로 위칸에 할당한다. 월요일의 경우도 첫 번째 시간제 직원부터 차례로 할당하며, 남는 직원은 수요일에 할당한다. 표 11.9는 요일별 시간제 직원 근무 일정의 결과를 나타내고 있다. 즉, 직원 1과 2는 3일씩 근무를 하게 되고 나머지 직원 3, 4, 5는 2일을 근무하게 된다.

---

4) From V. A. Mabert and A. R. Raedels, "The Detail Scheduling of a Part-Time Work Force: A Case Study of Teller Staffing," *Decision Sciences* 8, no. 1 (January 1977), pp. 109–20.

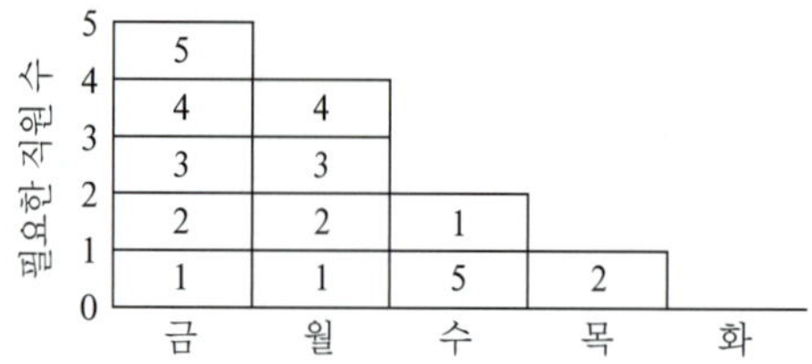

그림 11.7 시간제 창구 직원 수요의 감소를 나타내는 히스토그램

표 11.9 시간제 직원 근무 일정(x = 근무일)

Teller	월	화	수	목	금
1	X	...	X	...	X
2	X	...	...	X	X
3, 4	X	...	...	...	X
5	...	...	X	...	X

자료원: V.A. Mabert and A.R. Raedels, "The Detail Scheduling of a Part-Time Work Force: A Case Study of Teller Staffing," *Decision Sciences* 8, no. 1 (January 1977), pp. 109–20.

수율관리[5)]

항공사에 대한 규제가 풀려 가격 책정이 자유로워짐에 따라서 소위 **수율관리**(*yield management*)라고 하는 수익 극대화 방안이 대두되고 있다. 수율관리는 앞서 본 장에서 논의하였던 여러 가지 전략들, 즉 예약시스템, 초과예약, 수요 분할 등을 통합하는 종합적인 시스템이다.

본질적으로 항공사의 빈 좌석의 소멸적 속성(빈 좌석으로부터 얻을 수 있는 잠재적인 수익이 영원히 사라짐)을 가지기 때문에 비행기 좌석을 채우기 위해 요금을 할인하는 것은 매력적일 수 있다. 그러나 모든 좌석을 할인 판매하는 것은 정상적인 가격에 좌석을 판매할 가능성을 배제하게 된다. 수율관리는 세분화된 잠재적 수요(예컨대, 비즈니스석, 일반석, 단체석, 할인석)를 가장 수익성이 높은 방법으로 고정된 능력인 좌석에 할당하는 것이다. 항공사들이 처음 수율관리를 개발하긴 하였지만 호텔이나 자동차 렌탈회사, 혹은 유람선 등과 같이 서비스능력이 제한되어 있는 타 서비스 산업들도 이러한 관행을 도입하고 있다.

국토를 횡단하는 항공기의 일반석 가격 책정을 도식화한 그림 11.8에서 수율관리의 경제적 동기를 확인할 수 있다. 그림 11.8(a)는 가격이 고정적인 경우에서 전통적인 수요 하강 커브와 판매량 간의 관계를 나타내고 있다. 공급 Q는 이용 가능한 좌석과 같거나 적다. 비행 총수익은 P(가격) × Q(판매 좌석 수량) = PQ이다. 전형적인 결과는 빈 좌석과 대규모의 잉여 고객(고정된 가격보다 기꺼이 더 많은 지출을 하려는 많은 고객)이다.

---

5) From Sheryl E. Kimes, "Yield Management: A Tool for Capacity-Constrained Service Firms," *Journal of Operations Management* 8, no. 4 (October 1989), pp. 348–63.

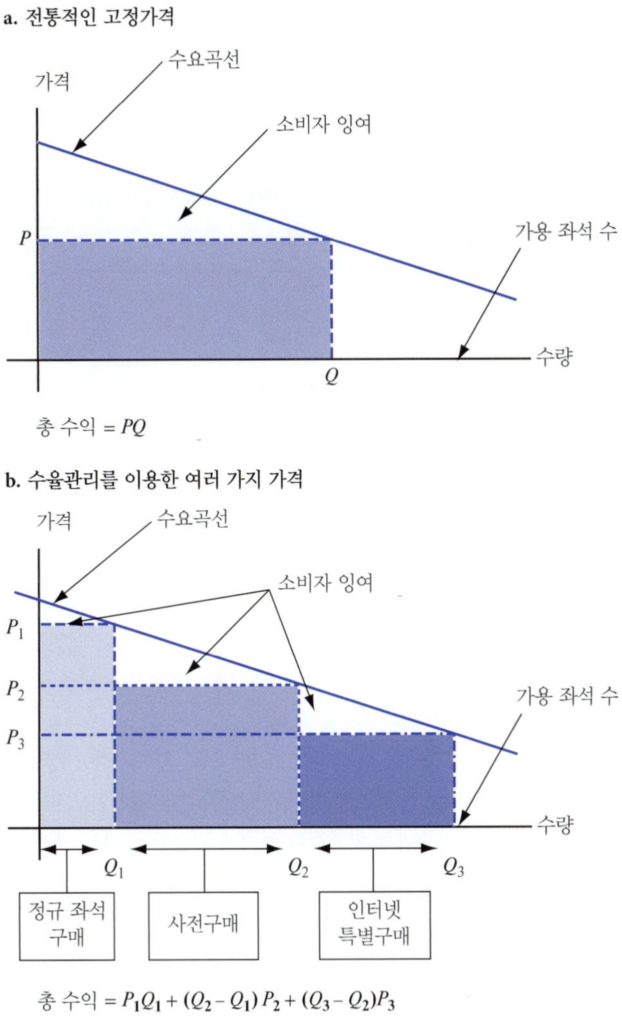

그림 11.8 국토횡단 항공기의 일반석 가격 책정

그림 11.8(b)는 3가지의 세분 시장에 대해 서로 다른 가격 하에서 동일한 수요곡선을 보여주고 있다: P_1은 정규 좌석 가격, P_2는 사전구매 가격, P_3는 인터넷 특별가격이다. 소수의 승객들은 "정규 좌석"에 프리미엄을 기꺼이 지불하려고 하는데 그 이유는 티켓은 언제든 구매할 수 있고 환불 가능하기 때문이다. 사전구매 티켓은 14일 전에 구입해야만 하고 환불이 불가능하다. 인터넷 특별가격은 환불 불가능한 전자티켓(e-ticket)으로서 해당 항공기의 좌석이 매진되지 않을 것으로 예상될 때(즉, 할인된 가격으로 추가의 좌석을 판매할 수 있는 기회) 항공사의 웹사이트에서 구입할 수 있다. 수율관리에서 총수익은 각 세분시장별 (가격) × (수량)이다: 즉, $P_1Q_1 + (Q_2 - Q_1)P_2 + (Q_3 - Q_2)P_3$이다. 이 결과는 오늘날의 시장 상황에서 고객들이 빈 좌석을 찾기 힘든 이유를 설명해 준다. 또한 잉여 고객이 현저하게 감소함으로써 항공사의 총수익은 증가하게 되었다.

수율관리는 다음과 같은 특성을 지닌 서비스 기업에 가장 적용 가능성이 높다.

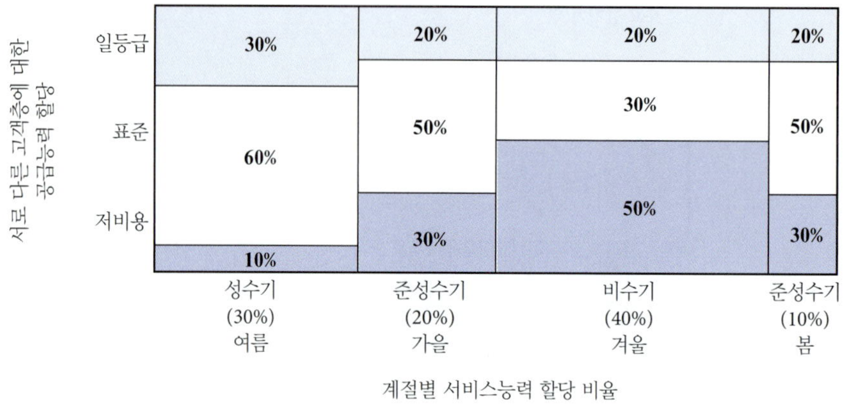

그림 11.9 리조트 호텔에서의 계절별 고객층별 객실 할당

자료원: Adapted from Christopher H. Lovelock, "Strategies for Managing Demand in Capacity-Constrained Service Organizations," *Service Industries Journal* 4, no. 3, November 1984, p. 23.

상대적으로 고정된 서비스능력 호텔과 항공사와 같이 설비 투자 규모가 큰 서비스 회사는 공급능력에 제약이 있는 것으로 생각할 수 있다. 어느 비행기의 좌석이 모두 매진된 경우에는 다음 비행기에나 초과된 승객 수요를 채워줄 수 있다. 그러나 같은 도시에 여러 체인점을 가진 호텔의 경우는 한 지역의 호텔 객실이 만원이 되었다고 할지라도 다른 호텔로 손님을 안내할 수도 있기 때문에 어느 정도 서비스능력의 유연성을 가질 수 있다.

시장 세분화 가능성 서비스 기업에 수율관리가 효과적으로 적용되려면 상이한 고객층으로 시장을 세분화하는 것이 가능해야 한다. 항공사의 경우 할인요금을 적용받으려면 토요일 밤을 묵도록 요구함으로써 시간에 민감한 비즈니스 여행객과 가격에 민감한 고객을 차별화할 수 있다. 가격에 민감하고 다양한 서비스 고객층을 개발하는 것은 수율관리를 적용하는 기업의 주요 마케팅 과제가 되고 있다. 그림 11.9는 어떤 리조트 호텔을 대상으로 어떻게 시장을 3개의 고객층으로 나누어 계절별로 각 고객층에 할당할 객실의 수를 조절할 수 있는지를 보여주고 있다.

소멸되기 쉬운 재고 서비스능력이 제한되어 있는 서비스 기업의 경우 각 객실이나 좌석은 판매되어야 할(실제로는 빌려줘야 할) 재고단위로 인식하게 된다. 항공사의 경우에서 본 바와 같이 판매되지 않은 좌석의 수입은 영원히 사라져 버린다. 항공사에서는 이같이 소멸되는 재고를 최소화하기 위해서 대기 승객을 적극 유치하고 있다. 이러한 항공기 좌석의 시간소멸성을 감안할 때 적어도 한 개의 빈 좌석을 가진 항공편에 무료 탑승권을 어느 승객에게 준다면 항공사에게 부담되는 비용은 얼마나 될까?

사전 제품 판매 서비스 기업에서는 사전에 공급능력을 판매하기 위해서 예약시스템을 사용하고 있다. 그러나 관리자들은 할인된 가격으로 조기 예약을 받을 것인가, 아니면 기다려서 재고로 남겨 두었다가 고비용을 지불할 고객에게 판매할 것인가의 불확실성에 직면하게 된다. 그림 11.10은 특정한 요일과 계절에 발생한 과거 예약 실적을 바탕으로 수요관리차트(6장에서 소개한 바 있는 품질관리도를 생각해 보라)를 작성한 것이다. 어느 정도 수요에 변화가 있을 것으로 기대되기 때문에 누적기대 예약 수 곡선의 상하에 수용 가능한 범위(이 경우는 ±2표준편차)를 설정하였다. 만일 수요가 기대치보다 높으면 할인요금 객실의 예약은 중단하고, 표준요금 객실의 예약만을 받도록 한다. 만일 누적예약 수가 수용 가능 하한선에 못 미칠 경우에는 할인요금 객실의 예약을 받도록 한다.

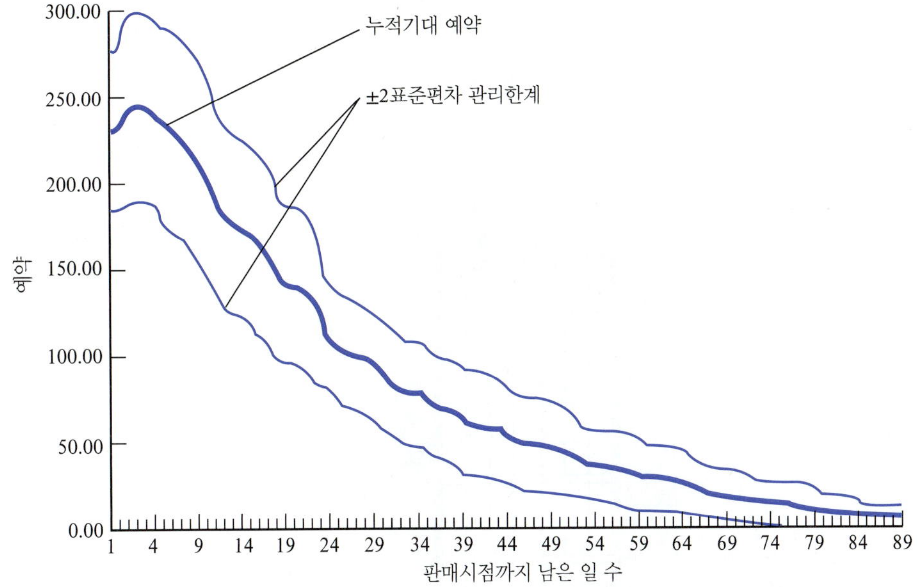

그림 11.10 호텔의 수요관리차트

자료원: Adapted from Sheryl E. Kimes, "Yield Management: A Tool for Capacity-Costrained Service Firms," *Journal of Operations Management* 8, no. 4, October 1989, p. 359. The American Production and Inventory Society.

변동하는 수요 수요예측을 활용하면 수율관리를 통해 저수요기간의 이용률을 증대시키거나 고수요기간의 수익을 증대시킬 수 있다. 할인요금의 활용 가능성을 통제함으로써 제한된 서비스에 대한 총수익을 최대화시킬 수 있는 것이다. 수율관리는 예약된 공간을 필요에 따라서는 시간대별로 개설하거나 폐쇄하는 실시간 방식으로 실행된다.

낮은 한계 판매비용 및 높은 한계 서비스능력 변경비용 재고를 추가로 한 단위 더 판매하는 비용은 항공사에서 승객에게 스낵을 제공하는 정도와 같이 무시할 수 있을 정도로 저렴해야 한다. 그러나 설비투자의 집중적 속성 때문에(가령 호텔의 증설에는 적어도 100여 개 정도의 객실이 필요하다) 한계 공급능력의 추가비용은 매우 크다.

예제 11.6 블랙잭 에어라인

최근 경제 침체를 겪으면서 블랙잭 에어라인(Blackjack Airlines)은 로스앤젤레스–라스베이거스 간 항로의 빈 좌석 수가 전보다 늘어난 것으로 파악하였다. 항공사에서는 수요 촉진을 위해서 왕복 탑승과 14일 이전에 구입하는 조건으로 환불 불능 편도 탑승 특별 티켓을 "파격적인 가격" 49달러에 제공하기로 결정하였다. 일반석 편도 탑승의 정상요금은 69달러이다. 그림 11.11에 나타낸 것처럼 항공사에서 사용하고 있는 보잉 737기는 일반석에 95명의 승객을 태울 수 있다. 경영진은 급히 여행을 할 고객에게 정상요금 티켓을 판매할 수 있도록 할인요금을 받는 좌석의 수를 제한하고 싶어한다. 최근의 판매 경험에 따르면 정상요금 티켓의 수요는 평균이 60이고, 표준편차가 15인 정규분포를 이룬다고 한다.

이러한 수율관리 문제로 초과예약을 분석하기 위해서는 임계비율 모델[식 (1)]을 이용하여 분석이 가능하다.

$$P(d < x) \leq \frac{C_u}{C_u + C_o}$$

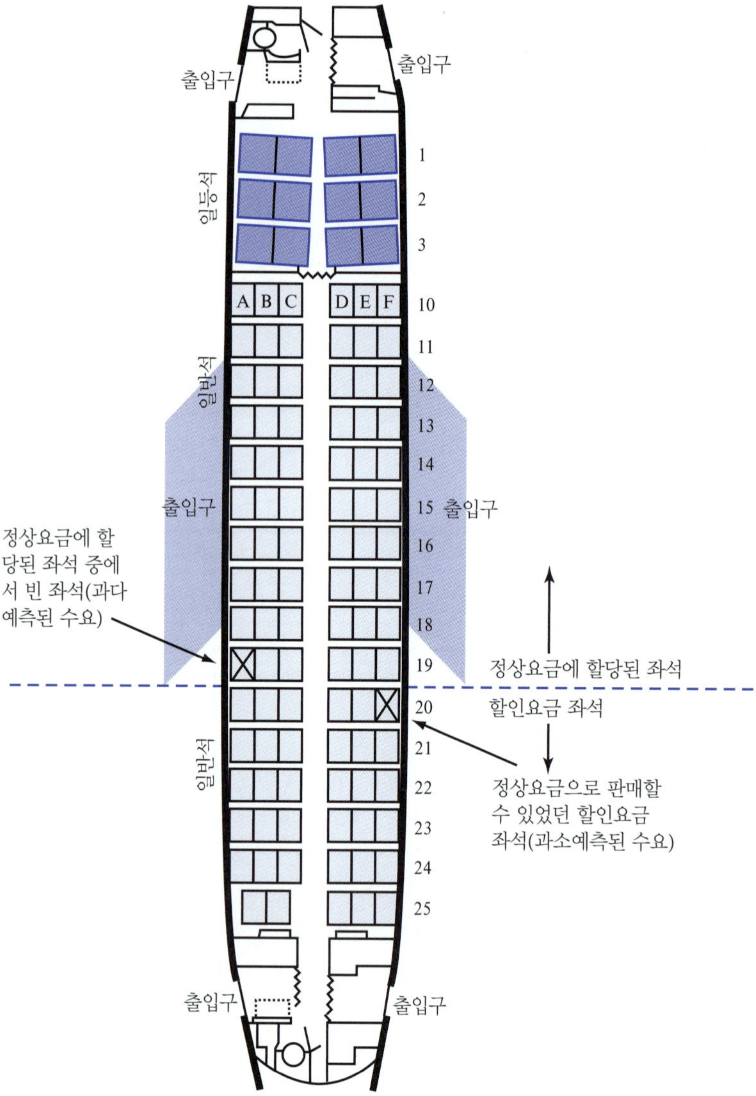

그림 11.11 보잉 737의 좌석배치도

단, x = 정상요금 승객을 위해 할애한 좌석 수

d = 정상요금 티켓 수요

C_u = 정상요금 좌석 수를 너무 작게 설정함으로써(즉 과소 계상된 수요 때문에) 발생한 수익손실. 기회손실은 요금 간의 차이($69 − $49 = 20달러)가 되며, 그 이유는 정상요금을 지불할 의사가 있는 승객도 할인된 가격에 좌석을 구매했을 것이라는 가정에 있다.

C_o = 정상요금판매 좌석 수를 너무 크게 설정함으로써(즉 과대계상된 수요 때문에) 발생한 비용. 빈 좌석은 49달러의 할인 가격이라면 팔릴 수 있었으리라는 가정에 기초한다.

그림 11.12에 나타낸 바와 같이 임계비율 값은 $P(d < x)$ = $20/($20 + $49) = 0.29가 된다. 부록 A로부터 누적확률의 값이 0.29가 되는 표준정규분포의 z값을 찾으면 −0.55이다. 따라서 정상요금 좌석의 수는 다음과 같이 계산하여 설정된다.

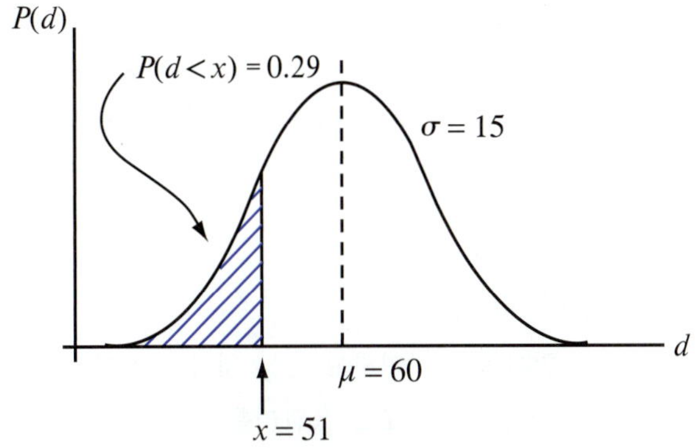

그림 11.12 블랙잭 항공의 임계비율

$$\begin{aligned}\text{정상요금 좌석 수} &= \mu + z\sigma \\ &= 60 + (-0.55)(15) \\ &= 51\end{aligned}$$

수율관리의 적용 사례

다음에서는 높은 고정비/낮은 변동비, 손상비, 일시적인 수요불균형성에 직면하고 있는 여러 기업들이 항공회사의 가격 정책이나 수율관리 시스템이 추구하는 동일한 목표들을 달성하기 위해서 어떻게 수율관리를 사용하고 있는지에 대한 사례들을 살펴보기로 한다.

홀리데이 인 예약 최적화(HIRO: Holiday Inn Reservation Optimization)[6)]

호텔 산업도 항공 산업과 유사한데, 그 이유는 부동산과 유지관리에 많은 비용이 투자되고, 일시적인 서비스능력과 수요의 불균형이 존재하기 때문이다. 계절에 따른 수요의 변동성, 손상비, 대여하지 못한 객실의 발생 등은 모두 기회수익의 상실을 의미한다. 홀리데이 인(Holiday Inn)에서는 이러한 전형적인 경영 문제를 인식하고 수익의 극대화를 위해서 수요와 서비스능력 모두에 사용된 시간을 인지하고 있다.

홀리데이 인에서는 각 호텔의 투숙률과 수익의 최대화를 실현하며 손님과 체인점, 내부 직원들이 최대의 고객만족 수준을 경험할 수 있도록 설정된 기업의 목표를 달성하기 위해서 HIRO (Holiday Inn Reservation Optimization)라는 시스템을 설치하였다. 투숙률과 수익을 최대화한다는 것은 시장에서 받아들일 수 있는 최대의 가격으로 가능한 한 많은 객실을 대여함을 의미한다. 50만 개가 넘는 객실을 방정식에 넣어서 해를 구하는 수율관리 최적화 시스템은 수익을 큰 폭으로 증가시켜 주고 있다.

아메리칸 항공의 SABRE와 유사한 HIRO는 과거와 현재의 예약 행동을 활용하여 각 호텔의 객실 요청 패턴을 분석하고 있다. 수율관리 최적화 방정식에는 계절적인 투숙 패턴, 지역별 행사, 주별 수요 변동, 현재의 추세 등을 포함시켜서 기준 가격(hurdle price, 즉 특정 호텔에서 예약을 받아 줄 수 있는 최소 가격점)을 개발해 준다. 이 시스템은 호텔

6) Lenny Leibmann, "Holiday Inn Maximizes Profitability with a Complex Network Infrastructure," *LAN Magazine* 10, no. 6 (June 1995), p. 123.

이 빈 객실이 없는 것으로 예측되면 할인요금을 원하는 예약을 "사절"하게 해준다. HIRO는 예약의 취소나 노-쇼우에 대비하기 위해서 초과예약까지도 사용하고 있다. 여타 서비스 산업의 수율관리 시스템과 마찬가지로 HIRO도 호텔관리자에게 객실에 정상요금을 부과할 수 있는 권한과 단골 고객층에 할인요금을 적용하는 권한 간에 균형이 유지되도록 도와주고 있다.

라이더의 라이더퍼스트(RyderFirst)[7)]

라이더(Ryder)도 다른 운송회사들이 직면하고 있는 것과 마찬가지로 물류문제를 관리해야 하는 상황에 있다. 배달운송산업에서도 수율관리를 사용하여 매우 효과적으로 수익을 최대화할 수 있다. 여기에서도 광대한 트럭 운송망과 관련한 높은 고정비용/낮은 변동비용 문제, 일시적인 서비스능력 문제, 운송 수요의 계절성(즉 공휴일 혹은 기타 피크 재고 저장 기간)에 따른 수요의 불균형성 문제, 손상의 위험, 그리고 고가의 미사용 서비스능력 문제가 존재한다.

AADT (American Airlines Decision Technology) 그룹의 도움으로 라이더는 경쟁에 빠르게 대응하고 고객부문별로 가격탄력성의 이점을 활용할 수 있도록 도와주는 수율관리, 가격책정 및 물류 시스템을 실행하였다. 라이더는 수율관리 시스템을 활용함으로써 각 시장별로 과거의 서비스능력 활용 패턴을 모델화하여 서비스능력에 여유가 있는 지역으로부터 수요가 발생하고 있는 지역으로 트럭의 서비스능력을 이동시키는 것이 가능하게 되었다.

레스토랑 급식 소프트웨어[8)]

수율관리는 고가의 주방시설을 효율적으로 이용할 수 있도록 하기 위해서 레스토랑 급식 산업에서 사용하는 소프트웨어에도 활용되고 있다. 수율관리 소프트웨어는 담당자에게 점포 내의 수요가 낮으리라고 예상되는 요일에는 급식 제공 예약을 늘려도 된다는 것을 알려줌으로써 전반적으로 수익성을 높여 준다. 또한 컴퓨터 모델링을 이용하여 수요변동에 따른 가격조절 기능도 제공한다. 가령 고객의 수와 전반적인 수익을 늘이기 위해서 메뉴 가격을 낮출 수도 있을 것이다. 마찬가지로 수요가 최대로 발생하는 시기에는 가격을 높여서 수익을 증대시킬 수도 있다. 수율관리는 또한 일시적인 수요와 서비스능력 사이의 불균형이 언제 발생할 것인지를 예측해 줌으로써 급식산업의 수요 패턴을 고르게 하는 데 도움을 준다.

암트랙[9)]

암트랙(Amtrak, 미국 여객 열차 서비스)은 이미 1988년에 항공사들이 사용하는 것과 동일한 가격책정 및 수율관리 시스템을 도입한 바 있다. 이 수율관리 시스템은 산출과 서비

---

7) "On the Road to Rebound," *Information Week,* September 3, 1991, p. 32.
8) Michael Kasavana, "Catering Software: Problems for Off-Premise Bookings Can Greatly Increase Operational Efficiency," *Restaurant Business* 90, no. 13 (September 1, 1991), p. 90.
9) "Travel Advisory: Amtrak Adopts Fare System of Airlines," *The New York Times,* December 4, 1989, Section 3, p. 3.

스능력 극대화를 위해서 계층화된 요금구조, 초과예약, 할인권 배정, 운항관리 등에 활용되고 있다. 항공사와 마찬가지로 암트랙은 어느 노선에 참여하고 수요 충족을 위해서 얼마나 많은 서비스능력이 필요한지를 결정하기 위해서 수율관리 시장 정보를 활용하고 있다. 암트랙의 신축성 있는 서비스능력은 열차 칸을 다양한 등급으로 연결, 혹은 분리시켜 줌으로써 항공산업보다도 수월하게 마지막 순간까지 서비스능력 조절이 가능하도록 한다.

서비스 벤치마크

미리 지불하고 운에 맡기기

당신의 인생에서 모험을 찾는가? 그러면 리조트에서의 꿈결 같은 휴가나 이국적인 장소로의 비행을 할인가격으로 예약할 수 있는 프라이스라인닷컴(Priceline.com)이나 핫와이어닷컴(Hotwire.com)과 같은 불투명 웹 사이트에서 쇼핑해보라. 여기서 키워드는 *불투명(opaque)*인데 이는 "무엇을 얻게 될지 알 수 없으며, 환불도 되지 않는 상품을 선금을 내고 구매한다"는 것을 의미한다. 물론, 당신은 고생하여 번 돈을 지불하기 전에 궁극적인 목적지, 숙박시설의 품질에 대한 평가, 그리고 때로는 한 도시의 특정 지역 등 당신의 모험에 대한 몇 가지의 파라미터를 설정할 수 있다. 그렇지만 당신은 실제로 보기 전까지는 그것에 대해 알 수 없다.

만약 호텔, 항공사(에어라인), 또는 자동차 대여회사에 판매되지 않은 객실, 좌석, 또는 차량이 있으면 그들은 손실을 보게 된다. 불투명 인터넷 사이트는 통상적인 요금을 지불한 고객들이 분노하지 않는 수준에서 가용한 자원(또는 그들의 과잉능력)으로부터 수익을 얻을 수 있는 비즈니스 기회를 제공한다.

요약

서비스능력을 최대로 활용하고자 하는 관리자들에게 있어서 수요의 본질적인 변동성은 해결해야 할 중요한 과제이다. 이 문제는 균일 공급수준 전략과 수요추종 전략의 두 가지 측면에서 접근해 볼 수 있다.

균일 공급수준 전략에서는 고정된 서비스능력을 최대로 활용할 수 있도록 고객의 수요를 균일하게 만드는 것에 초점을 맞추고 있다. 수요분할, 가격 인센티브 제공, 비수기 이용 촉진, 보완적 서비스 및 예약시스템 개발과 같은 다양한 수요관리 방법들을 활용할 수 있다.

수요추종 전략에서는 수요에 맞추어 서비스 공급능력을 조절하는 데 초점을 둔다. 서비스 공급능력을 조절하기 위하여 제시된 대안에는 교대근무 일정수립, 시간제 근로자의 활용, 직원의 교차 훈련, 서비스 과정에 고객의 참여도 강화, 다른 기업과 서비스능력 공유 등이 있다.

혼합전략은 수율관리로 대표되며, 가격 차별화와 공급능력의 실시간 할당을 통한 수익 극대화를 추구한다.

주요 용어

균일공급수준(Level capacity) 공급능력을 일정하게 유지하여 가동률 저하나 고객의 대기를 일부 허용하는 전략

수요추종(Chase demand) 공급능력을 수요에 맞게 조절하는 전략

수율관리(Yield management) 예약시스템, 초과예약, 수요분할 등을 활용하여 공급능력이 제한되어 있는 서비스의 수익을 최대화하기 위한 종합적 시스템

임계비율(Critical fractile) 수요과소계상에 따른 비용을 과소계상비용과 과대계상비용의 합으로 나눈 비율에 의해 결정되는 누적수요 확률

초과예약(Overbooking) 예약한 고객이 나타나지 않는 노-쇼우(no show)를 예상하여 활용 가능한 서비스능력을 초과해서 예약을 받는 것

토론 주제

1. 시간제 직원을 사용할 경우 조직상에 어떠한 문제점들이 발생하겠는가?
2. 컴퓨터 예약시스템이 서비스능력의 이용률을 어떻게 높일 수 있겠는가?
3. 수요와 공급을 모두 관리하기 위한 전략을 성공적으로 실행해 왔던 특정 서비스 기업의 사례를 제시하라.
4. 보완적 서비스를 개발할 경우 뒤따르게 되는 잠재적 위험성은 무엇일까?
5. 수율관리가 폭넓게 활용되게 되면 궁극적으로 서비스에 대한 고정가격의 개념이 사라지게 될 것으로 생각하는가?
6. http://en.wikipedia.org/wiki/Yield_management/에 방문하고 수율관리와 연관하여 윤리적 이슈에 대해 토론해보라.

그룹활동 과제

2017년 4월 9일, 유나이티드 항공사에서 초과예약 항공편에서 승객을 끌어낸 사건을 생각해보라. 이 사건을 보다 자세하게 살펴보기 위해 다음 사이트를 보라. *https://www.nytimes.com/2017/04/10/business/unitedoflight-passenger-dragged.html.* 이런 상황들을 어떻게 다르게 처리할 수 있었겠는가?

익힘 문제와 풀이

1. 초과예약 문제

문제

일가족이 운영하는 어느 여관에서는 다음에 나타낸 바와 같이 노-쇼우로 인하여 지난 여름 시즌에 빈 방이 많이 발생했었기 때문에 초과예약 받는 것을 고려하기로 하였다. 빈 방 하나의 기회손실은 평균 객실요금에 해당하는 69달러 정도이다. 초과예약 받은 고객의 숙소 마련 비용은 매우 비싸서 가까운 리조트의 평균 객실요금인 119달러와의 차액만큼을 지불해줘야 한다. 초과예약을 통해 얻을 수 있는 하룻밤 기대이익은 얼마나 되겠는가?

노-쇼우	0	1	2	3
빈도	4	3	2	1

해

먼저 빈 방의 비용은 69달러이고 고객을 "내보내는" 비용은 119달러 − 69달러 = 50달러이므로 다음과 같이 초과예약 비용표를 만들 수 있다.

노-쇼우	확률	초과예약			
		0	1	2	3
0	0.4	0	50	100	150
1	0.3	69	0	50	100
2	0.2	138	69	0	50
3	0.1	207	138	69	0
기대손실		$69.00	$47.60	$61.90	$100.00

각 초과예약 열에 있는 손실금액과 해당 노-쇼우 확률을 곱하여 더하게 되면 각 초과예약이 가져오는 기대손실이 계산된다. 가령 초과예약이 0인 경우는,

$$(0)(0.4) + (69)(0.3) + (138)(0.2) + 207(0.1) = 69\text{이다.}$$

마지막 행에 있는 기대손실의 금액을 보면 초과예약이 1건일 때 가장 기대손실이 작으며 결과적으로 하룻밤에 69달러 − 47.60달러 = 21.40달러의 이익을 기대할 수 있다.

2. 주별 교대근무 일정

문제

어느 대형 렌트카 회사의 전화예약 접수부서에서는 다음과 같은 요일별 접수담당 인원을 필요로 하고 있다.

요일	일	월	화	수	목	금	토
인원	4	8	8	7	7	6	5

2일 연속 휴무를 가정하는 주별 근무 일정을 마련해 보라.

해

다음과 같이 정수계획법을 사용하여 식을 작성한 후 Excel Solver를 사용하여 해를 구하도록 한다.

목적 함수:

최소화 $x_1 + x_2 + x_3 + x_4 + x_5 + x_6 + x_7$

제약 조건:

일요일	$x_2 + x_3 + x_4 + x_5 + x_6 \geq 4$
월요일	$x_3 + x_4 + x_5 + x_6 + x_7 \geq 8$
화요일	$x_1 \quad x_4 + x_5 + x_6 + x_7 \geq 8$
수요일	$x_1 + x_2 + x_5 + x_6 + x_7 \geq 7$
목요일	$x_1 + x_2 + x_3 + x_6 + x_7 \geq 7$
금요일	$x_1 + x_2 + x_3 + x_4 + x_7 \geq 6$
토요일	$x_1 + x_2 + x_3 + x_4 + x_5 \geq 5$

단 $x_i \geq 0$, 정수

엑셀의 해찾기(Solver)를 사용하여 해를 구해보면 $x_1 = 2$, $x_2 = 0$, $x_3 = 0$, $x_4 = 0$, $x_5 = 3$, $x_6 = 1$, $x_7 = 4$이다. 따라서 이에 해당하는 주별 근무 일정을 작성하면 다음과 같다.

접수요원	근무 일정(x = 근무일)						
	일	월	화	수	목	금	토
A	...	...	x	x	x	x	x
B	...	...	x	x	x	x	x
C	x	x	x	x	...	...	x
D	x	x	x	x	...	...	x
E	x	x	x	x	...	...	x
F	x	x	x	x	x	...	...
G	...	x	x	x	x	x	...
H	...	x	x	x	x	x	...
I	...	x	x	x	x	x	...
J	...	x	x	x	x	x	...
합계	4	8	10	10	7	6	5
요구인원	4	8	8	7	7	6	5
초과인원	0	0	2	3	0	0	0

3. 수율관리

문제

어느 스키 리조트에서는 연말 판촉의 일환으로 2인 1실 기준 1인당 159달러에 숙박을 제공하는 주말 스페셜 프로그램을 계획하고 있다. 시즌 중의 리프트 탑승권을 포함한 1인당 숙박료는 통상 299달러이다. 경영진에서는 시즌 가격을 지불하고도 숙박을 하려는 늦은 휴가 고객들을 위해 객실을 일부 남겨두었으면 한다. 시즌 요금을 기꺼이 지불할 수 있는 고객의 비율은 대략 20% 정도이고, 이들의 평균 주말수요는 평균 50, 표준편차 10인 정규분포를 이룬다면, 이들 고객을 위해 몇 개의 객실을 남겨두는 것이 바람직하겠는가?

해

본문에 제시된 식 (1)을 활용하면 임계비율을 다음과 같이 계산할 수 있다.

$$P(d < x) \leq \frac{C_u}{C_u + C_o} = \frac{140}{(140)(159)} \leq 0.468$$

여기서

C_u = 너무 적은 객실을 설정함으로써 발생한 손실(과소예측 수요). 기회손실비용은 \$299 − \$159 = \$140이다.

C_o = 너무 많은 객실을 설정함으로써 발생한 손실(과대예측 수요). 남은 객실은 할인 가격 \$159에 전부 팔린다고 가정한다.

부록 A에 있는 표준정규분포의 영역을 살펴보면 누적확률이 0.468에 해당하는 z값은 −0.08이다. 따라서 시즌 요금을 지불할 고객을 위해 할당할 객실의 수는

$$\begin{aligned} \mu + z\sigma &= 50 + (-0.08)(10) \\ &= 49\text{개} \end{aligned}$$

연습문제

11.1 어느 외래진료 병원에서 지난해에 예약 없이 찾아온 환자에 대한 기록을 분석한 결과, 요일별로 기대되는 비예약 환자의 수를 다음과 같이 산출하였다.

요일	월	화	수	목	금
비예약 환자	50	30	40	35	40

이 병원에는 5명의 내과의사가 근무하고 있으며, 의사 한 사람당 하루에 평균 15명의 환자를 진료할 수 있다.

a. 주별로 환자 수요가 고르게 발생하게 하려면 각 요일별로 최대한 몇 명의 환자에게서 예약을 받아야 하겠는가?

b. 최대 수준으로 예약 일정을 잡는 것이 바람직하지 않은 이유를 설명해 보라.

c. 만일 대부분의 비예약 환자가 아침에 찾아온다면 환자가 과도하게 기다리지 않도록 하기 위해서 예약 시간을 언제로 해야 하겠는가?

11.2 예제 11.1 (Surfside 호텔)을 다시 생각해보자. 비용의 상승으로 인하여 노-쇼우의 기회손실이 100달러가 되었다. 상승으로 노-쇼우 실태가 크게 바뀌지 않았고 고객이 초과예약을 했을 때의 손실은 여전히 200달러라고 가정해보자. 그러면 Surfside 호텔은 노-쇼우 정책을 개정해야 하는가?

11.3 통근용 여객기를 운행하는 어느 항공사에서는 항상 한 사람이 초과되게 예약을 받고 있다 (즉 좌석이 6개라면 7자리의 예약을 받고 있음). 지난 20일간의 노-쇼우의 발생 건수는 다음과 같다.

노-쇼우	0	5	2	3	4
빈도	6	1	4	3	2

임계비율, 즉 $P(d < x) < C_u/(C_u + C_o)$을 사용하여 승객당 수익($C_u$)이 20달러일 때 최대 초과예약 기회손실($C_o$)의 값은 얼마가 되겠는가?

11.4 크레이지 조(Crazy Joe)는 과다룹(Guadalupe) 강에서 카누 대여 서비스를 운영하고 있다. 현재 근처 도시의 대리점에서 하루에 대당 10달러씩 주고 15대의 카누를 빌려 사용하고 있다. 주말에 강물의 수위가 높으면 카누를 빌려다 카누타기 좋은 지점으로 옮겨서 하루에 30달러씩 받고 빌려주고 있다. 최근에 카누 타려는 사람들이 카누가 모자란다는 불평이 있어서 카누의 수요를 기록하여 정리한 결과, 20일 동안의 수요 발생 현황을 다음과 같이 얻게 되었다.

일일수요	10	11	12	13	14	15	16	17	18	19	20
빈도	1	1	2	2	2	3	3	2	2	1	1

카누를 몇 대나 빌리는 것이 바람직한가를 제안해 보라.

11.5 콜로라도주 덴버와 스팀보트 스프링스 노선에 취항하고 있는 어느 항공사에서는 빈 좌석 운항을 줄이기 위해서 초과예약제 실시를 검토하고 있다. 예를 들어 6자리가 남았더라도 7자리의 예약을 받는 것을 고려하고 있다. 지난달 발생한 노-쇼우의 발생건수는 다음과 같다.

노-쇼우	0	1	2	3	4
빈도	30	25	20	15	10

각 항공기 운항 편당 운영비용은 파일럿 150달러, 1등 승무원 100달러, 연료 30달러, 랜딩 요금 20달러이다. 편도 요금은 80달러이고, 예약된 좌석을 제공하지 못할 경우 다음 편 좌석 제공과 함께 50달러에 상당하는 무료 좌석등급 상향 티켓을 제공한다면 초과예약의 수준을 어떻게 정하는 것이 바람직하겠는가? 이 경우 항공편당 기대되는 이익은 얼마나 되겠는가?

11.6 예제 11.2(병원 응급실)에서 다음과 같이 일주일 교대근무 인력 수요가 바뀌었다고 할 때, 간호사가 추가로 필요한지 판단해 보라.

요일	일	월	화	수	목	금	토
간호사 수	3	6	5	6	6	6	5

각 간호사가 주당 2일의 연속휴무를 갖는 주별 근무 일정을 마련해 보라. 정수 선형 계획법으로 문제를 수식화하고 필요한 간호사의 수를 최소화하고, 엑셀의 해찾기(Solver)를 사용하여 해를 구해보라. 만약 간호사가 기존의 8명보다 더 필요한 경우, 풀타임 간호사를 고용하는 것에 대한 대안을 제시해 보라.

11.7 어느 파출소에서는 경찰청으로부터 여름에 호수 주변에 대한 주말 순시업무를 강화하라는 지시를 받았다. 파출소장은 주중 순시 활동을 주말로 옮겨서 다음과 같이 요일별 순시경찰관의 배치 방안을 마련하였다.

요일	일	월	화	수	목	금	토
경찰관 수	6	4	4	4	5	5	6

각 순시경찰관에게 주당 2일 연속 휴무일을 제공하는 순시 일정계획을 마련해 보라. 경찰관의 소요 인원을 최소화할 수 있는 정수계획법 모형을 작성하고 엑셀의 해찾기(Solver)를 사용하여 해를 구해보라.

11.8 예제 11.5(블랙잭 에어라인)을 다시 생각해보라. 로스앤젤레스에서 라스베이거스 경로의 초기 성공 후에, 블랙잭 에어라인의 정상요금 항공권에 대한 수요가 평균 75로 증가되었고, 표준편차는 15로 유지되고 있다. 결과적으로, 블랙잭은 모든 항공권의 가격을 10달러만큼 인상하기로 결정하였다. 이러한 새로운 조건에서, 블랙잭은 얼마만큼의 좌석을 정상요금 좌석에 할당해야 할 것인가?

11.9 타운 앤 컨트리(Town and Country)사는 주요 항공사 사이의 최근 요금 전쟁으로 인해 사업 규모에 상당한 증가를 경험하였다. 타운 앤 컨트리는 주요 국제공항에 단일 사무실을 운영하고 있으며 60대의 소형차와 30대의 중형차를 보유하고 있다. 최근의 발전으로 경영진은 회사의 예약 정책을 다시 생각해 보기로 하였다. 아래 도표는 타운 앤 컨트리의 과거 대여 실적 데이터이다.

차량	대여요금	할인요금	일일수요	표준편차
소형	$30	$20	50	15
중형	$40	$30	30	10

일일수요는 정규분포를 따른다. 그러나 중형차를 쓸 수 없을 경우 중형차를 원하는 고객들은 소형차를 임대하지 않는다는 것이 관찰되었다. 할인요금은 최소한 14일 전에 예약하고

비행기가 도착 후 2시간 이내에 차량을 가져간다는 조건에 동의한 사람들에게 적용된다. 이것이 지켜지지 않으면 신용카드로 결제된 보증금이 몰수되고 환불되지 않는다. 현재 예약 정책은 40대의 소형차와 25대의 중형차를 정상가격 고객에게 할당해 두고 있다.

a. 수율관리를 이용하여, 정상가격을 지불하는 고객에게 할당되는 소형차와 중형차의 최적의 대수를 결정하라.

b. 최적의 예약정책이 결정되었을 때, 당신은 차량 대수를 확장하는 것을 고려하겠는가?

사례_11.1

River City National Bank

River City National Bank는 10년 동안 영업을 해왔으며 빠르게 성장하는 지역은행이다. Gary Miller는 은행의 자립기반을 확보하기 위해 5년 전에 행장에 취임했다. 그는 미국 남서부 지방에서 가장 젊은 행장 중 한 사람이며, 열정적으로 일하여 빠르게 행장으로 승진했다. 은행의 지위를 확고히 하고 높은 수준을 유지하게 한 핵심 요인이 바로 Miller 씨이다. 이렇게 된 이유 중 하나는 Miller 씨 관점에서 고객이 항상 먼저라는 것, 즉 은행의 주목적은 고객에게 더 나은 서비스를 제공하는 것으로 생각하는 것이다.

은행 본점 로비에는 상업 담당직원(commercial teller) 부스 1개와 입출금 담당직원 부스 3개가 있다. 로비는 대기하는 고객들을 위한 공간으로 설계되었다. 본점에는 6개의 드라이브 인 레인(drive-in lane)이 있고 그 옆에는 1개의 도보(walk-up) 창구가 있다. 은행이 급격히 성장했기 때문에 영업시간이 길었지만 드라이브 인 레인과 로비는 계속 혼잡했다. 로비는 월요일부터 토요일까지 오전 9시부터 오후 2시까지 열고 금요일에는 오후 4시에서 6시까지 추가로 연다. 드라이브 인은 월요일부터 금요일까지 오전 7시부터 자정까지 열고 토요일에는 오전 7시부터 저녁 7시까지 연다. 그러나 몇몇 단골고객들은 불평을 했다. 그들은 줄을 서서 오래 기다리는 것을 싫어했고 직원들이 불친절하다고 생각했다.

이런 문제의 원인은 업무가 많아진 것 때문이지만, Miller 씨는 매우 마음에 걸렸다. 그가 강력하게 주장하여 바로 아래 도로에 원거리 드라이브 인 은행을 설치할 것을 이사회는 최종 승인하였다. 그림 11.13에서 보는 바와 같이 이 드라이브 인은 양방향에서 접근할 수 있고 각 방향에는 4개의 레인이 있다. 각 방향의 제일 안쪽 레인은 상업전용이며 마지막 레인은 설치는 되어 있지만 아직 운영되지는 않는다. 이것의 운영시간은 월요일부터 토요일까지 오전 7시부터 저녁 7시까지이다.

이 은행은 정규(full-time) 직원뿐만 아니라 시간제(part-time) 직원도 고용하고 있다. 로비와 오전 근무조(오전 7시부터 오후 2시까지)는 정규 직원이 맡고, 드라이브 인 직원은 오후 근무조(오후 2시부터 저녁 7시까지)가, 야간 근무조(저녁 7시부터 자정까지)는 시간제 직원이 맡았다. 직원들은 수표환전, 계좌입금, 통장확인, 우편환과 여행자 수표 판매, 국채환전 등과 같은 일상적인 은행업무를 수행한다.

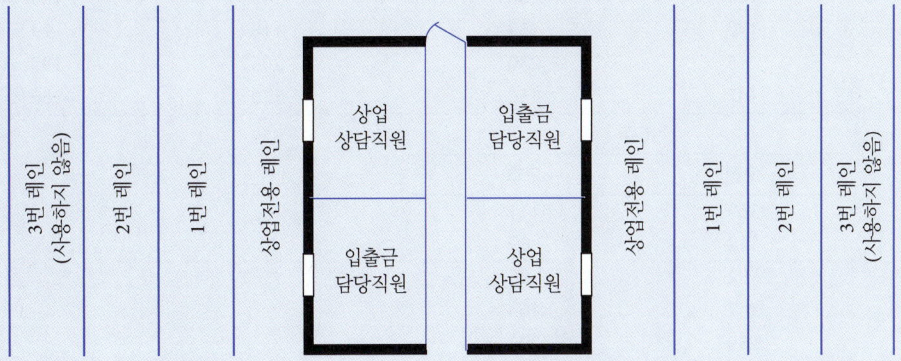

그림 11.13 원거리 드라이브 인의 배치

최근에는 대부분의 창구에서 과도하게 붐비는 현상이 사라졌다. 예전의 상황을 해결하는 데 있어서 가장 어려웠던 문제는 고객들에게 새로운 시설이 설치되었다는 것을 인식시키는 것이었다. 6개월이 지난 후에도 원거리 드라이브 인 근무 직원들은 여전히 고객들이 "이것이 여기에 있다는 것을 몰랐네. 이곳을 자주 이용해야 되겠군!"이라는 말을 들었다.

이제 이 은행은 과도하게 붐비는 상황은 없어졌지만, 수요의 변동이 심한 문제점에 직면해 있었다. 새로 설치한 원거리 드라이브 인에 추가적인 직원과 레인이 설치된 후에 이런 문제를 인식하게 되었다.

원거리 드라이브 인에는 2명의 정규 직원과 4명의 시간제 직원이 월요일부터 금요일까지 근무했다. 토요일은 격주로 돌아가면서 근무했기 때문에 문제가 없었다. 월급날과 금요일에 원거리 드라이브 인의 각 레인에는 차가 도로 밖에까지 줄을 섰다. 이렇게 딜레마에 처한 주요 원인은 자금과 서비스에 대한 높은 수요 때문이지만, 문제는 이것 하나만이 아니라는 것이다. 많은 고객들은 은행에 도착했을 때 충분한 준비가 되어 있지 않았다. 그들은 펜이나 신청용지가 없거나, 혹은 수표에 필요한 것을 적거나 배서를 하지 않고 있었다. 물론 이것은 직원에게는 비작업 시간이 되었다. 또한 고객의 계좌가 바닥나서 인출하는 대신에 입금을 해야 한다는 것을 설명하는 등 시간을 소비하는 다른 문제도 있었다. 더욱이 임금이나 개인 수표를 환전하려는 고객이 아닌 손님들이 항상 있었다. 이런 사람들은 수표가 환전되지 않는다는 것을 알고도 매우 집요하게 요구하며 시간을 많이 끌었다. 거래는 평균 30초 정도 걸리는데 단순 입출금은 10초 정도 걸리고 채권을 환전하는 데는 90초가, 여행자 수표를 발행하는 데는 약 3분까지 걸린다(여행자 수표 발행은 자주 일어나지 않는다).

업무가 피크에 이르는 날에 비해 다른 날은 매우 조용하다. 본점은 바쁘기는 하지만 많이 붐비지는 않는다. 반면에 원거리 드라이브 인의 업무는 비정상적으로 느렸다. Miller 씨의 드라이브 인 관리자인 Shang-ling Chen 씨는 원거리 시설이 평균적으로 행하는 거래의 수를 연구했다. 한 달 동안의 거래 숫자가 표 11.10에 나타나 있다.

표 11.10 원거리 드라이브 인에서의 월간 거래(사례의 도표)

요일	1주		2주	
	오전	오후	오전	오후
월	...	...	175	133
화	...	...	120	85
수	200	195	122	115
목	156	113	111	100
금	223*	210	236*	225
토	142	127	103	98

요일	3주		4주	
	오전	오후	오전	오후
월	149	120	182	171
화	136	77	159	137
수	182	186	143	103
목	172	152	118	99
금	215*	230	206*	197
토	147	150	170	156

요일	5주	
	오전	오후
월	169	111
화	112	89
수	92	95
목	147	163
금	259*	298

* 대부분의 거래가 10시 이후에 발생한다.

또 다시 고객들은 불평하기 시작했다. 원거리 드라이브 인이 금요일 날 저녁 7시에 문을 닫을 때, 직원들이 결산을 하면서 고객들을 돌려보냈다. 고객들은 Miller 씨에게 새 드라이브 인을 금요일에는 최소한 저녁 9시까지 열어달라고 요구했다. 직원들은 이런 요구에 대해 매우 부정적이었지만, 이사회는 이를 호의적으로 검토하기 시작했다. Miller 씨는 고객들을 만족시켜 주고 싶었지만 이 상황을 해결하는 데는 다른 방법이 있을 것이라고 느꼈다. 그래서 그는 Chen 씨에게 문제를 잘 알아보고 해결책을 제시해 줄 것을 요청했다.

토의 주제

당신이 Chen 씨의 수석 보좌관이라고 생각하고, 이 상황을 분석하여 해결책을 제시하기 바란다. 이것은 당신이 회사에 대해 공헌할 뿐만 아니라 자신을 "돋보이게" 하여 승진과 진급을 위한 점수를 딸 수 있는 기회이다.

참고문헌

Alderighi, Marco, Marcella Nicolini, and Claudio A. Piga. "Combined Effects of Capacity and Time on Fares: Insights from the Yield Management of a Low-Cost Airline." *Review of Economics and Statistics* 97, no. 4 (2015), pp. 900-15.

Best, T. J., et al. "Managing Hospital Inpatient Bed Capacity through Partitioning Care into Focused Wings." *Manufacturing & Service Operations Management* 17, no. 2 (2015), pp. 157-76.

Chevalier, Philippe, and Jean-Christophe Van den Schrieck. "Optimizing the Staffing and Routing of Small-Size Hierarchical Call Centers." *Production and Operations Management* 17, no. 3 (May-June 2008), pp. 306-19.

Dobson, Gregory, Sameer Hasia, and Edieal J. Pinker. "Reserving Capacity for Urgent Patients in Primary Care." *Production and Operations Management* 20, no. 3 (May-June 2011), pp. 456-73.

Gallego, Guillermo, and Huseyin Topaloglu. "Overbooking." In *Revenue Management and Pricing Analytics* (New York, NY: Springer, 2019), pp. 83-105.

Helm, Jonathan E., Shervin Ahmad Beygi, and Mark P. Van Oyen. "Design and Analysis of Hospital Admission Control for Operational Effectiveness." *Production and Operations Management* 20, no. 3 (May-June 2011), pp. 359-74.

Jerath, Kinshuk, Anuj Kumar, and Serguei Netessine. "An Information Stock Model of Customer Behavior in Multichannel Customer Support Services." *Manufacturing & Service Operations Management* 17, no. 3 (2015), pp. 368-83.

Li, Yutian, Sammi Yu Tang, Joseph Johnson, and David A. Lubarsky. "Individualized No-show Predictions: Effect on Clinic Overbooking and Appointment Reminders." *Production and Operations Management* 28, no. 8 (2019), pp. 2068-86.

Mei, Hu, and Zehui Zhan. "An Analysis of Customer Room Choice Model and Revenue Management Practices in the Hotel Industry." *International Journal of Hospitality Management* 33 (2013), pp. 178-83.

Ormeic, E. Lerzan, and O. Zeynep Aksin. "Revenue Management through Dynamic Cross Selling in Call Centers." *Production and Operations Management* 19, no. 6 (November-December 2010), pp. 742-56.

Queenan, Carrie Crystal, et al. "A Comparison of Unconstraining Methods to Improve Revenue Management Systems." *Production and Operations Management* 16, no. 6 (November-December 2007), pp. 729-46.

Ramdas, Kamalini, Jonathan Williams, and Marc Lipson. "Can Financial Markets Inform Operational Improvement Efforts? Evidence from the Airline Industry." *Manufacturing & Service Operations Management* 15, no. 3 (2013), pp. 405-22.

Thompson, Gary M., and Robert J. Kwortnik, Jr. "Pooling Restaurant Reservations to Increase Service Efficiency." *Journal of Service Research* 10, no. 4 (May 2008), pp. 335-46.

Veeraraghavan, Senthil, and Ramnath Vaidyanathan. "Measuring Seat Value in Stadiums and Theaters." *Production and Operations Management* 21, no. 1 (January-February 2012), pp. 49-68.

Wirtz, Jochen. "Capacity and Demand in Service Operations." World Scientific Publishing, 2018.

Xia, Cathy H., and Parijat Dube. "Dynamic Pricing in e-Services under Demand Uncertainty." *Production and Operations Management* 16, no. 6 (November-December 2007), pp. 701-12.

Chapter 12

대기행렬 관리

학습목표

1. 예시를 통한 대기행렬의 경제성 설명
2. 대기행렬의 형성에 대한 이해
3. 마이스터의 두 가지 "서비스 법칙" 이면의 심리학 설명
4. 대기의 네 가지 속성을 강조하는 전략 제시
5. 대기행렬 시스템의 기본적인 특성 설명
6. 도착시간 간격의 음지수 분포와 도착률의 포아송 분포 간의 관계 설명

시카고 미국연방은행(United States of America Bank of Chicago)은 기념일에 세일을 시작했다. 세일의 대상은 돈이었고 최초의 35명은 100달러짜리 지폐를 현금 80달러로 "살 수" 있었다. 그 다음부터는 보너스가 점점 줄어들어, 다음 50명은 10달러를, 75명은 4달러를, 100명은 2달러를, 다음 100명은 1달러를 벌 수 있었다. 다음의 100명은 2달러 지폐를 1.6달러에 얻을 수 있었고, 마지막으로 800명은(이후 1,800명까지 확대되었다) 50센트를 얻을 수 있었다. 이런 특별한 이벤트에서 예상 대기시간은 예측할 수 없는 반면, 나눠진 상품의 화폐가치를 평가하기는 쉬웠다.

줄의 맨 앞에는 16살, 17살, 19살, 24살 먹은 네 형제가 서 있었다. 막내인 칼(Carl)은 "20달러의 이득을 위해 17시간을 기다린 것 같습니다. 시간당 1.29달러네요"라고 말했다.

"접시 닦기를 해도 그보단 낫겠어요"라고 다른 형제가 덧붙였다. 더 잘 알고 있었더라면 덜 기다렸을 것이다. 35번째 왔던 사람은 자정쯤에 도착했는데 9시간을 기다려 마지막으로 20달러—시간당 2.22달러—를 벌었다. 자신의 자리를 지키기 위해 그녀는 그녀 앞에 있는 모든 사람의 명단을 만들었다.

"제가 왜 여기 있냐구요?" "글쎄요, 20달러면 제 하루 일당과 같아요. 그리고 이거는 소득세로 신고할 필요도 없어요. 이것은 하나의 선물이잖습니까?"라고 말했다.[1)]

앞에서 설명된 경험은 줄 서 있는 사람들이 대기시간을 "공짜" 상품을 얻는 비용으로 생각한다는 것을 보여준다. 오늘날 **뉴욕 타임즈**의 온라인 기사를 읽기 위해 15초의 광고가 끝나기를 기다리는 일은 흔하다. 기다림은 여러 경제학적 해석이 있는 반면, 그 실제

---

1) Yoram Barzel, "A Theory of Rationing by Waiting," *Journal of Law and Economics* 17, no. 1 (April 1974), p. 74.

비용은 언제나 결정하기 어렵다. 이러한 이유로, 대기비용과 서비스 제공비용 간의 상충 관계(trade-off)는 명확하지 않음에도 서비스 제공자는 의사결정 시 고객 대기 경험에 대한 물리적, 행태적, 경제적 측면을 고려해야 한다.

개요

대기행렬에 대한 이해는 서비스 제공자와 고객의 관점에서 경제적 고려에 대한 논의로부터 시작되어 대기행렬의 형성 과정을 다룬다. 기다림에 대한 인식이 실제로 기다린 시간보다 고객에게 더 중요하다는 점을 알게 될 것이고, 이는 기다림에 대한 부정적인 측면을 감소시키기 위한 혁신적인 방안을 찾을 필요가 있음을 의미한다. 마지막으로 대기 시스템의 근본적인 특성을 설명하고 대기행렬에 관련된 용어를 정의한다.

기다림의 경제학

기다림의 경제적 비용은 두 가지 관점에서 볼 수 있다. 기업에 있어서 종업원(즉, 내부고객)을 기다리게 하는 비용은 비생산적 임금으로 측정될 수 있다. 외부고객에 대해서는 대기비용은 그 시간에 할 수 있었던 다른 일의 가치이다. 여기에 지루함, 불안과 다른 심리적 고통이 추가된다.

경쟁시장에서 지나친 기다림—또는 심지어 오래 기다릴 것 같은 느낌—은 판매기회 손실로 나타난다. 주유소로 가서 주유기들 앞에서 많은 차들이 길게 기다리는 것을 보고 기름 넣기를 포기한 경우가 얼마나 자주 있는가? 판매기회 손실을 피하는 하나의 전략은 도착하는 고객들로부터 대기행렬을 보이지 않게 하는 것이다. 식당의 경우에는 고객을 바(bar)로 보내어 이렇게 할 수 있고 이것은 종종 판매증가를 가져다준다. 디즈니랜드 같은 놀이동산은 안쪽의 기다리는 줄을 볼 수 없게 바깥쪽에서 표를 판매한다. 카지노는 나이트 클럽 행사에 참여하려는 입장객들을 슬롯머신 구역을 통해 기다리도록 하는데 이는 기다리는 줄의 실제 길이를 숨기기도 하고 또한 충동적인 도박을 부추기기도 한다.

고객은 서비스 프로세스에 참여할 수 있는 잠재력을 지닌 자원으로 여겨진다. 예를 들면 의사를 기다리는 환자에게 문진표를 작성하도록 하여 의사의 소중한 시간(즉 서비스능력)을 절약해 줄 수 있다. 기다리는 시간에 건강관련 출판물이나 유튜브의 동영상을 이용하여 좋은 건강습관에 대한 교육을 할 수도 있다. 또 다른 예로 레스토랑은 고객이 서비스 제공에 직접 참여하도록 하여 상당히 혁신적이다. 고객이 웨이터에게 주문하고 나서 요리가 준비될 동안 자신이 먹을 샐러드를 샐러드 바에 가서 준비하도록 하는 것이다.

고객을 기다리게 하는 것은 제한된 서비스능력을 더 잘 활용하도록 한다는 점에서 생산성에 기여하는 것으로 볼 수 있다. 서비스를 받기 위해 고객이 기다리는 상황은 제조기업의 제공품(work-in-process) 재고와 유사하다. 서비스 기업은 전반적인 프로세스의 효율을 높이기 위해 실제로 고객이 기다리도록 한다. 서비스 시스템에서 시설에 대한 높은 이용률은 고객대기의 대가를 치른 결과이다. 눈에 띄는 예들로 긴 대기행렬을 통해 높은 이용률을 보여주는 우체국, 진료소 그리고 복지관 같은 공공 서비스를 들 수 있다.

예상치 못한 과도한 대기는 여러 결과를 초래한다. 눈에 띄는 결과로는 고객 불만족, 좋지 않은 소문과 잠재적인 미래 사업 기회를 놓치는 것이다. 다른 한편으로는 대기의 결과는 삶과 죽음의 문제일 수도 있다. 코로나19 동안에 여러 환자들이 인공호흡기나 중환자실 입원을 기다리다 목숨을 잃었다. 이러한 결과로 수정된 병실계획과 병상관리에서의 변화가 미래에 있을 것이다. 에베레스트 산에서는 정상까지 이르는 마지막 구간에서의 혼잡도가 2019년에는 통제하지 못할 정도로 복잡해 "죽음의 지역(death zone)"에서의 예상치 못한 과도한 대기로 몇몇 등산가들은 산소탱크의 산소고갈로 구조대가 오기 전에 목숨을 잃었다.

예제 12.1 우수 여행객 수용

항공사들은 우수 고객들이 비즈니스 클래스를 종종 이용하기 때문에 이들을 확보하려고 한다. 높은 수준의 고객 서비스를 제공하는 것은 이들에게 고마움을 표하는 하나의 방법이다. 일반 고객과 달리 우수 고객은 고객대기를 없애는 충분한 직원이 있는 고객센터와 연락을 위해 특별 전화번호를 사용한다. 여기에 드는 추가적인 비용은 큰 수익을 가져다주는 우수 고객을 경쟁 항공사에 놓치지 않기 위해 필요한 것으로 여겨진다.

대기행렬 시스템

대기행렬(*queue*)이란 하나 혹은 그 이상의 서비스 제공자에게 서비스를 요구하며 기다리는 고객의 줄이다. 하지만 이 대기행렬이 서버 앞에 있는 눈에 보이는 줄일 필요는 없다. 전화 상담원과 통화를 위해 "대기" 중인 사람도 가상의 대기행렬일 수 있다. 서버(server)는 고객이 서비스를 받는 개별 장소로 여겨진다. 사람들이 서비스를 받으려고 줄에서 기다리는 전형적인 대기행렬은 슈퍼마켓의 계산대에서 볼 수 있지만 다른 대기행렬 시스템도 사용된다. 다음의 대기행렬 변형을 고려해 보자.

1. 서버가 한 번에 한 고객만 상대하도록 제한할 필요는 없다. 버스, 비행기, 엘리베이터와 같은 운송 시스템은 대량 서비스(bulk services)에 해당된다.
2. 고객이 언제나 서비스 시설을 찾아다닐 필요가 없다. 몇몇 시스템에서는 서버가 실제

공항 검색대의 경제적 비용은 사회적으로 어떻게 설명할 것인가?

로 고객을 찾아간다. 이런 예로는 구급차 서비스뿐만 아니라 치안이나 소방 활동과 같은 도시 서비스가 있다.

3. 서비스는 일련의 대기행렬 단계로 구성될 수도 있고 더욱 복잡한 대기행렬의 네트워크로 구성될 수도 있다. 예를 들면 디즈니랜드 같은 놀이공원의 유령의 집을 생각해 보면 방문객 행렬이 순서대로 있고 한 번에 몇 명 단위로 이들을 이동하여 일정 기간 동안 즐기게 된다(예를 들면 먼저 바깥쪽을 걷다 다음에 대기실로, 그러고 나서 마침내 놀이기구를 타는 것으로 진행).

어떤 서비스 시스템에서든 현재 수요가 서비스 제공 능력을 넘어설 때 대기행렬이 생긴다. 이는 서버가 너무 바빠서 도착하는 고객이 즉시 서비스를 받을 수 없을 때도 생긴다. 이러한 상황은 고객이 도착하는 시간이 일정하지 않고 서비스 시간 또한 변하기 때문에 어느 시스템에서나 일어나게 된다.

기다림은 누구에게나 삶의 한 부분이고 이는 엄청난 시간에 해당한다. 예를 들면 일상의 하루는 신호등에서 기다리고, 전화에서 상대가 응답하길 기다리고, 음식이 나오길 기다리고, 승강기를 기다리고, 슈퍼마켓에서 계산할 차례를 기다리는 것을 포함한다.

고객대기 관리를 위한 전략

버거킹은 불에 구운 햄버거와 뱀처럼 줄을 세우기 시작했다. 고객들은 물론 뱀처럼 줄을 서는 것보다 햄버거를 즐긴다. 이 경우 뱀처럼 줄을 서는 것은 "줄에 서서 기다리는" 한 유형이다. 이러한 점에 있어서는 버거킹만 그런 것이 아니었고 당시 대부분의 매니저들은 고객 대기에 대한 영향에 대해서는 거의 생각하지 않았다. 기업과 고객은 서비스를 받기 위한 기다림을 생활의 필요한 일부로서 받아들였다. 하지만 서비스 업계에서의 경쟁 심화로 서비스 기업들은 대기행렬을 효율적으로 관리하는 것이 관련 시장에서 경쟁우위를 갖는다는 것을 알게 되었다. 기다림에 대한 인간적 측면과 이런 기다림에 대한 경험을 관리하는 방식을 조사한 최초의 연구자들 중 한 명은 데이비드 마이스터(David H. Maister)였다.

기다림의 심리학

대기행렬 관리의 첫 번째 전략은 사람과 직접 대면한 상황이든, 온라인상의 가상 대기든 또는 전화든 서비스를 받기 위해 기다리는 심리적 영향을 고려하는 것이다. 만일 기다림이 우리 삶의 필요한 일상의 한 부분이라면 왜 기다림이 우리에게 그토록 큰 고통을 안겨다 주는가? 이 주제에 대해 마이스터는 몇 가지 흥미로운 관점을 제시하였다.

그는 두 가지 "서비스의 법칙(Laws of Service)"을 제시하고 있다.[2)] 첫 번째는 고객의 기대와 인지를 다룬다. 만일 고객이 기대한 것보다 더 좋은 서비스를 받으면 고객은 행복하고 만족하게 되어 그 서비스는 페이스북 효과(즉 만족한 고객은 친구들에게 그 좋은 서

---

2) Adapted from David H. Maister, "The Psychology of Waiting Lines." In J. A. Czepiel, M. R. Solomon, and C. F. Surprenant (eds.), *The Service Encounter*. (Lexington, Mass.: Lexington Press, 1985), chap. 8, pp. 113–23.

비스에 대해 말하는 것)로 이득을 볼 것이다. 하지만 물방울 효과(trickle-down effect)는 양방향으로 작용할 수 있다. 서비스는 같은 방식으로 악평을 받을 수도 있다(그리고 고객이 전달할 수 있는 더 흥미로운 이야기를 만들어낸다).

마이스터의 두 번째 법칙은 "공 따라잡기(catch-up ball)"가 어렵다는 것이다. 그는 이 법칙이 첫인상은 나머지 서비스 경험에 영향을 미친다는 것을 의미하고 있다. 따라서 고객을 기다리게 하는 서비스는 그 기다리는 시간을 즐거운 경험으로 만들도록 권해지고 있다. 기다린다는 것이 적어도 견딜만하고, 최대한 즐겁고 생산적으로 만들기 위해 경쟁력 있는 서비스 관리자는 대기에 대한 다양한 심리학적 측면을 고려하여 다혈질적인 고객을 달래는 창의적인 방안을 생각해내야 한다.

공허한 감정 누그러뜨리기

"자연은 진공 상태를 싫어한다"는 말처럼 사람들은 "빈 시간"을 싫어한다. 비었거나 또는 할 일이 없는 시간은 끔찍하게 느껴지고 다른 생산적인 활동도 못하게 한다. 빈 시간은 종종 신체적으로도 불편해서 무력감을 느끼게 하고 우리에게 무관심한 듯이 보이는 서버의 처분을 기다리게 하고, 아마도 최악의 경우 영원히 지속될 것처럼 보이게 한다. 고객 대기 관리의 두 번째 전략은 서비스 조직으로 하여금 이 시간을 긍정적인 방식으로 채우도록 하는 것이다. 편한안 의자를 제공하거나 분위기를 좋게 하려고 새로 칠한 페인트만으로도 공허함을 메울 수 있다. 대기실의 가구는 기다림의 인식에 간접적 영향을 미친다. 버스와 기차 터미널의 고정된 벤치 같은 방식은 대화를 방해한다. 유럽풍 복도카페의 가볍고 옮기기 쉬운 탁자와 의자의 배열은 사람들에게 교제의 기회를 제공한다. 전화를 걸었다가 대기하고 있는 고객에게 음악을 들려주는 것은 전화가 끊어지지 않았음을 알려주기에 충분한 방법이다. 몇몇 기업이 사용하는 다른 방법은 연락처 번호로 다시 전화를 거는 경우 기업이 비용 부담을 하는 것이다.

가장 널리 알려진 빈 시간을 채우는 또 다른 방법은 엘리베이터 근처에 거울을 설치하는 것이다. 예를 들면 호텔에서는 엘리베이터를 엄청 기다려도 거울이 있으면 불평이 별로 나오지 않는다. 거울로 자신의 옷차림을 점검할 수 있고, 기다리는 다른 사람을 몰래 관찰할 수도 있다. 서비스는 대기시간을 즐거울 뿐만 아니라 생산적으로 만들 수 있다. 전화 대기 중인 고객에게 모차르트나 마돈나의 음악을 틀어주는 대신에 상업광고를 내보낼 수도 있다. 하지만 몇몇 사람은 그런 것을 들으면 분개하는 경우도 있으므로 이런 시도에는 위험이 따른다. 로마노 마카로니 그릴(Romano's Macaroni Grill)에서는 테이블을 기다리는 손님이 로비에서 기다리면서 요리사가 음식을 준비하는 것을 보도록 하여 식욕을 돋게 한다. 이런 경우에 "공 따라잡기"를 할 필요가 없다. 각 손님은 "차례가 되었다"며, 투덜거리기보다는 즐거운 경험을 기대하면서 행복하게 테이블로 간다.

진료소에서 볼 수 있는 것과 같이 여러 단계로 구성된 서비스에서는 고객이 연속되는 여러 서비스 단계 사이를 걷도록 해서 기다리는 것을 숨길 수 있다. 시간을 보내는 방법은 다양하다. 읽을 거리, 텔레비전, 라이브 쇼, 포스터, 예술작품, 애들을 위한 장난감, 쿠키와 커피를 들 수 있다. 기분전환은 관리자의 상상력과 고객을 효과적으로 돕겠다는 의욕에 의해서만 제한될 뿐이다.

서비스의 시작 알리기

위의 내용처럼 일부 기분전환은 시간을 보낼 수 있도록 하여 기다림이 그리 길지 않게 보이도록 한다. 다른 기분전환들은 서비스 조직에 부수적인 이익을 제공하기도 한다. 행복한 고객들은 행복하지 않은 고객들보다 더 수익성 있는 고객들일 가능성이 높다. 고객 대기관리의 세 번째 전략은 고객에게 실제로는 기다리고 있지 않다는 느낌을 주는 것이다.

마이스터는 식사를 기다리는 고객에게 메뉴판을 주거나 기다리는 환자에게 문진표(그리고 종이컵)를 주는 "서비스와 관련된" 전환 자체가, "서비스가 시작됐다는 생각을 갖게 한다"고 지적한다. 서비스가 일단 시작되면 고객의 불안 정도는 상당히 줄어든다. 실제로 사람들은 그냥 기다리는 것보다 서비스가 시작되었다고 느끼면 더 오래 기다리는 것을 견딘다. 또 다른 견해는 고객은 서비스가 시작하고 나서의 이어진 기다림보다 초기 기다림에 더 빨리 불만을 갖게 된다는 것이다.

터널의 끝이 보임을 알리기

고객 대기관리의 네 번째 전략은 대기시간이 얼마나 될지에 대한 고객의 불안을 덜어주는 것이다. 서비스 시작 전에 고객들은 많은 걱정을 한다. 나를 잊은 건 아닐까? 주문은 들어갔는가? 이 줄은 꼼짝도 않는데 서비스를 받게나 될까? 화장실에 가면 내 자리가 없어질까? 배관공은 언제 올까? 이성적이든 아니든 이러한 걱정들은 기다리는 고객에게 영향을 주는 가장 큰 요인일 것이다.

경영자는 이런 걱정들을 인정하고 고객의 걱정을 덜어줄 전략을 개발해야 한다. 어떤 경우엔 이것은 종업원이 고객의 존재를 알고 있다고 알리는 단순한 일일 수도 있다. 다른 경우엔 고객에게 얼마나 기다려야 하는지 알려주는 것이 기다림이 언제 끝나는지에 대해 안심하도록 해준다. 표지판도 그런 역할을 충분히 한다. 예를 들어, 텍사스주의 여객선 선착장인 포트 아란사스(Port Aransas)를 찾아갈 때 당신은 그 지점에서 멈추어 서면 얼마나 걸리는지를 알려주는 표지판을 길에서 보게 된다.

대기관리에 대한 또 다른 예인 버거킹을 보자. "전통적으로" 줄서기는 주문이 이루어지는 계산대 뒤로 고객 스스로 줄을 서는 방식이다. 주문받은 음식을 만드는 직원은 주문한 음식을 만들어 이를 카운터의 다른 쪽 끝에서 고객에게 제공한다.

단일 주문라인으로 인해 서비스 제공 속도의 지연을 경험한 버거킹은 "환대(hospitality)" 주문라인을 시도했는데, 이 방법은 카운터에 계산대를 여러 곳 배치하고 고객이 이 중 하나를 선택하도록 하는 것이다(자기가 선택한 주문라인이 가장 빨리 진행될 것으로 믿으면서). 일부 고객은 가장 빠른 주문라인의 선택 자체를 좋아했지만 다른 고객은 잘못된 주문라인을 선택해 장시간 기다리는 것에 대해 실망했다.

이 방식에서는 주문을 받은 사람도 주문받은 음식을 만들어 고객에게 전달한다. 환대 줄서기는 높은 수요가 나타날 때는 아주 유연하게 대처할 수 있는 것으로 입증되었지만 전통적인 줄서기에 비해서는 상당히 노동집약적이다. 따라서 버거킹은 앞선 두 방식을 혼합한, "복합적" 주문라인을 시도하였다. 즉, 단일 주문라인을 이용했지만 이번에는 새로운 계산대에서 최대 6개의 주문만을 받아 동시에 기록했다. 주문을 받는 사람이 아닌 음식을 준비하는 사람들이 음식을 준비해 카운터의 끝에서 음식들을 제공한다. 이렇게 단일 주문 라인을 이용하면서 고객이 도착한 순서대로 서비스를 받기 때문에 공정성을 보장할 수 있다. 게다가 고객은 줄을 서는 동안에 전체 주문 처리 속도에 지장을 주지 않으면서 메뉴를 선택할 충분한 시간을 갖게 되었다.

고객의 대기시간을 줄이려는 버거킹의 노력은 보다 빠른 서비스를 제공하고자 하는 업계의 추세를 반영한 것이다. 많은 경우에 서비스 전달 속도는 시장에서 경쟁우위의 원천이 된다. 예를 들면, 오늘날 많은 호텔들은 체류기간 마지막 날까지의 청구서를 미리 준비하여 객실 고객의 문 아래로 밀어 넣어두어 고객이 체크아웃 시 카운터에서 "기다리지 않도록" 한다.

예약은 대기시간을 줄이는 또 다른 전략이지만 이 전략이 완전하다고는 볼 수 없다. 예상치 못한 사건으로 방해받거나, 선약이 예상보다 많이 걸릴 수도 있다. 약속된 시간이 지나가면 얼마나 더 기다려야 할지 모르는 불안감이 약속이 지켜지지 않았다는 "모욕"으로 인한 약간의 짜증과 함께 생긴다. 지연에 대한 단순한 해명과 사과만으로는 실추된 신뢰를 쉽게 회복할 수 없을 것이다.

자기 순서 알려주기

불확실하며 설명도 없는 기다림은 고객에게 불안과 분노를 가져다 준다. 늦게 온 고객이 먼저 서비스를 받는 것을 보면 얼마나 더 기다려야 하는지에 대한 걱정이 불공평에 대한 분노로 바뀐다. 이는 분노가 폭발하지는 않더라도 어려운 상황으로 이어져 서비스 제공자는 약탈자만큼이나 분노의 표적이 될 가능성이 크다. 고객 대기관리의 다섯 번째 전략은 서비스전달 과정에서 공정성의 문제를 해결하는 것이다.

선착순 서비스(FCFS: first-come, first-served)의 대기행렬 방침을 지키는 방법은 번호표를 나눠주는 것이다. 예를 들면, 제과점에 들어오는 고객은 고객순번 발급기에서 번호표를 뽑고 자기 차례를 기다리는 것이다. 현재 서비스를 받는 번호가 표시되어 있어서 새로 들어온 고객은 얼마쯤 기다려야 하는지 짐작할 수 있다. 이런 간단한 방법으로 기다리는 시간과 불공정의 가능성에 대한 고객의 우려를 덜 수 있다. 이 방식의 부수적인 이점은 고객이 줄에 서 있기보다는 매장을 이리저리 돌아다니도록 하면서 "충동구매"를 하도록 하는 것이다. 이 방식은 공정하기는 하지만 고객의 걱정을 말끔히 해소한 것은 아니다. 고객은 번호 불리는 것에 신경을 쓰지 않으면 자기 차례를 잃을 가능성이 있다.

서버가 여럿일 때 FCFS 서비스를 하는 다른 간단한 방법은 한 줄로 줄을 세우는 것이다. 은행, 우체국과 항공사 체크인 카운터에서는 흔히 이 방법이 사용된다. 이런 장소 중 한 곳에 들어선 고객은 기다리는 줄 뒤에 합류하게 되고 이 줄의 맨 앞에 있는 고객은 다음 도울 준비가 된 서버에게 가서 서비스를 받게 된다. 이렇게 하면 늦게 온 사람이 "새치기"해서 먼저 서비스를 받을 염려가 없으므로 걱정이 사라진다.[3] 종종 이런 식으로 자신의 자리를 "보장받은" 고객은 여유를 갖고 줄에 서서 기다리는 다른 사람들과 대화를 하

3) For a discussion of slips and skips, see Richard C. Larson, "Perspectives on Queues: Social Justice and the Psychology of Queuing," *Operations Research* 35, no. 6 (November–December 1987), pp. 895–905.

면서 즐거운 시간을 보낸다. 이러한 동지애는 또한 고객의 빈 시간을 채워 주어 대기시간을 짧게 느끼도록 한다. 대기행렬의 구성은 이 장의 뒷부분에서 더 자세히 다룰 것이다.

하지만 모든 서비스가 이처럼 직관적으로 우선순위를 정할 수 있는 것이 아니다. 경찰 서비스가 한 예인데, "옆집에 시끄러운 개"가 있다고 연락받은 경찰은 이곳에 가는 도중 "현행 강도범"에 대응하라는 지시를 받는 즉시 우선순위를 바꿀 것이다. 이 경우에는 "시끄러운 개" 때문에 전화한 사람에게 경찰의 대응정책을 설명하고 언제쯤 도착할 수 있는지에 대해 알려주어 이 사람의 기다리는 것에 대한 걱정을 덜어주어야 한다.

특별한 고객에게 특별대우를 하고 싶은 경우도 있을 것이다. 라스베이거스 호텔의 "거액 배팅자(high roller)"에 대한 신속한 체크인이나 항공사 탑승구에서의 일등석 승객에 대한 우선 체크인을 들 수 있다. 하지만 그러한 특별한 "혜택"이 옆의 긴 줄에서 기다리며 이런 혜택을 받지 못하는 고객의 분노를 유발할 수 있다는 것을 유의해야 한다. 따라서 모든 고객을 고려하는 관리를 하여 고객을 차별한다는 이미지를 갖지 않도록 해야 한다. 앞에서 설명된 예에서 하나의 방법은 이런 특별대우를 일반 서비스 라인과 떨어진 장소(예를 들면 일등석 라운지)에 배치하여 은폐하는 것이다.

대기행렬 시스템의 기본 특성

서비스는 소비와 생산이 동시에 일어나기 때문에 수요 변동에 대처하기가 어렵다. 고객은 일반적으로 무작위로 도착하고 그 자리에서 가능한 서비스를 요구한다. 만일 서비스 시설이 고객이 도착한 때에 최고치로 가동되고 있다면 고객은 줄을 서서 인내를 가지고 기다릴 것으로 생각된다. 고객 도착률과 필요 서비스 소요시간의 변화로 결국 대기행렬(즉 자기가 서비스받을 차례를 기다리는 고객의 줄)이 형성된다. 대기행렬의 관리는 서비스 관리에서 지속적으로 관심을 갖고 해결해야 할 주제이다.

그림 12.1은 대기행렬 시스템의 기본 특성을 보여준다. 여기에는 (1) 고객 모집단, (2) 도착 프로세스, (3) 대기행렬 구성, (4) 대기행렬 규칙과 (5) 서비스 프로세스가 있다.

예제 12.2 스타벅스에서의 대기행렬 과정

스타벅스에서의 대기행렬 과정을 고려해보자. 당신은 잠재적인 고객 그룹(모집단이라 부름)으로부터 도보로 임의의 시간에 도착해(도착 프로세스) 매점으로 들어선다. 매점에 들어서면 당신은 서비스를 기다리는 다른 고객들을 보게 된다. 이 순간 당신은 돌아서 나갈지(진입 포기) 아니면 여러 가지 구성(예를 들

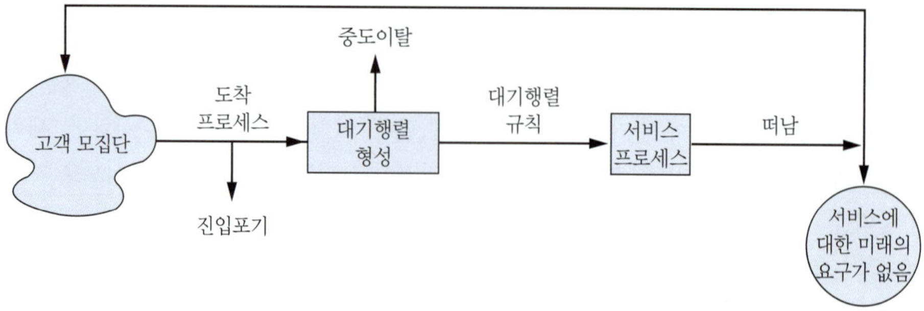

그림 12.1 대기행렬 시스템 모형도

면 단일 대기라인 또는 복수 대기라인들) 중 하나의 구성에 해당하는 대기행렬에서 기다릴지를 선택한다. 일단 대기행렬에 들어와서도 더 이상 견딜 수 없어 스타벅스를 떠날 수도 있다(중도이탈) 대기행렬에서 계속 기다라면 당신은 FCFS(선착순 서비스 대기규칙)와 같은 규칙에 따라 선택되어 서비스를 받는다. 당신이 주문한 커피가 준비되면 신용카드로 지불하고(서비스 프로세스) 커피를 가지고 나간다(떠남). 이후 언젠가 다시 방문하거나 다시 방문하지 않을 수도 있다.

서비스는 **고객 모집단**으로부터 고객을 확보한다. 도착하는 비율은 **도착 프로세스**에 의해 결정된다. 서버가 쉬고 있으면 고객은 즉시 서비스를 받을 수 있으나, 그렇지 않으면 고객은 대기행렬에서 기다리게 되는데 이 대기행렬은 다양한 형태를 갖게 된다. 이때 몇몇 고객은 길거나 느리게 움직이는 대기행렬을 보고 **진입을 포기**하고 다른 곳에서 서비스를 찾으려 할 것이다. 다른 고객은 대기행렬에 진입하고 난 후 기다리다 지치면 **중도이탈**한다. 서버가 서비스를 할 수 있게 되면 대기행렬에서 고객이 선택되어 서비스가 시작된다. 고객의 선택을 결정하는 방침은 **대기행렬 규칙**으로 알려져 있다. 서비스 시설은 서버가 없거나(즉 셀프서비스), 하나 혹은 그 이상의 서버가 있거나, 직렬 또는 병렬로 되어 있는 복잡한 서버들의 배치일 수 있다. 서비스를 받고 나서 고객은 서비스 시설을 떠난다. 그때 고객은 나중에 다시 방문하기 위해 모집단에 재합류하거나 다시 방문할 의도 없이 떠나게 된다.

이제 대기행렬 시스템의 다섯 가지 기본 특성에 대해 더 자세히 알아보자.

고객 모집단

고객 모집단이 동질적일 필요는 없으며, 몇몇 하위 집단으로 구성될 수 있다. 예를 들면 외래 진료소로의 도착은 입원환자, 예약환자와 응급환자로 구분된다. 각 그룹의 환자는 다른 서비스를 요구하지만 더 중요한 것은 각 그룹의 대기시간에 대한 기대가 아주 다르다는 점이다.

몇몇 대기행렬 시스템에서 모집단의 원천은 유한한 수의 사람으로 제한될 수 있다. 예를 들어 3명의 비서가 있는 회사의 복사기 수요를 고려해 보자. 이 경우 미래 도착의 확률은 이 시스템에서 현재 서비스를 찾는 사람의 수에 좌우된다. 예를 들어 3번째 비서가 복사기를 사용하려는 대기행렬에 들어오면 미래 도착의 확률은 0이다. 하지만 모집단이 아주 작지 않다면 독립적 도착이나 무한 모집단의 가정은 대개 충족된다. 그림 12.2는 고객 모집단의 분류를 보여준다.

도착 프로세스

어떤 서비스 시스템을 분석하려면 먼저 해당 서비스의 수요에 대한 시공간적 분포를 완전히 이해해야 한다. 실제 도착시간을 기록하여 자료를 수집하고, 이 자료를 이용하여 도착간격 시간(interarrival time)을 계산한다. 여러 실증연구에 따르면 도착간격 시간의 분포는 지수 분포이고 그림 12.3이 전형적인 **지수 분포**를 보여준다. 원점 주변의 높은 빈도와 오른쪽으로 가면서 빈도가 작아지는 긴 꼬리를 가짐을 주목하자. 지수 분포는 또한 평균과 표준편차가 이론적으로 같음을 유의하면 알 수 있다(그림 12.3에서 $\mu = 2.4$이고 $\sigma = 2.6$이다).

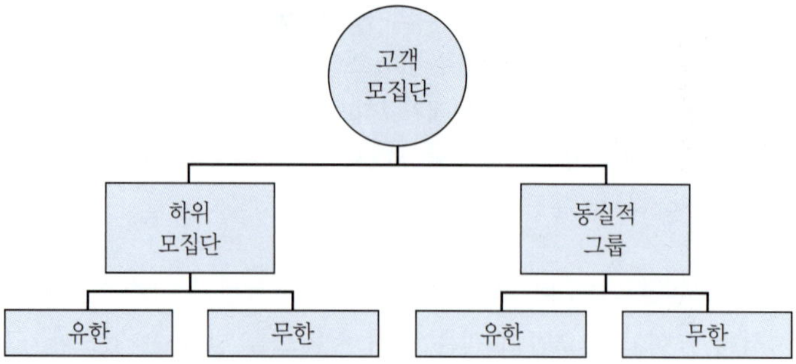

그림 12.2 고객 모집단의 분류

지수 분포는 다음과 같은 연속확률밀도함수를 갖는다.

$$f(t) = \lambda e^{-\lambda t} \qquad t \geq 0 \tag{1}$$

여기서 λ = 주어진 시간(예를 들면 분, 시간, 일 등) 내의 평균 도착률

t = 도착간격 시간

e = 자연 대수의 밑(2.718...)

평균 = $1/\lambda$

분산 = $1/\lambda^2$

누적분포함수는

$$F(t) = 1 - e^{-\lambda t} \qquad t \geq 0 \tag{2}$$

수식 (2)는 도착간격 시간이 t보다 작거나 같을 확률이다. λ는 평균 도착간격 시간의 역수임을 유의하자. 따라서 그림 12.3에서, 도착간격 시간의 평균은 2.4분이고 이는 λ가 분당 1/2.4 = 0.4167의 도착이 있음을 의미한다(즉, 시간당 평균 25명의 환자 도착을 말함). λ에 0.4167을 대입하면 그림 12.3에 나타난 자료의 지수 분포는

$$f(t) = 0.4167e^{-0.4167t} \qquad t \geq 0$$

이고 누적분포함수는

$$F(t) = 1 - e^{-0.4167t} \qquad t \geq 0$$

위의 누적분포함수는 한 환자가 이미 도착했다면 다음 환자가 다음 5분 이내에 도착할 확률을 찾는 데 사용될 수 있다. 이는 단순히 t에 5를 대입하면 되고, 그 결과는

$$\begin{aligned} F(5) &= 1 - e^{-0.4167(5)} \\ &= 1 - 0.124 \\ &= 0.876 \end{aligned}$$

따라서 또 다른 환자가 다음 5분 안에 올 확률은 87.6%이다. 다음에 혹시 병원에서 기다릴 일이 있으면 이것을 시험해 보라.

지수 분포와는 특별한 관계가 있는 **포아송 분포(*Poisson distribution*)**라는 또 다른 분포가 있다. 포아송 분포는 이산확률함수이다.

$$f(n) = \frac{(\lambda t)^n e^{-\lambda t}}{n!} \qquad n = 0, 1, 2, 3\ldots \tag{3}$$

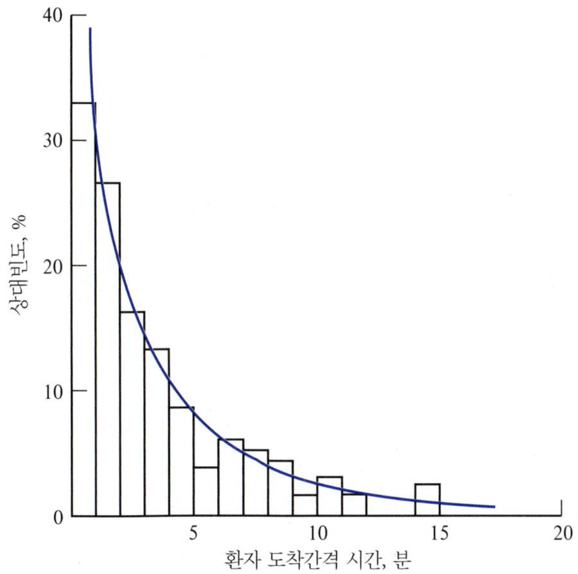

그림 12.3 대학병원에서의 환자 도착간격 시간의 분포

자료원: E. J. Rising, R. Baron, and B. Averill, "A Systems Analysis of a University Health-Service Outpatient Clinic." *Operations Research* 21, no. 5, September–October 1973, p. 1038, Operations Society of America.

여기서 λ = 주어진 시간(예를 들면 분, 시간, 일 등) 내의 평균 도착률

t = 관심 기간의 수(보통 $t = 1$)

n = 도착 건수(0, 1, 2, ...)

e = 자연 대수의 밑(2.718...)

평균 = λt

분산 = λt

포아송 분포는 시간간격 t 동안에 n번의 도착이 발생할 확률이다. 그림 12.3의 자료에 대해 $\lambda = 25$와 $t = 1$을 대입하면 도착 프로세스는 다음과 같다.

$$f(n) = \frac{[(25)(1)]^n e^{-(25)(1)}}{n!} \qquad n = 0, 1, 2, 3, \ldots$$

이는 임의의 1시간 간격 동안에 0, 1, 2,...명의 환자가 도착할 확률이다. 분당 λ = 0.4167의 도착을 시간당 $\lambda = 25$의 도착으로 변환한 점을 주목하자. 이 함수는 아래와 같이 n에 0을 대입하면 한 시간 내에 환자가 아예 오지 않을 흥미로운 확률을 계산하는 데 사용될 수 있다.

$$f(0) = \frac{[(25)(1)]^0 e^{-(25)(1)}}{0!} = e^{-25} = 1.4 \times 10^{-11}, \text{ 매우 작은 확률}$$

그림 12.4는 포아송 분포(즉, 시간당 도착 수)와 지수 분포[즉, 도착간격(분)] 사이의 관계를 보여준다. 두 분포는 같은 프로세스를 다른 시각으로 본 것이다. 그러므로 평균 도착간격 시간이 2.4분인 지수 분포는 평균 25(즉, 60/2.4)인 시간당 도착 수를 갖는 포아송 분

시간당 도착 수의 포아송 분포(위에 보이는 숫자)

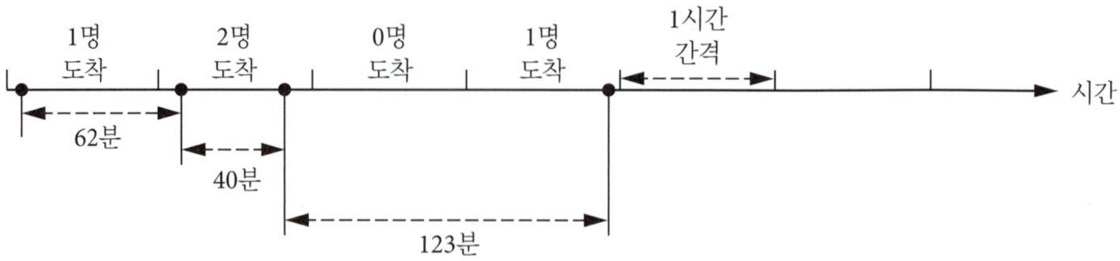

도착시간 간격(분)은 지수 분포(밑에 보이는 숫자)

그림 12.4 포아송 분포와 지수 분포의 동일성

포와 동일하다.

서비스 수요의 자료는 자동으로 모아지고(고속도로 상의 장치에 의해) 정해진 기간 동안의 도착 수를 그 기간으로 나누면 단위시간당 평균 도착률을 구할 수 있다. 단위시간 동안의 수요율은 시간이 지나도 일정해야 한다(즉, λ는 상수). 그렇지 않다면 시간의 함수로서 수요율에서의 근본적인 변동은 설명될 수 없을 것이다. 수요의 이러한 동적 특성은 그림 12.5에서는 하루 시간대별로, 그림 12.6에서는 일주일 요일별로, 그리고 그림 12.7에는 연간 월별로 나타난다. 그림 12.8은 도착 프로세스의 분류를 보여주고 있다.

본 주제에서는 시간의 함수로서 수요의 빈도에 초점을 맞추었으나 수요의 시공간적 분포 역시 변할 수 있다. 이는 특히 도시 지역에서의 응급 구급차 수요에 해당한다. 즉, 근무시간 동안 주거지에서 사무실이나 공단으로 인구가 일시적으로 이동하는 것으로부터 나타나는 수요에서의 공간적 분포를 갖는다.

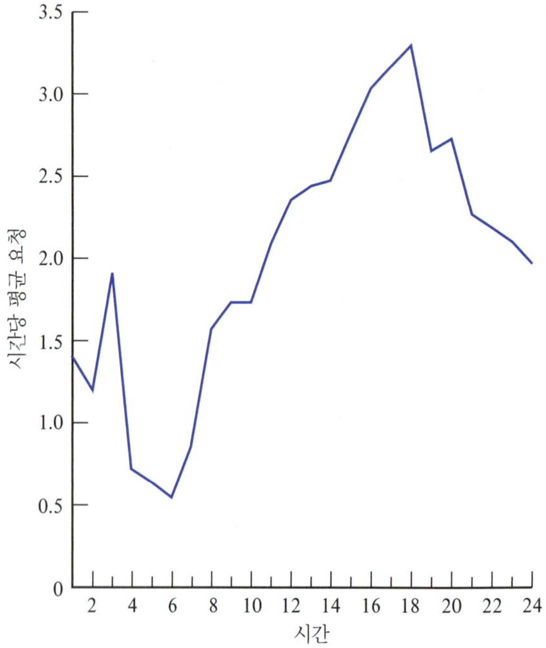

그림 12.5 하루 시간대별 구급차 요청

자료원: James A. Fitzsimmons, "The Use of Spectral Analysis to Validate Planning Models," *Socio-Economic Planning* 8, no. 3, June 1974, p. 127. Copyright © 1974, Pergamon Press Ltd.

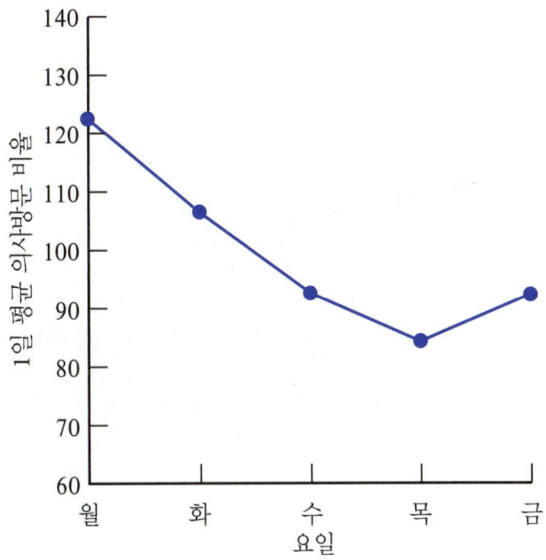

그림 12.6 일주일간 병원의 환자 도착

자료원: E. J. Rising, R. Baron, and B. Averill, "A Systems Analysis of a University Health-Service Outpatient Clinic." *Operations Research* 21, no. 5, September – October 1973, p. 1035, Operations Society of America.

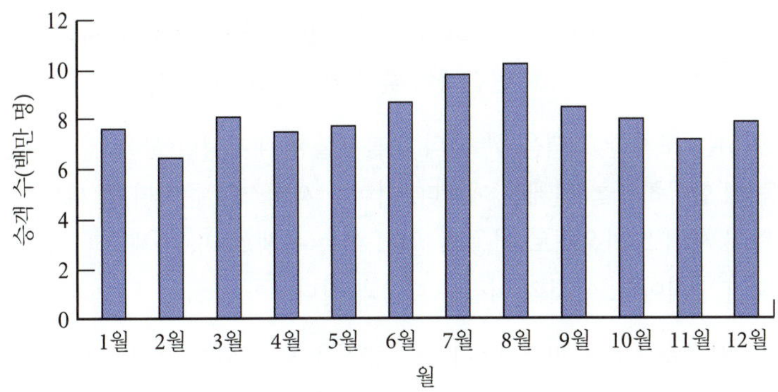

그림 12.7 미국과 전 세계 간 월별 항공여객, 1994

자료원: http://www.bts.gov/product/national-transportation-statistics.

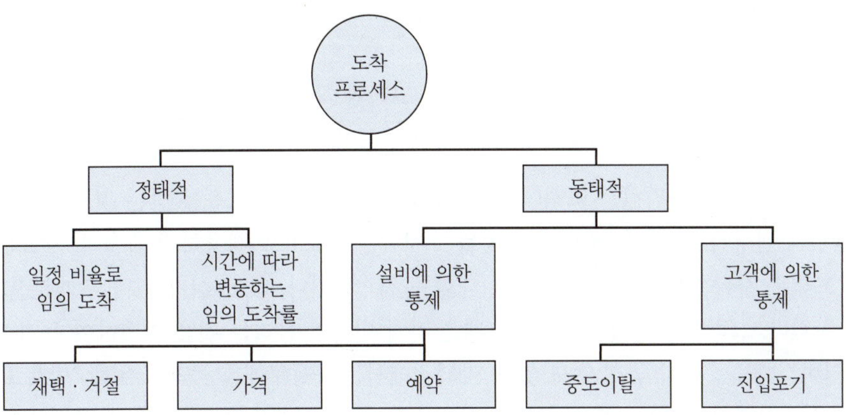

그림 12.8 도착 프로세스의 분류

대기행렬 구성

대기행렬 구성은 대기행렬의 수, 위치, 공간 요구사항 그리고 고객 행동에 대한 영향을 말한다. 그림 12.9는 복수의 서버가 있는 은행, 우체국 또는 제과점과 같은 서비스에 대한 세 가지 다른 대기행렬 구성을 보여주고 있다.

그림 12.9(a)의 복수 대기행렬에서는 도착 고객이 어느 줄에 설 것인지 결정해야 한다. 이 결정은 다른 줄 끝에 가서 다시 설 수 있기 때문에 한 번 결정했다고 해서 돌이킬 수 없는 것은 아니다. 줄 바꾸기 행동은 **줄바꿈**(*jockeying*)이라 불린다. 어떤 경우이든 자신의 줄보다 빠르게 줄어드는 옆줄을 보게 된다면 화가 나겠지만 복수 대기행렬 구성은 다음과 같은 이점이 있다.

1. 제공되는 서비스가 차별화될 수 있다. 슈퍼마켓의 소품목 계산대가 그 예이다. 계산 품목이 적은 쇼핑객을 위한 별개의 창구를 만들어 몇 가지 품목을 계산하려고 많이 기다리는 것을 피할 수 있게 해준다.
2. 노동의 분업이 가능하다. 예를 들면 은행의 자동차 전용창구에는 보다 경험 많은 행원을 배치한다.
3. 고객은 선호하는 특정 서버를 선택할 수 있다.
   진입포기를 막을 수 있다. 도착한 고객이 서버 앞의 구불구불한 하나의 긴 대기행렬을 본다면 오래 기다려야 한다고 판단하여 줄 서기를 포기할 수 있다.

그림 12.9(b)는 도착한 고객을 한 줄의 구불구불한 대기행렬(붉은 띠로 이은 쇠기둥을 배치해 놓음)에 합류하도록 설계한 예이다. 서버가 서비스할 준비가 될 때마다 줄의 맨 앞에 있는 사람이 서비스 카운터로 이동해 간다. 이는 은행 로비, 우체국과 놀이동산에서 일반적인 줄 서기 방식이다. 이것의 이점은 다음과 같다.

1. 이 배치는 선착순으로 서비스받는 FCFS 규칙을 모든 도착 고객에게 적용함으로써 공정성을 보장한다.
2. 단일 대기행렬이기 때문에 복수 대기행렬에서와 같이 어느 줄에 설지를 고민할 필요가 없다.
3. 대기행렬은 단일 입구로 되어 있어 끼어들기 문제가 해소되고 일단 줄을 서면 중도이탈이 어렵다.
4. 서비스받는 고객과 바로 뒤에서 기다리는 고객의 거리가 멀어 프라이버시가 향상된다.
5. 이 배치는 줄에서 기다리는 평균 대기시간이 줄어든다는 면에서 더 효율적이다.

그림 12.9(c)는 도착하는 고객이 자기 위치를 알게 하는 번호표를 받는 것으로 단일 대기행렬의 변형이다. 대기행렬에서 위치를 표시하는 번호표를 사용하면 줄을 설 필요는 없다. 고객은 자유롭게 어슬렁거리거나, 대화를 시작하거나, 앉아 쉬거나 다른 기분전환을 할 수 있다. 그러나 앞서 본 것처럼 고객은 자기 번호가 불리는 것을 주의하여 듣지 않으면 서비스받을 순서를 놓칠 수도 있다. 제과점에서는 충동구매를 늘리기 위해 "번호표" 시스템을 사용한다. 맛있는 빵을 구경할 기회를 갖게 된 고객은 종종 사러 온 빵보다 더 사게 된다.

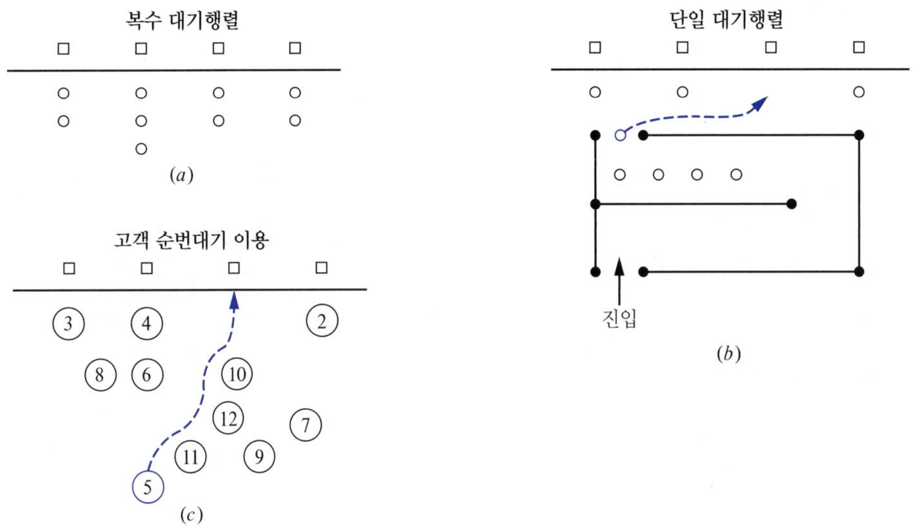

그림 12.9 대안적인 대기 방법

가상대기행렬(virtual queue)은 줄에서의 자기 순서를 눈으로 확인할 수 없기 때문에 아마 가장 답답할 것이다. 회사에 전화 연결을 하는 동안 보류되었을 때, 전화를 건 사람은 전화가 곧 연결될 수도 있다는 생각에 전화 끊기를 주저하지만 또한 기다리는 시간을 생산적으로 사용하지 못했다는 생각에 불만을 갖는다. 일부 콜센터는 주기적으로 전화 건 사람의 순서를 알려줌으로써 이 문제에 대처하고 있다.

기다리는 장소가 서비스를 받으려는 모든 고객들을 수용하기에 부적절하면 그들은 발길을 돌리게 된다. 이런 경우는 **유한 대기행렬**(*finite queue*)로 불린다. 주차 공간이 제한된 식당은 이러한 문제를 갖는다. 공공 주차장도 마지막 자리까지 차게 되면 차가 빠지기 전까지 **만차**라는 표시로 도착하는 차는 거부되기 때문에 이런 예에 속한다.

인터넷은 대기행렬 구성에서 새로운 역할을 하고 있다. 그레이트 클립(Great Clips)은 전국적인 체인을 가진 미용실로 홈페이지나 앱을 이용해 온라인으로 예약을 할 수 있어, 온라인 예약한 고객은 미용실에 도착 즉시 바로 서비스를 받을 수 있다. 온라인 예약을 모르는 일반 고객들은 온라인 예약 고객이 자기들 앞에 끼어드는 것에 불평을 한다(FCFS 대기열 규칙 위반이라고). 그 후 그레이트 클립은 온라인 또는 현장이든 "도착" 순서대로 미리 온라인 예약한 고객도 보여주는 모니터를 설치했다. 그것으로 일반 고객들의 불만을 줄일 수 있었다.

끝으로 기다리는 줄 자체를 숨김으로써 고객의 진입포기를 막을 수 있다. 놀이동산에서는 기다리는 고객을 단계별로 처리한다. 첫 단계는 입구 바깥쪽에 있는 줄이고, 두 번째 단계는 실내에서의 기다림이고, 마지막 단계는 탈 것을 위한 기다림이다. 그림 12.10은 대기행렬 구성의 분류를 보여준다.

대기행렬 규칙

대기행렬 규칙(queue discipline)은 대기행렬에서 다음에 서비스받을 고객을 선택하기 위한 정책이다. 가장 널리 사용되는 서비스 규칙은 선착순으로 서비스받는(FCFS) 규칙이다.

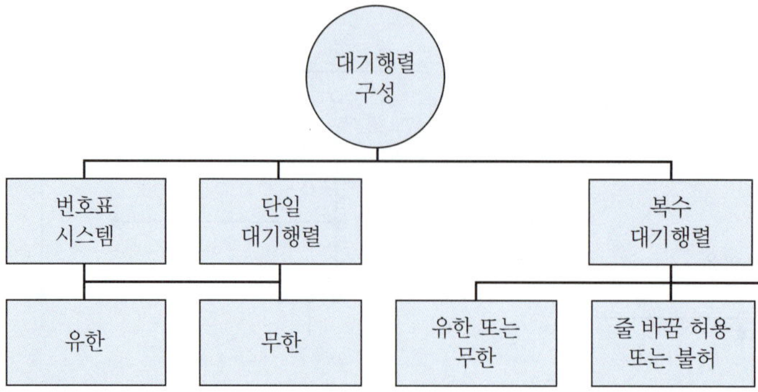

그림 12.10 대기행렬의 구성

이는 모든 고객이 동등하게 취급되기 때문에 서비스를 기다리는 고객에 대한 평등주의적 접근방식이다. 다음 서비스받을 고객을 확인하는 데 있어 기다리는 줄에서의 위치 외의 정보는 사용되지 않기에 정적인 방식으로 간주된다.

동태적 대기행렬 규칙은 고객의 속성이나 기다리는 줄의 상태에 근거를 둔다. 예를 들면, 면담시간 동안 연구실 밖에 줄을 서서 기다리는 학생들에 대해 교수는 가능한 짧은 처리시간(예: 과제물 제출)을 토대로 학생을 선택한다. 이런 최단처리시간(SPT: shortest-processing-time) 규칙은 고객이 시스템에서 보내는(대기와 서비스받는 것을 모두 포함) 평균시간을 최소화하는 특징이 있다. 하지만 이 규칙이 원래 의도한대로 사용되는 경우는 거의 없다. 왜냐하면 긴 처리시간을 갖는 고객은 처리시간이 짧은 최근 도착한 고객에 의해 지속적으로 뒤로 밀려나기 때문이다.

더욱 정교한 동태적 대기행렬 규칙은 선형 지연비용률 "c"와 단위시간당 고객서비스율 "μ"를 고려한 $c\mu$ 우선순위 규칙이다. 이 우선순위 규칙은 고객과 서비스 제공자에 대한 이득의 합을 최대화하는 사회적 최적화 목표를 갖고 있다. 이 규칙은 $c\mu$ 값이 큰 순서대로 우선순위를 부여한다(즉, 높은 비용과 짧은 서비스 시간을 갖는 고객을 기다리는 줄의 앞으로 보낸다). 서비스 처리시간인 $1/\mu$을 지연비용과 결합하여 SPT의 단점을 처리한 것에 주목하자. 이 우선순위 규칙은 c값을 쉽게 결정할 수 있는 같은 조직 내의 고객들을 서비스하는 데 이상적이다.

일반적으로는 도착한 고객을 몇 가지 속성 기준에 따라 우선순위 그룹으로 나누고, 각 그룹 내에서는 FCFS 규칙을 적용한다. 10개 이하의 품목을 산 고객을 대상으로 한 슈퍼마켓에서의 급행 계산대가 하나의 예이다. 이는 대형 슈퍼마켓으로 하여금 이용 고객을 세분화하여 신속한 서비스를 제공하는 동네 편의점과 경쟁할 수 있게 해준다.

의료 서비스에서 **환자분류**라고 알려진 절차는 응급치료로 가장 이득을 볼 환자에게 우선권을 주는 데 사용된다. 가장 반응이 빠른 대기규칙은 끼어들기를 허용하는 우선권 부여 규칙이다. 이 규칙하에서는 현재 어떤 고객이 서비스를 받고 있더라도 우선순위가 높은 고객이 오면 기존 고객의 서비스는 중단되고 이 신규 고객이 서비스를 받게 된다. 이 규칙은 보통 소방차나 구급차와 같은 응급 서비스에 적용된다. 일상적인 환자수송을 위해 병원에 가던 구급차는 심정지 의심 전화가 접수되면 이 일상적인 수송임무를 중단할 것이다.

창의적인 동태적 대기행렬 규칙은 대기행렬 상태의 이점을 취한다. 여러 개의 검사실을 갖는 치과의사가 이용하는 라운드 로빈(round-robin) 서비스의 개념을 고려해보자. 예를 들어, 치과의사는 이를 뽑기 전 환자에게 국소 마취를 한 다음, 마취가 작용하는 동안 다른 환자에게 가서 엑스레이 검사 결과를 판독한다. 따라서 환자들은 기다림과 서비스를 번갈아가면서 서비스 제공자를 공유한다. 대기행렬에서 고객의 수가 많아지면, FCFS 규칙하에 SPT 규칙을 사회적으로 호의적인 대기행렬에서 이용할 수 있다. 복수 대기행렬에 대해 줄바꿈이 고객에게 허용되면 FCFS 규칙은 보장될 수 없음을 유의하자. 그림 12.11은 대기행렬 규칙의 분류를 보여준다.

대부분의 사람들이 익숙한 특히 까다로운 하나의 대기행렬 유형은 공항에서 교통 안전국(TSA: Transportation Security Administration)의 보안검사 과정이다. 답답하고 불편한 심사 과정을 개선하기 위한 노력으로(2012년 초에 한 탑승객이 보안 검사대 통과를 위해 옷을 완전히 벗어 국가적 뉴스거리가 되었다) TSA는 미국 항공사와 제휴하여 선별된 탑승객 그룹에 대한 검사를 신속히 하기 위하여 "Pre✓™" 시스템(신뢰할 수 있는 여행자 프로그램으로 또한 알려진)을 개발하였다.[4] TSA의 Pre✓™은 공항 출국 심사대에 도착하기 전에 자발적으로 참여한 탑승객의 위험 평가를 수행하는 사전심사 제도이다. 자발 참여자는 자격을 갖춘 항공사 상용고객은 물론이고 Global Entry, NEXUS와 SENTRI(역자주, Global Entry는 한국 등에 적용되는 미국으로의 사전 입국 심사 시스템이고 NEXUS는 캐나다에서 미국으로 입국할 때 적용되는 사전 입국 심사 프로그램이며, SENTRI는 멕시코에서 육로로 미국에 입국할 때 적용하는 사전 입국 심사 프로그램임)를 포함하여 기존의 세관 및 국경보호국(CBP: Customs and Border Protection)이 신뢰하는 여행자 프로그램의 회원인 미국시민권자이다. 만약 TSA가 한 탑승객이 신속심사 대상임을 결정하

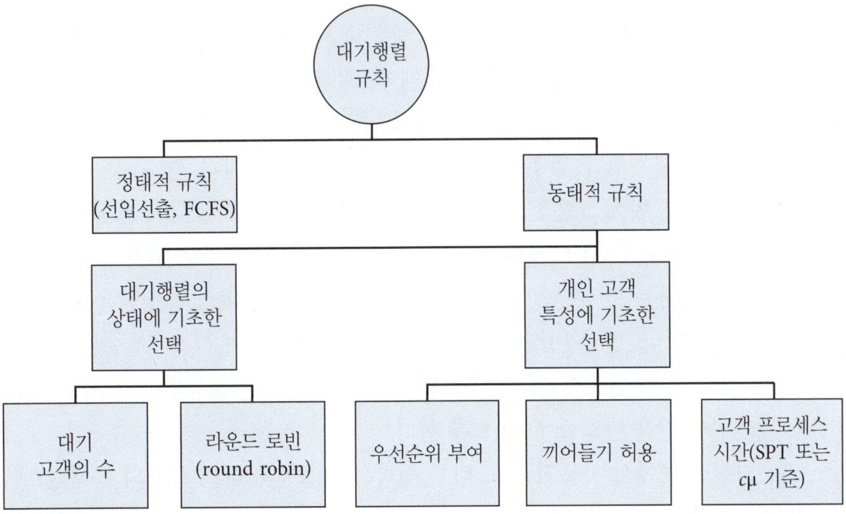

그림 12.11 대기행렬 규칙의 분류

4) https://www.tsa.gov/precheck

면 그 탑승객은 자신의 여행정보번호(KTN: Known Travelar Number)를 항공사의 데이터베이스에 입력할 수 있다. 그러면 탑승권에 TSA Pre✓™ 표시가 되어 이 탑승객은 신속 사전 심사 줄에서 심사를 받을 수 있다(때때로 이 줄은 일반적인 TSA 심사 줄보다 빠르다). 사전 심사 줄에 있는 승객은 신발, 액체, 노트북, 가벼운 재킷과 벨트 같은 물품을 보안 심사대 위에 따로 올려놓을 필요가 없다. 최근 판결에 따르면 75세 이상의 탑승객은 일반 보안 검색대를 통과할 때 신발을 신고 있어도 된다. 나이에 대한 긍정적인 특권이다!

최근 TSA는 보안검사에 시간이 너무 오래 걸려 엄청난 비난을 받고 있고 항공사와 공항은 혼잡을 줄이기 위해 다른 방법들을 시도하고 있다. 그러한 방법 중 하나는 델타 항공이 TSA와 공동으로 2016년 여름에 특정 공항에서 시험한 5개 보관함(5-bin)을 이용한 적재이다. 5개 보관함 시스템에서는 탑승객 5명이 정지된 테이블에 있는 5개의 서로 다른 보관함에 개인 소지품을 동시에 넣기 시작한다. 보관함들은 적재된 순서대로 컨베이어 벨트를 통해 엑스레이 검사를 거친다. 이렇게 하면 한 명의 느린 탑승객이 줄이 움직이는 것을 막지 못하게 될 것이다. 또한 보관함들은 내부의 칸반(*Kanban*) 같은 컨베이어 벨트에서 순환되어 탑승객들이 보관함을 기다리지 않아도 된다.

개인뿐만 아니라 지방자치단체도 대기행렬 문제를 해결해야 한다. 직장, 학교 또는 다른 목적지로 매일 출퇴근하는 사람들은 누구나 효율적인 급행 교통 시스템의 이점을 알고 있다. 하지만 이러한 시스템을 어떻게 효율적으로 운영할 것인가?

미국 연방교통청(FTA: Federal Transit Administration)은 교통 체증, 도시의 무분별한 확장, 도심의 쇠퇴와 대기 오염을 해결함으로써 대중교통 시스템을 개선할 수 있는 방법을 찾기 위해 지속적으로 노력하고 있다. 잘 알려진 몇몇 개념으로 다인승 차량(HOV: high-occupancy vehicle) 차선, 버스 전용차선, 고속도로 진출입 규제와 공공차량의 더 빠른 탑승을 용이하게 하는 오프라인 발권을 들 수 있다.

그러나 최근에 기술은 대기행렬과 교통통제 관리를 더 잘하여 버스 서비스의 효율적인 운영에 큰 역할을 하고 있다.[5] 이러한 시스템은 교차로에서의 과도한 신호대기로 인한 버스 서비스의 지연을 줄여준다. 하나의 시스템에서는 프로그램 알고리즘 및 응답기 또는 기타 전자통신 기능을 통해 신호에 접근하는 버스가 녹색신호를 연장하거나, 적색신호를 녹색신호로 바꾸고, 교차로를 멈추지 않고 통과할 수 있도록 한다. 이 경우 버스 기사가 버스운행 시간 준수를 위해 교통신호 우선 조정 여부가 필요한지를 결정한다. 또 다른 시스템에서는 자동차량 위치(AVL: automatic vehicle location) 시스템을 장착한 버스가 운영센터에 신호를 보내는데, 운영센터에서는 컴퓨터 시스템이 버스가 정상운행인지 지연되고 있는지를 판단한다. 만일 버스가 지연되고 있다면 우선순위 시스템은 버스의 운행구간내에 있는 교통신호를 전략적으로 조정하여 다른 운전자들의 교통방해를 최소화하면서도 버스가 지연된 시간을 만회할 수 있도록 한다.

버스 전용차선 도로에서 사용되는 또 다른 전략은 버스에게 다른 차선의 녹색신호에 앞서 버스차선에 녹색신호를 우선 제공하는 "줄에 끼어드는(queue jump)" 방식을 허용한다.

---

5) https://www.transit.dot.gov/

서비스 프로세스

서비스 시간의 분포, 서버의 배열, 관리정책과 서버의 행동 모두가 서비스 성과에 영향을 미친다. 그림 12.12는 평균이 $1/\mu$인 외래진료소의 몇몇 서비스 시간분포를 막대그림(histogram)으로 보여준다. 그림에서 볼 수 있듯이, 서비스 시간의 분포는 어떤 형태든 될 수 있다. 자동세차의 세차시간처럼 서비스 시간이 일정한 경우도 있다. 하지만 서비스가 간단하고 수행하기 쉬울 때(예를 들면 패스트푸드 식당에서 주문을 처리하거나 다리를 건널 때 통행료를 받거나 슈퍼마켓에서 물건을 확인하는 것)는 서비스 시간의 분포는 지수 분포이다(그림 12.3 참조). 그림 12.12(c)의 2차 서비스 시간의 막대그림은 지수 분포와 가장 가깝다. 2차 서비스 시간은, 예를 들면 의사가 처방전을 쓰거나 당신과 검진 결과를 함께 보는 것과 같은 짧은 만남을 나타낸다. 서비스 시간의 분포는 고객의 요구와 서버의 성과에 있어서의 변화를 반영한다.

표 12.1은 다양한 서비스 시설의 배열을 보여준다. 서버를 병렬로 하면 서비스 수요의 변화에 대응하는 데 유연성을 가질 수 있다. 경영자는 수요변화에 대응하기 위해 서비스 라인을 열거나 닫음으로써 서비스제공 능력을 효과적으로 변화시킬 수 있다. 은행에서는 대기행렬의 길이가 길어지면 추가로 창구를 연다. 교차훈련된 종업원도 이런 유연성 확보에 도움이 된다. 예를 들면 슈퍼마켓의 계산대에서 줄이 길어지면 진열담당 직원도 계산원으로 투입된다. 병렬 서버의 마지막 이점은 설비고장 시에 사용 가능한 여분의 설비를 제공한다는 점이다.

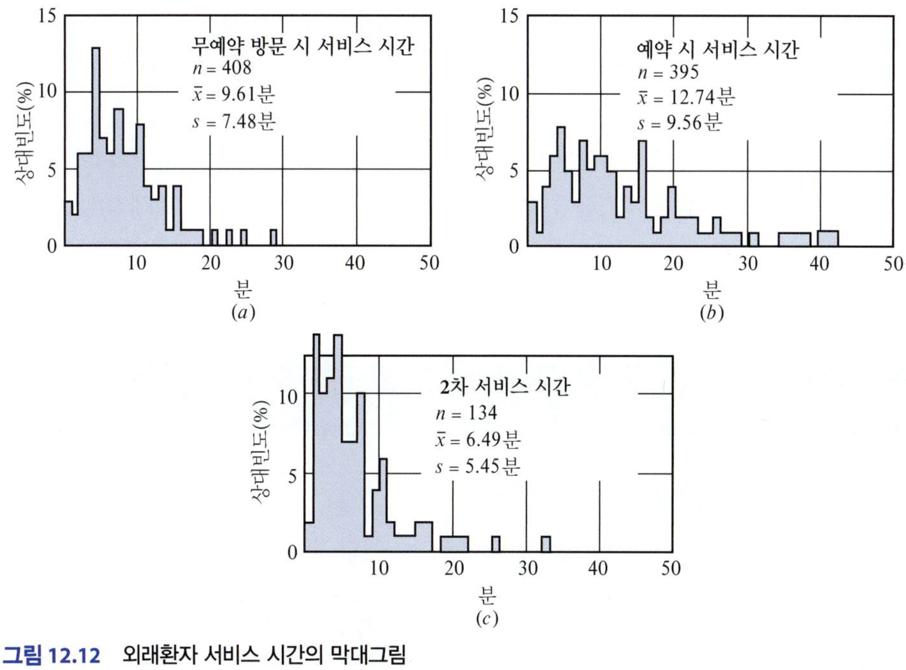

그림 12.12 외래환자 서비스 시간의 막대그림

자료원: E. J. Rising, R. Baron, and B. Averill, "A Systems Analysis of a University Health-Service Outpatient Clinic." *Operations Research* 21, no. 5, September–October 1973, p. 1039, Operations Society of America.

표 12.1 서비스 시설 배열

서비스 시설	서버 배열
주차장	셀프서비스
식당	직렬 서버
톨게이트	병렬 서버
슈퍼마켓	첫 장소에 셀프서비스, 둘째 장소에 병렬 서버
병원	많은 서비스 센터가 직렬과 병렬이지만 각각의 환자가 모두 다 사용하는 것은 아님

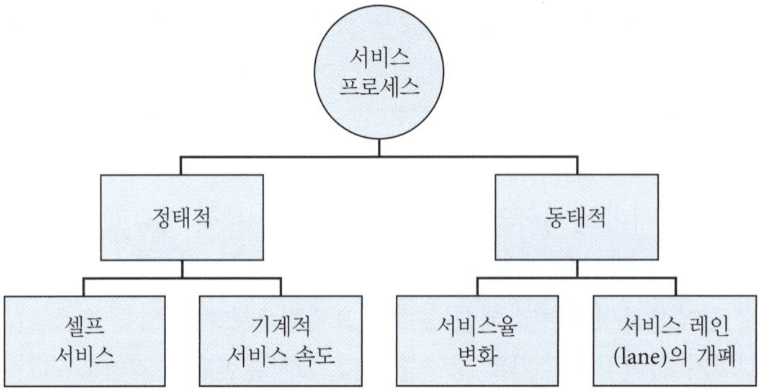

그림 12.13 서비스 프로세스의 분류

고객에 대한 서비스 직원의 행동은 서비스 조직의 성공에 있어 중요하다. 긴 대기 줄의 압박으로 서버는 속도를 높이고 각 고객에게 더 적은 시간을 쓸 것이다. 안타깝게도 서버의 부드럽고 여유있는 태도가 무뚝뚝하고 사무적으로 변할 수 있다. 서두르라는 지속적인 압박으로 고객 처리율을 높일 수 있지만 서비스의 질은 떨어지게 된다. 압력을 받은 서버의 이러한 행동은 같은 서비스 시스템의 다른 서버들에게 나쁜 영향을 줄 것이다. 예를 들면 바쁜 긴급전화 상담원은 위기 상황에 대해 제대로 파악하지 않고 또 다른 순찰차를 보낼 것이다. 이러한 상황에서 긴급전화 상담원은 가장 위험한 곳에 보낼 순찰차를 확보하기 위해 평소보다 더 많은 시간을 들여야 한다. 그림 12.13은 서비스 프로세스의 분류를 보여준다.

서비스 벤치마크

디즈니의 마법은 대기행렬이 사라지게 한다

줄 서서 기다릴 때 시간은 느리게 간다. 그러나 디즈니 테마공원(Disney theme parks)의 입장객들은 가상 대기행렬에 합류하는 대안을 가지고 있다. 1999년 디즈니사는 "패스트 패스(FastPass)"를 실행하였는데, 이것은 컴퓨터화된 발권 시스템으로 고객이 인기 있는 놀이기구에 예약을 미리 하여 나중에 긴 줄에서 기다리지 않도록 해준다. 패스트 패스를 받기 위해서는 고객이 일반 입장권을 키오스크의 지정된 홈(slot)에 넣으면, 컴퓨터가 당일 중 나중을 위해 사용할 1시간 기간을 명시한 티켓을 출력해 준다. 명시된 시간이 되었을 때 고객은 기다리지 않고 놀이기구에 입장한다. 고객은 패스트 패스가 아니었으면 줄에서 기다리느라 낭비했을 시간을 레스토랑, 선물가게나 덜 인기 있는 놀이기구를 타는 데 사용할 수 있다. 이러한 고객들은 디즈니

방문 동안 더 많은 즐거움을 누릴 수 있고, 디즈니사는 더 많은 돈을 벌게 된다. 패스트 패스를 받기 위해서는 추가 비용이 들지 않지만 주어진 시간대에 허용되는 패스트 패스의 수에 대한 제한을 포함하여 제약이 있을 수 있다.

2012년 디즈니사는 패스트 패스+에 대한 테스트를 시작했는데 패스트 패스+는 투숙객이 휴가가 시작되기 전에 놀이기구 탑승시간에 대한 예약을 하도록 해 주는 것이다. 디즈니 리조트의 투숙객은 이메일로 연락을 받고 디즈니 공원에서 하루 동안 패스트 패스+일정을 준비할 기회를 제공받는다. 패스트 패스+ 투숙객은 예약된 놀이기구에 입장하기 위해서는 그 놀이기구 근처에서 흔들면 되는 RFID가 장착된 팔찌를 제공받는다.

디즈니사는 비수기에 패스트 패스 예약으로 수요를 평준화하고 미래의 놀이기구 수요를 예상하여 필요시 서비스 제공능력을 추가하는 것(예: 매직 마운틴 탑승을 위한 여분의 차량 추가)과 같은 패스트 패스로부터 뜻밖의 이익을 얻었다.

요약

서비스 시스템의 경영에 대한 창의적인 접근방법을 고려하기 전에 사람들이 기다리는 현상에 대해 이해할 필요가 있다. 고객들을 계속 기다리게 하는 것의 행동적 의미에 대한 이해로 기다림에 대한 인식이 실제 지연보다 더 중요함을 알 수 있다. 기다림은 서비스 기업과 그 고객 모두에게 경제적 영향을 미친다.

대기행렬 모형을 보여주는 그림을 통해 고객 모집단, 도착 프로세스, 대기행렬 구성, 대기행렬 규칙과 서비스 프로세스 같은 대기행렬 시스템의 기본적인 특성을 알 수 있다. 각각의 특성을 잘 이해하면 경영에 대한 통찰력을 얻을 수 있고 고객 서비스를 개선하기 위해 경영자가 선택할 수 있는 방안들을 알려준다.

주요 용어

고객 모집단(calling population) 서비스를 받으려는 고객의 원천

대기행렬 규칙(queue discipline) 대기행렬에서 다음 서비스할 고객을 선택하는 규칙[예, 선착순 서비스(FCFS)]

줄바꿈(jockeying) 복수 대기행렬 시스템에서 고객이 하나의 줄에 있다 다른 줄에 합류하기 위해 그 줄을 떠나는 것

중도이탈(reneging) 대기행렬에 있는 고객이 서비스를 받기 전에 떠날 때 발생

지수 분포(exponential distribution) 도착간격 시간 또는 서비스 시간을 설명하는 연속분포

진입포기(balk) 도착한 고객이 긴 대기행렬을 보고 서비스를 받지 않으려고 결정할 때 발생

포아송 분포(poisson distribution) 주어진 시간간격(예: 시간) 동안에 임의로 도착하는 수나 바쁜 서버로부터 떠나는 수를 설명하는 이산분포

토론 주제

1. 서비스 시간의 변동성을 조절하기 위한 전략을 몇 가지 제시하라.
2. 기다림을 덜 고통스럽게 하는 기분전환 방법을 제시하라.
3. 나쁘고 또 좋았던 기다림의 경험을 선택하여 주변환경의 미학, 기분전환 방법, 기다리는 사람과 서버의 태도 관점에서 이 경험들을 비교해 보라.

4. 서비스 관리자가 고객의 도착 시간에 영향을 줄 수 있는 방법을 제시하라.

5. 어떤 패스트푸드 레스토랑에서는 줄이 길어지면 종업원이 다니면서 주문을 받는다. 이러한 정책의 이점은 무엇인가?

그룹활동 과제

수업 시간에 가능하면 최소한 한 명의 외국 학생이 각 그룹에 포함되도록 소규모 그룹으로 나눈다. 해외여행을 한 경험을 바탕으로 각 그룹은 문화적 관점에서 기다림에 대한 행동으로부터 관찰할 수 있는 것들에 대한 보고서를 작성한다.

익힘 문제와 풀이

문제

한 패스트푸드 레스토랑은 손님의 도착에 관심이 있다. 바쁜 점심시간 동안에 시간당 평균 20명의 고객이 포아송 분포로 도착하는 것을 관찰했다.

a. 만일 한 고객이 지금 막 레스토랑에 들어왔다면, 다음 10분 내에 다른 한 고객이 도착할 확률은 얼마나 되는가?

b. 두 고객이 5분 간격 차이로 도착할 확률은 얼마나 되는가?

해

a. 우리는 다음 $t = 10$분간의 시간간격에 초점을 두고 있기에 분당 $\lambda = 20/60 = 1/3$의 도착률로 방정식 (2)를 사용한다.

$$F(t) = 1 - e^{-\lambda t} = 1 - e^{-(1/3)(10)} = 0.96 \text{ 거의 확실함}$$

b. 우리는 다음 $t = 5$분이라는 시간간격에 초점을 두고 있기에 분당 $\lambda = 20/60 = 1/3$의 도착률로 방정식 (3)을 사용한다.

$$f(n) = \frac{(\lambda t)^n e^{-\lambda t}}{n!} = \frac{[(1/3)(5)]^2 e^{-(1/3)(5)}}{2!} = 0.26$$

연습문제

12.1 당신은 콘서트 티켓을 사기 위해 아침 일찍 도착했지만 이미 긴 대기 줄이 있었고 사람들의 도착간격 시간의 평균은 약 15분으로 들었다.

a. 만약 당신이 도착하자마자 화장실을 사용하기 위해 5분 동안 자리를 비운다면 대기행렬에서 당신의 자리를 잃을 확률은 얼마나 되는가?

b. 당신이 자리를 비운 5분 동안에 0, 1 또는 2번의 도착이 있을 확률은 얼마인가?

12.2 시간당 평균 4개의 도착이 있는 분포에 대해 시간당 0에서 9까지의 범위로 포아송 막대그림을 만들어보라. 당신이 만든 분포는 평균에 대해 대칭인가?

12.3 방정식 (2)를 사용하여 그림 12.3에 표시된 환자의 도착간격 시간에 대한 누적 지수 분포를 분당 평균 0.4167의 도착으로 준비하라. 1분 단위로 0에서 10분 사이에 대해 분포를 그려보라. 분포의 상한은 얼마인가?

사례_12.1

Eye'll Be Seeing You?[6)]

F여사는 텍사스 오스틴에 있는 안과 의사 X박사와의 예약 시간인 오후 1시 30분보다 15분 일찍 병원에 도착하였다. 대기실은 비어 있었고 예약자 명단의 이름은 이미 다 지워져 있었다. 접수원이 그녀를 쳐다보았지만 그녀가 도착해 있다는 것을 알아차리지 못한 것 같다. F여사는 앞으로 펼쳐질 드라마를 모른 채 예약시간대로 진료가 시작될 것 같아 즐거운 마음으로 자리에 앉아서 가져온 책을 보기 시작했다. 대기실은 3면이 큰 창으로 둘러싸여 있었고, 나머지 한 면의 뒤쪽으로 접수원이 앉아 있었다. 아주 멋있는 예술품과 식물들로 가득한 편안한 대기실이었다.

오후 1시 25분에 또 다른 환자인 잭(Jack)이 도착하였다. F여사는 접수원이 그의 이름을 불렀기 때문에 이 사람이 잭이라는 것을 알 수 있었다. 잭도 자리에 앉아서 잡지를 뒤적이기 시작했다.

오후 1시 40분에 아주 당황한 표정의 한 여성이 들어와서 접수원에게 말하기 시작했다. 그녀는 1시 약속을 못 지켰는데 어떻게든 X박사를 볼 수 있겠냐는 것이다. 접수원은 매우 차갑게 "아니에요. 예약시간은 11시였어요"라고 말했다.

"전 1시라고 써 놨는데." 그녀는 점차 당황한 모습에서 찡그린 표정으로 변하기 시작했다.

"그럴 리 없어요."라고 접수원은 말했다.

"하여튼 좀 진료를 받을 수 있을까요?"라고 그녀는 부탁했다.

"알아보죠, 앉아계세요."

F여사와 다른 두 "환자"는 오후 1시 50분까지 기다렸는데 이때 직원 2가 대기실과 여러 치료실로 향하는 복도 사이의 문을 열고서는 잭의 이름을 불렀고 잭과 함께 수다를 떨면서 치료실로 갔다. 그녀는 "내가 먼저 여기 왔지만 그는 사전예약을 놓쳤던 사람일거야"라고 생각하고는 다시 책을 읽기 시작했다. 5분 후에 직원 2가 나타나서 진료를 받을 수 있을지 고민하고 있는 예약보다 훨씬 늦게 온 다른 환자를 불렀다. 그때서야 F여사는 직원 2에게 이야기하였다. "제 예약에 문제가 있는 건 아닌지 궁금해요. 나는 저 두 사람보다 훨씬 전에 여기 와 있었어요."

직원 2는 퉁명스럽게 대답했다. "당신의 파일을 가져왔으니 자리에 앉아 계세요."

F여사는 다시 한번 텅 빈 대기실로 돌아와서 책을 다시 읽기 시작했다. 오후 2시 15분에 드디어 직원 2는 F여사를 불러 진료실 1에 데리고 갔는데 여기서 F여사의 눈에 대한 예비검진을 하였다. 이런 방식은 X박사의 진료에서는 아주 정상적인 절차였다. 그리고 그 다음 정상적인 절차의 하나는 환자의 현재 안경을 측정하는 것이었다. 그래서 F여사는 안경을 벗어서 직원 2에게 주려 하였으나 직원 2는 그녀를 지나치며 "이쪽으로요."라고 짧게 말했다. F여사가 안내된 곳은 "동공확장을 위한 장소"였다. 물론 동공확장을 위한 안약을 투약하지도 않은 상태였다.

동공확장실은 동공확장된 눈을 보호하기 위해 약간 어두웠지만 책을 계속해서 읽을 수는 있었다. 그 방에는 F여사 외에는 아무도 없었다. 오후 2시 45분에 직원 2가 다시 나타나선 "이쪽이요." 하곤 진료실 3으로 데리고 갔다. "여기서 기다리세요." 하곤 다시 어두컴컴한 방에 F여사가 앉아 있게 놔두었다.

F여사는 X박사와 잭이 옆방에서 웃는 소리를 들을 수 있었다. 오후 2시 55분에 두 사람이 인사하는 소리와 방을 나가는 소리를 들을 수 있었다. F여사는 X박사가 곧 방에 오겠구나 하고 생각했다. 그러나 오후 3시 15분에도 박사가 여전히 나타나지 않자 그녀는 직원 2와 접수원과 또 다른 직원 3이 잡담하는 곳으로 갔다. "미안하지만 뭔가 잘못된 거 아녜요?"라고 물었다. 직원 2가 돌아보더니 "아뇨, 박사님은 진료 중입니다. 자리로 가서 앉아 계세요"라고 말했다.

F여사는 의아했지만 자리로 돌아갔다. 그녀는 일상적인 검진으로 온 것이 아니라 특정한 시각적 문제로 여기 온 것이었다.

이러한 모욕적인 대우로 F여사의 인내심과 참을성도 바닥이 나 오후 4시에 그녀는 접수 창구로 직접 가서 모든 직원이 듣는 앞에서 자신은 오후 1시 30분부터 기다렸고 무려 2시간 반을 앉아 있었는데 그 시간 동안 직원 중 어느

6) 이 사례는 전적으로 사실에 입각한 것이다. 의사와 직원의 이름은 생략하였는데, 그들을 보호하기 위함이 아니라, 미국 건강관리 시스템에서 이렇게 환자를 대하는 것이 너무나 만연되어 있기 때문이다. 여기서 이 사례를 제시한 이유는 두 가지이다. 첫째로는 이 내용이 이 장에서 다루는 내용과 밀접한 관계가 있기 때문이며, 둘째로는 고객과 서비스 제공자가 서비스 개선을 위해서 함께 노력해야 하기 때문이다. 서비스 제공자는 고객의 니즈에 민감하게 반응하여야 하고, 고객은 좋은 서비스를 요구하여 그런 좋은 서비스를 받아야 마땅하다.

누구도 자기에게 문제가 무엇인지와 얼마를 더 기다려야 하는지에 대해 알려주지 않았다고 말했다. 그리곤 이제 더 이상 기다리지 않고 제대로 진료받을 수 있는 의사를 찾아봐야겠다고 덧붙였다. 그 때 그 자리엔 여러 대기환자가 앉아 있었다.

이 사례의 결말은 다음과 같다. F여사는 곧장 집으로 돌아가서 X박사에게 그녀가 당한 대우와 그녀와 그녀의 가족이 이젠 다른 의사를 찾아보겠다는 다음의 편지를 적었다.

〈F여사의 편지〉

X박사님께,

우리 가족의 안과 진료를 다른 의사 선생님으로 변경한 것에 대해 매우 유감이라 생각하고 있으며 저의 이러한 결정에 대한 이유를 알려드리고 싶습니다.

지금 시각이 오후 4시 22분으로 저는 오후 1시 30분 진료 예약한 박사님의 병원에서 방금 집에 도착했습니다. 예약을 한 이유는 제가 세튼 병원(Seton Hospital)에서의 최근 시력검진에서 우려되는 검진결과를 받았기 때문입니다. 저는 동공확장실과 검진실에서 2시간 30분 이상을 계속 기다렸으며, 이 시간 동안 박사님의 병원 직원 중 어느 누구도 저에게 진료가 늦는 것에 대해 설명을 해주거나 저를 잊지 않고 있다는 것을 확신시켜 주지도 않았습니다. 마침내 저를 잊었는지를 물어봤을 때, 저를 매우 불친절하게 대했으며(어떻게 제가 묻게 만들죠!) 여전히 진료가 늦는 데 대한 어떤 이유나 제가 얼마나 더 기다려야 하는지에 대해서 알려주지 않았습니다. 결국 박사님을 뵙지 못하고 떠났습니다.

제가 앞에서 언급했듯이 의사 선생님을 변경한 것에 대해서는 매우 유감입니다, 왜냐하면 박사님의 전문지식과 지난 수년 동안 박사님이 직접 우리 가족 4명을 진료해주신 점을 높이 평가하기 때문입니다. 하지만 박사님 병원의 직원들 냉대는 참을 수 없습니다.

F여사 드림

관련 질문

1. 서비스에 대한 마이스터의 두 가지 법칙을 이 사례에 적용해보라.
2. X박사의 병원에서 사용된 대기방식의 장점은 무엇인가? 그리고 단점은?
3. F여사는 서비스를 기다리는 고객의 전형적인 모습인가?
4. X박사가 F여사의 가족을 고객으로 계속 모시고 싶다면 F여사의 편지에 어떻게 대응해야 하는가? F여사에게 X박사를 대신하여 편지를 써보라.
5. 앞으로 X박사의 병원에서 이를 방지하려면 어떻게 해야 하는가?
6. 고객 입장에서 기대 수준에 못 미치는 서비스를 받았을 때 고객이 대응할 수 있는 건설적인 방법을 제시해 보라.

참고문헌

Buell, Ryan W., and Michael I. Norton. "The Labor Illusion: How Operational Transparency Increases Perceived Value." *Management Science* 57 (September 2011), pp. 1564-79.

Cayirli, Tugba, Emre Veral, and Harry Rosen. "Assessment of Patient Classification in Appointment System Design." *Production and Operations Management* 17, no. 3 (May-June 2008), pp. 338-53.

Chambers, Chester, and Panagiotis Kouvelis. "Modeling and Managing the Percentage of Satisfied Customers in Hidden and Revealed Waiting Line Systems." *Production and Operations Management* 15, no. 1 (Spring 2006), pp. 103-16.

Dahm, Martin, Daniel Wentzel, Walter Herzog, and Annika Wiecek. "Breathing Down Your Neck! The Impact of Queues on Customers Using a Retail Service." *Journal of Retailing* 94, no. 2 (2018), pp. 217-30.

Gillam, G., et al. "Line, Line, Everywhere a Line: Cultural Considerations for Waiting-Line Managers." *Business Horizons* 57, no. 4 (2014), pp. 533-39.

Ibrahim, Rouba, and Ward Whitt. "Real-Time Delay Estimation Based on Delay History in Many-Server Service Systems with Time-Varying Arrivals." *Production and Operations Management* 20, no. 5 (September-October 2011), pp. 654-67.

Lakshmi, C., and Sivakumar Appa Iyer. "Application of Queuing Theory in Healthcare: A Literature Review." *Operations Research for Health Care* 2, no. 1 (2013), pp. 25-39.

Perry, Jonathan, et al. "Fastpass: A Centralized Zero-Queue Datacenter Network." *ACM SIGCOMM Computer Communication Review* 44, no. 4 (2014).

Salzaruo, Peter A., Kurt M. Bretthauer, Murray J. Cote, and Kenneth L. Schultz. "The Impact of Variability and Patient Information on Health Care System Performance." *Production and Operations Management* 20, no. 6 (November-December 2011), pp. 848-59.

Voorhees, Clay M., et al. "It Depends: Moderating the Relationships among Perceived Waiting Time, Anger, and Regret." *Journal of Service Research* 12, no. 2 (November 2009), pp. 138–55.

Whiting, Anita, and Naveen Donthu. "Managing Voice-to-Voice Encounters: Reducing the Agony of Being Put on Hold." *Journal of Service Research* 8, no. 3 (February 2006), pp. 234–44.

Wu, Tim. *The Attention Merchants: The Epic Scramble to Get Inside Our Heads* (New York: Knopf, 2016).

Xu, Kuang, and Carri W. Chan. "Using Future Information to Reduce Waiting Times in the Emergency Department via Diversion." *Manufacturing & Service Operations Management* 18, no. 3 (2016), pp. 314–31.

Chapter 13

서비스능력 계획과 대기행렬 모형

학습목표

1. 서비스 공급능력 계획의 전략적 역할에 대한 토의
2. *A/B/C* 형식을 이용하여 대기행렬 모형을 설명
3. 대기행렬 모형을 이용하여 시스템 성과 척도를 계산
4. 대기행렬 시스템의 특성들 간의 관계를 이해
5. 대기행렬 모형과 여러 의사결정 기준을 이용하여 서비스능력 계획을 수립

서비스 공급능력 계획의 의사결정은 서비스를 제공하는 데 소요되는 비용과 고객의 기다림으로 유발되는 비용(또는 불편함)과의 상충관계(trade-off)와 깊은 관련이 있다. 서비스 공급능력에 관련된 비용은 근무 중인 서버(sever)의 수에 의해 결정되며, 고객의 불편함은 대기시간(waiting time)으로 측정된다. 그림 13.1은 이러한 상충관계를 나타내고 있는데, 비교를 위해서 대기시간을 화폐 단위로 표시할 수 있다고 가정하였다. 일반적으로 서비스 공급능력을 향상시키면 대기비용이 줄어들고 서비스 비용은 증가한다. 결합된 비용(combined costs)을 계획수립의 기준으로 사용하면 최적 서비스 공급능력은 총비용, 즉 서비스와 대기비용의 합을 최소화하게 된다.

제록스사(Xerox Corporation)는 Model 9200(복사기)을 출시하면서 이와 같은 딜레

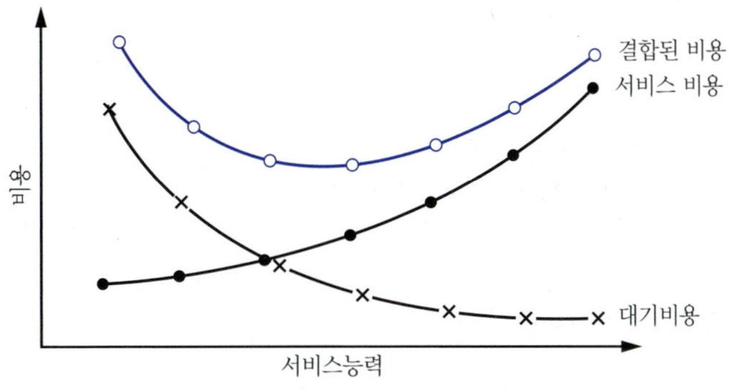

그림 13.1 공급능력 계획에 있어서 경제적 상충관계

마에 직면했다.[1] 개별 담당기술자가 개별 영역을 담당하는 기존의 서비스 공급 및 유지보수 운영방식 능력으로는 결정적인 경쟁적 우위를 보장하는 서비스 수준을 제공할 수 없었다. 제록스의 서비스 공급능력 수준에서는 고객이 상당 시간을 기다려야만 하기 때문에 고객의 수익에, 그리고 간접적으로는 제록스의 수익에 악영향을 미쳤다. 그래서 제록스는 이 딜레마를 해결하는 최선의 방법을 찾기 위해 대기행렬 분석(queuing analysis)을 수행했다. 자율성이 일부 상실된다고 생각하는 담당기술자와 "개인"에 대한 관심이 줄어든다고 느끼는 고객 등이 초기의 제약사항으로 대두되었다. 이에 회사는 더 많은 고객에게 더 빠른 서비스를 제공할 수 있도록 서비스 부서를 여러 개의 소규모 팀(mini-team)으로 재편했다.

제록스 고객의 비용은 직접적이었는데, 왜냐하면 Model 9200은 이전의 오프셋 시스템(offset system)을 대체하는 것이었기 때문이다. 따라서 제록스의 기계가 "고장" 난다는 것은 곧 소득을 잃는다는 것을 의미한다. 이 시점에 제록스가 직면한 문제는 각 팀에 몇 명의 팀원을 배정할 것인지를 결정하는 것이었다. 회사는 고객의 대기비용과 제록스의 서비스 비용을 최소화하기 위하여 대기행렬 분석을 사용하였고, 그들은 팀당 3명의 담당기술자가 최적이라는 결과에 도달하였다. 고객 지연의 금전적 비용은 일반적으로 이러한 예에서보다 더 계산하기 어려우며, 확인하기 불가능한 경우도 많다. 병원에서 병리학자의 보고서를 기다리는 수술팀의 지연 비용은 팀원들의 급여에 병실 운영비용을 더하여 계산될 수 있다. 그러나 한 환자가 접수처에서 의사를 기다리고 있는 비용은 고객의 대기 상황 인식에 따라 영향을 받기 때문에 계산하기 쉽지 않다.

고객의 대기와 서비스 공급능력 사이의 상충관계는 매일 관찰할 수 있다. 예를 들면, 구급차가 주행 중인 시간이 전체의 30%를 넘는 경우는 드물다. 이러한 낮은 활용도는 필요시 즉시 지원 가능한 능력을 갖기 위한 대가로 요구된다. 이러한 특정한 서비스에서 대기시간의 잠재적 비용은 인명이 관련된다는 측면에서 막대하기 때문에 구급차의 초과 공급능력은 필수적이다. 한편, 성미 급한 사람들이 우체국에서 서비스를 기다리는 줄을 서 있는 것은 일상적인 장면이다. 여기서는 잠재적인 대기비용이 치명적이지 않다는 판단이 이루어진 것이며—생명을 위협하는 것은 절대 아니기 때문에—게다가 고객에게는 다른 대안도 있다. 이 전략의 또 다른 결과는 서비스를 요구하는 고객의 압박하에서 최상의 서비스를 제공할 수 없기 때문에 우체국 직원이 힘들어지는 것이다!

개요

본 장은 서비스 기업에서의 서비스 공급능력 계획으로부터 논의를 시작한다. 서비스에 대한 고객 수요를 통제하기 어렵고 고객이 전달 과정에 참여하기 때문에 서비스 공급능력 계획은 매우 복잡하다. 서비스의 경우, 서비스 공급능력에 따라 고객이 기다리는 정도를 예측하는 것이 필요하다. 본 장은 대기시간을 예측하는 데 사용될 수 있는 분석적인 모형

---

1) W. H. Bleuel, "Management Science's Impact on Service Strategy," *Interfaces* 6, no. 1 (November 1975), part 2, pp. 4–12.

을 소개한다. 대기행렬 모형은 몇 개의 방정식들로 이루어져 있으며, 평균 도착률과 평균 서비스율 등과 같은 간단한 자료를 이용해서 평균 고객 대기시간과 같은 시스템의 특성을 찾게 된다. 모형을 통해 계산된 값을 여러 의사결정 기준에 적용하여 주차장의 크기를 결정하는 것과 같이 서비스 공급능력 계획에 관련된 의사결정을 내릴 수 있다. 더 나아가 대기행렬 모형은 대기현상(queuing phenomenon)을 이해하는 데 도움을 줄 수 있다. 예를 들면, 대기행렬 모형을 사용하면 복수-서버 시스템에 서버를 추가했을 때 나타나는 결과를 예측하거나 서비스 시간의 변동을 감축하는 것이 대기시간에 미치는 영향을 설명할 수 있다.

서비스능력 계획

공급능력(capacity)이란 일정 기간에 걸쳐 서비스를 제공하는 역량이다. 서비스의 경우, 기간은 수십 년(예를 들면, 리조트 호텔을 건축하는 경우)에서 단 몇 시간(예를 들면 패스트푸드 식당에서 점심시간 동안 인력 수급을 맞추는 경우)이 될 수도 있다. 공급능력은 시설, 설비, 노동력 등의 가용자원에 의해 결정되므로 서비스 공급능력 계획이란 기업의 전략적인 사업계획을 실현하는 데 필요한 자원의 종류와 양을 결정하는 프로세스이다. 그러므로 전략적 서비스 공급능력 계획의 목적은 예상 수요를 충족시키기 위하여 시설과 설비, 노동력의 적절한 믹스(mix)를 구체적으로 설정함으로써 적정 수준의 서비스 공급능력을 결정하는 데에 있다.

서비스 운영의 본질상 서비스 시스템이 개방형이고 공급능력을 완전히 가동할 정도로 활용하는 것은 거의 불가능하기 때문에 서비스 기업에게 서비스의 공급능력 계획은 하나의 도전일 수밖에 없다. 즉 서비스 시스템에서 유휴능력(즉, 서비스 제공자가 고객을 기다리는 것)은 항상 존재한다. 제12장에서 살펴본 바와 같이 고객의 도착은 1분에서 수 분이 걸릴 수 있고(예: 콜센터), 서비스 시간도 역시 다양하게 변한다(예: 고급식당에서 식사시간). 이때 서비스의 수요를 공급자가 통제할 수 없기 때문에 공급능력은 통상 산출(예: 고객 숙박일)보다는 투입(예: 호텔 객실의 수) 요소로 측정된다.

더 나아가, 공급능력 계획은 고객이 서비스 프로세스에 참여하고 시스템의 혼잡도(level of congestion)가 서비스 경험의 품질에 영향을 미치기 때문에 더욱 복잡하게 된다. 이는 최근 들어 항공 서비스에 대한 불만의 증가로 항공사가 서비스 공급능력 가동률을 최고로 높이고 있다는 것과 무관하지 않다(예: 비행기에서 옆자리에 아무도 앉지 않기를 바라는 당신의 모습을 생각해보자). 그러나 다른 한편으로는 혼잡한 디스코텍을 찾는 고객도 있다는 것은 아이러니가 아닐 수 없다.

공급능력 결정의 전략적 역할(Strategic Role of Capacity Decisions)

서비스 공급능력 결정의 전략적 중요성은 대상 문제의 계획기간(time horizon)에 따라 결정된다. 어떤 도시에 고급 호텔을 설립하겠다는 의사결정은 그 지역의 고객 수요가 1개의 호텔만이 생존할 수 있을 정도로 적기 때문에 의사결정 자체만으로도 경쟁자의 진입을 막는 힘이 있다. 이것은 호텔마다 경제적으로 적정한 규모가 존재하기 때문이다(예를 들면 특급 호텔은 500개의 객실, 저가형 모텔은 100개의 객실). 따라서 특급 호텔이 만약 60% 정도의 평균 객실 가동률을 유지하고 있다면, 일평균 고객의 수가 300명인 시장에서는 하나의 호텔만이 생존할 수 있는 것이다. 이런 이유로 중소도시에는 리츠칼튼 호텔(Ritz Carton Hotel)과 포시즌 호텔(Four Seasons Hotel)이 동시에 있는 경우가 드문 것이다.

점심시간의 인력 수급 문제와 같은 단기계획을 잘못 작성하면 고객을 경쟁상대에게 빼앗길 수 있다. 고객이 대기시간을 예상하고 대기행렬에서 빠져나갈 수 있는 상황이라면 더욱 그러하다.

공급능력 결정(예를 들면 호텔을 신축하는 것)은 매우 중요하고 돌이킬 수 없는 자본투자이기 때문에, 서비스 공급능력이 부족해서 고객을 상실하는 데 따른 비용과 수요가 충분하지 못해서 생기는 운영 손실을 균형화하는 것이 중요하다. 시설, 설비에 대한 규모의 확충은 이산적 형태를 따르므로(예: 비행기, 선박 구매), 수요와 공급능력을 정확히 맞추는 전략은 때로 수익을 창출하지 못하게 될 수 있다. 따라서 고객을 상실하는 것을 피하기 위해서는 사전에 서비스 공급능력을 증가시키는 것이 필요하다. AT&T와 같이 아이폰을 처음 지원했던 통신업자들이 경험한 바에 의하면, 공급능력이 수요를 충분히 처리할 수 없다면 성공적인 마케팅 캠페인이 오히려 적대적인 고객을 양산해 낼 수 있다는 것이다. 일반적인 실수를 설명하기 위해, 예제 13.1은 서비스 운영에서 발견되는 대기 현상을 무시함으로써 서비스능력 계획에 관한 부적절한 접근 방식을 보여준다.

예제 13.1 쿠키와 아이스크림을 위한 서비스 공급능력 계획—대략적 접근(Capacity Planning for Cookies and Cream—Naive Approach)

창업을 하려는 학생은 "쿠키와 아이스크림(Cookies and Ice Cream)"이라는 점포를 푸드코트에 열 것을 고려하고 있다. 점심 시간의 통행량을 관찰할 때 최대 고객 수는 50명이고, 각 고객은 평균적으로 아이스크림 썬디(sundae) 하나, 6개의 주문 후 만들어지는 쿠키, 12온스의 셀프서비스 방식의 음료를 주문하고 테이블에서 20분을 보낸다.

쿠키판은 1판당 12개의 쿠키를 구울 수 있고, 한 번 굽는 데 10분이 소요된다. 1명의 종업원이 주문을 받고, 쿠키의 믹스를 결정하고, 돈 계산을 하고, 아이스크림 썬디를 준비하여 주문을 처리하는 데 걸리는 시간은 평균적으로 6분이 소요된다. 서비스능력은 예상되는 최대 수요를 처리하는 데 필요한 시설, 장비, 노동력을 계산함으로써 결정된다.

시설 요구 사항 고객을 수용하기 위해 필요한 좌석 수를 포함한다. 우리는 이 관계를 "리틀의 법칙(Little's Law)"이라 부를 것이며, 이는 장의 후반부에서 필요 좌석 수를 계산하기 위해 다룰 것이다. 리틀의 법칙은 시스템에 있는 평균 고객 수(L)가 도착률(λ)과 평균 대기시간(W)의 곱과 같다, 혹은 $L = \lambda W$을 의미한다. 50명의 고객이 피크 시간대에 도착하고, 각 고객들이 약 20분 동안 머무른다면, 우리는 (50)(20/60) = 16.7개의 의자가 필요한 것이다.

장비 요구 사항 필요한 쿠키판의 수를 측정하는 것을 포함한다. 이 값은 1시간 동안 주문된 총 쿠키의 수를 배치(batch)당 10분간 사용되는(즉, 시간당 6회 사용) 쿠키판의 크기로 나누어준 값이다.

$$\text{필요한 쿠키판의 수} = \frac{(50\ \text{고객/시간})(6\ \text{쿠키/주문})}{(12\ \text{쿠키/판})(6\ \text{사이클/시간})} = 4.17$$

노동력 요구 사항 필요한 서버의 수를 계산한다. 장비의 필요 수량의 계산에서와 같이 시간당 총 필요 서버 시간을 노동력 한 단위의 서비스능력(즉, 시간당 60분)으로 나누어준 값이다.

$$\text{필요 서버의 수} = \frac{(50\ \text{고객/시간})(\text{각}\ 6\text{분씩})}{(60\ \text{분/시간})} = 5.0$$

위와 같이 대략적인 접근법에 의한 계산 결과를 실제에 적용할 때는 상당한 주의를 요한다. 서비스 시스템에서는 초과 서비스 공급능력이 필요한데 그 이유는 고객 도착과 서비스 시간의 변동이 평균값이며, 또한 공급능력의 일부분이 유휴능력으로서 손실되기 때문이다. 대기행렬 모형에서 살펴보겠지만, 서비스 공급능력은 대기라인이 통제할 수 없을 정도로 증가하지 못하도록 도착률보다 *높아야* 한다. 위의 계산은 필요한 서비스 공급능력의 계산이 평균값에 기반을 두고 있기 때문에, 결과값이 필요 서비스 공급능력에 대해 실현 불가능한 해결책이 된다. 쿠키와 아이스크림의 서비스 공급능력에 대한 논의는 보다 정교한 대기행렬 이론을 학습한 후에 다시 살펴보도록 하자.

분석적 대기행렬 모형

다양한 형태의 대기행렬 모형이 존재한다는 것을 확인했다. 일반적인 시스템은 세 가지 특성을 나타내는 ***A/B/C*** 기호를 사용하여 병렬서버 대기행렬 모형을 분류한다. *A*는 도착 간격 시간 분포(distribution of time between arrivals)를 나타내며, *B*는 서비스 시간 분포(distribution of service times), 그리고 *C*는 서버의 수(number of parallel servers)를 나타낸다. 이때 도착과 서비스 분포에 사용되는 기호는 다음과 같다.

M = 도착시간 간격(interarrival time) 또는 서비스 시간이 지수 분포(또는 도착률과 서비스율이 포아송 분포)인 경우

D = 일정한 도착시간 간격 또는 서비스 시간인 경우

E_K = 모수가 k인 얼랭(Erlang) 분포($k = 1$이면 지수 분포, $k = \infty$이면 확정적 모형)

G = 평균과 분산을 갖는 일반적인 분포(예: 정규분포, 일양분포, 혹은 어떠한 실증적 분포)

그러므로 *M/M/*1은 도착률은 포아송 분포, 서비스 시간은 지수 분포를 따르는 단일 서버 대기행렬 모형이다. *A/B/C* 기호는 대기행렬 모형을 분류하는 데 사용된다. 더 나아가 장소가 협소(예: 주차장)하거나 혹은 잠재 고객의 수(예: 사무실 내의 카페)의 한계로 인해, 대기행렬 길이가 유한한 것과 같은 특정 모형도 고려할 것이다. *A/B/C* 기호에 따라 대기행렬 모형을 여섯 가지로 분류해 보면 그림 13.2와 같다. 각각의 대기행렬 모형(예: *M/M/*1)은 해당 모형에 대한 수식을 지정하기 위해 로마 숫자(예: I, II, III)가 부여된다. 대기행렬 모형을 위한 수식을 부록 D에 실었다.

마지막으로 **일시상태(*transient state*)**와 **안정상태(*steady state*)**의 개념을 고려해 보자. 일시상태에서는 시스템의 운영 특성의 값이 시간에 따라 결정된다. 안정상태에서는 시스템의 특성이 시간과는 무관하며 통계학적 균형상태(statistical equilibrium)에 있다고 간주된다. 초기 조건에 영향을 받기 때문에 운영의 초기단계에서의 시스템 특성은 일반적으로 임시 상태가 된다. 예를 들어 일상적인 영업 개시 시간에 백화점이 처한 초기 조건과 손님이 넘쳐나는 연말의 영업 개시 시간에 백화점이 처한 초기 조건을 비교해 보라. 대기행렬 내의 고객의 수는 초기에는 상당히 클 수 있지만, 일정 기간이 지나면 시스템도 결국 안정이 된다. 일단 정상 조건에 도달하면, 대기행렬 내의 고객의 수가 초기 조건과 무관한 분포를 이루는 통계학적 균형에 도달한다. 부록 D에서 소개되는 모든 대기행렬 모형의 수식들은 안정상태를 가정한 것이다. 서비스 시스템은 동태적(dynamic) 환경에서 작용된다

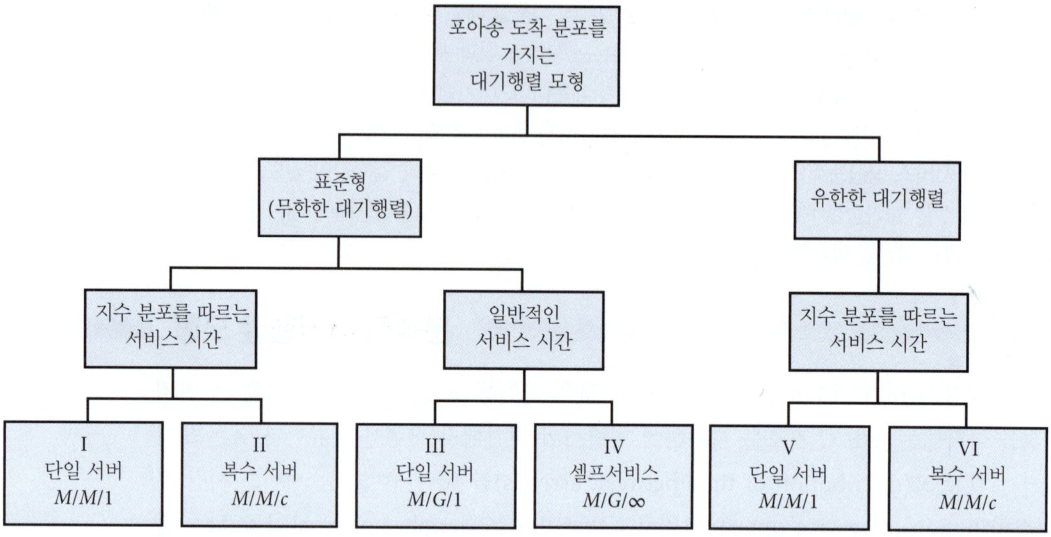

그림 13.2 대기행렬 모형의 분류

고 언급한 바와 같이, 대부분의 서비스의 시스템은 매 시간마다 도착률이 변화하는 동태적 환경에서 작동한다. 따라서 안정상태에 결코 도달할 수는 없다. 그러나 안정상태는 장기 서비스 공급능력 계획을 수립하는 데 유용한 시스템의 성과 정보를 제시할 수 있다.

대기행렬 모형에 있어, 모형 도출에 내재된 가정에 주목해야 한다. 특정 상황의 분석 모형에 관한 유용성은 가정에 의해 한계를 갖는다. 만일 가정들이 특정 상황에서 적합하지 않다면(예: 포아송 도착률이 적용되지 않는다), 컴퓨터 시뮬레이션 방법을 사용하여야 한다.

대기행렬 모형을 의사결정 상황에 적용한다면 부록 D에서 제시된 방정식을 사용할 수 있다. 모형에 필요한 기호와 개념은 다음과 같다.

n = 시스템 내 고객의 수
λ = [lambda] 평균 도착률(예: 시간당 도착하는 고객 수)
μ = [mu] 혼잡한 서버당 평균 서비스율(예: 시간당 서비스를 제공받는 고객의 수)
ρ = [rho](λ/μ) 시스템 내 고객 수의 평균
N = 시스템이 허용하는 최대 고객 수
c = 서버의 수
P_n = 시스템에 n명의 고객이 체류 중인 확률
L_s = 시스템 내 평균 고객 수
L_q = 대기행렬 내 평균 고객 수
L_b = 혼잡한 시스템 상태의 대기행렬 내 평균 고객 수
W_s = 시스템에서 고객이 체류하는 평균 시간
W_q = 대기행렬에서 고객이 체류하는 평균 시간
W_b = 혼잡한 시스템 상태의 대기행렬에서 고객이 체류하는 평균 시간

시스템 특성 사이의 관계(Relationships among System Characteristics)

대기행렬 모델에 대한 논의를 시작하기 전에, 모든 모형에 공통적으로 존재하는 평균적인 시스템 특성 사이의 몇 가지 일반적인 관계를 언급할 필요가 있다. 처음의 두 관계는 정의와 관련된 것이다.

첫째, 시스템 내 기대 고객 수는 대기행렬에 있는 고객 수에 서비스를 받는 고객 수를 더한 것과 같다. 즉,

$$L_s = L_q + \rho \tag{1}$$

둘째, 시스템에서 고객이 보내는 기대 시간은 대기행렬에서 고객이 보내는 평균 시간에 서비스를 받는 데 소요되는 기대 시간을 더한 것과 같다. 즉,

$$W_s = W_q + \frac{1}{\mu} \tag{2}$$

여기서 $1/\mu$는 서비스율의 역수다.

게다가, 시스템 내 기대 고객 수와 시스템에서 고객이 보내는 기대 시간 사이에는 다음의 관계가 성립한다.

$$W_s = \frac{1}{\lambda} L_s \tag{3}$$

이 관계는 $L = \lambda W$의 형태로 표기되며, 리틀의 법칙(Little's Law)이라고 칭한다. 이는 대기행렬 내의 기대 고객 수와 고객의 기대 대기시간에 대해서도 성립한다.[2)]

$$W_q = \frac{1}{\lambda} L_q \tag{4}$$

혼잡한 시스템의 특성치는 시스템이 혼잡할 확률 즉, $P(n \geq c)$에 기반하는 조건부 값이다. 따라서 시스템이 혼잡할 때 대기행렬 내 예상되는 고객의 수는 단순히 모든 시스템 상태에 있는 예상되는 고객의 수를 시스템이 혼잡한 상태를 유지하는 확률로 나눈 것이다. 즉,

$$L_b = \frac{L_q}{P(n \geq c)} \tag{5}$$

마찬가지로, 혼잡한 시스템의 대기행렬 내 예상되는 대기시간은

$$W_b = \frac{W_q}{P(n \geq c)} \tag{6}$$

방정식 (1)과 (6)을 유한한 크기의 대기행렬 시스템에 적용하려면, λ에 유효 도착률을 사용해야 한다. 유한한 대기행렬 시스템에 대해, 유효 도착률은 $\lambda(1 - P_N)$이다.

이러한 관계는 분석이나 실제 시스템 성능 데이터 수집으로 얻어진 하나의 특성치로부터 시스템의 모든 평균 특성치를 유도할 수 있도록 해주기 때문에 매우 유용하다(예: 대기행렬에서 고객이 보내는 평균 시간 $-W_q$).

---

2) J. D. C. Little, "A Proof of the Queuing Formula: $L = \lambda W$," *Operations Research* 9, no.3 (May-June 1961), pp. 383-87. Also W. S. Jewell, "A Simple Proof of $L = \lambda W$," *Operations Research* 15, no. 6 (November-December 1967), pp. 1109-116; S. Stidham, Jr., "A Last Word on $L = \lambda W$," *Operations Research* 22, no. 2 (March-April 1974), pp. 417-21.

예제 13.2 공항에서 리틀의 법칙 (L = λW) 활용

당신은 10시 30분에 도착하여, TSA 검색을 기다리는 18명의 여행자 줄(L)에 합류한다. 기다리는 동안 두 명의 여행자가 대기 줄에 합류하는 것을 알게 된다(즉, λ = 분당 2회 도착). 리틀의 법칙을 풀어보면($W = L/\lambda = 18/2 = 9$분), 9분을 기다리게 되어서 약 10:39에 게이트로 출발할 것으로 예상된다.

표준 *M/M/*1 모형(Standard *M/M/*1 Model)

모든 대기행렬 모형은 시스템의 특성과 관련된 몇 가지 가정을 필요로 한다(즉, 모집단, 도착 프로세스, 대기행렬 형성, 대기행렬 규칙, 서비스 프로세스 등). 대기행렬 모형을 적용하기 위해서는 먼저 이러한 가정이 타당한지 확인해야 한다. 표준 *M/M/*1 모형을 유도하기 위해서 다음과 같은 가정들이 요구된다.

1. 고객 모집단(*calling population*). 모집단은 대규모이고 상호 독립적이며, 대기행렬 시스템의 영향을 받지 않는다(예: 예약은 요구되지 않는다).
2. 도착 프로세스(*arrival process*). 도착 간 시간은 지수 분포, 도착률은 포아송 분포를 따른다.
3. 대기행렬 형성(*queue configuration*). 길이에 제약이 없는 한 줄의 형태
4. 대기행렬 규칙(*queue discipline*). 선착순(FCFS)
5. 서비스 프로세스(*service process*). 서비스 시간은 지수 분포를 따르는 단일 서버

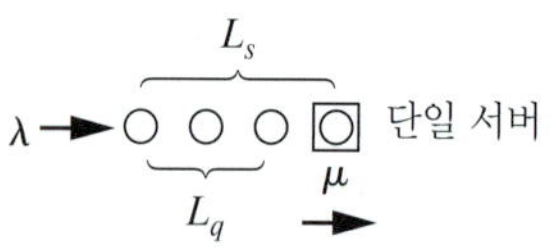

그림 13.3 *M/M/*1 **대기행렬의 구성**

그림 13.3은 서비스를 제공하고 있는 단일 서버를 정사각형 안의 원으로 표시하여 *M/M/*1 대기행렬 모형의 구성을 나타내고 있다. 포아송 도착률은 λ의 평균이고, 화살표는 미래의 고객이 대기행렬 마지막에 합류하는 것을 나타낸다. 평균 서비스율 μ는 서버 아래 화살표와 함께 표시된다. 그림 13.3은 대기행렬(L_q)에 3명의 고객이 있고 시스템 내에는 4명의 고객이 있음을 보여준다. 단일 서버 대기행렬 시스템에 공식을 사용할 때, 이 모형의 구성을 기억해야 한다.

부록 D에서 유도되는 수식은 오로지 평균 도착률(λ)과 평균 서비스율(μ)에 기초하여 시스템의 성능을 계산하는 데 사용된다. 이 수식들은 왜 평균 서비스율(μ)이 평균 도착률(λ)보다 커야 하는지 명쾌하게 보여준다(예: 공급능력은 수요를 **초과해야** 한다). 만약 이 조건이 만족되지 않는다면, $\mu = 1$이면 운영 특성(operating characteristics)과 관련한 값들이 정의되지 않는다. 왜냐하면, 도출된 모든 수식은 분모 $(\mu - \lambda)$을 갖기 때문이다. 이론적으로 시스템은 대기열이 무한대로 늘어나면서 결코 안정상태에 도달하지 못한다.

예제 13.3 보트 연결대 (Boat Ramp)

트래비스 호수(Lake Travis)는 수상 레저 지역에서 보트를 즐기려는 고객들을 위한 보트 연결대를 한 개 보유하고 있다. 현재 보트를 가지고 도착하는 차량의 수는 포아송 분포를 따르며, 아침에 개점한 이후로 시간당 평균 6척($\lambda = 6$)이다. 지금까지 수집된 자료를 바탕으로 배를 띄우는 시간을 추정하면 평균 6분(시간당 서비스율 $\mu = 10$)인 지수 분포를 따른다. 만일 *M/M/*1 모형의 다른 가정들을 적용한다면[즉, 무제한 크기의 고객의 모집단, 대기행렬 길이제한 없음, 대기행렬에의 접근거부나 중간이탈 현상 없음, 선착순(FCFS) 준수] 부록 D에서 제시된 수식으로 시스템 특성들을 계산할 수 있다.

(주의: $\rho = \lambda/\mu = 6/10 = 0.6$)

도착한 고객이 기다릴 확률(즉, $k = 1$일 때):

$$P(n \geq k) = \rho^k = \rho^1 = 0.6^1 = 0.6 \tag{I.2}$$

유휴(현재 사용하고 있지 않는) 연결대를 발견할 확률:

$$P_0 = 1 - \rho = 0.4 \tag{I.1}$$

시스템 내 평균 보트의 수:

$$L_s = \frac{\lambda}{\mu - \lambda} = \frac{6}{10 - 6} = 1.5\text{개 보트} \tag{I.4}$$

대기행렬 내 평균 보트의 수:

$$L_q = \frac{\rho\lambda}{\mu - \lambda} = \frac{(0.6)(6)}{10 - 6} = 0.9\text{개 보트} \tag{I.5}$$

시스템 내에서 보내는 평균 시간:

$$W_s = \frac{1}{\mu - \lambda} = \frac{1}{10 - 6} = 0.25\text{시간(15분)} \tag{I.7}$$

대기행렬 상에서의 평균 대기시간:

$$W_q = \frac{\rho}{\mu - \lambda} = \frac{0.6}{10 - 6} = 0.15\text{시간(9분)} \tag{I.8}$$

이 계산을 통해서 보트 연결대는 60% 사용되고 있음을 알 수 있다. 그러므로 전체 운영 시간의 40% 만큼 새롭게 도착한 보트들이 지체 없이 연결대에 즉각 접속할 수 있다(즉, 연결대를 사용하는 고객이 없는 상태일 때). 시스템의 평균 체류 시간(W_s) 15분은 대기행렬의 평균 대기시간(W_q) 9분과 평균 서비스 시간 6분의 합이기 때문에 계산은 내부적으로 일관된다. 새롭게 도착하는 보트는 시스템 내에 평균 보트의 수(L_s)가 1.5대이고, 대기행렬 내의 평균 보트의 수(L_q)가 0.9대임을 알 수 있다. 대기행렬 내의 평균 보트의 수와 서비스를 받는 평균 보트의 수를 합하면 시스템 내의 평균 보트의 수와 같아야 한다. 그러나 서비스를 받는 평균 보트의 수는 1.0이 아니며, 사용 중인 시스템에 한 개의 서버 혹은 $\rho(1) = 0.6$보트를 곱한 값이어야 한다. 서비스 과정 내 평균 보트의 수 0.6에 대기행렬 내 평균 보트의 수 0.9를 더하면 시스템 내 평균 보트의 수 1.5를 얻을 수 있다.

시스템 내의 고객 수 n은 방정식 (I.3)에 의해 주어진 확률분포를 따르는 확률 변수이다(부록 D 참조).

$$P_n = (1 - \rho)\rho^n \tag{I.3}$$

시스템 내 고객의 수는 시스템의 상태를 규명하는 데 사용될 수도 있다. 예를 들어 $n = 0$일 때, 시스템은 유휴 상태이다. $n = 1$일 때, 서버는 가동 중이지만 대기하는 고객은 없다. $n = 2$일 때, 서버도 가동 중이며 고객 1명이 대기하는 대기행렬이 형성된다. n에 대한 확률분포는 대기 공간의 적절한 규모를 결정하는 데 매우 유용하게 사용된다.

보트 연결대 예제에서, 고객이 보트 연결대에 도착해서 기다리는 동안 주차장을 발견할 확률이 90% 이상 되려면 어느 정도 공간을 확보해야 할지 결정해 보자. n의 값을 증가시키기 위해 시스템 상태에 대한 확률분포를 다시 사용해서 90%의 서비스율을 초과할 때까지 시스템 상태 확률을 누적시킨다. 표 13.1에 이러한 계산이 포함되어 있으며, 시스템의 상태가 $n = 4$ 혹은 그 이하일 확률이 92%라는 것을 보여주고 있다. 이 계산 값에 의하면, 도착한 보트의 92%가 3대 이하(즉, 4대−서비스를 받고 있는 1대)의 보트가 대기하고 있기 때문에, 4대의 보트 차량을 위한 공간을 확보해야 할 것이다.

표준 *M*/*M*/*c* 모형(Standard *M*/*M*/*c* Model)

그림 13.4는 $M/M/c$ 대기행렬 모형을 나타내고 있는데 여기서 "c"는 각 고객들에게 병렬로 서비스를 제공하는 서버를 의미한다. 평균 도착률은 평균이 λ인 포아송 분포를 따르며, 화살표는 도착 고객이 단일 대기행렬을 구성하고 있음을 보여준다. 점선으로 표시된 화살표는 대기행렬의 첫 번째 고객이 서비스가 가능해진 서버에게로 이동하는 것을 나타낸다. 평균 서비스율 μ는 서버 아래 화살표로 나타나 있으며, 각 서버는 동일한 서비스율을 갖

표 13.1 주차공간의 규모 결정

n	P_n	P(고객의 수 ≤ n)
0	$(0.4)(0.6)^0 = 0.4$	0.4
1	$(0.4)(0.6)^1 = 0.24$	0.64
2	$(0.4)(0.6)^2 = 0.144$	0.784
3	$(0.4)(0.6)^3 = 0.0864$	0.8704
4	$(0.4)(0.6)^4 = 0.05184$	0.92224

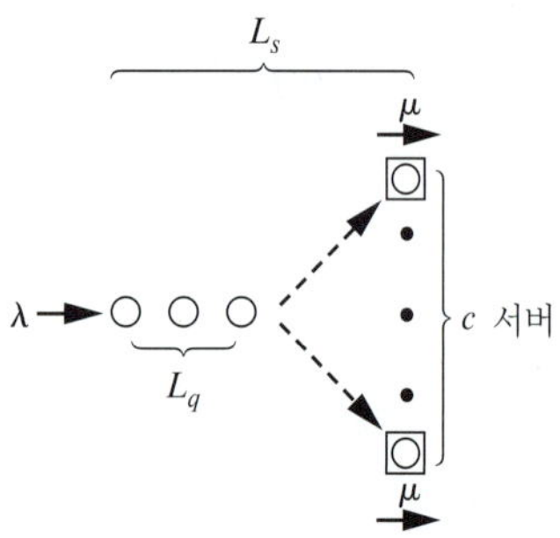

그림 13.4 *M/M/c* 대기행렬의 구성

고 있다. 그림 13.4는 대기행렬에서(L_q) 3명의 고객과 시스템에서(L_s) 5명의 고객이 두 개의 서버로 이동하는 것을 가정한다. 단일 대기행렬, 다수의 서버로 구성된 대기행렬 시스템에 관한 공식을 파악할 때 이러한 모형을 기억해야 한다.

표준 *M/M/c* 모형의 가정은 독립적(independent)이면서도 동일한(identical) 복수 서버들을 추가하였다는 점 이외에는 표준 *M/M/1* 모형의 가정과 동일하다. 이전과 마찬가지로 $\rho = \lambda/\mu$이지만, 안정상태가 되기 위해서는 ρ(가동률)은 서버의 개수 c보다 작은 값이 되어야 한다. 시스템 가동률을 $\lambda/c\mu$로 정의하면, 안정상태 시스템에서는 가동률 값은 0에서 1 사이의 범위로 나타나게 된다. 그림 13.5는 L_s(시스템 내 평균 고객의 수)가 가동률과 서버 수의 함수임을 보여준다. 이 그림에 의하면 과도한 혼잡(excessive congestion)은 가동률을 지나치게 높였을 때 발생함을 알 수 있다.

한편, 서버가 추가됨으로써 혼잡이 감소할 때, 비선형적으로 혼잡이 감소(disproportional gain)하는 것을 보여주고 있다. 예를 들어 가동률이 0.8인 단일 서버($c = 1$)를 생각해보라. 그림 13.5로부터, L_s의 값은 4가 된다. 동일한 서버를 하나 더 추가하면 복수 채널 시스템(two-channel system)이 형성되고, 가동률은 반으로 줄어 0.4가 된다. 그림 13.5에서 $L_s \approx 1$이면, 서버의 수를 두 배로 높이는 것만으로 혼잡이 400%나 감소하게 된다.

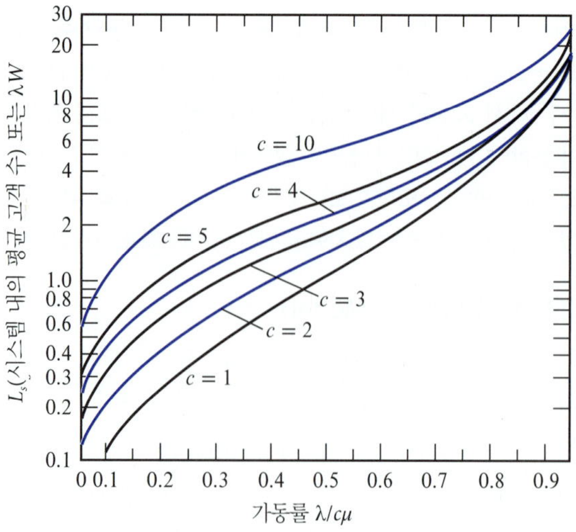

그림 13.5 *M/M/c* 모형에서의 L_s 곡선

표 13.2 복수 서비스 공급능력의 효과

시스템 특성	단일 서버 시스템	복수(Two) 서버 시스템	단일 대형 서버 시스템
ρ	0.8	0.8	0.4
$(\lambda/c\mu)$*	0.8	0.4	0.4
L_s	4.0	0.95	0.67
L_q	3.2	0.15	0.27

*가동률(utilization factor)

여기서, 두 채널 시스템을 만드는 것 대신에 단일 서버 시스템의 두 서비스 비율을 두 배로 늘리면 0.4로 감소한다. 이러한 대형 서버 시스템에서는 그림 13.5에서 $L_s \approx 0.67$이다; 그러나 L_s의 감소라는 추가적 이익은 표 13.2에서처럼 대기하는 고객 수의 기댓값 증가(L_q가 0.15에서 0.27로 증가)라는 비용을 수반한다. 단일 서버 시스템은 더 많은 사람들이 줄을 서 기다리는 것이 필요하기 때문에 이것은 놀라운 일이 아니다. 동일한 공급능력의 다중서버 시스템에서 더 많은 사람들이 서비스에 있을 수 있다. 따라서 줄을 적게 기다린다. 그러므로 하나의 대형 서버 또는 동일한 공급능력을 가진 병렬적인 여러 서버를 사용하는 것에 대한 결정은 대기행렬에 예상되는 대기시간에 초점을 맞출지 시스템에서 예상되는 시간에 대기시간에 초점을 맞출지에 따라 다르다.

제11장에서 설명된 것과 같이, 대기행렬 내의 대기시간을 감안하는 것은 사람들이 실제로 줄을 서 기다려야 하는 경우 특히 바람직하다. 일단 서비스가 시작하면, 고객이 관심의 중심이 되기 때문에 고객이 시간을 대하는 태도가 변하게 된다. 예를 들어, 과거 메인 프레임 컴퓨터를 사용하던 시대에는 대학 전체를 하나의 중앙 컴퓨터로 서비스하였는데, 이는 짧은 처리 시간(즉 시스템 내에 머무르는 시간)과 대용량 메모리가 중요했기 때문이었다.

단일 대형 서버로 전체 서비스 공급능력을 통합하는 것은 서비스에서 규모의 경제를 달성하기 위한 하나의 접근법이다. 다른 하나는 서비스 통합(pooling)의 개념으로, 복수 서버로 이루어진 단일 서비스 설비의 형태로 하나의 중앙 위치에 독립적인 서버들을 함께 모아서 서비스한다.

예제 13.4 비서 인력의 통합(The Secretarial Pool)

어느 경영 대학은 학과 내 4개 전공(회계학, 재무관리, 마케팅, 그리고 경영관리)에 각각 비서를 할당하고 있다. 각 비서들은 자신이 속한 전공의 교수진에게 수업 자료 제작 및 행정 업무를 지원한다. 그러던 중 경영대학장은 교수진으로부터 불만을 접수했는데, 특히 회계학 전공 내에서 작업 지연이 발생한다는 불만을 접수했다. 학장은 조교를 시켜서 4개 전공의 비서 업무의 발생률과 업무 처리 시간에 대해 조사하도록 하였다. 조사 결과, 조교는 회계학 전공을 제외한 비서 업무의 발생 빈도는 시간당 평균인 포아송 분포를 따른다고 하였고, 회계학 전공은 시간당 평균이라고 하였다. 주어진 업무의 처리 시간은 평균 15분의 지수 분포를 따른다고 하였다.

예산의 제약으로 인해, 새로운 비서를 채용할 수는 없다. 그러나 학장은 기존 4개 전공에서 각기 운영되는 비서들을 하나로 통합시켜서 전공과 무관하게 모든 경영대학 교수들의 업무 요청을 4명의 비서들이 처리한다면 서비스가 개선될 것이라고 믿고 있다. 즉, 모든 업무 요청은 한 곳의 통합 사무실에서 선착순으로 요청할 수 있으며, 전공과 무관하게 아직 업무가 할당되지 않은 비서에게 업무가 할당될 것이다. 이 계획을 교수진들에게 제안하기 전에 학장은 조교에게 새로운 시스템의 성과를 기존 시스템의 성과와 비교하여 분석하기 위한 자료를 수집할 것을 지시하였다.

현재 시스템은 본질적으로 4개의 독립적인 *M/M/*1, 단일 채널 대기행렬 시스템으로서, 각각의 서비스 비율은 시간당 $\mu = 4$이다. 시스템 성과에 대한 적합한 측정 방식은 시스템 내 기대(expected) 체류 시간 혹은 교수진 관점에서의 처리 시간(turnaround time)이다. 그리고 왜 유독 회계학 전공 교수진들이 업무 지연에 대한 불만을 토로하는가에 대해서 회계학 전공과 다른 전공 간 업무 요청의 발생률의 평균이 다르기 때문이라고 설명할 수 있다. *M/M/*1 방정식 $W_s = 1/(\mu - \lambda)$을 활용하면, 우리는 각 전공별로 독립적으로 운영되는 현재 시스템에서 회계학 전공은 평균 처리 시간이 $W_s = 1/(4-3) = 1.0$시간 혹은 60분, 그 외 다른 전공은 평균 처리 시간이 $W_s = 1/(4-2) = 0.5$시간 혹은 30분임을 알 수 있다.

반면, 기존에 독립적으로 운영되는 비서들의 인력을 하나로 통합시키는 경우 다중 채널, 단일 대기행렬 시스템 혹은 *M/M/*4 시스템으로 변한다. 이 경우, 업무의 발생률은 모든 전공의 업무 발생률을 더해서 $(2+2+2+3)$이 되며, 이는 시간당 $\lambda = 9$건의 업무가 발생한다.

M/M/c 모형의 계산은 번거롭기 때문에, 여기서는 부록 C '*M/M/c* 대기행렬 모형에서의 L_q 값'을 참고하여 본 예제에서의 L_q 값을 계산한다. 본 예제의 경우 $c = 4$, $\rho = 9/4 = 2.25$이므로 $L_q = 0.31$이 되며, $L_s = L_q + \rho = 2.56$이 된다.

방정식 (5)를 활용하면,

$$W_s = \frac{L_s}{\lambda} = \frac{2.56}{9} = 0.28\text{시간, 또는 17분}$$

즉, 기대되는 처리 시간이 30분(회계학 전공의 경우 60분)에서 17분으로 줄어들었기 때문에 교수들에게 쉽게 동의를 구할 수 있을 것이다.

통합(pooling)의 이점은 유휴 인력(현재 업무가 없는 비서)을 더 잘 활용할 수 있는 데에서 얻어진다. 기존 시스템의 경우, 다른 전공의 비서는 업무가 없는 상태인 반면, 특정 전공의 비서는 긴 대기열에 부담을 느끼는 상황이 발생할 수 있다. 만일 여기서 대기하고 있는 업무들이 다른 유휴 인력에게 분배될 수 있다면, 해당 업무는 기다림 없이 즉시 처리된다. 단일 대기행렬로 바꾸는 것을 통해 모든 비서들이 대기 중인 교수진이 존재하는 한 놀고 있지 않도록 하여 인력의 가동률을 개선할 수 있다.

서비스 자원을 통합시킴으로써 얻는 성공적인 결과는, 혼잡함은 도착률과 서비스 시간의 변동성으로부터 발생한 결과라는 것을 인지함으로부터 출발한다. 만일, 전체 시스템의 관점에서 보면 한 지역에서의 유휴 자원을 갑작스러운 수요의 증가 혹은 촌각을 다투는 업무로 인해 발생하는 다른 지역의 혼잡을 해결하는 데 활용하는 것이다. 나아가 활용할 수 있는 유휴 서버가 있음에도 활용하지 못한다는 것은 서비스능력의 손실을 나타내며, 이는 고객의 기다림으로 인해 측정되는 서비스품질의 저하를 초래한다. 이러한 통합의 개념은 비단 서버가 다른 지역에 있는 경우에만 해당되는 것은 아니다. 대표적인 예로 은행과 우체국에서는 일반적으로 여러 줄을 서는 것이 아닌 한 줄 서기를 실시하는데 이는 통합의 개념을 적용한 것이다. 이론적으로 이 경우 평균 대기시간이 여러 줄을 서는 경우보다 줄어든다. 그러나 한 줄로 긴 줄을 서게 되면 고객에게 대기시간이 상당히 길 것이라는 생각을 주게 되고, 고객이 시스템에 아예 발을 들이지 않을 가능성도 있게 된다. 이러한 점이 맥도널드(McDonald's)가 한 줄 서기를 포기한 이유이기도 하다.

만일 고객이 서비스 시설로 이동해야 하는 경우, 서비스 자원들을 한 장소로 통합하는 것에는 주의를 기울여야 한다. 이 경우, 시설까지 이동하는 평균 이동 시간을 대기행렬의 평균 대기시간에 가산(include)해야 한다. 응급 서비스의 경우, 모든 서비스를 한 곳에 집중시키는 것보다 분산시키는 것이 안전하다. 응급 앰뷸런스 시스템의 경우 응답 시간을 최소화하기 위해 물리적으로 서버를 분산시키는 좋은 예다.

$M/G/1$ 모형($M/G/1$ Model)

$M/G/1$ 모형은 서비스 시간의 분포로 평균 $E(t)$와 분산 $V(t)$를 갖는 일반 분포가 적용된 모형이다. ρ가 1보다 적다는 조건은 안정상태를 유지하기 위해 여전히 필요하며, 여기서 ρ는 $\lambda E(t)$와 같다. 서비스 시간에 대한 분포가 일반화된 것을 제외하면 표준 $M/M/1$ 모형에서 사용된 모든 가정이 그대로 유지된다. 그러나 부록 D에서 시스템 상태 확률을 결정하는 L_s, L_q, W_s, W_g를 위한 방정식은 존재하지 않는다. 대기행렬 내의 평균 고객 수를 나타내는 L_q에 관한 식 (III.2)는 서비스 시간의 분산 $V(t)$를 포함하고 있으며 흥미로운 의미를 제시하고 있다.

$$L_q = \frac{\rho^2 + \lambda^2 V(t)}{2(1-\rho)} \tag{III.2}$$

대기행렬상의 고객 수에 대한 기댓값은 분명히 서비스 시간의 변동성과 직접적으로 관련이 있다. 즉 서비스 시간의 변동성을 통제하면 고객의 대기시간을 줄일 수 있다. 예를 들어 패스트푸드 식당에서는 메뉴의 수를 제한함으로써 성공을 거두었는데, 그 이유는 제공하는 메뉴의 다양성을 감소시켜 서비스의 표준화를 달성하였기 때문이다.

대기행렬 관리를 상기해 보면 지수 분포의 분산은 $1/\mu^2$이고, 이 값을 식 (III.2)의 $V(t)$에 대입하면 $L_q = \rho^2/(1-\rho)$가 되고 이것은 표준 $M/M/1$ 모형의 식 (I.5)와 같다. 이제 확정적(deterministic) 서비스 시간과 분산 0을 갖는 $M/D/1$ 모형을 보자. (III.2)의 $V(t) = 0$이면, $L_q = \rho^2/[2(1-\rho)]$가 된다. 따라서 L_q로 측정되는 혼잡도의 절반은 서비스 시간의 변동으로 설명될 수 있다. 이는 도착 간 시간의 변동성으로 나머지 반을 설명할 수 있는 것을 알 수 있다. 따라서 단순히 도착의 변동성을 통제하는 예약 방법을 사용함으로써 혼잡을 상당 부분 줄일 수 있다. 대기 시스템의 혼잡도는 서비스 시간과 도착 간 시간의 변동에 의해 동일하게 영향을 받는다. 그러므로 대기행렬 시스템에서 혼잡을 통제하기 위한 전략은 두 가지 원천을 모두 고려해야 할 것이다.

일반적인 셀프서비스 $M/G/\infty$ 모형(General Self-Service $M/G/\infty$ Model)

복수 서버 시스템에서 서버의 수가 무한대이거나 고객이 스스로 서비스를 제공한다면 도착하는 고객은 서비스를 받기 위해 기다릴 필요가 없다. 이 개념은 현대화된 슈퍼마켓에 잘 응용될 수 있다. 적어도 쇼핑하는 동안(계산대는 제외) 고객들은 대기하지 않는다. 도착이 무작위로 발생하며 서비스 시간이 고객마다 다르기 때문에 쇼핑 과정에 있는 고객의 수는 매우 다양하다. 시스템 내 고객 수의 확률분포는 식 (IV.1)으로 계산할 수 있다.

사실 이 분포는 평균 또는 L_s가 ρ와 같다는 조건이 추가된 포아송 분포임에 주목하자. 더 나아가 이 모형은 서비스 시간이 꼭 지수 분포일 필요는 없다.

$$P_n = \frac{e^{-p}}{n!}\rho^n \qquad \text{여기서} \qquad L_s = \rho \tag{IV.1}$$

이 모형은 긴급 앰뷸런스 서비스와 같이 대기행렬이 거의 발생하지 않는 상황을 설명하는 데 유용하다. 시스템 내 고객의 수에 대한 포아송 분포를 이용하면 대기행렬이 발생할 확률을 최소화시키는 서버의 수를 계산할 수 있다.

예제 13.5 슈퍼마켓(Supermarket)

전형적인 슈퍼마켓은 두 개의 대기행렬이 직렬로 연결된 시스템으로 볼 수 있다. 도착 고객은 쇼핑 카트를 가지고 와서 상품을 선반에서 집어 쇼핑 카트에 담는다. 이 작업이 완료되면, 쇼핑객은 계산대 뒤에서 단일 대기행렬(다중 대기행렬로 인한 대기를 줄이기 위한 새로운 아이디어)에 줄을 서게 된다. 계산원이 대금 계산과 수납을 완료한 후 식료품을 봉투에 넣는다. 쇼핑객은 슈퍼마켓에서 나온다.

대기행렬 시스템에서 나오는 고객의 분포도 포아송 분포를 따르기 때문에, 슈퍼마켓 시스템은 두 개의 대기행렬 시스템이 연결된 것으로 간주한다. 첫 번째 시스템은 셀프서비스 쇼핑으로 $M/M/\infty$ 시스템이고, 두 번째 시스템은 계산대 부분으로 $M/M/c$ 시스템이다. 고객의 행동을 관찰한 결과 도착률은 포아송 분포를 따르며 시간당 30명이고, 서비스 시간은 지수 분포를 따르며 평균 20분이다. 쇼핑객들은 3개의 현금 등록기 앞에서 한 줄로 서서 기다린다. 체크아웃 과정(checkout process)은 지수 분포를 따르며 평균 5분이 소요된다.

$M/M/\infty$ 모형을 적용하면 $\rho = 30/3$, $L_s = 10$명의 고객이 평균적으로 쇼핑 활동에 참여한다는 것을 알 수 있다. 체크아웃 시스템을 연구하기 위해 $c = 3$과 $\rho = 30/12 = 2.5$를 가지고 부록 C를 이용하면 $L_q = 3.5$를 얻는다. 체크아웃 시스템 내에서 평균 고객의 수는 $L_s = L_q + \rho = 6$명이다. 그리고 가게 안에는 평균적으로 총 16명의 고객이 있다는 것을 발견한다. 고객이 슈퍼마켓에서 보내는 시간의 기댓값은 쇼핑 시간 20분에 체크아웃 12분($L_s/\lambda = 6/30 = 0.2$시간)을 더하면 총 32분이 된다.

유한 대기행렬 *M*/*M*/1 모형(Finite-Queue *M*/*M*/1 Model)

표준 $M/M/1$ 모형에 시스템 내 허용 가능한 고객의 수를 제한하는 수정이 있을 수 있다. 허용 가능한 고객의 수를 N으로 나타낸다. 그러므로 만일 어떤 고객이 도착했을 때, N명의 고객이 이미 시스템 내에 있다는 것을 확인한다면, 도착 고객은 서비스를 받지 않고 시스템을 떠나게 된다. 이와 같은 **유한 대기행렬**(*finite queue*) 형태의 예제는 전화 교환대에서 찾아볼 수 있다. 즉 모든 전화선이 사용될 때까지는 모든 전화가 연결되지만, 그 후로 걸려온 전화는 통화 중이라는 신호음을 듣게 된다. 유한 대기행렬이라는 특성을 제외하면 표준 $M/M/1$ 대기행렬 모형의 모든 가정은 그대로 유지된다. 이 경우에는 혼잡도(traffic intensity, ρ)가 1보다 클 수 있다는 점을 주목할 필요가 있다. 더 나아가, P_N은 시스템으로부터 서비스를 받지 않고 떠날 확률을 나타내며 λP_N은 시스템을 떠난 평균 고객의 수가 된다.

이 모형은 부족한 대기 공간이나 과도한 대기행렬의 길이 때문에 발생할 수 있는 예상 매출 손실을 추정하는 데 매우 유용하다. 보트 연결대의 예제 13.2에서 대기 공간의 규모가 보트 2척이라고 가정하면 허용 가능한 시스템 내 고객 수는 $N = 3$이 된다. 부록 D에서 수식 (V.1)과 (V.3)을 이용하여 $N = 3$이고 $\rho = 0.6$일 때, $n = 0, 1, 2, 3$일 확률을 계산할 수 있다.

$$P_0 = \frac{1-\rho}{1-\rho^{N+1}}, \text{ 모든 } \lambda \neq \mu \tag{V.1}$$

$$P_n = P_0 \rho^n, \text{ 모든 } n \leq N \tag{V.3}$$

확률분포의 합이 1.00으로, 이는 우리가 모든 가능한 시스템의 상태를 고려했다는 것을 의미한다. $n = 3$인 시스템 상태는 전체 시간 중 10% 정도 발생한다. 시간당 6명의 도착률에서는 시간당 0.6명(6×0.10)이 대기 공간이 불충분한 것을 발견하게 되고 다른 보트 연결대를 찾아야 될 것이다. 방정식 (V.4)를 사용하여, 시스템 내 평균 고객 수의 기댓값 (L_s)

n	계산	P_n
0	$\frac{1-0.6}{1-0.6^4}(0.6)^0$	0.46
1	$(0.46)(0.6)^1$	0.27
2	$(0.46)(0.6)^2$	0.17
3	$(0.46)(0.6)^3$	0.10
		1.00

는 0.9임을 계산할 수 있다. 이 값은 무한 대기행렬의 경우(L_s = 1.5)보다 훨씬 작게 나타나는데 이는 평균 도착의 90%만 처리되기 때문이다.

$$L_s = \frac{\rho}{1-\rho} - \frac{(N+1)\rho^{N+1}}{1-\rho^{N+1}}, \text{ 모든 } \lambda \neq \mu$$

$$= \frac{0.6}{1-0.6} - \frac{4(0.6)^4}{1-(0.6)^4} \tag{V.4}$$

$$= 1.5 - 0.6$$

$$= 0.9$$

유한 대기행렬 *M*/*M*/*c* 모형(Finite-Queue *M*/*M*/*c* Model)

이 모형은 시스템 내 최대 고객의 수(N)가 서버의 수(c)보다 크거나 같다는 가정을 제외하면 유한 대기행렬 $M/M/1$ 모형과 유사하다. 도착하는 고객은 시스템 내 고객의 수가 N과 같거나 대기행렬의 길이가 $N - c$이면 서비스를 받을 수 없다. 그리고 p가 c를 초과할 수 있다는 점을 제외하고는 표준 $M/M/c$ 모델을 위한 모든 가정이 성립한다. 서비스능력을 초과하는 고객은 거부되기 때문에 ($\lambda < c\mu$) 조건을 만족시키지 못해도 시스템이 안정 상태에 도달할 수 있다.

이 모형의 또 다른 변형은 대기행렬이 존재하지 않는 상황이다. 이러한 상황은 대기공간이 제공되지 않을 때 발생하며 주차장이 그 대표적인 예다. 각 주차공간을 서버로 생각하면 주차장이 꽉 찼을 때 서비스 기회가 존재하지 않게 되고 앞으로 도착하는 차량도 서비스가 거절된다. 만약 c가 주차공간과 같다면, 주차장 시스템은 유한 대기행렬 $M/M/c$ 모형의 대기행렬 없는 변형(variation)으로 여길 수 있다.

서비스 공급능력 계획 기준

대기행렬의 이론은 장기적으로 서비스 공급능력이 수요를 능가해야 한다는 것을 보여 준다. 이 조건을 만족할 수 없다면 다음에 열거되는 것들 중에서 적어도 하나는 발생한다.

1. 고객의 과도한 대기시간의 결과로 일부 고객이 이탈할 수 있다(즉, 고객들이 서비스를 받기 전에 대기행렬을 떠난다). 따라서 수요가 일부 감소한다.
2. 대기시간이 길어지는 것을 잠재 고객이 알게 되면 서비스에 대한 필요성을 다시 생각하게 하는 원인이 되고, 따라서 수요를 감소시킬 수 있다.
3. 긴 대기열의 압박으로 서버는 속도를 높이고, 각 고객에게 대응하는 시간을 줄여 서비

스 공급능력을 증가시킨다. 그러나 친절하고 여유 있던 서비스 매너가 불친절하고 비인간적이 된다.

4. 서비스를 제공하는 데 시간에 쫓기면 시간 소모적인 측면이 줄어들고 최소한의 서비스만 제공한다. 그래서 서비스 공급능력은 증가한다.

이러한 상황들은 부적절한 서비스 공급능력에 기인하므로, 합리적인 공급능력 계획을 통해 발생하지 않도록 해야 한다.

서비스 공급능력 계획을 위해서 여러 가지 시도가 이루어져 왔다. 바람직한 서비스 공급능력을 결정하려면, 그림 13.1에서 제시된 바와 같이 서비스 비용과 고객 대기비용 간의 상충관계가 고려되어야 한다. 다양한 서비스 수준에 따라 달라지는 고객의 대기시간을 예측하기 위해 대기행렬 모형이 이용된다.

평균 고객 대기시간(Average Customer Waiting Time)

공급능력 계획의 기준으로서 고객의 평균 대기시간은 여러 상황에서 적합하다. 예를 들면 어떤 식당에서 레스토랑 주인이 바에서의 주류 판매를 촉진하려 하고 있어, 고객들이 테이블을 안내받을 때까지 평균 5분 정도를 대기하도록 규정할 수 있다. 일반적으로 시계의 눈금이 5분 단위로 나누어져 있기 때문에, 대기행렬에서 기다리는 사람들은 5분이 경과하기 전까지는 얼마나 기다렸는지를 잘 깨닫지 못한다는 주장이 제기되었다. 따라서 드라이브 인 은행 시설(drive-in bank facility)의 설계에서는 고객의 대기시간이 최대 5분 이내로 되는 것이 바람직하다. 이 경우에 $M/M/c$ 모형을 사용하면, 서버의 수 관점에서 바람직한 고객의 대기시간을 보장하는 서비스 공급능력을 파악할 수 있다.

예제 13.6 드라이브 인 은행(Drive-in Bank)

도심에 위치한 드라이브 인 은행은 평일 정오에 매우 혼잡하다. 은행의 책임자는 서비스가 개선되지 않을 경우 고객들이 다른 은행으로 옮겨갈 것을 걱정한다. 표 13.3의 조사 결과에 의하면, 시간당 평균 30명의 고객이 도착하고(포아송 분포), 서비스 시간은 평균 3분(지수 분포)이었다. 드라이브 인 시설의 구조 때문에 고객은 3개의 도로 중에 1개의 도로를 선택하여 진입한다. 도로 사이에 분리대가 있기 때문에 한 번 도로에 들어서면 다른 도로로 옮길 수 없다. 도착하는 고객들이 도로를 무작위로 선택한다고 가정하면 이 시스템은 독립적이고, 각 서버가 단일 대기행렬을 갖는 병렬 대기행렬 시스템이며, 도착률은 출납계 직원들에게 동등하게 나눠진다. 고객이 평균 5분 이상은 기다리지 말아야 한다는 기준을 적용하면 몇 명의 출납계 직원이 필요할까? 실제로 줄에서 기다리는 고객들이 문제의 대상이므로 식 (I.9)가 적합하다.

$$W_b = \frac{1}{\mu - \lambda} \tag{I.9}$$

출납계 직원이 3명인 현행 시스템에 대해 출납계 직원 1명당 도착률은 시간당 $\lambda = 30/3 = 10$이다. 따라서 $W_b = 1/(20 - 10) = 0.1$시간 또는 6분이다. 표 13.3은 위에서 제시한 서비스 기준을 만족시키기 위해 출납계 직원이 1명 더 필요하다는 것을 보여준다.

표 13.3 은행 출납계 직원 수별 대기행렬 내 예상 시간

출납계 직원 수(n)	직원당 λ 값	μ	W_b(분)
3	10	20	6
4	7.5	20	4.8

표 13.4 쿠키와 아이스크림을 위한 대기행렬 분석

자원	μ(고객 수/시간)	ρ = 50/μ	L_Q < 0.833을 유지하기 위한 수
의자	$\frac{60분/시간}{20분/고객} = 3$	16.7	22*
쿠키판	$\frac{(60분/시간)(12쿠키)}{(10분/고객)(6쿠키)} = 12$	4.17	6
서버	$\frac{60분/시간}{6분/고객} = 10$	5.0	7

*$L_Q = 0.582$, 부록 D의 (II.1), (II.4), (II.5) 이용

예제 13.7 쿠키와 아이스크림을 위한 서비스 공급능력 계획—대기행렬 분석(Capacity Planning for Cookies and Cream—Queuing Analysis)

예제 13.1에서 제시한 대략적인 서비스 공급능력 계획에서는 평균개념을 이용해서 16.7개의 의자, 4.17개의 쿠키판, 5명의 서버가 필요하다고 계산한 바 있다. 이미 지적한 바에 의하면 평균수요 이상의 서비스 공급능력이 필요하므로 계산치는 부정확한 값이다. 적당한 서비스 수준은 각 자원(의자, 쿠키판, 서버)에 대한 고객 대기시간이 1분 이하인 경우라고 가정하자(W_Q = 1/60시간). 리틀의 법칙을 이용하면 λ = 50인 경우 1분의 대기시간이 의미하는 바는 $L_Q = \lambda W_Q = 50/60 = 0.833$이다. 표 13.4에서는 부록 C, D의 결과를 이용하여 대기행렬 분석을 하였다.

대기행렬 분석의 결과에 의하면 대략적 분석보다 상당히 많은 자원이 필요한 것을 알 수 있다. 대략적 분석은 단지 $\rho = \lambda\mu$를 계산하는 과정이었음을 이해한다면 이는 그다지 놀랄 만한 일은 아니다. 대기행렬 시스템의 해를 구하기 위해서는 서버의 수가 ρ보다 항상 커야 함을 잊지 말아야 할 것이다.

초과 대기 확률(Probability of Excessive Waiting)

공공 서비스는 서비스를 기다리는 경제적 비용을 추정하기가 어렵기 때문에 서비스 수준을 설정한다. 서비스 수준은 "전체 고객들 중 P%, 또는 그 이상의 고객들이 T 시간 이하의 지연(delay)을 경험한다"는 방식으로 표현된다. 미국의 연방 가이드라인에 따르면 앰뷸런스를 호출하면 전체 95%는 반응시간(response time)이 도심지는 10분, 시외는 30분 미만이어야 한다. 공공시설 위원회는 전화 서비스에 대해 비슷한 수준의 성과 기준을 제공하고 있다. 전화 서비스는 89%의 전화가 10초 이내에 응답될 수 있는 수준의 자원을 제공할 것을 요구하고 있다. 이러한 목적을 위해서, 즉 지연이 일정수준을 초과하지 않을 서비스 수준을 확인하기 위해 지연에 대한 확률분포를 구해야 하며, 표준 $M/M/c$ 모형을 이용할 수 있다. 서비스의 지연이 없어야 하는 경우(T = 0)에는 식 (II.3)을 이용해 지연 시간 없이 즉각 서비스를 받을 확률이 최소 P%가 되도록 서버의 수 c를 정할 수 있다.

예제 13.8 셀프서비스 주유소(Self-Serve Gas Station)

가솔린 소매 유통업자는 셀프서비스 주유소를 세울 계획을 갖고 있다. 그 지역의 교통량을 기초로 예측한 결과, 수요는 시간당 24대로 추정할 수 있다. 다른 지역에서 조사해 본 결과에 의하면 셀프방식에 의한 평균 서비스 시간은 5분이며, 지수 분포를 따르고 과거 경험에 의하면 고객의 도착률이 포아송 분포를 따른다는 가정은 현실과 크게 다르지 않다. 유통업자의 판단에 의하면 가격 경쟁력과 신속한 서비스에 대한 고객의 열망이 성공의 관건이다. 따라서 도착하는 고객 중에서 적어도 95%의 고객이 줄 서지 않아도 될 정도로 충분한 수의 펌프를 설치하려 한다. (II.3)을 이용해 고객이 기다릴 확률을 계산한 결과, 표 13.5에서는 6대의 펌프가 적당했다. c = 6일 때, $P(n \geq c) = 0.020$이므로 위의 95% 기준을 만족한다.

표 13.5 모든 펌프가 사용 중일 확률

c	P_0	$P(n \geq c)$
3	0.11	0.44
4	0.13	0.27
5	0.134	0.06
6	0.135	0.02

고객 대기비용과 서비스 비용의 합 최소화

만일 고객과 서비스 제공자가 동일 조직 또는 기업에 소속되어 있다면 서비스 비용과 고객 대기비용은 기업의 성과에 동등하게 중요하다. 예를 들어 이러한 상황은 기업이 비서 인력의 통합(secretarial pool)과 전산설비(computer facility)와 같은 전용 서비스에 의존할 때 발생한다. 이러한 경우 종업원의 대기비용은 적어도 평균 임금과 같아야 하며, 직무를 끝내지 못했을 때의 당혹감이나 다른 부서의 업무를 지연시킨 것 등을 고려하면 대기비용은 그 이상이 된다.

그림 13.1의 상충관계에서 볼 수 있듯이 서버의 수를 늘리면, 즉 서비스 비용이 증가하면 그에 상응하는 만큼 고객의 대기비용이 감소하는 상황은 고객 대기비용과 서비스 비용의 합의 최소화 기준을 적용하기에 가장 적합하다. 대기행렬 모형이 각기 다른 수준의 서비스능력을 위한 종업원의 기대 대기시간을 예측하는 데에 사용되며 그 값이 여기의 총비용 함수에 사용된다.

서비스와 대기에 대한 선형 비용함수를 가정하여 단위 시간당 총비용을 계산하면

$$\text{시간당 총비용} = \text{시간당 서비스 비용} + \text{시간당 대기비용}$$

$$\text{TC} = C_sC + C_w\lambda W_s \tag{7}$$

$$= C_sC + C_wL_s \text{ (리틀의 법칙에 의거)}$$

여기서

C = 서버의 수

C_s = 시간당 서버당 비용

C_w = 대기하는 고객의 시간당 비용

식 (7)은 대기시간을 시스템 내 시간(time in system)으로 정의한다. 그러나 복사기나 팩스를 사용할 때처럼 셀프서비스의 상황에서는 줄서서 기다리는 시간(L_g)이 중요하므로 시스템 내 시간을 대기행렬 내의 시간으로 대체하여 계산한다($L_s \rightarrow L_q$).

예제 13.9 워크스테이션 렌트 (Workstation Rental)

엔지니어링 팀장은 워크스테이션 컴퓨터를 각 부서에 대여할 것을 고려 중이다. 직원들의 의견을 토대로, 팀장은 각 부서의 시간당 대여 서비스에 대한 요청이 평균 8회이고, 컴퓨터 사용 시간은 평균 15분으로 추산된다는 것을 확인했다. 대여에 적합한 컴퓨터의 임대비용은 시간당 10달러이다. 엔지니어링 팀의 평균 임금을 고려했을 때, 엔지니어의 유휴시간에 대한 비용은 시간당 30달러이다. 팀장은 "개략적인" 분석을 통해 서비스 요청은 포아송 분포를, 사용 시간은 지수 분포를 따른다고 가정하였다. 엔지니어링 직원은 무한 모집단(infinite calling population)을 가정할 만큼 규모가 크다. $\rho = 8/4 = 2$인 $M/M/c$ 모형과 L_q를 계산할 부록 C를 이용하여 표 13.6과 같은 결과를 얻었다.

표 13.6 워크스테이션 렌트의 총 비용

C	L_q	C_sC	C_wL_q	TC
3	0.88	$30	$26.4	$56.4
4	0.17	40	5.1	45.1
5	0.04	50	1.2	51.2
6	0.01	60	0.3	60.3

엔지니어는 워크스테이션을 사용하고 있을 때는 생산적인 일을 하고 있는 것이기 때문에 L_s 대신에 L_q를 사용한다는 것에 주의하자. 분석 결과는 4대의 터미널이 임대비용과 기다리는 직원의 임금(대기비용)의 합을 최소화한다는 것을 보여주고 있다.

식 (7)에서 나타난 대기비용이 대기시간에 대해 선형적이라는 우리의 가정은 다소 의심스럽다. 왜냐하면 대기시간이 증가할수록, 더 많은 비율의 고객이 불만족하여 불평을 제기할 것이며 대규모의 고객 이탈을 야기할 수도 있기 때문이다. 우선, 기다리는 시간이 길어질수록 짜증을 내는 고객들이 많아지고 그들이 향후 이 서비스를 이용하지 않게 될 확률이 더 커진다. 게다가 친구와 친지들에게 그들의 나쁜 경험을 말해주고, 이 역시 미래의 판매에 영향을 미친다. 마지막으로, 즉각적인 판매의 손실은 고객 하나를 영원히 잃어버릴 때 발생할 수 있는 미래의 수익의 흐름의 손실에 비하면 작은 값이다. 그러나 실제로는 고객의 대기비용의 함수를 결정하는 것이 어렵기 때문에 보통 선형 가정이 이용된다.

부적합한 대기 공간에 따른 매출 손실 확률

이 기준은 서비스 공급능력보다는 대기 공간(waiting area)의 크기와 관련이 있다. 부적절한 대기 공간으로 인해 잠재 고객은 다른 곳의 서비스를 탐색한다. 이 문제는 식당의 주차장이나 드라이브 인 은행의 대기 공간에서 주로 발생한다. 이러한 상황의 분석을 위해 유한 대기행렬 *M*/*M*/*c* 모형을 이용하며 서비스를 포기하고 떠나는 고객의 수를 추정한다.

N을 시스템이 허용하는 최대 고객의 수라고 한다면 P_N은 시스템이 만원(滿員)일 확률이다. 따라서 P_N은 부적절한 대기 공간 때문에 매출 손실을 입을 확률이고 λP_N은 단위 시간당 매출 손실에 해당하는 고객의 수의 기댓값이라고 할 수 있다. 이제 매출 손실을 추가 공간 확보에 소요되는 투자와 비교할 수 있다.

예제 13.10 도심 주차장 (Downtown Parking Lot)

주차장은 대기행렬이 없는 복수 서버 대기행렬 시스템이다. 즉 주차장은 각 주차공간이 하나의 서버인 서비스 시스템으로 간주할 수 있다. 주차장이 만차가 되면, 이어지는 차량의 진입은 통제가 되는데, 이는 대기행렬이 허용되지 않기 때문이다. 따라서 주차장은 $N = c$이기 때문에 대기 공간(queue capacity)이 0인 유한 대기행렬 시스템이다.

도심지에 공터가 있다고 가정하자. 이 공간은 하루 임대료가 50달러이다. 공터 건너편에 백화점이 있고 백화점 주차장에 주차를 못하는 차량은 시간당 10대이며, 고객은 백화점에서 쇼핑을 하는 데 약 1시간을 보낸다. 이제 백화점에 주차를 못하는 고객을 대상으로 사업을 하려고 한다. 도착률은 포아송 분포를, 서비스 시간은 지수 분포를 따른다고 가정한다. 공터에는 6대의 차량이 동시에 주차할 수 있는 공간이 있다.

이 주차장은 $c = N$인 유한 대기행렬 *M*/*M*/*c* 시스템이라고 할 수 있다. (VI.1), (VI.2), (VI.4), (VI.7)에 $c = N$을 대입하면 다음의 결과를 얻는다.

$$P_0 = \frac{1}{\sum_{i=0}^{N} \frac{\rho^i}{i!}} \tag{8}$$

$$P_n = \frac{\rho^n}{n!} P_0 \tag{9}$$

$$L_s = \rho(1 - P_N) \tag{10}$$

$$W_s = \frac{1}{\mu} \tag{11}$$

위의 예에서 $\lambda = 10$, $N = 6$, $M = 1$이고 식 (8)을 이용해 계산하면 $P_0 = 0.000349$이고 식 (9)를 이용하면 $P_6 = 0.48$이다. 따라서 시간당 10명의 고객이 도착하고 그중에 약 반($10 \times 0.48 = 4.8$)이 되돌아간다. 그러므로 6대의 차량을 공급할 수 있는 능력을 가진 이 주차장은 대략 수요의 절반을 충족시킬 수 있다.

서비스 벤치마크

추정하지 말고, 시뮬레이트 하라!(Don't Guesstimate, Simulate!)

시뮬레이션은 대기행렬 시스템을 연구하는 데 사용되는 컴퓨터 모델 그 이상의 것이다. 사실 시뮬레이션은 서비스 운영을 향상시키기 위해 시나리오 탐구와 "가정(what-if)" 테스트에 매우 유용하다. 그러나 미국 거대 통신회사인 AT&T는 매우 다른 방법으로 시뮬레이션을 사용한다.

이 회사는 AT&T 전략 실행계획을 용이하게 하기 위해 BTS로부터 맞춤형 비즈니스 시뮬레이션을 사용했다.[3] 실행계획 목적 중 일부는 교차기능 부서 및 사업 단위 간의 협력(collaboration) 강화, 실제 비즈니스 문제 논의, 임직원의 강력한 네트워크 구축, 그리고 회사의 인력의 격려에 있었다. 이 시뮬레이션은 우선 교차판매와 웹 기능 오픈 등과 같은 다양한 능력을 제안하고 평가한 후 다양한 교차비즈니스의 전략을 탐구하고, 마지막으로 종업원 참여와 고객 만족에서 자신이 제안한 제안서의 실현 및 효과 등을 고려하는 종업원으로 구성된 4개 팀 간의 경합이었다.

AT&T사는 또한 재해 복구 네트워크의 일환으로 "직접 실행" 시뮬레이션을 사용한다.[4] 직원은 미국, 영국, 독일 내의 많은 지역에서 분기별로 재해 대응 시뮬레이션에 참여한다. 이러한 시뮬레이션의 일부는 복구 작업, 무선 비상통신, 특수 작전(위험물 처리), 고객/기관봉사 활동, 사고 관리, 기술/재해 구현 등이다. 실제 시뮬레이션 훈련을 하는 동안, 직원은 다른 창고에서 장비를 배포하고 장비를 조립하기 위해 팀별로 일을 한다. 그 다음 이 장비는 대형 트레일러에 설치되고 인간이 만든 재해 또는 자연재해로 손상된 인프라를 정확하게 복구한다. 비상 대응 능력을 일정하게 향상시키기 위한 AT&T사의 노력은 사람과 기업의 일상생활이 정보의 빠른 흐름에 극도로 의존하는 요즘의 시대에는 특히 중요하다.

요약

분석적 대기행렬 이론의 가정이 적정하다면 서비스 시스템의 관리자가 대기시간을 예측하여 여러 가지 대안을 평가할 수 있다. 대기행렬 모형을 이용하면 통합효과, 유한 대기행렬의 효과, 서버의 증가에 의한 대기시간의 비선형적 감소, 수요변동 감소의 중요성 등을 유효 적절하게 설명할 수 있다. 그리고 서비스 공급능력 계획에 대한 접근 방식은 시스템 성과의 기준에 따라 달라질 수 있다. 게다가 시스템 성과를 예측할 수 있으므로 대기행렬 모형은 분석에 활용하기 좋다. 대기행렬 모형의 엄밀한 가정이 부적절하거나 시스템이 너무 복잡하면 시뮬레이션 모형을 활용하는 것이 바람직하다.

---

3) htpps://www.bts.com/docs/case-studies/Strategy-Execution-with-Extraordinary-Leadership-at-AT_T

4) http://www.att.com/gen/press-room?pid=22547&cdvn=news&newsarticleid=33999; http://www.att.com/gen/ corporate-citizenship?pid=17918, May, 11, 2012; http://www.corp.att.com/ndr, May, 11, 2012; http://www.corp.att. com/ndr/deployment1.html, May 11, 2012; http://www.corp.att.com/ndr/ exercises.html, May 11, 2012.

주요 용어

대기행렬 모형의 *A/B/C* 분류(*A/B/C* classification of queuing models) A는 도착 분포, B는 서비스 시간 분포, C는 병렬서버를 갖는 대기행렬 모형에서 서버의 수

안정상태(steady state) 대기행렬 내 고객의 수 등의 시스템 특성치의 분포가 시간에 대해 안정적일 때의 시스템 상태, 즉 통계학적 균형에 도달한 상태

유한 대기행렬(finite queue) 주차공간과 같이 크기가 물리적으로 제한된 대기행렬

일시상태(transient state, warm-up period) 시스템의 운영 특성이 시간에 따라 달라지는 상태

토론 주제

1. 고객을 기다리게 하는 것의 경제적 비용을 결정하는 방법에 대해 토론하라.
2. 예제 13.1은 서비스 공급능력 계획을 위한 대략적인 방법을 제시하였는데 평균을 사용하는 것에 대해 비판받았다. 제5장 서비스 지원설비와 프로세스 흐름에서 소개된 "병목현상(bottleneck)"의 개념을 다시 한번 생각해 보고, 공급능력 계획을 위한 다른 방안을 제시해 보라.
3. 유한 대기행렬 시스템에서 도착률은 서비스 공급능력을 초과할 수 있다. 어떻게 이것이 가능한지 예를 들어 설명하라.
4. 서비스 자원 통합(pooling service resources) 개념의 단점은 무엇인가?
5. $M/G/\infty$ 모형이 병원 응급차의 수를 결정하는 데 어떻게 사용될 수 있는지 토론하라.

그룹활동 과제

컴퓨터에 설치된 Microsoft Office Visio를 사용하여, http://www.promodel/products/Process-Simulator/에서 무료 프로세스 시뮬레이터를 다운로드하라. 데모 패널에서 "의료 시설(Medical Clinic)"을 선택하고 지침에 따라 시나리오를 시뮬레이트하라. 어째서 "Urine Batch =2" 시나리오가 시스템의 평균 시간 측면에서 가장 잘 수행되었으며, "Additional Nure" 시나리오는 동일 기준에 비해 개선되지 않았는지 그 이유를 프로세스 흐름 분석을 통해 설명하라.

익힘 문제와 풀이

1. 서비스 특성치의 계산

문제

선셋 항공사(Sunset Airlines)는 "1장의 가격에 2장" 요금 프로모션에 대해 예상되는 체크인 절차에 대한 논의를 하고 있다. 현재는 한 명의 직원이 보딩패스를 발급하며 화물을 정리하는 데 승객 한 명당 평균 3분이 소요된다. 서비스 시간은 지수 분포를 따르며 승객의 도착률은 탑승수속 동안 시간당 15명의 평균을 예상하며 포아송 분포를 따른다.

a. 도착한 승객들이 대기 없이 즉시 서비스를 받을 수 있는 확률은?

해

시간당 $\lambda = 15$인 $M/M/1$ 시스템 하에서 시간당 $\mu = 60/3 = 20$이다. 공식 (I.1)을 사용하면,

$$P(\text{시스템이 비어있을 확률}) = P_0 = 1 - \rho$$
$$= 1 - (15/20)$$
$$= 0.25$$

b. 선셋 카운터에서는 서비스받는 사람을 포함하여 3명에게만 서비스를 제공할 여유가 있다. 이 장소가 대기 승객에게 부족할 확률은 몇 %인가?

해

공식 (I.2)를 이용하면,

$$P(\text{대기 장소 부족}) = P(n \geq 4) = \rho^4 = (15/20)^4 = 0.316$$

따라서 32%의 확률로 장소가 부족하다.

c. 수요의 증가를 예상하여 선셋 항공사는 대기행렬 상 평균 17분의 대기시간이 나타나기 시작할 때 직원을 한 명 더 채용하려 한다. 체크인 카운터에서 도착률을 모니터한 이래로 직원을 한 명 더 채용하기 위해 시간당 도착률이 얼마나 되어야 하는지 결정하라.

해

공식 (I.8)를 이용하면 17/60시간과 같다. $\mu = 20$을 대입하여 λ에 대해 풀면

$$W_q = \frac{\rho}{\mu - \lambda} = \frac{\lambda}{20}\left[\frac{1}{20 - \lambda}\right] = \frac{\lambda}{400 - 20\lambda} = \frac{17}{60}$$

따라서 λ = 시간당 17이 된다.

2. 서비스 공급능력 계획

문제

고객들의 평균 도착률은 시간당 20이다. 선셋 항공사는 직원을 더 채용함으로써 시스템의 체크인 서비스 공급능력을 증가시켜야만 한다. 고객조사에 따르면 대기하는 데 $15의 기회비용이 발생한다. 직원들은 시간당 $10를 받으며 여전히 3분에 1명의 승객에게 서비스를 제공한다. 고객들의 대기시간과 직원들의 시간당 총비용을 사용하여 비용의 조정에 따른 시스템 대안들을 평가해보라.

a. 고객들이 라인 간 이동을 할 수 없는 분리된 대기행렬로 구성된 다중 대기행렬의 조건에서 수요가 정확히 두 직원에게 분리된다면 이 조정된 배열에 대한 시간당 총비용은 얼마인가?

해

시스템의 총비용은 대기행렬 하나당 비용의 두 배이고 각 대기행렬은 독립적인 $M/M/1$을 구성하고 있다. 공식 (I.5)를 이용하여 L_q를 계산하고 공식 (7)을 활용하여 비용을 계산하면

$$L_q = \frac{\rho\lambda}{\mu - \lambda}$$
$$= \frac{10}{20}\left[\frac{10}{20 - 10}\right]$$
$$= 0.5$$

따라서 총비용은 = 2[10 + 15(0.5)] = $35(시간당)

b. 혼자인 직원을 돕기 위해 서비스 제공시간이 3분인 자동발권시스템(ATM)을 도입했다. ATM의 운영비용은 무시해도 될 정도의 상황에서 만약 ATM과 직원 간에 수요가 균등히 분배된다면 시간당 총비용은 얼마인가?

해

각각의 대기행렬은 독립적이고 하나는 $M/M/1$ 모형을 따르며 $L_q = 0.5$이며, 다른 하나는 $M/D/1$ 모형(ATM 서비스)을 따른다. $V(t) = 0$인 조건하에서 공식 (III.2)를 사용하여 ATM라인에 대한 L_q를 계산하자.

$$L_q = \frac{\rho^2 + \lambda^2 V(t)}{2(1-\rho)}$$

$$= \frac{0.5^2 + 10^2(0)}{2(1-0.5)}$$

$$= 0.25$$

따라서 시스템 총비용 = 한 명의 직원비용 + ATM = 10 + 15(0.5) + 0 + 15(0.25) = $21.25(시간당)

c. 두 명의 직원이 있는 단일 대기행렬(한 줄 서기)의 배열하에서 시간당 총비용은 얼마인가?

해

부록 C에서 $c = 2$, $\rho = 20/20 = 1$, $L_q = 0.333$

따라서 시스템의 총비용 = 10(2) + 15(0.333) = $25(시간당)

연습문제

13.1 자동차 정비소에 머플러 전문 정비사가 1명 있다. 머플러에 문제가 생긴 고객들은 평균 시간당 2명씩 포아송 분포를 따라 도착한다. 머플러를 수리하는 데 드는 시간은 평균 20분으로 지수 분포를 따른다.

a. 고객이 정비소에 도착했을 때, 정비소에 이미 있는 고객의 수는 얼마인가?

b. 정비소 경영자는 고객이 정비소에서 평균적으로 보내는 시간이 90분을 초과하는 경우 1명의 정비사를 추가하려고 한다. 사업이 성장한다고 가정했을 경우, 고객의 도착률이 어느 수준일 때, 정비사를 추가 고용해야 하는가?

13.2 어느 한 경영학과에서 오래된 복사기를 좀 더 빠른 복사기로 교체하려고 한다. 과거 기록에서 학생들의 평균 도착률은 시간당 24명이고 포아송 분포를 따르며, 서비스 시간은 지수 분포를 따르는 것을 알았다. 선정위원회는 평균 회전 시간이 5분 또는 그 미만이 되는 복사기를 고려하라고 지시를 받았다. 고려되어야 할 최소 시간당 처리율은 얼마인가?

13.3 콜로라도강 관리국에서는 맨스필드 댐 근처의 보트 진수시설에서의 혼잡 상황을 조사해 왔다. 주말에 보트의 평균 도착률은 시간당 5척이고, 포아송 분포를 따른다. 보트를 내리거나 싣는 평균 시간은 10분으로 지수 분포를 따른다. 보트는 한 번에 1대씩밖에 내리거나 실을 수 없다고 가정하자.

a. 관리국에서는 평균 이용시간(대기시간 포함)이 90분을 넘을 때 진수시설을 하나 더 더하려고 한다. 보트의 도착률이 얼마에 도달할 때 진수시설을 늘려야 할 것인가?

b. 만약 주차장소에서의 보트 수용 능력이 2대밖에 안 된다면 시설에 도착하는 배들에게 주차공간이 충분하지 못할 확률은 얼마인가?

13.4 평균적으로 시간당 4명의 죄수들이 유치장에서 공중전화를 사용하며 포아송 분포를 따른다. 전화통화 시간은 평균 5분인 지수 분포를 따른다. 보안관은 대기시간이 3분 또는 더 길어질

때 두 번째 전화부스를 설치하려 한다.

a. 시간당 도착 비율의 증가량이 얼마만큼 되어야 두 번째 전화부스 설치가 적절한가?

b. 두 번째 부스를 설치하기 위한 적절한 기준이 다음과 같이 변경되었다; 모두 0.6을 초과하여 기다려야 하는 확률일 때 두 번째 부스를 설치하라. 이러한 기준에서 두 번째 부스를 설치하기 위한 시간당 도착 비율의 증가량은 얼마나 증가해야 하나?

13.5 회사 A는 중앙에서 문서 복사 서비스를 제공하고 있다. 도착은 시간당 평균 15명인 포아송 확률분포를 따르며, 서비스 시간은 평균 3분의 지수 분포를 따른다. 현재의 복사기 대신 새로운 기계를 들여올 경우 평균 서비스 시간을 2분으로 단축할 수 있다. 복사할 문서를 가지고 오는 인력의 시간당 임금은 8달러다.

a. 새로운 복사기를 현재 복사기보다 시간당 10달러를 추가적으로 더 지불하고 임차해 올 수 있다면, 이 회사는 새로운 기계를 임차할 필요가 있을까? 복사 기계가 셀프서비스인 경우를 가정하고 복사를 하는 동안의 직원의 생산성 감소를 고려하라.

b. 현재의 복사기를 사용하는 경우 직원이 복사실에 왔을 때 이미 다른 사람이 줄에서 기다리고 있을 확률은? (이런 상태가 발생하기 위해 있을지도 모르는 고객의 수를 파악할 때 주의할 것.)

c. 새로운 복사기를 임차한 경우 대기자를 위해서 의자를 마련하려고 한다. 이때 대기자의 적어도 90% 이상이 의자에 앉아서 기다릴 수 있으려면 의자를 몇 개 준비해야 할 것인가?

13.6 Sea Dock은 제련소에 원유를 수송하기 위해 멕시코만에서 초대형 유조선에 하역시설을 운영하는 텍사스 Port Arthur 지역에 위치한 사설 회사이다. 기록에 따르면 평균적으로 하루에 2대의 유조선이 도착하며 이는 포아송 분포를 따른다. 유조선은 한 번에 하나씩만 하역을 할 수 있으며 순서는 선착순(FCFS)에 기본을 두고 있다. 하역은 하루에 약 8시간 정도 가능하며 하역 시간은 지수 분포를 따른다.

a. Sea Dock 회사는 3대의 유조 정박시설을 보유하고 있다. 이것은 20대 중 19대가 정박 가능한 공간이 있어야 한다는 미국 해안경비대가 요구에 대처하기에 충분한가?

b. Sea Dock은 하루에 $480의 추가 노동비용을 투입하여 하루에 4대 정도의 하역능력으로 증가시키려 한다. Sea Dock 회사가 이상적인 유조선 정박을 유지하기 위해 하루에 $1,000의 초과비용을 지불하는 것은 적절한가(하역시간은 기다리는 시간과 마찬가지로 대기행렬을 따른다)?

13.7 래스트 내셔널 은행(Last National Bank)에서는 이번에 마련한 드라이브 인 창구의 서비스 수준에 관심을 가지고 있다. 조사 결과에 의하면 바쁜 시간대에 시간당 20명의 고객이 포아송 분포를 따라 도착하고, 서비스는 선착순에 의해 이루어지며, 서비스 시간은 대략 평균 2분의 지수 분포를 따른다.

a. 대기행렬에서 기다리는 평균 고객의 수는 얼마인가?

b. 래스트 내셔널 은행이 현금자동입출금기를 사용하여 서비스 시간이 정확히 2분일 때, 시스템 내의 평균 고객의 수는?

c. 서비스를 받는 차량을 포함하여 시설이 최대 3대를 수용할 수 있다면, 시설 밖에서 차량이 교통 혼잡을 유발할 가능성은?

d. 래스트 내셔널 은행에서는 추가적으로 출납 직원을 배치할 것을 고려하고 있다. 고객의 대기비용은 시간당 5달러로 추정되고, 출납 직원의 시간당 임금은 10달러이다. 고객의

평균 도착률은 시간당 30명으로 증가하였다. 고객의 대기비용과 직원의 시간당 임금을 고려해볼 때 몇 명의 직원이 있어야 하겠는가? 단, 고객은 한 줄로 줄을 서는 것을 원칙으로 한다.

13.8 그린밸리 공항은 지난 몇 년간 운영되고 있으며 비행 혼잡현상이 나타나기 시작했다. 비행기의 평균 도착률은 시간당 12대이며 이는 포아송 분포를 따른다. 평균적으로 4분마다 비행기가 활주로에 착륙하며 이는 지수 분포를 따른다. 도착과 이륙이 함께 이루어지며 이는 선착순을 따른다. 착륙하기 위해 대기하는 비행기는 공항을 돌아야 한다.

a. 대기행렬을 따르며 기다리는 비행기가 착륙하기 위해 공항을 몇 바퀴 돌아야 하는가?

b. 연방정부는 공항의 혼잡을 해결하기 위해 시간당 15대의 착륙률(편차는 없다)의 시스템인 레이더 시스템을 사용하려 한다. 만약 이 시스템이 사용되었더라면 대기행렬을 따르며 기다리는 비행기가 착륙하기 위해 공항을 몇 바퀴 돌아야 하였는가?

c. 공중에서 비행기가 착륙을 기다리며 떠 있는 비용이 시간당 $70라 가정해보자. 만약 레이더 시스템의 비용이 시간당 $100라면 이 제안을 받아들여야 하겠는가?

13.9 지역은행이 드라이브 인 시설을 확장하려 한다. 창문에 단일 텔러(teller)가 존재하고, 고객의 평균 도착률은 시간당 10명이며 이는 포아송 분포를 따른다. 은행의 업무는 선착순으로 진행되며 처리시간은 평균 5분이 소요된다. 처리시간은 지수 분포를 따른다. 지역은행은 은행원을 한 명 더 고용하여 4개의 스테이션 설비를 확충하려 한다. 고객들이 대기하도록 내버려 두는 것은 시간당 $5의 신용 손실이 발생하는 것이며 텔러의 비용은 시간당 $10이다.

a. 한 명의 텔러가 두 개의 스테이션을 맡고 스테이션 사이의 수요는 일정하게 나누어지며 고객들은 선택한 스테이션을 옮길 수 없다면 이 시스템에서의 기다리는 고객의 수는 평균 몇 명인가?

b. 만약 두 명의 텔러들이 모두 일하고 있으며 가장 오래 기다린 고객부터 다음 텔러에게 서비스를 받을 수 있다면 이 시스템의 평균 고객 수는 몇 명인가?

c. 텔러를 통합함으로써 얻어지는 비용 절감은 시간당 얼마인가?

13.10 *M/M/*1의 모형을 따르는 펌프가 하나밖에 없는 주유소가 있다고 가정하자. 고객은 연료통에 가득 주유했을 때를 기준으로 1/8이 남으면 주유소를 방문한다. 고객에게 서비스를 제공하는 데에는 4분이 걸리고, 시간당 도착률은 6명이다.

a. 평균 대기행렬의 길이와 평균 시스템에서의 소요 시간을 계산하라.

b. 고객이 주유 기준보다 빨리 방문하는 경우를 가정하자. 주유 기준이 1/4인 경우, 도착률의 변화가 주유 기준의 변화에 반비례한다고 가정할 때 a의 값을 재계산하라.

c. b에서 주유 기준이 1/2인 경우의 값을 재계산하라. 이 경우 유류 파동과 같은 현상을 경험할 수 있을까?

d. 주유 기준이 증가함에 따라 서비스 시간도 단축된다고 가정하는 것이 정상적일 것이다. 주유 기준이 1/8인 "정상적인" 상황에서 2분은 실제 주유 시간에 소모되고 나머지 2분은 간단한 청소 및 점검에 소요된다. b, c의 경우에 대해서 주유 시간이 주유 기준에 반비례한다는 가정하에서 필요한 값을 재계산하라.

사례_13.1

휴스턴 항만관리청(Houston Port Authority)

휴스턴 항만관리청은 밀(wheat) 수출 절차의 가능한 변경 방안에 관해 조언을 하는 컨설턴트로 당신과 계약을 체결하였다. 현재 항만 근로자들은 전통적인 컨베이어 벨트를 사용하여 밑바닥이 열리는 화물차로부터 밀을 하역하여, 해외로 나가는 화물선에 선적한다. 차량 1대를 하역하는 데 평균 30분이 걸리는 것으로 알려져 있다. 항만 근로자들은 시간당 총 $50를 받는다. 개저차량(차량의 바닥이 열리는 차량을 의미함)은 8시간 교대에 평균 12대가 도착한다. 차량 소유자들은 도착하여 하역할 때까지 화물자동차가 서비스를 받지 못하는 동안 시간당 $15의 차량 유치료가 발생한다고 보고 있다. 한 교대에서 전부 하역되지 못한 차량은 다음 번 교대에서 맨 처음 서비스를 받는다.

지난달의 도착률에 대해 카이 제곱 "적합도" 분석을 실시한 결과, 도착률은 포아송 분포를 하는 것으로 나타났다. 이 기간 동안의 하역 시간에 대한 자료는 음의 지수 분포를 따르는 것으로 보인다.

과도한 차량 유치료 때문에, 항만 근로자를 추가적으로 고용하는 것이 제시되었다. 작업장을 방문 조사한 결과, 혼잡으로 인하여 동일한 차량에 두 명의 항만 근로자가 동시에 작업을 하는 것은 불가능하였다. 하지만 차량 1대에 1명씩, 두 대의 차량이 동시에 하역하는 것은 가능하였다.

당신이 숙고하는 동안, 산업공학 부서의 직원이 압축처리 시스템을 사용하는 것이 가능하다고 보고하였다. 이 시스템을 사용하면, 차량으로부터 배에 시간당 차량 3대 분량의 밀을 일정하게 이동시킬 수 있으며, 24시간 사용 가능하다. 물론 이 시스템은 시간당 $15를 받는 숙련 작업자의 도움을 받아야 한다. 이러한 시스템은 설치하는 데 $400,000가 소요된다. 항만관리청은 자산개선 프로젝트에 10%의 할인율을 사용한다. 항만은 일 24시간, 연간 365일 운영된다. 이 분석을 위해 10년의 계획기간을 가정하고, 항만청에 대한 추천 의견을 제시하라.

참고문헌

Bittencourt, Otavio, Vedat Verter, and Morty Yalovsky. "Hospital Capacity Management Based on the Queueing Theory." *International Journal of Productivity and Performance Management* 67, no. 2 (2018), pp. 224-38

Bordoloi, Sanjeev K., and Keith Beach. "Improving Operational Efficiency in an Inner-city Emergency Department." *Health Services Management Research* 20, no. 2 (2007), pp. 105-12.

Bretthauer, Kurt M., H. Sebastian Heese, Hubert Pun, and Edwin Coe. "Blocking in Healthcare Operations: A New Heuristic and an Application." *Production and Operations Management* 20, no. 3 (February 2011), pp. 375-91.

Chan, Wyean, Ger Koole, and Pierre L'Ecuyer. "Dynamic Call Center Routing Policies Using Call Waiting and Agent Idle Times." *Manufacturing & Service Operations Management* 16, no. 4 (2014), pp. 544-60.

De Lange, Robert, Ilya Samoilovich, and Bo van der Rhee. "Virtual Queuing at Airport Security Lanes." *European Journal of Operational Research* 225, no. 1 (2013), pp. 153-65.

Gans, N., Shen, et al. "Parametric Forecasting and Stochastic Programming Models for Call Center Workforce Scheduling." *Manufacturing & Service Operations Management* 17, no. 4 (2015), pp. 571-88.

Koole, Ger. *Call Center Optimization* (Amsterdam: MG Books, 2013).

Kulkarni, Vidyadhar G., et al. "Optimal Allocation of Effort to Software Maintenance: A Queuing Theory Approach." *Production and Operations Management* 18, no. 5 (September-October 2009), pp. 506-15.

van Dijk, Nico M., and Erik van der Sluis. "To Pool or Not to Pool in Call Centers." *Production and Operations Management* 17, no. 3 (May-June 2008), pp. 296-305.

Yang, M., et al. "Improving Voting Systems through Service Operations Management." *Production and Operations Management* 23, no. 7 (2014), pp. 1083-97.

Part 4

서비스경영에 대한 계량적 분석

4부에서는 서비스 운영에서 중요하게 이용되는 계량적 모형에 대해 소개한다. 우선 월별, 일별, 시간별로 변동하는 평균 서비스 수요를 예측하기 위한 지수평활모형의 사용을 살펴본다. 다음 장에서는 다양한 재고관리 모형과 서비스에의 RFID의 적용에 대해 논의한다. 어떤 환경에서도 중요한 관리 기술이지만 특히 컨설팅 업무관리에 있어 중요한 프로젝트 관리로 본서를 마무리한다.

Chapter 14

서비스 수요 예측

학습목표

1. 상황에 적합한 예측모형의 제시
2. 델파이 예측 연습
3. 시계열 예측에 있어서 지수평활모형의 특징 이해
4. 추세 및 계절성을 갖는 지수평활모형을 사용한 시계열 예측

배고픈 사람들이 패스트푸드 레스토랑에 갈 때, 그들은 음식을 빨리 받길 기대하면서도 따뜻한 빛 아래에서 10분 동안 데워진 버거를 원하지 않는다. 그렇다면 이런 식당의 운영자는 주어진 시간에 언제 몇 개의 버거를 요리할지 어떻게 알 수 있을까? Hyper-Active Technologies(현재는 The Acrelec Group의 일부)에 답이 있다. Hyper-Active Technologies사는 옥상에 설치된 카메라를 이용하여 주차장과 자동차 주문창구로 들어오는 차량을 관찰하여 어떤 주문이 예상되는지를 주방 직원에게 미리 알려주는 방식을 패스트푸드 레스토랑에 제안하였다. 과거의 자료를 바탕으로 주문에 대한 선호도(즉, 프렌치 프라이를 추가한 버거나 치킨 샌드위치)를 결정하기 위해 차량의 종류(예, 미니밴은 많은 인원이 탑승하고 있어 많이 주문)와 차에 타고 있는 사람들(예, 청소년 혹은 성인) 정보를 이용하였다. 주방 직원은 이 정보를 사용하여 실제 주문을 받기 전에 미리 주문을 준비하여 고객에게 적시에 제공한다.

예를 들면, 맥도널드의 빅맥 홍보기간에 자동차 주문창구로 6분 동안에 5대의 차가 들어왔다고 하자. 우리는 과거 자료를 통해 다음 3분 이내에 누군가가 빅맥을 주문할 확률이 100%라는 것을 알고 있다. 패스트푸드 비즈니스에서는 주중의 점심시간 동안에 120개의 햄버거를 팔았다는 것을 아는 것만으로는 충분하지 않다. 관리자는 20분 단위로 어느 시간대에 수요에 대비해 음식을 미리 준비하여야 하는지는 알아야 한다. 만약 예측을 적게 하면 고객이 기다리는 줄이 길어지고 패스트푸드가 아니라 슬로우푸드로 변하게 되며, 너무 많이 예측하면 낭비된 음식으로 이익이 감소할 것이다. 이러한 인식 소프트웨어 사용의 초기 결과에 따르면 낭비는 반으로 줄었고 자동차 주문창구의 대기시간은 25초에서 40초

사이로 줄었다.[1)]

개요

본 장에서는 우선 예측기법과 예측기법을 선택하는 기준에 대하여 먼저 살펴본다. 장기간의 계획기간을 고려한 프로젝트나 마케팅 캠페인의 초기 계획에 사용될 주관적 모형부터 다룬다. 원자력에 대한 정부의 정책 수립에 대한 델파이(Delphi) 기법의 적용을 보여준다. 인과형 모형(causal model)은 독립변수와 종속변수 사이의 선형 관계를 살펴보기 위해 회귀분석을 이용한다. 어린이집에 대한 장소의 선택은 지리적 수요 예측을 할 때 사용되는 인과형 모형을 사용한다.

시계열 모형의 논의는 N-기간 이동평균으로 시작한다. **지수평활법**(*exponential smoothing*)으로 불리는 더 정교한 시계열 모형도 추세와 계절성을 고려하는 법과 함께 소개된다.

예측기법의 선택

예측기법은 데이터베이스로부터 이용 가능한 수많은 정보를 서비스에 경쟁우위를 가져다줄 전략으로 변환시켜 준다. 본 장에서 설명하려는 예측기법은 세 가지의 기본 모형, 즉 주관적 모형, 인과형 모형과 시계열 모형으로 분류된다. 어떤 서비스는 이들 모형들 중 한 가지를 사용하는 반면, 다른 서비스는 상황에 따라 둘 이상을 사용할 수도 있다. 예를 들면 패스트푸드 레스토랑에서 메뉴에 대한 일일 수요를 예측하기 위해 시계열 모형을 사용할 수 있다. 반면 병원서비스에 대한 수요는 시간과 공간 특성을 모두 가지고 있어 시계열과 인과형 모형을 함께 사용할 필요가 있다. 서비스 기업은 일반 인구의 고령화와 같은 인구통계 변화의 영향을 파악하기 위해 주관적 모형을 사용할 수 있다. 일반적으로 주관적 모형에서 인과형 모형으로, 그리고 시계열 모형으로 옮겨감에 따라 예측기간은 점점 짧아진다. 예측모형과 특징, 그리고 적용 가능한 예들이 표 14.1에 주어져 있다.

주관적 모형

시계열이나 인과형 모형 같은 예측 기법은 시간에 따른 변화 형태가 비교적 안정된 데이터 사용에 바탕을 두고 있다. 그렇지만 데이터가 없거나 있어도 그 수가 적든지 또는 단기간에 대해서만 변화 형태나 관계가 파악되어 장기 예측에는 사용될 수 없는 경우가 있다.

충분하거나 적절한 자료가 없는 경우에는 주관적이거나 정성적인 예측기법을 사용해야 한다. 여기에는 델파이 기법, 상호영향(cross-impact) 분석, 그리고 역사적 유추법이 있다.

델파이 기법

랜드(Rand)사의 헬머(Olaf Helmer)에 의해 개발된 **델파이 기법**(***Delphi method***)은 전문가 의견에 바탕을 두고 있다. 해당 분야의 전문지식을 갖춘 전문가들은 아주 간단한 양식으로 질문을 받게 되는데 전문가 간의 의견교류는 허용되지 않는다. 참가한 전문가들은

1) Charles Sheehan, "Business Hungry for Speed Adds Recognition Technology," *Austin American-Statesman*, September 8, 2004, p. C3.

표 14.1 예측기법 특성

방법	요구되는 자료	상대적 비용	예측기간	적용 예
주관적 모형:				
델파이 기법	설문지 결과	높음	장기	기술예측
상호영양 분석	사건 간의 상관관계	높음	장기	기술예측
역사적 유추법	비슷한 상황에 대한 수년간의 자료	높음	중기–장기	수명주기별 수요 추정
인과형 모형:				
회귀모형	모든 변수에 대한 과거 자료	적정	중기	수요예측
계량경제모형	모든 변수에 대한 과거 자료	적정–높음	중기–장기	경제상황 예측
시계열 모형:				
이동평균모형	가장 최근의 *N*개 관측치	아주 낮음	단기	수요예측
지수평활모형	이전 기간의 평활화 값과 가장 최근의 관측치	아주 낮음	단기	수요예측

대개 수치적인 추정을 하도록 요청받는다. 예를 들면 내년도 다우존스(Dow Jones) 지수가 최고 얼마가 될지를 예측해 달라는 요청을 받을 수 있다.

델파이 기법을 주관하는 관리자는 수합된 전문가들의 견해를 사분위수로 정리하여 전문가들에게 제시하고, 전문가들은 제시된 이 정보를 바탕으로 자신의 견해를 수정할 것인지를 질문받는다. 2개의 바깥쪽 사분위수를 벗어난 극단적인 견해를 제시한 전문가에게는 그 이유를 물어본다. 이 과정에서 모든 정보들을 다시 정리하여 참가한 전문가들에게 다시 보낸다. 이 경우 여전히 양 끝에 있는 2개의 사분위수를 벗어난 전문가에게 왜 반대편 극단에 위치한 전문가가 틀렸다고 생각하는지에 대한 이유를 묻는다.

이 과정은 미래 계획에 대한 합의를 전문가들이 하도록 하려는 의도로 여러 차례 반복될 수 있다. 이 기법은 노력이 많이 들고 전문적 지식을 가진 사람으로부터의 견해를 필요로 한다. 델파이 기법은 비용과 시간이 많이 들므로 실제로는 장기적인 예측에만 사용된다.

예제 14.1 원자력산업 연구에서 이용하고 있는 델파이 기법

델파이 기법을 적용한 예로 원자력 산업의 연구를 살펴보자.[2] 98명의 전문가들이 이 연구의 참여에 동의하였다. 이 사람들은 이 분야와 관련 있는 산업 및 공공분야에 종사하고 있으며 이 분야의 전문지식을 가지고 있었다.

1차 시행한 질문은 원자력 산업의 과거 발전에 관한 11개의 문항과 미래에 관한 26개의 문항으로 모두 37개의 문항을 포함하고 있었다. 이 질문들은 아래에서 보듯이 “강한 동의”에서 “강한 부정”까지 리커트 7점 척도상에 대답하도록 되어 있다.

공공사업은 요금 구조에 자본투자비용을 보다 적극적으로 통합시키는 것이 바람직하다.

____	____	____	____	____	____	____	____
판단 유보	강한 부정	부정	약간 부정	잘 모름	약간 동의	동의	강한 동의

질문지는 개방형 서술도 할 수 있도록 되어 있다.

2차 시행을 위해 델파이 기법 관리자는 과거에 관한 11개의 질문에 대한 1차 응답의 요약과 미래에

2) C. H. Davis and J. A. Fitzsimmons, “The Future of Nuclear Power in the United States,” *Technological Forecasting and Social Change* 40, no. 2 (September 1991), pp. 151–64.

관한 개방형 서술 요약을 제공한다. 위의 질문에 대한 응답자의 수가 응답자 수 아래에 주어진 중위수(*M*: median)와 사분위수 간 범위(수직선으로 표시되어 있음)와 함께 나타나 있다.

	1	6	5	6	15	35	8
판단 유보	강한 부정	부정	약간 부정	잘 모름	약간 동의	동의	강한 동의
			|······	······	······	······*M*······|	

과거에 관한 11개의 질문은 2차 질문에서는 빠지고 1차에 개방형 서술을 통해 만들어진 새로운 11개의 질문이 추가된다. 참가자들은 그들의 의견이 사분위수 간 범위를 벗어나는 경우에 적절한 설명으로 자기주장을 "지킬" 수 있다.

이 연구에서는 마지막인 3차 시행을 위해 델파이 기법 관리자가 다시 2차 시행으로부터의 피드백을 제공하고 같은 질문에 대해 다시 한번 더 "선택"해 주도록 요청한다. 다음 그림은 매 시행마다 얻게 되는 중위수와 사분위수 간 범위가 이 특정한 문제에 대해 의견들이 어떻게 이동하여 최종적으로 합의에 이르는지를 보여주고 있다.

	1	6	5	6	15	35	8
판단 유보	강한 부정	부정	약간 부정	잘 모름	약간 동의	동의	강한 동의
1차 시행			|······	······	······	······*M*······|	
2차 시행				|······	······*M*······	······|	
3차 시행					|······	······*M*······|	

언급한 대로 어떤 질문들은 산업이 과거에는 어떠했고 현재는 어떠한지에 대한 평가를 요구하고 있다. 또 다른 질문들은 이 산업이 미래에는 어떠해야 하는지뿐만 아니라 원자력의 미래에 영향을 끼치는 자원배분과 정치적인 현실과 같은 문제에 대해 언급하도록 요구한다. 이처럼 델파이 기법은 정량적인 데이터가 없는 상황을 다루는 데 있어서 유용한 도구이다.

상호영향 분석

상호영향 분석(*cross-impact analysis*)은 미래 사건이 이전 사건의 발생과 관련이 있다고 가정하는 것이다. 델파이 기법에서처럼 전문가 위원회에서 사건들 간의 상관관계를 행렬의 형태로 연구한다. 이 상관관계가 미래사건 발생에 대한 가능성을 추정하는 기초가 된다.

예를 들면 2030년쯤 갤런(gallon)당 휘발유 값이 5달러(사건 A)와 2040년쯤 대중교통 이용자 수가 두 배(사건 B)로 될 것이라는 예측을 고려해 보자. 초기 합의에 의해 사건 A가 주어진다면 사건 B가 일어날 조건부 확률은 0.7이고 사건 B가 주어진다면 사건 A가 일어날 조건부 확률은 0.6으로 결정되었다. 이 확률이 아래 행렬에 주어져 있다.

	사건의 확률	
주어진 사건	A	B
A	—	0.7
B	0.6	—

2040년쯤 대중교통 이용자 수가 두 배로 될 비조건부 확률은 1.0으로 예측되었고, 2030년쯤 갤런당 5달러가 될 비조건부 확률은 0.8로 예측되었다고 하자. 이 새로운 값들은 행렬에 주어진 값들과 통계적으로 모순이 된다. 이러한 모순이 전문가 위원회에 알려지고 이들은 일련의 반복 과정을 통해 추정치를 수정한다. 델파이 기법에서와 같이 예측치를 얻기 위해 사용될 조건부 확률 행렬을 만들려면 경험 있는 관리자가 필요하다.

역사적 유추법

역사적 유추법(historical analogy)에서는 새로운 서비스의 도입과 성장 패턴이 과거 자료가 있는 유사한 개념의 패턴을 따를 것으로 가정한다. 역사적 유추법은 새로운 서비스의 시장 침투나 수명 주기를 예측하는 데 흔히 사용된다. 마케팅에서 사용되는 제품수명주기(product life cycle) 개념은 도입, 성장, 성숙 그리고 쇠퇴와 같은 단계를 포함한다.

역사적 유추법의 유명한 예로 단지 몇 년 앞선 흑백 TV에 따른 경험을 토대로 컬러 TV의 시장 침투를 예측한 것을 들 수 있다. 물론 적절한 유추가 항상 분명하게 이루어지는 것은 아니다. 예를 들면, 가사를 도우는 서비스에 대한 수요 증가는 보육 서비스에 대한 증가곡선을 따를 수 있다. 이전 자료의 패턴이 여러 가지로 해석이 가능하고 유추가 의문시될 수 있기 때문에 이 방법을 사용하는 어떤 예측도 신뢰성에 대한 지적을 받게 된다. 역사적 유추법에 의한 예측을 받아들일지의 여부는 얼마나 설득력 있는 유추를 하느냐에 달려 있다.

인과형 모형

자료가 복잡하지 않을 때 단기 예측을 하는 것은 비교적 쉽다. 그렇지만 때때로 경쟁력 있는 서비스 조직은 풍부한 통계적 정보를 다루어야만 하는데, 이 정보들 중 일부는 수익성 있는 예측을 하는 데 적절한 반면 어떤 것은 관계가 없다. 이러한 상황에서 다음 날, 다음 주 또는 다음 달이 아니라 내년 또는 새로운 10년에 대한 예측을 하여야 할 경우가 있다. 분명히 장기 예측은 조직의 성공과 파멸을 설명해준다. 따라서 우리는 적절한 예측을 하기 위해 결정적인 정보를 분리하여 처리하는 방법을 필요로 한다.

인과형 모형은 뒤에서 다룰 시계열 모형의 가정과 비슷한 가정을 한다. 즉 데이터는 시간에 따라 확인할 수 있는 패턴을 따라야 하고 우리가 예측하려는 정보와 다른 요인들 간에 확인할 수 있는 관계가 존재해야 한다는 것이다. 이 모형은 **회귀분석**(*regression analysis*)이라 불리는 기법에 바탕을 두고 예측하는 아주 간단한 모형으로부터 연립 방정식을 이용하는 **계량경제 모형**(*econometric models*)으로 알려진 모형까지 있다.

회귀모형

회귀모형이란 **종속변수**(*dependent variable*, Y)라고 불리는 예측되어야 할 요인과 **독립변수**(*independent variable*, X_i)라 불리는 Y의 값을 결정하는 요인들 간의 관계를 보여준다. 만약 n개의 독립변수가 있다면 종속변수 Y와 독립변수 X_i 사이의 관계는 다음과 같이 표시된다.

$$Y = a_0 + a_1X_1 + a_2X_2 + \cdots + a_nX_n \tag{1}$$

다음과 같이 표시된다.

값 a_0, a_1, a_2, . . ., a_n의 값들은 사용될 컴퓨터 프로그램에 의해 결정되는 계수들이다. 수작업으로 계산해야 하는 경우에 이 값들은 기초 통계학 책에 나오는 회귀 방정식을 이용하여 정해진다.

예제 14.2 어린이집의 위치 선정

서비스시설 위치분석이 잘 되었는지는 서비스에 대한 지리적 수요를 정확하게 평가했는가에 달려있다. 이 평가를 수행하는 데는 서비스 지역을 나눈 지리적 단위(예, 우편번호)와 각각의 분할된 지역의 수요를 예측하는(예, 소매점이 고객에게 우편번호를 묻는 것) 기법에 대한 선택이 필요하다.

지리적 수요를 평가하는 과정을 보여주기 위해, 어린이집의 입지를 정하는 문제를 고려해보자. 이때 표적 모집단은 5세 미만의 어린아이가 있고 경제활동을 하고 있는 성인이 적어도 한 명 포함된 가족으로 구성된다. 미국의 인구조사국에서 제공하는 전산화된 거주자들의 인구통계학적 자료를 손쉽게 얻을 수 있기 때문에 인구 조사지역이 지리적 단위로 선택된다. 종속변수 Y_i는 인구조사 지역 i의 어린이집 서비스를 필요로 하는 가족의 비율이다. SAS와 같은 쉽게 이용 가능한 소프트웨어를 사용한 통계분석으로 다음의 회귀모형을 얻을 수 있다.

$$Y_i = 0.58\,X_{1i} + 0.43\,X_{2i} + 0.85\,X_{3i}$$

여기서,

Y_i = 지역 i에서 어린이집 서비스가 필요한 가족 비율
X_{1i} = 지역 i에서 5세 미만 어린이가 있는 가족 비율
X_{2i} = 지역 i에서 혼자 사는 여성 가장인 가족 비율
X_{3i} = 지역 i에서 맞벌이 가족 비율

각각의 인구조사 지역에서 Y_i가 추정되고 다시 이 값에 인구조사 지역의 가족 수와 가족당 5세 미만 아동의 평균 수를 곱해준다. 이 결과가 각각의 인구조사 지역으로부터 어린이집 서비스를 필요로 하는(즉, 어린이집에 대한 지리적 수요) 아동의 수에 대한 추정치이다.

회귀모형을 개발하는 데는 개별 조직의 요구를 충족시키기 위해 상당한 자료를 수집해야 하는데, 이는 엄청난 시간과 비용을 필요로 한다. 또한 논리적이고 의미있는 해석을 위한 관계식을 만들기 위해서는 독립변수와 종속변수를 적절히 선택해야 하며 이를 위해서는 전문지식이 필요하다. 이런 이유로 회귀모형은 중기나 장기 예측을 하는 경우에 적절하다.

계량경제 모형

계량경제 모형은 연립 방정식을 포함하는 회귀모형의 한 형태이다. 방정식들은 상호 연관되어 있고 계수들은 더 간단한 회귀모형으로부터 정해진다. 계량경제 모형은 몇 가지 다른 독립변수들로 종속변수를 나타내는 일련의 연립 방정식으로 구성된다. 계량경제 모형은 광범위한 자료수집과 고급분석을 필요로 하므로 일반적으로 장기 예측을 위해 사용된다.

시계열 모형

시계열 모형은 자료값이 시간에 따라 식별 가능한 패턴으로 나타날 때 단기 예측을 위해 이용된다. 이 모형에는 단순 N-기간 **이동평균**모형에서부터 더 정교하고 유용한 **지수평활** 모형까지 있다.

지수평활모형은 예측 요소(즉 평균, 추세 및 계절성)를 추적하는 데 적용될 수 있어서 특히 유용하다. 평균은 어떤 변수(예, 고객 수요)의 중심에 대한 추정치이고 추세는 각 기간에 있어서의 증가 또는 감소를 나타낸다. 그리고 계절성은 레스토랑에서의 일간 수요 또는 관광지의 연간 수요와 같이 반복 주기를 나타낸다. 이러한 각각의 구성요소는 본래 확률적으로 변하여 관련 수치는 시간에 따라 변할 수 있음(예, 추세는 양에서 음으로 전환될 수 있다)을 주목하자. 지수평활법을 사용하면 각각의 요소가 추적되고 이들이 결합되

어 예측치를 얻게 된다. 우선 단순 N-기간 이동평균으로 시계열 모형을 알아보자.

N-기간 이동평균

자료값이 때로는 아무런 규칙이 없는 것처럼 보일 때가 있어 그 자료를 근거로 예측하는 것을 주저할 수도 있다. 대학촌에 있는 100개의 객실을 갖춘 호텔에 대한 표 14.2의 자료를 고려해 보자. 요일별 수요는 서로 다른 원인에 의해 영향을 받기 때문에 토요일 이용률만 예측하기로 했다. 예를 들면 주중에는 수요가 비즈니스로 방문하는 사람들에 의해 발생하지만 주말 이용객들은 휴가 중이거나 친구를 만나러 온 사람들이다.

예측 기간의 선택은 중요한 문제로 수요의 성격이나 그 정보를 이용하는 능력을 고려해야 한다. 예를 들면 패스트푸드 레스토랑은 시간대별로 수요를 예측한다.

호텔 소유자는 지난 두 토요일에 대한 이용률이 증가한 것을 알고 다가오는 주말(즉, 9월 12일)에는 할인 혜택을 없애려고 한다. 이용률이 높다는 것이 평균 이용률에 변화가 있다는 것을 의미하는가? 이 질문에 답하기 위해서는 패턴에서 가끔 나타나는 "잡음(noise)"을 제거하는 방법이 필요한데, 이는 이렇게 함으로써 오래 지속되어 의미 있는 것이 아닌 우연적인 변화에 대한 과잉대응을 하지 않기 위해서다.

임의 변동을 평활화시켜 평균 이용률에 대한 신뢰할 만한 추정치를 얻기 위해 이 간단한 예에서는 N-기간 이동평균 방법을 사용할 수 있다. 이 방법은 기간 t에 대한 이동평균 MA_t를 가장 최근의 N개의 실제 관찰치 A_t를 가지고 식 (2)와 같이 계산한다.

$$MA_t = \frac{A_t + A_{t-1} + A_{t-2} + \cdots A_{t-N+1}}{N} \tag{2}$$

N을 3으로 하면 기간 3(즉, 8월 15일)까지는 계산을 시작할 수 없다. 기간 3에서는 가장 최근의 세 토요일(즉, 8월 1일, 8일, 15일)에 대한 이용률을 더하여 3으로 나누면 3기간 이동평균 [(83 + 84 + 79)/3] = 82를 얻게 된다. 다음 토요일(즉, 8월 22일)에 대한 이용률을 예측하기 위해 이 값을 사용한다. 이동평균 예측은 임의 변동을 평활화시켜 평균 이용률을 더욱 잘 추적할 수 있게 해주고 이 값이 다음 기간에 대한 예측에 사용된다. 따라서 각각의 3기간 **이동평균 예측**은 단순히 3개의 가장 최근 이용률을 더하여 3으로 나눈 것이다. 예를 들면 8월 22일에 대한 이동평균을 얻기 위해 8월 1일에 대한 값은 제거하고 대신 8월 22일에 대한 값을 추가하여 평균을 다시 계산하면 83을 얻게 된다. 남아 있는 자료에 대해 이 과정을 반복함으로써 8월 토요일에 대해 이동평균으로 본 이용률이 약 82%

표 14.2 100개 객실을 가지고 있는 호텔의 토요일 이용률

토요일	기간	이용률	3기간 이동평균	예측치
8월 1일	1	79		
8일	2	84		
15일	3	83	82	
22일	4	81	83	82
29일	5	98	87	83
9월 5일	6	100	93	87
12일	7			93

에서 최근 증가하고 있음을 알 수 있다. 이는 지난 두 주말에 있어서는 거의 최대 수용능력에 도달했음을 보여주고 있다. 만약 이 지역 대학 풋볼팀이 두 번 연속 홈경기를 마친 뒤 9월 12일에 원정경기가 계획되어 있다면 다음 주 토요일 이용률을 93%로 예측하는 것이 얼마나 타당한가?

비록 *N*-기간 이동평균이 평균 이용률에서의 변화를 확인해 주지만 이 방법은 대응속도가 느리다. 왜냐하면 평균을 계산하는 데 있어서 오래된 자료도 새로운 자료와 같은 가중치(즉, 1/*N*)를 갖기 때문이다. 그러나 최근 자료가 변화에 대한 더 좋은 지표가 될 수 있으므로 최근 자료에 더 많은 가중치를 주는 것이 바람직하다. 이것을 해결하기 위해 자료에 임의로 가중치를 할당하는 것보다 자료를 체계적으로 다루는 좀 더 정교한 예측기법을 사용할 것이다. 다음 주제인 지수평활모형은 자료에서의 추세나 계절성을 고려할 수 있다.

단순 지수평활모형

단순 지수평활모형은 수요를 예측하는 데 있어서 가장 흔히 사용되는 시계열 모형이다. 단순 지수평활모형도 자료 중 이상치를 "평활화"시켜 주지만 *N*-기간 이동평균보다 나은 점은 다음의 세 가지이다. (1) 오래된 자료라도 배제되지는 않는다. (2) 오래된 자료일수록 가중치가 점점 작아진다. (3) 계산이 간단하며 단지 가장 최근의 자료만 필요로 한다.

단순 지수평활모형은 이전의 평활화된 값을 보정하기 위해서 **예측오차**를 피드백하는 개념에 바탕을 두고 있다. 아래의 식 (3)에서 S_t는 기간 t에 대한 평활화 값이고 A_t는 기간 t에 대한 실제 관찰값이고 α는 평활상수로 0.1과 0.5 사이의 값을 주로 갖는다.

$$S_t = S_{t-1} + \alpha(A_t - S_{t-1}) \tag{3}$$

식 (3)의 항 $(A_t - S_{t-1})$은 이 차이가 실제 값과 이전 기간에 대해 계산된 평활화 값과의 차이이기 때문에 예측오차를 나타낸다. 이 예측오차에 α를 곱하여 이를 이전 기간의 평활화 값에 더해 새로운 평활화 값 S_t를 얻는다. 예측오차가 양이거나 음일 때 이 방법이 어떻게 스스로를 보정하는지를 주목하자.

표 14.2에 있는 이용률 자료에 대한 이동평균 분석은 최근 두 토요일에 대한 평균 이용률에서의 실제 증가를 보여주고 있다. 같은 이용률 자료가 세 번째 열에 각 기간에 대한 실제 값(A_t)으로 표 14.3에 다시 주어져 있다. 단순 지수평활모형을 이용하여 평균 이용률에 있어서 유의한 변화가 있음을 다시 보여줄 수 있다.

어디선가는 시작을 해야 되기 때문에 시계열에 있어서 첫 번째 관찰된, 즉 실제 값 A_t를 첫 번째 평활화 값 S_t와 같다고 하자. 따라서 표 14.3에서 보듯이 8월 1일에 대한 S_1 값이 8월 1일에 대한 실제 값 A_1, 즉 79.00과 같다. 8월 8일에 대한 평활화 값(S_2)은 식 (3)에 따라 8월 8일에 대한 실제 값(A_2)과 8월 1일에 대한 이전 평활화 값(S_1)으로부터 계산된다. α의 값으로는 0.5를 택하였는데, 왜냐하면 뒤에서 보겠지만 이 경우의 결과가 3기간 이동평균을 이용하여 얻어진 결과와 비슷하기 때문이다. 8월 8일에 대해서는

$$\begin{aligned} S_2 &= S_1 + \alpha(A_2 - S_1) \\ &= 79.00 + 0.5(84 - 79.00) \\ &= 81.50 \end{aligned}$$

표 14.3 단순 지수평활모형: 토요일 호텔 이용률(α = 0.5)

토요일	기간 t	실제 이용률 A_t	평활화 값 S_t	예측치 F_t	오차 $A_t - F_t$	절대오차 $\lvert A_t - F_t \rvert$	제곱오차 $(A_t - F_t)^2$	퍼센트오차 $\frac{\lvert A_t - F_t \rvert}{A_t}$
8월 1일	1	79	79.00					
8일	2	84	81.50	79	5	5	25	6
15일	3	83	82.25	82	1	1	1	1
22일	4	81	81.63	82	−1	1	1	1
29일	5	98	89.81	82	16	16	256	16
9월 5일	6	100	94.91	90	10	10	100	10
				총계	31	33	383	34
				예측	**CFE**	**MAD**	**MSE**	**MAPE**
				오차	31	6.6	76.6	6.8

이후 기간에 대한 평활화 값(S_3, S_4, S_5, S_6)도 유사한 방법으로 구할 수 있다.

단순 지수평활모형은 자료의 패턴이 평균치 주위로 분포되어 있다고 가정한다. 따라서 기간 t에 대해 계산된 평활화 값이 식 (4)에서와 같이 정수로 반올림되어 기간 (t + 1)에 대한 예측치로 사용된다.

$$F_{t+1} = S_t \tag{4}$$

8월 15일 이용률에 대한 최적 추정치는 8월 8일에 있는 가장 최근의 평활화 값 81.50이 된다. 예측오차(84 – 79)는 5(즉 수요를 5 정도 낮게 추정하였음)이고 이 오차의 반이 평균 이용률에 대한 새로운 추정치를 증가시키기 위해 이전 기간의 평활화 값에 더해졌음을 주목하자. 이전 추정치를 보정하기 위해 오차 피드백을 이용하는 개념은 제어이론(control theory)으로부터 차용하였다.

표 14.3에 있는 평활화 값은 0.5의 α값을 이용하여 계산되었다. 평활화 값이 최근의 자료에 덜 민감하게 반응하도록 하려면 더 작은 α값을 이용할 수 있다. 그림 14.1이 0.1과 0.5의 α값이 실제 값을 얼마나 평활화시켜 주는지를 도식적으로 보여주고 있다. 그림에서 특히 0.5의 α에 대응하는 평활화 곡선이 극단적인 값(가장 높거나 가장 낮은 값들)을 감소시켜 지난 두 토요일의 이용률 증가에 대응해 나간다는 것을 쉽게 알 수 있다. 따라서 평활화 값을 기초로 예측을 하게 되면 실제 관찰값에서의 극단적인 값에 과잉 대응하는 것을 피하도록 해준다.

식 (3)은 다음과 같이 다르게 나타낼 수 있다.

$$S_t = \alpha(A_t) + (1 - \alpha)S_{t-1} \tag{5}$$

"지수평활"이란 이름은 식 (5)에서 과거 자료에 주어진 가중치에서 관찰될 수 있다. S_t를 결정하는 데 있어서 A_t는 α의 가중치를 가짐을 알 수 있고 대입과정을 통해서 A_{t-1}은 $\alpha(1 - \alpha)$의 가중치를 가짐을 알 수 있다. 시간에 따라 일련의 관찰치에 대한 가중치가 지수적으로 감소하는 것을 그림 14.2가 도식적으로 보여주듯이 일반적으로 실제 값 A_{t-n}에는 $\alpha(1 - \alpha)^n$의 가중치가 주어진다. N-기간 이동평균이 사용될 때와는 달리 오래된 관찰치들이 S_t의 계산으로부터 완전히 배제되지는 않지만 중요성은 점점 감소하는 것으로 가

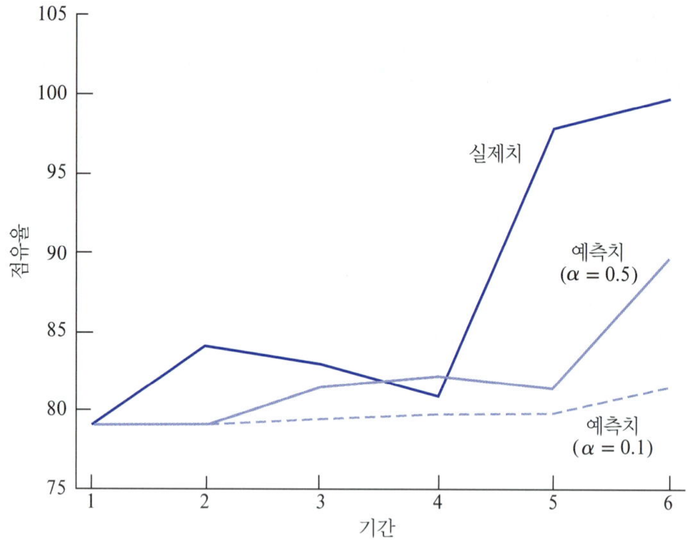

그림 14.1 단순 지수평활모형: 토요일 호텔 이용률(α = 0.1 및 α = 0.5)

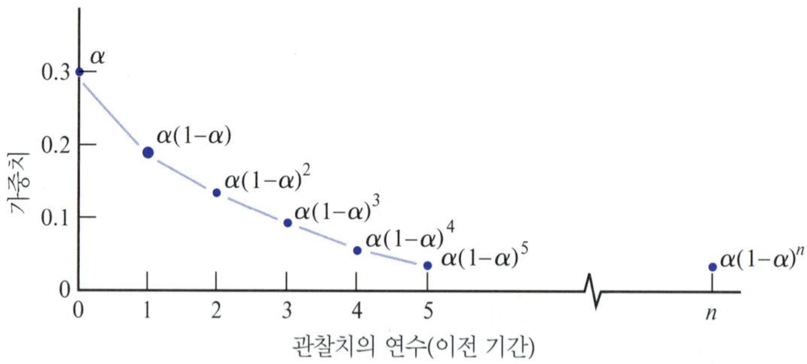

그림 14.2 지수평활모형에서의 과거 자료에 주어진 가중치의 분포(α = 0.3)

정한 점을 유의하자.

예측오차

그림 14.1에서 보면 평활화된 곡선이 실제 자료의 최고점과 최저점을 평활화시키는 것이 분명하지만 예측의 정확도를 어떻게 측정할 수 있을까?

첫 번째로, 자료에 대한 실제 평균을 추적하는 데 있어서 편향되지 않는 예측치(unbiased forecast)가 바람직하다. 따라서 예측오차의 합은 음과 양의 오차를 고려하면 합이 0으로 수렴되어야 한다. 편향되지 않았다면 그 다음으로 추세나 계절성이 있는지를 살펴보아야 한다. 식 (6)을 사용하여 표 14.3에서 보여진 **누적예측오차**(CFE)인 31을 계산할 수 있다.

$$\text{누적예측오차(CFE: Cumulative Forecast Error)} = \sum_{t=1}^{n}(A_t - F_t) \quad \textbf{(6)}$$

예측오차를 측정할 때 가장 널리 사용되는 것은 식 (7)을 이용한 **평균절대편차**(MAD)이다. 표 14.3에서 MAD는 6.6이다. 본 장에서는 예측오차를 측정하는 지표로서 각각의 오차에 같은 가중치를 부여하는 MAD를 계속 사용할 것이다.

$$\text{평균절대편차(MAD: Mean Absolute Deviation)} \quad = \frac{1}{n}\sum_{t=1}^{n}|A_t - F_t| \tag{7}$$

만일 큰 오차가 특히 심각하다면 이 오차를 제곱하는 것은 이 오차에 더 큰 가중치를 주게 된다. 표 14.3의 **평균제곱오차**(MSE)는 식 (8)을 이용하여 계산되고, 그 결과는 기간 5와 6에 있어서의 큰 오차를 반영하여 76.6으로 주어진다.

$$\text{평균제곱오차(MSE: Mean Squared Error)} \quad = \frac{1}{n}\sum_{t=1}^{n}(A_t - F_t)^2 \tag{8}$$

평균절대백분율오차(MAPE)는 오차에 의미를 부여할 때 사용된다. 예를 들면 예측값 10에서의 절대오차 2가 예측값 1,000에서의 절대오차 2보다 상대적으로 더 크다. 표 14.3의 자료에 대해 식 (9)를 사용하여 구한 MAPE는 6.8이다.

$$\begin{array}{c}\text{평균절대백분율오차}\\ \text{(MAPE: Mean Absolute Percentage Error)}\end{array} = \frac{1}{n}\sum_{t=1}^{n}\frac{|A_t - F_t|}{A_t}(100) \tag{9}$$

이 예제에 대한 예측치는 $\alpha = 0.5$로 두고 계산된 평활화 값으로부터 구해졌음을 기억하자. 왜냐하면 $\alpha = 0.5$인 경우는 이 지수평활법이 3기간 이동평균법과 유사하기 때문이다. 앞에서 구해진 3기간 이동평균 예측치에 대해 MAD값은 9.7이다. 이 경우 단순 지수평활법이 3기간 이동평균법보다 더 정확한 예측치를 제공해준다. 하지만 0.1의 α값을 이용하면 MAD값은 8.8이 되어 작은 평활상수의 변화에 대해 반응이 없음을 보여준다. 주어진 자료에 대해 MAD를 최소화하는 α를 선택하는 것은 엑셀의 해 찾기 기능(Excel Solver)을 이용하여 해결될 수 있다.

CFE의 양수값인 31은 자료에 상향 추세가 있어 단순 지수평활로 구한 예측치가 실제 호텔이용률에 미치지 못함을 나타낸다. 따라서 우리의 예측치에 추세조정을 포함시킬 필요가 있다. 그러나 우선 α(지수평활 상수)와 N(이동평균에서의 기간 수) 사이의 관계를 살펴볼 것이다.

α와 N 사이의 관계

α값을 선택하는 문제는 종종 과거 자료의 패턴에 바탕을 둔 판단의 문제로 큰 α값은 변화를 예상하여 최근의 자료에 더 큰 가중치를 주는 것이다. α의 선택에 도움을 주기 위해 이동평균법에서의 기간의 수 N과 지수평활 상수 α 사이의 관련 표를 만들 수 있다. 과거 자료의 평균 연수(average age)가 같을 때 두 방법이 비슷하다고 가정하면 다음의 관계를 얻을 수 있다.

이동평균법

$$\begin{aligned}\text{평균연수} &= \frac{(0 + 1 + 2 + \cdots + N - 1)}{N}\\ &= \frac{(N-1)(N/2)}{N}\\ &= \frac{N-1}{2}\end{aligned}$$

지수평활법

$$\text{평균연수} = 0(\alpha) + 1(\alpha)(1-\alpha) + 2(\alpha)(1-\alpha)^2 + \cdots$$
$$= \frac{(1-\alpha)}{\alpha}$$

지수평활법의 평균 연수는 합이 다음과 같은 기하급수(geometric series)이다.

$$\frac{ar}{(1-r)^2} \qquad \text{단, } a = \alpha \text{이고} \qquad r = 1-\alpha \text{이다.}$$

두 방법에 의한 평균 연수를 같게 하면 결과는 다음과 같다.

$$\alpha = \frac{2}{(N+1)} \qquad \text{또는} \qquad N = \frac{(2-\alpha)}{\alpha}$$

이 관계식을 이용하여 α와 N을 같게 하는 다음의 표를 얻을 수 있다.

α	0.05	0.1	0.2	0.3	0.4	0.5	0.667
N	39	19	9	5.7	4	3	2

표에서 보듯이 대응되는 동등한 이동평균 예측치에서의 기간 수와 비교해 볼 때 0.1과 0.5 사이의 평활상수 값을 할당하는 것이 합리적이다. α에 할당된 특정한 값은 일정한 평균 주위의 임의 변동에 대해 과잉반응하는 것과 평균에서의 변화를 파악하는 것 사이의 절충값이다. α의 큰 값은 최근 자료에 더 큰 가중치를 부여하기 때문에 변화에 더 민감하다. 실제로 α의 값은 종종 평균절대편차(MAD)로 측정된 예측오차를 최소화하는 값으로 정해진다.

추세조정 지수평활모형

주어진 자료에서의 **추세**란 관찰치가 시간에 따라 한 기간에서 다음 기간으로 변화하는 평균 비율을 말한다. 추세에 의해 생기는 변화는 단순 지수평활법을 확장하여 다룰 수 있다.

표 14.4는 새로운 통근 비행기의 첫 8주 동안의 비즈니스 경험을 보여주고 있다. 주당 평균 탑승률(즉, 판매된 좌석의 비율)은 첫 주의 약 30%에서 8주의 약 70%로 꾸준한 증가를 보여주고 있다. 이 예에서 평활화 값 S_t는 식 (10)을 이용하여 계산되는데 이 식은 주당 증가율을 반영하기 위해 이전 기간의 평활화 값 S_{t-1}에 추세값 T_{t-1}을 더해 식 (5)를 수정한 것이다.

표 14.4 추세조정 지수평활모형: 통근 비행기 탑승률($\alpha = 0.5$, $\beta = 0.3$)

주 t	실제 탑승률 A_t	평활화 값 S_t	평활화된 추세 T_t	예측치 F_t	예측오차 $\lvert A_t - F_t \rvert$
1	31	31.00	0.00		
2	40	35.50	1.35	31	9
3	43	39.93	2.27	37	6
4	52	47.10	3.74	42	10
5	49	49.92	3.47	51	2
6	64	58.69	5.06	53	11
7	58	60.88	4.20	64	6
8	68	66.54	4.63	65	3
					MAD 6.7

$$S_t = \alpha(A_t) + (1 - \alpha)(S_{t-1} + T_{t-1}) \quad (10)$$

추세조정을 계산에 포함하기 위해 평활상수로서 β를 사용할 것이다. 이 상수는 대개 0.1과 0.5 사이의 값이 할당되는데 이 값은 α와 같을 수도 있고 다를 수도 있다. 주어진 기간 t에 대한 추세는 한 기간에서 다음 기간까지의 평활화 값에 있어서의 변화율(즉, 수요곡선에 있어서의 기울기)인 $S_t - S_{t-1}$에 의해 정의된다. 기간 t에 있어서 평활화된 추세는 식 (11)을 이용하여 계산되는데 이 식은 기본적인 지수평활식—식 (5)—을 수정한 것으로 대신에 관찰된 추세인 $(S_t - S_{t-1})$을 사용한 것이다.

$$T_t = \beta(S_t - S_{t-1}) + (1 - \beta)T_{t-1} \quad (11)$$

사업 개시 기간 동안의 현금 흐름을 예상하여 통근 비행기 소유주는 미래의 주당 탑승률을 예측하는 데 관심이 있다. 첫 두 주의 활동을 관찰한 뒤에 3주째에 대한 예측치를 제공하도록 요청받았다고 하자. 표 14.4에 있는 평활화 값, 추세 그리고 예측치가 순서대로 계산이 된다. 시계열의 첫 번째 관찰치—이 경우 첫 주—에 대해서는 평활화 값 S_1은 실제 값 A_1과 같은 것으로 그리고 추세 T_1은 0.00으로 둔다. 두 번째 주에 대한 예측치는 식 (12)를 사용하여 계산된다. 이 경우 $F_2 = 31 + 0.00 = 31$이다.

$$F_{t+1} = S_t + T_t \quad (12)$$

두 번째 주에 대한 평활화 값과 세 번째 주에 대한 예측치를 계산하기 위해 $\alpha = 0.5$ 그리고 $\beta = 0.3$을 사용할 것이다. 우선 두 번째 주에 대한 평활화 값 S_2는 식 (10)을 사용하여 계산된다.

$$S_2 = (0.5)(40) + (1 - 0.5)(31 + 0.00)$$
$$= 35.50$$

그리고 두 번째 주에 대한 추세는 식 (11)을 사용해 계산한다.

$$T_2 = (0.3)(35.50 - 31.00) + (1 - 0.3)0.00$$
$$= 1.35$$

최종 단계는 식 (12)에 따라 세 번째 주에 대한 예측치를 구하는 것이다.

$$F_3 = 35.5 + 1.35 = 36.85 \cong 37$$

다음 주에 대한 실제 자료를 얻게 되면 평활화 값, 추세, 예측치 그리고 예측오차를 구하기 위해 비슷한 계산을 하면 된다. 표 14.4에서 보여지는 모든 예측치들에 대한 MAD는 6.7이다.

예측오차(양이거나 음의 값)의 합은 예측 편차에 대한 척도가 된다. 이 예제에 대해 $\Sigma(A_t - F_t) = 9 + 6 + 10 - 2 + 11 - 6 + 3 = 31$이다. 편향이 없는 예측치에 대한 예측오차의 합은 반드시 0이 되어야 한다(즉, 양과 음의 오차는 서로 상쇄된다).

그림 14.3에 실제 탑승률과 예측치가 나타나 있다. 추세조정에도 불구하고 5주와 7주를 제외하고는 예측치가 실제보다 뒤쳐져 있다는 점에 주목하자.

계절조정 지수평활모형

자료의 계절적 영향을 고려하기 위해 단순 지수평활모형의 또 다른 확장형태를 사용할 수 있다. 가장 간단한 방식으로 우선 자료로부터 계절성을 제거하고 나서 이미 앞에서 배웠

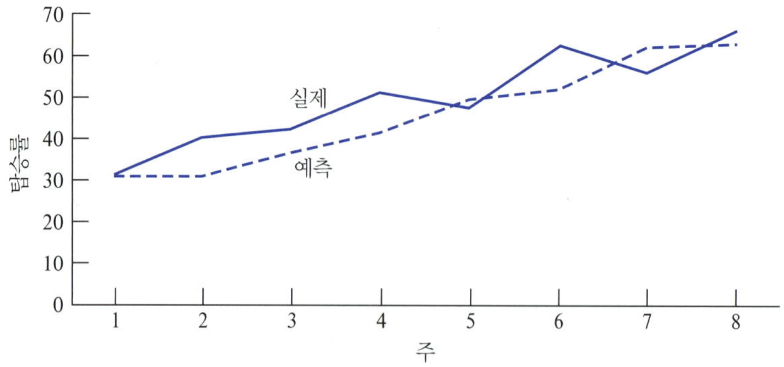

그림 14.3 추세조정을 갖는 지수평활모형: 통근 비행기 탑승률(α = 0.5, β = 0.3)

듯이 자료를 평활화한다. 최종적으로 예측치를 결정하기 위해 계절성을 다시 고려한다.

계절조정을 표 14.5의 자료에 적용하려고 하는데 이 자료는 2019년과 2020년에 캐리비안(Caribbean)에 있는 휴양섬에 가는 여객선의 월별 승객 수를 보여주고 있다. 일반적

표 14.5 계절조정 지수평활모형: 휴양섬에 간 여객선의 승객 수(α = 0.2, γ = 0.3)

기간	t	실제 승객 수 A_t	평활화 값 S_t	계절지수 I_t	예측치 F_t	예측오차 $\|A_t - F_t\|$
			2019			
1월	1	1,651	—	0.837	—	
2월	2	1,305	—	0.662	—	
3월	3	1,617	—	0.820	—	
4월	4	1,721	—	0.873	—	
5월	5	2,015	—	1.022	—	
6월	6	2,297	—	1.165	—	
7월	7	2,606	—	1.322	—	
8월	8	2,687	—	1.363	—	
9월	9	2,292	—	1.162	—	
10월	10	1,981	—	1.005	—	
11월	11	1,696	—	0.860	—	
12월	12	1,794	1,794.00	0.910	—	
			2020			
1월	13	1,806	1,866.74	0.876	—	—
2월	14	1,731	2,016.35	0.721	1,236	495
3월	15	1,733	2,035.76	0.829	1,653	80
4월	16	1,904	2,064.81	0.888	1,777	127
5월	17	2,036	2,050.28	1.013	2,110	74
6월	18	2,560	2,079.71	1.185	2,389	171
7월	19	2,679	2,069.06	1.314	2,749	70
8월	20	2,821	2,069.19	1.363	2,820	1
9월	21	2,359	2,061.38	1.157	2,404	45
10월	22	2,160	2,078.95	1.015	2,072	88
11월	23	1,802	2,082.23	0.862	1,788	14
12월	24	1,853	2,073.04	0.905	1,895	42
						MAD 110

으로 한 시즌의 길이를 주기 L로 나타낸다. L은 하루 24시간 등 어떤 기간도 가능하지만 흔히 이 경우처럼 12개월인 경우가 많다. 평활화하여 예측치를 계산하려면 최소한 하나의 완전한 주기 동안의 실제 자료가 있어야 함을 주목하자.

계절지수(*seasonality index*) I_t란 주어진 주기 L을 갖는 자료에 대해 계절성을 제거하기 위해 사용된다. 처음에는 식 (13)에서 보듯이 I_t는 기간 t에 대한 실제 값 A_t를 주기 L에 해당하는 모든 기간에 대한 평균값($\overline{A}$)으로 나눈 비율을 계산해 추정할 수 있다.

$$I_t = \frac{A_t}{\overline{A}} \tag{13}$$

여기서 $\overline{A} = (A_1 + A_2 + \cdots + A_L)/L$

여객선 예에서 $\overline{A} = 1{,}971.83$ (2019년의 월 평균 승객 수)이고 이 값을 식 (13)에 대입함으로써 12개의 기간이 있는 첫 시즌에 있어서의 각 기간에 대한 지수 I_t를 계산할 수 있다. 표 14.5의 5번째 열에 나타낸 2019년의 월별 지수는 식 (14)에 따라 2020년의 대응하는 월별 자료에 대한 계절성을 없애는 데 사용되는데, 이 식은 기본 지수평활식—식 (5)—을 조금 수정하여 얻어진 것으로 A_t를 지수 I_{t-L}을 사용하여 계절성을 고려하도록 조정한 것이다.

$$S_t = \alpha \frac{A_t}{I_{t-L}} + (1-\alpha)S_{t-1} \tag{14}$$

이 예에서 2019년의 12개월에 대한 자료가 계절 지수에 대한 초기 추정치를 계산하기 위해 사용된다. 따라서 13번째 기간(즉 2020년 1월)까지는 새로운 평활화 자료의 계산을 시작할 수 없다. 이 과정을 시작하기 위해 S_{12}는 A_{12}와 같은 것으로 가정하는데 이 값은 표 14.5에서 보듯이 1,794.00이다. 2020년 1월에 대한 평활화 값은 이제 $I_{t-L} = 0.837$(즉, 12개월 전의 2019년 1월에 대한 지수 I_t와 $\alpha = 0.2$로 두고 식 (14)를 사용하여 계산할 수 있다.

$$\begin{aligned} S_{13} &= (0.2)\frac{1{,}806}{0.837} + (1-0.2)1{,}794.00 \\ &= 1{,}866.74 \end{aligned}$$

그리고 나서 2월(기간 $t+1$)에 대한 예측치는 다음 식에 따라 1월에 대한 평활화 값에 계절성을 부여하여 얻는다.

$$F_{t+1} = (S_t)(I_{t-L+1}) \tag{15}$$

이 경우 계절성을 부여하는 I_{t-L+1}은 2019년 2월에 대한 지수 I_t임을 주목하자. 따라서 2020년 2월에 대한 예측치는

$$\begin{aligned} F_{14} &= (1{,}866.74)(0.662) \\ &= 1{,}235.78 \cong 1236 \end{aligned}$$

이다.

계절지수가 안정되어 있으면 단지 하나의 주기 L에 바탕을 둔 예측치도 신뢰할 만하다. 하지만 지수가 안정되어 있지 않으면 새로운 자료가 이용 가능할 때마다 기존 자료를 조정하거나 평활화할 수 있다. 가장 최근의 기간 t에서 실제 값 A_t에 대한 평활화된 값 S_t를 계산한 후에 기간 t에서의 계절지수에 대한 새로운 관찰치를 (A_t/S_t)로 나타낼 수 있다. 지

수평활의 개념을 지수에 적용하기 위해 대개 0.1과 0.5 사이의 값을 갖는 새로운 상수인 γ를 사용한다. 이제 계절지수에 대한 평활화된 추정치는 다음 공식을 이용하여 계산된다.

$$I_t = \gamma \frac{A_t}{S_t} + (1 - \gamma)I_{t-L} \tag{16}$$

이제 미래에 사용할 월별 계절지수를 수정하기 위해 식 (16)을 사용하여 표 14.5에 있는 2020년에 대한 계산을 계속할 수 있다. 그렇지만 실제 적용하는 데 있어서는 L개의 기간을 갖는 새로운 시즌의 각 기간(즉, 월)에 대한 평활화 값, 지수 그리고 예측치는 가장 최근의 실제 값이 이용 가능할 때마다 월 단위로 계산된다는 점을 기억하자. 여기서 식 (16)에 따라 2020년 1월에 대한 새로운 평활화된 계절지수인 I_{13}은 $\gamma = 0.3$으로 두면

$$I_{13} = 0.3\,\frac{1{,}806}{1{,}866.74} + (1 - 0.3)0.837 = 0.876$$

2020년 2월에서 12월까지에 대한 MAD는 110인데 이 값은 계절성을 분명히 보여주는 실제 자료에 대한 예측이 잘 되었음을 보여주고 있다. 하지만 훨씬 더 정확한 예측을 하는 것이 가능할까?

추세와 계절조정이 있는 지수평활모형

바로 앞 절의 질문—하지만 훨씬 더 정확한 예측을 하는 것이 가능할까?—에 대한 답은 (때때로) "그렇다"이다. 어떤 경우에는 단지 추세나 계절성 중에 하나만 조정하더라도 평균에 대한 좋은 추정치를 제공해 줄 것이다. 또 다른 경우에는 모든 요인을 동시에 고려함으로써 예측을 개선시킬 수 있다. 다음 기간에 대해 예측하기 위해 추세와 계절지수를 갖는 기본평활화 값에 가중치를 부여함으로써 추세와 계절조정을 지수평활모형에 포함할 수 있다. 이를 위한 적절한 식들은 다음과 같다.

$$S_t = \alpha \frac{A_t}{I_{t-L}} + (1 - \alpha)(S_{t-1} + T_{t-1}) \tag{17}$$

$$T_t = \beta(S_t - S_{t-1}) + (1 - \beta)T_{t-1} \tag{18}$$

$$I_t = \gamma \frac{A_t}{S_t} + (1 - \gamma)I_{t-L} \tag{19}$$

$$F_{t+1} = (S_t + T_t)I_{t-L+1} \tag{20}$$

표 14.6에서 진하게 표시된 값들은 엑셀 공식을 이용한 결과이다. 표 14.7은 표 14.6의 라인 20에 있는 2020년 2월에 대한 계산식을 포함한다. 이 공식은 엑셀의 복사 명령을 사용하여 라인 21에서 라인 30까지 자동으로 반복되게 할 수 있다. 계산식을 복사할 때에 평활 매개변수(α, β, γ)에 대한 셀 참조를 고정하기 위해 B1, B2, B3을 사용함을 주목하자. 이렇게 함으로써 이들 매개변수를 변화시켜 MAD를 최소화하는 α, β, γ의 값을 찾기 위해 예측치를 다시 계산할 수 있다. 최종적으로 얻은 MAD가 160이란 것은 이 경우에 표 14.5에 사용된 계절조정에 추세조정을 더하여도 예측에 있어 어떤 개선도 얻지 못함을 말해준다. 그림 14.4가 실제 자료를 계절조정만 한 경우와 계절 및 추세조정을 동시에 한 경우의 결과들을 모두 보여주고 있다.

표 14.6 계절과 추세조정을 갖는 지수평활모형: 휴양섬에 간 여객선의 승객 수 엑셀 스프레드시트 예시(α = 0.2, β = 0.2, γ = 0.3)

	A	B	C	D	E	F	G	H
1	α	0.2						
2	β	0.2						
3	γ	0.3						
4			실제 승객 수	평활화 값	추세	지수	예측치	예측오차
5	기간	t	A_t	S_t	T_t	I_t	F_t	$\|A_t - F_t\|$
6	2019–2020							
7	1월	1	1,651			0.837		
8	2월	2	1,305			0.662		
9	3월	3	1,617			0.820		
10	4월	4	1,721			0.873		
11	5월	5	2,015			1.022		
12	6월	6	2,297			1.165		
13	7월	7	2,606			1.322		
14	8월	8	2,687			1.363		
15	9월	9	2,292			1.162		
16	10월	10	1,981			1.005		
17	11월	11	1,696			0.860		
18	12월	12	1,794	1,794.00	0.00	0.910		
19	1월	13	1,806	**1,866.74**	**14.55**	**0.876**		
20	2월	14	1,731	**2,027.99**	**43.89**	**0.719**	**1,245**	**486**
21	3월	15	1,733	**2,080.19**	**45.55**	**0.824**	**1,699**	**34**
22	4월	16	1,904	**2,136.79**	**47.76**	**0.878**	**1,856**	**48**
23	5월	17	2,036	**2,146.07**	**40.07**	**1.000**	**2,233**	**197**
24	6월	18	2,560	**2,188.39**	**40.52**	**1.166**	**2,547**	**13**
25	7월	19	2,679	**2,188.42**	**32.42**	**1.293**	**2,947**	**268**
26	8월	20	2,821	**2,190.61**	**26.37**	**1.340**	**3,027**	**206**
27	9월	21	2,359	**2,179.61**	**18.90**	**1.138**	**2,576**	**217**
28	10월	22	2,160	**2,188.66**	**16.93**	**1.000**	**2,210**	**50**
29	11월	23	1,802	**2,183.54**	**12.52**	**0.850**	**1,897**	**95**
30	12월	24	1,853	**2,164.10**	**6.13**	**0.894**	**1,998**	**145**
31								
32							MAD	160

표 14.7 표 14.6에서 찾은 2020년 2월 엑셀 수식

셀	값	수식	엑셀 수식표현
D20	2027.99	(17)	= C20/F8 *B1+ (1 – B1)*(D19 + E19)
E20	43.89	(18)	= B2*(D20 – D19) + (1 – B2)*E19
F20	0.719	(19)	= B3*C20/D20 + (1 – B1)*F8
G20	1245	(20)	= (D19 – E19)*F8
H20	486	—	= ABS(G20 – C20)

지수평활모형 요약

지수평활모형은 단기간 예측을 하기 위한 비교적 쉬우면서도 직접적인 방법이다. 이 방법은 다음을 포함하여 많은 특징이 있다.

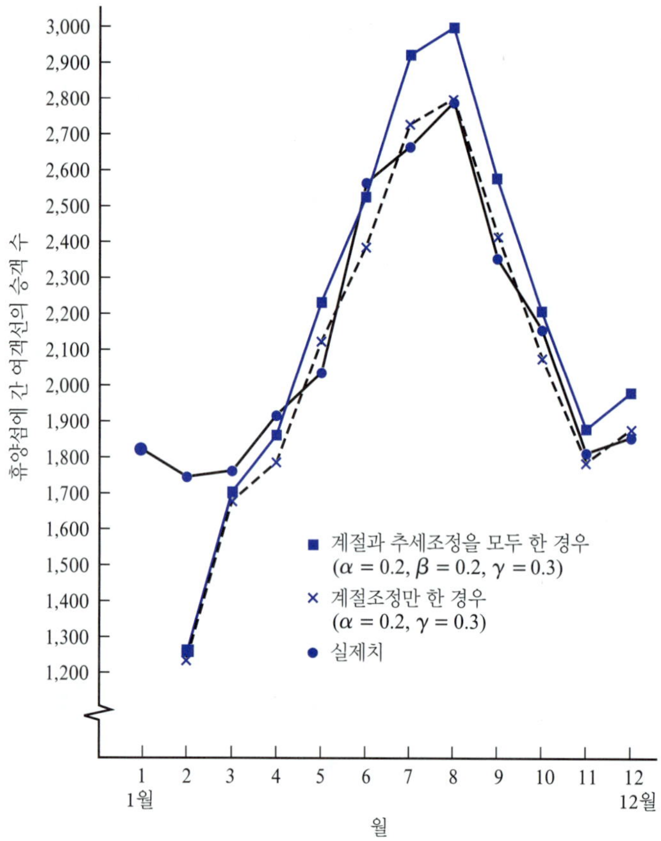

그림 14.4 계절조정이 있는 지수평활모형

- 모든 과거 자료가 평활화 과정에서 고려된다.
- 최근 자료에는 오래된 자료보다 더 많은 가중치가 주어진다.
- 가장 최근 자료만 예측치를 수정하기 위해 필요하다.
- 이 모형은 스프레드시트 소프트웨어를 이용하여 PC상에서도 쉽게 실행할 수 있다.
- 평활 상수는 자료에 있는 패턴의 변화에 모형이 대응하는 정도를 변화시킬 수 있게 해준다.

서비스 벤치마크

미래를 구글로 예측하기

마케팅 전문가들은 매일 갱신되는 특정 단어의 검색 목록인 구글 트렌드라는 새로운 도구를 사용하고 있다. 이 정보는 구매하기 이전의 검색 활동을 보여주기 때문에 미래 소비자 구매 행동의 선행 지표가 될 수 있다. 포드와 자동차라는 두 단어의 검색량과 2004년에서 2008년까지의 포드 경차의 판매량을 살펴보자.

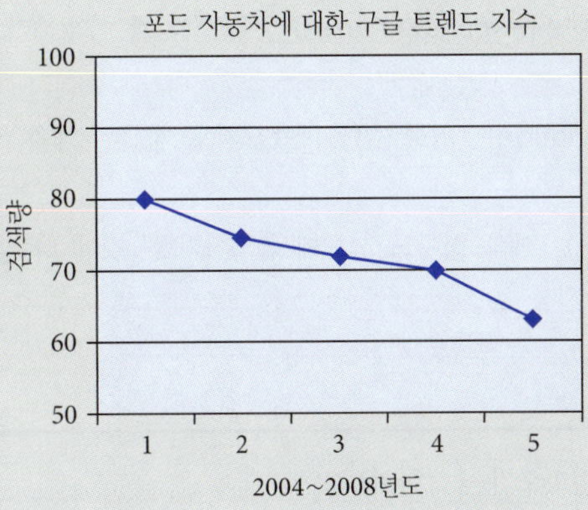

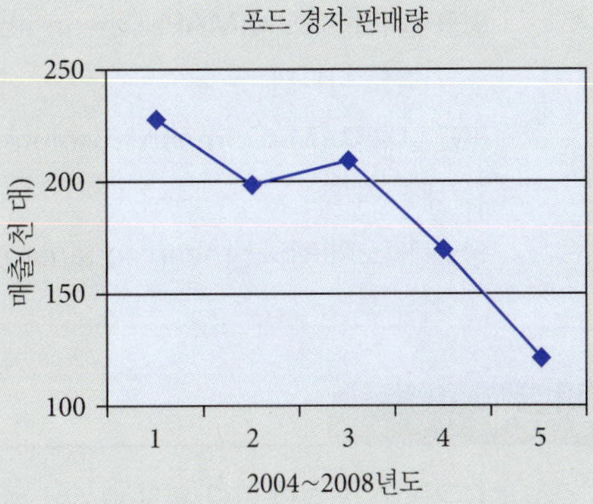

구글 트렌드의 이러한 능력을 관광당국에서도 활용하고 있다. 예를 들면, 미국, 영국과 호주에서 홍콩이라는 단어의 검색이 많아지면 이는 앞으로 홍콩 방문 관광객이 증가할 것으로 추정할 수 있다.

자료원: Reported in "Googling the Future," *The Economist*, April 18, 2009, p.82.

요약

새로운 서비스 개시 여부의 결정은 종종 고객의 미래 욕구에 대한 주관적 판단을 필요로 한다. 델파이 기법과 같은 주관적 모형은 전문가 위원회의 전문가들이 미래에 관한 자신의 견해를 각각 제시하도록 한다. 그리고는 몇 번의 반복과정을 거쳐 전문가들의 견해가 합의점에 도달하게 된다. 회귀모형은 수요 창출에 기여하는 여러 개의 독립변수들을 고려해야 하기 때문에 서비스 입지 분석에 적용된다. 끝으로 시계열 모형을 살펴봄으로써 예측기법의 논의를 마무리한다. 비록 이동평균법이 간단하지만 지수평활법이 더 우수한 특징이 있어 실제로 폭넓게 이용되고 있음을 알 수 있다. 추세나 계절성을 설명하는 것은 서비스 수요를 예측하는 데 있어서 중요한 특징으로 이는 지수평활법에 의해 쉽게 해결될 수 있다.

주요 용어

누적예측오차(CFE: cumulative forecast error) 편향되지 않은 예측에 대하여 오차의 합이 0으로 수렴되어야 하는 예측 오차의 합

델파이 기법(Delphi method) 미래에 대한 합의에 도달하기 위해 전문가 그룹을 활용하는 기술적 예측방법

상호영향 분석(cross-impact analysis) 어떤 미래의 사건이 이전 사건과 추정된 확률로 관련되어 있다고 가정하는 기술적 예측방법

예측오차(forecast error) 실제 관찰치와 예측치와의 차이

이동평균예측(moving-average forecast) 가장 최근의 자료를 모두 더하여 관찰치의 수로 나누어 얻게 되는 단순 시계열 예측

지수평활모형(exponential smoothing) 예측오차의 일정 비율을 피드백함으로써 이전 예측치를 조정하는 개념에 바탕을 둔 시계열 예측

평균절대백분율오차(MAPE: mean absolute percentage error) 예측오차를 이해하기 쉽게 백분율로 나타낸 것

평균절대편차(MAD: mean absolute deviation) 평균 절대 예측오차로 계산된 예측 정확도에 대한 척도

평균제곱오차(MSE: mean squared error) 예측 정확도 척도에서 오차가 큰 것에 더 많은 가중치를 둔다.

토론 주제

1. 서비스 조직의 어떤 특징 때문에 예측 정확도가 중요한가?
2. 세 가지 예측방법(시계열 모형, 인과형 모형과 주관적 모형) 각각에 대해 어떤 비용이 예측 모형의 개발과 사용에 관련되어 있는가? 어떤 비용이 예측오차와 관련되어 있는가?
3. 은행을 방문하는 고객의 수는 하루 중 시간대별로 그리고 월중 일별로 변할 것이다. 예측모형을 선택하는 데 있어서 이것이 갖는 의미는 무엇인가?
4. 소매점(예를 들면 비디오 대여점)에 대한 주어진 입지에서의 예상 판매량을 예측하기 위해 회귀모형을 사용하는 경우 독립변수들을 제시해 보라.
5. 단순 지수평활모형이 보다 나은 예측 결과를 가져다준다고 하더라도 N-기간 이동평균법이 여전히 일반적으로 사용되는 이유는 무엇인가?
6. 그림 14.4에서 보여진 계절변동을 감안한 수요예측의 성과를 향상시키기 위해 α, β, γ를 어느 정도나 변화시켜야 하는지에 대해 의견을 제시해 보라.

그룹활동 과제

화성에 인류의 식민지가 세워질 10년에 대한 합의를 얻기 위해 델파이 기법을 적용해 보자.

익힘 문제와 풀이

1. 단순 지수평활모형

문제

새로운 바비큐 버거의 첫 주 수요는 다음과 같다.

요일	수요(버거)
월	22
화	27
수	38
목	32
금	34

평활상수인 $\alpha = 0.3$을 사용하여 다음 월요일에 대한 수요를 예측하라.

해

$\alpha = 0.3$으로 식 (5)를 이용하면 $S_t = 0.3(A_t) + 0.7(S_{t-1})$이란 단순 지수평활모형을 얻게 된다. 여기서 $F_{t+1} = S_t$이다. 계산은 다음 표에 주어져 있다.

요일	기간 t	실제 값 A_t	평활화된 S_t	예측치 F_t	오차 $\|A_t - F_t\|$
월	1	22	22	—	—
화	2	27	23.5	22	5
수	3	38	27.85	24	14
목	4	32	29.095	28	4
금	5	34	30.5665	29	5
월				31	MAD = 7.0

2. 추세조정 지수평활모형

문제

$\beta = 0.2$로 하고 추세조정을 고려하여 다음 월요일에 대한 수요를 다시 계산해 보자. MAD 척도를 이용하여 추세조정 예측과 문제 1에서 이용한 단순 지수평활모형에 의한 예측의 품질을 비교해 보라.

해

$\alpha = 0.3$과 $\beta = 0.2$로 두고 식 (6), (7)과 (8)을 이용하여 추세조정 지수평활모형을 만든다. 이 모형의 적용은 다음 표에 주어져 있다.

$$S_t = 0.3(A_t) + 0.7(S_{t-1} + T_{t-1})$$

$$T_t = 0.2(S_t - S_{t-1}) + 0.8(T_{t-1})$$

$$F_{t+1} = S_t + T_t$$

요일	기간 t	실제 값 A_t	평활화된 S_t	추세 T_t	예측치 F_t	오차 $\|A_t - F_t\|$
월	1	22	22	0	—	—
화	2	27	23.5	0.3	22	5
수	3	38	28.06	1.15	23.8 ≅ 24	14
목	4	32	30.047	1.3174	29.21 ≅ 29	3
금	5	34	31.55508	1.355536	31.3644 ≅ 31	3
월					32.9106 ≅ 33	MAD = 6.25

3. 계절조정 지수평활모형

문제

다음에 주어진 2주차 자료를 보면 주중에는 수요일에 가장 수요가 많은 주기적 현상이 있어 보인다. $\gamma = 0.3$으로 두고 계절조정을 이용하여 다음 주의 월요일에 대한 수요를 다시 계산해 보라.

요일	수요(버거)
월	25
화	31
수	42
목	34
금	32

해

$\alpha = 0.3$과 $\beta = 0.2$로 두고 식 (13), (14), (15)와 (16)을 사용하면 다음의 계절조정 지수평활모형을 얻을 수 있다.

$$I_t = \frac{A_t}{\overline{A}}$$

$$S_t = 0.3\frac{A_t}{I_{t-L}} + 0.7(S_{t-1})$$

$$F_{t+1} = (S_t)(I_{t-L+1})$$

$$I_t = 0.2\frac{A_t}{S_t} + 0.8(I_{t-L})$$

첫 번째로 식 (13)에 사용될 첫 번째 주의 평균값 $\overline{A}$를 다음과 같이 구한다.

$$\overline{A} = (22 + 27 + 38 + 32 + 34)/5 = 30.6$$

두 번째로 식 (13)을 이용하여 첫 번째 주에 대한 초기 계절지수를 아래의 표에서와 같이 계산한다.

요일	기간 t	실제 값 A_t	평활화된 S_t	지수 I_t
월	1	22	—	0.72
화	2	27	—	0.88
수	3	38	—	1.24
목	4	32	—	1.05
금	5	34	34	1.11

세 번째로 아래의 표에서와 같이 평활화된 값, 수정된 계절지수와 수요예측을 식 (14), (15)와 (16)을 이용하여 구한다.

요일	기간 t	실제 값 A_t	평활화된 S_t	지수 T_t	예측치 F_t	오차 $\lvert A_t - F_t \rvert$
월	6	25	34.217	0.74	—	—
화	7	31	34.520	0.88	30.11 = 30	1
수	8	42	34.325	1.24	42.80 = 43	1
목	9	34	33.742	1.04	36.04 = 36	2
금	10	32	32.268	1.09	37.45 = 37	5
월	11				23.88 = 24	MAD = 2.25

연습문제

14.1 9월 현재 어떤 지역 은행의 보통예금 고객은 1,035명이다. 8월에 이루어진 예측에 따르면 9월의 보통예금 고객은 1,065명으로 예측되었다. $\alpha = 0.1$로 두고 10월에 대한 예측값을 구해보라.

14.2 지난 수요일($t = 5$) 점심시간 동안 어떤 패스트푸드 레스토랑에서 $A_5 = 72$개의 햄버거가 팔렸다. 지난주 계산된 평활화된 값은 $A_4 = 67$이었다. α는 0.1로 두고 단순 지수평활모형을 사용하여 다음 주 수요일에 대해 예측해 보라.

14.3 14.2번 문제의 자료에 대해 지난주에 계산된 추세값이 1.4라면 패스트푸드 레스토랑의 예측값을 다시 계산해보라. β는 0.3으로 두고 이번 주에 대한 추세를 구하고 추세조정 지수평활모형을 이용하여 다음주 수요일에 대한 예측값을 구하라.

14.4 병원의 어떤 약품에 대한 수요가 증가하고 있다. 지난 6개월 동안의 수요가 다음과 같다.

월	수요(단위)
1월	15
2월	18
3월	22
4월	23
5월	27
6월	26

3개월 이동평균을 사용하여 7월에 대한 예측을 하라.

14.5 14.4번 문제의 자료에 대해 α는 0.1로 하여 7월에 대한 예측을 하라.

14.6 14.4번 문제의 자료에 대해 α는 0.1 그리고 β는 0.2로 하여 7월과 8월에 대한 예측을 하라. 그리고 1월에서 6월까지의 예측치에 대해 MAD를 계산하라.

14.7 표 14.3의 토요일 호텔 이용율 자료에 대해 스프레드시트를 준비하고 α는 0.3으로 하여 예측치를 다시 계산해 보라. 이 경우 새로운 MAD값은 얼마인가?

14.8 표 14.4의 통근 비행기 자료에 대한 스프레드시트를 준비하고 $\alpha = 0.2$ 그리고 β는 0.2로 하여 예측치를 다시 계산해 보라. 이렇게 함으로써 원래의 MAD를 개선시킬 수 있는가?

14.9 표 14.5의 여객선 승객 자료에 대해 스프레드시트를 준비하고 α는 0.3 그리고 γ는 0.2로 하여 예측치를 다시 계산해 보라. 평활상수들을 이렇게 바꾸는 것이 MAD를 개선시키는가?

14.10 표 14.6의 여객선 승객 자료에 대해 스프레드시트를 준비하고 α는 0.3, β는 0.1 그리고 γ는 0.2로 하여 예측치를 다시 계산해 보라. 평활상수들을 이렇게 바꾸는 것이 MAD를 개선시키는가?

사례_14.1

Oak Hollow Medical Evaluation Center[3)]

OHMEC (Oak Hollow Medical Evaluation Center)는 장애 또는 발육 지체 어린이들을 연구하기 위해 종합 진단 서비스를 제공하는 비영리조직이다. 이 센터에서는 각 개별 환자의 물리적, 심리적 그리고 사회적 문제점들을 테스트할 수 있다. 서비스에 대한 비용은 지불 능력에 따라 결정된다.

이 평가 센터는 매우 경쟁적인 환경에 처해 있다. 많은 공익단체들이 점점 줄어드는 외부 자금을 확보하기 위해 경쟁하고 있고 개업 의사나 개별 또는 학교 소속의 심리학자들 그리고 사회봉사 조직과 같은 많은 그룹 역시 동일한 환자를 대상으로 서비스하기 위해 "경쟁"하고 있다. 이러한 상황으로 OHMEC는 점점 더 취약해지는 재정적 상황에 처해있다.

OHMEC의 아벨(Abel) 소장은 필요한 자금을 기부받고 지역사회의 필요에 부응할 역량을 개발하는 데 더 관심을 두고 있다. 아벨 소장은 외부 기부금 모금 활동을 위해 미래의 환자 수, 직원 수 그리고 운영경비 등을 보다 정확하게 예측하고 싶었다. 이를 위해 다음 해 예측에 필요한 도움을 받고자 그 지역 대학의 운영 관리 전공 교수를 찾아갔다. 그 교수는 여러분에게 이 예측업무를 도와주도록 요청하였다. 표 14.8부터 14.11까지의 관련 정보가 여러분에게 주어졌다고 하자.

관련 질문

1. 주어진 정보와 여러 수요예측 기법에 관한 지식을 바탕

3) Prepared by Frank Krafka under the supervision of Professor James A. Fitzsimmons.

으로 이 과제에 적합하다고 판단되는 예측 기법을 제안해 보라. 여러분이 제안한 기법의 장단점을 고려하여 아벨 소장이 추가로 필요할 정보를 파악해 보라.

2. 환자, 직원 그리고 예산 수준에 대한 다음 년도 예측치를 찾아보라.

표 14.8 연간 검사 환자 수*

검사	2018	2019	2020	2021	2022
물리적 검사	390	468	509	490	582
언어 및 청력 검사	102	124	180	148	204
심리 검사	168	312	376	386	437
사회복지사의 면담	106	188	184	222	244

*모든 환자는 물리적 검사를 받는다. 그러고 나서 환자는 필요하다면 추가 검사 예약을 한다.

표 14.9 연간 비용

구분	2018	2019	2020	2021	2022
물리적 검사 및 신경검사	$18,200	$24,960	$ 32,760	$ 31,500	$ 41,600
언어 및 청력 검사	2,040	2,074	3,960	3,950	4,850
심리 검사	6,720	12,480	16,450	16,870	20,202
사회복지사의 면담	3,320	3,948	4,416	5,550	7,592
소계	$30,280	$43,462	$ 57,586	$ 57,870	$ 74,244
기타비용	46,559	48,887	51,820	55,447	59,883
합계	$76,839	$92,349	$109,406	$113,317	$134,127

표 14.10 월간 환자 수요(2021년 9월~2022년 12월)

	물리적 검사	언어 및 청력 검사	심리검사	사회복지사 면담
		2021		
9월	54	16	42	24
10월	67	21	54	31
11월	74	22	48	33
12월	29	9	23	13
		2022		
1월	58	20	44	24
2월	52	18	39	22
3월	47	16	35	20
4월	41	14	31	17
5월	35	12	26	15
6월	29	10	22	12
7월	23	8	17	10
8월	29	10	22	12
9월	65	24	48	27
10월	81	29	61	34
11월	87	31	66	37
12월	35	12	26	14

표 14.11 현재 직원 고용 수준*

의사	비정규직 2인, 주 18시간 근무
언어 및 청력 검사원	비정규직 1인, 주 20시간 근무
심리학자	정규직 1인, 주 38시간 근무 비정규직 1인, 주 16시간 근무
사회복지사	정규직 1인, 주 40시간 근무

*Oak Hollow Medical Evaluation Center: 연간 50주 운영

참고문헌

Armstrong, J. Scott, ed. *Principles of Forecasting: A Handbook for Researchers and Practitioners* (Nowell, MA: Kluwer, 2001).

Ferreira, Kris Johnson, Bin Hong Alex Lee, and David Simchi-Levi. "Analytics for an Online Retailer: Demand Forecasting and Price Optimization." *Manufacturing & Service Operations Management* 18, no. 1 (2015), pp. 69-88.

Ma, Y., et al. "The Bullwhip Effect on Product Orders and Inventory: A Perspective of Demand Forecasting Techniques." *International Journal of Production Research* 51, no. 1 (2013), pp. 281-302.

Mishra, Birendra K., Srinivasan Raghunathan, and Xiaohang Yue. "Demand Forecast Sharing in Supply Chains." *Production and Operations Management* 18, no. 2 (March-April 2009), pp. 152-66.

Oliva, Rogelio, and Noel Watson. "Managing Functional Biases in Organizational Forecasts: A Case Study of Consensus Forecasting in Supply Chain Planning." *Production and Operations Management* 18, no. 2 (March-April 2009), pp. 138-51.

Ramo, Simon, and Ronald Sugar. *Strategic Business Forecasting: A Structured Approach to Shaping the Future of Your Business* (New York: McGraw-Hill, 2009).

van der Laan, E., et al. "Demand Forecasting and Order Planning for Humanitarian Logistics: An Empirical Assessment." *Journal of Operations Management* 45 (2016), pp. 114-22.

Zhang, Hanyuan, Haiyan Song, Long Wen, and Chang Liu. "Forecasting tourism recovery amid COVID-19." *Annals of Tourism Research* 87 (2021), p. 103149.

Chapter 15

서비스 산업에서의 재고관리

학습목표

1. 재고관리에서의 정보기술의 역할에 대한 이해
2. 재고시스템의 비용, 기능, 성격 및 특징에 대한 이해
3. 여러 가지 재고시스템에서의 주문량 결정에 대한 이해
4. 수요가 불확실한 재고시스템에서의 재주문 시점과 안전재고량 결정에 대한 이해
5. 연속적 혹은 주기적인 재고 통제시스템의 설계에 대한 이해
6. 재고 물품들의 ABC 분석 실시에 대한 이해
7. 단일 기간의 재고모형의 주문량 결정을 위한 기대값이나 한계분석 이용에 대한 이해
8. 소매점 할인모형의 논리적 근거에 대한 이해

우리 모두는 상점에서 잘 정돈된 진열대가 고객을 기쁘게 한다는 것은 잘 알고 있지만, 과연 잘 정돈된 진열대가 상점 주인까지도 행복하게 할까? 특정 약품으로 꽉 채워져 있는 약국을 생각해 보자. 만약 그 약이 빨리 팔리지 않는다면 약국은 유통기한이 지난 상태로 선반에 꽉 차 있을 것이다. 수요에 맞추어 "적정량의 약품을 보유한다는 것"은 약사에게는 어려운 일임이 분명하다. 약사는 아픈 환자를 약이 없다는 이유로 돌려보내기를 원하지 않을 것이고, 반면에 유통기한이 지난 약으로 인한 손실 또한 원하지 않을 것이기 때문이다.

"예전"의 재고관리는 사람이 판매량과 재고량을 체크하여 적당한 시점에 전화나 편지로 주문하였다. 이런 방식은 종종 과잉재고 보유, 혹은 품절이라는 상황을 유발하였다. 그러나 정보기술은 기존 재고관리 방식을 초과재고로 인한 추가비용 발생 없이 수요에 부응할 수 있는 관리방식으로 변환시키고 있다. 재고관리에 있어 컴퓨터를 기반으로 하는 정보시스템의 사용은 정보기술이 가장 먼저, 그리고 가장 성공적으로 활용된 대표적인 사례이다. 우리는 상점에서 판매하는 물건에 붙어 있는 바코드(그림 15.1)에 익숙하다. 바코드는 재고의 위치 및 현황, 재고 회전속도 등에 관한 정보를 경영자에게 제공한다. 예를 들면 대부분의 슈퍼마켓은 상품의 바코드를 읽어 자동적으로 재고량을 기록해 주는 POS (*point-of-sale*)를 기반으로 하는 컴퓨터화된 재고관리 시스템을 사용하고 있다.

0 27000 31772 3

헌트의 Big John's Bean'n Fixin's의 20온스 캔에 인쇄된 바코드

IDAHO TIMBER
SS 1 X 2-8'

0 95043 10208 8

8피트 길이의 "1 × 2 " 소나무 사진에 고정된 바코드

그림 15.1 바코드 활용 사례

상품을 스캔할 때 바코드는 가격을 확인하고 새로운 재고 수준을 기록한다. 재고보충 주문은 재고 수준이 미리 결정된 수준으로 떨어지면 자동적으로 이루어진다.

Nick Koudis/Photodisc/Getty Images.

이런 컴퓨터화된 시스템은 재고가 소진되면 **전자문서교환(*EDI*)** 시스템을 통하여 자동적으로 물품 공급업자에게 구매 주문을 하게 된다. 물품이 납품되면 재고 보유량도 다시 조정된다. 서비스 제공에 수반되는 물품의 재고관리에 있어 정보 기술의 활용은 많은 문서작업을 없애고 현금 흐름을 좋게 하고, 또한 물품 공급자, 서비스 제공자 및 고객의 수요에 즉시 부응할 수 있는 시스템을 창출함으로써 비용을 절감한다.

소매점에서 바코드가 부여된 재고유지단위(SKUs)를 추적하는 것은 개별품목을 취급할 때 매우 효과적이다. 그러나 팔레트가 선박 컨테이너에서 트럭으로 공급사슬을 따라 움직이면서 창고로 하역되고 다시 소매점으로 납품하기 위해 다른 트럭에 선적될 때 RFID (radio-frequency identification) 기술을 사용하는 것이 더 용이하다. RFID는 작은 통신설비가 팔레트에 포함되도록 하여 팔레트가 컨베이어를 따라 이동할 때 자동적으로 그 내용물을 인식하여 정보를 제공하는 개념이다. 병원에서 환자에게 의료 팔찌를 부착하는 것과 같이 서비스에서도 RFID를 적용할 많은 기회가 존재한다.

개요

서비스 패키지에 포함되는 보조용품의 관리에는 비용의 상쇄관계, 고객서비스, 그리고 정보시스템 등이 포함된다. 본 장은 서비스 제공에 수반되는 물품에 대한 재고의 역할, 특성 및 관련 비용들에 대한 논의로 시작한다. 재고관리에 있어 근본적인 화두는 주문량에 대한 것이고, 다양한 경우의 재고관리를 위해서 주문량 모형들이 개발되고 있다.

언제 주문할 것인가? 즉, 주문할 시점(**재주문 시점**)은 재고관리의 또 다른 화두이다. 주문시점에 대한 결정은 수요가 불확실하여, 품절을 예방하기 위한 안전재고를 유지할 필요가 있는 경우는 복잡해진다. 연속적 점검시스템과 주기적 점검시스템은 주문시점에 관한 의사결정들을 내리기 위한 정보시스템이다. 이러한 시스템을 어떻게 설계할 것인가와 관련된 요소들은 예를 들어가며 제시될 것이다. 재고 물품에 대한 ABC 분류방식은 어떤 재고시스템을 설치할 것인가를 결정하는 데 사용된다.

본 장은 또한 두 가지 특별한 경우의 재고에 대한 논의를 포함하고 있다. 유효기간이 한정되어 있는 음식의 경우 너무 적게 주문하여 발생하는 기회손실과 너무 많이 주문하여 발생하는 비용을 감안하여 적정 주문량을 결정해주는 모형을 논의한다. 끝으로 보다 잘 팔릴 수 있는 상품을 구매할 자금을 마련하기 위해 잘 팔리지 않는 상품의 할인가격을 결정하는 소매점 할인모형을 제시한다.

재고이론

재고이론은 물품 재고의 여러 가지 측면을 다루고 있는데, 서비스 운영에서도 비슷하게 재고 역할과 다양한 재고시스템의 특징, 그리고 재고 유지에 따르는 비용 등을 포함한다.

서비스에서 재고의 역할

재고는 서비스 조직에서 여러 가지 기능을 제공한다. 예를 들면 유통과정에서의 완충(decoupling) 역할, 심각한 계절적 수요의 완화, 그리고 예상되는 가격상승에 대비한 원자재 공급유지 등이다. 각각에 대한 세부적인 설명은 뒤에 하고 우선 유통 및 분배 과정에서의 재고의 역할에 대해서 알아보자.

단계 간의 완충 재고 그림 15.2에 제시된 실제 물품유통 시스템을 생각해 보자. 두 가지 흐름이 시스템 내에 존재한다. 하나는 고객이 요구하는 상품이나 서비스 정보의 흐름으로서 고객으로부터 생산자 측으로 향하고 있으며, 다른 하나는 상품의 실제적인 흐름으로서 생산자로부터 고객 측으로 향하고 있다.

그림을 살펴보면, 고객이 주문을 발주하며 이 고객 주문수요는 분석을 위해 확률분포로 나타낼 수 있는 확률변수라고 하자. 예를 들면 식료품 가게에서 시리얼 수요가 발생하면 제품이 진열대나 가게 창고로부터 인출될 것이다. 수요가 계속되면 식료품 가게는 물품을 보충해야 할 것이고 도매상에 주문을 하게 된다. 주문을 한 후 실제 물품이 가게로 배달될 때까지 수요는 계속 발생하여 재고는 더욱 줄어들 것이다. 주문 이후 배달될 때까

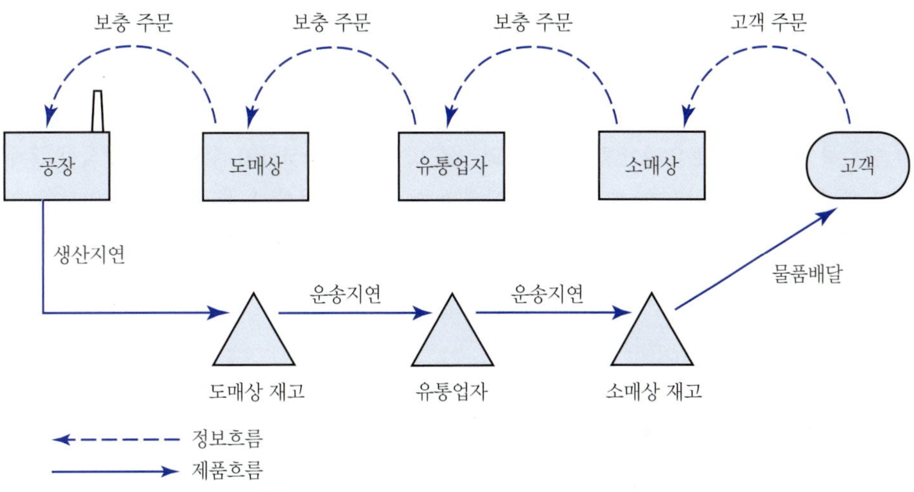

그림 15.2 유통시스템의 정보 및 제품 흐름

지의 시간 차이를 **보충 리드타임**(*replenishment lead time*)이라고 하며, 1일부터 1주일 혹은 더 긴 시간이 될 수 있다. 또한 이 리드타임은 주문할 때마다 변동할 것이다. 고객 수요로부터 발생한 정보의 흐름은 유통 채널을 따라 결국 생산자에게 전달된다.

실제 물품의 흐름을 따라가면 전달되는 물품은 유통채널을 따라 소비자 측으로 물품 전달을 준비하기 위해서 여러 곳에서 일시적으로 흐름을 멈추게 된다. 이렇게 일시적으로 정지하는 단계들은 버퍼(buffer)의 역할을 하는데, 이는 상호 의존적인 시스템 안에서 각각의 단계를 다소 독립적으로 운영하는 작용을 한다. 여기서 우리는 재고의 **완충 기능**을 볼 수 있다. 유통 시스템 안에는 소매상, 유통업자, 도매상, 그리고 공장들이 각 단계에 해당되며, 각 단계에서의 품절(stockout)은 다른 단계에 즉각적이고 심각한 결과를 가져올 수 있다. 그러나 재고는 이러한 단계에서의 활동을 어느 정도 각각 분리하므로 품절에 의한 서비스 중단이라는 값비싼 대가를 피할 수 있게 한다.

계절적 재고 어떤 서비스는 계절에 따라 수요 차이가 심하게 발생한다. 장난감 가게와 연말 휴가기간, 캠핑장비 소매상들과 여름방학 시간, 꽃가게와 봄철 나무심기 기간 등을 생각해 보자. 이러한 가게들은 특정 기간 동안은 소비자들의 수요에 부응하기 위해서 상당량의 재고를 확보하고 있어야 한다는 것을 경험하였다.

투기적 재고 서비스 제공에 필요한 물품 중에서 지금 가격보다 나중에 필요한 시점의 가격이 오를 것이 예상될 때는 현재 가격으로 구매하여 많은 재고를 유지하는 것이 더 경제적일 수 있다. 이렇게 가격 상승에 대비하여 필요 이상의 재고를 유지하는 것을 **선구매**(*forward buying*)라고 한다. 이 전략의 반대의 경우가 1996년 봄에 일어났다. 미국의 석유 회사들이 이라크가 국제 석유시장에 다시 진입할 것을 예견하였는데, 이는 국제 석유 가격의 하락을 의미하는 것이었다. 이들 회사들은 가격이 하락할 것을 예상하여, "이라크 시장 진입 이전"의 비싼 가격으로 구매한 석유 재고를 보유하고 싶지 않아서 그들의 재고를 대폭 줄였다(**위험의 사전 회피**: *forward hedging*).

주기적 재고 **주기적 재고**란 재고 수준의 통상적인 변화를 의미한다. 다시 말하면 재고 수준은 주문을 받은 직후가 가장 높고 주문을 하기 직전이 가장 낮다는 말이다.

운송 중인 재고 **운송 중인 재고**란 현재 이동 중인 물품을 의미하는데 주문을 하였지만 아직 물품은 도착하지 않은 경우다.

안전재고 서비스가 효과적으로 제공되기 위해서는 소요되는 물품이 수요에 대처할 수 있도록 적정량을 보유해야 한다. 물품의 리드타임이 불확실하고 수요도 불확실한 동태적인 환경 하에서 서비스가 제공되므로 이런 예상치 못한 변화, 또는 변동에 대비하기 위해 많은 경우 필요한 수준보다 많은 재고를 유지하게 되는데, 이를 **안전재고**라고 한다.

재고관리는 기본적인 다음 세 가지 문제의 해결로 귀착된다.

1. **주문량**을 얼마나 할 것인가?
2. **재주문점**은 어떻게 결정할 것인가?
3. **안전재고 수준**을 어느 정도로 유지할 것인가?

그리고 재주문점의 결정과 안전재고 수준의 결정의 관련성에 대해서 알아보자. 이 두 가지 사항들은 **서비스 수준**에 의하여 영향을 받는데, 서비스 수준이란 리드타임 동안에 발생하는 수요에 부응하는 정도를 의미한다(예를 들면, 품절 가능성이 5%라면 서비스 수준은 95%이다).

재고시스템의 특성

재고시스템을 설계, 구축, 그리고 관리하기 위해서는 보관 대상이 되는 제품의 특성, 그리고 이와 함께 재고시스템과 관련된 특성 등을 고려해야 한다.

독립수요 대비 종속수요 다른 품목에 대한 수요가 서로 관련되지 않은 경우, 각 항목은 **독립수요**를 나타낸다. 예를 들면, 고객이 제품을 무작위로 소비함으로 인해 동네 식료품 가게의 고갈된 재고 물품이 독립수요에 해당된다. 독립수요는 과거 데이터에 기초하여 예측된 확률분포로 설명된다. 서비스의 예는 호텔산업에서 특정 항공 또는 객실의 판매된 좌석 수를 의미한다.

다른 경우, 한 재고품목이 다른 품목의 수요와 관련이 있다. 예를 들어, 맥도널드에서 케첩의 일일 수요는 프렌치프라이 주문 개수와 연관되어 있다. 한 품목의 수요가 다른 상품의 판매로부터 기인되기 때문에 이러한 유형의 수요를 **종속수요**라 한다. 좀 더 복잡한 예는 제과점에서 찾을 수 있다. 모든 제과에 대해 특정 크기의 제과를 만드는 데 필요한 재료목록(또는 이 경우에는 조리법)에는 정확한 계란의 수, 설탕, 밀가루, 효모와 같은 다른 재료의 양이 포함되어 있다. 최종 제품에 필요한 종속수요 품목의 적기 공급을 위한 조달 리드타임 관리가 중요하다(예: 맥도널드의 케첩통은 일주일에 한 번).

고객 수요의 유형 수요 유형을 분석할 때 먼저 추세와 주기, 그리고 계절성을 고려해야 한다. 수요가 관측 기간 동안 상당한 감소 없이 꾸준히 증가해 왔는가? 혹은 수요가 월초에 상당히 높았다가 월말에는 감축되는 월간 주기성을 보이는가? 앞서 살펴본 바, 수요는 또한 계절성을 지닐 수 있다.

계획 기간 설정 관리자는 특정 물품의 재고를 계속적으로 유지할 것인지 한시적으로 유지할 것인지를 생각해야 한다. 예를 들면 병원에서는 산소탱크를 항상 필요로 하지만 스포츠 의류점에서는 올림픽 티셔츠를 올림픽이 끝난 후에는 더 이상 가지고 있을 필요가 없다.

보충 리드타임 보충 리드타임은 재고 수준에 확실한 영향을 준다. 만약 우리가 주문하고 나서 물품이 배달될 때까지 오랜 시간이 걸린다면 리드타임이 짧을 때보다 많은 재고량을 갖고 있어야 한다. 특히 품목이 서비스 수준에 큰 영향을 주는 경우는 더욱 그러하다. 만약 조달 리드타임이 확률분포를 가진다면 리드타임 동안 필요한 재고 수준을 결정하는 데 활용할 수 있을 것이다.

재고 관련 원가 및 제약 조건 어떤 제약 사항들은 직접적으로 영향을 미친다. 예를 들면 사용 가능한 저장 공간의 크기는 저장할 수 있는 상품의 총량을 결정하며, 상하기 쉬운 품목 등과 같이 상품을 "진열할 수 있는 시간"이 한정적인 경우는 재고로 가질 수 있는 품목 수가 제한될 것이다. 재고유지 비용 등과 같은 제약 사항들은 좀 더 복잡한데, 이에는 창고 및 냉장설비 등에 소요되는 자본과 같이 확실하게 나타나는 비용들이 있을 수 있다. 또한 보관되는 제품 그 자체도 구입하는 데 자금이 소요되므로 보관함에 따라 금융비용만큼의 기회비용이 발생한다. 다른 비용들은 재고자산과 관련된 보험이나 세금은 물론이고, 재고를 유지하는 데 인력 및 관리 비용들을 포함한다. 고려해야 하는 또 다른 비용은 창고나 냉장 설비를 확장하는 데 소요되는 비용처럼 현재의 제약 사항을 줄이는 데 소요되는 비용이다.

재고시스템의 관련 비용

재고관리 시스템의 효과성은 보통 연간 평균 비용으로 측정한다. 성과 측정에 고려되는 관련 비용에는 유지비용, 주문비용, 품절로 인한 손실 비용, 제품구매비용이 포함된다. 표 15.1에 이러한 비용의 세부적인 목록을 정리하였다. 재고유지비용은 재고보유 항목의 수와 직접적인 관련이 있다. 재고와 관련 기회비용은 유지비용의 주요 구성 요소이다. 재고

표 15.1 재고 관련 비용

주문비용
- 구매할 품목에 대한 명세서 준비
- 잠재적 공급업자를 찾아 입찰에 참여토록 유도
- 입찰가를 사정하고 공급자 선택
- 가격 협상
- 구매 주문서 준비
- 외부 공급자에게 구매 주문서 발송
- 구매주문서를 공급자들이 받았는지 확인

수령 및 검사비용
- 수송, 선적 그리고 수령
- 수령증과 다른 문서 작업의 기록 준비 및 처리
- 외견상 손상이 없는지 검사
- 물품의 포장 해체
- 정확한 양의 물품이 배달되었는지를 확인하기 위해 품목의 개수를 확인하고 무게를 측정
- 샘플을 추출하여 검사 및 시험 부서로 운송
- 구입 명세서와 맞는지 확인하기 위해 품목을 조사하고 시험
- 품목을 저장 장소로 운송

재고유지비용
- 재고 품목의 구입에 소요된 금액에 대한 금융비용
- 재고 품목, 창고, 그리고 재고시스템의 다른 영역에 투입된 자금의 기회비용
- 세금과 보험료
- 저장 창고에서 품목의 유출입, 그리고 유출입에 대한 기록의 보관
- 도난
- 재고를 보호하기 위한 보안 시스템의 설치
- 파손, 손상, 그리고 변질
- 부분적 노화 그리고 유효기간이 지난 물품 처분
- 감가상각
- 저장 공간과 설비(크기는 대개 평균 재고량보다 최대용량 기준)
- 온도, 습도, 먼지 등에 대한 적절한 대책
- 관리(창고 근무자에 대한 감독, 재고 실사, 기록에 관한 검증 및 수정 등)

품절비용
- 품절에 따른 판매 기회 및 이익 상실
- 소비자의 불만족과 좋지 않은 이미지; 고객 상실
- 납기 지연과 납기를 지키지 못한 데 대한 위약금
- 부족한 재고를 빨리 채우기 위한 촉진 비용

유지 관련 다른 항목으로 보험비용, 노후비용, 가치하락 비용, 직접처리 비용 등이 있다. 주문비용은 주문 개수와 직접적으로 관련이 있다. 구매주문 비용의 주요 항목으로는 주문 준비, 수송, 수령, 도착 시 검사 등이다. 품절로 인한 손실비용은 품절 단위의 수와 직접적으로 관련이 있고, 이 비용은 판매 손실에서의 마진과 미래 시점에서의 판매에 대한 잠재적인 손실을 포함한다. 수량 할인이 공급업체에 의해 제공될 때 제품구입 비용은 주문 수량의 함수가 될 수 있다.

다음 절에서는 재고시스템의 연간 총비용을 최소화에 기반을 둔 주문량의 크기를 결정하는 모형을 다룬다.

주문량 모형

얼마만큼을 주문할 것인가를 결정하기 위해서 많은 모형들이 개발되었다. 이런 모형들은 모두 성과를 측정하는 기준으로 위에서 설명한 관련 비용을 사용하고 있다. 그러나 개별 모형은 재고 수준 대비 시간(월)으로 표현되는 그래프로 표현되는 특정 재고 상황에 기초하고 있다. 그림 15.3은 1년 동안 자동차 부품가게에서 발생한 한 부품의 실제 재고기록을 정리한 것이다. 그림에서 보는 바와 같이 수요율은 대체로 일정하다고 볼 수 있다. 이 경

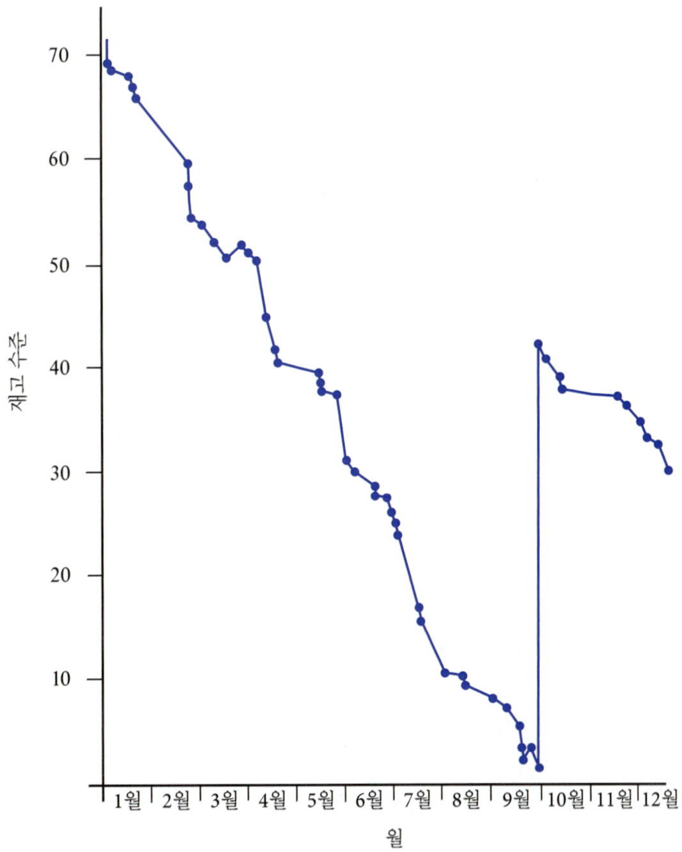

그림 15.3 자동차 부품의 실제 재고 기록

우는 재고 수준이 바닥에 가까워지면 40개씩 주문을 하고 보충이 되고 있는데 아직 품절까지는 여유가 있다.

시간에 따른 재고 수준의 변화 형태는 1년간에 걸친 재고유지비용과 주문비용 모두를 고려하여 모형화된다. 총비용 함수는 미분되어 최적의 주문량을 구할 수 있다. 그것을 Q^*라고 한다. 가장 잘 알려진 재고 모형은 경제적 주문량을 결정하기 위해 사용되는 간단한 공식이다.

경제적 주문량 모형

경제적 주문량 모형(***EOQ: economic order quantity***)은 수요율이 일정하고 품절은 없다고 가정하지만 설탕, 밀가루, 그리고 다른 일상물품처럼 소매점에서 팔리는 품목들에게는 놀랍도록 정확한 모형이다. 이런 품목은 많은 수요자들이 주기적으로 소량을 찾을 뿐만 아니라, 대체로 필수품이기 때문에 품절은 허용되지 않기 때문이다. 그림 15.4는 시간에 따른 재고 수준을 보여주고 있는데, Q/D(주문량/연간수요) 기간마다 주기적으로 반복되고 있다. 예를 들면 Q가 100이고 연간수요 D가 1,200이면 사이클은 매달 반복된다. 우리는 경제적인 1회 주문량 Q^*를 결정하기 원하는데, Q^*는 관련 비용을 최소로 하는 주문량이다. *EOQ* 모형에서는 품절에 대한 비용은 가정에 의하여 고려되지 않고, 연간 구매 비용도 제외한다. 단위당 구매비용도 일정하다고 가정하기 때문에 주문량 크기에 따라 영향이 없다. 그러므로 관련되는 비용은 주문량에 따라 변하는 두 가지 비용인 주문비용과 재고유지 비용이다. *EOQ* 시스템의 **총비용**(TC_p) 함수, 즉 1년간의 재고시스템 비용 계산식은 다음과 같다.

$$TC_p = \text{주문비용} + \text{평균 재고유지비용} \qquad (1)$$

이제 식 (1)을 보다 유용한 형태로 바꿔서 살펴보자. 우선 각 항목을 다음과 같이 표기한다.

D = 연간 수요
H = 연간 매 단위당 유지비용
S = 1회 주문당 발주비용
Q = 주문량

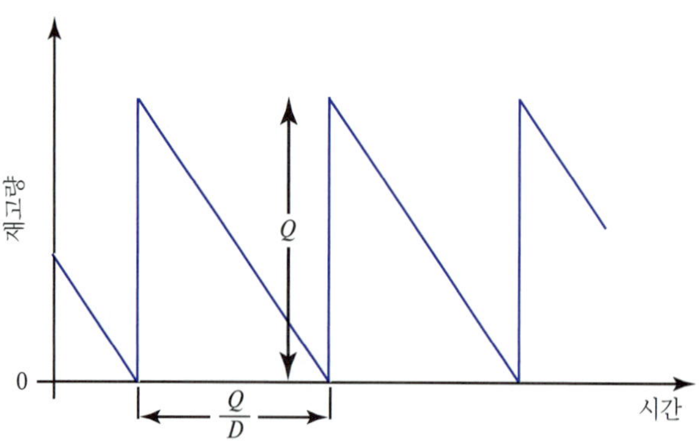

그림 15.4 *EOQ* 모형의 재고 수준

여기서 D와 H는 같은 시간 단위(월, 분기, 년 등)에 근거하여야 한다.

연간 주문비용은 산출하기가 쉽다. 모든 수요(D)는 주문량(Q)으로 반드시 충족되어야 하기 때문에, 연간 D/Q번의 주문이 이루어진다. 1회 주문비용이 S이기 때문에 $S(D/Q)$는 연간 주문비용이 된다. 연간 재고유지 비용도 쉽게 구할 수 있다. 만약 한 단위가 재고로서 1년간 유지된다면, 유지비용은 H이다. 그림 15.4에 의하면 최고 재고 수준은 Q이고 최저 재고 수준은 0이기 때문에 평균 재고 수준은 $Q/2$란 것을 알 수 있다. 그러므로 연간 재고유지 비용은 $H(Q/2)$가 된다.

이제 구매량에 따른 연간 재고시스템 비용을 수식으로 표현할 수 있으며, 이는 다음과 같다.

$$TC_p = S(D/Q) + H(Q/2) \tag{2}$$

그림 15.5에서 보듯이 유지비용과 주문비용은 Q값에 따라 각각 다른 값을 가지며, 총비용곡선은 밑으로 약간 볼록한 모양이 된다. 이러한 모양의 곡선은 연간 총재고비용을 최소로 하는 Q가 존재하게 된다. 이 값이 경제적 주문량(EOQ)이다. 그러나 EOQ에 해당하는 Q 부근의 다른 주문량에서도 총비용 최소값보다 크게 차이가 없다.

EOQ를 결정하는 방법에는 여러 가지가 있다. 예를 들어, 식 (2)를 Q에 대해서 미분하여 0으로 놓고 풀면 EOQ를 구할 수 있다.[1] EOQ를 계산하기 위한 또 다른 쉬운 방법이 있다. 즉, 총비용곡선을 보면 주문비용과 유지비용이 일치하는 곳에서 EOQ가 구해지는 것을 알 수 있다. 그러므로 두 비용 값이 같아지도록 Q에 대한 식을 풀면 EOQ를 구할 수 있다.

$$\begin{aligned} S(D/Q) &= H(Q/2) \\ Q^2 &= 2DS/H \\ EOQ &= \sqrt{\frac{2DS}{H}} \end{aligned} \tag{3}$$

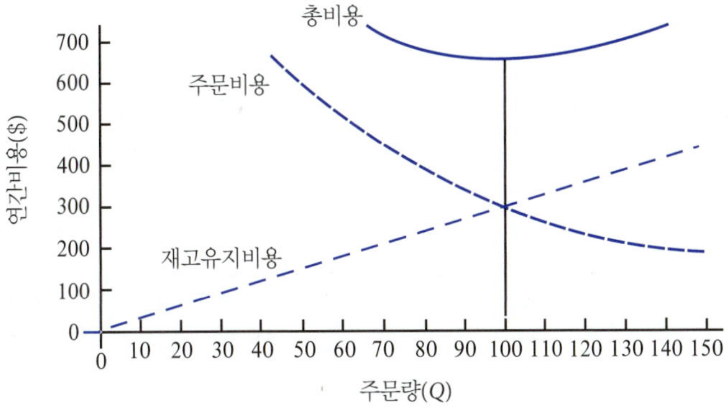

그림 15.5 ***EOQ* 모형의 관련 비용 간의 관계**

---

1) $dTCp/dQ = -DS/Q^2 + H/2 = 0$, thus $Q^2 = 2DS/H$ and $Q^* = \sqrt{2DS/H}$.

예제 15.1 Rocky Mountain Power —*EOQ*

록키 마운틴 전력회사(RMP)는 약 8백만 달러 가량의 부품 재고를 유지한다. 이 재고는 전력생산 및 유틸리티 라인 유지보수에 사용되는 수많은 재고유지단위(SKUs)들로 구성되고, 재고 잔액은 컴퓨터 정보 시스템에 업데이트된다.

유리 절연체(즉, 재고유지단위 1341)는 연평균 1,000개의 품목을 사용하는 상대적으로 안정적인 이용률을 보인다. RMP는 이러한 절연체를 제조업체로부터 개당 20달러에 구매하여 덴버(Denver) 창고로 배송한다. 재고확보를 위한 주문은 재고의 균형이 설정된 재주문점에 도달할 때 이루어진다. 주문과 관련된 비용은 30달러로 추정되며 주문처리비용, 수령 및 외곽 변전소 배포 등이 포함되어 있다.

재고유지단위 1341의 연간 재고유지비용의 추정치는 단위당 6달러이다. 유지비용은 자본기회비용의 30%를 나타낸다. 재고유지단위 1341은 필수품이며, RMP사는 반드시 이 제품의 재고를 유지해야 한다. 관련 재고비용을 최소화하기 위한 재고유지단위 1341의 재주문량을 결정하는 방법을 알 필요가 있다.

다음 문제 설명으로부터 알 수 있다:

$$D = \text{연간 1,000개}$$
$$S = \text{주문당 30달러}$$
$$H = \text{연간 단위당 6달러}$$

수식 (2)에 Q의 값을 대입하면 총 연간비용을 알 수 있다. 표 15.2에서, Q가 70단위에서 증가함으로써 총비용(TC_p)은 600달러에 최소한으로 도달할 때까지 감소한다. 이 시점에서부터 총비용은 증가한다. 그림 15.5에서 총비용이 최소가 되는 주문량임을 확인할 수 있다. 식 (3)을 이용하여 경제적 주문량(EOQ)을 구하면 다음과 같다.

$$EOQ = \sqrt{\frac{2DS}{H}}$$

$$EOQ = \sqrt{\frac{2(1{,}000)(30)}{6}} = 100\text{단위}$$

표 15.2에서와 같이 Q^*가 100단위일 때 연간 관련 비용 600달러가 주문비용과 유지비용에 동일하게 배분된다. 그러나 인근 Q값이 더 적절한 것으로 간주될 수 있다. 예를 들어, 120단위(각 12개들이 10상자)를 주문하면 단지 연간 10달러만큼 EOQ를 초과하는 총비용이 발생한다.

주문량에 따라 가격 할인이 있는 물품의 재고관리 모형

물품 공급자들은 1회 주문량이 얼마나 되는가에 따라 이해관계가 약간 달라진다. 공장을 가동하는 데 필요한 각종 설비를 비롯하여 준비하는 비용이 들기 때문에 단위당 생산비가 가장 경제적인 1회 생산량이 있기 마련이다. 예를 들면 4상자의 초콜릿칩 쿠키를 한 번에 만드는 데 필요한 시간과 노력은 1상자를 굽는 데 드는 것보다 크게 많지는 않을 것이

표 15.2 재고비용 계산

주문량(Q)	주문비용(30달러)	재고유지비용(6달러)	총비용(TC_p)
70	428.57	210.00	638.57
80	375.00	240.00	615.00
90	333.33	270.00	603.33
100	300.00	300.00	600.00
110	272.73	330.00	602.73
120	250.00	360.00	610.00
130	230.77	390.00	620.77

다. 비슷한 이유로 생산업체는 고객들에게 그들의 1회 생산량 단위로 구매할 것을 부추긴다. 뿐만 아니라 한 트럭분을 구매하는 고객은 한 트럭분을 구매하지 않은 고객에 비하여 물품 단위당 수송비에 있어 좀 싸지기도 한다. 주문량이 많은 고객에게 제공되는 가격할인은 생산과 운송 측면에서 양자에게 모두 비용 절감을 가능하게 한다. 경제적 주문량(*EOQ*)보다 훨씬 많은 수량을 주문하는 경우에 가격 파괴가 종종 일어나기도 한다. 그러므로 가격할인에 의한 구매비용의 절약과 많은 재고를 보유하는 데 따른 유지비용 사이에 상쇄관계(trade-of)가 발생한다. 이러한 상쇄관계를 연구하기 위해서는, 물품 가격은 가변적이라는 점이 연간 총비용 함수에 포함되어야 한다. 따라서 총비용(TC_p) 방정식 (2)는 구매가격이라는 변수의 추가로 변형되며, 새로운 **총비용**(TC_{qd}) 방정식은 **구매물량에 따른 가격할인**이 있는 경우이다.

$$\text{총비용} = \text{구매비용} + \text{주문비용} + \text{유지비용}$$
$$TC_{qd} = CD + S(D / Q) + I(CQ / 2) \qquad \textbf{(4)}$$

여기서 C = 화폐단위로 표시되는 단위당 구매원가
I = 단위당 구매원가의 일정 비율로 나타나는 연간 재고유지비용
(따라서 $IC = H$)

주문량에 따른 할인이 가능한 경우의 경제적인 주문량을 구하는 과정을 앞의 예제 15.1의 자료로 설명하면 다음과 같다.

예제 15.2 Rocky Mountain Power— 수량 할인 문제

유리 절연체(재고 유지단위 1341)의 공급업체는 현재 100단위의 주문량을 더 큰 단위로 주문하도록 RMP와 협상을 진행하고 있다. 아래와 같은 주문량에 따른 가격 할인 일정이 제시되었다.

주문량(Q)	단위당 가격(달러)
1 – 239	$20.00
240 – 599	19.50
≥ 600	18.75

RMP는 어떻게 대응하여야 할까? 주문량에 따라 가격이 변동하기 때문에 적절한 재고비용 모형은 식 (4)가 된다. 재고유지비용 비율값은 $IC = H$의 관계식을 사용하여 결정되므로 $I = H/C = 6/20 = 0.30$이 된다. 이제 주문비용과 유지비용뿐만 아니라 구매가격이 포함된 연간 총 재고비용을 최소화하기 위해 식 (4)를 어떻게 사용하여야 하는가? 그림 15.6은 총비용을 주문량의 함수로 작성하고 *불연속성*상의 최저점(여기서는 24단위)을 살펴보는 방안을 보여준다.

그러나 아래의 분석적 방법을 사용하면 동일한 결과에 도달할 수 있다.

1. 방정식 (3)의 *H*를 *IC*로 치환하고 단위당 가격이 *가장 낮은* 가격으로 *EOQ*를 계산한다.

$$EOQ = \sqrt{\frac{2DS}{IC}}$$

$$EOQ = \sqrt{\frac{2(1{,}000)(30)}{(0.30)(18.75)}}$$

= 103단위, 그러나 18.75달러는 600단위 이상일 때 가능

2. *EOQ*가 단위당 가격할인이 가능한 범위를 벗어나는 경우에는, 그 다음 낮은 가격으로 다시 *EOQ*를 계산하는 등 단위당 가격할인이 가능한 수량 범위 내에 *EOQ*가 존재할 때까지 순차적으로 계산한다.

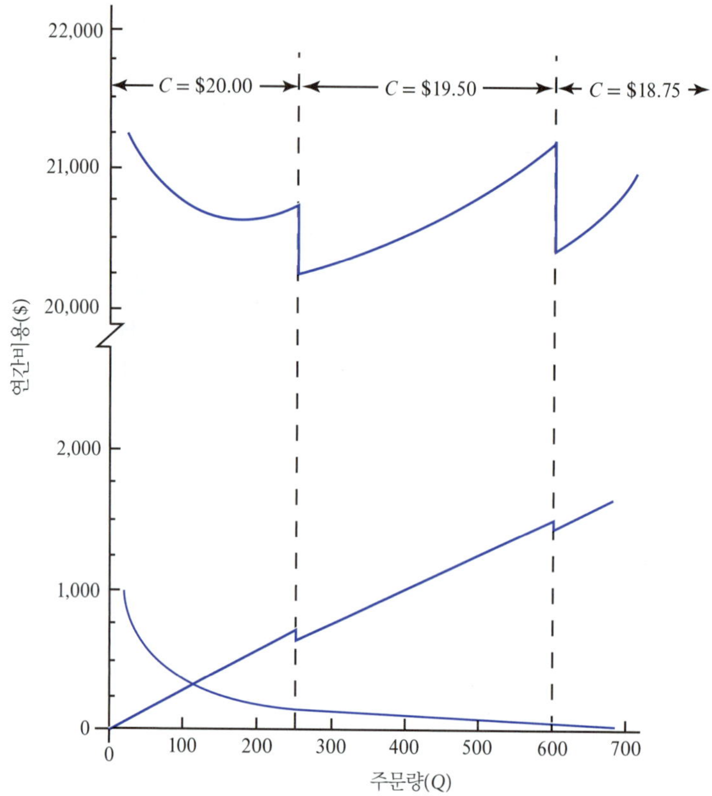

그림 15.6 주문량에 따른 가격할인이 있는 경우의 연간 재고비용 변화

그러므로, $19.50를 구매가격으로 *EOQ*를 다시 계산한다(*C*의 값을 19.50으로 대체). 그 결과 101단위로 *EOQ*가 결정된다. 그러나 $19.50의 범위는 구매량 240~599 범위이기 때문에 *EOQ* 101단위는 적합한 결과가 아니므로 유용하지 못하다. 다음으로 *C* = $20를 사용하여 *EOQ*를 계산하니 그 값이 100단위가 되고 그 가격대에 적합한 구매량 범위에 해당한다. 아래의 표는 적절한 *EOQ*에 도달할 때까지 계산과정을 요약하고 있다.

주문량(Q)	단위당 가격(달러)	*EOQ*
1–239	$20.00	100(*EOQ*에서 적합)
240–599	19.50	101
≥600	18.75	103

3. 2에서 구한 *EOQ* 값을 식 (4)의 *Q*에 대입하여 총비용(TC_{qd})을 계산하고, 좀 더 많은 가격할인이 가능한 구매량 범위의 최소 구매량을 할인가격과 함께 식 (4)에 대입하여 총비용을 구한 다음 상호 비교한다. 이들 총비용 중에서 최소값을 가지는 *Q*가 바로 가장 경제적인 주문량이 된다.

$$\begin{aligned} TC_{qd}(EOQ = 100) &= 20(1{,}000) + 30(1{,}000)/100 + 0.30(20)(100)/2 \\ (C = 20) & \\ &= 20{,}000 + 300 + 300 \\ &= 20{,}600 \\ TC_{qd}(Q = 240) &= 19.50(1{,}000) + 30(1{,}000)/240 + 0.30(19.50)(240)/2 \\ (C = 19.50) & \\ &= 19{,}500 + 125 + 702 \\ &= 20{,}327 \end{aligned}$$

$$TC_{qd}(Q = 600) \atop (C = 18.75) = 18.75(1{,}000) + 30(1{,}000)/600 + 0.30(18.75)(600)/2$$
$$= 18{,}750 + 50 + 1{,}687.5$$
$$= 20{,}487.5$$

여기서는 $Q = 240$의 경우의 총비용이 최소가 된다.

품절을 사전에 고려한 재고관리 모형

고객이 품절 상황을 어느 정도 감수하는 경우는 품절을 고려한 재고관리가 가능하다. 예를 들면 타이어 상점이 만약 고객이 사려고 하는 타이어가 없는 경우 며칠 기다릴 수 있다는 것을 안다면 모든 크기의 고성능 타이어를 다 구비하고 있지 않을 것이다. 그러나 이런 방침이 고객에게 이해될 수 있는 상황이 되기 위해서는 배달 기일이 확실해야 하고, 기다리는 기간이 그리 길지 않아야 한다. 그렇지 않으면 고객은 타이어 상점을 믿지 않을 것이다.

EDI (electronic data interchange)를 활용하고 공급자의 납기가 예측 가능함으로써 재고를 최소로 유지하는 전략은 실행이 가능하다. 이런 재고관리 시스템의 이점은 재고 유지비용과 **이월주문(*backorder*)**되는 품절과 관련된 비용 간의 상쇄관계에 의하여 얻을 수 있다. 고객이 납기를 어느 정도 늦출 수 있을 때 이월주문을 생각할 수 있다. 이월주문을 받아들임으로써 매출을 실현할 수 있지만 고객 불편과 관련된 주관적인 비용도 고려해야 한다. 소프트웨어 회사는 계발계획은 있지만 아직 출시되지 않은 가상의 제품인 "베이퍼웨어(vaperware)"를 창출함으로써 극단적인 수준까지 고객들이 품절을 인내하도록 한다. 이러한 회사는 수요를 측정하기 위해 제품 광고도 한다. 그러나, 이런 재고관리 전략의 극단적인 이용은 고객의 회사에 대한 신뢰성을 떨어뜨릴 수 있는 위험이 있다. 그러므로 재고비용의 절감을 통하여 얻어지는 이익이 고객에게 항상 저렴한 가격으로 돌아갈 때 이런 전략은 고객에게 매력이 있을 것이다.

그림 15.7은 일정한 수요율과 추후 배달해야 하는 주문량(최대 K단위까지)을 충족하기 위해서 다음 주문량 Q가 보충될 때까지 고객이 기다려 준다는 가정 아래 품절을 사전에 고려한 재고모형의 이상적인 재고 수준을 보여주고 있다. 이월주문을 고려한 경우의 총비용식(TC_b)은 다음과 같다.

$$TC_b = \text{주문비용} + \text{유지비용} + \text{이월주문과 관련된 비용}$$

$$= S\frac{D}{Q} + H\frac{(Q-K)^2}{2Q} + B\frac{K^2}{2Q} \qquad (5)$$

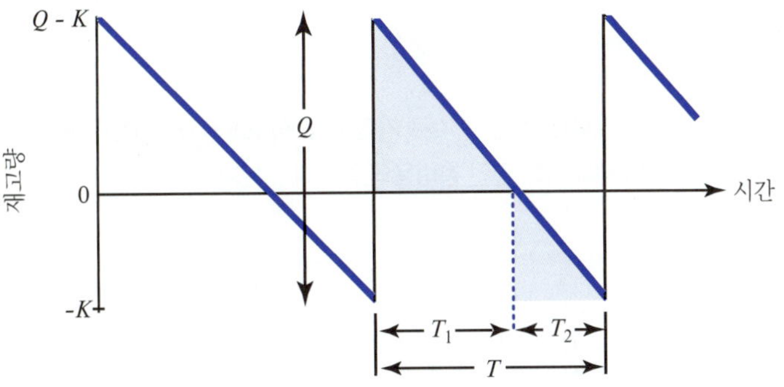

그림 15.7 품절을 사전에 고려한 모형의 재고 수준

여기서 K = 주문량이 도착하였을 때의 이월주문해야 할 수량
B = 이월주문과 관련된 단위당 연평균 비용

삼각형의 높이와 면적에 관한 특성과 실제 재고가 재고주기 중의 일부분에서만 있다는 점을 이용하여 평균 재고 수준을 유도하면 다음과 같다.

$$\text{재고주기 동안의 평균 재고 수준} = \left(\frac{Q-K}{2}\right)\left(\frac{T_1}{T}\right)$$

그러나 삼각형의 성질에 의하여 $T_1/T = (Q-K)/Q$가 되고, 이를 앞의 식에 대입하면 $(Q-K)^2/2Q$가 된다.

비슷한 방법으로 평균 이월주문량도 구할 수 있다.

$$\text{재고주기 동안 평균 이월주문량} = \left(\frac{K}{2}\right)\left(\frac{T_2}{T}\right)$$

그러나 삼각형의 성질에 의하여 $T_2/T = K/Q$가 되고, 이를 앞의 식에 대입하면 $K^2/2Q$가 된다.

식 (5)의 총 재고비용은 두 개의 변수 Q와 K를 가진 방정식이 되기 때문에 각 변수에 대해서 부분 미분을 하여 각각 0을 두고 풀면 다음과 같이 경제적 주문량과 이월주문량의 크기를 구할 수 있다.[2)]

$$Q^* = \sqrt{\frac{2DS}{H}\left(\frac{H+B}{B}\right)} \qquad (6)$$

$$K^* = Q^*\left(\frac{H}{H+B}\right) \qquad (7)$$

사전에 품절을 고려한 재고관리 모형과 식 (6)과 (7)은 품절에 의한 이월주문과 관련된 비용 B가 0에서 ∞까지 값을 갖도록 할 때, 표 15.3과 같이 재고관리 모형 전체에 대한 의미있는 통찰력을 제공한다. 방정식 (6)에서 B에 ∞를 대입하면 고전적인 *EOQ* 방정식 (3)이 된다. 고전적인 *EOQ*를 이용하는 경우는 이월주문에 따른 관련 비용 및 벌과금이 엄청나게 크기 때문에 품절이 발생하지 않아야 한다는 것을 시사한다. 그러나 실제로 B값이 무한대는 아니기 때문에 *EOQ* 공식을 사용하면 필요보다는 다소 비용이 많이 발생한다.

B값을 0으로 두는 것은 식 (6)을 0으로 나누는 것이 되기 때문에 Q값이 정의될 수 없다. 그러나 실제로 이런 상황에 맞는 재고시스템은 존재한다. 예를 들면 심장이식을 기다리는 환자를 생각해 보자. 심장 기증자를 재고로 보관할 수 없기 때문에 심장이식이 필요한 환자만이 기다릴 뿐이다. 오직 이월주문이 가능한 경우로 볼 수 있다.

예제 15.3 Rocky Mountain Power—품질을 고려한 문제

유리 절연체의 이월주문 비용이 페덱스의 익일배달 비용 $50로 가정하자. 식 (6), (7)을 이용하여 Q^*와 K^*를 계산해 보라. 기존 방식의 *EOQ* 접근방식에 비해 연간 총비용의 감축이 있는가?

---

2) 식 (5)를 K로 편미분하면, $-2H(Q-K)/2Q + 2BK/2Q$, 이를 0으로 놓고 풀면, $K^* = Q[H/(H+B)]$. $Q - K = Q[B/(H+B)]$, $TC_b = DS/Q + H[BQ/(H+B)]^2/2Q + B[HQ/(H+B)]^2/2Q$. 이를 Q로 편미분하면, $-DS/Q^2 + HB^2/2(H+B)^2 + BH^2/2(H+B)^2$, 이를 0으로 놓고 풀면, $Q^* = \sqrt{2DS(H+B)/HB}$.

표 15.3 이월주문과 관련된 B값에 따른 Q^*와 K^* 값

B	Q^*	K^*	재고 수준
$B \rightarrow \infty$	$\sqrt{\frac{2DS}{H}}$	0	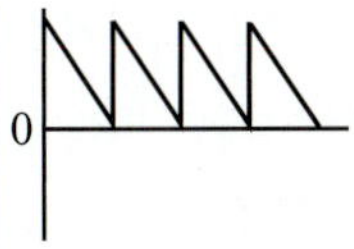
$0 < B < \infty$	$\sqrt{\frac{2DS}{H}\left(\frac{H+B}{B}\right)}$	$Q^*\left[\frac{H}{H+B}\right]$	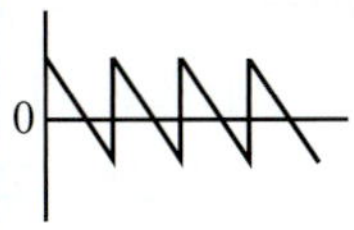
$B \rightarrow 0$	Undefined	Q^*	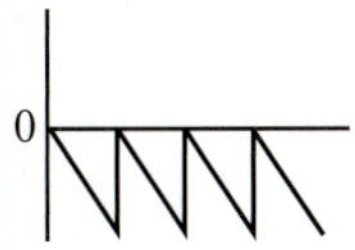

$$Q^* = \sqrt{\frac{2DS}{H}\left(\frac{H+B}{B}\right)} = \sqrt{\frac{2(1,000)(30)}{6}\left(\frac{6+50}{50}\right)} = 106$$

$$K^* = Q^*\left(\frac{H}{H+B}\right) = 106\left(\frac{6}{6+50}\right) = 11$$

$$TC_b = S\frac{D}{Q} + H\frac{(Q-K)^2}{2Q} + B\frac{K^2}{2Q}$$

$$= 30\frac{1,000}{106} + 6\frac{(106-11)^2}{2(106)} + 50\frac{11^2}{2(106)}$$

$$= 283 + 255 + 29 = 567$$

즉, *EOQ*가 100일 때 TC_p(600달러)는 TC_b의 값을 33달러 초과하는 수준이다. 그러므로, 품절이 발생하지 않는다고 가정하기 때문에 단순 *EOQ* 모형을 사용하는 것이 비용이 더 발생한다. 이월주문 비용 $29를 고려한 *EOQ* 모형은 연간 기준으로 주문 및 유지비용을 $300 아래로 상당히 감축시킨다.

불확실성을 고려한 재고관리 모형

이제까지 설명한 *EOQ* 공식은 수요율과 리드타임이 일정하다고 가정함으로써 이와 관련된 불확실성을 고려하지 않았다. 주문을 할 때마다 주문한 물품이 도착하기 전에는 이런 불확실성 때문에 품절이 발생할 위험이 있다. 이러한 기간 동안 발생 가능한 품절에 대한 위험을 줄이기 위해서는 리드타임 동안 기대되는 수요량보다 여분을 가질 필요가 있다. 이런 경우 추가 재고에 대한 투자비용과 초과 재고 유지비용 그리고 품절과 관련된 비용 사이에서 상쇄관계가 존재한다. 이런 경우 대부분은 주문량이 도착하였을 때 재고가 남아 있든지, 혹은 품절이 발생하여 진열대가 비어있든지 둘 중 하나의 경우가 발생한다.

불확실성을 고려한 재고관리의 핵심 요소는 **서비스 수준(*service level*)** 개념이다. 이것은 고객지향적 용어로서 리드타임 동안 발생하는 수요를 재고로부터 만족시키는 비율로 정의된다. 최적 서비스 수준을 구하기 위한 분석적 방법이 제시되었지만 서비스 수준을 결정하는 일은 정책적 의사결정이다. 예를 들면 편의점의 경우, 경쟁 상황과 고객의 인내심에 따라 냉장된 차가운 맥주는 99%의 서비스 수준을 요구하지만 신선한 빵은 95%의 서비스 수준이 적절할 것이다.

서비스 수준은 보충 주문(replenishment order)을 발주하도록 하는 재고 수준인 **재주문점(*reorder point*)**을 구하기 위해 사용된다. 재주문점은 이미 명시된 서비스 수준을 달성하기 위해서 정해진다. 물론 리드타임 동안의 수요의 확률분포에 대한 정보가 필요하다. 재주문점을 설정할 때 **안전재고** 수준(원하는 서비스 수준을 성취하기 위해서 리드타임 동안에 유지되어야 하는 초과재고량)도 같이 결정한다. 그러므로 재주문점은 안전재고 수준과 리드타임 동안의 평균수요량(d_L)을 더한 것과 같다. 즉

$$ROP = SS + d_L \tag{8}$$

리드타임 동안의 수요에 대한 확률분포는 일반적인 방법에 의해 기술될 수 있다. 1일 수요량의 평균은 μ, 표준편차는 σ라고 할 때,

$$d_L = \mu(LT) \tag{9}$$

$$\sigma_L = \sigma\sqrt{LT} \tag{10}$$

중심극한정리(Central Limit Theorem)에 따라 일일 수요분포가 어떤 분포를 가지든지 리드타임 동안의 수요분포를 정규분포로 가정할 수 있다. 안전재고 수준은 다음의 공식에 의해서 계산할 수 있다. z_r는 r%의 서비스 수준에 대한 표준편차의 배수를 말한다.

$$SS = z_r\sigma\sqrt{LT} \tag{11}$$

그림 15.8은 일일 수요의 평균이 3이고 표준편차가 1.5이며 리드타임이 4일인 수요 분포에 대한 개념을 나타내고 있다. 주문을 발주하였을 때 재고 수준이 *ROP*이며, 이는 리드타임 중 수요의 r%를 만족할 만큼 충분해야 한다. 1일 수요는 독립변수라고 가정하면 리드타임 동안의 총수요는 중심극한정리에 의하여 정규분포가 된다.

식 (11)에서 리드타임이 일정하다고 가정하고 있다는 점을 유념하라. 만일 리드타임 자체가 변동(코비드19 기간의 인공호흡기의 예를 생각해보라)한다면 안전재고(SS)의 적절한 크기에 미치는 영향은 어떻게 되는가?

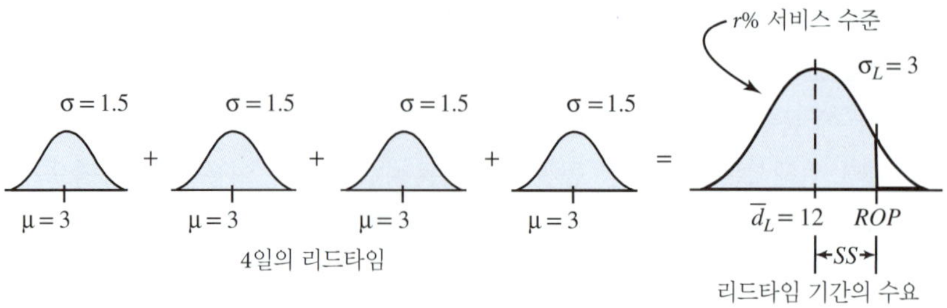

그림 15.8 리드타임의 수요

예제 15.4 Rocky Mountain Power— 재주문 시점

유리 절연체(재고유지단위 1341)의 재고를 다시 살펴보자. RMP의 컴퓨터 정보시스템은 이 재고의 일일 수요를 추적해 왔다. 일일수요는 평균 $\mu = 3$, 표준편차 $\sigma = 1.5$인 정규분포를 하는 것으로 나타났다. 보충 리드타임은 4일이며 일정하다. SKU1341은 유틸리티 라인 유지보수에 중요한 부분이기 때문에 회사는 정책적으로 95%의 서비스 수준을 유지하고자 한다. 이러한 경우 재주문점과 안전재고는 어떻게 되는가?

식 (9), (10)을 이용하여 리드타임 동안의 수요는 다음과 같이 계산된다.

$$d_L = \mu(LT) = 3(4) = 12$$
$$\sigma_L = \sigma\sqrt{LT} = 1.5\sqrt{4} = 3$$

부록 A의 표준정규분포표에서 $z = 1.645$는 95% 서비스 수준을 의미하므로, 식 (11)을 이용하여 안전재고를 계산하면 다음과 같다.

$$\begin{aligned} SS &= z_r \sigma\sqrt{LT} \\ &= (1.645)(1.5)\sqrt{4} \\ &= 5 \end{aligned}$$

식 (8)을 이용하여 재주문 시점을 계산하면 다음과 같다.

$$\begin{aligned} ROP &= SS + d_L \\ &= 5 + 12 \\ &= 17 \end{aligned}$$

재고통제시스템

여러 형태의 재고통제시스템들이 사용되고 있다. 재고통제시스템은 주문량과 주문 시기를 결정하는 방법에 차이가 있다. 가장 널리 사용되는 일반적인 재고통제시스템 두 가지만 살펴보도록 한다. 연속적 점검시스템(continuous review system) (Q, r)과 주기적 점검시스템(periodic-review system)에 대해서 공부한다. 모든 재고통제시스템은 두 가지 질문에 대한 답을 제공해야 한다: (1) 주문을 언제 발주할 것인가? (2) 주문량은 얼마로 할 것인가? 왜냐하면 재고통제시스템은 수요의 불확실성을 고려해야 하기 때문에 고정값을 이용하여 두 가지 중 하나에 대한 값을 얻으면, 나머지에 대한 값은 수요의 불확실성을 수용해야 한다는 것을 알 수 있다.

연속적 점검시스템

그림 15.9는 연속적 점검시스템의 재고 수준을 나타내고 있다. 재고량 수준은 수요의 불확실성 때문에 미리 정해진 재주문점(*ROP*)에 도달할 때까지 비정형적인 형태로 낮아진다. 재고 수준이 재주문점에 도달하면 보충을 위한 주문이 공급자에게 발주된다. 이러한 재고시스템에서는 주문량 *EOQ*는 고정된다(즉, 주문할 때마다 *EOQ* 단위만큼 주문한다). 이러한 "투빈" 시스템("two bin" system)의 재고통제시스템은 재주문점을 알려주는 Hallmark사의 인사말 카드 진열대 사례에서 볼 수 있다. 재고번호가 적혀있는 재주문카드는 소매업자가 남아있는 카드가 전부 판매되기 전에 재주문 시점을 상기시키기 위해 카드 진열대의 뒷부분에 놓여져 있다.

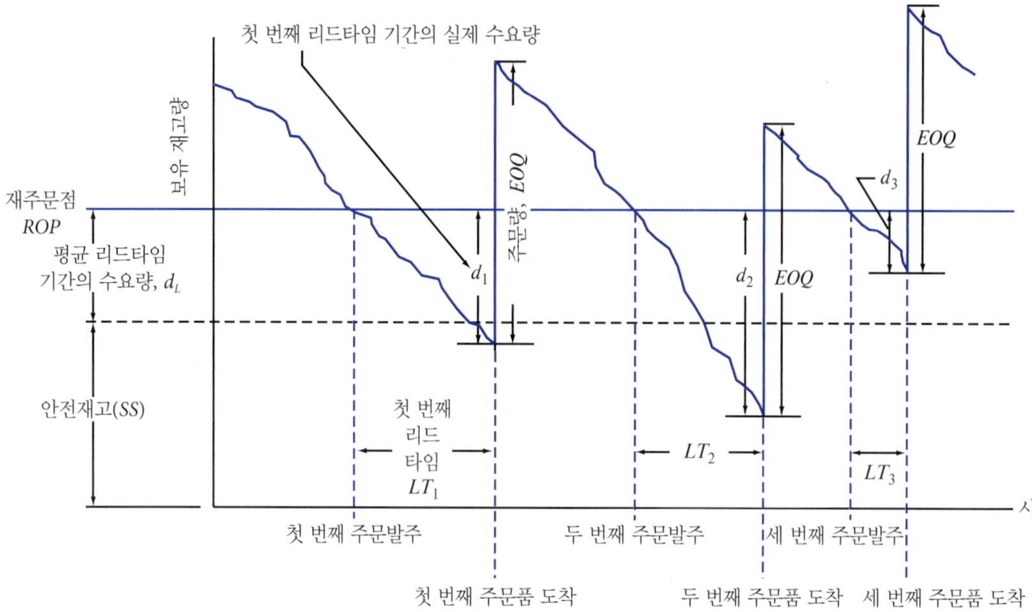

그림 15.9 **연속적 점검시스템(*Q, r*)**

주문을 발주한 재주문점으로부터 물품이 도착하여 재고 수준이 다시 올라갈 때까지 재고 수준은 계속 감소한다. 일반적으로 주문이 도착하는 시점에 약간의 재고가 남아있다. 주문한 물품이 배달되는 시점의 평균 재고 수준이 안전재고 수준 *SS*이다. 안전재고는 리드타임이 예상외로 길어지거나, 혹은 리드타임 동안의 예상치 못한 많은 수요로 발생되는 품절 사태를 예방하기 위해서 유지된다. 그럼에도 불구하고 때때로 품절이 발생한다. 이런 경우 수요를 만족시키지 못한 부분은 이월주문하기로 하고, 물품이 조달되면 이월주문하기로 한 물량을 제외하고 나머지를 입고시킨다.

연속적 점검시스템은 주문량은 고정되어 있으나 주문 주기는 가변적이라는 점이다. 바코드를 이용한 컴퓨터화 정보시스템은 각각의 품목에 대해서 언제 재주문점에 도달하는지를 지속적으로 점검하고 있다. 월마트는 ***POS*** 시스템을 이용하여 분 단위까지의 재고 수준을 기록하며, 매일 영업 마감 시간에 재주문점에 도달한 품목에 대한 보고서와 주문 발주서가 만들어져 자동적으로 공급자에게나, 혹은 자사의 물류센터에 보내진다.

연속적 점검시스템의 주요 결정변수들은 다음과 같다.

$$EOQ = \sqrt{\frac{2DS}{H}}$$

$$ROP = SS + \mu(LT)$$

$$SS = z_r \sigma \sqrt{LT}$$

주기적 점검시스템

그림 15.10은 주기적 점검시스템에 대한 재고 수준을 나타낸다. 재고 보충을 위한 주문은 일정한 기간(*RP*)마다 발주된다. 주문 발주 때마다 주문량은 변하고, 총 재고 수준(보유량

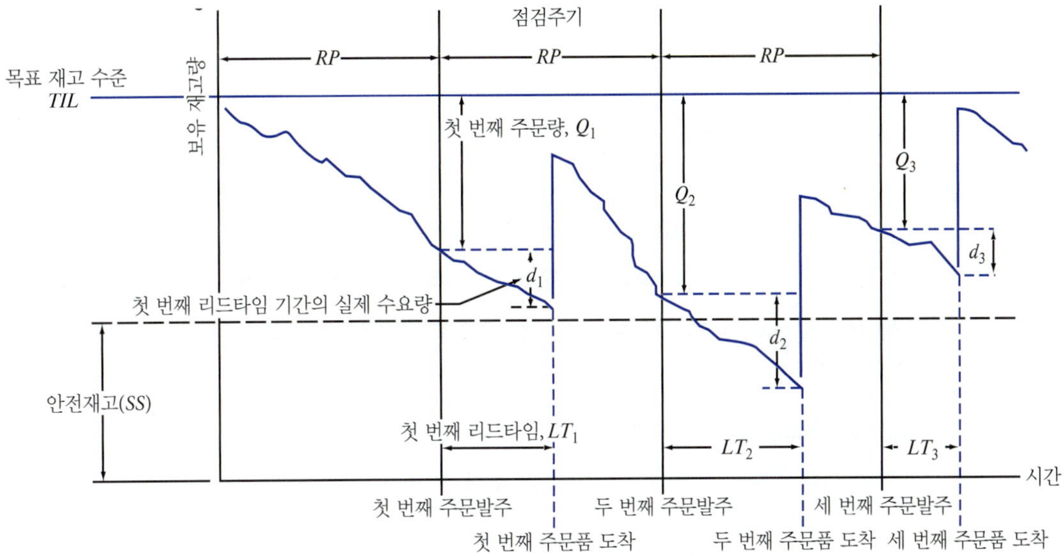

그림 15.10 **주기적 점검시스템(Order-Up-To)**

과 발주 중인 수량의 합계)이 미리 정해진 목표 재고 수준인 *TIL*에 도달할 수 있을 수량을 주문하게 된다. 연속적 점검시스템과 같이 주기적 점검시스템도 때때로 품절에 의한 이월 주문이 발생한다. 주기적 점검시스템은 주문량은 수요율에 따라 가변적이나 주문주기는 일정하다.

재고 수준을 실사하는 주기를 결정하기 위해서는 우선 *EOQ*를 구한 뒤, *EOQ*를 일일 평균 수요로 나누면 된다. 이렇게 도출된 주기는 재고시스템의 총 한계비용을 최소화할 수 있는 유지비용과 주문비용을 유지한다.

주기적 점검시스템은 일반적으로 주기적으로 물류센터나 지역 창고에 여러 가지 품목을 통합하여 주문하고 물량을 공급받는 경우에 많이 사용된다(예를 들면 1주일에 한 번씩 물건을 보충하는 편의점).

주기적 점검시스템의 주요 결정변수는 다음과 같다. 여기서 일일 수요는 평균 μ와 표준편차 σ를 갖고 있다. 연속적 점검시스템은 리드타임 동안만 품절이 발생할 가능성이 있지만, 주기적 점검시스템에서의 품절은 주문주기와 리드타임의 합의 기간 동안 일어날 수 있다(즉 $RP + LT$). 따라서 재고를 여유 있게 보유하는 것은 재고 현황에 대한 지속적인 정보가 부족함에 따라 치러야 하는 비용으로 볼 수 있다.

$$RP = EOQ/\mu \tag{12}$$

$$TIL = SS + \mu(RP + LT) \tag{13}$$

$$SS = z_r\sigma\sqrt{RP + LT} \tag{14}$$

예제 15.5
Rocky Mountain Power—주기적 점검 시스템

예제 15.4의 재고유지단위 1341인 유리 절연체의 재고 문제를 다시 살펴보자. 일일 수요는 평균 $\mu = 3$, 표준편차 $\sigma = 1.5$인 정규분포를 한다. 예제 15.1에서 *EOQ*는 100단위로 계산되었다. 보충 리드타임은 4일로 일정하다. 반복하면, SKU 1341은 유틸리티 라인 유지보수에 중요한 부품이기 때문에 회사는 정책적으로 95%의 서비스 수준을 유지하고자 한다. 만일 유리 절연체 재고를 통제하기 위해 주기적 점검 시스템을 선택하였다면 주기적 점검기간, 목표 재고 수준, 안전재고는 얼마인가?

식 (12)에 따르면, 점검기간(RP)은 100/3 = 33일 또는 대략 한 달이라고 할 수 있다. 식 (14)에 의해 안전재고는 다음과 같이 계산된다.

$$SS = z_r\sigma\sqrt{RP + LT} = (1.645)(1.5)\sqrt{33 + 4} = 15$$

식 (13)을 이용한 목표 재고 수준은 다음과 같이 계산된다.

$$TIL = SS + \mu(RP + LT) = 15 + 3(33 + 4) = 126$$

그러므로, 매달 SKU 1341의 재고량은 목표 재고 수준 126단위와 보유재고량 간의 차이만큼 주문을 하는 것으로 파악된다.

ABC 재고통제방식

전체 재고를 금액으로 환산하였을 때 보통 몇 가지 품목이 전체 금액의 대부분을 차지하는 경우가 많다. 이런 경우 당연히 값이 많이 나가는 몇 가지 품목의 재고에 각별히 신경을 써야 한다. 80–20 법칙, 혹은 파레토(Pareto) 법칙은 재고 분류에 유용한 방법이다. 그림 15.11에서 보는 바와 같이 재고는 가치에 따라 일반적으로 세 종류로 구분한다. A그룹은 품목 가지 수로는 전체의 약 20% 정도이나 금액으로는 전체의 80%를 차지한다. A그룹에 속하는 중요한 품목들에 대해서는 각별한 관심이 필요하다. A그룹과 극단적인 대비를 이루는 C그룹은 보통 50%의 재고 품목을 나타내지만 금액으로는 전체의 약 5%만 차지하는 경우이다. B그룹은 중간단계에 있는데, 이는 30%의 품목과 15%의 금액을 차지한다. 재고통제시스템이 결정되기 전에 대개 ABC 분류가 시작된다. 적절한 재고통제시스템을 선택하는 것은 품목의 중요도에 바탕을 두어야 한다.

표 15.4는 ABC 분류를 하기 위해서 전자제품 할인매장에서 월 매출액이 큰 순서대로

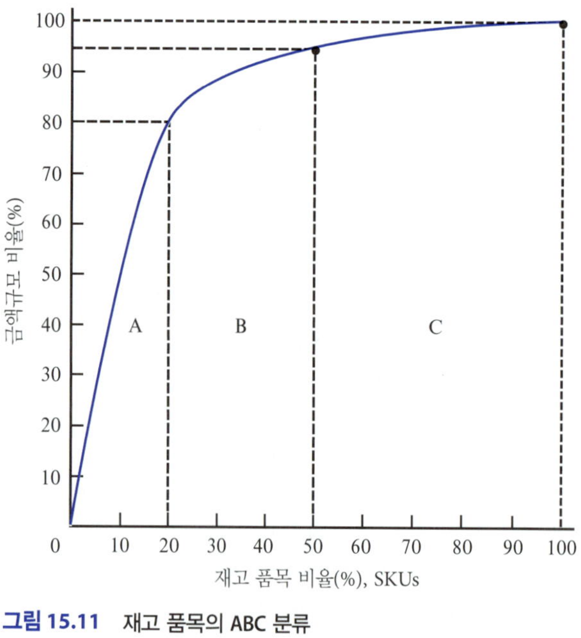

그림 15.11 재고 품목의 ABC 분류

표 15.4 재고 품목을 매출액 규모로 정렬

품목	구매원가($)	월매출(개)	매출액	금전적 가치비율	품목비율(SKUs)	등급
가정용 극장 시스템	5,000	30	150,000	74	20	A
컴퓨터	2,500	30	75,000			
TV	400	60	24,000	16	30	B
냉장고	1,000	15	15,000			
모니터	250	40	10,000			
스피커	150	60	9,000	10	50	C
카메라	200	40	8,000			
소프트웨어	50	100	5,000			
디스켓	5	1,000	5,000			
CD	10	400	4,000			
합계			305,000	100	100	

배열한 재고 품목을 보여주고 있다. 두 가지 품목(즉, 컴퓨터와 가정용 극장 시스템)이 품목 수로는 20%를 차지하지만 금액으로는 74%를 차지하고 있다. 이런 A그룹 품목들은 품절이 발생하면 상당히 큰 기회손실이 발생하므로 관리상의 각별한 관심이 필요하다. 이런 품목들은 연속적 점검시스템에서와 같이 재고 수준을 세밀하게 확인하는 컴퓨터 시스템이 필요하다.

일반적으로 품목 가지 수의 50%는 재고가치로는 몇 %밖에 되지 않는다(표 15.4에서는 10%). 이런 품목은 비싸지 않은 C그룹이고 관리도 통상적인 수준이면 된다. 왜냐하면 이런 품목은 품절이 발생해도 심각한 손실은 아니기 때문이다. 이런 경우 재고통제방식은 주기적 점검시스템이 적합하다. 실사주기는 비교적으로 길어지는데, 가격이 비싸지 않은 품목은 가끔 주문하며 1회 주문량은 많아진다.

세 개의 B그룹 품목은 특별한 관리적 관심을 쏟아야 하는 비싼 것은 아니지만 과잉재고를 보유해도 좋을 정도로 값싼 품목도 아니다. 이런 경우는 연속적 점검시스템이나 주기적 점검시스템이 사용될 수 있다. 그러나, 오늘날에는 바코드와 POS 시스템을 사용하여 모든 품목에 대해 연속적 점검시스템이 가능한 수준까지 재고 수준을 추적하는 비용을 감축시킬 수 있다.

RFID (Radio Frequency Identification)

전자태그(*RFID: radio frequency identification*)는 RFID 태그나 자동무선기라는 장치를 사용하여 자료를 저장하고 원격으로 자료를 추출하는 자동인식기법이다. 태그는 안테나가 설치된 실리콘 칩에 내장된 집적회로(IC)이다. 판독기는 태그를 활성화시키기 위해 전자 신호를 보내며 저장된 데이터를 읽고 경우에 따라 데이터를 작성하기도 한다. 공급사슬에서 재고관리를 위해, 태그는 선적 팔레트에 부착되기도 하지만 제품 속에 포함되기도 하며 사람이나 동물에 내장되기도 한다. RFID 기술은 바코드와 유사하지만 보다 많은 정보를 저장할 수 있고, 바코드 라인을 읽을 필요가 없다는 점이 다르다.

예를 들어, 오늘날 항공사는 수화물 컨베이어벨트에서 바코드 인식기를 사용하는데 인

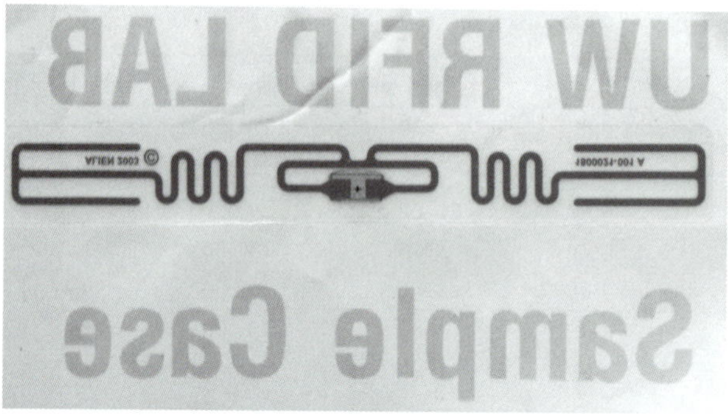

2005년 8월 12일 위스콘신대학과 매디슨 공학연구소에서 사용되는 라벨 뒷면의 RFID칩
Andy Manis/AP Images

식률이 매우 낮다. 따라서 휴대용 인식기를 지닌 작업자가 직접 스캔을 하는 것이 더 좋은 결과를 가져오지만 작업처리가 매우 늦은 단점이 있다. 수동형 RFID 태그는 몇 미터 떨어진 곳에서도 정보를 읽을 수 있기 때문에 화물은 화물처리기를 지나갈 때 인식되어 자동으로 분류되어 정확한 비행기편으로 운송된다. 호주 항공사 콴타스(Qantas)는 현재 국내항공에 대해 RFID태그와 리더기를 사용하고 있지만 해외항공편에 대해서도 사용할 계획을 수립하고 있다. 2016년에 1,000개의 RFID태그 가격은 142달러에서 718달러였으며, 리더기의 가격은 기능에 따라 49달러에서 5,000달러였다.

RFID태그는 현재 여러 가지 서비스 산업에 적용되고 있다:

- **여권**: RFID 내장 여권은 1998년에 말레이시아에서 처음으로 발급되었다.
- **운송 요금지불**: 1995년에 RFID 내장 패스가 파리에서 도입되었으며, 현재 전 유럽에서 사용된다.
- **사람 이식**: 바르셀로나와 로테르담의 나이트클럽은 최고 손님(VIP)을 파악하기 위해 이식 칩을 사용하며, 고객들은 음료 비용을 지불할 때 이를 사용한다.
- **도서관**: 도서 품목에 부착된 바코드를 RFID가 대체하고 있다.
- **환자 인식**: 병원은 이식된 RFID 태그를 통해 실수를 사전 예방할 수 있다.

유효기간이 짧은 제품의 단일기간 재고모형

일정 유효기간이 경과하면 가치가 형편없이 하락하지만 향후 짧은 기간에 많은 수요를 예상하고 재고를 축적하기도 한다. 이런 경우는 수영복과 같은 계절 상품, 신선한 빵 등이 해당한다. 과거 판매 경험에 의하여 얻은 자료를 바탕으로 "얼마만큼을 보유할 것인가?"에 대한 답을 얻어야 한다. 만약 너무 적게 보유하면 판매 기회의 손실 가능성이 있고, 만약 재고를 너무 많이 가지고 있으면 팔리지 않은 품목은 싼값으로 처분해야 하는 데 따른 손실을 보게 된다. 이런 재고 의사결정은 하루 지난 신문은 거의 가치가 없기 때문에 전형적인 "신문 판매원 문제"라고 한다.

베이커리는 매일 아침 12개의 도넛이 들어 있는 도넛 박스 수를 결정하여야 한다. 당일 판매되지 않은 도넛 박스는 다음 날 할인된 가격으로 판매될 것이다. 우선 몇 가지의 표기를 다음과 같이 하고, 두 가지 접근 방법—기대치에 의한 분석, 한계분석—을 사용하여 문제를 풀어보자.

D = 도넛 박스의 수요량
Q = 도넛 박스의 보유량
P = 도넛 한 박스 판매 가격, 10달러
C = 도넛 한 박스 원가, 4달러
S = 유효기간이 지난 도넛 한 박스 처분가격, 2달러

D	빈도	$p(D)$	Q	$p(D < Q)$
2	1	0.028	2	0.000
3	2	0.055	3	0.028
4	3	0.083	4	0.083
5	4	0.111	5	0.166
6	5	0.139	6	0.277
7	6	0.167	7	0.416
8	5	0.139	8	0.583
9	4	0.111	9	0.722
10	3	0.083	10	0.838
11	2	0.055	11	0.916
12	1	0.028	12	0.971

기대치에 의한 분석

표 15.5에서 재고 수준과 도넛 박스 수요와의 각각의 조합에 대해서 각 경우에 대한 수익을 계산하여 수익표(payoff table)를 만든다(편의상 Q를 6에서 10 사이의 값으로 한정한다). 각 Q값에 대해서 도넛 박스 수요에 대한 확률을 사용하여 기대이익을 계산한다. 최대 기대이익을 산출하는 재고 수준(Q)에서 판매기회 상실에 따른 기회비용과 팔리지 않은

표 15.5 수익표

$p(D)$	D	재고 수준 Q				
		6	7	8	9	10
0.028	2	4	2	0	−2	−4
0.055	3	12	10	8	6	4
0.083	4	20	18	16	14	12
0.111	5	28	26	24	22	20
0.139	6	36	34	32	30	28
0.167	7	36	42	40	38	36
0.139	8	36	42	48	46	44
0.111	9	36	42	48	54	52
0.083	10	36	42	48	54	60
0.055	11	36	42	48	54	60
0.028	12	36	42	48	54	60
기대이익:		$31.54	$34.43	$35.77	$35.99	$35.33

도넛 박스에 의한 손실이 균형이 잡힐 것이다.

수익표는 상단 좌측 셀(cell)로부터 시작하여 작성하는 것이 최선이다. 예를 들면 $D = 2$와 $Q = 6$인 경우의 수익은 다음과 같이 계산된다.

매출:	2($10)	=	$20
처분값:	(6 − 2)($2)	=	8
총 수익:			$28
원가:	6($4)	=	−24
이익:			$ 4

한 줄씩 옆으로 움직일 때, 팔리지 않은 도넛 박스가 처분되어야 하기 때문에, 수익은 $(S - C) = 2 - 4 = -2$달러만큼 감소한다. 한 열씩 아래로 움직일 때, 한 박스씩 더 판매되었기 때문에 수익은 $(P - S) = 10 - 2 = 8$달러만큼 증가한다. 이익의 증가는 $D = Q$가 될 때까지 계속되고 그 이후에는 이익이 증가하지 않으며, 발생하는 추가수요는 충족시키지 못하는 셈이다.

Q값이 6부터 10까지의 보유량 Q에 대한 예상 이익이 계산되고 표 15.5의 하단에 계산된다. Q값이 6인 경우의 기대이익은 $Q = 6$인 3번째 열의 각각의 수익에 첫 번째 열의 수요(D) 확률값을 곱하여 계산된다.

기대이익($Q = 6$에 대한) =

$$0.028(4) + 0.055(12) + 0.083(20) + \cdots + 0.055(36) + 0.028(36) = \$31.54$$

이 경우에는 도넛 박스의 재고량이 9일 때($Q^* = 9$) 기간당 35.99달러로 기대수익이 최대가 될 것이다.

한계분석

신문판매원 문제의 다른 문제해결 방법은 **한계분석**이다. 이 분석법의 요지는 보유하고 있는 재고의 마지막 단위의 기대수익이 판매기회 상실에 따른 기대손실을 막 넘을 때까지 재고 수량을 보유하라는 것이다. 이런 논리적 근거로 매우 유용한 확률인 **임계비율**을 도출할 수 있다.

$$\begin{aligned} E(\text{최종 단위 판매 수익}) &\geq E(\text{팔리지 않은 데 따른 손실}) \\ P(\text{수익})(\text{단위 당수익}) &\geq P(\text{손실})(\text{단위당 손실}) \\ P(D \geq Q)C_u &\geq P(D < Q)C_o \\ [1 - P(D < Q)]C_u &\geq P(D < Q)C_o \\ P(D < Q) &\geq \frac{C_u}{C_u + C_o} \end{aligned} \qquad (15)$$

여기서,

C_u = 판매에 의한 단위당 수익, $P - C = 6$달러(수요를 과소평가할 때의 기회비용)

C_o = 판매하지 않은 데서 비롯된 단위당 손실, $C - S = 2$달러(수요를 과대평가한 데 따른 비용)

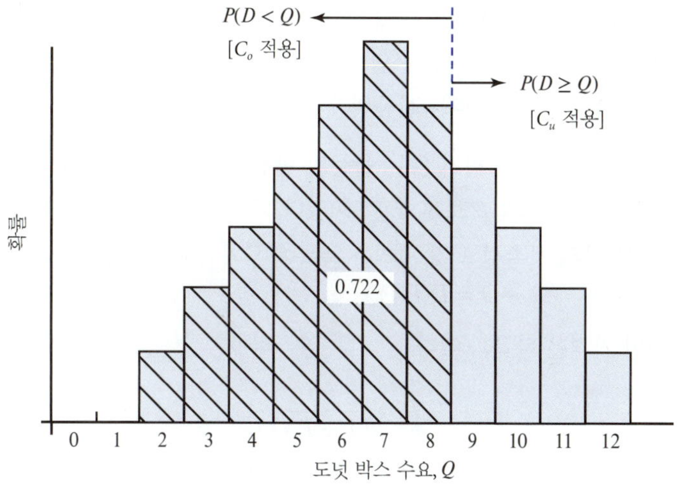

그림 15.12 임계비율

$P(D < Q)$ = 가지고 있는 도넛 박스를 모두 다 팔지 못할 확률

$P(D \geq Q)$ = 가지고 있는 도넛 박스를 모두 다 팔 확률

식 (15)를 사용하여 $P(D < Q) \leq 6/(6 + 2) \leq 0.75$임을 찾을 수 있다. 그러므로 재고 수준은 $Q = 9$가 된다. 그 이유는 그림 15.12가 보여 주는 바와 같이 도넛 박스에 대한 수요량이 2에서부터 8까지의 누적 합계가 대략 0.722이기 때문이다. 표 15.5의 수익표를 보면 한계분석의 원리를 확인할 수 있을 것이다. Q값을 6에서부터 증가시킬 때마다, Q가 9에 도달할 때까지 이익도 따라서 증가한다. 예상손실이 0.66달러가 나는 10단위부터는 이익이 감소한다.

소매점 할인모형

최상의 계획을 갖추었다 하더라도 소비자의 수요를 예측하려는 시도에는 위험이 따른다. 라스베이거스의 박람회에서는 대단히 유행할 것 같았던 의류가 다른 도시에서는 전혀 관심을 끌지 못하는 경우도 많다. 이런 물품은 수개월 동안 진열대에 먼지가 쌓인 상태로 잘 팔릴 수 있는 품목을 진열할 공간만 차지하고 있게 된다. 할인 판매한다는 것은 이익 감소를 의미하는데 어느 정도의 할인이 적절한 수준일까? 소매상은 상품을 원가 이하로 팔려고 하진 않을 것이다. 이런 문제는 할인 가격 손익분기점을 도출함으로써 적정 할인 가격 수준을 결정할 수 있다. 할인 가격 손익분기점은 잘 팔리지 않은 물건을 단기간 내에 처분하여 잘 팔릴 수 있는 물품을 구입할 자금을 제공할 수 있는 가격 수준을 의미한다. 소매거래에서 이익은 이윤 비율에 회전율을 곱하여 구한다. 다음과 같은 표기를 이용하여 할인 가격 손익분기점을 구한다.

S = 현재 판매 가격

D = 할인 가격

P = 비용대비 이익(소수점으로 나타낸 백분율 단위)

Y = 잘 팔리지 않는 물품을 현재 판매 가격으로 모두 팔 수 있는 평균 연수(재고를 완전히 처리할 수 있는 연수를 2로 나눈 것)

N = **재고 회전율**, 잘 팔리는 물품의 연간 회전율

할인 가격 손익분기점은 팔리지 않는 물품의 단위당 손실과 잘 팔리는 물품에 투자함으로써 얻는 이익을 같다고 함으로써 구할 수 있다.

$$\text{품목 단위당 손실} = \text{잘 팔리는 품목에 투자함으로써 얻는 이득}$$
$$S - D = D(PNY)$$

그러므로 할인 가격은 다음과 같다.

$$D = \frac{S}{(1 + PNY)} \tag{16}$$

예제 15.6 Sportstown

즉, TPT 테니스라켓은 무게 배분 문제로 인하여 잘 팔리지 않는다. 그럼에도 그 라켓은 잘 만들어졌고 29.95달러의 소매가격에 이윤 비율이 40%이다. 작년에 단 한 개 판매되었고 재고로 10개가 남아 있다. 더욱 인기 있는 라켓은 연간 25개씩 판매되고 있다.

가격이 29.95달러일 때 이윤 비율이 0.40이다. 잘 팔리지 않은 라켓이 지난해에 단 한 개밖에 팔리지 않았다면 이를 모두 판매할 수 있는 평균연수 $Y = 10/2 = 5$가 된다. 만일 잘 팔리는 라켓이라면 연간 25/10 = 2.5롯트를 팔 수 있다는 의미이다. 그러므로 $N = 2.5$이다. 식 (16)을 사용하여 이 경우 할인가격 손익분기점은,

$$D = \frac{29.95}{[1 + (0.40)(2.5)(5)]}$$
$$= \frac{29.95}{6}$$
$$= \$4.99$$

가 된다. 즉 잘 팔리지 않는 테니스 라켓은 \$4.99로 할인하여 판매하여야 한다. 그러면 원래 가격 \$29.95에서 할인 가격 \$4.99와의 차이 \$24.96만큼 기회손실이 발생한다. 그러나 \$4.99의 할인 가격으로는 잘 팔리는 가격이다. 잘 팔리는 라켓의 판매속도로 \$4.99의 수익률 40%인 \$2씩 수익이 발생한다. 잘 팔리는 라켓의 회전율이 연 2.5회이므로 \$4.99에 판매하여도 연간 \$5의 수익이 발생한다. 잘 팔리지 않는 라켓을 정규가격으로 판매하는 데 약 5년이 소요되므로 \$4.99로 가격할인 판매로 얻는 총 수익은 \$25가 된다.

다시 말하면, 잘 팔리지 않는 물품을 정규가격(\$29.95)으로 팔릴 때까지 가지고 있거나, 아니면 할인가격(\$4.99)으로 빨리 판매하여 그 돈(즉, \$50)을 잘 팔리는 물품에 투입하여 가격할인으로 발생한 기회손실을 5년 내에 만회할 수 있다. 할인가격이 수익이 발생하지 않는 손익분기점이 되고, 우리는 이렇게까지 낮은 할인가격을 가질 필요가 없음에 주목하라. 도매가격이 \$29.95/1.4 = \$21.39이기 때문에, 우리는 라켓의 초기 할인가격으로 \$19.95를 받고자 할 것이다. 만일 라켓이 신곡하게 팔린다면, 판매가격이 원가보다 낮더라도 재고에 묶여있는 자금이 이제는 움직일 수 있기 때문에 수익을 창출할 수 있다.

\$4.99라는 극단적인 할인가격은 10개의 테니스라켓 악성 재고를 제3자에게 넘김으로써 회피할 수 있다. Slow-moving 상품은 일반적으로 다음과 같은 방법으로 처분된다. 제조업체나 유통업체에 반품하거나, 온라인 소매시장에서 재판매하는 회사(예, Overstock.com)에 청산하거나, 제품에서 가치 있는 부품이나 메탈(알루미늄 테니스 프레임)을 처리하는 재생회사에 판매한다. 제3자와의 협상에서 할인가격

은 물건을 기꺼이 판매하고자 하는 최소한의 유보 가격을 나타내는 식 (16)을 이용하여 계산된다. 만일 협상이 실패하면, 지역 고등학교 테니스 팀에 기부하여 소득세 공제를 고려해 볼 수 있다.

서비스 벤치마크

태그가 부착된 가방

호주 공항의 모든 곳에서 콴타스 항공(Qantas Airlines)은 수하물 처리 자동화를 위해 RFID를 사용하고 있다. Q 백 태그라 불리는 이 시스템은 무인 수하물 처리를 가능하게 하기 위해 수동 RFID 태그를 수하물에 부착시키는 기능을 갖추고 있다. Q 백 태그에는 최대 4개의 연결 항공편 정보를 저장할 수 있고 무제한으로 다른 항공편에 재사용이 가능하다. 탑승권을 획득하고 자신의 수하물에 Q 백 태그를 부착한 후, 승객은 무게를 재는 컨베이어 벨트에 가방을 놓으면 RFID 리더기가 태그의 고유 ID 번호를 기록하고 수하물의 무게가 입력된다. 그 후 시스템은 Q 백 태그를 활성화시키고 직접적으로 Q 백 태그의 RFID 칩상에 비행 및 최종 목적지 데이터를 프로그램화한다. 수하물은 RFID 리더기에 의해 경로 및 검색이 이루어지는 수하물 처리 지역으로 계속 이동한다. 이 시스템의 장점은 탑승구에서 수하물 처리의 정확성 향상 및 탑승객의 수속시간 감소 등이 있다. 개선되어야 할 가장 큰 문제는 컨베이어 주변에 있는 다른 탑승객의 수하물을 판독하지 않고 오로지 컨베이어에 있는 수화물의 정보를 읽게 하는 것이다.

자료원: http://www.rfidjournal.com/article/view/896.

요약

재고관리는 조직의 성공에 중요한 영향을 끼칠 수 있다. 몇몇 조직의 성과는 어떤 재고관리 시스템을 이용하는가에 영향을 받기도 한다. 좋은 재고관리 시스템은 재고유지비용, 주문비용, 품절로 인한 비용, 구매 가격 등을 고려해야 한다. 또한 리드타임과 서비스 수준도 고려되어야 한다.

바코드가 널리 사용됨에 따라 컴퓨터를 활용한 재고관리가 일반적이다. 이는 재고와 관련된 결정에 관련된 많은 양의 데이터 처리를 용이하게 한다.

주요 용어

경제적 주문량(EOQ: economic order quantity) 주문비용과 보유비용의 증가비용을 최소로 하는 재주문량

독립수요(independent demand) 재고에서 다른 항목과 관련 없이 요구되는 상이한 제품

보충 리드타임(replenishment lead time) 주문을 발주한 이후 물품이 도착할 때까지의 기간

서비스 수준(service level) 보충 리드타임 동안 보유 재고로서 수요를 충족할 수 있는 확률

안전재고(safety stock) 원하는 서비스 수준을 만족시키기 위해 리드타임 동안 예상되는 수요를 초과하여 보유하는 재고

이월주문(backorder) 재고가 없어 즉시 공급할 수 없지만 고객이 기꺼이 기다릴 수 있다고 한 경우 나중에 주문 물량이 도착하면 배달하기로 한 수요

임계비율(critical fractile) 한계이익이 한계비용을 막 초과하도록 하는 재고 수준보다 수요가 적을 확률의 누적값

재고회전(inventory turns) 1년 동안 재고가 다 팔리는 횟수로서 연간 수요를 평균 재고량으로 나누면 구할 수 있다.

재주문점(ROP: reorder point) 고정량의 재주문이 이루어졌을 때 현재 보유하고 있는 재고량과 주문량의 합계

전자문서교환(EDI: electronic data interchange) 종이로 된 서류를 없애고 조직들 간의 전자화된 데이터의 교환

종속수요(dependent demand) 재고에서 직접적으로 다른 항목과 관련되어 요구되는 제품

POS (point-of-sale) 컴퓨터화된 현금등록기, 바코드 해독기, 신용카드 조회기를 이용하여 판매에 따른 거래정보를 중앙 컴퓨터로 보냄으로써 판매 상황, 재고, 가격 정보를 지속적으로 갱신하는 장치

토론 주제

1. 각각 조직(제조업체, 공급자, 도매업체, 소매상)에서의 유통시스템에 대한 재고의 기능을 논하라.
2. 재고관리 비용들을 어떻게 구할 것인가?
3. 주기적 점검시스템과 연속적 점검시스템을 비교하라.
4. 정보기술이 어떻게 재고관리를 통한 경쟁우위를 창출할 수 있는지를 논하라.
5. *EOQ* 모형의 가정은 어느 정도 타당한가?
6. 대부분 재고 물품에 대한 일반적인 서비스 수준은 어느 정도인가?
7. 서비스 생산능력(예를 들면, 항공기 좌석)은 재고와 같은 특성을 갖는다. 어떤 재고 모형을 적용할 것인가?
8. 항공사와 의료기관(병원)을 위한 종속수요와 독립수요에 대하여 논하라.

그룹활동 과제

다양한 상황(예: 슈퍼마켓, 편의점, 패스트푸드 음식점, 좌석제 레스토랑, 야구장 등)에서 콜라 한 병(12온스)을 판매하는 데 드는 비용이 어떻게 다른지 수업시간에 토론해보자. 그러한 차이가 발생하는 이유는 무엇일까?

익힘 문제와 풀이

1. 연속적 점검시스템(Q, r)

문제

리조트 호텔은 비누와 샴푸와 같은 고객용 욕실 물품들을 관리하기 위해 전산화된 재고시스템을 설치할 계획을 하고 있다. 비누의 일평균 사용률은 평균 $\mu = 16$이고 표준편차 $\sigma = 3$로 나타난다. 한 번 주문이 접수되면 배송완료까지 1주일이 걸린다. 주문 이후 물품을 받는 데 드는 시간은 대략

한 시간이고 한 명의 직원(시급 10달러)이 필요하다. 기회비용은 1년에 20%이다. 비누 한 개당 가격은 약 0.25달러이다. 호텔은 기본 품목들에 대한 품절에 대해 염려하고 94%의 서비스 수준을 열망한다. 연속적 점검시스템에 대한 주문량(Q)와 재주문점(r)을 제시하라.

해

첫째, 식 (3)을 이용하여 Q값을 계산하라.

$$D = (16)(365) = 5{,}840 \text{ per year}$$
$$S = 10$$
$$H = IC = (0.20)(0.25) = 0.05$$
$$EOQ = \sqrt{\frac{2DS}{H}} = \sqrt{\frac{2(5{,}840)(10)}{0.05}} = 1{,}528.4 \cong 1{,}500$$

둘째, 식 (9)와 식 (10)을 이용하여 리드타임의 수요를 구하라.

$$d_L = \mu(LT) = (16)(7) = 112$$
$$\sigma_L = \sigma\sqrt{LT} = 3\sqrt{7} = 7.94 \cong 8$$

셋째, 식 (11)을 이용하여 안전재고를 계산하고 부록 A에서 z값을 찾아라.

$$SS = z_r\sigma\sqrt{LT} = (1.555)(8) = 12.44 \cong 13 \text{ (반올림)}$$

마지막으로, 재주문점은 안전재고와 리드타임 동안의 평균수요의 합이다.

$$ROP = SS + d_L = 13 + 112 = 125$$

2. 주기적 점검시스템(Order-Up-To)

문제

리조트 호텔 관리자는 욕실 용품의 재고를 계속해서 점검하는 것에 지쳤고, 재고 가치가 별로 높지 않은 C 품목처럼 분류하여 관리하는 것이 낫다고 느꼈다. 따라서 주기적 점검시스템을 사용할 것을 요청했다. 점검 기간(review period)과 94%의 서비스 수준을 유지하도록 목표 재고 수준을 구하라.

해

첫째, 문제 1의 EOQ를 기초한 식 (12)를 사용하여 점검기간을 계산하라.

$$RP = EOQ/\mu = 1{,}500/16 = 93.75\text{일(또는 3개월마다)}$$

둘째, 식 (14)를 이용하여 안전재고를 계산하라.

$$SS = z_r\sigma\sqrt{RT + LT} = (1.555)(3)\sqrt{94 + 7} = 46.9 \cong 47\text{개}$$

마지막으로 식 (13)을 이용하여 목표 재고 수준을 계산하라.

$$TIL = SS + \mu(RP + LT) = 47\ (16)(94 + 7) = 1{,}663\text{개}$$

3. 유효기간이 있는 제품(Perishable Goods)

문제

근거리 항공사는 아침 탑승자들에게 **월스트리트저널**을 판매하는 등과 같은 차별적 서비스에 자부심을 가지고 있다. 일반적으로 월스트리트저널 정기 구독료는 $1.50인데, 가판대 가격은 $2.50이다. 여섯 좌석인 작은 비행기에서 다음과 같은 수요분포를 나타낼 때 몇 부를 구독 신청하여야 하는가?

탑승객 수	2	3	4	5	6
확률	0.1	0.2	0.2	0.3	0.2

해

첫째, 아래와 같은 $P(D < Q)$ 분포를 준비하라.

Q	2	3	4	5	6
$P(D < Q)$	0	0.1	0.3	0.5	0.8

둘째, 수요보다 주문을 한 부 적게 하였을 때 발생하는 기회손실 $C_u = \$2.50$를 구한다.

셋째, 수요보다 많이 주문하여 남아서 발생하는 손실 $C_o = \$1.50$를 구한다.

마지막으로 식 (15)를 이용하여 임계비율을 결정한다. $P(D < Q) \leq C_u/(C_u + C_o) \leq 2.5/(2.5 + 1.5) \leq 0.625$. 따라서 **월스트리트저널** 5부를 구독한다.

연습문제

15.1 캠퍼스 문구사에서 팔고 있는 바인드의 연간 수요는 1만 개이고, 연 200일 정도 영업한다. 바인드 한 개당 원가는 2달러이고, 한 번 주문하는 데 소요되는 비용은 0.4달러이다. 바인드 재고를 1년간 보유한다면 보유비용은 원가의 10% 정도 소요된다.

a. *EOQ*를 구하라.

b. 1년에 몇 번 정도 주문해야 하는가?

c. 주문 주기는 어느 정도 되는가?

15.2 Deep Six Seafood 레스토랑은 신선한 바닷가재 전문 음식점이고 가격은 마리당 $10이고 연간 360일 영업한다. 항공운송 요금이 상당히 인상되어 현재 한 번 주문에 소요되는 비용은 $48이다. 바닷물이 들어있는 운반수조에서 살아있는 상태로 배송되기 때문에 일회 주문비용은 주문량과는 별 상관이 없다. 바닷가재를 수조에서 살아있는 상태로 유지하는 데 하루 $0.02가 든다. 일일 수요 확률분포는 다음과 같다.

수요	확률
0	0.05
1	0.10
2	0.20
3	0.30
4	0.20
5	0.10
6	0.05

a. Deep six는 주문량을 재조정하고 싶다. *EOQ*는 얼마가 되어야 하는가?

b. 원산지의 바닷가재 공급업자는 일회 주문으로 360마리를 주문하면 마리당 $0.50를 할인해 줄 용의가 있다고 한다. Deep Six는 이 제안을 받아들여야 하는가?

c. Deep Six가 2마리의 안전재고를 유지하면 레스토랑의 서비스 수준은?

15.3 Dutch Farms은 텍사스 소매 유통을 위해서 네덜란드로부터 치즈를 수입한다. Dutch Farms은 360일 영업하고 있으며, 치즈를 연간 1,080상자 팔고 있다. 부패 가능성 때문에 보관하는 데 연간 상자당 6달러 정도 소요된다. 1회 주문비용은 10달러이며, 서비스 수준은

98%를 유지하고자 한다. 일일 수요 확률분포는 다음과 같다.

수요	확률
0	0.02
1	0.08
2	0.20
3	0.40
4	0.20
5	0.08
6	0.02

a. *EOQ*를 계산하라.

b. 품절에 대비하여 안전재고로 몇 상자를 보유해야 하는가?

c. Dutch Farms은 500제곱피트 용량의 자체 냉장창고를 가지고 있다. 만약 치즈 한 상자 보관하는 데 10입방피트가 필요하다면 Dutch Farms은 식품은 냉장창고의 여유 공간을 연간 얼마나 빌려줄 수 있을까?

15.4 마쵸비어에 공급하는 지역 유통업자는 마쵸비어에 대한 현재의 재고관리 정책을 재검토하고 있다. 마쵸비어의 내년(연간 200일 영업) 판매예측은 600통이다. 맥주 한 통을 냉장창고에 보관하는 데 필요한 비용은 대략 연간 한 통당 $3이고, 맥주공장에 한 번 주문하는 데 소요되는 비용은 $4이다. 마쵸비어의 일일 수요 확률분포는 다음과 같다.

수요	확률
0	0.03
1	0.12
2	0.20
3	0.30
4	0.20
5	0.12
6	0.03

a. 마쵸비어에 적합한 *EOQ*는?

b. 맥주공장에서는 만약 200통 정도 대량 주문하면 유통업자에게 통당 도매가에 $0.25 할인해 줄 용의가 있다고 한다. 총 재고비용의 분석을 했을 때 이 제안이 매력적인가?

c. 마쵸비어가 85%의 서비스 수준을 유지하고자 할 때 안전재고는 어느 정도가 적절한지 제시하라.

15.5 타운서점은 베스트셀러의 페이퍼 백(paperback edition)이 출하된 뒤 고급 양장본(hardcover: 딱딱한 표지로 된 책)의 매출이 둔화되고 양장본의 재고 처리에 늘 어려움을 겪고 있다. 재고로 남아 있는 고급 양장본은 새로운 베스트셀러를 입하할 수 있는 자금을 묶어 놓기 때문에 서점 운영상 어려움이 많다. 일반적으로 고급 양장본의 초기 소매가격은 39.95달러고, 초기에는 한 달에 약 30부 정도 팔린다. 그러나 페이퍼 백이 보급된 이후 고급 양장본은 한 달에 겨우 3부 정도 팔린다. 베스트셀러의 이윤 폭은 원가의 50% 정도이다.

a. 페이퍼백이 12.95달러에 팔리고 있고 고급 양장본 재고가 15부 정도라면 고급 양장본의 할인 가격은 어느 정도가 적당할까?

b. 할인 가격 결정에 고급 양장본의 재고량은 영향을 주지 않는 이유는 무엇인가?

15.6 명품 인테리어사는 고객 욕구에 부응하도록 다양한 형태의 고급 바닥 타일을 멕시코로부터 수입하여 판매하고 있다. 고급 타일들은 보통 1년 전에 생산자에게 주문하여야 하고 타일 패턴에 따라 각각 다른 생산준비가 필요하다. 그러므로 일반적으로 주문은 생산준비 비용을 감안하여 대량으로 이루어진다. 고객의 실수요보다 상당히 사전에 주문이 이루어져야 하기 때문에 주문 발주 이전에 다양한 타일 형태에 대한 수요 예측을 명품 인테리어사는 실시하여야 한다. 만약 예측이 어긋나서 사전 주문과는 다르게 수요가 발생하면 운영상 상당한 어려움에 봉착한다. 통상적으로 타일 원가에 30% 정도를 이익으로 부과하고 재고 회전은 연 3회이다. 현재 두 가지 타일이 예측과 다르게 수요가 부진하여 재고를 소진하는 데 각각 약 2년이 소요될 것으로 보인다. 한 타일은 단위 면적당 \$0.7로 소매되고 있고, 다른 하나는 단위 면적당 \$1.05로 판매되고 있다. 판매가 부진한 이 두 가지 타일이 빨리 판매될 수 있는 할인 가격은 각각 얼마인가?

15.7 어떤 제품의 일일 수요는 평균이 20개이고 분산이 4인 정규분포를 나타내고 있다. 수요는 1년 12달 내내 이 분포를 따른다. 재고가 미리 정한 수준까지 내려가면 보충을 위한 주문을 한다. 주문비용은 1회 60달러이고, 구매비용은 개당 4달러이며, 연간 재고유지비용은 평균 재고 가치의 25%이다. 보충에 소요되는 기간은 정확하게 4개월이 걸린다.

a. *EOQ*를 결정하라.

b. 100개 이상 구매하면 10% 가격할인을 해준다고 가정하면, 적정 주문량은 얼마인가?

c. 90% 서비스 수준을 달성하기 위한 안전재고 수준과 재주문점을 결정하라.

15.8 어떤 물품의 일일 수요는 평균이 5, 분산이 2인 정규분포를 나타내고 있다. 일회 주문비용은 \$10이고 일일 보유비용은 재고가치의 10% 수준으로 추정된다. 공급자는 다음과 같이 구매 계획을 제시하고 있다.

$$\text{단위당 가격} = \begin{cases} \text{만약 15달러} & Q < 10 \\ \text{만약 14달러} & 10 \le Q < 50 \\ \text{만약 12달러} & Q \ge 50 \end{cases}$$

a. 주문과 보유 그리고 물품의 구매비용을 포함한 총 재고비용을 최소화하는 최적 주문량을 계산하라. 필요하다면 일 년은 360일로 가정한다.

b. 배송 소요시간은 이틀로 일정하다면 95%의 서비스 수준을 달성하기 위한 재주문점과 안전재고 수준을 구하라. 일일 수요는 독립변수로 가정하라.

15.9 River City 회사는 지역 공급업체로부터 구입한 석회 재고를 유지하고 있다. River City는 매년 평균 200,000파운드의 석회를 제조업 운영에 사용하고 있다(연 50주 운영으로 가정). 석회는 공급자에게 파운드당 \$0.10에 구입한다. 재고유지비용은 재고 평균가치의 30%로 추정되며 재고보충을 위한 주문비용은 일회 \$12로 계산되었다.

a. River City가 주문할 때마다 10,000파운드씩 주문한다고 가정하자. 재고 유지에 대한 평균 연간비용을 구하라.

b. *EOQ*를 결정하라. 연간 수요예측이 실제보다 10%가 적다면, 다시 말하면 실제 수요는 220,000파운드인데 부정확한 수요예측 때문에 연간 River City가 얼마나 많은 "추가비용"을 지불해야 하는가?

c. 일회 주문량이 13,000파운드 이상이면 공급업체가 "모든 품목"에 대해 10%를 가격할인해 준다고 가정하자. 또한 석회의 연간수요는 200,000파운드가 평균이라고 가정하라. 이

런 상황에서의 최적 주문량은 얼마인가?

15.10 좋은 백화점에서 인기 있는 한 품목의 연간 수요는 600개이다. 구매 가격은 개당 \$20이고 주문비용은 일회 \$12이며, 재고 유지 연간 비용은 구매가격의 20% 정도이고, 품절이 발생할 확률을 5% 이하로 하고 싶다. 주문 이후 배송되는 시간은 30에서 70까지 같은 확률로 분포되어 있다(소요시간이 30, 31 ··· 70일 확률은 1/41 = 0.0244).

a. *EOQ*를 계산하라.

b. 재주문점을 계산하라.

c. 안전재고 수준을 계산하라.

d. 80개 이상 구매하면 구매가격이 \$19로 가격할인을 받는다면, 이런 경우의 *EOQ*는?

15.11 월드 슈퍼마켓은 어린이날의 특수를 대비하여 과자를 주문하려고 한다. 과자의 구매원가는 상자당 1.40달러고 어린이날까지 2.90달러에 팔지만, 어린이날 이후에는 1.00달러로 할인하여 팔아야 한다. 정상 소매가격에서의 수요는 다음 확률분포를 가지고 있다.

수요(상자)	확률
8	0.15
9	0.15
10	0.30
11	0.30
12	0.10

a. 정상 소매가격에서의 과자의 기대 수요는 얼마인가?

b. 한계분석 방법을 이용하여 최적 과자 보유 수준을 구하라.

c. b의 주문량으로 기대되는 이익은 어느 정도인가?

15.12 월드와이드 XYZ 회사의 연간수요는 12,000개이고 일회 주문비용은 \$25이며, 재고유지비용은 개당 \$0.5이며, 추후납품비용은 연간 개당 \$5이다. 이 회사가 재고를 계획적으로 다소 부족하게 가져가기 위한 정책을 시행하고 있다.

a. *EOQ*를 결정하라.

b. 추후납품 수량을 얼마까지 허용할 수 있을까?(최대 추후 납품 수량)

c. 최대 재고 수준을 결정하라.

d. 연간 250일 근무일 수로 가정할 때, 주기를 얼마로 하여 재고를 점검하여야 할까?

e. 연간 총 재고비용을 결정하라.

15.13 A&M Hobby Shop은 무선 조종 레이싱카를 취급한다. 수요는 매달 40대로 일정하고 대당 가격은 \$60이고 주문비용은 주문량에 상관없이 대략 일회 \$15이다. 재고유지비용은 매년 가격의 20%이다.

a. *EOQ*를 구하고, 추후납품은 불허한다면 총 연간비용은 얼마인가?

b. 연간 개당 \$45의 추후납품 비용을 추산한다면 최소비용 재고정책과 총 연간비용을 결정하라.

c. 문제 b의 정책을 따르면 추후납품 발생 시 고객은 물품을 납품받기까지 최대 얼마나 기다려야 하는가? Hobby Shop의 연간 영업일은 300일이라고 가정하라.

d. 이 제품에 대하여 추후납품을 허용하여야 하는가? 아니면 허용하지 말아야 하는가? 여러분의 논리를 설명하라.

e. 소요기간이 6일이면 추후납품 허용 정책과 불허용 정책 각각의 재주문점을 보유 재고 수준으로 표현한다면?

15.14 J&B Card Shop은 다른 산호초 사진이 있는 달력을 판매한다. 달력 주문은 연 1회뿐이며 주문한 내년 달력은 4개월 전인 9월에 도착하고 다음 7월까지 판매한다. 과거 경험에 의하면, 달력 수요는 평균이 500이고 표준편차가 120인 정규분포에 가깝다. 달력당 원가는 $1.50이고 가격은 $3.00에 판매하고 있다.

a. J & B가 7월 말에 판매되지 않은 달력을 폐기처분한다면(잔존가치는 없다) 몇 장을 주문하여야 할까?

b. J & B 달력가격을 7월 말에 $1로 할인 판매한다면 잉여 달력을 다 팔 수 있다. 이런 경우는 달력을 얼마나 주문해야 하는가?

15.15 Gilbert Air Conditioning Company는 중국으로부터 휴대용 에어컨 수입을 검토하고 있다. 에어컨 대당 비용은 $80이고 가격은 $125로 판매한다. Gilbert사는 판매하지 못한 에어컨을 다음 해까지 보유하지 않고 공급업체에 다시 대당 $50로 넘기기로 하였다. 아래에 주어진 에어컨에 대한 확률분포를 이용하여 주문량과 기대가치분석을 이용한 예상이익을 계산하라.

수요(상자)	확률
0	0.30
1	0.35
2	0.20
3	0.10
4	0.05

15.16 수입 석유에 대한 의존도를 줄이기 위해 Four Corners 전력회사는 지역 수요의 일정 부분을 고정적으로 석탄발전으로 감당하기로 결정했다. 석탄에 대한 연간 수요는 500,000톤이며 일 년 내내 일정하게 소요된다. 석탄은 발전소 근처에서 노천 채광할 수 있고 채광 준비시간은 2일이 걸리고 한 번 채광하는 동안의 운영경비는 $2,000이다. 석탄의 재고유지비용은 대략 연간 톤당 $3.00이다.

a. *EOQ*를 결정하라.

b. 석탄의 일일 수요는 평균이 2,000톤이고 표준편차가 500톤인 정규분포를 보인다고 가정하자. 99%의 서비스 수준을 보장하기 위해 안전재고로 어느 정도 보유해야 하는가?

c. 석탄주문량이 많아져서 한 번에 50,000톤의 석탄을 채굴한다면 톤당 $0.01의 석탄 비용을 줄일 수 있다고 한다. 이런 가격할인 상황에서 문제 a에서 계산된 석탄 주문량을 재검토해야 하는가?

d. Four Corners 전력회사의 석탄 품절비용 결정의 기준은 무엇이 될까?

15.17 한 도매상은 소매상들로부터 주당 비누 200상자를 주문받는다. 배송 비용을 포함하여 상자당 $10가 도매상의 구매원가이다. 평균 일회 주문비용은 $5이고 재고유지비용은 평균재고 가치의 20% 수준으로 계산한다.

a. 비누에 대한 *EOQ*를 계산하라.

b. 주 5일 영업하고 배송 소요시간이 5일이라고 가정하면, 100%의 서비스를 제공하기 위한 최소 재주문점은 언제일까?

c. 비누에 대한 도매상의 연간 총비용은 얼마인가?

d. 제조사는 도매상이 400상자 이상 주문을 하면 상자당 $1.00를 할인해주겠다고 제안했다. 도매상은 이 제안을 받아야 하는가?

15.18 Leapyear Tire는 저가격 제품은 의도적으로 좀 적게 보유하고자 한다. 만약 고객이 품절 상태인 저가격 제품을 찾으면 판매원은 더 비싼 보조타이어를 팔려고 노력할 것이다. 하지만 고객이 계속 저가격 제품을 원하면 대기자 명단에 올리고, 유통업자로부터 다음 주문이 도착했을 때 알려준다. Leapyear Tire는 유통업자로부터 주문이 도착한 시점에 보충 주문량의 대략 10%까지 추후납품을 허용하는 주문시스템을 구축하고자 한다. 타이어를 유지하는 비용은 개당 연간 $2이고 유통업자에게 발주하는 일회 주문 비용은 $9이다.

a. 추후 납품비용은 얼마로 추산되는가?

b. 연간 수요가 1,000인 저가격 제품인 195HR14 타이어의 권장주문량을 구하라.

사례_15.1

A.D. Small. Consulting

A.D. Small Consulting은 미국 국내외 300개 이상의 도시에서 경영 컨설팅 서비스를 제공하고 있다. 이 회사는 잘 알려진 MBA 프로그램의 우수 졸업생을 모집한다. 신입사원은 A.D. Small Consulting에 입사해서 보스턴 본부에서 2개월간의 집중적인 교육을 받는데, 성공적으로 교육을 이수한 사람은 일선 사무소의 컨설팅 팀에 배치된다.

A.D. Small Consulting은 신입사원 교육프로그램이 새로운 경영개념과 기법을 확실히 배울 수 있도록 하버드 경영대학원과 MIT 경영대학원 교수들에게 교육을 의뢰하고 있다. 프로그램 참가 기간 동안 신입사원이 받는 월급을 제외하고, 교수들은 참가인원에 상관없이 일정한 대가를 받기 때문에 교육프로그램에 드는 비용은 참가인원과 상관없다. 교수 강의료와 교육 프로그램의 다른 여타 비용을 합치면 대략 $850,000이다.

A.D. Small Consulting의 컨설턴트들은 능력이 있고 컨설팅을 수행하는 동안 고객사와 많은 접촉을 한 경험이 있기 때문에 고객사로부터 이직을 제안받기도 한다. 그러나 고객과 좋은 관계를 유지하기 위해 A.D. Small Consulting은 자사 인력유출을 적극적으로 막을 수도 없다. 결과적으로 A.D. Small Consulting은 이직하는 사원을 대신할 신입사원이 연간 약 180명 필요하다. 이직률은 일정하고, 이직으로 인한 감소율은 대략 주당 3.5명이다.

A.D. Small Consulting사의 HR담당 이사인 쏜톤 맥두걸(Thornton McDougall)은 루 칼슨(Lou Carlson) 사장과 이 문제를 논의했다. "사장님, 지금까지는 가까스로 수지를 유지해 왔지만, 이제는 신입사원 교육프로그램을 심각하게 재검토를 할 것 같습니다. 사장님이 아시는 것과 같이 우리는 연간 대략 180명의 신입사원이 필요하고, 매년 6월에 교육을 위해서 180명의 신입사원을 받게 되어 있습니다. 그러나 교육 완료 시점에는 필요인원보다 많은 180명 이상의 초과 인원을 갖게 되고, 이들에 대하여 연봉으로 각각 $90,000를 지급해야 합니다. 물론 그해 동안에 신입사원을 배치해 유용하게 쓸 수 있는 자리가 발생하지만, 실제 자리가 날 때까지 우리는 초과 인원 보유로 인하여 매우 비싼 비용을 치러야 합니다. 좀 더 적은 수의 인원으로 일년에 1번 이상의 교육프로그램을 진행하는 것이 효율적일 수 있습니다. 그러면 정식 사원이 충원되어 현장에 투입되는 시기와 현장에서 필요한 시기와의 차이를 줄일 수 있을 것입니다."

이사의 제안을 듣고 난 이후 사장은 "흥미로운 아이디어군요. 두 가지 기본적인 이슈를 나에게 제기한 것으로 보이는데, 첫 번째 이슈는 얼마나 자주 교육프로그램을 진행할 것인가? 두 번째 이슈는 얼마의 인원으로 1회 프로그램을 진행할 것인가? 두 가지로 말입니다. 이와 같은 운영상의 효율에 관한 문제와 함께 고객에 대한 우리의 의무도 잊어서는 안 되겠지요. 물론 우리 회사는 고객에 대한 서비스를 위해 잘 훈련된 인력을 항상 충분히 보유하고 있어야 겠지요. 효율성에 대한 문제와 함께 우리가 반드시 고려하여야 할 과제는 양질의 인력이 부족하면 안 된다는 것입니다."라고 말했다.

토의 주제

재고모형을 이용하여 루 칼슨 사장의 질문에 대하여 해결 방안을 제시하라. 제시된 방안에 대한 비용적 타당성을 제시하라.

참고문헌

Alptekinoglu, A., A. Banerjee, A. Paul, and N. Jain. "Inventory Pooling to Deliver Differentiated Service." *Manufacturing & Service Operations Management* 15, no. 1 (2013), pp. 33-44.

Camdereli, Almua Z., and Jayashankar M. Swaminathan. "Misplaced Inventory and Radio-Frequency Identification (RFID) Technology: Information and Coordination." *Production and Operations Management* 19, no. 1 (January-February 2010), pp. 1-18.

Craig, Nathan C., and Ananth Raman. "Improving Store Liquidation." *Manufacturing & Service Operations Management* 18, no. 1 (2015), pp. 89-103.

Diamant, Adam, Joseph Milner, Fayez Quereshy, and Bo Xu. "Inventory Management of Reusable Surgical Supplies." *Health Care Management Science* 21, no. 3 (2018), pp. 439-59.

Dutta, Amitava, Hau L. Lee, and Seungjin Whang. "RFID and Operations Management: Technology, Value, and Incentives." *Production and Operations Management* 16, no. 5 (September-October 2007), pp. 646-55.

Gallego, Guillermo, Robert Phillips, and Ozge Sahin. "Strategic Management of Distressed Inventory." *Production and Operations Management* 17, no. 4 (July-August 2008), pp. 402-15.

Gavirnenni, Srinagesh, and Alice M. Isen. "Anatomy of a Newsvendor Decision: Observations from a Verbal Protocol Analysis." *Production and Operations Management* 19, no. 4 (July-August 2010), pp. 453-62.

Jiang, Yuchen, Cong Shi, and Siqian Shen. "Service Level Constrained Inventory Systems." *Production and Operations Management* 28, no. 9 (2019), pp. 2365-89.

Mogre, Riccardo, Rajit Gadh, and Arunabh Chattopadhyay. "Using Survey Data to Design a RFID Centric Service System for Hospitals." *Service Science* 1, no. 3 (Fall 2009), pp. 189-207.

Nair, Suresh K., and Richard G. Anderson. "A Specialized Inventory Problem in Banks: Optimizing Retail Sweeps." *Production and Operations Management* 17, no. 3 (May-June 2008), pp. 285-95.

Natarajan, Karthik V., and Jayashankar M. Swaminathan. "Inventory Management in Humanitarian Operations: Impact of Amount, Schedule, and Uncertainty in Funding." *Manufacturing & Service Operations Management* 16, no. 4 (2014), pp. 595-603.

Ovchinnikov, Anton, and Joseph M. Milner. "Revenue Management with End-of-Period Discounts in the Presence of Customer Learning." *Production and Operations Management* 21, no. 1 (January-February 2012), pp. 69-84.

Qi, Lian, Zuo-Jun Max Shen, and Lawrence V. Snyder. "A Continuous-Review Inventory Model with Disruptions at Both Supplier and Retailer." *Production and Operations Management* 18, no. 5 (September-October 2009), pp. 516-32.

Teunter, Ruud H., M. Zied Babai, and Aris A. Syntetos. "ABC Classification: Service Levels and Inventory Costs." *Production and Operations Management* 19, no. 3 (May-June 2010), pp. 343-52.

Chapter 16

서비스 프로젝트 관리

학습목표

1. 프로젝트 관리의 특징을 이해
2. 간트차트의 사용과 간트차트의 한계 이해
3. 프로젝트 네트워크의 구성
4. 프로젝트 네트워크상에서의 주경로 분석
5. 프로젝트에 제한된 자원의 배분
6. 프로젝트 완성 시간을 줄이기 위한 단축 활동들
7. 프로젝트 완성 시간 분포를 결정하기 위해 불확실한 활동 시간을 갖는 프로젝트 분석
8. 획득가치차트(earned value chart)를 이용한 시간, 원가 그리고 스케줄 변동에 대한 프로젝트 감독
9. 프로젝트가 성과, 시간 그리고 원가 목표를 달성하지 못한 이유에 대한 토론

프로젝트는 복잡성, 필요자원, 소요시간 그리고 위험도 면에서 매우 다양할 수 있다. 예를 들어, 여객 항공사에서 행해지는 프로젝트들을 생각해보자. 새로운 항공노선 개설, 항공기의 정비, 새로운 마케팅 전략의 실행, 새로운 예약시스템의 설치, 새로운 항공기를 기존 시스템에 통합하는 것, 기내 서비스의 변화 등을 들 수 있다. 오늘날과 같이 시간 기반 경쟁시대에는 성공적인 프로젝트 관리가 새로운 서비스를 빠르게 시장에 출시할 수 있어 경쟁자보다 선점하여 시장점유율을 확보할 수 있다. 예를 들어, 건설 산업에서 보비스(Lehrer McGovern Bovis)는 시간절약형 건설관리 서비스로 유명한데 이는 최종 도면이 완성되기 전에 기초를 만드는 중복된 설계-시공 프로세스를 사용해서 가능하다.

프로젝트에 내재된 위험은 한 기업의 생존을 위협할 수도 있다. 예를 들어 프로젝트를 제때 끝내지 못하면 지연으로 인한 위약금 부담으로 중소건설업체가 부도날 수도 있다. 프로젝트와 연관된 잠재적인 위험과 보상들은 프로젝트의 성공적인 완료를 위해서 필요한 프로젝트 팀을 만들고, 프로젝트 리더를 뽑고 전략을 수립하는 데 있어 고려해야 할 요소들이다.

개요

본 장은 프로젝트의 특징과 프로젝트 관리자가 직면하는 문제점을 먼저 다룬다. 프로젝트

계획은 작업 내역 일정과 프로젝트 팀 구성으로 시작한다. 프로젝트 일정계획에 대한 전통적인 막대 차트 방법을 소개하고 설명한다. 또한 프로젝트 네트워크의 개념을 소개하고 분석 방법에 대해 예를 들어 설명한다. 프로젝트 관리 소프트웨어의 용이성과 강력함을 보여주기 위해 Microsoft Project가 사용된다. 자원의 제약, 활동 단축 그리고 불확실성을 다루는 것과 같은 프로젝트 관리의 이슈들을 살펴본다. 마지막으로 시간, 비용과 성과에 대한 목표를 달성하기 위한 프로젝트 감독 방법을 다룬다.

프로젝트의 관리의 특성

프로젝트의 특성

프로젝트란 계획되고 조직화된 접근 방식에 따라 특정 목표를 달성하려는 자원할당으로 볼 수 있다. 프로젝트 관리는 예산범위 내에서 기대성과를 만족시키면서 프로젝트를 적시에 완성하기 위해 프로젝트 활동을 계획하고, 일정표를 짜고 통제하는 것을 포함한다. 프로젝트 관리는 세 가지 기준(비용, 시간과 성과)이 서로 상충되기 때문에 힘든 업무이다. 예를 들어, 시간을 더 사용하면 성과나 품질은 좋아지지만, 계약 완성 기일이 지나게 되고 비용도 예산을 초과하게 된다.

모든 프로젝트는 다음과 같은 공통된 특성이 있다.

1. 목적. 프로젝트는 대개 명확한 목표를 지닌 일회성 활동이다. 예외적인 사례로는 항공사들이 자사 항공기에 대해 실시하는 주기적 유지보수 활동이 있다.
2. 수명주기. 각각의 프로젝트는 프로젝트의 구상, 선정, 계획, 일정관리, 감독과 통제 그리고 마지막으로 종료로 이어지는 수명주기를 지닌다.
3. 상호 의존성. 프로젝트에는 특정 순서대로 수행되어야 할 많은 활동들이 있다. 이 순서는 대개 기술적이거나 전략적 관점에서 정해진다. 보잉 787 기종의 개발과 같은 큰 규모의 프로젝트는 많은 파트너들의 광범위한 협력을 필요로 한다.
4. 특유성. 각각의 프로젝트는 맞춤 관리가 필요한 새로운 특징이 있다. 그러나 많은 프로젝트 요소들에서 공통점이 있으며 학습 효과도 이전이 될 수 있다.
5. 갈등. 이해집단들(예: 고객, 모기업, 프로젝트 팀, 파트너, 각 부서)은 서로 상충되는 목표를 가지고 있다. 따라서 프로젝트들은 수행 기간 내내 상당한 수준의 자원동원과 경영층의 관심을 필요로 한다.

프로젝트 관리 절차

조직은 건물의 신축, 새로운 서비스의 도입이나 컨설팅 업무의 수행과 같은 다양한 이유로 프로젝트를 시작한다. 이러한 모든 이유들은 프로젝트의 시작을 이끌어내는 촉매제의 역할을 한다. 계획, 일정관리와 통제의 관리 기능은 프로젝트의 시작에서부터 완성까지 활발하게 추진되어야 한다.

계획

프로젝트는 모든 참여자들의 동의하에 작업과 목적에 대한 명확한 정의를 내리는 것으로 시작된다. 이것은 목표에 대해 기술한 것으로 시작과 종료 시점을 명시한 임시일정과 제안 예산을 포함하고 있다. 프로젝트의 범위가 나누어지고 이는 다시 작업 패키지로 나누어진다. 프로젝트의 계획에 도움을 주기 위해 **작업분해구조(*WBS: work breakdown Structure*)**를 개발하는데, 이는 목표를 달성하는 데 필요한 세부작업들로 순차적으로 나누어 들어가는 것을 말한다. WBS는 최종 목표에서 시작하여 필요 작업(task), 하위 필요 작업(subtask), 그리고 기본작업(work element)과 같은 관리 가능한 구성요소로 연속해서 세분화한다. 그림 16.1은 WBS를 보여주는데 이는 병원을 새로운 장소로 이사하는 프로젝트이다. 프로젝트는 "병원 이사"로서 정의된다. 하나의 필요 작업은 "환자 이송"이고 하위 필요 작업은 "구급차 조달"이고 기본 작업은 "환자 이송 준비"이다. WBS에 의한 상세한 프로젝트 정의는 프로젝트 목표를 달성하는 데 필요한 기술과 책임을 파악하는 데 도움을 주고 또한 프로젝트의 예산책정을 위한 프레임워크를 제공한다.

일정관리

일정관리는 각각의 활동에 대한 시간과 비용 추정 그리고 활동들 간의 선행관계를 결정하는 것으로 시작된다. 프로젝트 일정관리를 시각적으로 보여주기 위해 프로젝트 네트워크 도표가 준비된다. 그러고 나서 프로젝트 관리는 프로젝트에 있어서의 각 활동에 대한 시작 및 종료 날짜를 결정하는 데 사용된다. 특정한 활동을 위한 자원 배분 또한 이때 계획되며 이는 프로젝트의 소요기간과 비용에 영향을 미칠 수 있다.

통제

최종 프로젝트 일정은 프로젝트가 실행되고 중간 완료 단계[중요한 단계(milestone)라 불림]에 대한 진행상황을 감독하는 토대가 된다. 예산 대비 지출 또한 프로젝트 일정을 이용하여 추적될 수 있다. 통제는 프로젝트 실행의 모든 면이 시간과 예산에 따라 이루어지고 있는가를 확인하는 데 관심을 둔다. 만약 일부 목표가 충족되지 않으면 프로젝트의 목표가 달성될 수 있도록 일정과 계획을 필요에 따라 수정한다.

프로젝트 관리자의 선발

프로젝트를 관리하는 것은 시간, 비용 그리고 성과 간의 상충관계로 특별한 기술이 요구된다. 그러므로 프로젝트 관리자의 선발에는 다음과 같은 자질이 고려되어져야 한다.

- 신뢰성—기술적 및 관리적 경험
- 민감성—정치적 및 인간적 갈등 처리 능력
- 스트레스 관리 능력—불확실한 상황하에서 여러 목표를 관리할 수 있는 능력
- 리더십—성실과 열정으로 목표 달성을 위해 의사소통하는 능력

프로젝트 팀의 구성

서로의 차이를 인정하고, 의견 불일치에 대해서 개방적이 되고, 함께 일하는 데 참여하는 것을 즐길 수 있도록 인간적 관계를 구축하는 데는 시간이 걸린다. 프로젝트에서는 예전에 함께 일해보지 않은 사람들끼리 하나의 팀을 구성하는 경우가 종종 있다. 이들은 프로

1.0 병원 이사하기(프로젝트)
  1.1 환자 이송하기(필요 작업)
    1.1.1 구급차 조달하기(하위 필요 작업)
      1.1.1.1 환자 이송 준비하기(기본작업)
      1.1.1.2 환자의 소지품 상자에 담기(기본작업)
  1.2 설비 이송(필요 작업)
    1.2.1 이삿짐 센터와 계약하기(하위 필요 작업)
•
•
•

그림 16.1 작업분해구조

젝트 목표를 달성하기 위해 효과적인 팀으로 발전되어야 한다. 팀 개발의 4단계는 팀 형성단계, 격동단계, 정상화단계 그리고 수행단계이다.

형성단계

이 단계는 팀 구성원들이 서로 알게 되는 단계로 인간관계에서 초기의 "구애" 단계와 유사하다. 팀 구성원들은 보통 긍정적인 기대를 갖고 시작하려는 의욕에 차 있지만 팀에서의 자기 역할에 대해서는 확신이 없다. 이 단계의 감정은 흥분, 기대, 의심, 불안과 망설임이다. 이때 프로젝트 관리자는 방향과 구조(structure)를 제공해야 한다. 오리엔테이션 과정에서 프로젝트의 목적, 작업의 범위, 일정과 팀 운영 지침 등이 명확하게 전달되어야 한다. 팀 구성에 대해 토론하고 보완적인 기술과 전문성을 강조함으로써 각 구성원들에 맡겨질 역할에 대한 불안을 해결해 줄 수 있다. 프로젝트 계획을 개발하는 데 있어 팀을 참여시키는 것이 중요하다.

격동단계

이 단계에서는 작업이 기대를 반드시 충족할 필요가 없음에도 불구하고 작업은 진지하게 시작되고 현실 또한 인식된다. 팀 구성원들은 프로젝트에 대한 제약과 프로젝트 관리자의 지시와 권위로 실망하게 된다. 이 단계에서는 갈등이 발생하고, 긴장이 고조되며 사기 또한 낮다. 이 격동단계에서는 좌절, 분노와 적개심의 감정들이 나타난다. 프로젝트 관리자는 갈등을 다루어 해결하는 방법에 대해 동의를 구하는 것이 필요하다. 이때야말로 프로젝트 관리자가 이해와 지원 환경을 제공해야 한다. 불만족과 갈등은 미래의 역기능적인 행동을 피하기 위해 반드시 다루어져야 한다.

정상화단계

격동단계를 지나면 프로젝트 팀의 응집력이 나타나기 시작해 주변 운영 환경을 받아들인다. 통제와 의사결정은 프로젝트 관리자로부터 프로젝트 팀으로 이양된다. 신뢰감이 생기고 구성원 간에 정보를 공유하면서 상호 간에 믿음이 형성되면서 동지애가 나타난다. 사적인 우정이 작업 환경을 넘어서 형성된다. 프로젝트 관리자는 지원 역할을 하고 팀에 의해서 이루어진 진행상황을 인식해야 한다. 작업의 성과와 생산성이 이 단계에서 가속화된다.

수행단계

이 마지막 단계에서 팀은 프로젝트 목표를 달성하기 위해 아주 헌신적이고 열성적이다. 자신감이 높아지고 일체감과 팀 성취감에 대한 자긍심이 나타난다. 팀은 완전히 위임을 받았다고 생각해 구성원들은 문제를 해결하고 실행을 돕기 위해 자주 협력한다. 이 단계에서 프로젝트 관리자는 책임과 권한을 팀에게 완전히 위임하지만 성과, 예산 그리고 일정에 대해서는 진행상황을 감독해야 한다. 만약 실제 진행이 예정보다 늦어지면, 프로젝트 관리자는 보정 활동의 개발 및 실행을 촉진하고 지원한다. 마지막으로 프로젝트 관리자는 프로젝트에 참여하는 사람들의 전문성 개발을 도와주고 지원하는 위치에 있다.

효과적인 프로젝트 관리를 위한 원칙

프로젝트 관리 경험을 통하여 유용한 관리 지침들이 도출되었는데 명심해야 할 몇몇 원칙들은 다음과 같다.

1. 팀 구성원들을 팀원의 차원뿐 아니라 개인적으로도 지도하라.
2. 프로젝트에 대한 의미와 가치를 알도록 해주라.
3. 정보에 소외되는 사람이 없게 하라.
4. 팀원의 의욕을 북돋울 수 있는 협약을 구축하라(즉, 건전한 갈등 관리).
5. 자신과 팀원의 업무권한을 확대하라.
6. 위험감수와 창의성을 장려하라.

프로젝트의 중요성에 대한 최근의 관심으로 관리자들을 돕기 위한 여러 기법들이 개발되었다. 간트차트(Gantt chart)에 대한 설명으로 시작해 네트워크로 모델링된 프로젝트를 분석하는 데 사용되는 PC 소프트웨어로 설명을 마치고자 한다.

프로젝트 관리를 위한 기법

간트 프로젝트 차트

1916년 간트(Henry Gantt)에 의해 개발된 **간트차트**는 프로젝트를 구성하는 각 활동들의 시간을 결정하기 위해 사용된다. 간트차트에서는 각 활동의 수행시간이 시간표상에 선으로 표시되는데, 이는 활동들의 일정을 시각적으로 나타내고 프로젝트가 계획대로 진행되고 있는가를 확인하는 데 유용한 도구이다.

간트차트에서는 우선 프로젝트를 별개의 활동으로 나눈다. “별개”라는 말은 각 활동이 시작과 끝을 분명하게 갖는다는 것을 의미한다. 프로젝트를 별개의 활동들로 나눈 후에 이 활동들의 순서를 결정한다. 그러나, 이것은 생각만큼 쉽지는 않다. 대개, 프로젝트 수행에는 여러 가지 대안이 있는데 어느 것이 최적인지 분명하지 않다. 프로젝트의 관리자가 다른 사람의 의견을 듣고 최종적으로 그 실행 순서를 결정한다. 또한 간트차트에서는 각 활동의 시간 추정이 필요하다. 각 활동의 기간은 정확하게 미리 안다고 가정하는데, 이는 물론 비현실적이기는 하지만 프로젝트 관리에 도움이 되는 추정치를 제공해준다.

예제 16.1 보잉 747기에 대한 서비스

간트차트는 정기적이며 반복적인 프로젝트의 일정을 계획하는 데에 사용될 수 있는데, 그 이유는 활동들 간의 선후 관계가 잘 파악되고 있고 과거의 경험으로 각 활동의 소요시간을 알 수 있기 때문이다. 보잉 747 여객기의 50분간의 중간기착 기간에 이루어지는 활동들을 생각해보자. 그림 16.2는 이에 대한 간트차트인데 여기서 굵은 가로선은 각 활동의 기간과 계획된 시작 및 종료 시점을 나타내주고 있다. 조리실 정비와 같은 많은 활동들이 다른 활동들과 동시에 진행될 수 있는데 이는 해당되는 굵은 가로선이 서로 겹쳐 같은 기간에 수행되도록 계획될 수 있기 때문이다. 그러나 화장실 정비는 선미, 중앙, 후미 섹션으로 나누어 순차적으로 진행된다. 이 차트를 통해서 프로젝트를 제시간에 완료하기 위해 필요한 노동과 장비 자원을 결정할 수 있다. 작업이 시작되면 예정보다 늦어진 활동들은 수직선으로 파악할 수 있는데, 이 수직선은 현재 시간을 나타내주며, 어떤 활동이 예정대로 끝나지 않았고 그 결과 예정된 50분에 프로젝트를 끝내기 위해 어떠한 주의를 기울여야 하는지를 나타내준다.

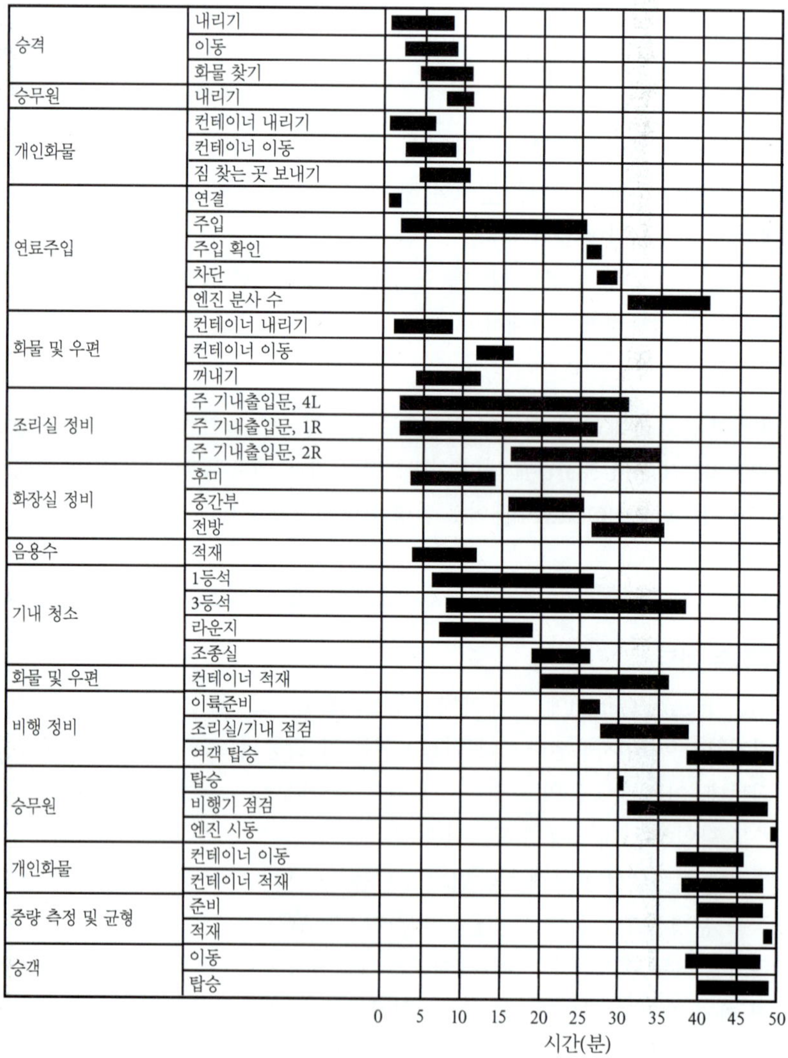

그림 16.2 보잉747기에 대한 서비스 활동의 간트차트 스케줄

간트차트의 문제점

간트차트는 계속 이용되는 몇 가지 매력적인 특징을 가지고 있다. 간트차트는 시각적으로 보기 쉽고, 작성하기 쉬우며 이해하기도 쉽다는 것이다. 하지만 이보다 더욱 중요한 점은 프로젝트 관리자가 차트를 작성하는 과정에서 활동별 일정과 필요 자원에 대해 세밀하게 생각할 수밖에 없다는 것이다.

이러한 장점에도 불구하고 간트차트는 규모가 크고 복잡한 프로젝트에는 부적합하다. 특히 활동들 간의 상호 연관성에 대해서 분명히 보여주지 못한다. 예를 들면 그림 16.2에서, 주 기내출입문 2R을 사용하는 조리실 정비는 그 출입문이 화물 및 우편 작업으로 막혀 지연될 수밖에 없다. 따라서 활동의 지연이라든지 순서의 변화로 나타나는 프로젝트의 실행에 있어서의 변화가 가져오는 영향력을 평가하기가 어렵다. 또한 이러한 차트들은 프로젝트를 예정대로 완성시키는 데 있어 각 활동들의 상대적 중요성에 대해 어떤 것도 보여주지 못한다(즉 어떤 활동이 전체 프로젝트를 지연시키지 않고서도 지연될 수 있는지). 따라서 각 활동의 상대적 중요성은 자원과 경영상의 주의를 할당하는 데 기본이 되기 때문에 간트차트는 크고 복잡한 프로젝트에서는 사용하기에 비효과적이고 부담스러워진다. 그래서 간트차트의 결점을 해결하고자 개발된 것이 네트워크 기반 기법이다.

프로젝트 네트워크 작성

네트워크는 노드(node)라고 불리는 원들의 집합과 화살표의 집합들로 구성된다. 화살표는 활동들의 순서를 시각적으로 표현하기 위해 노드들을 연결한다. **노드에 활동표시**(AON: *activity on node*)로 알려진 하나의 방법에서 노드는 프로젝트의 활동을 나타내는 반면, 화살표는 활동의 순서를 나타낸다. **화살표에 활동표시**(*AOA: activity on arrow*)로 알려진 두 번째 방법에서 화살표는 프로젝트의 활동을 나타내고 노드는 활동의 시작과 끝을 보여주는 **사건**이다. 사건은 한순간에 발생하는 반면, 활동은 일정한 시간간격에 따라 발생한다. AON과 AOA 둘 다 좋지만 시간이 지나면서 AON이 더 많이 사용되고 있다. 그 이유는 AON이 네트워크 그림을 그리기가 쉽고 AOA에서 보여지는 가상활동(dummy activity)을 필요로 하지 않기 때문이다. 두 방법을 여기서 모두 보여주겠지만 주경로 분석(critical path analysis)에서는 AON을 사용할 것이다. 이것을 ***PERT*** (*program evaluation and review technigue*) **차트**라 부를 것이다.

주경로 분석의 기본 가정은 한 활동에 선행하는 **모든** 활동들이 완성될 때까지 그 활동을 시작하지 않는다는 것이다. 또한 PERT 차트는 일반적으로 프로젝트의 시작을 나타내는 하나의 노드와 프로젝트의 끝을 나타내는 하나의 노드를 갖는다. PERT 차트는 **연결성**과 **일방성**의 특성이 있다. "연결성"이란 어떤 노드든지 시작 노드로부터 출발해 화살표를 따라 연결될 수 있다는 의미이고 "일방성"이란 다시 제자리로 돌아오는 일이 없이 활동 순서대로 시작 노드부터 끝나는 노드까지 중단 없이 진행된다는 뜻이다.

예제 16.2 테니스 대회—프로젝트 네트워크

테니스 대회의 계획을 세우는 데 프로젝트 관리기법이 사용될 수 있다. 이 프로젝트의 목표는 미래의 언젠가 성공적인 주말 대회를 개최하는 데 있고, 이 대회를 위한 준비로 모든 관련 활동들을 파악할 필요가 있다. 또한 이러한 활동들의 소요시간과 수행순서가 필요하다. 표 16.1은 대회에 필요한 모든 활동과 그

선후관계 및 소요시간을 보여주고 있다.

그림 16.3은 테니스 대회를 위한 AOA 프로젝트 네트워크를 보여준다. 3개의 가상활동(즉, 점선 화살표)은 활동의 선후 관계가 지켜지도록 하기 위해 사용됨을 주목하자. 예를 들어, 노드 3과 7을 연결하는 가상활동은 활동 F가 활동 B와 C 모두 끝난 후에 시작될 수 있도록 해준다. 가상활동은 소요시간을 필요로 하지 않고 단지 적절한 활동 순서만을 유지하도록 해준다. 각 활동의 소요시간은 해당 활동에 아래첨자로 표시되어 있는 반면, 화살표의 길이는 아무런 의미가 없다. 각 노드에는 번호가 주어져 있는데 화살표의 머리 부분에 있는 노드가 화살표의 꼬리 부분에 있는 노드보다 큰 번호를 가지도록 해 활동의 진행방향을 나타낸다. 예를 들어, 노드 3과 노드 7을 연결하는 가상활동을 나타내는 화살표의 방향이 버뀐다면(즉, 노드 7 대신에 화살표 끝이 노드 3을 가리킨다면), 선행관계가 바뀌게 된다(즉, 활동 D가 활동 B를 뒤따르게 되어 이는 옳지 못하다). AOA 네트워크를 준비하는 데는 많은 주의가 필요하고 여전히 오류가 발생할 수 있다.

그림 16.4는 동일한 테니스 대회 프로젝트를 PERT 차트(AON 네트워크)로 나타낸 것이다. 이 경우 화살표는 활동의 순서를 나타내고 노드는 활동을 나타낸다. PERT 차트는 시작부터 끝까지 대략적인 순서로 노드들을 그리고, 이 노드들을 적절한 방향으로 화살표를 이용해 연결한 것이다. 때때로 테니스 대회

표 16.1 테니스 대회 활동

활동 설명	번호	선행되는 활동	추정 소요시간(일)
장소 협약	A	—	2
선수단 접촉	B	—	8
홍보 계획	C	A	3
진행자 선임	D	C	2
초청장 발송	E	C	10
참가 선수와의 계약	F	B,C	4
공 및 트로피 구입	G	D	4
식사 계약	H	E,F	1
구장 시설물 설치	I	E,G	3
대회	J	H,I	2

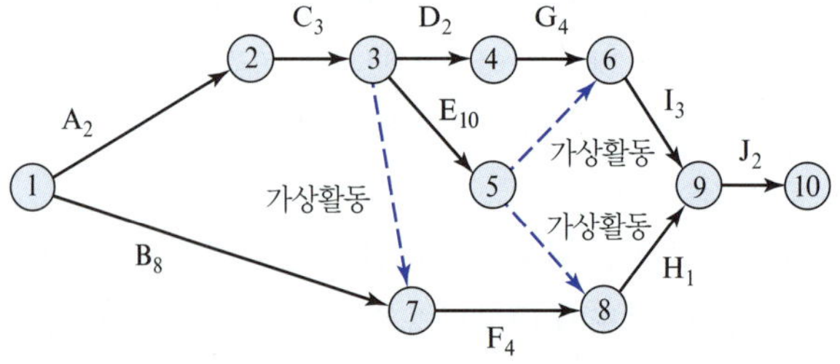

그림 16.3 AOA 네트워크로 표시된 테니스 대회

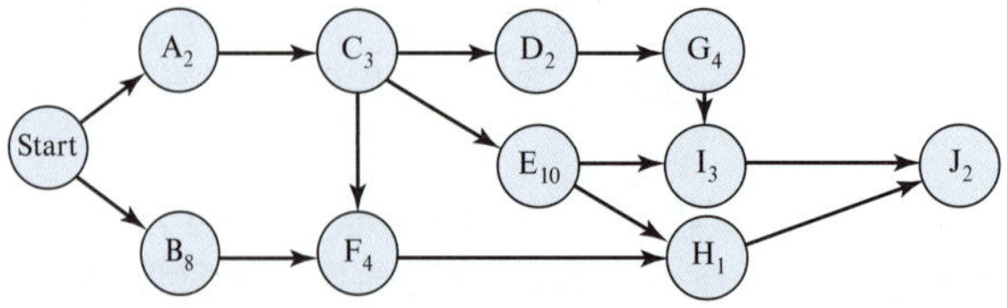

그림 16.4 PERT 차트(AON 네트워크)로 표시된 테니스 대회

의 예처럼 시작 또는 종료 노드가 추가되기도 한다. AOA 네트워크와 AON 네트워크는 동일한 활동 순서를 나타냄을 주목하자.

주경로 방법

주경로 방법*(CPM: critical path method)*은 프로젝트에서 개별 활동들의 시작과 종료 시점을 결정하는 접근법이다. 이 방법의 적용 결과 **주경로*(critical path)***, 즉 프로젝트의 시작에서 끝까지 이어지는 활동들의 체인(chain)을 파악할 수 있다. 주경로상의 어떤 활동도 시작이 지연되면 프로젝트 완성 시간이 지연된다. 프로젝트를 완성하는 데 있어 주경로 활동이 중요하므로 자원할당과 관리적인 노력에서 **주경로 활동**은 최우선권을 갖는다. 예외에 의한 관리(*management by exception*)에 있어서 주경로 활동이 예외로 면밀한 관리를 요한다.

CPM은 몇 가지 간단한 계산을 포함하는데 표 16.2가 이러한 분석에서 사용되는 표시법들을 보여주고 있다. 활동의 예상 소요기간(t)이 결정되는 방법을 아직은 나타내지 않았음을 유의하라. 많은 경우, 이들 값은 확정적인(deterministic) 값(즉, 상수)으로 가정해 전문가의 판단과 과거 경험에 바탕을 두고 있다. 다른 경우에는 활동의 예상 소요기간이 알려진 확률분포의 평균값으로 가정된다. 먼저 확정적인 경우를 살펴보고 뒷부분에서 확률적인 경우를 다룰 것이다.

CPM에서는 빠른 시간(ES와 EF), 늦은 시간(LS와 LF) 그리고 여유 시간(TS)의 계산이 포함된다. 빠른 시간은 최초 활동에서 시작하여 마지막 활동까지 네트워크를 통해 연속적으로 앞으로 나아가면서 각 활동에 대해 계산된다. 따라서 빠른 시간(*ES*와 *EF*)은 프로젝트에서 전진법(*forward pass*)으로 계산된다. 최초 활동의 빠른 시작은 0으로 두고 시작해 특정 활동의 빠른 시간은 다음 공식으로 구한다.

$$ES = EF_{\text{선행활동}} \quad (1)$$

$$EF = ES + t \quad (2)$$

$EF_{\text{선행활동}}$은 바로 앞에 있는 활동의 빠른 종료를 나타내고 t는 해당 활동의 기간임을 유

표 16.2 주경로 방법에 사용되는 표시법

항목	부호	정의
예상 소요기간	*t*	활동의 예상 소요기간
빠른 시작(Early start)	*ES*	이전의 모든 활동들이 가장 빠른 시간에 시작되었을 때 활동을 가장 빨리 시작할 수 있는 시간
빠른 종료(Early finish)	*EF*	활동이 빠른 시간에 시작되었을 때 활동을 가장 빨리 끝낼 수 있는 시간
늦은 시작(Late start)	*LS*	프로젝트 완료 시간을 지연시키지 않는 범위 내에서 활동을 가장 늦게 시작할 수 있는 시간
늦은 종료(Late finish)	*LF*	활동이 가장 늦게 시작되었다면 활동을 가장 늦게 끝낼 수 있는 시간
총 여유시간	*TS*	프로젝트 완료 시간을 지연시키지 않고서도 활동이 지연될 수 있는 시간

의하라. 여러 개의 **선행활동**들이 있을 때는 빠른 종료시간이 **가장 큰** 선행활동을 택한다. 마지막 활동의 빠른 종료는 프로젝트 전체의 빠른 종료가 된다.

각 활동의 늦은 시간(LS와 LF)은 네트워크에서 마지막 활동부터 시작하여 최초 활동까지 네트워크를 통해 연속적으로 뒤로 가면서 계산된다. 따라서 늦은 시간은 프로젝트에서 **후진법**(*backward pass*)으로 계산된다. 마지막 활동의 늦은 종료는 빠른 종료와 같은 것으로 둔다(즉, $LF = EF$). 만약 프로젝트의 완료시점을 안다면, 이 시점을 마지막 활동의 늦은 종료로 사용한다. 특정한 활동에 대해 늦은 시간은 다음 공식으로 구한다.

$$LF = LS_{\text{후행활동}} \tag{3}$$

$$LS = LF - t \tag{4}$$

$LS_{\text{후행활동}}$은 바로 뒤에 있는 활동의 늦은 시작임을 유의하라. 바로 뒤에 여러 개의 **후행활동**이 있을 때는 늦은 시작이 **가장 작은** 후행활동을 택한다.

여유시간은 빠른 시간과 늦은 시간으로부터 결정된다. 활동에 대한 총여유시간(TS)은 다음 두 공식들 중 하나로 구한다.

$$TS = LF - EF \quad \text{또는} \tag{5}$$

$$TS = LS - ES \tag{6}$$

여유시간은 주경로 분석에서 가장 중요한 요소 중에 하나이다. 여유시간이 0인 활동이 주경로 활동인데 이는 이 활동이 지연되면 프로젝트의 완성 시간이 지연됨을 의미한다. 간트차트에서 주경로상의 주경로 활동들이 표시되면 네트워크의 시작 노드부터 완료 노드까지 완전하고 끊어지지 경로가 형성된다. 이러한 경로를 **주경로**(*critical path*)라 하는데 시간적 관점에서 보면 네트워크에서 가장 긴 경로이다. 프로젝트 네트워크에서는 적어도 하나의 주경로를 가지는데 두 개 또는 그 이상의 주경로를 가질 수도 있다.

예제 16.3 테니스 대회—주경로 분석

테니스 대회의 PERT 차트가 그림 16.5에 나타나 있다. 각 노드는 활동을 나타내며, 그 소요기간은 아래 첨자로 주어져 있다. 각 노드 옆에는 아래의 식들로 활동 예정시간이 계산되어 채워질 십자 모양이 있다 (t는 활동시간을 나타냄을 유의하자).

$$TS = LS - ES$$

$ES = EF_{\text{선행활동}}$	$EF = ES + t$
$LS = LF - t$	$LF = LS_{\text{후행활동}}$

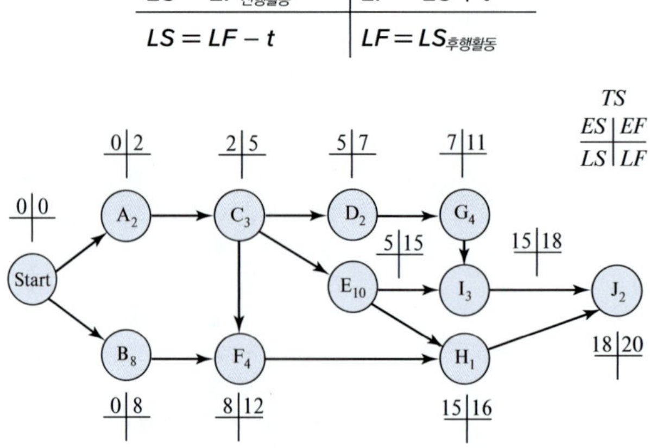

그림 16.5 테니스 대회에 있어서 빠른 시간 계산을 한 PERT 차트

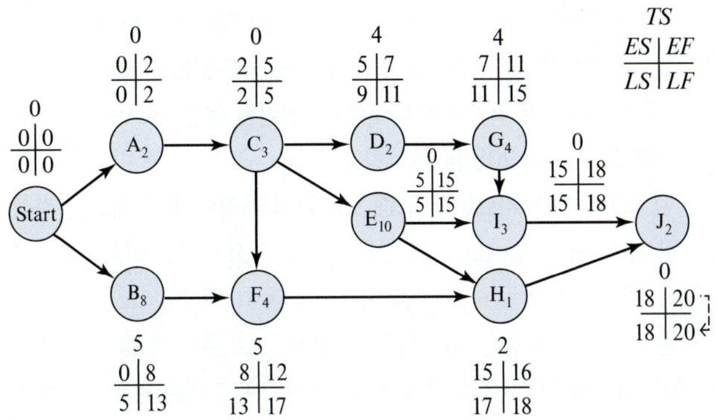

그림 16.6 테니스 대회에 있어서 완성된 주경로 분석

빠른 시간은 "시작" 노드부터 시작하여(즉, 전진법 사용) 각 활동에 대한 십자 표시의 윗줄에 기록되는데 최종적으로 프로젝트를 완성하는 데 20일(즉, 마지막 활동의 *EF* = 20)이 소요됨을 알 수 있다. 하나의 노드에 한 개 이상의 화살표가 오는 경우(즉, 활동 E와 활동 F가 활동 H로 모임)에는 이 모이는 활동에 대한 *ES*를 계산하기 위해 *가장 큰 EF*를 갖는 선행활동을 신중하게 선택할 필요가 있음을 유의하자. 만일 두 개 이상의 활동으로 프로젝트가 시작된다면 소요기간이 0인 "시작" 노드를 만들어야 한다. 이 프로젝트에서는 하나의 "시작" 노드와 하나의 "종료" 노드를 갖는다(프로젝트가 하나의 종료 활동을 포함하고 있지 않을 때는 인위적인 "종료" 노드를 사용한다).

그림 16.6은 완성된 주경로 분석을 보여주고 있다. 마지막 활동에 대한 늦은 종료는 20일로 둠을 유의하라. 이 값이 늦은 시간을 계산하는(즉, 후진법 사용) 시작점이 되고 늦은 시간은 각 활동에 대한 십자 표시의 아랫줄에 기입된다. 여기서도 한 개 이상의 화살표가 하나의 노드로부터 나가는 경우(즉, 활동 D, E 그리고 F가 활동 C에서 나감), 이 나가는 활동에 대한 *LF*를 계산하기 위해 *가장 작은 LS*를 갖는 후행활동을 선택해야 한다.

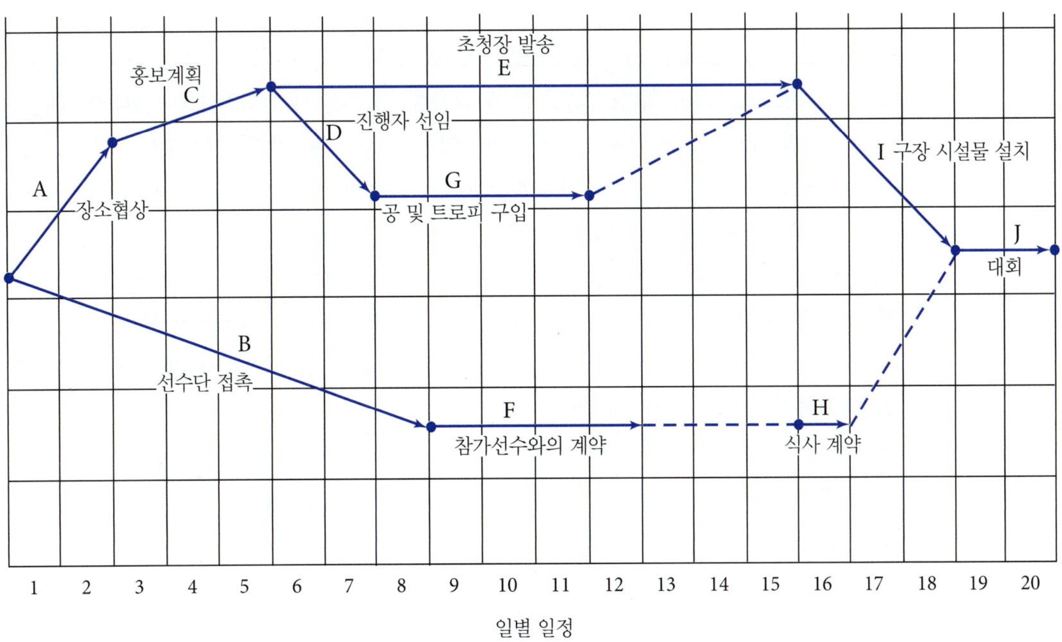

그림 16.7 테니스 대회를 위한 PERT 빠른 시작 스케줄

주경로 활동은 0의 여유시간을, 이는 *ES*와 *LS*의 차이 또는 *EF*와 *LF*의 차이로 쉽게 알 수 있다. 따라서 이러한 활동들은 일정상 유연성이 없다. 주경로는 활동 A-활동 C-활동 E-활동 I-활동 J로 정의된다. 그림 16.7에서 보듯이, 주경로는 프로젝트의 시작부터 끝까지 연결된 실선으로 표시되어 있다. 이 주경로상의 활동이 지연되면 프로젝트의 완성이 20일을 초과하게 된다.

그림 16.7은 수정된 AOA PERT 차트인데(그림 16.3을 떠올려보라) 여기서는 가상 화살표가 없고 각 활동은 길이가 지속 일수(duration in days)와 같은 화살표로 표시되고 빠른 시작 시점에서 시작하도록 계획되어 있다. 활동 G, 활동 F와 활동 H 뒤에 나오는 점선은 비 주경로(non-critical path)의 여유시간을 나타낸다. 이 그림은 프로젝트 일정을 시각적인 그림으로 보여준다. 예를 들어, 활동 G는 4일의 총 여유시간을 갖고 있다. 이는 이 활동의 시작이 지연될 수 있거나 프로젝트 완료 시간에 영향을 미치지 않고서도 총 4일간 이 활동이 더 길어질 수 있음을 보여준다. 활동 B와 활동 F에는 5일의 총 여유시간이 있는데 여기에는 활동 H에 대한 2일의 총 여유시간이 포함되어 있다. 따라서 만일 최대치까지 사용된다면 한 활동의 총 여유시간은 이 활동의 다음 활동을 주경로 활동이 되도록 할 수 있다. 예를 들어, 활동 F가 5일간 지연되어 14일째 시작된다면, 활동 H는 여유시간 없이 18일째 완료되어야 한다. 하지만, 활동 F는 다음 활동(즉, 활동 H)의 *ES*에 영향을 미치지 않고서도 3일간 지연될 수 있다. 활동 F, G 그리고 H 바로 뒤에 나타나는 점선의 길이는 *자유 여유(free slack)*를 나타내는데 이는 이 지연이 다음 활동의 빠른 시작에 영향을 미치지 않기 때문이다.

Microsoft Project 분석

이 테니스 대회는 또한 Microsoft Project라는 소프트웨어 프로그램을 사용하여 분석될 수 있다. 그림 16.8은 간트차트 형식을 사용하여 데이터를 입력한 것으로 날짜와 요일을 표시하는 달력에 각 활동의 수행 기간과 선후 관계, 그리고 마지막 활동을 넣으면 빠른 시간 일정이 만들어진다. 주경로 활동의 막대들은 하나가 끝나면 다른 하나가 곧바로 시작하게 되고, 이들을 모두 합하면 주말(즉, 토요일과 일요일)을 포함한 20일 프로젝트 기간이 된다.

그림 16.9는 Microsoft Project PERT 차트를 보여준다. 주경로는 굵은 선의 사각형과 짙은 화살표로 표시되어 있다. 간트차트에 대응해, 예정된 시작(즉, 시작 날)과 예정된 종료(즉, 마지막 날)가 각 활동과 그 활동 번호에 나타나 있다. 각 활동의 수행 기간도 나타나 있다. 예를 들어, 첫 번째 활동인 "장소협상"을 달성하는 데 2일이 소요되며, 6/11/23에 시작하여 6/12/23에 끝나는 것으로 나타나 있다.

주경로 분석에서 얻는 정보는 어떤 가치가 있는가? 우선, 모든 일이 계획대로 진행된다면 어떤 활동들이 프로젝트의 완료 시간을 결정할지를 알 수 있다. 지연될 수 없어 보다 집중적인 관리를 필요로 하는 활동들을 파악할 수 있다. 일정상 여유가 있는 비 주경로 활동을 파악하여 이를 유용하게 사용할 수 있다(예: 공 및 트로피를 구입하는 데 필요한 4일의 여유시간을 할인을 위해 쇼핑할 수 있다). 물론, 자원의 할당이 이것과 관련되어 있다. 예를 들면, 여유시간을 갖는 활동에서 주경로 활동으로 작업자들을 이동시켜 프로젝트가 지연될 위험을 줄일 수 있다.

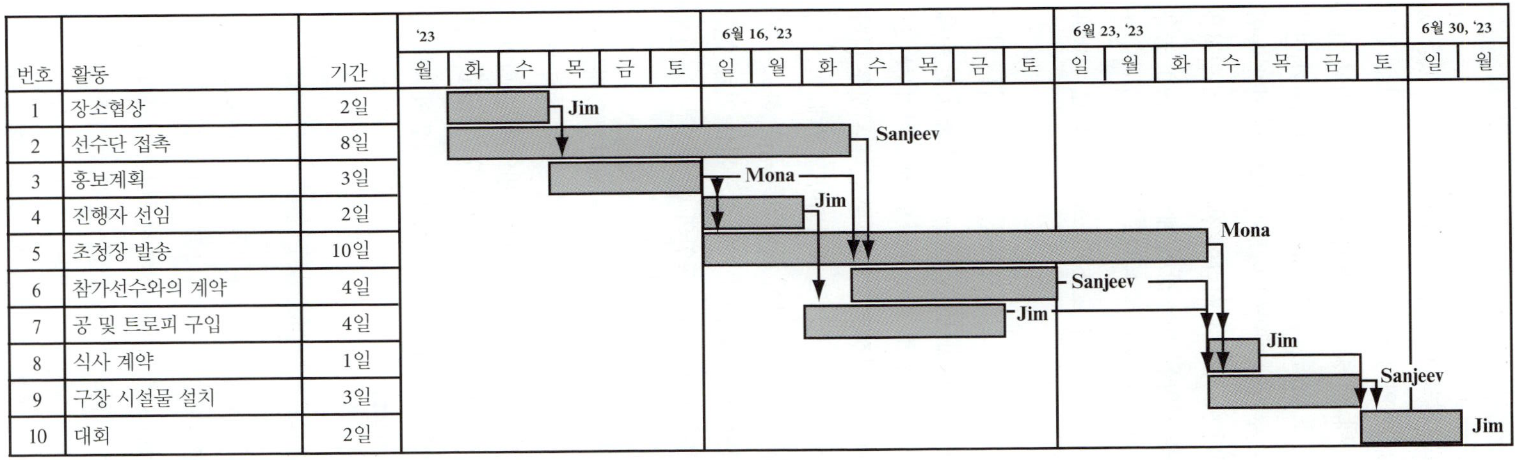

그림 16.8 Microsoft Project 간트차트

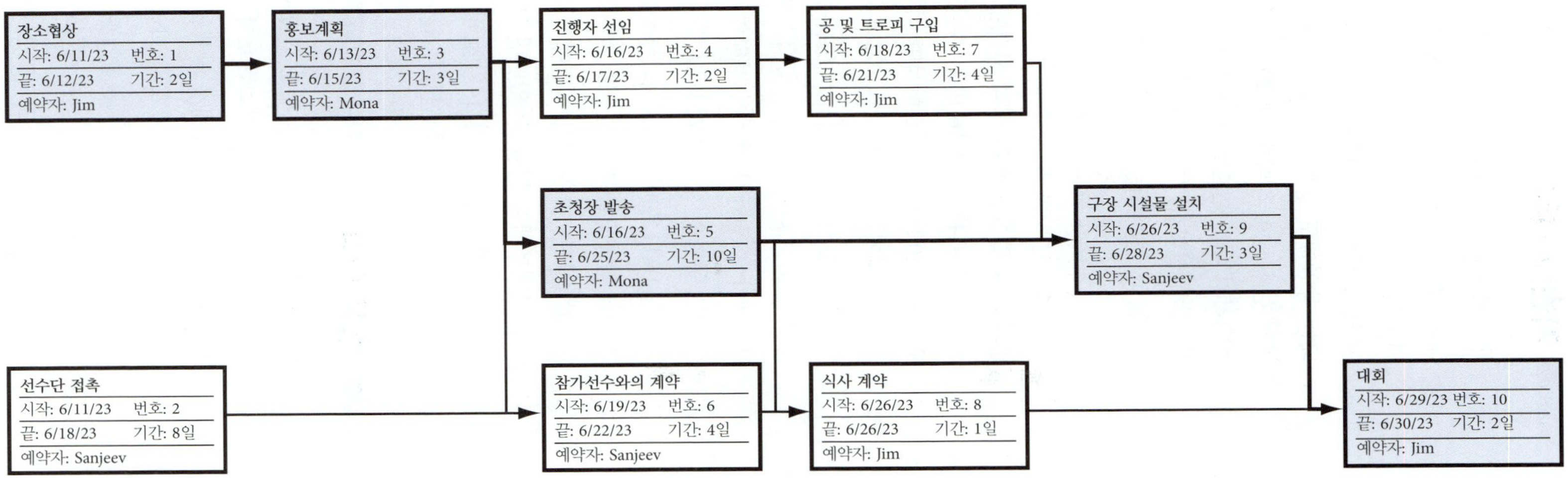

그림 16.9 Microsoft Project PERT 차트

자원의 제약

지금까지의 프로젝트 네트워크 분석에서 우리는 많은 활동들을 동시에 수행할 수 있을 정도로 가용 자원이 있다고 가정하였다(비록 명시적이지는 않지만). 그림 16.9에서 보듯이 PERT 차트는 세 가지 경로를 병렬로 나타내는데, 이 중 가장 긴 경로가 주경로이고 이것이 프로젝트 완료 시간을 결정한다. 예를 들어, 초청장 발송 작업(즉 주경로 활동)이 연장되는 동안에도 공과 트로피를 구입하고 참가선수와의 계약이 이루어진다. 이 기간 동안 만일 한 사람이 하나의 작업을 하도록 되어 있다면, 최소 세 사람이 전체 프로젝트 일정을 지원하기 위해 필요하다. 사람뿐만 아니라, 자원 제약은 가용 장비(예: 건설 크레인), 공유 시설(예: 실험실) 그리고 전문가(예: 컴퓨터 프로그래머)를 포함한다. 자원 제약의 영향을 무시하면 프로젝트 일정이 실행 불가능하게 되고, 따라서 프로젝트의 예상 완료 시점을 맞추지 못할 수도 있다.

테니스 대회의 예로 돌아가서 그림 16.10은 빠른 시작 간트차트를 보여준다. 빠른 시작 일정은 각 활동을 빠른 시작 시간에 시작하도록 만들어진다(즉, 모든 선이 가능한 한 왼쪽으로 그려진다). 그림 16.10은 주경로 활동을 굵은 선으로 표시하고 있는데, 여기서는 프로젝트를 20일 안에 완료하려면 이 주경로 활동들의 일정은 변화될 수 없다는 것을 나타낸다. 비 주경로 활동들(즉, 여유가 있는 활동들)은 가는 선으로 표시되어 있는데, 이는 이 활동들의 일정에서는 여유가 있음을 나타낸다. 만약 한 사람이 하나의 활동을 하도록 한다면, 표의 하단에 "필요 인원 수" 행을 추가하여 프로젝트에서 매일 요구되는 인원 수를 나타낸다. 그림에서 보듯이 자원의 예정된 사용은 마지막 4일 동안의 한 사람부터 6일에서 11일 동안의 세 사람까지 크게 변하고 있다.

그림 16.11은 비 주경로 활동의 일정상 여유를 이용하여 자원 제약을 고려한 일정을 보여준다. 활동 B를 제외한 모든 비 주경로 활동들은 시작 시점을 늦출 수 있고, 특히 활동 F와 활동 H는 늦은 시작 시점에서 시작할 수 있음을 주목하자. 하지만, 만약 두 사람만이 이 프로젝트에서 일할 수 있다면 프로젝트 기간은 하루가 더 연장되어야 한다. 왜냐하면 자원을 고려한 일정에서 14일에 세 사람이 필요하기 때문이다. 예상대로 자원의 제약은 프로젝트의 완료 시점을 연장시키는 결과를 가져온다.

활동 단축

건설 프로젝트에는 종종 목표 완료시점이 고객들에게 중요하다. 예를 들어, 대학교의 학생 기숙사 건설에 대해 생각해보자. 만약 이 프로젝트가 8월 마지막 주까지 완성되지 않는다면, 매우 심각한 문제가 발생할 것이다. 어떤 대학교에서는 학생들이 건설사의 비용으로 잠시 주변 호텔에서 묵게 되었다. 이러한 이유로 건설계약에는 흔히 빨리 완성시키는 데 대한 보상이나 늦은 완성에 대한 벌칙 조항이 포함되어 있다.

그림 16.12는 가상의 프로젝트에 대한 비용이 프로젝트 기간과 함수관계임을 보여준다. 설비 임차, 관리감독 그리고 보험료와 같은 간접비는 프로젝트 기간에 따라 증가한다. 기회비용곡선은 예정보다 빠른 완성에 대한 계약된 보너스(음수 비용으로 나타남)와 예

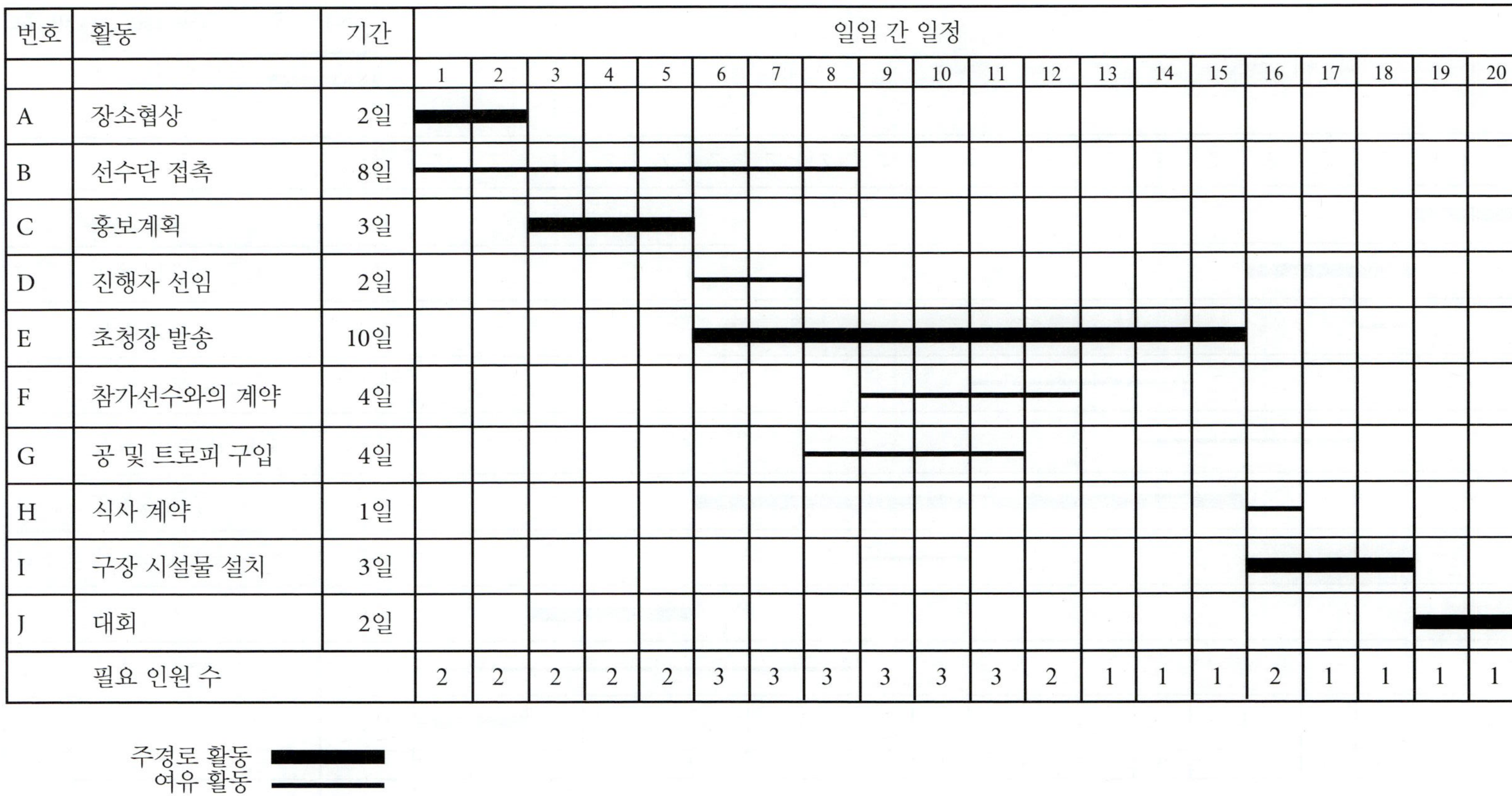

그림 16.10 빠른 시작 간트차트

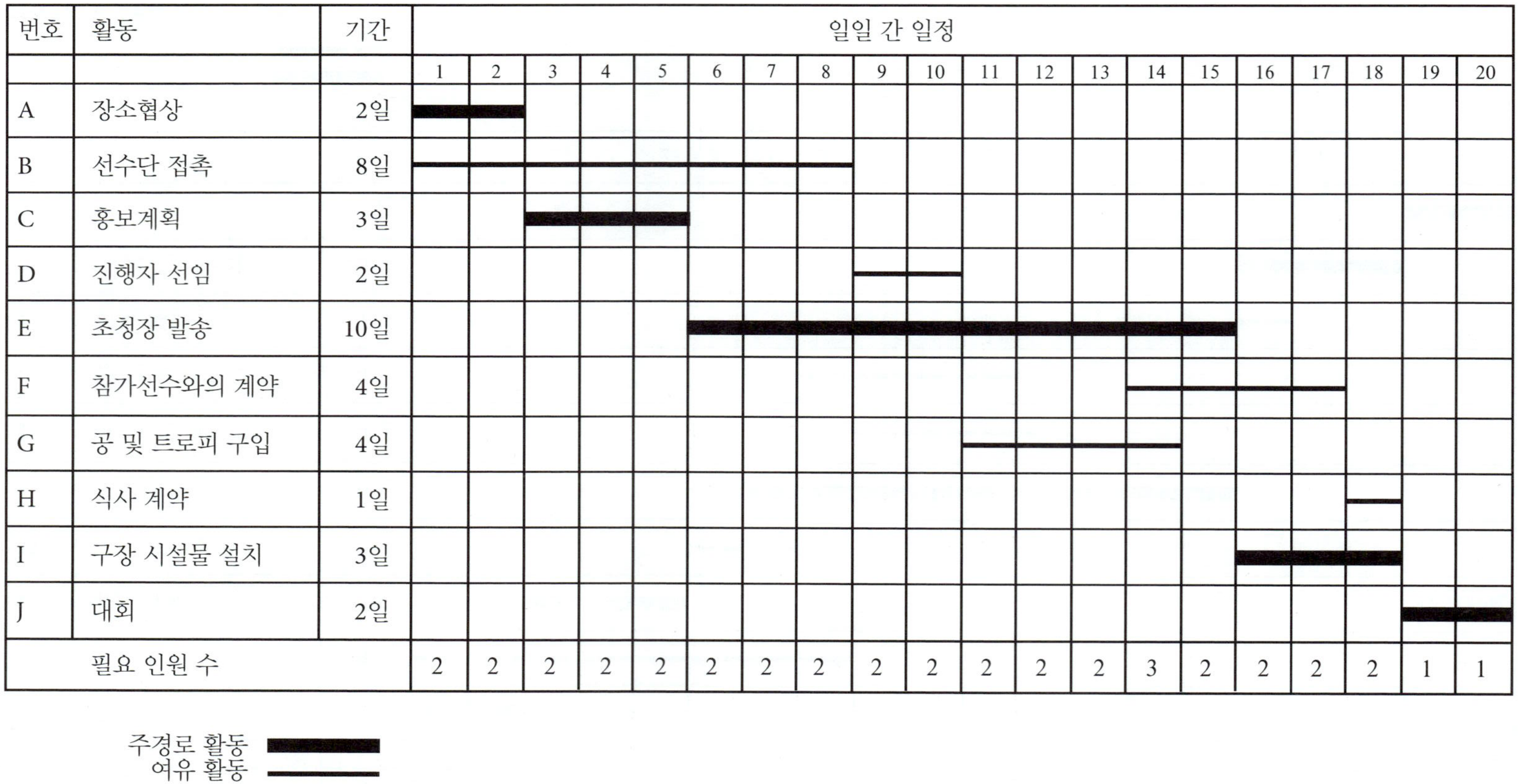

그림 16.11 자원 제약을 고려한 스케줄

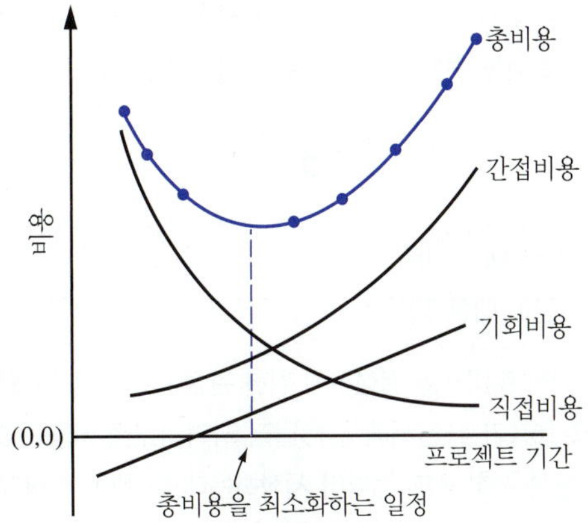

그림 16.12 가상의 프로젝트를 위한 비용곡선

정보다 늦은 완성에 대한 벌금을 반영한다. 노무비와 같은 직접비는 프로젝트 기간에 반비례하는데, 이는 프로젝트를 급히 완료하려면 주경로 활동들에 정상보다 더 많은 노동이 요구되기 때문이다. 이러한 모든 비용을 더하면 볼록함수 형태의 총비용 곡선으로 되는데, 이를 통해 건설사 관점에서 최소비용을 갖는 프로젝트 기간을 파악할 수 있다. 하지만 건설사의 최소비용 기간이 반드시 고객의 목표 완료 시점과 일치하지는 않음을 유의하자. 그렇다면 이러한 불일치를 어떻게 해결할 수 있을까?

예제 16.4 테니스 대회 — 활동 단축

테니스 대회는 건설 프로젝트가 아니지만 모든 주경로 분석이 이미 되어 있기 때문에 이를 활동 단축에 대한 분석을 보여주기 위해 사용할 수 있다. 활동의 단축이란 노동이나 설비를 추가함으로써 정상보다 적은 시간 내에 그 활동을 완료하는 경우를 말한다. 예를 들면, 두 사람의 페인트작업자가 4일 안에 집의 인테리어 작업을 완료한다면 4명의 페인트작업자는 이를 2일로 "단축"시킬 수 있을 것이다. 테니스 대회에서의 각 활동의 시간과 비용이 표 16.3에 주어져 있다. 이 표의 마지막 열은 "단축 비용(expedite cost)"이라는 계산을 포함한다. 그림 16.13은 활동 E에 대한 비용–시간의 상충관계를 보여준다. 단축점과 정상점을 잇는 선의 기울기는 활동을 촉진하는 데 필요한 일당 비용(일정한 비율로 비용이 증가한다

표 16.3 테니스 대회를 위한 비용–시간 추정

활동	예상기간(일)		직접비용($)		단축비율($/일)
	정상	단축	정상	단축	
A	2	1	5	15	10
B	8	6	22	30	4
C	3	2	10	13	3
D	2	1	11	17	6
E	10	6	20	40	5
F	4	3	8	15	7
G	4	3	9	10	1
H	1	1	10	10	—
I	3	2	8	10	2
J	2	1	12	20	8
			115		

고 가정)을 나타낸다. 단축 비용의 기울기는 식 (7)을 사용하여 계산되는데 이는 (단축 비용 – 정상 비용)을 (정상 기간 – 단축 기간)으로 나눈 것으로 일당 단축 비용이다.

$$S = \frac{C^* - C}{D - D^*} \tag{7}$$

여기서

C = 활동비용(*는 단축 비용에 대한 것)

D = 활동 기간(*는 단축 기간에 대한 것)

다양한 프로젝트 기간에 대한 총비용을 결정하기 위한 완전한 분석을 위해서는 간접비용과 기회비용에 대한 정보가 필요하다. 표 16.4가 45달러에서 13달러 사이의 간접비용과 8달러에서 –8달러 사이의 기회비용을 보여주고 있다. 분석은 첫 번째 행부터 시작하는데 이 행은 정상적인 프로젝트 기간과 비용을 보여주고 있다(115달러의 직접비는 표 16.3으로부터 가져옴). 프로젝트 기간은 주경로에 있는 활동을 단축함으로써 한 번에 1일씩 점차적으로 단축된다. 단축 비용을 기준으로 하여 가장 적은 단축 비용을 갖는 주경로 활동을 선택한다(예, 주경로 A-C-E-I-J에 대해 활동 I가 1일 단축하는 데 단 2달러만 드는 것을 표 16.3에서 알 수 있다).

표 16.5는 주경로상의 활동들 시간을 줄임에 따라 *모든* 프로젝트 경로에서의 변화를 추적하는 데 사용된다. 여기서 활동 I에 별표를 해 두었는데, 이는 이 활동을 더 이상 단축할 수 없어(즉, 오직 1일만 가

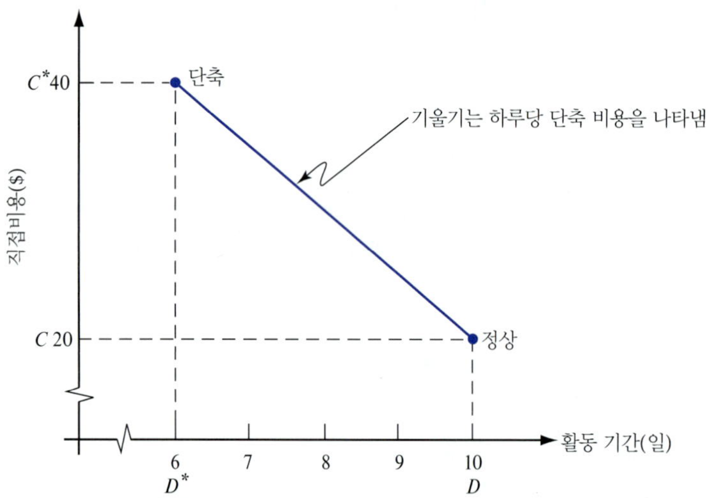

그림 16.13 활동 비용–시간의 상충관계

표 16.4 총비용 계산

프로젝트 소요기간	활동 단축	직접비용$	간접비용$	기회비용$	총비용$
20	정상	115	45	8	168
19	I*	117	41	6	164
18	C*	120	37	4	161
17	E	125	33	2	160
16	E	130	29	0	159
15	E	135	25	–2	158
14	J*	143	21	–4	160
13	E*,B	152	17	–6	163
12	A*,B*	166	13	–8	171

표 16.5 단축 후 프로젝트 경로의 소요시간

프로젝트 경로	경로 정상기간	단축 후 소요기간							
		I*	C*	E	E	E	J*	E*,B	A*,B*
A-C-D-G-I-J	16	15	14	14	14	14	13	13	12
A-C-E-I-J	20	19	18	17	16	15	14	13	12
A-C-E-H-J	18	18	17	16	15	14	13	12	11
A-C-F-H-J	12	12	11	11	11	11	10	10	9
B-F-H-J	15	15	15	15	15	15	14	13	12

능) 단축에 대한 후보가 더 이상 될 수 없기 때문이다. 표 16.5에서 I* 열에는 프로젝트에 대한 수정된 경로 기간이 있는데, 경로 A-C-E-I-J가 19일의 기간을 갖는 유일한 주경로임을 알 수 있다. 다음은 활동 C를 1일 단축시키고, 그 다음은 활동 E를 15일 걸리는 2개의 주경로가 생길 때까지 3일 더 단축시킨다. 경로 A-C-E-I-J와 경로 B-F-H-J 모두 주경로로 이제 프로젝트의 기간을 더 줄이려면 각 경로의 기간을 동시에 줄여야 한다. 즉 한 경로에서는 활동 E를, 그리고 다른 경로에서는 활동 B를 선택하거나(이 경우의 단축 비용의 합은 9달러) 두 경로에 공통으로 있는 활동 J를 선택할 수(이 경우의 단축 비용은 8달러) 있다. 표 16.5에서 보듯이 더 단축을 시키면 여러 개의 주경로가 있게 된다. 프로젝트 기간이 12일로 줄어들면 더 이상의 단축이 불가능하다. 왜냐하면 주경로 A-C-E-I-J의 모든 활동에 별표가 붙어 있기(즉, 어떤 것도 더 이상 줄일 수 없다) 때문이다. 그러나 표 16.4에서 15일의 프로젝트 기간이 158달러의 총 최소 비용을 가져다 줌을 알고 있다. 이 기간은 고객이 수용할 수 있는데 그 이유는 프로젝트가 15일 안에 완료되면 2달러의 보너스를 받기 때문이다.

단축 절차는 다음과 같이 정리할 수 있다.

1. 식 (7)을 이용하여 각 활동에 대한 단축 비용을 계산한다.
2. 프로젝트 네트워크상의 모든 경로와 해당되는 정상 기간들을 적는다.
3. 주경로상에서 가장 적은 기간당 단축 비용(즉, 최소 단축 비용)을 갖는 활동이나 공통된 주경로 상에 있는 가장 적은 합계 비용을 갖는 활동들을 1일 단축한다. 단축된 일정들의 비용을 기록한다.
4. 프로젝트 네트워크에 있는 각각의 경로에 대한 기간을 수정한다.
5. 만약 활동의 최대 단축 기간에 다다르면, 그 활동은 별표를 하여 더 이상 고려하지 않는다.
6. 만약 주경로의 모든 활동들이 별표로 표시되면 멈춘다. 그렇지 않으면 세 번째 단계로 간다.

활동 시간에서의 불확실성 고려

예제 16.4에서 활동 기간 t를 상수로 가정했다. 그러나 많은 경우, 이 가정은 활동을 수행함에 있어서 불확실성이 존재하기 때문에 비현실적이다. 이 기간은 일반적으로 변수로 관련된 확률분포를 갖는다. 그러므로 모든 활동의 정확한 기간을 알지 못하고 따라서 프로젝트의 정확한 완료 시간을 정할 수 없다.

활동 기간의 분포 추정

지금까지는 활동 기간이 확실하게 알려진 것으로 가정하였다. 그러나 창조적이고 실험적인 프로젝트(예: 브로드웨이에서의 연극 상영)나 열악한 장소에서의 건설 프로젝트(예: 알래스카의 원유 수송관)의 경우 활동 기간은 확률 변수이다. 그림 16.14는 전형적인 베타

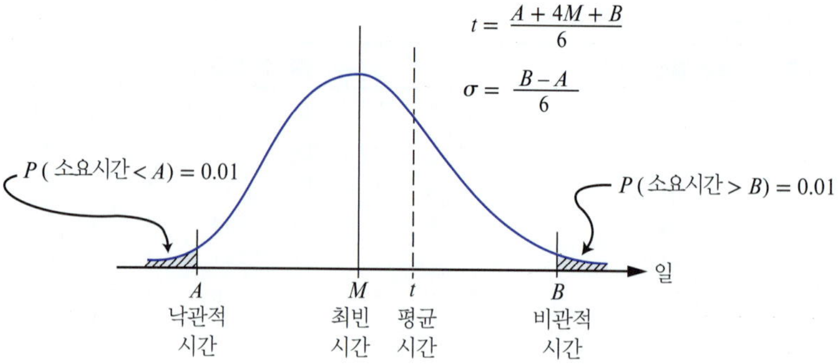

그림 16.14 활동별 소요기간의 베타 분포

분포를 보여주는데, 이 분포는 불확실한 활동 기간을 나타내는 데 흔히 사용된다. 이 분포는 평균이 최빈값보다 큰 활동 기간 분포에서의 "왜곡(skewness)"을 반영한다. 베타 분포는 다음의 세 가지 중요한 시간 추정치만을 이용하는 간단한 식으로 근사된다.

1. 낙관적 시간(A). 이것은 아무 문제가 없을 경우의 활동 기간을 말한다. 대체로 실제 기간이 A보다 적을 확률은 약 1%이다.
2. 최빈 시간(M). 이것은 일어날 가능성이 가장 큰 시간을 말한다. 통계학 용어로 M은 최빈값이다.
3. 비관적 시간(B). 이것은 비정상적인 문제가 발생하였을 때의 활동 기간을 말한다. 대체로 실제 기간이 B보다 클 확률은 약 1%이다.

이 세 가지 시간추정치를 사용하여 각 활동의 분포에 대한 평균과 분산을 다음과 같이 계산할 수 있다. 평균에 대한 아래의 식은 가중평균인데, 최빈 시간에는 4배의 가중치를 사용한다.

$$t = (A + 4M + B)/6 \tag{8}$$

낙관적 시간과 비관적 시간의 정의는 분포의 98%가 범위 $A - B$ 안에 포함되어야 한다고 규정한다. 따라서 다음의 표준편차 공식은 낙관적 시간 A와 비관적 시간 B가 표준편차의 6배만큼 떨어져 있다고 가정한다.

$$\sigma = (B - A)/6 \tag{9}$$

활동 분산(activity variance)은 프로젝트 완성 시간 분포를 계산할 때 사용하는데, 이는 다음과 같다.

$$\sigma^2 = (B - A)^2/36 \tag{10}$$

프로젝트 완성 시간 분포

각각의 활동이 분포를 가지기 때문에 프로젝트 자체도 기장 긴 기간을 갖는 경로에 바탕을 둔 완료 시간 분포를 갖는다. 분석에 사용된 절차는 다음과 같다.

1. 각 활동에 대해 A, M 그리고 B의 추정치를 구한다.
2. 식 (8)을 이용하여 평균 활동 기간을 구한 후, 이를 이용하여 주경로 분석을 한다.

3. 평균 프로젝트 완료 시간 T는 주경로 활동들의 평균 기간의 합으로 계산한다.
4. 프로젝트 완료 시간의 분산인 σ_T^2는 주경로 활동의 분산의 합으로 계산한다.
5. 프로젝트 완료 시간은 정규분포를 가정한다.[1)]
6. 프로젝트 완료 시간에 대한 확률은 표준정규분포표를 이용하여 구한다(부록 A의 표준정규분포표의 면적을 보라).

예제 16.5 테니스 대회—프로젝트 완료 시간 분포

이제 테니스 대회 프로젝트로 다시 돌아가 보자. 그러나 이번에는 활동 기간이 불확실해 표 16.6에서 주어진 세 가지 시간의 추정치를 갖고 있다고 가정하자. 테니스 시설은 다른 시합을 위해 예약되어 있기 때문에 테니스 대회를 24일 안에 끝내 달라는(즉, 전체 프로젝트를 완료하도록) 부탁을 받았으며, 따라서 그 확률을 알고자 한다.

활동 기간의 평균과 분산은 식 (8)과 식 (10)으로 계산되며 그 결과는 표 16.6에 주어져 있다. 평균 활동 기간은 예제 16.3에서 주경로 분석을 할 때 사용되었던 값과 동일함을 주목하자. 따라서 프로젝트 완료 시간 분포를 결정하는 데 있어 그림 16.6에서 결정된 주경로 A-C-E-I-J가 사용될 것이다.

이 주경로의 활동 기간의 합이 20일이 되며, 따라서 이 값이 평균 프로젝트 완료 시간인 T가 된다. 프로젝트 완료 시간의 분산은 주경로 활동에 관련된 분산을 더함으로써 계산할 수 있다. 즉

$$\sigma_T^2 = 4/36 + 4/36 + 144/36 + 36/36 + 0 = 188/36 = 5.2$$

우리는 이 T와 σ_T^2을 이용하여 프로젝트가 24일 안에 끝날 확률을 구할 수 있다. 표준정규분포의 Z값은 식 (11)을 사용하여 계산한다.

$$Z = \frac{X - \mu}{\sigma} \quad (11)$$

따라서 테니스 대회의 경우 이를 구하면

$$Z = \frac{X - \mu}{\sigma} = \frac{24 - T}{\sigma_T} = \frac{24 - 20}{\sqrt{5.2}} = 1.75$$

표준정규분포에서 $Z = 1.75$의 경우 프로젝트를 24일 안에 끝낼 확률은 대략 0.96임을 알 수 있다. 그림 16.15는 프로젝트 완료 시간의 정규분포를 보여주고 있으며 완료 시간이 24일을 넘을 확률은 0.04이다.

표 16.6 활동 기간의 분산과 평균

활동	추정시간			분산, σ^2	평균 활동 기간, t
	A	M	B		
A	1	2	3	4/36	2
B	5	8	11	36/36	8
C	2	3	4	4/36	3
D	1	2	3	4/36	2
E	6	9	18	144/36	10
F	2	4	6	16/36	4
G	1	3	11	100/36	4
H	1	1	1	0	1
I	2	2	8	36/36	3
J	2	2	2	0	2

1) 이 가정은 통계학의 중심극한 정리에 기반을 두고 있는데 이는 많은 독립적인 확률 변수들의 합이 정규분포를 따르는 확률 변수임을 뜻한다. 이 경우에, 프로젝트 완료 시간은 주경로에 있는 활동들의 개별 기간을 합한 것이다.

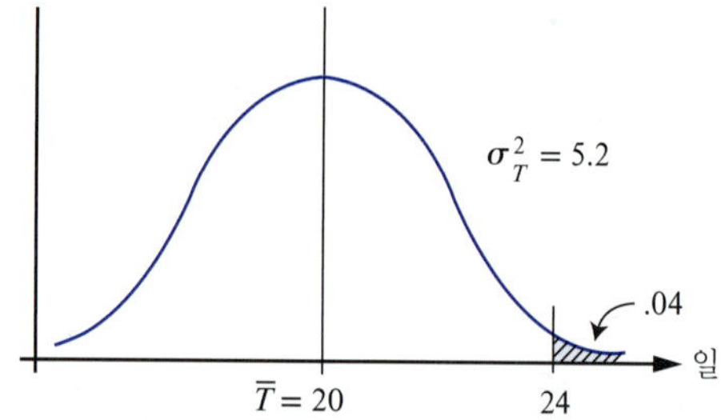

그림 16.15 프로젝트 완료 시간의 확률분포

프로젝트 완료 시간 분석의 문제점

프로젝트 완료 시간 분포를 활용하는 분석의 중요한 가정은 평균 활동 기간으로부터 계산된 주경로가 실제 주경로라는 것이다. 이 가정은 모든 불확실한 활동을 완료하기 전에 이미 주경로를 안다는 점에서 문제가 있다. 현실에서는 주경로 자체는 프로젝트가 완료되기 전에는 알 수 없는 확률 변수이다. 주경로 기간은 확실치 않고 단지 관련된 확률분포만을 가지고 있다. 마찬가지로, 다른 경로의 기간도 확실치 않다. 결과적으로, 주경로보다 적은 평균 기간을 가진 경로가 실제 주경로가 될 수도 있다. 왜냐하면 이 경로의 활동들이 평균 기간보다 훨씬 더 긴 기간을 가질 수 있기 때문이다. 이 경우 주경로가 아닌 경로가 프로젝트 완료 시간을 결정할 수 있다. 따라서 프로젝트 완료 시간의 평균과 분산의 추정치는 하나의 주경로만을 고려할 때는 편의가 있다(biased). 분산의 경우, 편의가 실제보다 높게 나올 수도 있고 낮게 나올 수도 있지만, 프로젝트의 평균 완료 시간은 항상 낙관적으로 편의가 된다. 즉, 실제 평균 완료 시간은 항상 추정치보다 크거나 같게 나온다.

이 추정치들의 정확성에 대해서 평가하는 간단한 가이드라인이 있다. 만약 주경로의 평균 기간이 다른 경로의 기간보다 훨씬 길다면 그 추정치는 괜찮은 것이다. 이 경우에는 주경로가 실제 프로젝트 완료 시간을 결정할 가능성이 아주 높다. 그러나 프로젝트 네트워크가 총 여유시간이 거의 없는 비 주경로를 포함한다면, 이 경로들은 프로젝트 완료 시간에 영향을 미칠 수 있다. 이것을 **병합노드편의**(*merge node bias*)라 한다. 즉, 프로젝트 완료 노드가 자신으로 모이는 여러 개의 경로를 갖고 있다면, 이 중의 하나가 프로젝트 완료 시간을 결정하는 주경로가 될 것이다. 우리 분석에서는, 가장 가능성이 큰 경로만이 주경로가 되는 것으로 가정하였다. 따라서 다른 준-주경로(near critical path)는 무시되었기 때문에, 프로젝트 완료 시간 분포는 낙관적으로 편의되어 있다. 예제 16.6은 준-주경로가 큰 분산을 갖는 활동을 포함할 때 프로젝트를 완성할 확률에 미치는 영향을 보여준다.

예제 16.6 테니스 대회—병합노드 편의(merge node bias)

프로젝트가 얼마간 진행된 후, 우리는 공과 트로피 구입(즉, 활동 G)이 기대보다 시간이 더 걸려 추정치를 $A = 2$, $M = 3$ 그리고 $B = 28$로 수정하였다. 이 경우 프로젝트를 24일 안에 끝낼 확률에 어떤 영향을 미치는가?

우선, 활동 G의 평균 기간과 분산을 식 (8)과 식 (10)을 이용하여 다시 계산하면 $t = 7$이고 $\sigma^2 = 676/36$이 된다. 그림 16.7에서 활동 G는 처음에 4일간의 평균 기간과 4일간의 총 여유시간을 갖고 있음을 기억하라. 따라서 수정된 기간이 7일이 되어도 활동 G는 여전히 비 주경로이고 $TS = 1$이 된다. 하지만 활동 G

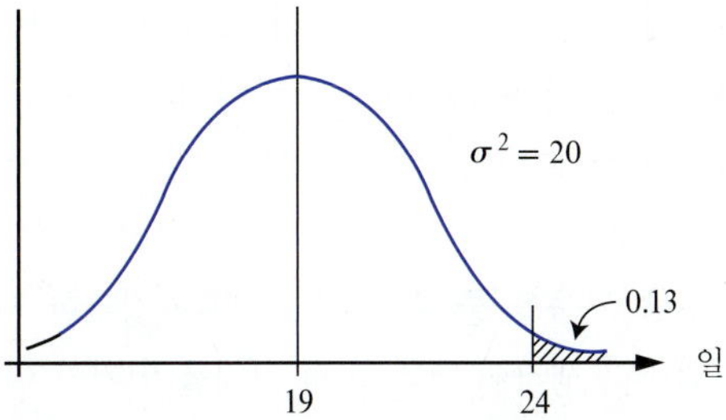

그림 16.16 준-주경로 완료 시간의 확률분포

의 분산이 크게 되면 경로 A-C-D-G-I-J가 주경로가 될 가능성에 영향을 줄 것이다. 이 준-주경로에 대한 완료 시간 분포는 다음과 같이 결정될 수 있다.

준-주경로	t	σ^2
A	2	4/36
C	3	4/36
D	2	4/36
G	7	676/36
I	3	36/36
J	2	0
	$T = 19$	$\sigma_T^2 = 724/36 = 20$

준-주경로의 T와 σ_T^2을 이용하여 프로젝트가 24일 이내에 끝날 확률을 구할 수 있다. 표준정규편차 Z의 값은 식 (11)을 이용하여 계산된다.

$$Z = \frac{X - \mu}{\sigma} = \frac{24 - T}{\sigma_T} = \frac{24 - 19}{\sqrt{20}} = 1.12$$

$Z = 1.12$로 표준정규분포표를 보면 24일 안에 완료될 확률은 약 0.87로 나타난다. 준-주경로에 대한 완료 시간 분포는 그림 16.16에 주어져 있다. 따라서 큰 분산을 갖는 활동을 포함하는 준-주경로가 무시되지 말아야 한다. 왜냐하면, 실제로 그러한 경로가 주경로가 되어 프로젝트 완료 시간을 지연시킬 수 있기 때문이다. 컴퓨터 시뮬레이션이 프로젝트 완료 시간을 더 정확하게 결정하는 데 사용된다.

주경로 분석 시행 시의 문제점

주경로 분석은 네트워크 모형의 사용을 아주 간단하게 보이도록 한다. 결국, 계산이 간단하다는 것이다. 그러나 네트워크 분석이 프로젝트 관리에 내재된 모든 문제를 해결해 주지는 못한다. 가장 큰 두 가지 문제는 프로젝트 네트워크를 개발하는 것과 활동시간을 추정하는 것이다.

프로젝트 네트워크는 활동들이 수행되는 순서를 나타낸다. 대부분의 프로젝트에 있어 여러 가지 다른 전략들이 적용될 수 있다. 일반적으로 프로젝트에 관련된 사람들의 영향력과 기술적인 요인이 어떤 전략을 선택할지를 결정한다. 프로젝트가 시행될 때, 프로젝트 네트워크는 검토되고 필요시 수정되는데, 이는 일부 활동이 일정에서 벗어나거나 자원이 필요할 때 가용하지 않기 때문이다.

프로젝트 네트워크를 검토하고 수정하는 데는 시간이 많이 소요된다. 프로젝트에 관련된 사람들은 예상된 변화에 대해서 상의해야 한다. 프로젝트 네트워크를 검토하고 수정하는 과정은 컴퓨터 소프트웨어를 사용하여 더 쉽게 이루어지도록 하는 노력이 지속되고 있다.

네트워크 모형을 사용하는 데 있어 두 번째 문제점은 활동 기간을 추정하는 데 있다. 분명히 부정확한 추정은 프로젝트 계획의 정확성에 영향을 미친다. 과거 프로젝트에 대한 경험을 가진 전문가가 종종 도움을 줄 수 있다. 그러나 정확한 시간 추정치를 얻는 것은 어려운 일인데, 이는 사람마다 생각이 달라 의견 일치를 얻기가 어렵기 때문이다.

또 다른 문제는 활동 기간의 추정에서 나타나는 편의이다. 예를 들어, 실제로 8일이면 끝날 활동에 대해 10일이라고 추정하기도 한다. 즉, 추정치를 부풀림으로써 며칠간의 여유를 갖는 것이다. 이러한 문제들을 피하기 위해 공통 활동에 대한 시간 추정치를 제공하기 위해 과거 프로젝트의 실제 시간에 대한 데이터베이스를 구축하는 것이다. 예를 들어, 방의 벽에 페인트칠을 하는 것은 과거 경험으로부터 면적당 소요 시간에 바탕을 두고 추정될 수 있다.

프로젝트 감시

불확실성을 다루는 것는 프로젝트 관리의 특징이다. 프로젝트는 종종 처음 해보는 것으로 인해 원래의 계획과 기대대로는 거의 이루어지지 않는다. 계획대비 진행을 감독하는 것은 프로젝트 관리자에게는 중요한 일인데 그 이유는 문제점을 빨리 발견하여 실패를 방지할 조치를 취할 수 있기 때문이다. 표 16.7은 비용, 시간 그리고 성과 면에서 예기치 못한 문제의 예들을 보여준다.

획득가치차트

프로젝트 네트워크 도표와 같은 프로젝트 관리 도구는 시각적으로 볼 수 있도록 되어 있다. 그 이유는 이렇게 함으로써 고객 및 팀 구성원들과 프로젝트의 상태에 대해 가장 빠르게 소통할 수 있기 때문이다. 그림 16.17의 획득가치차트(earned value chart)는 시간과 비용 목표에 대해서 프로젝트 상태를 시각적으로 보여주는 효과적인 방법이다. 실선은

표 16.7 예기치 못한 문제들의 원인

비용	시간	성과
• 작업이 어려워서 더 많은 자원을 요구함	• 기술적 문제에서 지연이 초래됨	• 예기치 못한 기술적 문제가 발생함
• 작업의 범위가 증가함	• 당초 시간 추정이 낙관적임	• 자원이 충분치 않음
• 애초의 추정치가 너무 낮음	• 작업 순서가 부적절함	• 극복할 수 없는 기술적 문제가 발생함
• 보고가 부정확하고 늦음	• 요구되는 자원이 필요시 이용 가능하지 못함	• 품질 및 신뢰성 문제가 발생
• 예산이 부적절함	• 필요한 선행 작업이 완성되지 않음	• 고객이 수정을 요구함
• 보정행위가 제시간에 이루어지지 않음	• 고객으로부터의 변화가 있음	• 기능적으로 복잡해짐
• 자원의 가격이 변함	• 예기치 못한 정부규제	• 기술적 돌파구가 마련됨

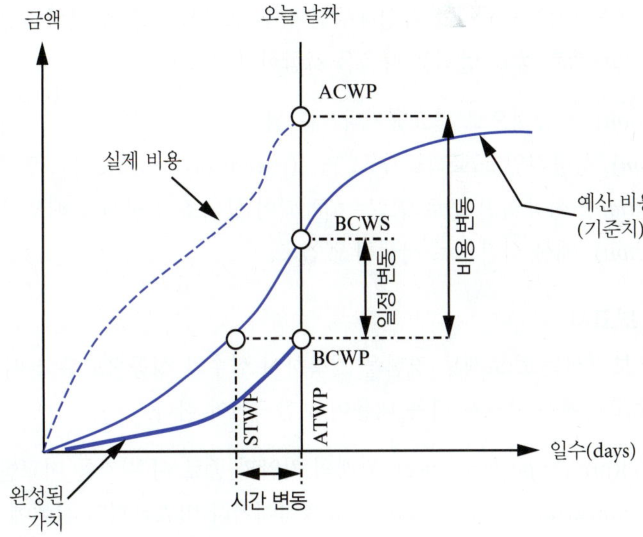

그림 16.17 획득가치차트

계획된 비용(즉, 기준치)으로, 이는 시간의 함수이다. 이 예에서 점선으로 나타난 실제 비용 라인은 계획된 비용 라인 위에 그려져 있는데, 이는 완성된 작업에 대해 프로젝트가 계획된 비용을 초과했음을 보여준다. 굵은 실선은 예산 비용 라인 아래 그려져 있는데, 이는 완성된 작업의 가치를 나타낸다.

이 변화의 세 가지 요소인 시간, 비용과 일정이 획득가치차트에 나타나 있다. 이 프로젝트는 예산을 초과하고, 일정보다 늦어져 세 가지 변동 모두 음수로 나타나 있다. 음수 변동은 즉각적인 조치가 필요한 문제가 발생했음을 알려준다는 점을 유의하라. 프로젝트 진행을 감독하기 위해 Microsoft Project 같은 프로젝트 관리 소프트웨어를 사용하면 획득가치보고서(earned value report)가 자동적으로 만들어진다. 변동은 다음과 같이 정의된다.

시간 변동 = STWP − ATWP

STWP = 완성된 작업의 예정 시간

ATWP = 완성된 작업의 실제 소요 시간

비용 변동 = BCWP − ACWP

BCWP = 완성된 작업의 예정 비용

ACWP = 완성된 작업의 실제 소요 비용

일정 변동 = BCWP − BCWS

BCWP = 완성된 작업의 예정 비용

BCWS = 지금까지 수행하기로 예정된 작업의 예정 비용

프로젝트 종료

일부 프로젝트는 성공하지 못해 종료가 여러 형태로 나타날 수 있다. 하지만 프로젝트를

완성한 후 프로젝트 종료 보고서를 작성해두면 향후 프로젝트 관리 개선을 위한 학습지침이 될 수 있다. 프로젝트 종료 방법은 다음을 포함한다.

소멸(*extinction*): 성공적으로 완료했거나 폐기됨.
추가(*addition*): 성공적인 프로젝트가 모 조직(parent organization)의 일부로 제도화됨.
통합(*integration*): 성공적인 프로젝트는 해체되어 상위조직 전체에 배포됨.
고사(*starvation*): 예산 삭감으로 서서히 없앰.

프로젝트 종료 보고서

프로젝트 종료 보고서는 프로젝트 경험을 기록하여 실수와 성공으로부터 배울 기회를 제공한다. 종료 보고서에는 반드시 다음 내용이 포함되어야 한다.

프로젝트 성과(*project performance*): 원래의 기안과 종료 시 평가를 비교함.
관리 성과(*administrative performance*): 효과적이거나 비효과적인 실행에 대한 설명
조직 구조(*organizational structure*): 얼마나 좋았는가?
프로젝트와 관리 팀(*project and administration team*): 팀 구성원에 대한 기밀 평가
프로젝트 관리의 기술(*techniques of project management*): 개선 권고를 받음.

서비스 벤치마크

워렌(Warren)이 지은 집

방이 4개인 집을 4시간 안에 지을 수 있다는 것을 믿을 수 있는가? 워렌은 그렇다고 생각했고, 이를 실현하기 위해서 ProChain과 Microsoft Project 소프트웨어를 사용하여 일을 시작했다. Habitat for Humanity가 후원하는 프로젝트였다.

이용 가능한 인력을 바탕으로 업무의 계획이나 순서를 개발하기 위해 ProChain 소프트웨어가 반복적인 방식으로 사용되었다. 이 계획 단계에서는 여분의 시간을 제외하고, 주경로 시간이 3시간 이하로 나타났다.

예상대로 사소한 문제들이 발생했다. 30분 안에 끝내려고 계획했던 화장실 공사는 90분이 걸렸다. 두 번째 사소한 문제는 천장용으로 미리 조립된 배선 틀이 지붕을 떠받치는 구조물(truss)에 잘못된 방향으로 삽입되었을 때 발생했다. 이 잘못된 방향은 박공 끝 덮개(gable end sheathing)가 제 위치에 고정되고 나서 배선 틀을 제거할 수 없을 때 발견되었다. 이 문제를 해결하기 위해 시간이 더 걸렸지만 ProChain은 애초에 할당해 두었던 여분의 시간으로 일이 지연되는 것을 막았다.

결국 워렌이 지은 집은 3시간 44분 59초 만에 새 가족을 위해 준비되었는데 이는 Habitat for Humanity에서의 신기록이었다.

참고: 프로젝트 계획에서 시간의 여유를 두는 것에 대해 더 알고 싶으면 참고문헌에 인용된 Eliyahu M.Goldratt의 '*Critical Chain*'을 읽어보자.

요약

조직의 관리자는 일반적으로 진행 중인 프로젝트의 세부 작업에 몰두한다. 이들은 또한 새로운 프로젝트를 만들어야 하는 책임이 있다. 조직의 활력은 프로젝트를 구상하고 수행하는 방식에서 볼 수 있다. 역동적인 조직에서는 프로젝트 관리자가 프로젝트를 성공적으

로 수행하기 위한 활동을 계획하고, 일정을 짜며, 통제하는 중요한 역할을 한다.

작고 복잡하지 않은 프로젝트에서는 프로젝트 관리자를 위해 간트차트가 유용하다. 그러나 크고 많은 상호의존적인 활동을 포함한 프로젝트에서 간트차트는 다루기 힘들다. CPM과 PERT과 같은 네트워크 방법이 복잡한 프로젝트를 다루는 관리자들을 돕는 데 적합하다. 대부분의 네트워크 방법은 주경로 분석으로 알려진 비슷한 방법을 사용한다. PERT는 특히 활동 기간의 불확실성 문제를 다루고 있다. 이를 통하여 관리자는 프로젝트의 목표달성을 확률로 나타낼 수 있다.

네트워크 방법은 프로젝트 관리에 있어 아주 중요한 도구이다. 프로젝트 완료에 영향을 미칠 것 같은 활동을 파악해 준다. 또한 프로젝트 수행에 있어서의 변화에 대한 평가도 용이하게 해준다. 게다가 네트워크 방법의 정확성과 효율성에 있어서도 많은 발전이 이루어지고 있다. 더 빠르고 더 저렴한 컴퓨터 자원의 이용 가능성을 포함한 이러한 발전은 네트워크 기술을 서비스 운영 관리자에게 훨씬 더 가치 있게 만들 것이다.

주요 용어

간트차트(Gantt chart) 각 활동을 수평 막대로 하여 프로젝트 일정을 표시하는 그림으로 수평 막대의 길이는 해당 활동의 기간을 나타냄

선행활동(predecessor) 한 활동에 앞서서 실행되어야 할 활동

주경로(critical path) 가장 긴 기간을 갖는 프로젝트상의 일련의 활동들로 이는 프로젝트의 완료 시간을 결정함

주경로 방법(CPM: critical path method) 각 활동의 시작과 종료 시점을 결정하는 과정이며, 따라서 프로젝트의 **주경로**를 결정함

주경로 활동(critical activities) 주경로상의 활동을 말하며, 이 활동이 지연되면 전체 프로젝트가 지연됨

작업분해구조(work breakdown structure) 프로젝트의 목표를 달성하는 데 필요한 작업을 가계도처럼 나눈 것

프로젝트(project) 정해진 목표를 달성하기 위하여 정해진 순서대로 수행되는 관련된 활동이나 단계들을 모아 놓은 것

후행활동(successor) 한 활동에 이어서 실행되어야 하는 활동

PERT 차트(PERT chart) 활동 간의 관계를 그림으로 나타낸 것으로 화살표는 선후 관계를, 노드는 활동을 나타냄

토론 주제

1. 비용, 시간 그리고 성과 간의 상충관계를 보여주는 예를 들어보라.
2. 자신의 경험을 바탕으로 팀 구축의 4단계를 보여보라.
3. 간트차트가 여전히 프로젝트 관리 도구로서 유용한가? 설명하라.
4. 예상 프로젝트 기간의 PERT 추정치가 왜 항상 낙관적인지를 설명하라. 편의(bias)의 크기를 느낄 수 있는가?
5. 시간변동, 비용변동 그리고 일정변동의 차이를 설명하라.
6. "프로젝트 파이낸스(project finance)"에 대해 구글에서 검색하여, 프로젝트 파이낸스에서 취업 기회를 찾아보라. 프로젝트에서 재무의 역할은 무엇인가?

그룹활동 과제

홈커밍 파티를 위한 작업분해구조(WBS)를 준비해보라.

익힘 문제와 풀이

1. 주경로 분석

문제

당신은 맥도널드에서 새로 출시하는 아침메뉴인 McWaffle의 특별 프로젝트 팀장직을 의뢰받았다. 다음에 보이는 네트워크 도표에는 필수 활동과 예상 소요 시간(일)이 표시되어 있다. 각 활동에 대해 일정시간인 *ES*, *LS*, *EF*와 *LF* 그리고 여유시간 *TS*를 계산하라. 주경로와 프로젝트 소요기간은?

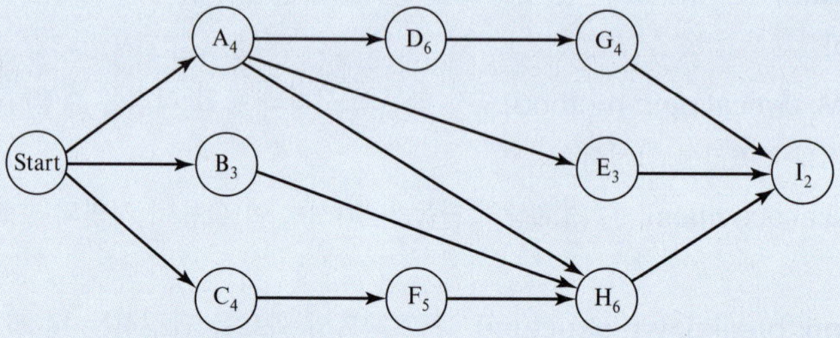

해

활동	시간	전진방향		후진방향		TS = LS − ES
		ES	EF	LF	LS	
A	4	0	4	5	1	1
B	3	0	3	9	6	6
C	4	0	4	4	0	0
D	6	4	10	11	5	1
E	3	4	7	15	12	8
F	5	4	9	9	4	0
G	4	10	14	15	11	1
H	6	9	15	15	9	0
I	2	15	17	17	15	0

주경로는 C, F, H 그리고 I이다. 왜냐하면 각각의 경우에 $TS = 0$이기 때문이다. 프로젝트의 소요기간은 17일이며, 이는 주경로의 활동시간들의 합이다.

2. 활동 단축

문제

위의 1번 문제의 네트워크에 대해 활동별 일일 기간당 단축 비용은 활동시간과 같다고 가정하자(예를 들어, 활동 H의 경우 활동시간을 하루 줄이는 데 드는 비용은 $6이다). 각각의 활동은 1일만 단축될 수 있다고 가정하자. 프로젝트 소요기간을 최소의 비용으로 3일 줄이기 위해서는 어떤 활동들을 단축시켜야 하는가?

해

다음의 표에서, 원으로 표시된 진한 숫자는 17일부터 시작하는 프로젝트 소요기간을 나타낸다. 활동 C를 단축시킨 뒤에는 2개의 경로가 주경로가 되었다. 따라서 프로젝트 소요기간을 14일로 하기 위해서는 2개의 활동들(각각의 경로에서 하나씩)을 단축시켜야 한다.

프로젝트 경로	정상시간	활동 단축		
		I	C	F&A 또는 F&G
A-D-G-I	16	(15)	(15)	(14)
A-E-I	9	8	8	8 or 7
A-H-I	12	11	11	11 or 10
B-H-I	11	10	10	10
C-F-H-I	(17)	(16)	(15)	(14)

3. 활동시간에서의 불확실성 고려

문제

위의 McWaffle 프로젝트가 아래의 표에 주어진 활동시간에서의 불확실성을 갖는다고 가정하자. 모든 활동의 평균과 분산을 계산하고, 어떤 활동도 단축하지 않고 20일 내에 프로젝트를 완료할 확률을 구하라.

해

우선, 식 (8)과 식 (10)을 이용하여 각각의 활동에 대한 평균과 분산을 구한다.

활동	*A*	*M*	*B*	평균	분산
A	3	4	5	4	4/36
B	3	3	3	3	0
C	3	4	5	4	4/36
D	4	6	8	6	16/36
E	2	3	4	3	4/36
F	2	4	12	5	100/36
G	3	4	5	4	4/36
H	4	5	12	6	64/36
I	2	2	2	2	0

둘째, 주경로를 정한다. 계산 결과 평균 활동시간은 원래 문제에서 주어진 값과 동일하다. 따라서 주경로는 17일의 소요기간이 걸리는 C-F-H-I이다. 프로젝트 완료시간의 분산은 주경로의 활동 분산을 모두 더한 값이다. $\sigma_T^2 = 4/36 + 100/36 + 64/36 + 0 = 168/36 = 4.67$이다. 식 (11)을 이용하면, 20일 안에 프로젝트를 완료하는 데 대한 Z값을 구할 수 있다.

$$Z = \frac{X - \mu}{\sigma} = \frac{20 - T}{\sigma_T} = \frac{20 - 17}{\sqrt{4.67}} = 1.39$$

부록 A의 표준정규분포표의 면적을 이용하여, 20일 안에 프로젝트를 완료할 확률은 0.5 + 0.4117 = 0.9177, 즉 약 92%임을 알 수 있다.

연습문제

16.1 전력회사는 유지보수를 위해 스팀 보일러를 정지시키려는 연간 프로젝트를 계획하고 있다. 이 프로젝트에 대한 분석을 통해 아래에 보여지는 주요 활동과 예상 시간 그리고 관계를 파악하였다.

a. 프로젝트 네트워크 도표를 작성하라.

b. 각 활동의 일정시간과 총 여유시간을 계산하라.

c. 주경로 활동과 프로젝트 소요기간을 제시하라.

d. 각 활동에 한 사람의 작업자가 필요하다고 가정하여, 자원제약을 고려한 스케줄을 마련하라. 이 프로젝트를 정시에 완료하기 위해서는 최대한 몇 명의 작업자가 필요한가?

활동	시간(일)	선행활동
A	4	—
B	3	—
C	4	—
D	6	A
E	3	A
F	5	C
G	4	D
H	6	A,B,F
I	2	E,G,H

16.2 컨설팅 회사는 고객을 위한 리엔지니어링 프로젝트를 계획하고 있다. 활동과 예상 시간은 다음과 같다.

활동	시간(일)	선행활동
A	1	—
B	2	—
C	2	—
D	2	A,B
E	4	A,C
F	1	C
G	4	D
H	8	G,E,F

a. 프로젝트 네트워크 도표를 그려라.

b. 각 활동의 일정시간과 총 여유시간을 계산하라.

c. 주경로 활동과 프로젝트 소요기간을 제시하라.

d. 각 활동에 한 사람의 작업자가 필요하다고 가정하여, 자원제약하의 스케줄을 마련하라. 이 프로젝트를 정시에 완료하기 위해서는 최대한 몇 명의 작업자가 필요한가?

16.3 Slippery Rock College는 농구 대회를 계획하고 있다. 프로젝트에서 각각의 활동에 대한 정보는 다음과 같다.

활동	시간(일)	선행활동	활동항목
A	3	—	팀 선발
B	5	A	초대장 발송
C	10	—	숙소 예약
D	3	B,C	홍보 계획
E	5	B,C	표 발권
F	10	E	표 팔기
G	8	C	준비 완료
H	3	G	일정 정리
I	2	D,H	예행연습
J	3	F,I	대회 개최

a. 이 프로젝트에 대한 네트워크 도표를 그리고, 활동과 사건을 표시하라.

b. 모든 활동에 대한 총 여유시간과 일정시간을 계산하라. 주경로는 무엇인가?

c. 대회가 12월 27일 아침에 시작되려면 팀 선발은 언제 시작되어야 하는가? (근무일에 토요일과 일요일도 포함하라.)

16.4 4개의 활동으로 구성된 간단한 네트워크는 다음과 같은 네트워크 도표를 갖는다.

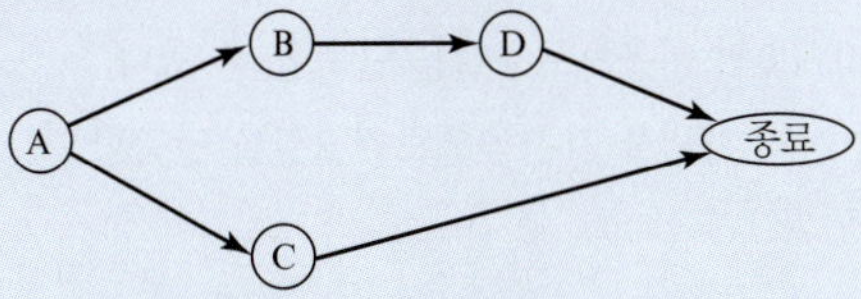

활동에 대한 비용과 시간의 관계는 아래의 표와 같다.

활동	최소 시간(주)	최대 시간(주)	비용/시간의 관계($1,000)
A	5	10	100 − (3 × 활동시간)
B	5	10	100 − (2 × 활동시간)
C	10	30	100 − (2 × 활동시간)
D	10	15	100 − (5 × 활동시간)

예를 들어, 5주 안에 완료하려면 활동 A는 $85,000가 필요할 것이고, 10주 안에 완료하려면 $70,000가 필요할 것이다.

a. 이 프로젝트를 20주 안에 완료하는 최소 비용은 얼마인가?

b. 만약 바람직한 완료 일정이 33주이고, 이윤이 비용보다 20% 많다면, 이 프로젝트에 대한 입찰가는 얼마가 되어야 하는가?

16.5 아래의 프로젝트 네트워크와 표는 프로젝트를 완료하기 위해 필요한 활동의 단축 시간과 비용뿐만 아니라 정상 시간과 비용을 제시하고 있다. 완료시간을 최소 수준으로 단축해보라.

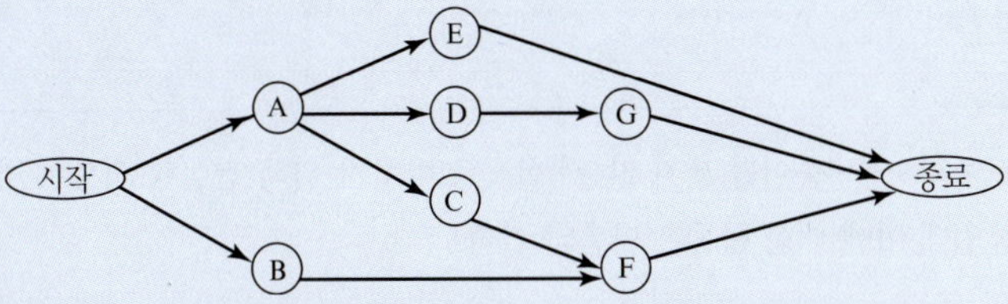

활동	정상 시간(주)	비용	단축 시간(주)	비용
A	4	$2,500	2	$6,000
B	5	4,000	4	5,000
C	2	3,000	1	5,000
D	2	2,000	1	3,000
E	6	3,000	4	4,000
F	3	2,000	1	5,000
G	1	2,000	1	2,000

16.6 건설회사는 파손 상태에 빠진 알래스카 원유 파이프라인의 일부를 갱신하는 작업을 맡았다. 프로젝트 활동과 관련된 예상 시간과 관계는 다음 표와 같다.

a. 프로젝트 네트워크를 작성하라.

b. 주경로 활동과 프로젝트의 예상 소요기간을 제시하라.

c. 모든 활동의 일정시간과 총 여유시간을 계산하라.

d. 계약에 따르면, 예정된 소요기간보다 더 일찍 프로젝트가 완료되면, 하루당 $100,000의 보너스가 지급된다고 한다. 프로젝트 기간을 단축시킬 수 있는 다음의 대안들을 평가하여 추천을 해보라.

1. 활동 B는 $100,000의 비용으로 4일을 단축할 수 있다.
2. 활동 G는 $50,000의 비용으로 1일을 단축할 수 있다.
3. 활동 O는 $150,000의 비용으로 2일을 단축할 수 있다.
4. 활동 O는 활동 N의 자원을 가져옴으로써 2일을 단축할 수 있다. 이 경우 활동 N의 시간은 2일 늘어난다.

활동	코드	시간(일)	선행활동
직원 소집	A	10	—
오래된 라인의 재고 구축	B	28	—
오래된 라인 측정, 스케치	C	2	A
재료 리스트 작성	D	1	C
가설물 세우기	E	2	D
파이프 조달	F	30	D
밸브조달	G	45	D
오래된 라인 비활성화	H	1	B,D
오래된 라인 제거	I	6	E,H
새로운 라인 조립	J	5	F
밸브설치	K	1	E,G,H
새로운 파이프 설치	L	6	I,J
파이프 용접	M	2	L
밸브연결	N	1	K,M
절연 처리	O	4	K,M
압력 테스트	P	1	N
가설물 제거	Q	1	N,O
청소	R	1	P,Q

16.7 어느 보험회사를 "종이를 쓰지 않는" 회사로 바꾸기 위해 컨설팅 회사는 정보 시스템을 개발하는 중인데 이에 대한 활동은 다음과 같다.

활동	선행활동	활동 기간(월)		
		낙관	최빈	비관
A	—	4	6	8
B	—	1	2	3
C	A	4	4	4
D	A	4	5	6
E	B	7	10	16
F	B	8	9	10
G	C	2	2	2
H	D,E,G	2	3	7
I	F	1	3	11

a. 예상시간을 고려한 활동을 나타내는 프로젝트 네트워크를 그려라.

b. 프로젝트의 주경로와 예상 소요기간은?

c. 2년 안에 프로젝트를 완료할 확률은 얼마인가?

16.8 프로젝트를 완료하는 데 필요한 활동들은 다음과 같다.

활동	선행활동	활동 기간(월)		
		낙관	최빈	비관
A	—	3	6	15
B	—	2	5	14
C	A	6	12	30
D	A	2	5	8
E	C	5	11	17
F	D	3	6	15
G	B	3	9	27
H	E,F	1	4	7
I	G	4	19	28
J	H,I	1	1	1

a. 예상 소요 시간과 활동을 보여주는 이 프로젝트의 네트워크 도표를 그려라.

b. 프로젝트의 주경로와 예상 완료 시간은?

c. 41일 또는 그보다 적게 프로젝트를 완료하는 확률은 얼마인가?

16.9 아래의 프로젝트 네트워크와 표는 일련의 활동들을 완성하기 위한 예상되는 주와 해당하는 분산을 보여주고 있다.

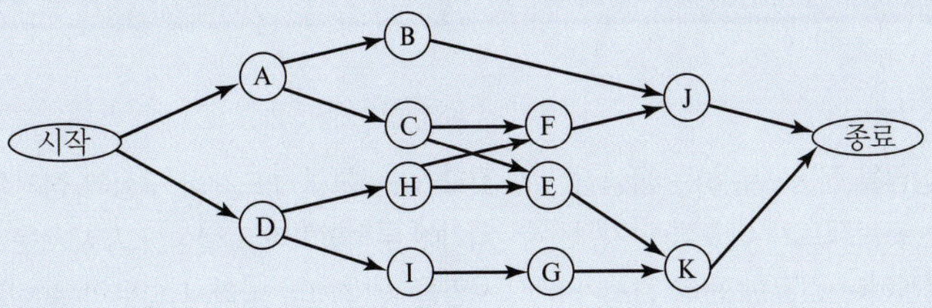

활동	예상 소요기간(주)	분산(주)
A	5	1
B	10	2
C	4	1
D	7	1
E	6	2
F	8	1
G	4	2
H	3	1
I	5	1
J	7	2
K	8	3

a. 주경로와 가장 빠른 예상 완료시간을 구하라.

b. 24주 또는 그보다 적게 프로젝트를 완료할 확률은 얼마인가?

16.10 당신은 AIC에 대한 다음의 비공개 작업을 계획해 달라는 의뢰를 받았다.

활동	선행활동	활동 기간(일)		
		낙관	최빈	비관
A	—	1	2	3
B	A	3	3	3
C	B	4	6	8
D	A	2	8	8
E	A	6	9	12
F	D,C	4	7	10
G	D	10	10	16
H	D,E	4	5	6
I	F,G,H	2	2	2

a. 이 프로젝트에 대한 네트워크 도표를 그려라.

b. 각 활동에 대한 예상시간과 분산을 계산하라.

c. 주경로와 프로젝트 예상 완료 시간을 구하라.

d. 프로젝트가 25일 이상 걸려 완료될 확률은 얼마인가?

사례_16.1

Info-Systems 회사

Info-Systems는 정보시스템 상담을 전문으로 하는 급성장하고 있는 기업이다. 과거에는 프로젝트가 비교적 단기간이어서 광범위한 프로젝트 일정이나 긴밀한 관리 감시가 필요하지 않았다. 그러나 최근에 Info-Systems는 한 제조회사를 위한 ERP 시스템을 개발하여 구축하는 계약을 수주했다.

초기 제안 조사 기간에 Info-Systems는 해당 제조업이 갖고 있는 현재 하드웨어 구성이 장기적인 필요를 충족시키기에 부적합하다고 결정하고, 새로운 일반적인 하드웨어 사양을 개발했다. 따라서 업무의 일환으로 Info-Systems는 새로운 하드웨어 공급자에 대한 평가와 선정도 진행하였다. 초기 조사 결과 시스템은 배치(batch)와 온라인 프로세싱의 조합으로 구성할 것으로 제안되고, 완료하기까지 최소 1년이 걸릴 것으로 추정되었다.

Info-Systems는 프로젝트를 (1) 하드웨어의 선정과 설치 (2) 배치 프로세싱 개발 (3) 온라인 프로세싱 개발 그리고 (4) 구 시스템에서 신 시스템으로의 전환이라는 네 가지 주요 활동으로 나누기로 계획했다. 이와 더불어 예상 프로젝트 완료에 대한 더욱 확실한 추정치를 제공해주고, 그 프로젝트가 일단 진행 중이면 프로젝트를 통제하고, 그리고 적시에 프로젝트에 인력을 배정하는 데 있어 프로젝트 관리 시스템을 사용하면 아주 도움이 될 것으로 판단했다. 그래서 Info-Systems는 아래에 보여지는 상세한 작업 리스트를 개발하기 위해 여러 선임 직원들을 할당했다.

활동		작업 기간(일)	선행 작업
A.	하드웨어 평가 및 선정하기	30	—
B.	배치 프로세싱 시스템의 필요 요건 개발하기 (예: 데이터 정의, 처리 용량)	60	—
C.	온라인 프로세싱 시스템의 필요 요건 개발하기 (예: 처리 시간)	40	—
D.	특정 하드웨어 필요 요건 정의하기	100	A,B,C
E.	배치 시스템 보고형식 디자인하기	30	B
F.	배치 시스템 입력형식 디자인하기	20	E
G.	온라인 시스템의 화면형식 디자인하기	25	C
H.	파일 형식 디자인하기	20	F,G
I.	*일일* 배치프로그램 사양 준비하기	30	H
J.	*주간* 배치프로그램 사양 준비하기	20	H
K.	*월간* 배치프로그램 사양 준비하기	15	H
L.	온라인 프로세싱 프로그램 사양 준비하기	20	H
M.	새로운 하드웨어 설치와 테스트하기	15	D
N.	*일일* 배치프로그램 코딩하기	20	I
O.	*주간* 배치프로그램 코딩하기	15	J
P.	*월간* 배치프로그램 코딩하기	10	K
Q.	온라인 프로세싱 프로그램 코딩하기	18	L
R.	배치시스템 문서화하기	35	I,J,K
S.	온라인 시스템 문서화하기	25	L
T.	*일일* 배치프로그램 테스트하기	20	M,N
U.	*주간* 배치프로그램 테스트하기	15	M,O
V.	*월간* 배치프로그램 테스트하기	12	M,P
W.	온라인 프로세싱 프로그램 테스트하기	15	M,Q
X.	전 시스템 테스트하기	20	T,U,V,W
Y.	전환 시 필요한 요건, 프로그램, 파일 디자인하기	30	H
Z.	전환 프로그램 준비하기	20	Y
AA.	전환 프로그램 테스트하기	15	Z
BB.	실제 전환하기	3	X,AA
CC.	시스템 작동과 사용자 훈련시키기	60	R,S,BB
DD.	사용자의 승인 얻기	5	CC
EE.	생산 시스템 실행하기	5	DD

관련 질문

1. Microsoft Project를 이용하여, 네트워크 도표를 준비하고 주경로 활동, 프로젝트 예상 기간 그리고 모든 활동에 대한 일정기간을 파악하라.
2. 하드웨어 납기에는 90일이 걸릴 것으로 추정된다. 만일 하드웨어 납기가 30일 지연되면, 프로젝트 완료 시간에 영향을 주는가? 주경로는 바뀔 것인가?
3. 원래의 네트워크와 주경로를 이용하여, 만일 활동 B가 몇 주 동안 지연된다면 이 프로젝트를 정시에 완료하기 위해 어떤 전략들을 경영자가 고려할 수 있는가?

참고문헌

Bendoly, Elliot, and Morgan Swink. "Moderating Effects of Information Access on Project Management Behavior, Performance and Perceptions." *Journal of Operations Management* 25, no. 3 (April 2007), pp. 604–22.

Browning, Tyson R. "On the Alignment of the Purposes and Views of Process Models in Project Management." *Journal of Operations Management* 28, no. 4 (July 2010), pp. 316–32.

Fuentes, Marcos, Hedley Smyth, and Andrew Davies. "Co-Creation of Value Outcomes: A Client Perspective on Service Provision in Projects." *International Journal of Project Management* 37, no. 5 (2019): 696–715.

Gattiker, Thomas F., and Craig R. Carter. "Understanding Project Champions' Ability to Gain Intra-Organizational Commitment for Environmental Projects." *Journal of Operations Management* 28, no. 1 (January 2010), pp. 72–85.

Gawande, Atul, *The Checklist Manifesto: How to Get Things Right*. New York: Metropolitan Books, 2009.

Goldratt, Eliyahu M. *Critical Chain*. Great Barrington, MA: North River Press, 1997.

Harris, James L. "Key Foundations of Successful Project Planning and Management." *Project Planning & Management: A Guide for Nurses and Interprofessional Teams* (2015): 1.

Hill, Gerard M. *The Complete Project Management Office Handbook*. CRC Press, 2013.

Phillips, Joseph. *PMP, Project Management Professional (Certification Study Guides)*. McGraw-Hill Osborne Media, 2013.

Verma, Devesh, Anant Mishra, and Kingshuk K. Sinha. "The Development and Application of a Process Model for R&D Project Management in a High Tech Firm: A Field Study." *Journal of Operations Management* 29, no. 5 (July 2011), pp. 462–76.

Appendix A

표준정규분포 영역[1]

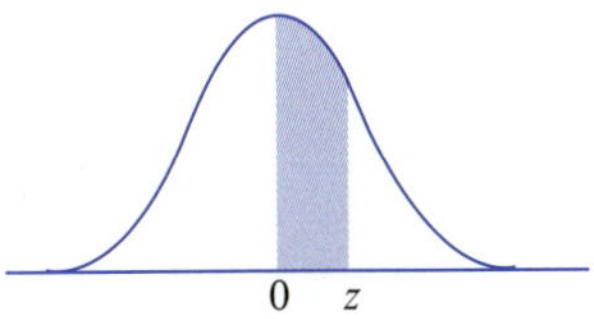

표의 소수점 이하 네 자리 숫자는 0에서 양의 z값 사이의 곡선 아래 면적을 나타낸다. 곡선 우측 꼬리의 면적은 양의 z값의 해당 숫자(표에 있는 소수점 이하 네 자리 숫자)를 0.5에서 차감하여 구한다. 예를 들어 z값이 1.65일 경우 우측 꼬리 면적은 (0.5 − 0.4505 = 0.0495)이다.

z	**0.00**	**0.01**	**0.02**	**0.03**	**0.04**	**0.05**	**0.06**	**0.07**	**0.08**	**0.09**
0.0	0.0000	0.0040	0.0080	0.0120	0.0160	0.0199	0.0239	0.0279	0.0319	0.0359
0.1	0.0398	0.0438	0.0478	0.0517	0.0557	0.0596	0.0636	0.0675	0.0714	0.0753
0.2	0.0793	0.0832	0.0871	0.0910	0.0948	0.0987	0.1026	0.1064	0.1103	0.1141
0.3	0.1179	0.1217	0.1255	0.1293	0.1331	0.1368	0.1406	0.1443	0.1480	0.1517
0.4	0.1554	0.1591	0.1628	0.1664	0.1700	0.1736	0.1772	0.1808	0.1844	0.1879
0.5	0.1915	0.1950	0.1985	0.2019	0.2054	0.2088	0.2123	0.2157	0.2190	0.2224
0.6	0.2257	0.2291	0.2324	0.2357	0.2389	0.2422	0.2454	0.2486	0.2517	0.2549
0.7	0.2580	0.2611	0.2642	0.2673	0.2703	0.2734	0.2764	0.2794	0.2823	0.2852
0.8	0.2881	0.2910	0.2939	0.2967	0.2995	0.3023	0.3051	0.3078	0.3106	0.3133
0.9	0.3159	0.3186	0.3212	0.3238	0.3264	0.3289	0.3315	0.3340	0.3365	0.3389
1.0	0.3413	0.3438	0.3461	0.3485	0.3508	0.3531	0.3554	0.3577	0.3599	0.3621
1.1	0.3643	0.3665	0.3686	0.3708	0.3729	0.3749	0.3770	0.3790	0.3810	0.3830
1.2	0.3849	0.3869	0.3888	0.3907	0.3925	0.3944	0.3962	0.3980	0.3997	0.4015
1.3	0.4032	0.4049	0.4066	0.4082	0.4099	0.4115	0.4131	0.4147	0.4162	0.4177
1.4	0.4192	0.4207	0.4222	0.4236	0.4251	0.4265	0.4279	0.4292	0.4306	0.4319
1.5	0.4332	0.4345	0.4357	0.4370	0.4382	0.4394	0.4406	0.4418	0.4429	0.4441
1.6	0.4452	0.4463	0.4474	0.4484	0.4495	0.4505	0.4515	0.4525	0.4535	0.4545
1.7	0.4554	0.4564	0.4573	0.4582	0.4591	0.4599	0.4608	0.4616	0.4625	0.4633
1.8	0.4641	0.4649	0.4656	0.4664	0.4671	0.4678	0.4686	0.4693	0.4699	0.4706
1.9	0.4713	0.4719	0.4726	0.4732	0.4738	0.4744	0.4750	0.4756	0.4761	0.4767
2.0	0.4772	0.4778	0.4783	0.4788	0.4793	0.4798	0.4803	0.4808	0.4812	0.4817
2.1	0.4821	0.4826	0.4830	0.4834	0.4838	0.4842	0.4846	0.4850	0.4854	0.4857
2.2	0.4861	0.4864	0.4868	0.4871	0.4875	0.4878	0.4881	0.4884	0.4887	0.4890

(계속)

z	0.00	0.01	0.02	0.03	0.04	0.05	0.06	0.07	0.08	0.09
2.3	0.4893	0.4896	0.4898	0.4901	0.4904	0.4906	0.4909	0.4911	0.4913	0.4916
2.4	0.4918	0.4920	0.4922	0.4925	0.4927	0.4929	0.4931	0.4932	0.4934	0.4936
2.5	0.4938	0.4940	0.4941	0.4943	0.4945	0.4946	0.4948	0.4949	0.4951	0.4952
2.6	0.4953	0.4955	0.4956	0.4957	0.4959	0.4960	0.4961	0.4962	0.4963	0.4964
2.7	0.4965	0.4966	0.4967	0.4968	0.4969	0.4970	0.4971	0.4972	0.4973	0.4974
2.8	0.4974	0.4975	0.4976	0.4977	0.4977	0.4978	0.4979	0.4979	0.4980	0.4981
2.9	0.4981	0.4982	0.4982	0.4983	0.4984	0.4984	0.4985	0.4985	0.4986	0.4986
3.0	0.4987	0.4987	0.4987	0.4988	0.4988	0.4989	0.4989	0.4989	0.4990	0.4990

[1] Microsoft Excel을 사용하면, 이러한 확률은 방정식 NORMS DIST(z) − 0.5로 생성됩니다.

Appendix B

균등 분포의 난수[0, 1]

0.06785	0.39867	0.90588	0.17801
0.81075	0.87641	0.67964	0.43877
0.98544	0.51653	0.44093	0.79428
0.31479	0.75057	0.28248	0.26863
0.12484	0.88287	0.78805	0.00907
0.23882	0.82137	0.51759	0.24723
0.23897	0.93060	0.94078	0.44676
0.40374	0.57000	0.33415	0.90000
0.73622	0.85896	0.36825	0.31500
0.36952	0.39367	0.09426	0.79517
0.14510	0.05047	0.01535	0.46997
0.12719	0.35159	0.55903	0.01268
0.99407	0.53816	0.64881	0.64309
0.32694	0.57237	0.74242	0.68045
0.42780	0.54704	0.63281	0.92243
0.00633	0.87197	0.90597	0.95629
0.38490	0.27804	0.06567	0.49591
0.22363	0.96354	0.25298	0.88459
0.54105	0.62235	0.93190	0.66122
0.31786	0.84724	0.04084	0.98260
0.47556	0.38855	0.52135	0.34085
0.70850	0.55051	0.86505	0.21192
0.64791	0.89438	0.83997	0.00898
0.21424	0.34592	0.77920	0.16675
0.77524	0.41976	0.08429	0.71506

Appendix C

$M/M/c$ 대기행렬 모형의 L_q값

ρ	$c = 1$	$c = 2$	$c = 3$	$c = 4$	$c = 5$	$c = 6$	$c = 7$	$c = 8$
0.15	0.026	0.001						
0.20	0.050	0.002						
0.25	0.083	0.004						
0.30	0.129	0.007						
0.35	0.188	0.011						
0.40	0.267	0.017						
0.45	0.368	0.024	0.002					
0.50	0.500	0.033	0.003					
0.55	0.672	0.045	0.004					
0.60	0.900	0.059	0.006					
0.65	1.207	0.077	0.008					
0.70	1.633	0.098	0.011					
0.75	2.250	0.123	0.015					
0.80	3.200	0.152	0.019					
0.85	4.817	0.187	0.024	0.003				
0.90	8.100	0.229	0.030	0.004				
0.95	18.050	0.277	0.037	0.005				
1.0		0.333	0.045	0.007				
1.1		0.477	0.066	0.011				
1.2		0.675	0.094	0.016	0.003			
1.3		0.951	0.130	0.023	0.004			
1.4		1.345	0.177	0.032	0.006			
1.5		1.929	0.237	0.045	0.009			
1.6		2.844	0.313	0.060	0.012			
1.7		4.426	0.409	0.080	0.017			
1.8		7.674	0.532	0.105	0.023			

(계속)

ρ	c = 1	c = 2	c = 3	c = 4	c = 5	c = 6	c = 7	c = 8
1.9		17.587	0.688	0.136	0.030	0.007		
2.0			0.889	0.174	0.040	0.009		
2.1			1.149	0.220	0.052	0.012		
2.2			1.491	0.277	0.066	0.016		
2.3			1.951	0.346	0.084	0.021		
2.4			2.589	0.431	0.105	0.027	0.007	
2.5			3.511	0.533	0.130	0.034	0.009	
2.6			4.933	0.658	0.161	0.043	0.011	
2.7			7.354	0.811	0.198	0.053	0.014	
2.8			12.273	1.000	0.241	0.066	0.018	
2.9			27.193	1.234	0.293	0.081	0.023	
3.0				1.528	0.354	0.099	0.028	0.008
3.1				1.902	0.427	0.120	0.035	0.010
3.2				2.386	0.513	0.145	0.043	0.012
3.3				3.027	0.615	0.174	0.052	0.015
3.4				3.906	0.737	0.209	0.063	0.019
3.5				5.165	0.882	0.248	0.076	0.023
3.6				7.090	1.055	0.295	0.091	0.028
3.7				10.347	1.265	0.349	0.109	0.034
3.8				16.937	1.519	0.412	0.129	0.041
3.9				36.859	1.830	0.485	0.153	0.050
4.0					2.216	0.570	0.180	0.059
4.1					2.703	0.668	0.212	0.070
4.2					3.327	0.784	0.248	0.083
4.3					4.149	0.919	0.289	0.097
4.4					5.268	1.078	0.337	0.114
4.5					6.862	1.265	0.391	0.133
4.6					9.289	1.487	0.453	0.156
4.7					13.382	1.752	0.525	0.181
4.8					21.641	2.071	0.607	0.209
4.9					46.566	2.459	0.702	0.242
5.0						2.938	0.810	0.279
5.1						3.536	0.936	0.321
5.2						4.301	1.081	0.368
5.3						5.303	1.249	0.422
5.4						6.661	1.444	0.483
5.5						8.590	1.674	0.553
5.6						11.519	1.944	0.631
5.7						16.446	2.264	0.721

(계속)

ρ	$c = 1$	$c = 2$	$c = 3$	$c = 4$	$c = 5$	$c = 6$	$c = 7$	$c = 8$
5.8						26.373	2.648	0.823
5.9						56.300	3.113	0.939
6.0							3.683	1.071
6.1							4.394	1.222
6.2							5.298	1.397
6.3							6.480	1.598
6.4							8.077	1.831
6.5							10.341	2.102
6.6							13.770	2.420
6.7							19.532	2.796
6.8							31.127	3.245
6.9							66.055	3.786
7.0								4.447
7.1								5.270
7.2								6.314
7.3								7.675
7.4								9.511
7.5								12.109
7.6								16.039
7.7								22.636
7.8								35.898
7.9								75.827

Appendix D

대기행렬 모형의 수식

기호 정의

n = 시스템 내 고객의 수

λ = (람다)평균 도착률(예: 시간당 도착하는 고객 수)

μ = (뮤)서버당 평균 서비스율(예: 시간당 서비스를 제공받는 고객의 수)

ρ = (로) 서비스 내 고객수(λ/μ)

N = 시스템이 허용하는 최대 고객 수

c = 서버의 수

P_n = 시스템에 n명의 고객이 있을 확률

L_s = 시스템 내 평균 고객 수

L_q = 대기행렬상의 평균 고객 수

L_b = 혼잡시스템의 대기행렬상의 평균 고객 수

W_s = 시스템에서 고객이 보내는 평균 시간

W_q = 대기행렬에서 고객이 보내는 평균 시간

W_b = 혼잡시스템의 대기행렬에서 고객이 보내는 평균 시간

I. 표준 *M*/*M*/1 모형($0 < \rho < 1.0$)

$$P_0 = 1 - \rho \tag{I.1}$$

$$P(n \geq k) = \rho^k \tag{I.2}$$

$$P_n = P_0\rho^n \tag{I.3}$$

$$L_s = \frac{\lambda}{\mu - \lambda} \tag{I.4}$$

$$L_q = \frac{\rho\lambda}{\mu - \lambda} \tag{I.5}$$

$$L_b = \frac{\lambda}{\mu - \lambda} \tag{I.6}$$

$$W_s = \frac{1}{\mu - \lambda} \tag{I.7}$$

$$W_q = \frac{\rho}{\mu - \lambda} \tag{I.8}$$

$$W_b = \frac{1}{\mu - \lambda} \tag{I.9}$$

II. 표준 *M/M/C* 모형($0 < \rho < c$)

$$P_0 = \frac{1}{\left(\sum_{i=0}^{c-1} \frac{\rho^i}{i!}\right) + \frac{\rho^c}{c!\,(1 - \rho/c)}} \tag{II.1}$$

$$P_n = \begin{cases} \frac{\rho^n}{n!} P_0 & \text{for } 0 \le n \le c \\ \frac{\rho^n}{c!\,c^{n-c}} P_0 & \text{for } n \ge c \end{cases} \tag{II.2}$$

$$P(n \ge c) = \frac{\rho^c \mu c}{c!\,(\mu c - \lambda)} P_0 \tag{II.3}$$

$$L_s = \frac{\rho^{c+1}}{(c-1)!\,(c-\rho)^2} P_0 + \rho \tag{II.4}$$

$$L_q = L_s - \rho \tag{II.5}$$

$$L_b = \frac{L_q}{P(n \geq c)} \tag{II.6}$$

$$W_s = \frac{L_q}{\lambda} + \frac{1}{\mu} \tag{II.7}$$

$$W_q = \frac{L_q}{\lambda} \tag{II.8}$$

$$W_b = \frac{W_q}{P(n \geq c)} \tag{II.9}$$

III. 표준 *M*/*G*/1 모형(*V*(*t*) = 서비스 시간의 분산)

$$L_s = L_q + \rho \tag{III.1}$$

$$L_q = \frac{\rho^2 + \lambda^2 V(t)}{2\,(1-\rho)} \tag{III.2}$$

$$W_s = \frac{L_s}{\lambda} \tag{III.3}$$

$$W_b = \frac{L_q}{\lambda} \tag{III.4}$$

IV. 셀프서비스 $M/G/\infty$ 모형(e = 2.718, 자연로그의 밑수)

$$P_n = \frac{e^{-\rho}}{n!}\rho^n \text{ for } n \geq 0 \tag{IV.1}$$

$$\mathrm{L}_s = \rho \tag{IV.2}$$

$$\mathrm{W}_s = \frac{1}{\mu} \tag{IV.3}$$

V. 유한 대기행렬 $M/M/1$ 모형

$$P_0 = \begin{cases} \dfrac{1-\rho}{1-\rho^{N+1}} & \text{for } \lambda \neq \mu \\ \dfrac{1}{N+1} & \text{for } \lambda = \mu \end{cases} \tag{V.1}$$

$$P(n > 0) = 1 - P_0 \tag{V.2}$$

$$P_n = P_0\rho^n \quad \text{for } n \leq N \tag{V.3}$$

$$L_s = \begin{cases} \dfrac{\rho}{1-\rho} - \dfrac{(N+1)\rho^{N+1}}{1-\rho^{N+1}} & \text{for } \lambda \neq \mu \\ \dfrac{N}{2} & \text{for } \lambda = \mu \end{cases} \tag{V.4}$$

$$L_q = L_s - (1 - P_0) \tag{V.5}$$

$$\mathrm{L}_b = \frac{L_q}{1 - P_0} \tag{V.6}$$

$$W_s = \frac{L_q}{\lambda\left(1 - P_N\right)} + \frac{1}{\mu} \tag{V.7}$$

$$\mathrm{W}_q = W_s - \frac{1}{\mu} \tag{V.8}$$

$$\mathrm{W}_b = \frac{W_q}{1 - P_0} \tag{V.9}$$

VI. 유한 대기행렬 *M/M/C* 모형

$$P_0 = \frac{1}{\left(\sum_{i=0}^{c} \frac{\rho^i}{i!}\right) + \left(\frac{1}{c!}\right)\left(\sum_{i=c+1}^{N} \frac{\rho^i}{c^{i-c}}\right)} \tag{VI.1}$$

$$P_n = \begin{cases} \frac{\rho^n}{n!} P_0 & \text{for } 0 \le n \le c \\ \frac{\rho^n}{c!\, c^{n-c}} P_0 & \text{for } c \le n \le N \end{cases} \tag{VI.2}$$

$$P\left(n \ge c\right) = 1 - P_0 \sum_{i=0}^{c-1} \frac{\rho^i}{i!} \tag{VI.3}$$

$$\mathrm{L}_s = \frac{P_0 \rho^{c+1}}{(c-1)!\,(c-\rho)^2}\left[1-\left(\frac{\rho}{c}\right)^{N-c} - (N-c)\left(\frac{\rho}{c}\right)^{N-c}\left(1-\frac{\rho}{c}\right)\right] + \rho(1-P_N) \tag{VI.4}$$

$$\mathrm{L}_q = L_s - \rho(1-P_N) \tag{VI.5}$$

$$\mathrm{L}_b = \frac{L_q}{P(n \ge c)} \tag{VI.6}$$

$$\mathrm{W}_s = \frac{L_q}{\lambda(1-P_N)} + \frac{1}{\mu} \tag{VI.7}$$

$$\mathrm{W}_q = W_s - \frac{1}{\mu} \tag{VI.8}$$

$$\mathrm{W}_b = \frac{W_q}{P(n \ge c)} \tag{VI.9}$$

찾아보기

ㄴ

ㄷ

ㄹ

ㅁ

ㅂ

ㅅ

ㅇ

ㅊ

ㅋ

ㅌ

ㅍ

ㅎ

기타